Enciclopédia de Direito
Internacional

Enciclopédia de Direito Internacional

Coordenadores:
MANUEL DE ALMEIDA RIBEIRO, FRANCISCO PEREIRA COUTINHO e ISABEL CABRITA

Alexandra von Böhm-Amolly • Ana Cristina Borges Malhão Crisóstomo • Ana Rita Gil
André Filipe Valadas Saramago • André Folque • Andreia Soares e Castro
Armando José Dias Correia • Carla Marcelino Gomes • Carlos Proença • Francisco Borges
Francisco Briosa e Gala • Francisco Corboz • Francisco Pereira Coutinho
Gonçalo Almeida Ribeiro • Gonçalo Matias • Gustavo Gramaxo Rozeira
Helena Pereira de Melo • Isabel Cabrita • João Carlos Santana da Silva
João Pedro Pimenta • Jorge Azevedo Correia • Jorge Mattamouros
José Manuel Briosa e Gala • Luís Guilherme Pedro • Luís de Lima Pinheiro
Luís Pereira Coutinho • Luis Xavier Cabrita • Manuel de Almeida Ribeiro
Manuel Duarte de Oliveira • Marcos Farias Ferreira • Maria Cabral Alves Mineiro
Maria de Assunção do Vale Pereira • Maria Francisca Saraiva • Maria João Militão Ferreira
Maria Regina de Mongiardim • Marisa Apolinário • Mateus Kowalski
Miguel Calado Moura • Miguel Medina Silva • Miguel de Serpa Soares • Mónica Dias
Mónica Ferro • Nuno Canas Mendes • Pedro Conceição Parreira • Pedro Lomba
Pedro Miguel Moreira da Fonseca • Ricardo Branco • Rita Calçada Pires
Rosa Maria Martins Rocha • Teresa Mafalda Vieira da Silva Cabrita • Teresa Violante
Valerio de Oliveira Mazzuoli • Vasco Becker-Weinberg • Victor Marques dos Santos
Vítor Pereira das Neves

2011

ENCICLOPÉDIA DE DIREITO INTERNACIONAL
EDITOR
EDIÇÕES ALMEDINA, S.A.
Rua Fernandes Tomás, n.ºs 76, 78 e 80
3000-167 Coimbra
Tel.: 239 851 904 · Fax: 239 851 901
www.almedina.net · editora@almedina.net
DESIGN DE CAPA
FBA.
PRÉ-IMPRESSÃO
Jorge Sêco
IMPRESSÃO E ACABAMENTO
PENTAEDRO, LDA.
Novembro, 2011
DEPÓSITO LEGAL
336540/11

Apesar do cuidado e rigor colocados na elaboração da presente obra, devem os diplomas legais dela constantes ser sempre objecto de confirmação com as publicações oficiais.
Toda a legislação contida na presente obra encontra-se actualizada de acordo com os diplomas publicados em Diário da República, independentemente de terem já iniciado a sua vigência ou não.
Toda a reprodução desta obra, por fotocópia ou outro qualquer processo, sem prévia autorização escrita do Editor, é ilícita e passível de procedimento judicial contra o infractor.

  GRUPOALMEDINA

BIBLIOTECA NACIONAL DE PORTUGAL – CATALOGAÇÃO NA PUBLICAÇÃO
ENCICLOPÉDIA DE DIREITO INTERNACIONAL
Enciclopédia de Direito Internacional
ISBN 978-972-40-4668-6

CDU 341

LISTA DOS AUTORES

Alexandra von Böhm-Amolly

Licenciada e Mestre em Direito (Ciências Jurídico-Económicas) pela Faculdade de Direito da Universidade de Lisboa, estando admitida a Doutoramento na área de Direito Marítimo na mesma Faculdade. Post-graduada em Shipping Business pelo Instituto Marítimoi Español. Auditora do Curso de Defesa Nacional. Advogada e docente universitária. Membro da Sociedade Portuguesa de Direito Marítimo(International Law Association, do Instituto Ibero-Americano de Direito Marítimo e da Sociedade de Geografia de Lisboa.

Ana Cristina Borges Malhão Crisóstomo

Licenciada pela UAL e Mestre em Direito pela Faculdade de Direito de Lisboa, em Ciências Jurídicas, Pós Graduada em Direito Comunitário e Direito da Integração pelo Instituto Europeu Faculdade de Direito de Lisboa. É docente universitária e coordenadora da Pós Graduação em Direito Bancário e dos Seguros. Com uma larga experiência, enquanto consultora e formadora, tem colaborado com as mais diversas entidades, designadamente DECO, INA, CES e Ordem dos Advogados e em projectos transnacionais. É Perita do Comité Económico e Social Europeu para as questões do Direito do Consumo e Direito Bancário e da Odysseus Academic Network – *Observatório da Liberdade de Circulação de trabalhadores.*

Ana Rita Gil

Licenciada em Direito pela Universidade de Coimbra, doutoranda e investigadora da Faculdade de Direito da Universidade Nova de Lisboa, na área de Direito Público, em especial Direito da Imigração, Direito Europeu e Direitos Humanos. Exerce actualmente as funções de assessora do Gabinete de Juízes do Tribunal Constitucional.

André Filipe Valadas Saramago

Doutorando em Política Internacional pela Universidade de Aberystwyth no País de Gales (Reino Unido). Mestre em Relações Internacionais pelo Instituto Superior de Ciências Sociais e Políticas da Universidade Técnica de Lisboa (ISCSP-UTL) (Portugal), Licenciado em Relações Internacionais pelo ISCSP-UTL (Portugal). Membro e investigador do Instituto do Oriente e do Centro de Administração e Políticas Públicas do ISCSP-UTL.

André Folque
Mestre em Ciências Jurídico-Políticas pela Faculdade de Direito da Universidade de Lisboa. Membro da Comissão da Liberdade Religiosa. Coordenador da Provedoria de Justiça.

Andreia Soares e Castro
Doutora em Ciências Sociais, na especialidade de Relações Internacionais pelo InstitSuto Superior de Ciências Sociais e Políticas da Universidade Técnica de Lisboa (ISCSP-UTL). Professora Auxiliar do ISCSP-UTL. Investigadora do Centro de Administração e Políticas Públicas do ISCSP-UTL.

Armando José Dias Correia
Oficial da Marinha Portuguesa, com o posto de capitão-de-fragata, comandante do NRP Bérrio. Doutorando em Ciências Sociais especialidade "Estudos Estratégicos" pelo Instituto de Ciências Sociais e Políticas da Universidade Técnica de Lisboa (ISCSP-UTL). Mestre em Estratégia pelo ISCSP-UTL e em Informática pela Faculdade de Ciências da Universidade de Lisboa (FCUL). Sócio da Revista Militar e membro correspondente da Academia de Marinha.

Carla Marcelino Gomes
Doutoranda em Política Internacional e Resolução de Conflitos pela Universidade de Coimbra (Portugal) e pelo Doutoramento Europeu para a Promoção e Estudos da Paz e dos Conflitos (*HumanitarianNet*). Mestre em Direitos Humanos e Democratização pelo European Inter University Centre e pela Universidade de Padova (Itália). Coordenadora de Projetos e Investigadora no *Ius Gentium Conimbrigae*/Centro de Direitos Humanos da Faculdade de Direito da Universidade de Coimbra. Co-Directora Executiva do Curso em Operações de Paz e Acção Humanitária (OPAH)."

Carlos Proença
Docente Universitário. Advogado. Mestre em Direito pela Faculdade de Direito da Universidade de Lisboa. Doutorando em Direito pela Universidade de Coimbra.

Francisco Borges
Doutorando em Ciências Jurídicas Criminais pela Faculdade de Direito da Universidade Nova de Lisboa. Mestre em Ciências Jurídicas Forenses pela FDUNL. Licenciado pela FDUNL.

Francisco Briosa e Gala
Licenciado em Direito pela Faculdade de Direito da Universidade de Lisboa (2007). Doutorando na Faculdade de Direito da Universidade Nova de Lisboa. Membro da Sociedade Portuguesa de Direito Internacional (SPDI) e advogado inscrito na Ordem dos Advogados Portuguesa desde Junho de 2010.

Francisco Corboz
Licenciado em Relações Internacionais pela Universidade Lusíada de Lisboa. Pós-graduação em Teoria das Relações Internacionais pelo *Department of International Politics, Aberystwyth University*. Mestrando em Filosofia e Teoria do Estado na Faculdade de Direito da Universidade de Lisboa.

LISTA DE AUTORES

Francisco Pereira Coutinho
Licenciado (2002) e Doutor (2009) em Direito pela Faculdade de Direito da Universidade Nova de Lisboa (FDUNL). É Professor do Instituto Superior de Ciências Sociais e Políticas da Universidade Técnica de Lisboa (ISCSP-UTL) desde 2010 e colaborador do Instituto Diplomático do Ministério dos Negócios Estrangeiros desde 2005.

Gonçalo Almeida Ribeiro
Doutorando e Clark Byse Fellow na Harvard Law School, onde está a concluir uma dissertação nos domínios da teoria do direito e da filosofia política. Licenciado pela Faculdade de Direito da Universidade Nova de Lisboa (2006) e mestre em direito (LL.M.) por Harvard (2007). Professor Convidado da Universidade Católica Portuguesa, onde ensina Análise Económica do Direito. Investigador Convidado da Católica Global School of Law. Membro da Associação Portuguesa de Teoria do Direito, Filosofia do Direito e Filosofia Social. Em 2010 recebeu o Dean's Award for Excellence in Student Teaching pelo seu trabalho como Teaching Fellow na Harvard Kennedy School of Government.

Gonçalo Matias
Licenciado e Mestre em Direito pela Universidade Católica Portuguesa. Docente na Faculdade de Direito da Universidade Católica, leccionando disciplinas na área do direito público. É membro da direcção da escola de Lisboa da Faculdade de Direito da Universidade Católica Portuguesa. Realizou investigação como Fulbright Visiting Scholar na Faculdade de Direito da Universidade de Georgetown. É assessor para os assuntos jurídicos e Constitucionais da Casa Civil do Presidente da República.

Gustavo Gramaxo Rozeira
Doutor em Direito pelo Instituto Universitário Europeu (Florença, Itália). Professor Auxiliar da Faculdade de Direito da Universidade Lusófona do Porto. Advogado. Sócio efectivo da Associação Portuguesa de Direito Europeu.

Helena Pereira de Melo
Licenciada, Mestre e Doutora em Direito. É Professora de Direito Constitucional e de Direito da Saúde e Bioética da Faculdade de Direito da Universidade Nova de Lisboa. É autora de quatro livros e de cinquenta artigos publicados em revistas internacionais e nacionais. É vice-presidente da Associação Portuguesa de Bioética.

Isabel Cabrita
Licenciada em Direito pela Faculdade de Direito da Universidade de Lisboa. Mestre em Relações Internacionais pelo Instituto Superior de Ciências Sociais e Políticas da Universidade Técnica de Lisboa (ISCSP-UTL), com uma tese sobre Direitos Humanos publicada pela Almedina com o título "Direitos Humanos: Um Conceito em Movimento". Doutoranda em Ciências Sociais, na especialidade de Relações Internacionais e Docente no ISCSP-UTL. Vogal da Direcção da Sociedade Portuguesa de Direito Internacional (SPDI) e membro da *International Law Association*.

João Carlos Santana da Silva

Licenciou-se em História e é mestrando em História Contemporânea na Faculdade de Letras da Universidade de Lisboa. Foi colaborador do Instituto Diplomático do Ministério dos Negócios Estrangeiros, período durante o qual foi também editor da revista *Negócios Estrangeiros*.

João Pedro Pimenta

Licenciado em Direito pela Universidade Católica Portuguesa do Porto (Portugal), pós--gradudado em Direito do Ordenamento do Território, Urbanismo e Ambiente pela Universidade de Coimbra (Portugal).

Jorge Azevedo Correia

Licenciado em Ciência Política e Relações Internacionais pela Universidade Internacional. Concluiu a fase curricular do mestrado em Ciência Política e Relações Internacionais (vertente de Teoria Política) do Instituto de Estudos Políticos da Universidade Católica. Técnico superior do Instituto Diplomático do Ministério dos Negócios Estrangeiros, onde desempenha funções na área de formação diplomática e como Director Executivo da Revista Negócios Estrangeiros.

Jorge Mattamouros

Jorge Mattamouros é *Master of Laws* (LL.M.) pela Universidade de Harvard, e licenciado em Direito pela Universidade Nova de Lisboa; doutorando da Faculdade de Direito da Universidade Nova de Lisboa. Advogado na King & Spalding LLP, dedica-se à prática de arbitragem comercial e de investimento; foi árbitro em procedimentos arbitrais sob os auspícios da *Cour* Internacional de Arbitragem da Câmara do Comércio Internacional; foi jurisconsulto e/ou perito em temas de direito português dos contratos. No passado, foi assistente da Faculdade de Direito da Universidade do Porto.

José Manuel Briosa e Gala

Licenciado em Direito pela Faculdade de Direito da Universidade de Lisboa (1977), exerceu funções de Secretário de Estado da Cooperação, no Ministério dos Negócios Estrangeiros, entre 1992 e 1995, e posteriormente de gestão de empresas internacionais. É actualmente consultor, designadamente da Comissão Europeia, incumbindo-lhe a representação do respectivo Presidente em assuntos de política africana.

Luís Guilherme Pedro

Investigador do Instituto Português de Relações Internacionais (IPRI-UNL) – Doutorado pelo Department of International Politics, Aberystwyth University.

Luís de Lima Pinheiro

Doutor em Ciências Jurídicas pela Faculdade de Direito da Universidade de Lisboa, com distinção e louvor por unanimidade. Professor Catedrático da Faculdade de Direito da Universidade de Lisboa, jurisconsulto e árbitro, especializado em Direito Internacional Privado, Direito Comercial Internacional, Direito da Arbitragem e Direito da Nacionalidade, com vasta obra publicada em Portugal e no estrangeiro. Membro associado da *International Academy of Comparative Law/Académie internationale de droit comparé*.

LISTA DE AUTORES

Luís Pereira Coutinho
Licenciado, Mestre e Doutor em Direito pela Faculdade de Direito da Universidade de Lisboa. Docente na Faculdade de Ciências Sociais e Humanas da Universidade Nova de Lisboa entre 1996 e 1998 e na Faculdade de Direito da Universidade de Lisboa desde 1996, actualmente como Professor Auxiliar.

Luis Xavier Cabrita
Doutor em Engenharia Naval e Mecânica pela Universidade de Génova. Licenciado em Engenharia Naval pelo IST. Licenciado em Ciências Militares, ramo de Marinha, pela Escola Naval. Representante de Portugal (2005 a 2011) no NIAG (*NATO Industrial Advisory Group*). Foi administrador de empresas com actividade nas áreas da Defesa e Segurança. Contra-Almirante (reformado).

Manuel de Almeida Ribeiro
Licenciado em Direito, doutorado em Ciência Política e Agregado em Ciências Jurídico-Políticas pelo Instituto Superior de Ciências Sociais e Políticas da Universidade Técnica de Lisboa (ISCSP - UTL). Professor Associado do ISCSP - UTL. Presidente da Sociedade Portuguesa de Direito Internacional (SPDI) e menbro do Executive Comitee da International Law Association.

Manuel Duarte de Oliveira
Licenciado em Teologia pela Universidade Católica Portuguesa (1980); Mestre em Teologia pela Pontifícia Universidade Gregoriana (1984); Doutor em Filosofia pela Universidade Hebraica de Jerusalém (1993); Doutor em História pela Universidade de Lisboa (1995); e Juris Doctor pela Benjamin Cardozo School of Law da Yeshiva University, em NY (1999). Foi Visiting Scholar na University of California, Berkeley (1992), Senior Fellow no Center for the Study of World Religions da Harvard University (1993/4), e no Harvard Center for Jewish Studies (1995/6), Visiting Scholar na Columbia University School of Law (2007), e Fellow na Harvard Kennedy School of Government (2008). Foi Professor Catedrático na Universidade Lusófona de Humanidades e Tecnologias (2000-2004). Trabalhou na Fundação Luso-Americana para o Desenvolvimento, e co-criou o Conselho Empresarial para o Desenvolvimento Sustentável que serviu enquanto Secretário-Geral. Trabalhou na PLMJ e na Gonçalves Pereira Castelo Branco. É co-Fundador e Presidente do Instituto de Humanidades e Ciências Inteligentes e colaborador no Centro de Filosofia da Universidade de Lisboa. Colabora com a Comissão Europeia enquanto especialista nos Programas-Quadro VI e VII e como Membro do Painel de Ética nas áreas de Ciência, Economia e Sociedade. É Membro da International Law Association, Vice-Presidente da Sociedade Portuguesa de Direito internacional, Membro da Associação Portuguesa de Teoria do Direito, Filosofia do Direito e Filosofia Social e da Internationale Vereinigung für Rechts- und Sozialphilosophie. Enquanto Advogado trabalha nas áreas de Propriedade Intelectual e Patentes.

Marcos Farias Ferreira
Doutor em Ciências Sociais, vertente de Relações Internacionais pelo Instituto Superior de Ciências Sociais e Políticas da Universidade Técnica de Lisboa (Portugal). MscEcon International Politics pela University of Wales Aberystwyth (Reino Unido). Mestre em Relações Internacionais pelo Instituto Superior de Ciências Sociais e Políticas da Univer-

sidade Técnica de Lisboa (Portugal). Professor no Instituto Superior de Ciências Sociais e Políticas da Universidade Técnica de Lisboa (Portugal). Professor Convidado na Universidad ORT (Uruguai) e na Universidad de Guadalajara (México).

Maria Cabral Alves Mineiro

Mestre em Direito na área de Ciências Jurídicas Forenses pela Universidade Nova de Lisboa. Pós-graduada em Gestão Pública pelo Instituto Nacional de Administração. Licenciada em Direito pela Universidade Nova de Lisboa. Jurista.

Maria de Assunção do Vale Pereira

Doutora em Direito (Ciências Jurídicas Públicas), pela Universidade do Minho. Mestre em Direito (Ciências Jurídico-Políticas) pela Universidade de Coimbra. Licenciada em Direito (Ciências Jurídico-Políticas) pela Universidade Livre – Porto.
Professora Auxiliar da Escola de Direito da Universidade do Minho.
Vogal da Direcção do Observatório Lusófono dos Direitos Humanos – OLDHUM. Membro do Conselho de Redacção da revista *Scientia Ivridica*.

Maria Francisca Saraiva

Licenciada e mestre em Relações Internacionais e doutorada em Ciências Sociais, na especialidade de Relações Internacionais, com uma tese na área dos Estudos Estratégicos, pelo ISCSP-UTL. É professora auxiliar no ISCSP-UTL trabalhando as áreas da Geopolítica, Geoestratégia, Resolução de Conflitos e Direitos Humanos. Pertence ao Conselho do Ensino Superior Militar, no âmbito do Ministério da Defesa Nacional, enquanto individualidade de reconhecido mérito e competência no âmbito de ensino superior militar, designada pelo Ministro da Defesa Nacional. É investigadora no Instituto da Defesa Nacional nas áreas dos Estudos Estratégicos e Estudos Geopolíticos. É também investigadora integrada no CAPP, no Núcleo de Tecnologia, Sociedade e Governança, do ISCSP/UTL, e no Centro de Investigação e Formação para uma Cultura da Paz da Fundação Mário Soares.

Maria João Militão Ferreira

Licenciada e Mestre em Relações Internacionais e Doutorada em Ciências Sociais, na especialidade Relações Internacionais, pelo Instituto Superior de Ciências Sociais e Políticas da Universidade Técnica de Lisboa. É membro do Observatório da Segurança Humana, do Projecto Saúde, Risco e Governamentalização (financiado pela Fundação para a Ciência e Tecnologia) e da rede internacional de estudos sobre trauma e memória coordenada por Jenny Edkins. É autora do livro *A Política Externa Europeia* e de três manuais na área das relações internacionais e da integração europeia. Tem artigos publicados em revistas internacionais, designadamente *Journal of Global Analysis* e *Ethics & Global Politics*.

Maria Regina de Mongiardim

Doutora em Ciências Sociais, área das Relações Internacionais, Instituto Superior de Ciências Sociais e Políticas da Universidade Técnica de Lisboa (ISCSP-UTL). Mestre em Relações Internacionais pelo ISCSP-UTL. Licenciada em História pela Faculdade de Letras da Universidade de Lisboa. Académica correspondente da Academia Internacional da Cultura Portuguesa. Diplomata (Conselheira de Embaixada).

LISTA DE AUTORES

Marisa Apolinário
Licenciada em Direito pela Faculdade de Direito da Universidade de Lisboa em 2001. Doutoranda da Faculdade de Direito da Universidade Nova de Lisboa (5.º Programa de Doutoramento e Mestrado em Direito). Advogada. Tem desenvolvido quer a sua actividade académica, quer a sua actividade profissional predominantemente na área do Direito Público, em especial ligada ao Direito Administrativo, Regulação e Direito da Energia.

Mateus Kowalski
Doutorando em Politica Internacional e Resolução de Conflitos na Universidade de Coimbra, Mestre em Direito Internacional pela Universidade de Lisboa e Licenciado em Direito pela Universidade de Coimbra. Docente universitário. Autor de varias publicações e comunicações nos domínios da teoria do Direito Internacional, da justiça penal internacional, do sistema da Nações Unidas ou da segurança. Conselheiro jurídico no Ministério dos Negócios Estrangeiros de Portugal na área do Direito Internacional. Tem integrado a representação de Portugal a foruns e grupos de trabalho internacionais, incluindo no âmbito das Nações Unidas, da União Europeia e do Conselho da Europa.

Miguel Calado Moura
Doutorando da Faculdade de Direito da Universidade Nova de Lisboa. Mestre em Direito pela Faculdade de Direito da Universidade Nova de Lisboa. Advogado. Secretário da Sociedade Portuguesa de Direito Internacional.

Miguel Medina Silva
Licenciado em Direito pela Universidade Católica de Lisboa, completou a parte curricular do Mestrado em Ciências Jurídico-Comerciais na mesma Universidade. Docente universitário e autor de diversas publicações na área do Direito. Advogado na Legalworks – Gomes da Silva & Associados. Anteriormente desempenhou funções de adjunto em gabinetes ministeriais na Assembleia da República e Presidência do Conselho de Ministros.

Miguel de Serpa Soares
Director do Departamento de Assuntos Jurídicos do Ministério dos Negócios Estrangeiros. Membro do Tribunal Permanente de Arbitragem. Representante de Portugal na VI Comissão (Direito Internacional) da Assembleia-Geral das Nações Unidas. Representante de Portugal no Comité de Conselheiros de Direito Internacional (CAHDI) do Conselho da Europa. Representante de Portugal no Grupo de Trabalho de Direito Internacional Público (COJUR) do Conselho da União Europeia. Membro da Comissão Paritária da Concordata Portugal/Santa-Sé. Realizou os seus estudos na Faculdade de Direito da Universidade de Lisboa, na Faculdade de Direito da Universidade de Urbino, Itália e no Collège d'Europe, Bruges, Bélgica.

Mónica Dias
Nasceu em Lisboa em 1981. Licenciou-se em Relações Internacionais pelo Instituto Superior de Ciências Sociais e Poíticas da Universidade Técnica de Lisboa (ISCSP-UTL) Detém o grau de *Master of Philosophy* em Estudos do Desenvolvimento pela Universidade de Cambridge. Em 2011, concluiu, sob a supervisão da Dra. Mónica Ferro, um estudo subordinado ao tema conhecimentos, atitudes e representações dos agentes de decisão técnica e política sobre os Objectivos de Desenvolvimento do Milénio da Organização das Nações Unidas.

Mónica Ferro

Docente Universitária no ISCSP e Investigadora Sénior do Observatório de Segurança Humana. Licenciada e Mestre em Relações Internacionais (Construção de Estados) e doutoranda em Relações Internacionais e bolseira da Fundação para a Ciência e Tecnologia. Autora de dois livros sobre a Organização das Nações Unidas e de mais de uma centena de artigos sobre o sistema das Nações Unidas, Construção de Estados e Reforma do Sector de Segurança. Deputada à Assembleia da República na XII Legislatura.

Nuno Canas Mendes

Doutor e Mestre em Relações Internacionais pelo Instituto Superior de Ciências Sociais e Políticas da Universidade Técnica de Lisboa (ISCSP-UTL). Professor Auxiliar no ISCSP--UTL e no Instituto Superior de Ciências Policiais e Segurança Interna. Investigador integrado do Instituto do Oriente.

Pedro Conceição Parreira

Docente no ISCSP-UTL, tem como interesses de investigação a área de economia política internacional. Investigador do Centro de Administração e Políticas Públicas; Investigador visitante na Universidade das Nações Unidas, Estudos Comparativos de Integração Regional, ano de 2008; Entre outras, membro da Ordem dos Economistas portuguesa; da *Royal Economic Society*; da BISA, subgrupo de *International Political Economy Group* (IPEG); do projecto europeu *GARNET* e do Instituto Internacional para o Intercâmbio e os Estudos Asiáticos.

Pedro Lomba

Pedro Lomba, licenciado (2000) e mestre (2005) em ciências jurídico-políticas pela Faculdade de Direito de Lisboa, Master of research pelo Instituto Universitário Europeu (2008), doutorando do Instituto Universitário Europeu e da Faculdade de Direito de Lisboa, assistente da Faculdade de Direito de Lisboa desde 2005.

Pedro Miguel Moreira da Fonseca

Doutor em Ciências Sociais, na especialidade de Ciência Política, pelo Instituto Superior de Ciências Sociais e Políticas da Universidade Técnica de Lisboa e Mestre em Ciência Política pela mesma instituição. Professor Auxiliar do Instituto Superior de Ciências Sociais e Políticas da Universidade Técnica de Lisboa.

Ricardo Branco

Doutorando em Direito Internacional na Faculdade de Direito da Universidade de Lisboa (Portugal). Mestre em Direito Constitucional pela Faculdade de Direito da Universidade de Lisboa (Portugal). Assistente da Faculdade de Direito da Universidade de Lisboa (Portugal). Membro efectivo da Associação Portuguesa de Filosofia do Direito, Teoria do Direito e Filosofia Social, bem como da Sociedade Portuguesa de Direito Internacional (SPDI).

Rita Calçada Pires

Professora universitária e jurista. Doutora em Direito Público pela Universidade Nova de Lisboa, com a tese na área do Direito Internacional Fiscal, intitulada "Tributação internacional dos rendimentos empresarias gerados através do comércio electrónico: destruir mitos e construir realidades". Investiga no domínio do Direito Fiscal, tendo múltiplas obras publicadas na área.

Rosa Maria Martins Rocha
Doutora em Direito pela Universidade Portucalense, Infante D. Henrique, Mestre em Relações Internacionais pela Universidade Portucalense, Infante D. Henrique e Licenciada em Direito pela Faculdade de Direito da Universidade de Coimbra. Professora Coordenadora da Escola Superior de Tecnologia e Gestão de Felgueiras do Instituto Politécnico do Porto, Coordenadora da Licenciatura e do Mestrado em Solicitadoria, Professora Decana da Escola e membro do Conselho Pedagógico e do Conselho Técnico-científico. Autora de várias publicações e de uma monografia na área do Direito Internacional, sobretudo do Direito do Mar. Membro da Sociedade Portuguesa de Direito Internacional (SPDI).

Teresa Mafalda Vieira da Silva Cabrita
Mestre *cum laude* em Direito Internacional Público pela Universidade de Leiden (Holanda). Licenciada em Direito pela Faculdade de Direito da Universidade Nova de Lisboa (FDUNL). Estagiária no Tribunal Penal Internacional para a ex-Jugoslávia (Haia, Holanda) e no Gabinete Europeu de Luta Anti-Fraude (OLAF, Bruxelas).

Teresa Violante
Licenciada em Direito pela Universidade de Coimbra, Mestre em Direitos Humanos e Democratização pela Universidade de Padova (Itália), Doutoranda em Direito Público na Faculdade de Direito da Universidade de Nova de Lisboa. Assessora do Gabinete de Juízes do Tribunal Constitucional. Membro da Sociedade Portuguesa de Direito Internacional e da Associação Portuguesa de Teoria do Direito, Filosofia do Direito e Filosofia Social.

Valerio de Oliveira Mazzuoli
Doutor summa cum laude em Direito Internacional pela Universidade Federal do Rio Grande do Sul (Brasil). Mestre em Direito Internacional pela Universidade Estadual Paulista (Brasil). Professor Adjunto da Faculdade de Direito da Universidade Federal de Mato Grosso (Brasil). Coordenador do Mestrado em Direito da Faculdade de Direito da UFMT (Brasil). Membro efetivo da Associação Brasileira de Constitucionalistas Democratas – ABCD.

Vasco Becker-Weinberg
Doutorando na Faculdade de Direito da Universidade de Hamburg. Mestre em Ciências Jurídico-Internacionais pela Faculdade de Direito da Universidade de Lisboa. Licenciado em Direito pela Faculdade de Direito de Lisboa da Universidade Católica Portuguesa.

Victor Marques dos Santos
Licenciado em História pela Faculdade de Letras da Universidade de Lisboa, concluiu estudos de Pós-Graduação em Política Externa Portuguesa e em Formação Diplomática na mesma Faculdade e no Instituto Superior de Ciências Sociais e Políticas da Universidade Técnica de Lisboa (ISCSP-UTL). É Mestre em Relações Internacionais e Doutor em Ciências Sociais na Especialidade de Relações Internacionais pelo ISCSP-UTL, onde lecciona

como Professor Associado com Agregação. Até 2010, foi Director do Centro de Estudos de História das Relações Internacionais do IRI-ISCSP-UTL. É membro fundador da Associação Portuguesa de Ciência Política, colabora com o Instituto da Defesa Nacional do MDN, com o Instituto Diplomático do MNE, com a Sociedade de Geografia de Lisboa, com a Academia da Força Aérea, com a Escola Naval e com a Comissão Portuguesa do Atlântico.

Vítor Pereira das Neves

Doutor em Direito pela Faculdade de Direito da Universidade Nova de Lisboa. Professor Auxiliar da Faculdade de Direito da Universidade Nova de Lisboa. Advogado e Jurisconsulto.

INTRODUÇÃO

A Enciclopédia Portuguesa de Direito Internacional é um projecto de grande significado para a Sociedade Portuguesa de Direito Internacional (SPDI).

Constituída há dez anos, a SPDI tem dois objectivos: ser a associação portuguesa filiada na International Law Association e desenvolver anualmente um programa próprio de actividades, quer da iniciativa dos seus órgãos, quer através do apoio a iniciativas dos seus associados.

A vida da associação não tem, como facilmente se imagina, sido fácil. Dependente apenas das contribuições dos seus sócios, deve muito em especial ao entusiasmo dos membros dos seus corpos sociais o êxito crescente do seu percurso.

A presente obra representa para SPDI, e acreditamos que também para os internacionalista portugueses, um atestado de maturidade.

Como é sabido, o Direito Internacional Público não foi até tempos recentes uma prioridade do pensamento jurídico português. À excepção de poucos casos, sendo de destacar Joaquim da Silva Cunha e André Gonçalves Pereira – ambos sócios honorários da SPDI – muito pouco se publicou em Portugal até aos anos setenta do século XX.

A adesão de Portugal às Comunidades Europeias suscitou o interesse pelo Direito Comunitário e, em grande parte por arrasto, pelo Direito Internacional Público. Embora ainda reduzido em termos relativos, o crescimento das publicações de obras de Direito Internacional entre nós tem sido assinalável e crescente.

A presente iniciativa editorial pretende assinalar a maturidade dos estudos internacionais em Portugal. Aberta a todos os interessados, muitos não sócios da SPDI e alguns não juristas, como se pode verificar pelos *curricula* dos contribuintes, pretendeu-se dotar os juristas, estudantes de direito e outros profissionais interessados, como, por exemplo jornalistas, de uma fonte compreensiva mas acessível que permita contactar os conceitos e encontrar a pista para o seu aprofundamento nos apontamentos bibliográficos.

Embora certamente com muitos defeitos, imputáveis não aos autores das entradas mas à comissão editorial, solicitamos aos leitores uma leitura complacente e desde já agradecemos as críticas que queiram encaminhar para a SPDI para serem consideradas em futuras edições.

Os nossos agradecimentos vão em primeiros lugar para os autores das entradas, sem os quais esta obra não existiria.

A título pessoal, quero destacar o trabalho desenvolvido pelo Doutor Francisco Pereira Coutinho e pela Mestre Isabel Cabrita pelo empenho pessoal que dedicaram a esta realização.

MANUEL DE ALMEIDA RIBEIRO
Presidente da SPDI

ACORDO DE DESENVOLVIMENTO CONJUNTO

Francisco Briosa e Gala

Acordo de desenvolvimento conjunto pode ser definido como o acordo entre dois ou mais Estados, pelo qual é designada uma zona especial onde determinados recursos naturais serão conjuntamente explorados, através de um esquema de repartição de proveitos e encargos estabelecido.

Assim, os elementos essenciais do acordo de desenvolvimento conjunto serão: *i)* a designação de uma zona especial; *ii)* os recursos aos quais ele se aplica; *iii)* a determinação da jurisdição e das leis sob as quais a operação será efectuada; e *iv)* os termos e condições da operação.

A sua origem e, em grande parte a sua finalidade, deve-se ao problema dos depósitos transfronteiriços ou situados em áreas de reivindicações sobrepostas[1].

Nestes termos, é importante notar que os acordos de aproveitamento conjunto não pressupõem a prévia delimitação das fronteiras. Se podem ser celebrados em casos onde as mesmas estão pacificamente fixadas, podem do mesmo modo ser celebrados em casos onde os Estados não chegam a consenso quanto à delimitação do seu território. Nesta última hipótese, o acordo de aproveitamento conjunto ganhará maior acuidade, uma vez que constituirá uma forma de os Estados contornarem, para efeitos de exploração dos recursos naturais, um conflito relativo à delimitação das suas fronteiras.

Refira-se que o Direito Internacional não impõe, em nenhuma circunstância, o estabelecimento de acordos de desenvolvimento conjunto como solução para litígios relativos ao acesso a recursos naturais (potencial ou efectivamente

---

[1] No entanto, numa acepção ampla, acordo de desenvolvimento conjunto poderá abranger casos onde não existe qualquer problema de recursos transfronteiriços ou de delimitação de fronteiras mas em que os Estados, mesmo assim, decidem acordar num desenvolvimento conjunto por razões económicas, técnicas ou outras.

ACORDO DE DESENVOLVIMENTO CONJUNTO

comuns), mas apenas estabelece a obrigação de resolução pacífica de disputas e a obrigação de negociação de boa fé, esta última decorrente do princípio da cooperação entre Estados para a partilha de recursos comuns.

O seu conteúdo é variável, atendendo a que nos situamos num plano de relações entre Estados, com as naturais condicionantes geográficas, históricas, políticas e económicas. Atendendo a esta parametrização, poderá conter disposições diversas, quer no essencial – como os termos e condições da operação, quer na previsão de disposições complementares, como a segurança dos trabalhadores ou critérios de preferência quanto à escolha do operador. Daí que não exista um modelo universal ou sequer predominante em termos numéricos.

Se o primeiro acordo de desenvolvimento conjunto foi celebrado, apenas, em 22 de Fevereiro de 1958, entre o Bahrein e a Arábia Saudita, hoje contam-se inúmeros acordos de desenvolvimento conjunto celebrados pelo mundo todo, sendo uma prática cada vez mais utilizada pelos Estados para a exploração de recursos comuns.

Referências:

AA. VV., *Joint Development of Offhore Oil and Gas – Volume I*, Hazel Fox (ed.), London: British Institute of International and Comparative Law, 1989.

AA. VV., *Joint Development of Offhore Oil and Gas – Volume II*, Hazel Fox (ed.), London: British Institute of International and Comparative Law, 1990.

Rainer Lagoni, "Oil and gas deposits across national frontiers", in *The American Journal of International Law*, n.º 73, 1979, pp. 215-243

David M., Ong, "Joint development of common offshore oil and gas deposits: 'mere' state practice or customary international law?", *in The American Journal of International Law*, n.º 93, 1999, pp. 771-804.

Marilda Rosado de Sá Ribeiro, *Direito do Petróleo: As Joint Ventures na Indústria do Petróleo*, 2.ª ed. actualizada e ampliada, Rio de Janeiro: Renovar, 2003.

ACORDO GERAL SOBRE AS PAUTAS ADUANEIRAS E O COMÉRCIO (GATT)

MARIA CABRAL ALVES MINEIRO

Durante os séculos XIX e XX surgiram vários instrumentos internacionais direccionados para a protecção da propriedade industrial, dos quais a Convenção da União de Paris (1883), o Acordo de Madrid relativo ao registo internacional de Marcas (1891) o Protocolo relativo ao Acordo (1989) são exemplos.

A importância da protecção da propriedade industrial seguia paralela à da garantia da disciplina económica internacional que encontrou expressão particularmente intensa após a I Guerra Mundial, em 1947, com a criação do Acordo Geral sobre as Pautas Aduaneiras e o Comércio (GATT), Acordo multilateral regulador da matéria relacionada com o comércio que, nascido após o fracasso da Organização Internacional do Comércio, visava harmonizar as políticas aduaneiras dos Estados signatários.

O GATT procurou dinamizar a economia internacional no período pós-guerra depois do proteccionismo económico que pautou os anos 30 e acompanhou a II Guerra Mundial; os propósitos do GATT não deixam, contudo, de ser questionados, uma vez que tem sido defendido que antes de promover o livre comércio, o GATT pretendeu diminuir barreiras e garantir o acesso equitativo aos mercados como forma de agilizar a interdependência entre os países e, consequentemente, de reduzir os riscos de uma nova guerra.

Depois de aprovado e entrado em vigor, o GATT foi objecto de sucessivas revisões, intituladas Rodadas, das quais foi a do Uruguai – 1986/1994 – a mais intensa e expressiva, pondo fim ao carácter provisório em que o Acordo assentou, com a criação da Organização Mundial do Comércio (OMC) e, entre outros, do Acordo sobre os Aspectos dos Direitos de Propriedade Intelectual relacionados com o Comércio (ADPIC). Ainda assim, até 1994 o GATT foi o único instrumento multilateral a regular o comércio internacional cujas normas se direccionaram, de forma não impositiva, aos Estados soberanos com questionável efeito prático nos respectivos Direitos internos. O GATT pautou-se pelo princípio da nação mais favorecida (que estendeu incondicionalmente todas as vantagens, privilégios ou imunidades acordadas por uma parte contratante a um produto originário ou com destino às outras partes), pela eliminação geral das restrições quantitativas, pela concessão de subsídios e ainda pelas modestíssimas regras sobre a resolução de disputas internacionais.

Actualmente, continua em vigor e pertence a um dos Acordos que integram os acordos administrados pela OMC, disciplinando o comércio multilateral internacional em matéria de produtos.

Referências:

Desenvolvimentos acerca do GATT disponíveis em: http://www.wto.org/english/tratop_e/gatt_e/gatt_e.htm

Alberto Francisco Ribeiro de Almeida "Os princípios estruturantes do acordo TRIP's: um contributo para a liberalização do comércio mundial", *Boletim de Ciências Económicas da Faculdade de Direito da Universidade de Coimbra*, Coimbra, 2004.

Gonçalo Moreira Rato, *O Acordo TRIPS/ADPIC: Avaliação, Associação Portuguesa de Direito Intelectual, Direito Industrial*, vol. I, Coimbra: Almedina, 2002, pp. 281 a 307.

ACORDO INTERNACIONAL

Mateus Kowalski e Miguel de Serpa Soares

No léxico do Direito Internacional, "acordo internacional" é uma denominação para tratado. Já na terminologia constitucional portuguesa, a designação

ACORDO INTERNACIONAL

convenção internacional (equivalente ao conceito internacional "Tratado") subdivide-se em duas categorias de natureza distinta: os acordos e os tratados. Neste contexto, acordo (por vezes também referido como acordo em forma simplificada) designa qualquer convenção internacional que, nos termos da Constituição, não seja materialmente um tratado.

No ordenamento jurídico português a natureza de acordo tem implicações ao nível do processo interno de vinculação do Estado Português a convenções internacionais. Assim, a aprovação de um acordo compete à Assembleia da República se aquele instrumento versar sobre matéria de reserva absoluta ou relativa de competência daquele órgão de soberania (artigos 164.º e 165.º da Constituição), ou se o Governo entender submetê-lo à apreciação da Assembleia da República (artigo 161.º, al. i), *in fine* da Constituição). Ao Governo, em Conselho de Ministros, compete a aprovação dos acordos cuja aprovação não seja da competência da Assembleia da República ou que a esta não tenha sido submetidos.

Os acordos, após a assinatura (ratificação no caso dos tratados) pelo Presidente da República (a não assinatura implica a sua não existência jurídica – artigos 134.º, al. b) e 137.º da Constituição) e a referenda ministerial (a fala de referenda ministerial determina a sua não existência jurídica, tal como no caso dos tratados – artigos 197, n.º 1, al. a) e 140.º da Constituição), bem como os restantes avisos a elas respeitantes, devem ser publicitados através de publicação em Diário da República (a falta de publicidade implica a sua ineficácia jurídica na ordem interna, tal como no caso dos tratados – artigo 119.º da Constituição).

Referências:
Jorge Miranda, *Curso de Direito Internacional Público*, Cascais: Principia, 2006.
José Gomes Canotilho & Vital Moreira, *Constituição da República Anotada – Vol. I*, Coimbra: Coimbra Editora, 2007.

ACORDO SOBRE OS ASPECTOS DOS DIREITOS DA PROPRIEDADE INTELECTUAL RELACIONADOS COM O COMÉRCIO (ADPIC)

Maria Cabral Alves Mineiro

O Acordo sobre os Aspectos dos Direitos da Propriedade Intelectual relacionados com o Comércio, conhecido como Acordo TRIPS (Agreement on Trade-Related Aspects of Intellectual Property Rights) ou ADPIC, entrou em vigor a 1 de Janeiro de 1995 e constitui o acordo comercial multilateral sobre propriedade intelectual mais completo a nível mundial do século XX.

O ADPIC ratifica o Acordo que cria a Organização Mundial do Comércio (OMC) e respectivos anexos, decisões e declarações ministeriais e o Acto Final,

ACORDO SOBRE OS ASPECTOS DOS DIREITOS DA PROPRIEDADE INTELECTUAL

que consagra os resultados das negociações comerciais multilaterais do Ciclo do Uruguai, assinados em Marraquexe a 15 de Abril de 1994.

Das distorções e obstáculos criados ao comércio internacional nasceu a necessidade de promover uma adequada protecção da propriedade intelectual, garantindo a sua efectiva aplicação e harmonização, conferindo aos seus Estados-Membros a possibilidade de legislarem dentro de certos parâmetros, mantendo o equilíbrio entre os interesses nacionais e os compromissos internacionais.

Assim, o ADPIC consagra um conjunto de regras inovadoras. Aplica o princípio da nação mais favorecida (artigo 4.º) segundo o qual todas as vantagens e privilégios assegurados por um Estado-membro aos nacionais de outro país têm de beneficiar os restantes membros. Reconhece também a importância da protecção dos direitos de propriedade intelectual, através do estabelecimento de regras mínimas a serem aplicadas pelos países membros relativamente aos direitos de autor e direitos conexos, marcas, indicações geográficas, desenhos e modelos industriais, patentes, topografia de circuitos integrados e protecção de informações não divulgadas, cabendo à legislação nacional executar as normas internacionais prefiguradas no texto internacional.

Por outro lado, acrescenta uma importante especificidade que se prende com a obrigação de os Estados-membros terem de incluir na sua legislação nacional mecanismos de garantia e protecção dos direitos de propriedade intelectual (*enforcement*). Com efeito, trata-se de medidas correctivas e dissuasivas capazes de travar a prática de infracções (como a possibilidade de o titular de um direito ser indemnizado pelos danos sofridos e das mercadorias serem retiradas dos circuitos comerciais) e ainda medidas provisórias (artigo 50.º) e processos criminais (artigo 61.º).

Outro aspecto relevante tem de ver com a implementação de um sistema de prevenção e resolução de litígios, previsto no artigo 64.º, o qual remete o tratamento desta questão para o GATT.

Em suma, o ADPIC vem regular e proteger os direitos de propriedade intelectual conduzindo à harmonização das leis nacionais. Assim, esta harmonização visava incorporar as disposições do tratado não só nos países desenvolvidos, como também, de forma gradual, nas leis nacionais dos países em vias de desenvolvimento.

Referências:
Alberto Francisco Ribeiro de Almeida "Os princípios estruturantes do acordo TRIP's: um contributo para a liberalização do comércio mundial", *Boletim de Ciências Económicas da Faculdade de Direito da Universidade de Coimbra*, Coimbra, 2004.
Dário Moura Vicente, *A Tutela Internacional da Propriedade Intelectual*, Coimbra: Almedina, 2008.
Gonçalo Moreira Rato, *O Acordo TRIPS/ADPIC: Avaliação, Associação Portuguesa de Direito Intelectual, Direito Industrial*, vol. I, Coimbra: Almedina, pp. 281 a 307.

ACORDOS DE LATRÃO

MARIA DE ASSUNÇÃO DO VALE PEREIRA

Acordos de Latrão (cujo nome decorre de terem sido celebrados no palácio de Latrão) é a designação dada aos acordos celebrados, em 1929, entre a Santa Sé e o Estado italiano, pondo termo a décadas de tensão entre eles existentes (no que se consubstanciou a chamada *Questão Romana*), decorrente do facto de, por força da unificação da Itália, verificada em 1870, a Igreja Católica ter ficado privada de qualquer território na península itálica. Anteriormente, a Igreja detinha os Estados pontifícios (também chamados Património de São Pedro), que ocupavam boa parte dessa península, em especial a zona central. Apesar de a Itália, logo no ano seguinte ao da sua unificação (portanto, em 1871), ter aprovado a Lei das Garantias, a tensão gerada manteve-se, não só entre a Igreja e o Reino de Itália, mas também entre este Estado e outros Estados confessionais, que professavam o catolicismo.

Os acordos então celebrados foram três: um, de natureza financeira, em que se definia um montante, a pagar pelo Estado italiano à Igreja Católica, como compensação pelos bens do Património de São Pedro e outros bens secularizados; outro, que era uma concordata que regulava a situação da Igreja Católica em território italiano; e um terceiro – o mais relevante para a cessação da referida tensão –, de natureza política. Este último veio resolver o problema territorial existente, ao reconhecer a cidade do Vaticano – um território exíguo, cuja área não atinge meio km², reconduzindo-se a uns 44 hectares – como território sob soberania da Igreja Católica; além disso, os Estado italiano confirmou as prerrogativas reconhecidas pela Lei das Garantias e a Igreja Católica declarou terminada a *Questão Romana* e reconheceu o Estado italiano.

No preâmbulo deste tratado, afirma-se que o Vaticano se destina a assegurar à Santa Sé uma sede territorial indiscutível, tanto no aspecto internacional como no aspecto interno. A personalidade internacional da Igreja é reconhecida expressamente no artigo 12.º, onde se afirma que "a Itália reconhece a soberania da Santa Sé no domínio Internacional, como atributo inerente à sua natureza, em conformidade com a sua tradição e as exigências da sua missão no mundo".

No artigo 12.º, é-lhe reconhecido "o direito de legação activa e passiva de acordo com as regras gerais do Direito Internacional". No artigo 24.º, declara-se: "A Santa Sé, no que respeita à soberania que lhe pertence, mesmo no domínio internacional, declara que quer permanecer e permanecerá alheia às competições temporais relativamente aos outros Estados e às reuniões internacionais convocadas com tal fim, a não ser que as partes em litígio façam apelo unânime à sua missão de paz, reservando-se o direito de fazer valer, em tal caso, o seu poder moral e espiritual.

Em consequência, a cidade do Vaticano será sempre e em todos os casos considerada como território neutro e inviolável".

Referências:
Llorca, Garcia Villoslada & Montalban, *Historia de la Iglesia Católica*, vol. IV Edad Moderna (1648-1963), 3.ª ed., Madrid: La Editorial Catolica,1963.
Nguyen Quoc Dinh, Patrick Daillier & Alain Pellet, *Direito Internacional Público*, Lisboa: Fundação Calouste Gulbenkian, 1999.
Silva Cunha & Gonçalves Pereira, *Textos de Direito Internacional*, vol. I, 2.ª ed., Porto, 1990.

ACTA FINAL DE HELSÍNQUIA

Manuel de Almeida Ribeiro

A Acta Final de Helsínquia foi o documento que resultou da Conferência sobre Segurança e cooperação na Europa que se realizou ao longo de três sessões, que tiveram lugar entre 3 de Julho de 1973 e 1 de Agosto de 1975. Participaram na Conferência todos os Estados da Europa ocidental e oriental, à excepção da Albânia, e os Estados Unidos e o Canadá, no total de trinta e cinco participantes. Embora a Acta Final não tenha força vinculativa, sendo apenas um compromisso político, teve um enorme impacte nos posteriores desenvolvimentos na Europa.

A Acta Final de Helsínquia, assinada em 1 de Agosto de 1975, enunciou no chamado "Basket I" dez princípios fundamentais referentes às relações entre os Estados participantes:
1. Igualdade soberana e respeito dos direitos inerentes à soberania;
2. Abstenção de recorrer à ameaça e ao uso da força;
3. Inviolabilidade das fronteiras;
4. Integridade territorial dos Estados;
5. Resolução de controvérsias por meios pacíficos;
6. Não ingerência nos assuntos internos;
7. Respeito pelos direitos humanos e liberdades fundamentais;
8. Igualdade de direitos e direito à autodeterminação dos povos;
9. Cooperação entre Estados;
10. Cumprimentos de boa-fé das obrigações de Direito Internacional.

No "Basket II" estabeleceram-se os princípios relativos à cooperação nos domínios económico, da ciência, tecnologia e ambiente.

O "Basket III" tratou da reagrupamento familiar, do livre fluxo de informação e da cooperação cultural e educacional.

A Conferência reuniu posteriormente em Belgrado, em 1977 e 1978, em Madrid, em 1980 e 1983, em Viena em 1986 e 1989, em Copenhaga, em1990, em Helsínquia em 1992 e em Budapeste, em 1994, quando passou a denominar-se

OSCE – Organização para a Cooperação e Segurança Europeia. Em 1990 foi adoptada a Carta de Paris numa cimeira de chefes de Estado e de governo.

Destas reuniões são de destacar a de Viena em 1989, já com o Bloco de Leste em dissolução, em que se registaram grandes progressos no que se refere aos direitos humanos. No documento final da reunião de Copenhaga, os Estados participantes proclamaram o seu apoio aos princípios do Estado de direito, das eleições livres, da democracia, do pluralismo e do direito a procedimentos judiciais adequados. Em Helsínquia, em 1992, o número de Estados participantes já era de cinquenta e dois, tendo a Conferência sido declarada uma organização regional para os efeitos previstos no capítulo VIII da Carta das Nações Unidas; foi ainda criado o cargo de Alto-comissário da Minorias Étnicas para permitir uma acção rápida e tempestiva quando as questões relacionadas com minoria étnicas tivessem potencial para evoluir para conflito na área da OSCE, afectando a paz, a estabilidade ou as relações entre os Estados participantes.

A criação da OSCE representou a criação de um mecanismo político de resolução de conflitos no espaço europeu. Embora o Conselho da Europa tenha alguma coincidência de objectivos, a sua vocação específica para o domínio jurídico, deixou um espaço político próprio à OSCE.

Referência:
Malcom N. Shaw, *International Law*, Cambridge: Cambridge University Press, 2003.

ACTIVIDADES PERIGOSAS

Mateus Kowalski e Miguel de Serpa Soares

A ideia central que está na base da responsabilidade pelo risco é a de que mesmo que um dado Estado ou Organização Internacional cumpra com as suas obrigações internacionais, nomeadamente no que respeita à prevenção de danos, podem ocorrer acidentes ou incidentes com consequências transfronteiriças que acarretem um dano e um prejuízo para outros Estados ou seus nacionais, designadamente quando se tratem de actividades perigosas não proibidas pelo Direito Internacional.

As "Actividades Perigosas" são actividades não proibidas pelo Direito Internacional que envolvem um risco de causarem um dano transfronteiriço significativo devido às suas consequências físicas. Estas actividades têm uma conexão com o elemento humano. Ainda, estão excluídos os danos que possam resultar de políticas comerciais, monetárias, fiscais ou socioeconómicas.

O exercício de uma actividade perigosa acarreta um dever para o responsável pela actividade de adoptar medidas para a prevenção de danos. Por outro lado, os

Estados ou Organizações Internacionais devem adoptar medidas que garantam a imediata e adequada compensação. Essas medidas incluem a responsabilização do operador. O Estado ou Organização Internacional em cujo território decorra a actividade ou que se encontre sob sua jurisdição é responsável subsidiariamente.

Ocorrendo um incidente envolvendo uma actividade perigosa do qual resulte ou seja provável que resulte um dano transnacional, o Estado ou Organização Internacional de origem do dano deve agir no sentido de conter o dano através de: notificação aos Estados afectados ou potencialmente afectados do incidente e das suas possíveis consequências transfronteiriças; assegurar, em conjunto com o operador, as medidas de resposta adequadas; empreender consultas e cooperar com os Estados afectados ou potencialmente afectados no sentido de mitigar e, se possível, eliminar os danos; assegurar, quando apropriado e em conjunto com os restantes Estados afectados ou potencialmente afectados, a assistência de organizações internacionais especializadas e de outros Estados.

Referências:

Alan Boyle, "State Responsibility and International Liability for Injurious Consequences of Acts not Prohibited by International Law: A Necessary Distinction?", 39 *International & Comparative Law Quarterly* 1, 1990.

International Law Commission (2001), *Report of the Fifty-Sixth Session of the International Law Commission: International Liability for Injurious Consequences Arising Out of Acts Not Prohibited by International Law (Prevention of Transboundary Harm from Hazardous Activities)*, United Nations General Assembly document A/56/10, 144-170.

International Law Commission (2006), *Report of the Sixty-First Session of the International Law Commission: International Liability for Injurious Consequences Arising Out of Acts Not Prohibited by International Law (International Liability in Case of Loss from Transboundary Harm Arising Out Of Hazardous Activities)*, United Nations General Assembly document A/61/10, 101-182.

ACTO CONCERTADO NÃO-CONVENCIONAL

Mateus Kowalski e Miguel de Serpa Soares

Acto concertado não-convencional designa um instrumento internacional juridicamente não-vinculativo, isto é, um instrumento internacional de carácter político-administrativo que é destituído de vinculatividade jurídica própria. Assim, um acto concertado não-convencional não pode prever novos direitos ou obrigações juridicamente vinculativos. Os actos concertados não-convencionais são uma figura recorrente no quadro actual das relações internacionais. De facto, o seu conteúdo pode abarcar, em princípio, qualquer área das relações internacionais de um Estado.

ACTO CONCERTADO NÃO-CONVENCIONAL

Os actos concertados não-convencionais têm em comum o facto de constituírem meros acordos políticos, não tendo, substancialmente, efeitos jurídicos próprios e não estando, formalmente, adstritos às mesmas exigências jurídico-formais e jurídico-procedimentais que os tratados. Por outro lado, podem assumir diversos tipos de designação, tais como "Protocolo", "Protocolo de Cooperação", "Memorando de Entendimento" ou "Declaração Conjunta", entre outros. Não lhes é aplicável o Direito Internacional dos Tratados.

No que respeita a prática jurídico-diplomática portuguesa, face a um caso concreto deverá ser determinado pela análise do conteúdo (e não pela designação do instrumento) se existe intenção em concluir um tratado, ou se, pelo contrário, a intenção é a de estabelecer uma relação juridicamente não-vinculativa. A previsão de novos direitos ou obrigações é o indicador relevante para a determinação da intenção.

Estando em causa a negociação de um instrumento com conexões com a política externa portuguesa, a assinatura de qualquer acto concertado não-convencional encontra-se no âmbito de atribuições do Ministério dos Negócios Estrangeiros. Normalmente a produção de efeitos depende da mera assinatura do instrumento. Assim, os actos concertados não convencionais não carecem de aprovação prévia da assinatura pelo Senhor Primeiro-Ministro; emissão de carta de Plenos Poderes em favor do signatário; aprovação ou publicação.

Referências:
Anthony Aust, *Modern Treaty Law and Practice*, Cambridge: Cambridge University Press, 2000.
Jorge Miranda, *Curso de Direito Internacional Público*, Cascais: Principia, 2006.

ACTO ILÍCITO INTERNACIONAL

Manuel de Almeida Ribeiro

Segundo o Artigo 2.º do Projecto de Artigos sobre Responsabilidade dos Estados por Actos Ilícitos Internacionais da Comissão de Direito Internacional:
"Um acto de um Estado é internacionalmente ilícito quando a sua conduta, consistindo num acção ou omissão:
a) É atribuível ao Estado nos termos do Direito Internacional; e
b) Constitui uma violação de uma obrigação internacional do Estado."
Segundo o Artigo 3.º do mesmo projecto: "a caracterização de um acto de um Estado como internacionalmente ilícito é feita nos termos do Direito Internacional. Tal caracterização não é afectada pela qualificação do mesmo acto como ilícito internacional".

ACTO UNILATERAL

Para se verificar um acto ilícito internacional é necessário que o Estado seja um sujeito internacional, o que exclui Estados federados e protectorados sem competências internacionais, e que o acto lhe seja imputável. A imputação de uma conduta a um Estado é tratada nos artigos 4.º a 12.º (Capítulo II) do Projecto de Artigos. Para além de condutas de órgãos ou agentes do Estado (Artigo 4.º), mesmo com excesso de autoridade ou desrespeito de instruções (Artigo 7.º), podem ser imputadas a este condutas de pessoas ou entidades investidas de autoridade governamental (Artigo 5.º), condutas de órgãos colocados à disposição de um Estado por outro Estado (Artigo 6.º), conduta dirigida ou controlada por um Estado (Artigo 8.º), conduta levada a cabo na ausência ou na falta de autoridades oficiais, designadamente por agentes *de facto* (Artigo 9.º), conduta de movimento insurreccional ou outro que se transforme no novo governo do Estado (Artigo 10.º) e a conduta assumida e adoptada por um Estado como sua (Artigo 11.º).

A violação de obrigações internacionais é tratada nos artigos 12.º a 17.º do Projecto de Artigos. O Artigo 12.º estabelece que "há violação por um Estado de uma obrigação internacional quando um acto desse Estado não é conforme com essa obrigação, independentemente da sua origem ou natureza". O Capítulo IV regula a "Responsabilidade de um Estado em ligação com o acto de outro Estado".

As causas e exclusão da ilicitude são tratadas no capítulo V: o Consentimento (Artigo 20.º), a Legítima Defesa (Artigo 21.º), As Contramedidas respeitantes a um acto ilícito internacional (Artigo 22.º), A Força Maior (Artigo 23.º), o Perigo Extremo (Artigo 24.º), o Estado de Necessidade (Artigo 26.º).

Em 2009 foi publicado o Projecto de Artigos sobre Responsabilidade de Organizações Internacionais, com uma sistemática semelhante ao Projecto de Artigos sobre Responsabilidade de Estados por Actos Ilícitos.

Referências:
Joaquim da Silva Cunha & Maria da Assunção do Vale Pereira, *Manual de Direito Internacional Público*, Coimbra: Almedina, 2000.
Nguyen Quoc Dinh, Patrick Daillier & Alain Pellet, *Droit International Public*, Paris: L.G.D.J., 1992.

ACTO UNILATERAL

Victor Marques dos Santos

A expressão *acto unilateral* refere-se a um acto imputável apenas a um sujeito de Direito Internacional (DI). Não constituindo competências específicas derivadas de atributos da soberania, os actos unilaterais incluem-se entre as modalidades de exercício da soberania externa. Neste plano, o *acto unilateral* decorre de manifestações de vontade que, não tendo como objectivo a conclusão de acordos ou a assunção de outros compromissos internacionais são, no entanto, passíveis de contribuir para a alteração unilateral do DI, designadamente, através da inovação normativa.

A imputabilidade do acto ao estado, a actuação dentro dos limites da sua capacidade soberana, a manifestação unilateral de vontade e a respectiva publicitação suficiente, são elementos que dispensam a aceitação explícita por parte de outros sujeitos de direito.

Numa "concepção estrita", os *actos unilaterais* são considerados *autónomos*, nos casos em que não decorrem de qualquer vínculo anteriormente assumido, nem estão dependentes da sua compatibilidade com outros actos jurídicos. São independentes de qualquer outra fonte de direito para a produção autónoma de efeitos jurídicos sendo considerados, nesta concepção, como fonte autónoma do DI, apesar de não estarem incluídos no artigo 38.º do Estatuto do Tribunal Internacional de Justiça. Podem ser expressos, tácitos ou implícitos. Não têm exigência de forma escrita, não sendo por isso obrigatório o seu registo, em conformidade com o artigo 102.º da Carta das Nações Unidas.

Alguns *actos unilaterais*, são também *autonormativos*, constituindo situações de compromisso jurídico unilateral sobre o cumprimento de obrigações ou sobre o exercício de direitos, pelas quais o estado se vincula publicamente à adopção uma linha de comportamento inerente ao compromisso assumido, como "princípio do efeito obrigatório do acto unilateral válido". Consequentemente, mesmo os chamados actos "autonormativos" contêm elementos de heteronormatividade, na medida em que envolvem direitos e expectativas criados relativamente a outros sujeitos de direito. Nos casos em que a heteronormatividade constitui a característica dominante, um estado pode procurar impor obrigações ou comportamentos determinados a outros sujeitos de direito autónomos, através de um *acto unilateral* essencialmente "heteronormativo".

Em sentido amplo, a figura do *acto unilateral* inclui também os actos *não-autónomos*, que se articulam com uma prescrição convencionada ou com uma regra consuetudinária. No caso de um tratado, a prescrição que estipula as condições de acesso pode conferir ao estado o direito de adesão, denúncia e recesso, bem como de invocar o direito de reserva. A *declaração unilateral de adesão* substitui, neste caso, o acto de adesão formal e constitui um acto unilateral *não-autónomo*.

Os *actos unilaterais* incluem categorias diversificadas e qualquer tentativa de enumeração será, dificilmente, exaustiva. Admite-se, no entanto, que as categorias de actos unilaterais autónomos mais frequentes são a *declaração unilateral de aceitação* ou aquiescência, a *notificação*, o *protesto*, a *renúncia* a um direito, prerrogativa ou reclamação, a *denúncia*, a *promessa* ou garantia e o *reconhecimento*.

Referências:

Ian Brownlie, *Princípios de Direito Internacional Público*, Lisboa: Gulbenkian, 1997.

Nguyen Quoc Dinh, Patrick Daillier & Alain Pellet, *Direito Internacional Público*, Lisboa: Gulbenkian, 1999.

André Gonçalves Pereira & Fausto de Quadros, *Manual de Direito Internacional Público*, 3.ª ed., Coimbra: Almedina, 1993.

AGENTES *DE FACTO*

MANUEL DE ALMEIDA RIBEIRO

Agentes *de facto* são particulares que na sequência de acontecimentos excepcionais, designadamente em tempo de guerra, se comportam como funcionários de facto. O Artigo 9.º do Projecto de Artigos sobre Responsabilidade Internacional dos Estados por Actos Ilícitos Internacionais estabelece:

Artigo 9

Conduta levada cabo na ausência ou na falta de autoridades oficiais

A conduta de uma pessoa ou um grupo de pessoas é considerada um acto de um Estado nos termos do Direito Internacional, se a pessoa ou grupo de pessoas estiverem de facto a exercer autoridade governamental na ausência ou falta de autoridades oficiais e em circunstâncias tais que tornem necessário o exercício dessa autoridade.

Nestes termos, que, aliás, reproduzem a jurisprudência e doutrinas de Direito Internacional, os actos ilícitos dos agentes de facto são geradores de responsabilidade internacional.

Referência:

Nguyen Quoc Dinh, Patrick Daillier & Alain Pellet, *Droit International Public*, Paris: L.G.D.J., 1992.

AGENTES DIPLOMÁTICOS

MIGUEL DE SERPA SOARES E MATEUS KOWALSKI

No plano internacional, agentes diplomáticos são o Chefe da Missão Diplomática, bem como qualquer membro do pessoal diplomático da Missão (artigo 1.º da Convenção de Viena sobre Relações Diplomáticas de 1961). Em termos genéricos, agente diplomático será qualquer agente que um Estado (Estado Acreditante) designe para exercer funções diplomáticas noutro Estado (Estado Acreditador), ou junto de uma Organização Internacional. O artigo 3.º da Convenção de 1961 descreve, de forma exemplificativa, o conjunto de actividades consideradas como decorrentes da função diplomática. A Convenção de 1961 codifica também um conjunto de normas consuetudinárias relativas ao exercício da actividade dos agentes diplomáticos, como por exemplo a necessidade de acordo prévio do Estado Acreditador para a nomeação de Chefe de Missão (*agrément*) e a declaração de *persona non grata* ou não aceitável. Na prática diplomática internacional, o exercício de funções de um agente diplomático pressupõe um acto de acreditação individual junto do Estado de Acolhimento, o qual reconhece, dessa forma, a qualidade de agente diplomático do Estado Acreditante (neste sentido o artigo 10.º da Convenção de Viena de 1961 relativamente ao conjunto de notificações a fazer ao Ministério dos Negócios Estrangeiros do Estado Acreditador quanto ao início e termo de funções dos agentes diplomáticos).

No plano nacional, a carreira diplomática encontra-se regulada no Decreto-Lei n.º 40-A/98, de 27 de Fevereiro, o qual estabelece que aos funcionários diplomáticos compete a execução da política externa do Estado, a defesa dos seus interesses no plano internacional e a protecção, no estrangeiro, dos direitos dos cidadãos portugueses. A carreira diplomática portuguesa integra as categorias de Embaixador, Ministro plenipotenciário, Conselheiro de embaixada, Secretário de embaixada e Adido de embaixada. De acordo com o artigo 135.º da Constituição da República Portuguesa, compete ao Presidente da República, nomear os Embaixadores e Enviados extraordinários, sob proposta do Governo, e acreditar os representantes diplomáticos estrangeiros.

Referências:

Eillen Denza, *Diplomatic Law, Commentary on the Vienna Convention on Diplomatic Relations*, London: The British Institute of International and Comparative Law, 1976.

Ludwik Dembisnski, *The Modern Law of Diplomacy*, Dordrecht: Martinus Nijhoff, 1988.

Jorge Miranda & Rui Medeiros, *Constituição Portuguesa Anotada*, Tomo II (artigo 135.º), Coimbra: Coimbra Editora, 2006.

Convenção de Viena sobre Relações Diplomáticas, de 18 de Abril de 1961 (aprovada pelo Decreto-Lei 48 295, de 27 de Março de 1968, in DR Série I-74).

Decreto-Lei n.º 40-A/98, de 27 de Fevereiro, in DR Série I-49.

Constituição da República Portuguesa (artigo 135.º).

AGRESSÃO

Teresa Mafalda Vieira da Silva Cabrita

A proibição internacional de agressão encontra-se radicada na proibição geral do uso da força, codificada no Artigo 2.º, n.º 4, da Carta das Nações Unidas. O termo "agressão" foi pela primeira vez definido pela resolução 3314 (XXIX 1974) da Assembleia Geral das Nações Unidas como "o uso de força armada por um Estado contra a soberania, integridade territorial ou independência política de outro Estado, ou de qualquer outro modo incompatível com a Carta das Nações Unidas."

Dois conceitos distintos regem a proibição internacional de agressão, a saber: *actos de agressão* e *crime de agressão*.

Por *actos de agressão*, nos termos definidos pela Resolução supra mencionada, entende-se desde a invasão ou ataque contra o território de um Estado pelas forças armadas de outro Estado ou qualquer forma de ocupação resultante de tal ataque, ao bloqueio de portos ou envio por parte ou em nome de um Estado de bandos armados, grupos, irregulares ou mercenários, que usem de força armada contra um outro Estado, com gravidade tal a constituir um acto de agressão.

Por sua vez, a penalização destes actos, sob a forma do *crime de agressão*, foi incluída no artigo 5.º n.º 1, alínea d) do Estatuto do Tribunal Penal Internacional (TPI), aquando da sua adopção a 17 de Julho de 1998. Contudo, a Assembleia de Estados Partes condicionou o exercício de jurisdição sobre o crime de agressão por parte do Tribunal à adopção de uma disposição que definisse o crime e as condições para o exercício de jurisdição, mediante alteração do Estatuto sete anos após a sua entrada em vigor, tendo um Grupo de Trabalho Especial sobre o Crime de Agressão sido criado para o efeito. Entre 31 de Maio e 11 de Junho de 2010, teve lugar em Kampala (Uganda) a primeira Conferência de Revisão do Estatuto do TPI. A resolução RC/Res. 6, adoptada a 11 de Junho pela Assembleia dos Estados Partes, alterou o Estatuto do Tribunal de modo a incluir uma definição de acto de agressão e de crime de agressão. O termo *acto de agressão* foi definido de acordo com a resolução 3314 (XXIX 1974) da Assembleia Geral das Nações Unidas. Por sua vez, o termo *crime de agressão* foi definido como "o planeamento, preparação, iniciação ou execução, por parte de uma pessoa numa posição de exercício efectivo de controlo sobre, ou de direcção da actividade política ou militar de um Estado, de um acto de agressão que, pelo seu carácter, gravidade ou dimensão, constitui uma violação manifesta da Carta das Nações Unidas." Trata-se, portanto, de um crime de comissão especial, dirigido exclusivamente a altos funcionários de Estado ou comandantes militares.

A jurisdição do Tribunal sobre o crime foi condicionada à ratificação da alteração ao Estatuto por trinta Estados Partes, bem como à adopção de uma decisão por maioria de dois terços dos Estados Partes após 1 de Janeiro de 2017. Uma vez em vigor, a jurisdição do Tribunal não abrange actos de agressão cometidos por nacionais de Estados não Partes ao Estatuto, ou que ocorram no território de Estados não Partes.

Quanto aos Estados Partes, o Tribunal terá jurisdição sobre crimes de agressão que resultem de actos de agressão de Estados Partes, salvo se os mesmos tiverem previamente declarado que não aceitam a jurisdição do Tribunal, por meio de declaração depositada junto da Secretaria do Tribunal.

Referências:

Gerhard Kemp, *Individual Criminal Liability for the International Crime of Aggression*, Antwerp/ Oxford: Intersentia, 2010.

Rina Kaye Müller-Schieke, "Defining the Crime of Aggression under the Statute of the International Criminal Court," 14 *Leiden Journal of International Law* 409, 2001.

Stefan Barriga, Wolfgang Danspeckgruber & Christian Wenaweser, *Materials of the Special Working Group on the Crime of Aggression, 2003-2009*, Liechtenstein Institute on Self--Determination, Princeton University, 2009.

Theodor Meron, "Defining Aggression for the International Criminal Court," 25 *Suffolk Transnational Law Review* 1, 2001.

ÁGUAS INTERIORES

Vasco Becker-Weinberg

Com a ressalva das particularidades apresentadas pelo regime aplicável às águas arquipelágicas, são consideradas águas interiores as águas adjacentes situadas entre a massa terrestre e a linha de base do mar territorial [artigo 8.º], constituindo esta, por sua vez, o limite exterior das águas interiores e o limite interior do mar territorial.

Nos casos em que a delimitação do mar territorial obedeça a regras especiais, a aplicação da regra de delimitação das águas interiores resultará em serem consideradas como águas interiores, águas que até então não o eram, tal como acontece relativamente a recifes, fozes de rios, baías e baixios a descoberto, ou ainda, quando seja necessário recorrer à utilização de linhas de base rectas sempre que existam locais onde a costa apresente recortes profundos e reentrâncias.

As linhas de base rectas poderão ainda ser utilizadas quando exista uma franja de ilhas ao longo da costa e na sua proximidade imediata, desde que o Estado costeiro não separe o mar territorial de outro Estado do alto mar ou de uma ZEE, tal como aconteceria se uma franja de ilhas pertencentes a um Estado se estendesse também ao largo da costa de outro Estado.

Ainda no caso das linhas de base rectas, a Convenção das Nações Unidas sobre o Direito do Mar (CNUDM) admite que o Estado costeiro tenha em conta os interesses económicos da região ao traçar certas linhas de base, cuja realidade e importância estejam claramente demonstradas por uso prolongado [artigo 7.º (5)], como acontece, por exemplo, com a pesca.

Contrariamente às baías [artigo 10.º (4) (5)], não há nenhuma regra de distância máxima de linhas de fecho aplicável a fozes de rios [artigo 9.º], nem tão pouco uma distinção entre fozes e estuários, ou até mesmo relativamente a rios pertencentes a mais de um Estado, o que poderá ter como consequência que a referência a foz dê lugar a diferentes interpretações.

A CNUDM, a respeito de águas interiores, e à semelhança da CGMT, não define o regime aplicável a baías históricas ou baías internacionais. Porém, no caso das baías históricas, existem algumas regras consuetudinárias identificáveis através, por exemplo, da prática dos Estados relativamente às baías de Sirte e de Hudson, bem como, e no que concerne às baías internacionais, da decisão do TIJ sobre o Golfo de Fonseca.

No que respeita a portos [artigo 11.º] e ancoradouros [artigo 12.º], a CNUDM prevê que estas instalações sejam consideradas, respectivamente, como linha de base e limite exterior do mar territorial, sendo que, no que respeita a águas arquipelágicas [artigo 50.º], a CNUDM admite que os Estados arquipelágicos possam traçar uma linha de fecho na extremidade de um porto, ainda que tal tenha a desvantagem de limitar a extensão do mar territorial.

À semelhança do mar territorial, e sem prejuízo do regime próprio das águas arquipelágicas [artigo 49.º], as águas interiores integram o âmbito da soberania territorial dos Estados costeiros [artigo 2.º (1)], sendo porém necessário atender ao equilíbrio entre, por um lado, os direitos de soberania e de protecção dos Estados costeiros [artigo 25.º (2)], nomeadamente o direito de salvaguardar o acesso ao seu território terrestre, impondo a sua lei e regulando a utilização do seu território marítimo e, por outro, os direitos de Estados terceiros nas águas interiores, em particular, o direito de acesso aos portos [artigos 211.º (3), 255.º] e o direito de passagem inofensiva nos casos em que, por via do traçar de uma linha de base recta, passem a ser consideradas como águas interiores, águas que até então não eram [artigos 8.º (2), 18.º (1), 35.º (a), 52.º].

Referências:

E. D. Brown, *The International Law of the Sea. Volume 1. Introductory Manual*, Dartmouth/Aldershot/ Brookfield EUA/Singapura/Sydney: Dartmouth Publishing Company Limited, 1994.

René-Jean Dupuy & Daniel Vignes, *A Handbook on the New Law of the Sea*, vol. 1, Dordrecht/ Boston/Lancaster: Martinus Nijhoff Publishers, 1991.

Land, Island and Maritime Frontier Dispute (El Salvador v. Honduras: Nicaragua intervening), ICJ Reports 1992, 586-609, 616; *Fisheries case* (United Kingdom v. Norway), ICJ Reports 1951, 130-131.

Convenção e Estatuto sobre o Regime Internacional de Portos Marítimos, de 9 de Dezembro de 1923 [58 LNTS 285].

ÁGUAS TERRITORIAIS

Mateus Kowalski e Miguel de Serpa Soares

A expressão "Águas Territoriais" não encontra paralelo na Convenção das Nações Unidas sobre o Direito do Mar, adoptada em Montego Bay, a 10 de Dezembro de

ÁGUAS TERRITORIAIS

1982 (CNUDM). Contudo, o conceito é por vezes utilizado para assimilar o mar territorial e a zona contígua. Tal é o caso do artigo 5.º, n.º 2 da Constituição da República Portuguesa em que remete para a lei a definição das águas territoriais, referindo-se em concreto àqueles dois espaços.

O mar territorial é uma zona de mar adjacente além do espaço terrestre e das suas águas interiores do território de um Estado ou, no caso de Estado arquipélago, das suas águas arquipelágicas, sobre a qual o Estado costeiro exerce soberania. Os poderes do Estado costeiro são, pois, neste caso, poderes pertencentes ao domínio da sua soberania. Esta soberania estende-se ao espaço aéreo sobrejacente ao mar territorial, bem como ao leito e ao subsolo do mar territorial.

A CNUDM estabelece os limites do mar territorial. Assim, no que respeita à sua largura estabelece que todo o Estado tem o direito de fixar a largura do seu mar territorial até um limite que não ultrapasse 12 milhas marítimas, medidas a partir de linhas de base determinadas em conformidade com a CNUDM (artigo 3.º). O limite exterior do mar territorial é definido por uma linha em que cada um dos pontos fica a uma distância do ponto mais próximo da linha de base igual à largura do mar territorial (artigo 4.º). A linha de base normal para medir a largura do mar territorial é a linha da baixa-mar ao longo da costa, tal como indicada nas cartas marítimas de grande escala, reconhecidas oficialmente pelo Estado costeiro (artigo 5.º).

No mar territorial vigora o direito de passagem inofensiva aplicável aos navios de qualquer Estado, costeiro ou sem litoral, no que configura uma excepção aos poderes do domínio da sua soberania sobre este espaço. A passagem inofensiva traduz-se na navegação pelo mar territorial com o fim de: atravessar esse mar sem entrar nas águas interiores nem fazer escala num ancoradouro ou instalação portuária situada fora das águas interiores; dirigir-se para as águas interiores ou delas sair ou fazer escala num desses ancoradouros ou instalações portuárias.

Numa zona contígua ao seu mar territorial, o Estado costeiro pode estabelecer uma "zona contígua" (artigo 33.º da CNUDM), que não poderá estender-se além de 24 milhas marítimas contadas a partir das linhas de base que servem para medir a largura do mar territorial. Na zona contígua o Estado pode tomar as medidas de fiscalização necessárias a: evitar as infracções às leis e regulamentos aduaneiros, fiscais, de imigração ou sanitários no seu território ou no seu mar territorial; reprimir as infracções às leis e regulamentos no seu território ou no seu mar territorial.

No momento da sua vinculação à CNUDM, a República Portuguesa declarou que "numa zona de 12 milhas marítimas contígua ao seu mar territorial, tomará as medidas de fiscalização que entenda por necessárias, nos termos do artigo 33.º da presente Convenção", estabelecendo, assim, o limite exterior da zona contígua a

24 milhas marítimas. Isto mesmo consta do artigo 7.º da *Lei que Determina a extensão das zonas marítimas sob soberania ou jurisdição nacional e os poderes que o Estado Português nelas exerce, bem como os poderes exercidos no alto mar* (Lei n.º 34/2006, e 28 de Julho), dispondo que "o limite exterior da zona contígua é a linha cujos pontos distam 24 milhas náuticas do ponto mais próximo das linhas de base". As águas territoriais Portuguesas compreendem, assim, uma largura de 24 milhas marítimas.

Referências:
Armando Marques Guedes, *Direito do Mar*, Coimbra: Coimbra Editora,1998.
Robin Churchill & Alan Lowe, *The Law of the Sea*, Manchester: Manchester University Press, 1999.
Satya Nandan & Shabtai Rosenne, (eds.), *United Nations Convention on the Law of the Sea 1982: a Commentary – vol. II*, Dordrecht: Martinus Nijhoff Publishers, 1993.

ALIANÇAS MILITARES

Armando José Dias Correia

Uma aliança, no sentido de acordo, é um pacto entre duas ou mais partes objectivando a realização de objectivos comuns. Estas partes, no sentido clássico das Relações Internacionais, são os Estados, embora se possam estabelecer, ao nível das alianças militares, pactos entre outros actores do sistema internacional.

Uma aliança militar tem subjacente a perspectiva do emprego do aparelho militar para efeitos de investigação e desenvolvimento, dissuasão, agressão ou defesa. Em geral, as alianças militares são celebradas formalmente por meio de tratados diplomáticos, que asseguram a mútua assistência em caso de ataque a qualquer um dos membros.

Este tipo de pactos militares tem, normalmente, uma fase prévia de estudos e negociações, em que cada parte procura obter as melhores condições. Depois de se chegar a um denominador comum, realiza-se a formalização do acordo atingido. A formalização atende, a um só tempo, a dois objectivos: cria nas partes o sentido de compromisso e fornece elementos claros para que se valide e verifique o cumprimento do que venha a ser acordado. A fase seguinte é a da execução, em que os participantes devem estar preparados para a oposição de antagonistas, a ocorrência de factos contrários aos previstos, bem como a eventual falha por parte dos demais aliados, deliberadamente ou não.

Um tratado de âmbito militar pode ser firmado por um período determinado ou enquanto se mantiverem os pressupostos da formalização da aliança. O rompimento de uma aliança pode ocorrer de forma consensual ou não, ressalvado que, por força de limitações legais, nem sempre é possível operar a rescisão.

As alianças militares modernas são, normalmente, justificadas por duas teorias. A perspectiva idealista defende que as nações se comprometem a lutar lado a lado

ALIANÇAS MILITARES

porque partilham valores e ideais comuns. A perspectiva realista sustenta-se na análise dos custos e benefícios, deduzindo que as alianças podem reduzir custos e multiplicar os benefícios através da divisão de responsabilidades, partilha dos bens comuns, ou simplesmente pela protecção fornecida por um país mais forte dentro da aliança.

Uma coligação, embora prossiga princípios idênticos aos de uma aliança, não requer uma formalização através de um tratado.

Algumas das mais importantes alianças militares ao longo da história foram:

Santa Aliança, formada em 1815, no Congresso de Viena, pela Rússia, Áustria, Prússia e Reino Unido, após a derrota de Napoleão Bonaparte.

A Aliança Franco-Russa de 1871, a *Entente Cordiale* de 1903 e a *Entente* Anglo- -Russa de 1907 resultaram, ainda neste ano, na *Tríplice Entente* entre a França, o Império Britânico e a Rússia. Em oposição a esta aliança militar, a Alemanha, o Império Austro-Húngaro e a Itália, formaram, durante a I Guerra Mundial, a Tríplice Aliança.

O Eixo, foi a aliança militar formada entre a Alemanha, a Itália e o Japão, durante a II Guerra Mundial. Por oposição, formou-se uma aliança militar entre os EUA, o Reino Unido, a França, a URSS e a China conhecida por "Os Aliados".

Em 4 de Abril de 1949 foi assinado o tratado político-militar da Organização do Tratado do Atlântico Norte (OTAN), reunindo os EUA, o Canadá e os países europeus alinhados com os EUA. Este tratado tem uma cláusula de defesa mútua, o seu artigo V, em que os membros da aliança se comprometem na defesa de um Estado membro caso ele seja alvo de uma intervenção militar externa. O pacto antagonista, conhecido por Pacto de Varsóvia, ou Tratado de Varsóvia, foi cele- brado em 14 de Maio de 1955 pelos países socialistas do Leste Europeu e pela União Soviética. O Pacto de Varsóvia desapareceu após o fim da Guerra Fria. A OTAN resistiu ao fim das hostilidades e assume hoje um papel de promotor da segurança global.

Referências:

Stephen M. Walt, *The Origins of Alliances*, Ithaca N.Y: Cornell University Press, 1987.

Douglas M. Gibler, *International military alliances, 1648-2008*, Washington DC: CQ Press, 2009.

Victor Marques dos Santos, *Teoria das Relações Internacionais: Cooperação e Conflito na Sociedade Internacional*, Lisboa: Instituto Superior de Ciências Sociais e Políticas, 2009.

ALTERAÇÕES CLIMÁTICAS

PEDRO MIGUEL MOREIRA DA FONSECA

O Painel Intergovernamental sobre as Alterações Climáticas (IPCC), constatando o aquecimento da atmosfera terrestre e a diminuição das massas de gelo e neve, tem vindo a defender que estão em curso mudanças climáticas sem precedente desde há vários milhares de anos que não podem ser atribuídas aos ciclos naturais, verificando-se, pela primeira vez, uma influência determinante das actividades humanas na evolução climática do planeta. No cerne do problema está a crescente concentração de gases com efeito estufa (GEE) na atmosfera, principalmente de CO_2, em resultado do aumento das emissões provenientes sobretudo da queima de combustíveis fósseis. Na medida em que parte do CO_2 permanece na atmosfera durante vários milhares de anos, o problema é global, de longo prazo e um certo nível de alterações climáticas já não pode ser evitado.

Embora persistam incertezas, vários especialistas, instituições governamentais e internacionais alertam para a crescente probabilidade de ocorrerem fenómenos climatéricos extremos que contribuirão para o surgimento ou aprofundamento de conflitos violentos e para o agravamento das condições de vida em vários pontos do planeta, o que pode originar Estados falhados, crises humanitárias, grandes massas migratórias e assumir-se como ameaça à paz e segurança mundiais, tal como reconheceu em 2007 o Conselho de Segurança da ONU. Assim, ganhou relevância a ideia de que importava evitar alterações climáticas perigosas, estabelecendo-se o objectivo de conter o crescimento da temperatura média global em 2°C até ao fim do século face aos valores pré-industriais.

Em 1992 foi adoptada a Convenção Quadro das Nações Unidas sobre as Alterações Climáticas (CQNUAC), tratado que foi assinado sem menção a metas calendarizadas de redução das emissões de CO_2. Com forte apoio da Comunidade Europeia, o Protocolo de Quioto (PQ), adoptado em 1997, determinou, pela primeira vez, metas de redução das emissões de GEE vinculativas e calendarizadas para os países desenvolvidos constantes do Anexo B (5,2% abaixo e em conjunto face aos níveis de 1990 entre 2008 e 2012), deixando os países em desenvolvimento libertos de qualquer obrigação.

O percurso do PQ, em vigor desde 2005, não é positivo: vários países do Anexo B que o ratificaram enfrentam dificuldades para atingir os seus objectivos e os mecanismos de flexibilidade previstos (mecanismo de desenvolvimento limpo; implementação conjunta; comércio de emissões) não estão a contribuir para a redução global das emissões; a penalização do incumprimento é frágil ou mesmo inexistente; com a recusa dos EUA em ratificar o PQ cerca de 70% das emissões globais de CO_2 registadas em 2006 estão fora do acordo. Assim, em 2006, as emissões globais de CO_2 já tinham crescido 35% face aos valores de 1990 e parte substancial deste incremento veio dos países em desenvolvimento, particularmente da Índia e da China. As negociações subsequentes não lograram obter resultados relevantes para evitar alterações climáticas perigosas e o Acordo de Copenhaga, adoptado em finais de 2009 para substituir o PQ após 2012, é claramente insuficiente.

ALTERAÇÕES CLIMÁTICAS

Nas negociações climáticas os países em desenvolvimento defenderam que os países desenvolvidos são os responsáveis históricos pelas concentrações de GEE na atmosfera e registam emissões per capita elevadas, pelo que sobre eles deve recair a responsabilidade da redução das emissões. Além disso, devido à sua localização geográfica, à sua débil estrutura económica e à fraca capacidade de resposta face a fenómenos climatéricos extremos serão os países em desenvolvimento e mais pobres a sofrer os piores impactos das alterações climáticas. Todavia, um maior envolvimento dos países em desenvolvimento no combate às alterações climáticas é essencial para uma estratégia futura eficaz. Adicionalmente, também entre os países desenvolvidos se verificam importantes divisões, particularmente entre os EUA e a UE, defensora de reduções ambiciosas das emissões.

O elevado número e diversidade dos actores envolvidos e a expansão da agenda negocial têm complexificado as negociações climáticas, assim como a procura de consensos alargados tem resultado em acordos frágeis e baseados no mínimo denominador comum. As discórdias em torno dos temas da responsabilidade histórica, das responsabilidades comuns mas diferenciadas, das desigualdades de desenvolvimento, da fuga de carbono, da vulnerabilidade climática e da mobilização de fundos para mitigação/adaptação têm-se assumido como obstáculos inultrapassáveis, aprofundado as divergências e descredibilizado o regime internacional. Uma resposta política eficaz exige respostas complexas e dispendiosas, requer uma profunda cooperação global, obriga a cedências significativas de todos os actores, assim como a uma mudança célere e radical do sistema energético mundial.

Referências:
Anthony Giddens, *The Politics of Climate Change*, Cambridge: Polity Press, 2009.
Dieter Helm & Cameron Hepburn (eds.), *The Economics and Politics of Climate Change*, Oxford: Oxford University Press, 2009.
Harriet Bulkeley and Peter Newell, *Governing Climate Change*, London: Routledge, 2010.
Peter Newell & Matthew Paterson, *Climate Capitalism Global Warming and the Transformation of the Global Economy*, Cambridge: Cambridge University Press, 2010.
Susan Solomon, *et al.* (eds.), *Climate Change 2007: The Physical Science Basis; Contribution of Working Group 1 to the Fourth Assessment Report of the Intergovernmental Panel on Climate Change*, Cambridge: Cambridge University Press, 2007.

ALTO COMISSARIADO DAS NAÇÕES UNIDAS PARA OS REFUGIADOS (ACNUR)

ANDREIA SOARES E CASTRO

Nos termos da Convenção de 1951, um refugiado é uma pessoa que não pode beneficiar da protecção do seu próprio país quanto aos seus direitos fundamentais, ou porque o seu país não quis ou não pôde fazê-lo, e que em consequência disso foi forçada a fugir do seu próprio país cruzando uma fronteira internacional a fim de encontrar segurança noutro país, abrindo-se espaço à protecção por parte da comunidade internacional e para a necessidade da cooperação internacional (Estados, ONG's, Nações Unidas e outras Organizações Internacionais). A responsabilidade da protecção e assistência aos refugiados recai em primeiro lugar nos Estados, especialmente nos países de asilo para onde os refugiados fogem. Aliás, o dispositivo actual de protecção dos refugiados foi concebido por e para servir os interesses dos Estados, facilitar a partilha de responsabilidades e a coordenação das políticas de refugiados. Contudo, o contexto do pós-11 de Setembro e as preocupações securitárias dos Estados têm cada vez mais originado práticas que ignoram os padrões internacionais de direitos humanos, onde se inclui a protecção dos refugiados. Ou seja, é um facto a existência de uma tensão permanente entre a agenda dos direitos humanos das Nações Unidas de protecção dos refugiados que fogem da perseguição e do conflito e os interesses políticos, económicos e de segurança dos Estados, que também têm, embora muitas vezes não as cumpram, obrigações jurídicas e humanitárias.

Ora o Alto Comissariado das Nações Unidas para os Refugiados (ACNUR), criado em 1951, tem também um papel importante, ainda que complementar ao dos Estados, na protecção internacional aos refugiados, sendo a sua principal missão garantir o exercício do direito de procurar asilo e encontrar um refúgio seguro noutro país e de poder regressar voluntariamente ao seu país de origem. Neste sentido, tem defendido a necessidade do fortalecimento do regime de protecção internacional, designadamente uma adesão mais alargada dos Estados à Convenção de 1951, garantindo que a protecção dos refugiados seja mais universal e que as responsabilidades e encargos dos governos sejam distribuídos de forma justa e aplicados coerentemente. Para além de promover e velar pela aplicação da Convenção de 1951, permitindo que os Estados ofereçam uma protecção adequada aos refugiados no seu território, o ACNUR tem encorajado os governos a adoptarem leis mais efectivas e procedimentos mais flexíveis e justos para os refugiados, ajudado na aferição da condição de refugiados e assumido o papel de agência líder em situações de emergência humanitária.

As responsabilidades actuais do ACNUR incluem a protecção e a assistência aos deslocados internos, número que ultrapassa hoje em dia claramente o dos refugiados, e a outras populações afectadas pela guerra. Tal como os refugiados, estas pessoas necessitam de protecção internacional, uma vez que o seu próprio governo não pode ou não quer dá-la, justificando a intervenção internacional e desafiando a soberania dos Estados. No pós-Guerra Fria, o ACNUR tem procurado promover uma abordagem mais integrada e de longo prazo do problema da deslocação forçada, sendo pró-activo e estando mais envolvido nos países onde a deslocação ocorre. Acresce que o ACNUR procura encontrar soluções permanentes e seguras para as populações deslocadas, colmatando o fosso entre assistência humanitária e assistência ao desenvolvimento, ajudando no repatriamento voluntário, na integração no país de asilo ou na reinstalação a partir do país de asilo para um país terceiro. O papel do ACNUR passa ainda por sublinhar o nexo existente entre deslocações forçadas e paz e segurança internacionais, direitos humanos e protecção de refugiados, assistência humanitária e assistência ao desenvolvimento.

Referências:

Gil Loescher, Alexander Betts, James Milner-*The United Nations High Commissioner for Refugees (UNHCR): The Politics and Practice of Refugee Protection into the 21st Century*. New York: Routledge, 2008.

United Nations High Commissioner for Refugees (UNHCR)-*The State of the World's Refugees 2006-Human displacement in the new millennium*. Nova Iorque: Oxford University Press Inc., 2006, disponível em http://www.unhcr.org/4a4dc1a89.html, consultado em 22 de Julho de 2011.

United Nations High Commissioner for Refugees (UNHCR)-*The State of the World's Refugees 2000 – Fifty years of humanitarian action*. New York: Oxford University Press Inc., 2000, disponível em http://www.unhcr.org/4a4c754a9.html, consultado em 22 de Julho de 2011.

ALTO MAR

Francisco Briosa e Gala

A noção de alto mar surgiu com a Convenção de Genebra sobre o Alto Mar, de 29 de Abril de 1958, a qual lhe associou um conjunto de regras aplicáveis.

No entanto, fruto de vários desenvolvimentos no âmbito do Direito do Mar, a importância daquelas regras viu-se de algum modo relativizada poucos anos depois. O reconhecimento e a definição de ZEE (Zonas Económicas Exclusivas) e a criação de uma figura inovadora – a área – na Convenção sobre o Direito do Mar de 10 de Março de 1982 ("CNUDM")[1], de par com todo um desenvolvimento, decorrente dos avanços tecnológicos, de actividades no mar diferentes da navegação e da pesca, deram uma nova importância à necessidade de estabelecer regras tendentes a conciliar as diferentes actividades existentes no alto mar.

Atendendo a esta parametrização, a CNUDM – nomeadamente, atendendo às duas novas figuras consagradas (a ZEE e a área) – consagrou um novo conceito de alto mar, recorrendo, contudo, à mesma técnica de exclusão de partes: o alto mar continua a ser definido não pelo que é, mas sim pelo que não é – artigos 1

---

[1] São da CNUDM todos os artigos enunciados sem menção de fonte.

e 86. O seu domínio abrange unicamente a superfície do mar, a coluna da água e a camada aérea que se lhe sobrepõe e que não esteja integrada numa ZEE, numa zona contígua[1], no mar territorial ou nas águas interiores de um Estado, nem nas águas arquipelágicas de um Estado arquipélago. Por definição, não englobando os fundos, nem o subsolo, não se lhe contrapõe nem as figuras da área, nem da plataforma continental[2], pelo que, por debaixo de uma zona de alto mar poderemos estar perante um fundo e um subsolo abrangido pela área ou por uma plataforma continental estadual.

No que respeita aos poderes atribuídos aos Estados no alto mar são, no rigor, poderes configurados como liberdades. Nestes termos, às liberdades tradicionais atribuídas inicialmente (liberdade de navegação e liberdade de pesca), acrescem, hoje em dia, de acordo com o artigo 87.º, a liberdade de sobrevôo, a liberdade de investigação científica (nos termos das partes VI e XIII CNUDM), a liberdade de colocação de cabos e ductos submarinos, bem como, a liberdade de construir ilhas artificiais e outras instalações permitidas pelo Direito Internacional (ambos os casos nos termos da parte VI CNUDM). De salientar que estas liberdades se aplicam a Estados com ou sem litoral – artigos 87.º e 125.º, corolário da natureza jurídica do alto mar, como algo não apropriável por ninguém – artigo 89.º – mas antes como algo aberto a todos.

Como limites a tais liberdades devem referir-se os seguintes: *i)* respeito pelas normas de Direito Internacional – artigo 87.º, n.º 1; *ii)* a lei do pavilhão – artigo 92.º; *iii)* o respeito pelas liberdades das outras entidades – artigo 87.º, n.º 2; *iv)* o carácter pacífico das operações – artigo 88; *v)* a manutenção do equilíbrio do meio marinho e seus recursos; *vi)* a impossibilidade de proclamação de poderes soberanos individualizados sobre qualquer extensão do alto mar – artigo 89.º.

A essência da liberdade do alto mar consiste no facto de os Estados terem o direito de reclamar sobre outro(s) Estado(s) a não interferência com os seus navios. Contudo, a regra geral conhece excepções, nomeadamente em matérias de pirataria, trânsito de escravos, transmissões não autorizadas ou tráfico de estupefacientes, reconhecendo-se aos Estados o exercício de poderes policiais em alto mar – artigo 110.º. Saliente-se, ainda, o direito de perseguição previsto no artigo 111.º.

---

[1] Note-se que, apesar de a zona contígua não estar expressamente excluída do alto mar pelo artigo 86, já não deve ser considerada como uma "zona de alto mar", mas sim com uma zona jurídica própria, apesar de o regime residual aplicável continuar a ser o do alto mar.

[2] Refira-se que tal não significa que a figura da plataforma continental não seja apta a apoderar-se de pequenas parcelas do alto mar. Pense-se no caso da construção de ilhas artificiais para exploração da mesma – artigo 60 *ex vi* artigo 80 – e a zona de segurança de 500 metros de largura em seu redor.

Refira-se, por último, o estabelecimento de uma obrigação geral de cooperação entre Estados de explorar racionalmente os recursos vivos do alto mar para fazer face à tendência da sobrepesca (matéria alvo de diversos acordos) – artigos 117.º, 118.º e 119.º.

Como vimos, a evolução do Direito do Mar tem sido no sentido de um verdadeiro cerceamento do alto mar como espaço marítimo (de início considerado como um todo), representando este, hoje em dia, o remanescente das sucessivas conquistas realizadas pelos Estados.

Referências:
Alexandra Mello, *O alto mar e o princípio da liberdade*, Lisboa, 1991.
Celso D. de Albuquerque Mello, *Alto Mar*, Rio de Janeiro, 2001.
Armando M. Marques Guedes, *Direito do Mar*, 2.ª ed., Coimbra: Coimbra Editora, 1998.

AMEAÇA À PAZ

Mateus Kowalski e Miguel de Serpa Soares

O conceito de paz tem actualmente um espectro de leitura muito vasto (da paz negativa realista à paz estruturada da escola dos Estudos para a Paz, passando pela paz positiva liberal). No discurso actual, o conceito de "ameaça à paz" situa-se num nível próximo da teoria realista, significando a ameaça a um estado mais ou menos duradouro de ausência de violência armada.

A paz é um bem que sempre gozou de tutela pelo Direito Internacional. Com a entrada em vigor da Carta das Nações Unidas a paz ganhou maior protecção jurídica contra actos que a deteriorassem (como a ameaça à paz, a ruptura da paz ou a agressão). A Carta enuncia como seu primeiro objectivo a manutenção da paz e da segurança internacionais, razão primeira que levou à criação das Nações Unidas (artigo 1.º, n.º 1). Nesta missão é ao Conselho de Segurança que compete a principal responsabilidade.

Em caso de ameaça à paz (bem como de ruptura da paz ou agressão) o artigo 39.º da Carta é a chave para o despoletar da acção do Conselho e aplicar medidas coercivas ao abrigo do capítulo VII da Carta que reponham o *status quo ante*. Ressalvado o caso em que o uso da força aconteça ao abrigo do direito à legítima defesa consagrado no artigo 51.º da Carta, o Conselho de Segurança possui um poder discricionário amplo para determinar que uma situação é fundamento para aplicação de medidas coercivas.

O conceito de "ameaça à paz" sofre de grande indeterminação prestando-se a interpretações generosas. A "ameaça à paz" é, de resto, um dos conceitos mais frequentemente utilizados pelo Conselho de Segurança para justificar a sua acção. Se uma situação que envolva o emprego de força armada é de mais fácil classificação, uma outra em que tal não aconteça presta-se a interpretações em que o critério político se sobrepõe ao jurídico. Nesta última situação, se a violação substancial e sistemática dos direitos humanos pode ser classifica como contrária à "paz", já situações como a adopção de um determinado tipo de regime político ou o tratamento dos interesses económicos estrangeiros de forma contrária aos padrões internacionais, bem como qualquer outra situação semelhante, não parecem cair no âmbito do fundamento dos poderes previstos capítulo VII. No entanto, a Carta não estabelece um critério jurídico claro.

Refira-se como exemplo a resolução 748 (1992) em que, invocando o capítulo VII da Carta, o Conselho de Segurança exigiu que a Líbia entregasse os dois suspeitos do atentado contra o avião da Pan Am, sobre Lockerbie. É questionável que a não entrega dos suspeitos constituísse uma "ameaça à paz". O Conselho de Segurança não procurou evitar a dúvida, e o Tribunal Internacional de Justiça, no caso *Lockerbie*, nunca chegou a ter oportunidade de se pronunciar sobre o mérito da resolução.

Referências:

Benedetto Conforti, "Le Pouvoir Discrétionnaire du Conseil de Sécurité en Matière de Constatation d'une Menace Contre la Paix, d'une Rupture de la Paix ou d'un Acte D'agression" in *Le Développement du Rôle du Conseil de Sécurité, Académie de Droit International de La Haye, Colloque – La Haye, 21-23 Juillet 1992,* Dordrecht: Martinus Nijhoff Publishers, 1993, 51-60.

Brun-Otto Bryde, & August Reinisch, "Article 47", in Bruno Simma (ed.), *The Charter of the United Nations: a Commentary – vol. I*, Oxford University Press, 2002, 769-775.

Michel Bothe, "Les Limites des Pouvoirs du Conseil de Sécurité", in *Le Développement du Rôle du Conseil de Sécurité, Académie de Droit International de La Haye, Colloque – La Haye, 21-23 Juillet 1992,* Dordrecht: Martinus Nijhoff Publishers, 1993, 67-81.

AMEAÇA DE USO DA FORÇA

Mateus Kowalski e Miguel de Serpa Soares

Actualmente, o Direito Internacional estabelece uma complexa regulamentação relativamente ao recurso à força, ou melhor dizendo, à prevenção e ao controlo do recurso à força nas relações internacionais. A Carta das Nações Unidas estabelece a base para esse sistema, consolidando a evolução do paradigma da restrição do uso da força que emerge no século XX por contraposição ao paradigma anterior da liberdade de recurso à força. Foi com a memória dos horrores vividos na Segunda

Grande Guerra que os povos das Nações Unidas afirmaram a sua vontade decidida de cooperar para viver num clima de paz e segurança, promovendo o bem-estar e renunciando ao uso da força armada.

É, pois, o número 4 do artigo 2.º da Carta que cristaliza o princípio director relativamente ao recurso à força nas relações internacionais: consagra a proibição do recurso à ameaça ou ao uso da força por parte dos Estados-Membros nas suas relações internacionais. Trata-se de uma norma consuetudinária e de *jus cogens*.

Não constitui, contudo, uma proibição absoluta. A norma limita-se aos casos em que tal seja incompatível com os objectivos enunciados no artigo 1.º da Carta. Ficam, portanto, salvaguardados os casos de legítima defesa e de participação em medidas colectivas de acordo com o disposto no capítulo VII da Carta.

A norma inclui não apenas o uso efectivo da força, mas também a mera ameaça do uso da força, *i.e.* a manifestação da intenção coerciva que pretenda condicionar um comportamento pela perspectiva do uso da força. O Direito Internacional prevê consequências para a violação do princípio da proibição da ameaça do uso da força, como a responsabilização internacional ou a possibilidade de serem adoptadas medidas coercivas tomadas pelo Conselho de Segurança, entre outras.

Na prática internacional, a consideração da "ameaça" do uso da força está menos presente uma vez que normalmente degenera no efectivo uso da força. Ela tem assim, por si e enquanto tal, menor atenção. Por outro lado, a mera ameaça costuma gozar de maior tolerância do que o efectivo uso da força.

No parecer *Legalidade da Ameaça ou Uso de Armas Nucleares*, o Tribunal Internacional de Justiça entendeu que a posse de armas nucleares poderia, verificando-se determinados pressupostos, constituir uma ameaça de uso da força uma vez que a política de dissuasão apenas é eficaz se a intenção de usar armas nucleares for credível. O Tribunal adiantou que tal seria uma ameaça contrária ao artigo 2.º n.º 4 da Carta se se verificasse qualquer uma das seguintes circunstâncias: se a intenção de usar a força fosse dirigida directamente contra a integridade territorial ou independência política de um Estado; se violasse os objectivos das Nações Unidas; e, se fosse tida como uma medida de defesa, violasse necessariamente os princípios da necessidade e da proporcionalidade.

Referências:

Albrecht Randelzhofer, "Article 2(4)", in Bruno Simma (ed.), *The Charter of the United Nations: a Commentary – vol. I*, Oxford: Oxford University Press, 2002, 112-136.

Christine Gray, *International Law and the Use of Force*, Oxford: Oxford University Press, 2008.

Eduardo Correia Baptista, *O Poder Público Bélico em Direito Internacional: o Uso da Força pelas Nações Unidas em Especial*, Coimbra: Almedina, 2003.

Legality of the Threat or Use of Nuclear Weapons (Advisory Opinion), ICJ Reports, 1996, 226.

ANEXAÇÃO DE TERRITÓRIO

Manuel de Almeida Ribeiro

A anexação ou conquista consiste na aquisição de um território na sequência de uma guerra, quando um dos Estados conserva a posse de uma parte do território do outro e estabelece a sua soberania, sem que tenha sido celebrado um tratado de paz. Exige-se, assim, o exercício pelo vencedor da soberania sobre o território e uma decisão jurídica de anexação.

A conquista ou anexação deixaram de ser um meio legítimo de aquisição de território após a interdição do recurso à força pelo Pacto Briand-Kellogg de 1928 e pela Carta das Nações Unidas, bem como pela Declaração Relativa aos Princípios do Direito Internacional Relativos à Relações Amigáveis, de 1970, que estabelece: "nenhuma aquisição territorial obtida pela ameaça ou emprego da força será reconhecida como legítima."

Referência:
Nguyen Quoc Dinh, Patrick Daillier & Alain Pellet, *Droit International Public,* Paris: L.G.D.J., 1992.

ANTÁRCTICA

Manuel de Almeida Ribeiro

A Antárctica é único continente da Terra manifestamente inadequado ao estabelecimento permanente e regular de vida humana. Tal não impediu que ao longo dos últimos dois séculos tenham sido declaradas ou defendidas pretensões de Estados sobre parcelas desse território. Para justificar essas pretensões foram formuladas várias teorias: assim, a Teoria do Descobrimento fundamentou as pretensões da França, do Reino Unido, da Noruega e da Rússia; a Teoria dos Pontos de Apoio e da Actividade de Controlo justificou a reivindicação dos Estados Unidos, a Teoria dos Quadrantes a pretensão do Chile e, finalmente, a Teoria da Contiguidade ou Continuidade a da Argentina.

O Reino Unido, a Nova Zelândia, a Austrália, a França, a Noruega, o Chile e a Argentina declararam a apropriação de vastas zonas do continente austral até 1946. Em 1948 a Argentina e o Chile assinaram um acordo para a defesa conjunta dos seus interesses, face à delimitação da zona britânica, que coincidia em parte com a sua. Em 1949, os três Estados acordaram não enviar navios de guerra para a zona. Em 1950, a URSS enviou um memorando a todos os Estados interessados reivindicando os seus direitos com base na prioridade de descoberta. Os Estados Unidos declararam não formularem nenhuma reivindicação, mas não reconhecerem nenhuma. Em 1948 propuseram a internacionalização da Antárctica e a sua submissão a um regime de administração pelos oito Estados interessados.

ANTÁRCTICA

Em 1959 foi assinado o Tratado da Antárctica entre os Estados Unidos, a União Soviética, o Reino Unido, a Nova Zelândia, a Bélgica, o Chile, a Argentina, a Noruega, a França, a Austrália, o Japão e a África do Sul.

O Tratado entrou em vigor em 23 de Junho de 1961. Muitos outros países vieram a aderir posteriormente, nomeadamente o Brasil em 1975 e Portugal em 2010.

Os principais objectivos do Tratado são assegurar que a Antárctica não é utilizada com finalidade militares e garantir liberdade de exploração científica. Os Estados partes, embora não renunciem aos direitos que reclamaram, obrigam-se a não reclamarem novos direitos, enquanto o Tratado estiver em vigor. Como não está previsto um termo para o Tratado, existe, na prática, um regime internacional vinculativo para todas as partes.

Vinte e oito dos Estados partes têm estatuto de membros consultivos. A obtenção deste estatuto pelos membros não originários depende da demonstração de terem desenvolvido investigação científica significativa na área. O Conselho Consultivo do Tratado da Antárctica reúne anualmente.

O Tratado tem um prazo inicial previsto de trinta anos, findos os quais qualquer uma das partes poderia desencadear um processo de revisão.

Em 1972 foi assinado o Protocolo para a Conservação das Focas da Antárctica.

Em Junho de 1988, foi assinada a Convenção sobre as Actividades relacionadas com os Recursos Minerais da Antárctica, na sequência de um debate iniciado em 1979 entre os membros consultivos e de uma série de reuniões especiais sobre esta matéria.

Contudo, numa reunião dos membros consultivos do Tratado da Antárctica que teve lugar em Abril de 1991, foi adoptado o Protocolo sobre a Protecção Ambiental, que proibiu as actividades de exploração mineral, para além do âmbito da investigação científica. A vigência do Protocolo, que entrou em vigor em 1998 é, no mínimo, de cinquenta anos.

Referências:

Nguyen Quoc Dinh, Patrick Daillier & Alain Pellet, *Droit International Public*, Paris: L.G.D.J., 1992.

Malcom N., Shaw, *International Law,* Cambrigde: Cambridge University Press, 2003.

Ian Brownlie, *Principles of Public International Law*, Oxford: Clarendon Press, 1990.

APARTHEID

Helena Pereira de Melo

O *South-Africa Act* assinado em Westminster em 20 de Setembro de 1909, constituiu a União das quatro províncias da África do Sul e recusou ao povo africano (os *kaffirs*) o exercício do direito de voto e do direito de se deslocar e fixar livremente residência em qualquer parte do território nacional. A política de segregação praticada pela minoria branca detentora do poder acentuou-se a partir de 1948, ano em que ocorreu a subida ao governo do partido nacionalista *afrikander*. Na década seguinte foram aprovadas pelo Parlamento da União as leis que deram expressão ao regime do *apartheid*: o *Group Areas Act*, o *Natives (Urban Areas) Amendment Act*, o *Population Registration Act*, o *Extension of University Education Act*, o *Native Building Workers Act* e o *Native Labour (Settlement of Disputes) Act*. Estas leis restringiram o exercício dos direitos fundamentais à educação, à formação profissional, ao trabalho, à greve e à propriedade da população não branca. Determinaram, aliás, o recenseamento da população com base na raça, distinguindo entre "brancos" e "não-brancos".

Contra este regime jurídico que estabelecia discriminações baseadas na raça, que "reservava a melhor parte a uma minoria e reduzia a maioria ao estado de escravatura, considerando que esta deveria trabalhar e viver segundo as regras impostas pela referida minoria", pronunciou-se repetidamente, entre outros, Nelson Mandela. Afirmou, por exemplo, em 1962, que desejava "uma república democrática onde se encontrassem representados todos os Sul Africanos, onde todos pudessem gozar direitos iguais, onde Africanos e Não Africanos pudessem viver em paz, compartilhando uma nacionalidade comum e uma lealdade comum para com este país onde todos nasceram". Propunha, para o efeito, que fosse convocada "uma verdadeira Convenção nacional, representativa de todos os nativos da África do Sul, independentemente da sua cor ser branca ou negra, que discutiriam pacificamente (...) o texto de uma nova constituição (...) que consagrasse os direitos democráticos, com base na plena igualdade de todos os cidadãos adultos".

A Convenção Internacional sobre a Eliminação de Todas as Formas de Discriminação Racial adoptada pela Assembleia Geral das Nações Unidas em 21 de Dezembro de 1965, determina, no artigo 3.º, que os Estados Partes neste tratado internacional condenam o *apartheid* e se obrigam a preveni-lo, proibi-lo e eliminá--lo, nos territórios que se encontrem sob sua jurisdição. Os Estados Partes assumem a obrigação de proibir a discriminação racial praticada por pessoas, grupos e organizações, através da criminalização da "difusão de ideias fundadas na superioridade ou no ódio racial" e dos actos de violência "dirigidos contra qualquer raça ou grupo de pessoas de outra cor ou de outra origem étnica". Cumpre-lhes, em particular, eliminar a segregação racial e o *apartheid*, não podendo a obrigação de eliminar estas práticas ser interpretada – como sublinha o organismo encarregue de velar pela boa aplicação da Convenção, o Comité para a Eliminação da Discriminação Racial – como só abrangendo o regime jurídico-político em vigor na África do Sul até 1994.

APARTHEID

Apenas em 1973 o *apartheid* foi qualificado como crime contra a humanidade, com a aprovação, pela mesma Assembleia-Geral, da Convenção Internacional sobre a Supressão e Punição do Crime de Apartheid. Para efeitos da sua aplicação o crime de *apartheid* é definido, no artigo 2.º, como sendo aplicável aos actos desumanos "cometidos com o propósito de estabelecer e manter a dominação de um grupo racial de pessoas sobre qualquer outro grupo racial de pessoas e a opressão sistemática destas" nele tipificados. Estes actos podem traduzir-se na violação do direito à vida ou do direito à liberdade de membros de grupos raciais, na sujeição destes a tortura ou a tratamentos cruéis, desumanos ou degradantes. Podem, ainda, traduzir-se na adopção de medidas, nomeadamente de natureza legislativa, destinadas a impedir a participação daqueles grupos na vida social, económica e cultural de um país, ou na criação de condições que lhes impeçam o exercício de direitos humanos (como sejam o direito à educação, o direito ao trabalho, o direito de circular livremente e de escolher a sua residência no interior de um Estado, o direito de abandonar e de regressar ao seu país, o direito a uma nacionalidade, o direito à liberdade de opinião e de expressão e o direito à liberdade de reunião e de associação pacíficas). Encontram-se ainda abrangidas neste tipo de crime todas as medidas que "visem repartir a população segundo critérios raciais através da criação de áreas separadas e de guetos para os membros de um grupo ou grupos raciais, ou da proibição da celebração de casamentos mistos entre os membros dos vários grupos raciais ou da expropriação de territórios que sejam propriedade de um grupo ou grupos raciais ou de membros destes". Configura, também, a prática de crime de *apartheid* a submissão a trabalho forçado de membros de um grupo ou grupos raciais, ou a perseguição movida contra pessoas porque estas se opõem à prática deste crime.

Alguns dos actos acima indicados (*v.g.* o assassinato de membros de um grupo racial ou o atentado grave à integridade física e mental de membros de um grupo racial) eram já punidos pela Convenção para a Prevenção e Repressão do Crime de Genocídio, aprovada pela Assembleia-geral das Nações Unidas, em 9 de Dezembro de 1948.

O Estatuto de Roma do Tribunal Penal Internacional, aberto à assinatura dos Estados em Roma, em 17 de Julho de 1998, e aprovado, para ratificação, pela Resolução da Assembleia da República n.º 3/2002, de 18 de Janeiro, determina ter o Tribunal Penal Internacional competência para julgar o crime de genocídio e o crime de *apartheid*. Este último é qualificado como sendo um crime contra a humanidade quando "praticado no contexto de um regime institucionalizado de opressão e domínio sistemático de um grupo rácico sobre um ou outros e com a intenção de manter esse regime" (artigo 7.º, n.º 2, al. h) do Estatuto).

As pessoas que tenham praticado ou incitado à prática do crime de *apartheid* poderão ser consideradas individualmente responsáveis pela violação da ofensa dos aludidos textos de Direito Internacional Penal.

De igual modo no âmbito do Direito Internacional Humanitário são consideradas como infracções graves ao I Protocolo Adicional às Convenções de Genebra de 12 de Agosto de 1949 relativo à Protecção das Vítimas de Conflitos Armados Internacionais, adoptado a 8 de Junho de 1977 pela Conferência Diplomática sobre a Reafirmação e o Desenvolvimento do Direito Internacional Humanitário Aplicável aos Conflitos Armados, as práticas de *apartheid*. De acordo com o disposto no artigo 85.º deste tratado internacional que entrou em vigor em 7 de Dezembro de 1979, são consideradas como constituindo uma infracção grave, quando cometidas intencionalmente, as "práticas de *apartheid* ou outras práticas desumanas e degradantes, baseadas na discriminação racial que dêem lugar a ultrajes à dignidade da pessoa".

Referências:

Jorge Bacelar Gouveia, *Direito Internacional Penal – Uma Perspectiva Dogmático-Crítica*, Coimbra: Almedina, 2008.

Nelson Mandela, *L'Apartheid,* Paris: Les Éditions de Minuit, reimpressão da edição de 1965, 1994.

APÁTRIDAS

Gonçalo Matias

A condição de apátrida resulta de um conflito negativo de aplicação de leis da nacionalidade, determinando a ausência de nacionalidade de uma pessoa.

Tendo em conta a relevância da nacionalidade das pessoas singulares em diversos domínios, desde logo no plano do Direito Internacional público mas, também, no do Direito Internacional Privado, enquanto elemento de conexão, a comunidade internacional há muito procurou reduzir ou mesmo eliminar o fenómeno da apatridia.

Com este propósito, foi celebrada a Convenção para a Redução dos Casos de Apatridia, em Nova Iorque, em 1961.

De acordo com o estudo que precedeu a elaboração da Convenção, o Direito Internacional, ao lidar com o fenómeno da apatridia, deveria orientar-se por dois objectivos: a melhoria do estatuto jurídico dos apátridas e a eliminação da apatridia. Estes objectivos seriam concomitantes: ao mesmo tempo que a apatridia ia sendo eliminada por força da aplicação das regras ali previstas, o estatuto dos apátridas já existentes iria sofrendo uma melhoria.

Não foi possível, contudo, eliminar até aos dias de hoje este fenómeno.

Desde logo, importa distinguir apatridia *de jure* de apatridia *de facto* Muitos casos haverá em que o nacional de um Estado é, *de facto* apátrida na medida em que, residindo noutro Estado e não mantendo com o Estado da sua nacionalidade um vínculo permanente e estável, encontra-se, na prática, impossibilitado do exercício efectivo dos direitos de cidadania.

Depois, a apatridia pode resultar de processos muito complexos de fragmentação dos Estados, aos quais a Convenção não dá resposta. Por esta razão tem sido estudada a adopção de instrumentos internacionais que permitam regular, concretamente, a questão da nacionalidade na sucessão de Estados.

Finalmente, não obstante a aplicação dos mecanismos previstos na Convenção como sejam a atribuição da nacionalidade do Estado do nascimento quando outra nacionalidade não seja atribuída, ou a previsão de regras rigorosas para a decisão de retirar a nacionalidade a uma pessoa que possa, por essa razão, tornar-se apátrida, os conflitos negativos de aplicação de leis da nacionalidade continuam a existir.

A eliminação deste fenómeno passará, no futuro, pela adopção de instrumentos jurídicos internacionais mais sofisticados que, simultaneamente, imponham obrigações aos Estados na concessão da sua nacionalidade e impeçam a existência de tais conflitos negativos.

Referências:
A Study on Statelessness, United Nations Publication, 1949.
Joannes Chan, *The right to a nationality as a human right*, Human Rights Law Journal, 1991, Vol. 12, N.º 1-2.
P. Weiss, *Nationality and statelessness in international law*, Westport, Ct.: Hyperion Press, 1979.

AQUISIÇÃO DE TERRITÓRIO

MANUEL DE ALMEIDA RIBEIRO

As formas de aquisição de território por Estados são a compra, a cessão sem contrapartida, a permuta, a ocupação, a acessão e a conquista.

A compra consiste na transferência de um território de um Estado para outro mediante compensação, como aconteceu com o Alasca, comparado pelos Estados Unidos da América ao Império Russo em 30 de Março de 1867, por 7,2 milhões de dólares.

A cessão sem contrapartida consiste na doação de um território por um Estado a outro.

A permuta é uma troca de territórios. Historicamente, ocorreram várias permutas de territórios no Tratado de Paris de 1763, que pôs fim à Guerra dos Sete Anos.

A ocupação faz-se através da apropriação de terras sem dono ou *res nulius*, seguida de ocupação efectiva e de intenção de apropriação.

A acessão consiste na aquisição resultante do aumento de territórios por causas naturais, por exemplo uma erupção vulcânica, ou humanas, como a realização de obras costeiras.

Finalmente, a conquista consiste na obtenção na tomada de um território por um Estado a outro pela força ou ameaça do uso da força.

Destas formas de aquisição, a ocupação é praticamente impossível, visto as únicas áreas terrestres sem dono estarem na Antárctica e a sua ocupação estar impossibilitada pelo Tratado da Antárctica.

A conquista não é admissível á luz do actual Direito Internacional, de acordo comum Princípio de Direito internacional incorporado da Declaração sobre Relações Pacíficas de 1970.

Referências:
Antonio Cassese, *International Law*, Oxford: Oxford University Press, 2005.
Ngyuen Quoc Dihn, Patrick Dailler & Alain PelleT, *Droit International Public*, Paris: L.G.D.J., 1992.
Malcom N. Shaw, *International Law*, Cambridge: Cambridge University Press, 2003.

ARBITRAGEM DE INVESTIMENTO

Jorge Mattamouros

A arbitragem de investimento (AI) é um mecanismo para a resolução de diferendos relativos a ou resultantes de operações de investimento estrangeiro entre pessoas físicas ou jurídicas nacionais de um Estado e um outro Estado receptor do investimento, mediante o qual um investidor estrangeiro visa obter reparação dos danos alegadamente causados pelo Estado receptor do investimento com uma ou mais medidas de natureza pública perturbadoras do investimento. Quatro características específicas da AI são: *i)* cláusula compromissória remetendo a resolução de um diferendo relativo a um investimento para arbitragem internacional; *ii)* a realidade material subjacente ao diferendo, um investimento; *iii)* as partes, um investidor estrangeiro e um Estado soberano; *iv)* a natureza *a se* do direito aplicável.

A AI, como qualquer outro tipo de arbitragem (*maxime* comercial), assenta no princípio da consensualidade. Há quatro instrumentos com base nos quais o Estado receptor do investimento pode dar o seu consentimento para uma AI: contrato de investimento (estrangeiro), tratado, em particular tratado bilateral de investimento estrangeiro (BIT), declaração unilateral e leis de protecção do investimento estrangeiro. Dependendo dos termos da cláusula compromissória, as arbitragens de investimento podem ser iniciadas junto do CIRDI, ou de outras instituições arbitrais (*v.g.* SCC), ou ainda em tribunais arbitrais *ad hoc,* frequentemente nos termos das regras da Comissão das Nações Unidas para o Direito Comercial Internacional (CNUDCI).

Pressuposto basilar da competência do tribunal numa arbitragem de investimento é a existência de um "investimento elegível". No caso de AI fundadas em tratado, a definição de investimento elegível resulta dos termos do tratado aplicável. Exemplificativamente, têm sido considerados investimentos elegíveis para AI a titularidade no país receptor dos seguintes bens e/ou direitos: propriedade directa ou indirecta de participações sociais em pessoas jurídicas; direitos resultantes de contratos de duração prolongada, nomeadamente concessões ou PPPs; projectos para a exploração, produção e/ou comercialização de recursos naturais; direitos de propriedade intelectual e industrial; direitos a receber pagamentos pecuniários resultantes de contratos, incluindo empréstimos ou obrigações.[1]

No âmbito de AI iniciadas junto do CIRDI, vasta jurisprudência tem considerado que, para além da definição de investimento plasmada no tratado aplicável, o investimento tem ainda de satisfazer outros requisitos para efeitos da Convenção CIRDI (Artigo 25.º): a perduração por um período de tempo considerado razoável; cometimento substancial de recursos por parte do investidor; assunção parcial de risco económico-empresarial por parte do investidor; contribuição directa ou indirecta para o desenvolvimento ou economia do Estado receptor; observância dos requisitos legais da lei do Estado receptor na realização do investimento.[2] O aparente grau de exigência destes requisitos adicionais é frequentemente moderado com alguma flexibilidade interpretativa na aplicação ao caso.

Uma outra característica distintiva das AI é o facto de uma das partes ser um Estado soberano – ou uma região política ou organismo público do Estado – e a outra ser um investidor nacional de outro Estado. Esta originalidade da Convenção CIRDI, que depois se alargou à arbitragem de investimento em geral com a proliferação de BITs a partir dos anos 90, conduz a que os tribunais e instituições arbitrais sejam colocados perante questões complexas e politicamente sensíveis directa ou indirectamente relacionados com a soberania dos Estados, tais como:

---

[1] *Vide,* para interpretações generosas de investimento elegível, *Fedax N.V. v. Venezuela,* ICSID Case No. ARB/96/3, Decision on Jurisdiction, July 11, 1997, 37 *International Legal Materials* 1378 (1998), ¶ 19; ou *Ceskoslovenska Obchodni Banka, a.s. (CSOB) v. The Slovak Republic,* ICSID Case No. ARB/97/4, Decision on Jurisdiction, May 24, 1999, ¶¶ 76-91, disponível em http://ita.law.uvic.ca/documents/CSOB--Jurisdiction1999_000.pdf (última visita em 21 de Maio 2011).

[2] *Vide Salini Costruttori S.p.A. and Italstrade S.p.A. v. Morocco,* ICSID Case No. ARB/00/4, Decision on Jurisdiction, July 23, 2001, 42 *International Legal Materials* 609 (2003), ¶¶ 50-52; e *Phoenix Action, Ltd. v. Czech Republic,* ICSID Case No. ARB/06/5, Award, April 15, 2009, ¶ 114, disponível em http://ita.law.uvic.ca/documents/PhoenixAward.pdf (última visita em 21 de Maio 2011).

o tema da autonomia do Estado na conformação da sua legislação em sectores estratégicos da economia (e eventual obrigação de indemnizar como consequência de medidas de natureza pública), a aplicação directa do Direito Internacional às relações entre o Estado receptor e o investidor (em lugar da aplicação do direito nacional do Estado receptor), ou o recurso directo do investidor a instâncias internacionais sem necessidade de esgotamento dos mecanismos de recurso internos.

Quanto ao direito aplicável, a AI é uma figura jurídica híbrida onde se sobrepõem vários subsistemas jurídicos, nomeadamente o Direito Internacional público, *maxime* o direito dos tratados e o costume internacional, o direito dos contratos, o direito administrativo, e o direito da arbitragem internacional. Em particular, com a grande maioria das arbitragens de investimento a serem iniciadas por violações de standards de protecção (*maxime* tratamento justo e equitativo, expropriação, protecção e segurança jurídicas, protecção contra medidas arbitrárias e discriminatórias, e cláusula guarda-chuva) incluídos em BITs, emergiu desde os anos 90 um conjunto de princípios e regras, acompanhado de jurisprudência prolífica, a que se tem chamado Direito Internacional do Investimento.

Referências:
Doak Bishop, James Crawford & Michael Reisman, *Foreign Investment Disputes: Cases, Materials and Commentary*, The Hague: Kluwer Law International, 2005.
Rudolf Dolzer & Christoph Schreuer, *Principles of International Investment Law*, Oxford: Oxford University Press, 2008.
Campbell McLachlan, Laurence Shore & Matthew Weiniger, *International Investment Arbitration: Substantive Principles*, Oxford International Arbitration Series (Ed. Loukas Mistelis), Oxford: Oxford University Press, 2008.
Zachary Douglas, *The International Law of Investment Claims*, Cambridge: Cambridge University Press, 2009.
Kenneth Vandevelde, *Bilateral Investment Treaties: History, Policy, and Interpretation*, Oxford: Oxford University Press, 2010.

ARBITRAGEM INTERNACIONAL

Teresa Mafalda Vieira da Silva Cabrita

A arbitragem internacional constitui um dos mecanismos legais de resolução pacífica de conflitos internacionais tipificados de forma não exaustiva no Artigo 33.º da Carta das Nações Unidas, em conformidade com a obrigação internacional de todos os Estados de resolução das suas controvérsias internacionais por meios pacíficos, contida no artigo 2.º, n.º 3, da Carta. As origens da arbitragem internacional moderna remontam ao Tratado de Amizade, Comércio e Navegação de 1794, bem como ao Tratado de Washington de 1871, enquanto precedentes fundamentais da Convenção de Haia para a Resolução Pacífica de Disputas de

1899 (revista em 1907), por meio da qual se constituiu o Tribunal Permanente de Arbitragem. Por "arbitragem internacional" entende-se a resolução de uma controvérsia entre dois Estados ou entre um Estado e uma entidade não estatal, por decisão de dois ou mais árbitros ou de um tribunal não permanente. A arbitragem internacional poderá ser, portanto, estatal (entre dois Estados), privada (entre dois sujeitos ou entidades não estatais) ou mista (entre um Estado e uma entidade não estatal). Por sua vez, a arbitragem poderá ser *ad hoc* (sendo constituído um tribunal para a resolução de um conflito específico) ou institucionalizada (para a resolução de uma categoria de conflitos, tais como os conflitos de investimento resolvidos sob os auspícios do Centro Internacional para a Resolução de Diferendos de Investimento). A arbitragem internacional corresponde a um sistema de privatização da justiça, edificado sobre o princípio axiomático do consenso ou vontade das partes. A submissão de um conflito a arbitragem internacional poderá resultar tanto de um acordo de submissão entre as partes (pelo qual estas consintam na resolução de um conflito existente por meio de arbitragem), ou de uma cláusula arbitral (incluída num contracto celebrado pelas partes e determinando a resolução de qualquer conflito contratual futuro por meio de arbitragem internacional). No compromisso arbitral as partes definem o âmbito e natureza do conflito, a composição do tribunal (em regra resultante da nomeação de um árbitro por cada uma das partes e de um terceiro pelos árbitros nomeados), o local da arbitragem, o procedimento a seguir pelo tribunal, a lei aplicável à substância ou mérito do caso, os requisitos da decisão, e a lei aplicável ao procedimento arbitral (*lex arbitri*). Em regra, as partes limitam-se à regulação destas matérias por remissão para as disposições contidas na Convenção de Nova Iorque de 1958, na Lei Modelo da Comissão das Nações Unidas para o Direito Comercial Internacional (CNUDCI), nas Regras da Câmara Internacional de Comércio, ou nas regras do Centro Internacional para a Resolução de Diferendos de Investimento (CIRDI). Contrariamente aos Estados, os indivíduos e entidades não estatais não dispõem de liberdade absoluta de recurso a arbitragem. A capacidade das partes para a conclusão de acordos arbitrais, a validade formal e substantiva do acordo arbitral, e a susceptibilidade de resolução do conflito por meio de arbitragem, dependerão da *lex arbitri*, embora as partes disponham em regra de autonomia na eleição da *lex arbitri*. Na ausência de escolha das partes, caberá ao Tribunal a determinação da *lex arbitri* aplicável, frequentemente optando pela lei do lugar da arbitragem (*lex loci arbitri*). A admissibilidade da arbitragem, enquanto objecção preliminar ao exercício de jurisdição por parte do tribunal, depende, primeiramente, da susceptibilidade de resolução da divergência entre as partes por meio da aplicação de normas jurídicas no curso de um procedimento judicial; ou seja, da qualificação da divergência como um conflito legal. Por acréscimo, deverão estar perfeitos os demais requisitos de admissibilidade da acção, a saber: o respeito pelo princípio da nacionalidade da acção, a exaustão prévia dos remédios legais nacionais, e a capacidade das partes para a conclusão do acordo arbitral. Por fim, o acordo arbitral deverá perfazer as condições necessárias para o reconhecimento e execução da decisão arbitral, nos termos da convenção de Nova Iorque de 1958.

Referências:
John Collier & Vaughan Lowe, *The Settlement of Disputes in International Law: Institutions and Procedures*, Oxford: Oxford University Press, 2000, 190-273.
John G. Merrills, *International Dispute Settlement*, Cambridge: Cambridge University Press, 2005, 88-120.

ÁREA

Vasco Becker-Weinberg

A Área corresponde ao leito do mar, aos fundos marinhos e ao seu subsolo além dos limites da jurisdição nacional [artigo 1.º (1)] constituindo, em conjunto com os recursos da área [artigo 133.º], património comum da humanidade [artigo 136.º].

A introdução deste conceito em oposição, por exemplo, ao de propriedade, tem o seu fundamento na ideia da inalienabilidade ou indisponibilidade da Área e dos seus recursos [artigo 137.º], reforçado pelo princípio da responsabilidade intergeracional relativamente à sua utilização, ao aproveitamento dos recursos e à protecção ambiental dos efeitos adversos causados pela exploração [artigos143.º (2), 145.º].

A origem deste regime remonta ao apelo do embaixador de Malta Arvid Pardo para que fossem adoptadas medidas que salvaguardassem a utilização pacífica do leito do mar e dos fundos marinhos além da jurisdição nacional, através da promoção da cooperação internacional entre todos os Estados, sem qualquer discriminação [artigos 138.º, 140.º, 141.º], e da criação de um regime internacional que permitisse o aproveitamento dos recursos da área em benefício de toda a humanidade [artigos 137.º (1) (2), 140.º (1), 150.º i)] e da distribuição equitativa dos seus proveitos [artigo 140.º (2)], diminuindo, assim, a tensão sobre a exploração dos nódulos polimetálicos, e impedindo que os Estados reivindicassem para si partes da Área, ou que apenas os Estados ou pessoas jurídicas com capacidade tecnológica, aí pudessem desenvolver actividades de exploração [artigos137.º (1) (2), 139.º (1)]. Nesse sentido, o regime da Área prevê a cooperação dos Estados relativamente à transferência de tecnologia e conhecimentos científicos [artigos144.º, 150.º d)].

A Convenção das Nações Unidas sobre o Direito do Mar (CNUDM) não se limitou apenas a declarar que não poderá haver reivindicação ou exercício de direitos de soberania ou a apropriação da Área. Este regime acrescenta que qualquer reivindicação ou exercício de tais direitos por parte de um Estado ou pessoa jurídica será contrária ao Direito Internacional e não será reconhecida, procurando assim a CNUDM consagrar por via convencional um regime jurídico universal [artigo 311.º (6)].

ÁREA

A CNUDM prevê ainda um regime especial de responsabilidade para os Estados partes pelo incumprimento do dever de controlo das actividades na área [artigo139.º], assim como, um regime jurídico complexo que coloca a Área e as respectivas actividades sujeitas à organização e controlo da Autoridade Internacional dos Fundos Marinhos [artigo 156.º (1)] e à jurisdição da Câmara de Controvérsias dos Fundos Marinhos [artigo 186.º; artigos 14.º, 35.º Anexo VI; e artigos 35.º-40.º do Estatuto ITLOS].

A Autoridade é uma organização com personalidade jurídica internacional [artigo 176.º] que visa a gestão dos recursos da Área [artigo 157.º (1)], em nome e representação e para o benefício de toda a humanidade, sendo composta pela Assembleia, pelo Conselho e pelo Secretariado, e ainda pela Empresa, através da qual são desenvolvidas as actividades na área e o transporte, processamento e comercialização dos minerais daí extraídos [artigos 158.º (1) (2), 170.º (1)].

No que respeita à compatibilidade entre os diferentes espaços marítimos, e sem prejuízo do regime do alto mar [artigo 87.º (2)], contrariamente à exploração de recursos sujeitos à jurisdição de dois ou mais Estados, na eventualidade de recursos da área serem partilhados por um Estado, a CNUDM prevê que este seja previamente notificado de modo a evitar que ocorra uma violação dos seus direitos e interesses, sendo que a falta do seu consentimento impedirá a exploração desses recursos [artigo 142.º (2)].

A exploração da Área encontra-se numa fase preliminar [artigo 151.º (3)], e apesar do Acordo de Implementação de 1994, que visava aliviar as resistências de alguns Estados quanto ao regime da Área, ainda há disposições que carecem de regulação, como acontece com a forma de calcular os apoios financeiros devidos aos Estados menos desenvolvidos pelos efeitos adversos causados pelas actividades na área [artigos 150.º h), 151.º (1) a) (3) (10)].

Referências:

Fernando Loureiro Bastos, *A internacionalização dos recursos naturais marinhos. Contributo para a compreensão do regime jurídico-internacional do aproveitamento conjunto de petróleo e de gás natural nas plataformas continentais, do potencial aproveitamento de recursos minerais na Área, da pesca no Alto Mar e os efeitos da regulamentação convencional respectiva em relação a terceiros estados*, Lisboa: AAFDL, 2005.

E. D. Brown, *Sea-bed Energy and Minerals: the International Legal Regime*, vol. 2, The Hague/Boston/London: Martinus Nijhoff Publishers, 2001.

René-Jean Dupuy & Daniel Vignes, *A Handbook on the New Law of the Sea*, vol. 1, Dordrecht/Boston/Lancaster: Martinus Nijhoff Publishers, 1991.

ONU, *The Law of the Sea. Concept of the Common Heritage of Mankind. Legislative History of Articles 133 to 150 and 311(6) of the United Nations Convention on the Law of the Sea*, Division for Ocean Affairs and the Law of the Sea/Office of Legal Affairs (UN), Nova Iorque, 1966.

Resoluções da AGNU n. 2749 (XXV), de 17 de Dezembro de 1970, e n. 2340 (XXII), de 18 de Dezembro de 1967; Discurso de Arvid Pardo, UN Doc. A/C.I/PV.1515, 1 de Novembro de 1967.

ARMAS

Armando José Dias Correia

Uma arma é um objecto usado para ameaçar, atacar ou defender, danificar ou destruir, seres vivos ou bens materiais.

As primeiras armas terão surgido durante o neolítico e eram feitas de pedra lascada. Serviam para que os homens primitivos se defendessem dos predadores, de outros grupos e para caçarem. A necessidade de protecção e a tendência para a agressão, próprias do homem, orientaram os seus esforços no desenvolvimento e produção de novas armas, nasceram, assim, as facas, as espadas, os punhais, etc. Paralelamente, os homens perceberam que se conseguissem lançar um projéctil com precisão, poderiam atacar a presa ou o inimigo sem terem de se aproximarem dele. Surgiram assim os dardos, as lanças de arremesso, as fundas, os arcos de flecha, as bestas, os bumerangues, etc.

A descoberta dos metais, principalmente do bronze, revolucionou a produção de armas. Este metal permitiu a fabricação de espadas, lanças, facas, pontas de flechas, etc. mais eficientes para a caça e para a defesa. Com este desenvolvimento surgiu a função específica de defesa de um grupo ou agrupamento, concedida aos mais bravos e corajosos, e que viria a dar origem ao conceito de exército.

A invenção da pólvora, pelos chineses, revolucionou as armas, permitiu a construção de peças de artilharia, mosquetes, pistolas e espingardas que conseguiam lançar projécteis a velocidades e distâncias antes inimagináveis. Estas armas revolucionaram as batalhas e proporcionaram uma defesa e um ataque muito mais eficiente, tanto aos castelos, como aos navios.

A II Guerra Mundial foi um extraordinário campo de desenvolvimento e ensaio de novas armas e sensores. Foram aí usadas, pela primeira vez, as primeiras armas nucleares de enorme poder de destruição. Desde então, já foram desenvolvidos os mísseis inteligentes capazes de levarem a destruição ainda mais longe, sob a forma de cargas convencionais, ogivas nucleares, armas químicas ou biológicas.

As armas têm hoje um elevado grau de sofisticação que permite uma combinação eficaz entre o poder de destruição e a exactidão da acção. Às tipologias clássicas das armas ("armas brancas", "armas de fogo") juntaram-se novas tipologias tais como: "armas não letais", que visam ferir ou imobilizar sem provocar a morte; "armas de efeitos", que pretendem causar grande incómodo e obrigar ao afastamento de um ser vivo; "armas químicas", que visam irritar ou danificar, por meio de gases ou outros compostos, o organismo de um ser vivo; "armas biológicas", que transportam e libertam doenças (vírus, carbúnculos), que provocam danos graves ou mesmo a morte; "armas nucleares", que transportam ogivas com material explosivo radioactivo.

Realça-se que as armas letais visam o efeito destruição, não estando em causa a exigência de manutenção de qualquer tipo de prova. Pelo contrário, as armas não letais têm por objectivo, precisamente, a manutenção de uma prova e para tal procuram assegurar a sobrevivência do alvo.

Referências:
Diagram Group, *Weapons: an international encyclopedia from 5000 B.C. to 2000 A.D.*, New York: St. Martin's Press, 1990.
Chris Bishop, *The Encyclopedia of Weapons: From World War II to the Present Day*, New York: Thunder Bay Press, 2006.
Robert J. Bunker, *Nonlethal weapons: terms and references*, USAF Institute for National Security Studies, Colorado Springs: USAF Academy Colorado, 2005.

ARMAS NUCLEARES

ARMANDO JOSÉ DIAS CORREIA

Uma arma nuclear, muitas vezes definida por arma ou bomba atómica, é uma arma explosiva de elevado poder destrutivo resultante da energia libertada numa reacção atómica nuclear.

As armas nucleares são normalmente descritas como sendo de tecnologia de fissão ou de fusão, com base na forma predominante de libertação da sua energia. As armas de fissão nuclear, também conhecidas por "Bomba-A", são as que utilizam a tecnologia de fissão nuclear, onde os pesados núcleos atómicos do urânio ou do plutónio ao serem bombardeados por neutrões, desintegram-se e dão origem a elementos mais leves. Ao bombardear-se um núcleo produzem-se mais neutrões, que são disparados de encontro a outros núcleos, criando, assim, uma reacção em cadeia.

A reacção de implosão no núcleo de uma arma atómica baseia-se na chamada fusão nuclear, onde núcleos leves de hidrogénio e hélio se combinam para formar elementos mais pesados e libertarem, neste processo, enormes quantidades de energia. Estas são conhecidas por "Bomba-H", bombas de hidrogénio ou bombas termonucleares. A fusão requer uma altíssima temperatura para que a reacção em cadeia possa acontecer. Estas armas são as de maior força destrutiva jamais criada pelo homem, embora nunca tenham sido utilizadas fora do contexto dos ensaios.

Na prática, ambas as armas (fissão e fusão) nucleares resultam de uma combinação das duas tecnologias. Por exemplo, no interior das armas nucleares de hidrogénio há uma pequena bomba de fissão que cria as condições de temperatura e pressão suficientemente elevadas para que a fusão se possa iniciar. Por outro lado, a tecnologia de fissão é mais eficiente quando um dispositivo de fusão impulsiona a energia da bomba.

Oficialmente, a mais poderosa arma de fusão nuclear até agora testada, em 1961, foi a bomba Tsar. Foi desenvolvida pela URSS e o seu poder de destruição foi calculado em cinquenta e sete Megatoneladas, o que equivale a mais de cinco mil vezes a bomba de Hiroxima e a cerca de dez vezes a soma de todo o poder explosivo empregue na II Guerra Mundial (incluindo as duas bombas nucleares lançadas sobre o Japão).

Uma outra arma atómica mais recente e muito conhecida é a bomba de neutrões que é, em geral, um dispositivo termonuclear pequeno, com corpo de níquel ou crómio, onde os neutrões gerados na reacção de fusão não são, intencionalmente, absorvidos pelo interior da bomba, permitindo que escapem. A libertação de raio-X e de neutrões de alta energia são seu principal mecanismo destrutivo. Os neutrões são mais penetrantes que outros tipos de radiação, de tal forma que muitos materiais de protecção que bloqueiam raios gama são pouco eficazes contra eles. As armas de neutrões têm acção destrutiva apenas sobre organismos vivos, mantendo, por exemplo, a estrutura de uma cidade intacta.

Há ainda que mencionar as chamadas armas sujas (ou bombas sujas), que designam as armas de dispersão de material radioactivo (lixo atómico). Quando explodem, a projecção de material radioactivo causa a contaminação nuclear e doenças semelhantes às que ocorrem quando uma pessoa é contaminada pela radiação de uma bomba atómica.

Também existem armas nucleares de relativamente pequena dimensão (poder explosivo da ordem das 0,5 a 5 quilotoneladas) conhecidas por armas nucleares tácticas. Têm uma utilização muito específica, relacionada com a potenciação das duas principais modalidades de aproveitamento da energia libertada: o poder de destruir e queimar; ou o impulso electromagnético. Este tipo de armas tem estado a ser substituído por versões convencionais (bombas de impulso electromagnético, bombas termobáricas) capazes de produzirem impulsos electromagnéticos ou grande quantidade de calor e pressão, sem a perigosa libertação de radioactividade.

As armas nucleares deixam uma área inabitável por várias dezenas de anos, pelo que a sua posse serve o propósito do princípio da mútua destruição assegurada que foi uma das principais características do período da Guerra Fria. O arsenal nuclear continua a ter bastante importância nas relações políticas entre as nações. Tanto assim é que os países que as possuem mantêm o assento permanente no Conselho de Segurança da ONU.

As potências nucleares declaradas, detentoras de armas nucleares, são os EUA, a Rússia, o Reino Unido, a França, a República Popular da China, a Índia, o Paquistão e Israel. Outra nação que já testou armamento nuclear foi a Coreia do Norte.

Referências:

Elísio Borges Maia, *Armas Nucleares e Direito Internacional*, Lisboa: Universidade Católica, 2003.

Jeremy Bernstein, *Nuclear weapons: what you need to know*, New York: Cambridge University Press, 2008.

ÁRTICO

Manuel de Almeida Ribeiro

O Ártico tem uma área de mais de 30 milhões de Km2 e uma população de cerca de quatro milhões de habitantes, incluindo mais de trinta povos indígenas.

O Círculo Polar Ártico é delimitado pelo paralelo da latitude 66° 33' 44'' Norte, passando através do Oceano Ártico, a península escandinava, Norte da Ásia, América do Norte e da Groenlândia. As terras sobre o Círculo Polar Ártico estão divididas entre oito países: a Noruega, a Suécia, a Finlândia, a Federação Russa, os Estados Unidos da América, o Canadá, a Dinamarca (Groenlândia) e a Islândia.

Ao contrário da Antárctica, que é um continente, o Ártico é um espaço predominantemente marítimo coberto por uma calote de gelo. Nestes termos a delimitação dos espaços marinhos no Ártico é regulada pela Convenção das Nações Unidas sobre o Direito do Mar (CNUDM)

Cinco Estados têm direito a ver delimitados espaços marinhos sob a sua soberania ou jurisdição: os Estados Unidos, a Federação Russa, a Noruega, a Dinamarca e o Canadá.

Os espaços a delimitar são o mar territorial, a zona económica exclusiva e a plataforma continental. No que se refere à plataforma continental, tendo em conta a eventual extensão prevista no Artigo 76.º 3 no Anexo II da CNUDM, também a Islândia poderá reclamar direitos de extensão da respectiva plataforma continental.

A questão da delimitação do Ártico ganhou importância acrescida pela possibilidade alargada de navegação nas suas águas que o degelo que resultou do aquecimento global permitiu e pela possibilidade de exploração de hidrocarbonetos e outras riquezas minerais que o desenvolvimento tecnológico viabilizou, estimando-se que cerca de 25% das reservas mundiais de hidrocarbonetos estejam localizadas ao norte do círculo polar.

A extensão de espaço marinho submarino para além dos direitos às plataformas continentais dos Estados ribeirinhos, no sentido e com a extensão máxima que resultar da aplicação das disposições da CNUDM, constitui parte da "Área" e integra o património comum da Humanidade. Nas águas sobrejacentes, para além das duzentas milhas das zonas económicas exclusivas dos Estados ribeirinhos vigora o regime do "Alto Mar", com as liberdades a que se refere o Artigo 87.º da CNUDM.

Através da Declaração de Otava de 1996 foi formalmente estabelecido o Conselho do Ártico, um fórum intergovernamental para promover a cooperação, coordenação e interacção entre ao Estados árticos, com a participação doas povos indígenas, em particular sobre matérias de desenvolvimento sustentável e protecção ambiental do Ártico.

Referências:
Nguyen Quoc Dihn, Patrick Dailler & Alain Pellet, *Droit International Public,* Paris: LGDJ, 1992.
Malcom N. Shaw, *International Law* , Cambrigde: Cambridge University Press, 2003.
Ian Brownlie, *Principles of Public International Law,* Oxford: Clarendon Press, 1990.

ASILO

Ana Rita Gil

A noção de asilo dada pelo Instituto de Direito Internacional em 1950, frequentemente aplicada em Direito Internacional, define-o como a protecção oferecida por um Estado no seu território ou noutro local a um indivíduo que a solicita. Esta definição abrange o asilo territorial e o asilo extraterritorial. O primeiro tem lugar no território do próprio Estado que concede o asilo. Já o segundo processa-se através de uma missão diplomática do Estado protector acreditada no território de outro Estado.

O artigo 14.º, n.º1 da Declaração Universal dos Direitos do Homem estabelece que toda a pessoa sujeita a perseguição tem o direito de procurar e de beneficiar de asilo em outros países. Tem-se invocado que o direito de *beneficiar* de asilo não é um direito do indivíduo, mas sim do Estado, que pode garantir protecção a estrangeiros e ver essa decisão respeitada pelos seus pares. Por seu turno, o direito de *procurar* asilo significa o direito de pedir asilo, não de receber asilo – é um direito face ao Estado de origem, e não face ao Estado de acolhimento. Assim, o direito de asilo concebido como o poder de exigir de um Estado que conceda a entrada e permanência de um estrangeiro no seu território não é reconhecido pelo Direito Internacional. Esta interpretação foi confirmada pela declaração sobre asilo territorial das Nações Unidas[1], que no entanto, afirmou que as pessoas a quem se concede asilo não podem ser objecto de recusa de admissão na fronteira ou de expulsão ou devolução a qualquer Estado onde possam ser objecto de perseguição.

O direito de asilo não consta dos Pactos das Nações Unidas sobre Direitos Humanos, nem, de resto, da Convenção de Genebra de 1951 relativa ao Estatuto do Refugiado. Esta última prevê contudo a proibição de devolução, ou de *refoulement*, garantindo ao refugiado a sua não expulsão para as fronteiras dos territórios onde a sua vida ou liberdade sejam ameaçadas em virtude de raça, religião, nacionalidade, filiação em certo grupo social ou opiniões políticas (artigo 33.º). Esta não é uma proibição absoluta, já que o Estado pode invocar razões de segurança pública para proceder à devolução do estrangeiro. Para além disso, nos termos do artigo 31.º, é proibida a perseguição criminal em relação a quem entre ou se encontre ilegalmente num Estado vindo directamente do território onde a sua vida ou liberdade são ameaçadas.

---

[1] Resolução da Assembleia Geral das Nações Unidas n.º 2312/XXII, de 14 de Dezembro de 1967.

ASILO

Já a Carta dos Direitos Fundamentais da União Europeia consagra no artigo 18.º o direito de asilo "no quadro da Convenção de Genebra e nos termos dos Tratados". No Direito da União há já várias normas na matéria, destinadas à construção de uma política comum de asilo, nos termos do artigo 78.º do Tratado sobre o Funcionamento da União Europeia. De mencionar, em especial, o Regulamento (CE) n.º 343/2003 do Conselho, de 18 de Fevereiro de 2003, que estabelece os critérios e mecanismos de determinação do Estado-Membro responsável pela análise de um pedido de asilo, a Directiva 2003/9/CE do Conselho, de 27 de Janeiro de 2003, que estabelece normas em matéria de acolhimento dos requerentes de asilo, a Directiva 2004/83/CE do Conselho, de 29 de Abril de 2004, relativa à qualificação do estatuto de refugiado e a Directiva 2005/85/CE do Conselho, de 1 de Dezembro de 2005, relativa a procedimentos de concessão e retirada do estatuto de refugiado.

Referências:

François Crépeau, *Droit d'Asile – De l'Hospitalité aux Controles Migratoires*, Bruxelles: Éditions Bruylant, Éditions de l'Université Libre de Bruxelles, 1995.

Guy S. Goodwin-Gill, *The Refugee in International Law*, Oxford: Oxford University Press, 1998.

Constança Urbano de Sousa & Philippe De Bruycker (coord.), *The Emergence of a European Asylum Policy*, Bruxelas, 2004.

Hemme Battjes, *European Asylum Law and International Law*, Leiden: Martinus Nihoff Publishers, 2006.

Andreia Sofia Pinto Oliveira, *O Direito de Asilo na Constituição Portuguesa – Âmbito de Protecção de um Direito Fundamental*, Coimbra: Coimbra Editora, 2009.

ASSEMBLEIA GERAL DA ONU

Manuel de Almeida Ribeiro

A Assembleia Geral é um dos órgãos constitucionais e principais da ONU. É um órgão constitucional, por estar previsto na Carta, e principal, por não estar dependente de nenhum outro órgão, categoria em que apenas se encontram, além da Assembleia Geral, o Conselho de Segurança e o Tribunal Internacional de Justiça.

As funções da Assembleia Geral são desdobráveis em duas categorias essenciais: funções na ordem interna e funções na ordem internacional. No que se refere às funções na ordem interna, podemos dividi-las em quatro tipos: constitucionais, administrativas, orçamentais e financeiras. As funções constitucionais, como a eleição do secretário-geral e a admissão, suspensão e exclusão de membros, entre outras, são exercidas em conjunto com o Conselho de Segurança. Cabe ainda à Assembleia Geral a coordenação e o exercício de poderes sobre todos os órgãos, à excepção do Conselho de Segurança e do Tribunal Internacional de Justiça. No plano externo, a competência da Assembleia Geral só é praticamente limitada pelas finalidades da ONU e pelos poderes do Conselho de Segurança.

Na Assembleia Geral todos os Estados-Membros estão representados e têm igualdade de voto seja qual for a sua dimensão geográfica, demográfica e económica. Na ONU, apenas se distinguem juridicamente dos outros Estados os membros permanentes do Conselho de Segurança. A Assembleia Geral rege-se, para além das disposições da Carta, pelo seu regimento, que ela própria aprova.

A direcção dos trabalhos da Assembleia Geral cabe ao Presidente da Assembleia Geral, assessorado pelos restantes membros da mesa. Esta matéria está tratada no regimento que fixa a composição da mesa nos seguintes termos: *a*) o Presidente, eleito a título individual; *b*) vinte e um vice-presidentes, que são representantes dos Estados e não eleitos individualmente; *c*) os presidentes das sete grandes comissões da Assembleia Geral. As grandes comissões da Assembleia Geral são: *a*) Assuntos Políticos e Comissão Política Especial; *b*) Comissão Económica e Financeira (Segunda Comissão); *c*) Comissão de Questões Sociais, Humanitárias e Culturais (Terceira Comissão); *d*) Comissão Política Espacial e Descolonização (Quarta Comissão); *e*) Comissão de Questões Administrativas e Orçamentais (Quinta Comissão) e *f*) Comissão Jurídica (Sexta Comissão). Todas as comissões das Assembleia Geral são plenárias. Este facto, associado ao aumento do número de Estados-Membros, tem tornado cada vez mais difícil produzir um trabalho sério e aprofundado a esse nível, ou seja, cumprir o objectivo essencial para o qual as comissões foram criadas.

As regras de voto, quer nas comissões, quer no plenário, são idênticas: um Estado/um voto, maioria simples dos Estados presentes e votantes e maioria qualificada de dois terços para as "questões importantes", que o artigo 18.º § 2 da Carta refere, a título exemplificativo.

A Assembleia Geral pode reunir em sessões ordinárias ou extraordinárias, sendo estas últimas raras. As sessões ordinárias são anuais e iniciam-se na terceira terça-feira de Setembro e, terminando na véspera de Natal.

Referências:

Manuel de Almeida Ribeiro, & Mónica Ferro, *A Organização das Nações Unidas*, Coimbra: Almedina, 2004.

Michel Virally, *L'Organization Mondiale*, Paris: Armand Colin, 1972.

Higgins, Rosalyn Higgins, *The United Nations: Appearance and Reality*, Hull: University of Hull Press, 1993.

Paul Kennedy, *The Parliament of Man, the Past, Present and Future of the United Nations*, New York: First Vintage Books, 2007.

ASSINATURA

Mateus Kowalski e Miguel de Serpa Soares

A assinatura é um acto internacional, tutelado pelo Direito Internacional dos Tratados, que determina que o texto de um tratado é autêntico e definitivo, colocando, assim, termo às negociações.

A assinatura pode ser simultaneamente a expressão do consentimento em estar vinculado quando: o tratado prevê que a assinatura terá esse efeito; por outra forma se estabeleça que os contratantes que participaram na negociação estiveram de acordo em dar esta efeito à assinatura; a intenção dos contratantes em atribuir tal efeito à assinatura resulta dos plenos poderes do representante ou foi manifestada no decorrer da negociação (artigo 12, n.º 1 da Convenção de Viena sobre o Direito dos Tratados). A assinatura *ad referendum* carece para estes efeitos de confirmação pelo contratante.

No caso do Estado Português, a assinatura do texto de um tratado carece de parecer favorável prévio do serviço competente do Ministério dos Negócios Estrangeiros. Por outro lado, a assinatura carece de aprovação prévia do Senhor Primeiro-Ministro. Para tanto, o serviço competente do Ministério dos Negócios Estrangeiros deverá organizar o processo para aprovação da assinatura, instruindo-o com uma nota adicional e com o texto final do tratado em língua portuguesa ou na língua de negociação. Uma pessoa é considerada representante da República Portuguesa para a assinatura de uma convenção se munida de plenos poderes. São considerados representantes da República Portuguesa, em virtude das suas funções, sem terem de apresentar plenos poderes: o Presidente da República; o Primeiro-Ministro; o Ministro dos Negócios Estrangeiros. Cabe ao serviço competente do Ministério dos Negócios Estrangeiros elaborar os Plenos Poderes e submetê-los à assinatura do Ministro dos Negócios Estrangeiros.

Os tratados assim autenticados devem ser remetidos para arquivo pelo serviço competente do Ministério dos Negócios Estrangeiros ao Instituto Diplomático, que proverá, a partir de então, à certificação de todas as cópias eventualmente necessárias.

Para a manifestação do consentimento da República Portuguesa em estar vinculada a um tratado, após a assinatura é necessária a aprovação do tratado pelo órgão de soberania competente, a ratificação presidencial no caso de tratados solenes, e a sua publicação.

Referências:
Anthony Aust, *Modern Treaty Law and Practice*, Cambridge: Cambridge University Press, 2000.
Jorge Miranda, *Curso de Direito Internacional Público*, Cascais: Principia, 2006.
Malgosia Fitzmaurice & Olufemi Elias, *Contemporary Issues in the Law of Treaties*, Utrecht: Eleven International Publishing, 2005.
Olivier Corten & Pierre Klein (eds.), *Les Conventions de Vienne sur le Droit des Traités: Commentaire Article par Article*, Bruxelles: Bruylant, 2006.

ASSISTÊNCIA HUMANITÁRIA

Maria de Assunção do Vale Pereira

De acordo com a resolução adoptada pelo *Institut de Droit International*, na sua sessão de 2003 que teve lugar em Bruges, intitulada *L'assistance humanitaire*, a expressão "assistência humanitária" significa "o conjunto dos actos, actividades e meios humanos e materiais relativos ao fornecimento de bens e de serviços de natureza exclusivamente humanitária, indispensáveis à sobrevivência e à satisfação das necessidades essenciais das vítimas de catástrofes", explicitando-se que por "catástrofes" se entende "as calamidades que põem em perigo a vida, a saúde, a integridade física, o direito de não ser submetido a tratamentos cruéis, desumanos ou degradantes, outros direitos fundamentais da pessoa humana, ou as necessidades essenciais da população", quer sejam "de origem natural, técnica e provocadas pelo homem, ou decorrentes da violência ou de conflitos armados" (artigo 1.º). Portanto, o conceito de assistência humanitária incide especificamente sobre a chamada ajuda de emergência ou de urgência, ou seja, a assistência que decorre durante ou na sequência de uma calamidade com vista à preservação da vida e das necessidades básicas dos sobreviventes e pode ser levada a cabo por diferentes entidades, nomeadamente Estados, organizações internacionais e organizações não governamentais, sendo cada vez mais desenvolvida por estas últimas (ONGs), sobretudo a partir dos anos 70.

Apesar das diferentes origens das calamidades que põem em causa os direitos fundamentais do homem, a grande distinção, nesta matéria, é entre as crises decorrentes da verificação de um conflito armado, internacional ou não internacional – casos em que é aplicável o Direito Internacional Humanitário – e as crises decorrentes de outros factores, em que aquele direito não se aplica, ao menos directamente, pelo que se torna mais difícil apurar com precisão as normas vigentes, uma vez que não existe qualquer texto jurídico vinculativo que defina o seu regime, o que não significa que se esteja face a um vácuo jurídico.

Nos termos do Direito Internacional Humanitário, a assistência humanitária no território de um Estado, está sujeita ao consentimento deste, como corolário do respeito pela sua soberania (artigo 27.º da I Convenção de Genebra, de 1949). Cabendo ao Estado a principal responsabilidade na prestação dos socorros, entende-se que este está obrigado a não recusar, de modo arbitrário e injustificado, uma oferta de boa fé, exclusivamente destinada a fornecer assistência humanitária, ou o acesso às vitimas, se não tem capacidade para prestar a ajuda necessária, pelo que deve conceder rápida e gratuitamente os vistos ou autorizações necessários ao pessoal dessas missões, bem como permitir-lhe acesso pleno e livre a todas as vítimas, e garantir a sua liberdade de circulação e a sua protecção, assim como dos bens e serviços fornecidos.

ASSISTÊNCIA HUMANITÁRIA

Também os órgãos onusianos se têm vindo a interessar pela matéria, tendo aprovada várias resoluções em que são reafirmados alguns vectores clássicos que regem a assistência humanitária: os princípios de humanidade, de neutralidade e de imparcialidade, bem como o respeito pela soberania dos Estados afectados e o seu papel primacial na iniciativa, organização, coordenação e implementação da assistência humanitária nos seus territórios (veja-se, por ex., a resolução 43/131, da AG, de 8 de Dezembro de 1988, intitulada *Assistência humanitária às vítimas de catástrofes naturais e situações de urgência equiparáveis*).

A contestação de alguns destes princípios – nomeadamente o do consentimento do Estado e o da neutralidade – estiveram na origem da afirmação da ingerência humanitária.

Note-se que muitas vezes a expressão *assistência humanitária* é usada como sinónimo de *auxílio humanitário* ou *ajuda humanitária*, embora em rigor estas se refiram a uma ajuda com fins humanitários, prestada sobretudo por Estados que, no seu orçamento, incluem uma dotação para tanto e cuja prestação não está necessariamente associada a uma catástrofe humanitária, podendo incidir, nomeadamente, na prevenção dessas catástrofes ou na reconstrução em fase posterior à sua verificação.

Referências:
Ruth Abril Stoffels, *La Asistencia Humanitaria en los Conflictos Armados*, Madrid: Tirant lo Blanch/ Cruz Roja Española, 2001.
J. A. Carrillo Salcedo, "La Asistencia Humanitaria en Derecho Internacional Contemporáneo", *in La Asistencia Humanitaria en Derecho Internacional Contemporáneo*, Alcalde Fernández/M.ª del C. Márquez Carrasco/Carrillo Salcedo, Sevilla: Universidad de Sevilla, 1997, 127-159.
Mario Bettati, "Souveraineté et assistance humanitaire – Réflexions sur la portée et les limites de la res. 43/131 de l'Assemblé générale de l'ONU", *Humanité et droit international*, Mél. René-Jean Dupuy, Paris: Pedone, 1991, 35-45.

AUTODETERMINAÇÃO

Mateus Kowalski e Miguel de Serpa Soares

O direito à autodeterminação consubstancia-se no direito de cada povo de determinar livremente o seu estatuto político e de empreender livremente o seu desenvolvimento político, social e cultural. Este direito, que esteve durante muito tempo ligado às situações de colonização, tem vindo a ser actualizado e alargado a todas situações em que um povo não goza de "autodeterminação interna", isto é, quando veja recusado um acesso efectivo ao governo para assegurar o seu desenvolvimento político, económico, social e cultural.

AUTODETERMINAÇÃO

Precisamente, um dos objectivos das Nações Unidas proclamados em 1945 era o de desenvolver relações de amizade entre as nações com base, designadamente, na igualdade e na autodeterminação dos povos (artigo 1.º, n.º 2, da Carta das Nações Unidas). O conteúdo do artigo 1.º, n.º 2, serviu de fundamento para o processo de descolonização de acordo com as pretensões de autodeterminação dos povos das então colónias. A descolonização, que durante muito tempo foi uma das principais atribuições das Nações Unidas, já não tem hoje a actualidade de outrora, em grande medida precisamente devido à actuação das Nações Unidas em prol do direito dos povos à autodeterminação. A autodeterminação dos povos não é, no entanto, uma questão ultrapassada. Refira-se, como exemplo, que na Comissão sobre a Situação relativa à Implementação da Declaração sobre a Concessão da Independência aos Países e Povos Coloniais continua em agenda a situação de diversos territórios não-autónomos.

Contudo, os redactores da Carta não tinham em mente a descolonização. Pretendiam antes sublinhar a igualdade e independência dos Estados, pequenos e grandes, mas já constituídos. A ideia de autodeterminação dos povos expressamente consagrada na Carta era, pois, inicialmente um conceito essencialmente político e de conteúdo diferente daquele que foi ganhando consistência nos anos sessenta. O Tribunal Internacional de Justiça desempenhou um papel fundamental no reconhecimento da autodeterminação como um direito.

No parecer *Consequências Jurídicas* o Tribunal foi da opinião que a presença da África do Sul na Namíbia era ilícita, e que aquele Estado deveria retirar a sua administração e pôr termo à ocupação do território. No seu parecer, o Tribunal considerou que o direito à autodeterminação conforme consagrado na Carta aplica-se a todos os territórios não-autónomos.

No parecer *Saara Ocidental*, sobre o estatuto daquele território, o Tribunal confirmou o seu entendimento relativamente ao direito à autodeterminação, afirmando que o povo do Saara Ocidental gozava do direito à autodeterminação. Acrescentou, ainda, que a "aplicação do direito à autodeterminação requer a expressão livre e genuína da vontade dos povos em causa".

Referências:
Antonio Cassese, *Self-Determination of Peoples: a Legal Reappraisal*, Cambridge: Cambridge University Press, 1995.
Hans Haugen, "The Right to Self-Determination and Natural Resources: The Case of Western Sahara", 3 *Law, Environment and Development Journal* 70, 2007.
Karl Doehring, "Self-Determination" in Bruno Simma (ed.), *The Charter of the United Nations: a Commentary – vol. I*, Oxford: Oxford University Press, 2002, 47-63.
Legal Consequences for States of the Continued Presence of South Africa in Namibia (South West Africa) Notwithstanding Security Council Resolution 276 (1970) (Advisory Opinion), ICJ Reports, 16.
Western Sahara (Advisory Opinion), ICJ Reports 1975, 12.

BANCO MUNDIAL (BM)

PEDRO CONCEIÇÃO PARREIRA E MARISA APOLINÁRIO

A instituição comummente designada por Banco Mundial, de forma mais rigorosa é o Grupo Banco Mundial. Na verdade o Banco Mundial não é um banco no sentido clássico do termo, antes é um Grupo constituído por cinco instituições de base mutualista que se dedica à ajuda técnica e financeira para o desenvolvimento dos seus (187) países-membros, em particular dos seus membros mais pobres.

As cinco instituições têm uma mesma cúpula governativa, duas nucleares às actividades do Banco – em sentido estrito o Banco Mundial – que com mais três outras complementares perfazem o Grupo Banco Mundial.

As duas primeiras são concretamente o Banco Internacional de Reconstrução e Desenvolvimento (BIRD) e a Associação de Desenvolvimento Internacional (ADI). O BIRD foi a primeira instituição a ser estabelecida ainda no decurso da II Guerra Mundial pelos acordos então assinados em 1944 por 45 países aliados na localidade de Bretton Woods, no Estado americano de New Hampshire, já com preocupações de reconstrução no pós-guerra. Começou a operar em 1946 e ainda hoje é, das cinco instituições, a mais importante do Grupo, muitas vezes confundida até com o próprio Banco Mundial.

O objectivo inicial do BIRD era financiar a reconstrução das infra-estruturas dos países europeus fortemente afectadas pela destruição da guerra. Todavia, fruto da recuperação europeia bem mais rápida do que inicialmente vaticinada, rapidamente alargou este objectivo aos países em vias de desenvolvimento, onde concentrou a sua actuação em projectos de infra-estruturas, nos campos da produção e distribuição eléctrica, nos transportes, nas telecomunicações e irrigação. Este padrão de actuação manteve-se até finais da década de 60 do século passado, sendo reduzidos os apoios financeiros e análise técnica destinados à agricultura e ao desenvolvimento rural e menos ainda os apoios destinados à educação e formação das populações.

Pela experiência acumulada ao longo das décadas de 50 e 60, ao mesmo tempo que muitas ex-colónias adquiriam a sua independência política das potências europeias, o BIRD foi compreendendo que somente investimentos nas infra-estruturas não eram por si só suficientes para fomentar a transição económica das economias em desenvolvimento. Assim, paulatinamente, desde finais da década de 60, início da década de 70, e tendo em vista potenciar a substituição do ciclo da pobreza pelo ciclo do desenvolvimento sustentado, tem actuado de forma crescente noutras áreas complementares como a educação, a formação profissional ou a saúde.

Enquanto o BIRD tem como países alvo os países pobres de rendimento médio, a ADI criada em 1960, incide a sua actuação no grupo de países-membros mais pobres do mundo. De facto, a ADI só concede empréstimos para o incentivo ao desenvolvimento a países com rendimento *per capita* anual inferior a 925 dólares, proporcionando condições muito competitivas, nomeadamente com taxas de juro zero, períodos de graça de 10 anos e períodos de maturidade que podem chegar aos 50 anos. Empréstimos que os mercados financeiros, sector privado em geral e mesmo o próprio BIRD, não estariam disponíveis para realizar.

À semelhança da forma de actuação do FMI, as actuações do BIRD e ADI são sobretudo feitas através dos seus empréstimos de base condicional, isto é, o Banco só aprova o(s) empréstimo(s) se o país em causa se comprometer a proceder a reformas estruturais em determinadas áreas e as diferentes tranches do respectivo empréstimo só vão sendo libertadas à medida que se vai avaliando o andamento da implementação das reformas.

O trabalho desenvolvido por estas duas Instituições é complementado por mais três: a Sociedade Financeira Internacional (1956); o Centro Internacional para a Resolução de Diferendos Relativos a Investimento (1966) e pela Agência para a Garantia Multilateral dos Investimentos (1988). Instituições que têm como missão reforçar as possibilidades e garantias de investimentos internacionais, particularmente nos países menos desenvolvidos e assim ajudar a promover o crescimento económico, criação de empregos e a redução da pobreza no mundo.

O Grupo Banco Mundial, a par do FMI, é considerado uma Instituição especializada das Nações Unidas.

Referências:
Sítio da Internet do Banco Mundial: http://www.worldbank.org/
Paul McClure (ed.), *A Guide to the World Bank*, Washington D C: World Bank Publications, 2003.
David Shaman, *The World Bank Unveiled: Inside the Revolutionary Struggle for Transparency*, 1st Edition, Arkansas: Parkhurst Brothers Publishers, 2009.
David Phillips, *Reforming the World Bank: Twenty Years of Trial-and Error*, New York: Cambridge University Press, 2009.

BANCO INTERNACIONAL DE RECONSTRUÇÃO E DESENVOLVIMENTO (BIRD)
(*vide* BANCO MUNDIAL)

BASES MILITARES

Armando José Dias Correia

Uma base militar consiste num conjunto de facilidades articuladas para o apoio às actividades militares. São áreas de acesso controlado por militares que, embora precisem da assistência e do abastecimento do exterior, podem organizar-se como as antigas fortalezas, armazenando suficientes quantidades de alimentos,

BASES MILITARES

água, energia e outras provisões, para que os seus ocupantes possam viver sitiados durante longos períodos de tempo.

Podemos definir uma base militar em função do seu objectivo: apoio directo a operações militares; ou preparação (formação, treino e aprontamento sanitário) de recursos humanos e materiais para o futuro emprego operacional (apoio logístico).

Quanto à sua natureza as bases podem ser permanentes ou temporárias. As bases permanentes, usadas em tempo de paz e de guerra, são áreas com perímetros fechados, de acesso controlado e limitado ao pessoal militar, militarizado ou civil que aí preste serviço. Os Estados Unidos da América têm bases de grande dimensão que incluem áreas residenciais para os seus militares, funcionários civis e respectivas famílias, de acesso menos restrito. Este tipo de base funciona como uma autêntica cidade, dispondo dos seus próprios serviços urbanos como restaurantes, lojas, escolas, hospitais e instalações desportivas. As bases temporárias, ou semipermanentes, são edificadas apenas durante o período necessário para o apoio a uma campanha ou operação militar de duração limitada. Como exemplo podemos citar: as bases tácticas avançadas, destinadas a apoiar as unidades militares empenhadas em operações numa determinada região; as bases logísticas, destinadas a prestar apoio logístico às forças em operações; e as bases de apoio de fogos, destinadas a executar fogo de artilharia em apoio das forças terrestres em combate.

Independentemente da função e da natureza, quase todas as bases militares incluem, em maior ou menor grau, instalações para alojamento de pessoal militar e para armazenamento de material, bem como meios para assegurar a sua segurança e defesa imediata.

Pode-se evocar directamente a função da base militar referindo-a como "base naval", "base logística", "base de fuzileiros", "base de submarinos" ou "base de tropas pára-quedistas", dentre outras.

Geralmente, numa base militar estão sedeadas várias unidades militares. Se tiver um carácter operacional, além de alojar as unidades militares, dispõe também das condições (meios) para as projectar rapidamente força para as zonas de operações. Uma base militar também pode alojar: um centro de comando e controlo; centros de formação e de instrução militar; centros de armazenamento, manutenção e reparação de meios militares; centro de apoio médico e aprontamento sanitário, dentre outros.

No caso português, a Marinha, dentro do perímetro militar do Alfeite, tem sedeadas duas bases: a Base Naval de Lisboa (BNL) e a Base de Fuzileiros. Na BNL estacionam os navios e aí estão sedeadas as unidades que asseguram o seu aprontamento. O Exército dispõe de instalações maiores, designadas "áreas militares" ou "campos militares", a maior das quais é o Campo Militar de Santa Margarida, que ocupa uma área de 64 000 000 m^2 e tem uma guarnição da ordem dos 5000 militares. As principais bases militares e aeródromos da Força Aérea são as bases aéreas. Além das bases aéreas, a Força Aérea dispõe de bases aéreas secundárias designadas "aeródromos de manobra".

Referência:
Department of Defense, Joint Publication 1-02: Department of Defense Dictionary of Military and Associated Terms, US Department of Defense, 2010.

BLOQUEIO NAVAL

ARMANDO JOSÉ DIAS CORREIA

Do ponto de vista militar, o bloqueio naval é uma acção militar que visa isolar, totalmente ou parcialmente, um determinado território do contacto externo por via marítima. O conceito clássico define que o bloqueio naval está associado a um conflito armado e a interdição imposta pode ser muito ampla e independente da carga ou da nacionalidade dos navios bloqueados.

Estas operações requerem uma elevada capacidade de sustentação no mar, o que significa que a força naval bloqueante precisa de um apoio logístico muito eficiente, de uma boa capacidade de comando e controlo e de protecção aérea.

Nos últimos anos ganhou expressão numa nova forma de bloqueio naval associada à imposição de sanções políticas e económicas a um determinado Estado, sob a égide das Nações Unidas. Este tipo de operações de interdição de área marítima é conhecido pela sigla na língua inglesa MIO (*Maritime Interdiction Operations*).

Uma MIO tem objectivos precisos, sendo fundamentada no Direito Internacional e na limitação da utilização da força através de regras de empenhamento. Essas características permitem um controle específico e selectivo, que garante a delimitação da crise. Estas operações fazem parte da evolução do emprego do Poder Naval em proveito das relações entre os Estados, com o propósito da manutenção da segurança global.

Em termos gerais, o bloqueio naval pode ser definido como um acto de guerra, enquanto a interdição de área marítima pode ser considerada um acto de diplomacia. Em ambas as situações, o bloqueio ou a interdição de área têm um enorme efeito sobre a economia do Estado visado, porque os navios mercantes transportam 90% do volume do comércio mundial.

Portugal foi alvo de um bloqueio naval durante 10 meses, a contar da data de 20 de Novembro de 1807, dia em que as forças de Junot invadiram Portugal. A esquadra inglesa sob o comando do vice-almirante Sir Charles Cotton assegurou o bloqueio naval a Lisboa, conseguindo, no final, capturar uma esquadra russa que aí se encontrava.

BLOQUEIO NAVAL

Em 1995, Portugal participou na operação de interdição marítima do Mar Adriático, com o propósito de assegurar o embargo imposto à Sérvia e a Montenegro pelas Nações Unidas.

A União Europeia, a OTAN e diversos países isoladamente têm estado empenhados em operações de interdição marítima ao largo da Somália com o objectivo assegurar o controlo do tráfego marítimo que cruze determinada área de interesse estratégico, por forma a localizar e identificar eventuais meios de superfície suspeitos de actividades ilícitas.

Referência:

Alexander E. Carr, *Maritime Interdiction Operations in Support of Counterterrorism War*, Newport: Naval War College, 2002.

BOA FÉ

Mateus Kowalski e Miguel de Serpa Soares

O princípio da "Boa Fé", princípio jurídico fundamental das relações internacionais, traduz a necessidade de cumprir uma determinada obrigação internacional de acordo com o espírito que presidiu à sua criação e que assenta necessariamente na ideia de justiça. *A contrario* resulta que a interpretação e a aplicação de qualquer obrigação internacional, nomeadamente que assuma a forma escrita, não deve ter por referente único o elemento literal.

A referência ao princípio da boa fé surge em diversos tratados. A Convenção sobre o Direito dos Tratados, adoptada em Viena, a 23 de Maio de 1969, refere-se sobejamente ao princípio da boa fé, o que se afigura natural uma vez que regula aspectos como a conclusão, interpretação ou aplicação dos tratados. Assim: o artigo 18.º (obrigação de não privar um tratado do seu objecto ou do seu fim antes da sua entrada em vigor) é uma manifestação do princípio da boa fé; o artigo 26.º (*pacta sunt servanda*) estabelece que todo o tratado em vigor deve ser aplicado de boa fé; o artigo 31.º (interpretação) estabelece que os tratados devem ser interpretados de boa fé. Merece aqui também referência o artigo 2.º, n.º 2, da Carta das Nações Unidas, que estabelece como princípio director da actuação dos Estados-Membros o cumprimento de boa fé das obrigações que decorram da Carta, bem como de todas as que decorram em geral do Direito Internacional e que sejam conciliáveis com a Carta.

Actualmente, o princípio da boa fé tem uma larga amplitude, sendo também aplicável a declarações de órgãos dos Estados. Estas declarações têm hoje, à luz do Direito Internacional, efeitos jurídicos.

O Tribunal Internacional de Justiça, no caso *Testes Nucleares* afirmou que um dos princípios fundamentais da criação e aplicação das obrigações internacionais, independentemente da fonte, é o princípio da boa fé. Com base apenas neste princípio, o Tribunal considerou que uma séria de declarações pela França através das quais manifestou a sua intenção em se abster de realizar testes nucleares no Pacífico Sul vinculavam juridicamente aquele Estado.

Referências:
Olivier Corten & Pierre Klein (eds.), *Les Conventions de Vienne sur le Droit des Traités: Commentaire article par article*, Bruxelles: Bruylant, 2006.
John O'Connor, *Good faith in International Law*, Dordrecht: Martinus Nijhoff Publishers, 1991.
Caso Testes Nucleares (New Zealand v. France), ICJ Reports 1974, 253.

BOICOTE (*vide* REPRESÁLIAS)

BONS OFÍCIOS

Manuel de Almeida Ribeiro

Os Bons Ofícios consistem numa intervenção amigável de uma terceira potência com o fim de levar Estados em conflito a uma solução pacífica. Pode ter como objectivo pôr termo a um conflito já iniciado ou evitar o seu início. Os Bons Ofícios não se destinam a propor uma solução – no que se distinguem da mediação – mas a facilitar os contactos com vista à abertura de negociações. Os secretário-gerais da ONU têm desenvolvido actividades desta natureza. Embora não explicitamente os Bons Ofícios estão entre os meios de resolução de conflitos a que se refere o artigo 33.º da Carta das Nações Unidas.

Os Bons Ofícios podem, tal como, aliás, a Mediação ser individuais ou colectivos, consoante sejam desenvolvidos por um Estado ou uma organização internacional, ou por um grupo de Estados. Podem ainda ser desenvolvidos por uma pessoa singular, agindo em seu próprio nome.

Referências:
Antonio Cassese, *International Law*, Oxford: Oxford University Press, 2005.
Ngyuen Quoc Dihn, Patrick Dailler & Alain Pellet (1992), *Droit International Public*, Paris: L.G.D.J., 1992.
Malcom N. Shaw, *International Law*, Cambridge: Cambridge University Press, 2003.

CAPACIDADE JURÍDICA INTERNACIONAL

Miguel de Serpa Soares e Mateus Kowalski

Em Direito Internacional Público, o conceito de capacidade jurídica (de gozo ou de exercício), confunde-se, em larga medida, com o conceito de personalidade jurídica. No Direito Civil, existe habitualmente uma atribuição formal, i.e. legal,

CAPACIDADE JURÍDICA INTERNACIONAL

de personalidade jurídica, a qual pode co-existir com restrições e limitações às capacidades de gozo e exercício, igualmente estabelecidas na Lei. No Direito Internacional Público, a conclusão de que um ente existe como sujeito de inter-nacional (ou seja dotado de personalidade jurídica), é habitualmente induzida a partir de manifestações típicas de capacidade jurídica de gozo e de exercício. Estas manifestações típicas de capacidade jurídica internacional são indícios de uma personalidade jurídica internacional, reconhecida pelos outros sujeitos internacionais, numa base essencialmente consuetudinária. Sendo o Estado o paradigma de pessoa jurídica internacional, assiste-lhe, em princípio, a mais ampla capacidade jurídica (de gozo e de exercício): capacidade judiciária activa e passiva, *jus tractum, jus legationis*, gozo de determinados privilégios e imunidades. As Organizações Internacionais, atendendo ao princípio da especialidade do fim que preside à sua criação, têm habitualmente limitações nas suas capacidades de gozo e de exercício. Alguns tratados constitutivos explicitam a medida exacta da capacidade jurídica das respectivas organizações (como exemplo, cfr. artigos 335.º e 343.º do Tratado sobre o Funcionamento da União Europeia).

Quanto aos indivíduos, para além do debate relativo à sua qualidade de sujei-tos internacionais, podem constatar-se limitações importantes na sua capacidade jurídica internacional.

Referências:

Ian Brownlie, *Princípios de Direito Internacional Público*, Lisboa: Fundação Calouste Gulbenkian, 1997.
Michael Akehurst & Peter Malanczuk, *Akehurst's Modern Introduction to International Law*, Nova Iorque: Routledge, 1997.
Nguyen Quoc Dinh *et al.*, *Droit International Publique*, Paris: L.G.D.J., 2002.
Richard Gardiner, *International Law*, Essex: Pearson Longman, 2003.
William Bishop, *International Law, Cases and Materials*, Boston: Little, Brown Co., 1962.

CARTA AFRICANA DOS DIREITOS DO HOMEM E DOS POVOS

TERESA VIOLANTE

A Carta Africana dos Direitos do Homem e dos Povos ou Carta de Banjul. Ins-trumento convencional adoptado no seio da Organização de Unidade Africana (OUA), actual União Africana (UA). Surge na sequência de vários apelos lança-dos pela comunidade internacional no sentido da criação de um sistema africano de protecção dos direitos humanos. Foi adoptada pela Conferência de Chefes de Estado e de Governo da OUA, em 27 de Junho de 1981, em Nairobi, tendo entrado em vigor em 21 de Outubro de 1986. Actualmente está ratificada por todos os Estados-Membros da UA.

CARTA AFRICANA DOS DIREITOS DO HOMEM E DOS POVOS

A Carta ecoa as especificidades africanas em matéria de direitos humanos, relacionadas com as temáticas do processo de descolonização, não discriminação racial, direitos à auto-determinação dos povos e ao desenvolvimento e unidade africana. A Carta, de ressonância eminentemente comunitarista, contém não só o reconhecimento dos típicos direitos civis e políticos (artigos 2.º a 14.º), como também a enumeração de vários direitos económicos e sociais (artigos 15.º a 18.º), tais como o direito ao trabalho em condições equitativas e satisfatórias, o direito à saúde e o direito à educação, e, ainda, o reconhecimento de vários direitos colectivos, enquanto direitos dos povos (artigos 19.º a 26.º), abrangendo o direito à igualdade, à existência e auto-determinação, à disposição livre da riqueza e dos recursos naturais, ao desenvolvimento, à paz e segurança e ao ambiente. Logo no Preâmbulo se estabelece a indissociabilidade entre direitos civis e políticos e direitos económicos, sociais e culturais. Quanto aos deveres dos indivíduos (artigos 27.º a 29.º), a Carta distingue entre deveres relativamente ao grupo, a outros indivíduos e à comunidade internacional, reafirmando-se, também neste aspecto, a respectiva singularidade.

A efectividade da protecção dos direitos e liberdades reconhecidos na Carta pode ser objecto de interpretações restritivas pelo facto de o reconhecimento de vários direitos surgir limitado ao conteúdo a definir, no âmbito de cada ordenamento nacional, por instrumento legislativo (são as designadas *clawback clauses*). Assim, por exemplo, as liberdades de consciência, religião e profissão, previstas no artigo 8.º, são garantidas "sob reserva da ordem pública." A liberdade de associação, constante do artigo 10.º, é garantida no âmbito "das regras prescritas na lei." A redacção da Carta parece, portanto, conferir ampla margem de conformação aos Estados que são, tradicionalmente, os principais violadores dos direitos que se visam proteger. Esta limitação foi agudizada pelo facto de, até muito recentemente, existir apenas um mecanismo conciliatório de garantia da Carta.

Actualmente, a Carta conta com dois sistemas de controlo: o sistema da Comissão Africana dos Direitos do Homem, de feição marcadamente conciliatória, previsto na versão originária da Carta Africana, abrange as comunicações dos Estados (artigos 47.º a 54.º) e individuais (artigos 55.º a 59.º, as quais só podem ser examinadas perante decisão da maioria dos seus membros); e o sistema judicial do Tribunal Africano dos Direitos do Homem e dos Povos (TADHDP), criado pelo Protocolo Adicional à Carta Africana, aprovado em 10 de Junho de 1998, o qual entrou em vigor em 2004. Os primeiros juízes foram nomeados em 2006 e o respectivo Regulamento Operacional foi aprovado em 2008. O Tribunal tem competência consultiva e competência contenciosa. Entretanto, em 2008, foi adoptado o Protocolo sobre o Tribunal Africano de Justiça e de Direitos Humanos, o qual visa integrar numa só jurisdição o TADHDP e o Tribunal de Justiça da União Africana.

Em 11 de Julho de 2003 foi adoptado outro Protocolo Adicional relativo aos Direitos da Mulher em África.

Referências:

Fatsah Ouguergouz, *The African Charter on Human and People's Rights: a comprehensive agenda for human dignity and sustainable democracy in Africa*, The Hague: Martinus Nijhoff Publishers, 2003.

Marcolino Moco, *Direitos humanos e seus mecanismos de protecção: as particularidades do sistema africano*, Coimbra: Almedina, 2010.

Mactar Kamara, "La promotion et la protection des droits fondamentaux dans le cadre de la Chartre africaine des droits de l'homme et des peuples et du Protocole facultatif additionnel de juin 1998", 709 *Revue Trimestrelle des Droits de l'Homme*, 16 année, n.º 63, 2005.

António M. Mascarenhas Gomes Monteiro, "La Chartre Africaine des droits de l'homme et des peuples", in Frederico Carpi e Chiara Giovannucci Orlandi (eds.), *Judicial Protection of Human Rights at the National and International Level*, volume I, Dott. A. Giuffrè Editore, Milão, 1991, 467-483.

Frans Viljoen, "The African charter on human and peoples' rights – the travaux préparatoires in the light of subsequent practice", 313 *Human Rights Law Journal*, volume 25, 2004, t. 9-12.

CARTA DAS NAÇÕES UNIDAS

Mateus Kowalski e Miguel de Serpa Soares

As Organizações Internacionais têm como instrumento fundador um tratado multilateral. Não deixando de estar sujeito às regras do Direito dos Tratados, a sua natureza específica justifica a designação particular de tratado constitutivo: um instrumento que não só traduz a vontade de outros sujeitos de Direito Internacional (em regra, Estados, mas também Organizações Internacionais) em criarem um novo sujeito de Direito Internacional, como regula ainda a sua vida, estabelecendo os seus objectivos, a sua estrutura orgânica e o seu funcionamento.

Não tinha ainda terminado a Guerra, quando um conjunto de Estados que tinham assinado ou aderido à Declaração das Nações Unidas e declarado guerra à Alemanha e ao Japão, se reuniu na Conferência de S. Francisco, com início a 25 de Abril de 1945, para apreciar o projecto de Organização Internacional que resultou das conferências de Dumbarton Oaks, em 1944, e de Ialta, em 1945. A 26 de Junho a Carta das Nações Unidas foi adoptada por unanimidade. Depois de ratificada por dois terços dos Estados participantes na Conferência de S. Francisco, incluindo EUA, URSS, Reino Unido, China e França, a Carta entrou em vigor a 24 de Outubro de 1945: nasce uma nova Organização Internacional, com a designação "As Nações Unidas".

O texto da Carta é escrito para o futuro, embora ainda agarrado a um passado que se quer irrepetível, encerrando um conjunto de lições da História que os seus redactores dizem ter aprendido. São afirmadas as bases da nova ordem internacional, assente em princípios comuns que deverão reger as relações internacionais no futuro que começa com o fim da Segunda Grande Guerra.

Como tratado constitutivo que é, a Carta estabelece os objectivos das Nações Unidas (artigo 1.º), os princípios que deverão reger a sua acção e a dos seus Estados-Membros (artigo 2.º), bem como a sua estrutura (artigo 7.º). O funcionamento e competências específicas das Nações Unidas e dos seus órgãos encontram-se descritos ao longo dos diversos capítulos da Carta.

Mais do que um tratado constitutivo, a Carta das Nações Unidas tem sido referida frequentemente como a "Constituição da comunidade internacional". Esta perspectiva teórica, no quadro daquilo a que se pode apelidar de "constitucionalismo global", permite encarar a Carta não apenas como matriz do ordenamento jurídico internacional mas também como fundadora da base institucional da comunidade internacional, indiciando a existência de alicerces para uma governação mundial com sede nas Nações Unidas.

Referências:
Bruno Simma (ed.), *The Charter of the United Nations: a Commentary*, Oxford: Oxford University Press, 2002.
Jean-Pierre Cot & Alain Pellet (eds.), *La Charte des Nations Unies – Commentaire Article par Article*, Paris: Economica, 1991).
Hans Kelsen, *The Law of the United Nations*, London: Stevens & Sons Limited, 1950.
Mateus Kowalski, "A Carta das Nações Unidas como 'Constituição' da Comunidade Internacional", 15 *Negócios Estrangeiros* 31, 2009.
Régis Chemain & Alain Pellet (eds.), *La Charte des Nations Unies, Constitution Mondiale?*, Paris: Éditions Pedone, 2006.

CARTA DO ATLÂNTICO

Mateus Kowalski e Miguel de Serpa Soares

Vivia-se a Segunda Grande Guerra, a mais terrível guerra da História, de horrores e grau de destruição nunca antes vistos. Há medida que decorria o conflito, com o crescer da confiança numa vitória aliada, foram sendo lançadas as sementes da ordem internacional que se seguiria à Guerra. No entanto, entre os aliados, as abordagens à paz eram diferentes. Para Churchill a paz dependia da reconstrução do equilíbrio tradicional de poder na Europa: pretendia a reconstrução do Reino Unido, da França e até da Alemanha, de forma a, juntamente com os EUA, contrabalançar o poder da URSS. Roosevelt, defendia uma perspectiva que ficou conhecida por "quatro polícias", segunda a qual os três vencedores da Guerra, EUA, URSS e Reino Unido, juntamente com a China, deveriam funcionar como os polícias do mundo, impondo a paz contra qualquer agressor, que acreditava

CARTA DO ATLÂNTICO

poder vir a ser a Alemanha. Já Estaline pretendia fazer das zonas da Europa central zonas tampão para proteger a URSS da Alemanha.

O primeiro passo no caminho para a organização do mundo do pós-Guerra deu-se com a assinatura da Carta do Atlântico, entre Roosevelt e Churchill, a 14 de Agosto de 1941, ao largo de Newfoundland, na Terra Nova. Os EUA não tinham entrado ainda na Guerra, o que só viria a acontecer após o ataque japonês a Pearl Harbour, a 7 de Dezembro daquele ano. Acreditando que não era possível a vitória na Guerra sem a participação dos EUA, que até então persistiam no isolacionismo, Churchill pretendia a sua intervenção directa, tarefa em que Roosevelt também se empenhou, tentando convencer a oposição interna americana.

Tal como se pode ler no seu preâmbulo, a Carta do Atlântico enuncia determinados princípios comuns aos dois Estados, nos quais baseavam a sua esperança num futuro melhor para o mundo. Tendo por base as "quatro liberdades" de Roosevelt, a Carta do Atlântico, nos seus oito pontos, encerra disposições de carácter político, económico e militar, fazendo assentar a organização da paz num conjunto de factores complementares.

A 1 de Janeiro de 1942, vinte e seis Estados, a que mais tarde se vieram a juntar outros vinte e um, aderiram aos princípios contidos na Carta do Atlântico, através da Declaração das Nações Unidas, afirmando o seu empenho na luta contra as potências do Eixo. Por enquanto não se falava em mais do que a criação de um sistema de segurança colectiva.

A Carta do Atlântico está na génese da criação das Nações Unidas, cujos princípios foram desenvolvidos pelas as subsequentes conferências de Moscovo (1943), de Teerão (1943), de Dumbarton Oaks (1944), de Ialta (1945) e de São Francisco (1945) onde foi finalmente adoptada a Carta das Nações Unidas.

Referências:
Douglas Brinkley & David Facey-Crowther (eds.), *The Atlantic Charter*, New York: St. Martin's Press Inc, 1994.
Luís Farinha, *"Da SdN à ONU: Fulgor e Fracassos das Organizações Internacionais"*, 55 *História*, 20, 2003.
Henry Kissinger, *Diplomacia*, Lisboa: Gradiva, 1996.
Philippe Drakidis, *La Charte de L'Atlantique 1941/La Déclaration des Nations Unies 1942*, Besançon: CRIPES, 1995.

CARTA INTERNACIONAL DOS DIREITOS HUMANOS

ISABEL CABRITA

A Carta Internacional dos Direitos Humanos é um conjunto de instrumentos sobre direitos humanos produzidos no âmbito do sistema das Nações Unidas.

CARTA INTERNACIONAL DOS DIREITOS HUMANOS

Estes instrumentos são a Declaração Universal dos Direitos do Homem (DUDH), o Pacto Internacional sobre os Direitos Económicos, Sociais e Culturais (PIDESC), o Pacto Internacional sobre os Direitos Civis e Políticos (PIDCP) e os Protocolos Facultativos aos Pactos Internacionais sobre direitos humanos.

A DUDH foi aprovada pela Assembleia Geral das Nações Unidas, em 10 de Dezembro de 1948, através da Resolução n.º 217 A (III), por 48 votos a favor, nenhum contra e 8 abstenções e representa o culminar do processo de internacionalização dos direitos humanos iniciado, em 26 de Junho de 1945, pela Carta das Nações Unidas (V. Preâmbulo e artigos 1.º, n.º 3, 13.º, 55.º, 56.º, 62.º, 68.º e 76.º da Carta).

A DUDH veio consagrar o primeiro catálogo internacional de direitos humanos, abrangendo tanto direitos civis e políticos, como direitos económicos, sociais e culturais.

Apesar da DUDH ter revestido a forma de uma resolução sem carácter obrigatório, nos nossos dias, a maioria da doutrina defende que os direitos estipulados na Declaração fazem parte do Direito Internacional consuetudinário ou devem ser considerados como *princípios gerais de direito reconhecidos pelas nações civilizadas*.

A DUDH foi, posteriormente, completada por outros textos. No início, a Assembleia Geral pensou criar um instrumento com carácter de tratado aberto à ratificação dos Estados-Membros das Nações Unidas e pediu à Comissão de Direitos Humanos que elaborasse o respectivo texto. A criação de um único tratado sobre direitos humanos tinha a vantagem de reconhecer o facto de todos os direitos consagrados na DUDH serem interdependentes e interrelacionados. No entanto, gradualmente, verificou-se um desacordo ao nível da Comissão dos Direitos Humanos a respeito desta matéria: deviam ser criados dois Pactos Internacionais, cada um regulando uma categoria de direitos, uma vez que os direitos económicos, sociais e culturais exigem métodos de implementação diferentes dos direitos civis e políticos. Isto levou o Conselho Económico e Social a propor, em 1951, a elaboração de dois Pactos. E assim aconteceu, a Assembleia Geral decidiu implementar a DUDH através da elaboração de dois Pactos Internacionais, cada um relativo a uma categoria de direitos (v. Resolução n.º 6/543 da AG das Nações Unidas, de 4 de Fevereiro de 1952).

A adopção do PIDESC e do PIDCP viria a concretizar-se catorze anos depois (v. Resolução 2200 A (XXI) da AG das Nações Unidas, de 16 de Dezembro de 1966). Os Pactos entraram em vigor, respectivamente, no dia 3 Janeiro e 23 Março de 1976, depois de terem sido ratificados por trinta e cinco Estados, que era o número mínimo exigido para tal efeito.

CARTA INTERNACIONAL DOS DIREITOS HUMANOS

O PIDCP foi completado por dois Protocolos Facultativos: o primeiro, também de 1966, e com entrada em vigor no dia 23 Março de 1976, de finalidade essencialmente processual, estabelece um sistema de comunicações individuais para casos de alegadas violações dos direitos civis e políticos (v. Resolução 2200 A (XXI) da AG das Nações Unidas, de 16 de Dezembro); e o segundo, de 1989, com vista à abolição da pena de morte, que entrou em vigor no dia 11 de Julho de 1991 (v. Resolução n.º 44/128 da AG das Nações Unidas, de 15 de Dezembro).

Quanto ao PIDESC foi, igualmente, completado em 2008 por um Protocolo de finalidade processual (v. Resolução n.º 63/117 da AG das Nações Unidas, de 10 de Dezembro), que ainda não entrou em vigor por falta das ratificações necessárias.

Referências:

Ana Maria Guerra Martins, *Direito Internacional dos Direitos Humanos,* Coimbra: Almedina, 2006.
Isabel Cabrita, *Direitos Humanos: Um Conceito Em Movimento,* Coimbra: Almedina, 2011.
Thomas Buergenthal, Dinah Shelton e David Stewart, *International Human Rights,* 3.ª ed., EUA: West Group, 2004.

CENTRO INTERNACIONAL PARA A RESOLUÇÃO DE DIFERENDOS RELATIVOS A INVESTIMENTO (CIRDI)

Jorge Mattamouros

O Centro Internacional para a Resolução de Diferendos Relativos a Investimento, em inglês *International Centre for Settlement of Investment Disputes* ("ICSID", ou "Centro") foi criado no quadro da Convenção para a Resolução de Diferendos Relativos a Investimentos entre Estados e Nacionais de Outros Estados ("Convenção CIRDI"), que entrou em vigor em 14 de Outubro de 1966 (tendo entrado em vigor em Portugal em 1984).[1] Institucionalmente, o Centro faz parte da estrutura do Banco Mundial (BM). Os seus órgãos são o Conselho de Administração e o Secretariado.

O Centro tem como função administrar (mecanismos de conciliação e) arbitragens que resultem directamente de um investimento entre investidores de um Estado Contratante e outro Estado Contratante que seja receptor do investi-

---

[1] *Vide* publicação no Diário da República n.º 79/84, Série I, 3 de Abril, 1984. O instrumento de ratificação foi depositado junto do BM, depositário da Convenção, em Julho de 1984, e a Convenção entrou em vigor em Portugal em 1 de Agosto de 1984.

CENTRO INTERNACIONAL PARA A RESOLUÇÃO DE DIFERENDOS RELATIVOS A INVESTIMENTO

mento.[1] Assim, o CIRDI apenas administra arbitragens em relação às quais quer o Estado de origem do investidor quer o Estado receptor são partes Contratantes da Convenção CIRDI. Em 1978, o BM criou o "Mecanismo Complementar CIRDI", o qual administra arbitragens entre investidores cujo Estado de origem não seja Estado Contratante da Convenção e Estados Contratantes, ou, ao invés, entre investidores cujo Estado de origem é um Estado Contratante e um Estado receptor que não seja parte da Convenção; administra ainda arbitragens em que, embora os requisitos jurisdicionais *ratione personae* da Convenção CIRDI estejam satisfeitos, o litígio não decorre directamente de um investimento.[2]

Um requisito central para que um diferendo relativo a investimentos possa ser submetido à resolução por arbitragem organizada pelo Centro é o consentimento de ambas as partes. Há essencialmente quatro fontes por via das quais o Estado receptor pode dar o seu consentimento (*ex ante*): contratos de investimento (estrangeiro), tratados, em particular tratados bilaterais de investimento (BITs), declaração unilateral e leis nacionais de investimento estrangeiro.Por sua vez, exceptuados os contratos de investimento, tipicamente o investidor dá o seu consentimento para a arbitragem já depois de o diferendo se ter iniciado, seja por notificação escrita ao Estado receptor seja no próprio requerimento de arbitragem.

Processualmente, as arbitragens de investimento organizadas pelo Centro têm várias especificidades:[3] *i)* Ausência de conexão com local sede da arbitragem, com a consequência da não aplicação do direito do local sede da arbitragem a questões processuais; ao invés, o processo arbitral é inteiramente conduzido pelo Centro, que tem poderes exclusivos para decidir questões relacionadas com a nomeação do tribunal, e pelo próprio tribunal arbitral (por exemplo, no que respeita a medidas cautelares). *ii)* As sentenças são automaticamente eficazes contra o Estado parte na arbitragem, e o seu reconhecimento e/ou execução em Estados Contratantes (que não o Estado parte na arbitragem) é obrigatório, não estando sujeito a disposições de direito nacional ou outros tratados (*maxime* Convenção de Nova Iorque) quanto aos fundamentos de recusa de reconhecimento e execução. Finalmente, *iii)* as sentenças não estão sujeitas a recurso ou revisão por tribunais nacionais, e apenas podem ser submetidas a

---

[1] Historicamente, o recurso ao CIRDI para uso dos mecanismos de conciliação tem sido extremamente raro, e a actividade do centro foca-se quase exclusivamente na administração de arbitragens de investimento.

[2] As arbitragens administradas ao abrigo do Mecanismo Complementar CIRDI estão, todavia, fora do âmbito de aplicação da Convenção CIRDI.

[3] As sentenças de tribunais arbitrais constituídos no âmbito do Mecanismo Complementar CIRDI não beneficiam deste regime, uma vez que a Convenção CIRDI não é aplicável a esses procedimentos arbitrais.

rectificação, interpretação, revisão ou anulação nos termos da Convenção, pelo próprio tribunal arbitral ou, no caso do pedido de anulação, por um comité de anulação nomeado pelo Centro.

Referências:

International Centre for Settlement of Investment Disputes, *History of the ICSID Convention* (2001, 1968), Vols. I, II-1 and II-2, Washington D. C. (também disponíveis em Espanhol e Francês)

Doak Bishop, James Crawford & Michael Reisman, *Foreign Investment Disputes: Cases, Materials and Commentary*, The Hague: Kluwer Law International, 2005.

Christoph Schreuer, *et. al.*, *The ICSID Convention: A Commentary*, 2nd Edition Cambridge: Cambridge University Press, 2009 (1.ª ed. 2001).

Lucy Reed, Jan Paulsson & Nigel Blackaby, *Guide to ICSID Arbitration*, The Hague/London/ New York: Kluwer Law International, 2004.

Richard Happ & Noah Rubins, *Digest of ICSID Awards and Decisions: 2003-2007*, Oxford: Oxford Universiry Press, 2009.

CESSAÇÃO DA VIGÊNCIA DE TRATADOS INTERNACIONAIS

Ricardo Branco

Extinção – quando definitiva – ou suspensão – quando temporária – da eficácia de um Tratado, provocadas por um facto jurídico ou por um acto jurídico posteriores à conclusão do Tratado e ao preenchimento das condições perfectivas da respectiva eficácia.

Tal qual sucede em largos sectores do DIP dos Tratados, as Convenções de Viena sobre o Direito dos Tratados (CVDT) de 1969 e 1986 assumem, nesta, matéria, uma vocação prevalentemente codificatória, muito embora não esgotem a regulação do respectivo regime, em grande parte também tributário do Direito consuetudinário.

Nos termos das CVDT, constituem causas de cessação de vigência de Tratados: *i)* por decorrência do próprio Tratado, aqui se incluindo a caducidade ou suspensão por termo final, condição final ou por execução integral do tratado (artigo 54.º, al. a) e 57.º, al. a)); *ii)* a perda do número necessário de partes (artigo 55.º); *iii)* a revogação – positiva ou meramente negativa – ou suspensão por acordo entre todas as partes (artigos 54.º, al. b); 57.º, al. b) e 59.º); *iv)* a extinção ou suspensão da vigência por acto jurídico unilateral discricionário, o qual toma o nome de denúncia nos tratados bilaterais e de recesso nos tratados multilaterais (artigos 54.º, al. a) e 56.º); *v)* a invocação excepção do não cumprimento (artigo 60.º), a impossibilidade superveniente decorrente de circunstâncias de facto (artigo 61.º) ou da ruptura de relações diplomáticas (artigo 63.º), a alteração fundamental das circunstâncias relativamente às que existiam no momento da conclusão do tratado e que não fora prevista pelas partes (artigo 62.º) e a revogação por norma costumeira *iuris cogentis* contrária (artigo 64.º).

Nem todas as causas de cessação de vigência aqui apontadas conduzem, verdadeiramente, a uma cessação de vigência do Tratado sobre o qual incidem, pois, por exemplo: (1) a suspensão de tratado multilateral por acordo apenas de algumas das suas partes (artigo 58.º das CVDT) determina, justamente, a suspensão das obrigações dele decorrentes apenas para essas partes, mas não a cessação da sua vigência em sentido técnico, enquanto pertença ao ordenamento jurídico; (2) a excepção de não cumprimento, num tratado multilateral, pode não determinar a desaparição do ordenamento jurídico do Tratado, pois o n.º 2 do artigo 60.º das CVDT habilita as partes cumpridoras a desobrigarem--se apenas perante a parte inadimplente; (3) o n.º 1 do artigo 61.º é claro no sufrágio literal desta distinção, quando nele se dispõe que "Uma Parte pode invocar a impossibilidade de cumprir um tratado como motivo para fazer cessar a sua vigência ou para dele se retirar...", distinguindo a cessação de vigência da retirada da parte, tal qual sucede, de resto, no n.º 1 do artigo 62.º – alteração fundamental de circunstâncias.

Os próprios Tratados podem, nos termos das CVDT, incluir normas prevendo causas de cessação da sua própria vigência (artigo 42.º, n.º 2).

Nos termos das CVDT, a cessação de vigência de um Tratado pode apenas atingir parte dele, quando, cumulativamente: *i)* a respectiva causa apenas se refira a uma ou algumas disposições e não à totalidade do tratado; *ii)* quando a execução das restantes disposições do tratado seja independente da disposição ou disposições atingidas (em ambas CVDT, artigo 44.º, n.º 3, al. a)), de modo que, por hipótese, se esta disposição for essencial para execução do resto do tratado se torna impossível a sua separação e todo o tratado será atingido – se, num tratado relativo à cessão de uma parcela de território, a disposição que a estabelecia é inválida, todas as restantes que estabeleciam, por exemplo, a sua delimitação, contrapartidas, prazos e garantias para a população serão igualmente inaplicáveis; *iii)* quando não decorra do tratado, ou não tenha sido por outra forma estabelecido, que a outra parte ou partes consideraram a disposição ou disposições afectadas como base essencial do seu consentimento em relação ao tratado na sua íntegra [*idem*, n.º 3, al. b)], pelo que, caso se conclua, através da aplicação das regras da interpretação, que as outras partes apenas se vincularam devido ao seu interesse na disposição atingida, então não será possível a limitação dos efeitos da causa invocada apenas em relação a esta e todas as disposições serão atingidas; *iv)* desde que o equilíbrio original entre direitos e obrigações do tratado não seja alterado de forma desrazoável, por força da limitação dos efeitos da causa invocada tão-só apenas às disposições atingidas [*idem*, n.º 3, al. c)].

Quando a cessação de vigência de Tratados esteja sujeita a um motivo, próprio de uma parte, relativamente ao qual não haja acordo (cessação discricionária, alteração das circunstâncias, impossibilidade superveniente, sobrevigência de *jus cogens*, excepção de não cumprimento), a invocação de cada um destes motivos segue o regime dos artigos 65 e seguintes de ambas CVDT, assim como é tida por não procedente quando feita em *venire contra factum proprium* (artigo 45 de ambas as CVDT).

Nos termos do artigo 70.º CVDT, a cessação de vigência de tratados internacionais opera exclusivamente para o futuro.

Referências:
Eduardo Correia Baptista,, *Direito Internacional Público*, Vol I – Conceito e Fontes, Lisboa, 1998, p. 276-283 e 313-352.
Nguyen Quoc Dinh *et al.*, *Direito Internacional Público*, trad., 2.ª ed., Lisboa, 2003, p. 299-324.

CIVIS

Armando José Dias Correia

A palavra civil tem a sua origem no latim *civilis*, que designava o habitante da cidade, *civitate* (cidadão). A sociedade civil referencia a totalidade das organizações e instituições cívicas – não públicas e não visando o lucro – que formam a base de uma sociedade em funcionamento, por oposição às estruturas apoiadas pela força de um Estado (independentemente de seu sistema político), ou seja, públicas.

A palavra civil também pode aparecer associada à defesa civil ou à protecção civil querendo significar o conjunto de acções preventivas, de socorro, assistenciais e reconstrutivas desenvolvidas para evitar ou minimizar desastres naturais e os incidentes tecnológicos, preservar o moral da população e restabelecer a normalidade social. A designação "defesa civil", em oposição a defesa militar, tem, desde o fim da Guerra Fria, vindo a ser substituída, em alguns países, por "protecção civil" ou mesmo "gestão de emergências", embora estas designações possam não ter a mesma interpretação de país para país.

Civil também pode referir-se a um indivíduo que, de acordo com o Direito Internacional Humanitário, é uma pessoa que não pertence às forças armadas, ou seja não é militar. Caso não se envolva directamente num conflito, a designação de civil assegura, ao abrigo da Quarta Convenção de Genebra relativa à Protecção de Pessoas Civis em Tempo de Guerra, um enquadramento de protecção específico reconhecido internacionalmente.

CIVIS

Quando a palavra é empregue no contexto dos direitos civis refere-se às liberdades individuais que têm por objectivo garantir que o relacionamento entre as pessoas é baseado na liberdade de escolha do seu futuro sem comprometer a liberdade de terceiros.

Nos últimos anos a palavra também tem ganho expressão no contexto interno e externo das relações civil-militares. No âmbito interno, sob o princípio de que o controlo e a autoridade civis sobre os militares é fundamental para a manutenção do Estado de Direito Democrático, várias escolas de pensamento e autores desenvolveram o conceito de que a estabilidade dessas relações passaria pelo recrutamento dos militares através do voluntariado, em oposição à conscrição, e pelo reforço institucional das Forças Armadas. Neste contexto é preciso evoluir para além do controlo civil das forças armadas de forma a integrar outras questões intimamente relacionadas, nomeadamente a forma como a comunidade nacional vê os seus militares e a maneira como o militar voluntário se identifica com a comunidade que defende, além disso, importa ainda considerar o respeito e entendimento mútuos entre dirigentes políticos e comandos militares, bem como o envolvimento do conselho militar em decisões estratégicas de segurança nacional.

As relações civil-militares no contexto externo referem-se à cooperação civil-militar que constitui a função militar de ligação entre o comandante de uma força militar, cuja autoridade deve estar expressa e explicitada através de adequada carta de comando, e as organizações civis com presença activa num teatro de operações. Actualmente, normalmente, num plano de operações militares inclui-se sempre a componente de cooperação civil-militar, conhecida pela sigla CIMIC (do termo inglês "Civil-Military Co-operation"). Esta tem por objectivo a participação dos militares na realização dos objectivos civis do plano de operações em todos os domínios, mas, especialmente, nos culturais, económicos, sociais, de segurança pública e de protecção civil. O seu papel é especialmente importante no período inicial do restabelecimento da paz numa região do teatro de operações, altura em que os actores civis não estão ainda capazes de exercer normalmente as suas funções. Depois deste período, as autoridades militares passam gradualmente as suas responsabilidades nesta área para as organizações governamentais, internacionais ou não governamentais (ONG) civis presentes na região.

Referências:
Department of Defense, Joint Publication 1-02: Department of Defense Dictionary of Military and Associated Terms, US Department of Defense, 2010.
Maria da Saudade Baltazar, *As Forças Armadas Portuguesas: Desafios numa sociedade em mudança*, Casal de Cambra: Caleidoscópio, 2005.

CLÁUSULA CALVO

Mateus Kowalski e Miguel de Serpa Soares

A cláusula Calvo enquadra-se numa tradição jurídica latino-americana do primeiro quartel do século XX de prevenir os abusos do direito de protecção diplomática a estrangeiros contra países latino-americanos. A cláusula deve o seu nome ao diplomata e jurista argentino Cárlos Calvo que em 1896 defendeu a doutrina da igualdade entre os direitos de protecção de um estrangeiro que se estabeleça num terceiro Estado e os nacionais desse Estado.

Esta doutrina foi incorporada em diversos tratados, essencialmente no continente americano. A positivação da doutrina em tratados deu origem à assim designada "Cláusula Calvo" pela era referido que: os nacionais e estrangeiros encontram-se sob a mesma protecção face à lei sendo que as autoridades nacionais ou estrangeiras não podem reclamar direitos diferentes ou de maior amplitude do que os concedidos aos nacionais. Era admitida a faculdade dos particulares renunciarem ao direito de protecção diplomática pelo Estado da nacionalidade. Esta renúncia era prática corrente em contratos de concessão em que o investidor estrangeiro declarava *a priori* renunciar à protecção diplomática, aceitando resolver qualquer litígio apenas com recurso aos meios internos.

Ora, a protecção diplomática decorre do postulado clássico do não reconhecimento da personalidade jurídica internacional aos indivíduos. Este instituto, enquadrando-se no âmbito da problemática da responsabilidade internacional, tem na sua base a ocorrência de um facto ilícito à luz do Direito Internacional que afecte um seu nacional. Para evitar uma situação de denegação da justiça foi necessário recorrer a uma ficção jurídica, sendo colocado na condição de vítima um sujeito de Direito Internacional – o Estado da nacionalidade do indivíduo – abrindo caminho para o estabelecimento de uma relação jurídica no âmbito da responsabilidade internacional.

A protecção diplomática é um direito do Estado, e não do indivíduo, cujo exercício se enquadra na competência discricionária do primeiro. Sendo um direito do Estado, não é válida a renúncia à protecção diplomática por um seu nacional. Assim, quer a jurisprudência quer a doutrina dominante concordam que a cláusula Calvo é desprovida de validade jurídica ao conferir a faculdade a particulares de afastarem um direito que é próprio dos Estados.

Referências:
Cárlos Calvo *Derecho Internacional Teórico y Práctico de Europa y América*, Paris: D'Amyot, 1868.
Chittharanjan Amerasinghe, *Diplomatic Protection*, Oxford: Oxford University Press, 2008.
Denise Manning-Gabrol, "The Imminent Death of the Calvo Clause and the Rebirth of the Calvo Principle: Equality of Foreign and National Investors", 26 *Law and Policy in International Business* 1169, 1995.
Donald Shea, *The Calvo Clause*, Minneapolis: University of Minnesota, 1955.

CLÁUSULA COMPROMISSÓRIA

Jorge Mattamouros

Cláusula compromissória, em Direito Internacional, designa o acordo incluído num tratado ou convenção internacional pelo qual dois (ou mais) Estados consentem na submissão de litígios futuros relativos a uma determinada matéria à decisão de um tribunal internacional. O tribunal internacional ao qual é conferida jurisdição pode ser um tribunal institucionalizado, *maxime* o Tribunal Internacional de Justiça (TIJ), ou um tribunal arbitral, seja *ad hoc* (UNCITRAL) seja constituído nos termos das regras de uma instituição arbitral internacional (*e.g.*, CIRDI).

Nos termos do Estatuto do TIJ, bem como estatisticamente, as cláusulas compromissórias são uma importante fonte de jurisdição do TIJ, a par da cláusula facultativa de jurisdição obrigatória.[1] Embora se encontrem variações, o texto típico de uma cláusula compromissória conferindo jurisdição ao TIJ refere-se a qualquer litígio "relativo à interpretação e aplicação" do respectivo tratado ou convenção.

Para além do TIJ e outros tribunais internacionais institucionalizados, são hoje frequentes os tribunais arbitrais internacionais com jurisdição sobre os chamados *diferendos de investimento*, nos quais uma das partes é, por definição, um Estado (ou uma região política ou organismo público do Estado). Nestes casos, a jurisdição do tribunal arbitral tem como fonte frequente a cláusula compromissória inserida em tratados internacionais, em particular tratados bilaterais de investimento (BITs).[2] Desde os anos 90 até ao presente, o número de BITs tem crescido exponencialmente, estimando-se que estejam actualmente assinados mais de 2500 BITs. A estes acrescem importantes tratados multilaterais, tais como o Tratado Carta da Energia (ECT) ou Tratado Norte-Americano de Livre Comércio (NAFTA). Estes tratados incluem, por regra, cláusulas compromissórias autorizando uma pessoa física ou jurídica nacional de um dos Estados parte no tratado (investidor) a accionar internacionalmente outro Estado também parte no tratado (Estado receptor), por acções ou omissões perturbadoras do investimento. Embora no caso dos BITs o texto da cláusula compromissória tenha variações assinaláveis de caso para caso, o aspecto comum entre tais cláusulas é o facto de conferirem a um tribunal internacional jurisdição para a resolução de *diferendos de investimento* entre um investidor e o Estado receptor.

---

[1] *Vide* Artigo 36 do Estatuto do Tribunal Internacional de Justiça.

[2] Cláusulas compromissórias remetendo a resolução de conflitos para tribunais arbitrais internacionais podem encontrar-se também em vários *Foreign Trade Agreements* (FTAs).

Um tema com particular relevância em sede de cláusulas compromissórias é o dos critérios a observar pelos órgãos jurisdicionais internacionais na sua interpretação. A questão é jurídica mas também politicamente sensível na medida em que os termos da cláusula delimitam o escopo do consentimento conferido pelos Estados. Neste ponto, tem havido posições propondo uma interpretação restritiva de cláusulas compromissórias, embora a jurisprudência do TIJ tenha adoptado preferencialmente a posição de que a interpretação está simplesmente sujeita aos cânones vigentes no Direito Internacional, em particular os Artigos 31.º e 32.º da Convenção de Viena.[1]

Frequentemente as cláusulas compromissórias incluem condições às quais está sujeito o consentimento dos Estados. Entre as mais frequentes está o ónus de esgotamento dos recursos internos (embora esta condição esteja por regra ausente dos BITS) antes de recorrer à jurisdição internacional, a obrigação (de meios) das partes em tentarem obter uma solução do conflito por acordo, e o estabelecimento de um período mínimo entre o nascimento do litígio e a susceptibilidade da sua submissão a órgãos jurisdicionais internacionais (*cooling off period*).

Referências:
Mavrommatis Palestine Concessions, Judgment No. 2, August 30, 1924, P.C.I.J., Series A, No. 2
Ambatielos Case (Greece v. United Kingdom), Preliminary Objection, Judgment of July 1, 1952, I.C.J. Reports 1952, 28; e *Idem*, Merits: Obligation to Arbitrate, Judgment of May 19, 1953, I.C.J. Reports 1953, 10.
Military and Paramilitary Activities in and Against Nicaragua (Nicaragua v. United States of America), Jurisdiction and Admissibility, Judgment of November 26, 1984, I.C.J. Reports 1984, 392; *Idem*, Jurisdiction and Admissibility, Dissenting Opinion of Judge Schwebel, 558; *Idem*, Merits, Judgment of June 27, 1986, I.C.J. Reports 1986, 14.
Application of the Convention on the Prevention and Punishment of the Crime of Genocide (Bosnia Herzegovina v. Yugoslavia), Preliminary Objections, Judgment of July 11, 1996, I.C.J. Reports 1996, 595.
Application of the International Convention on the Elimination of all Forms of Racial Discrimination (Georgia v. Russian Federation), Preliminary Objections, Judgment of April 1, 2011.

CLÁUSULA DA NAÇÃO MAIS FAVORECIDA

MATEUS KOWALSKI E MIGUEL DE SERPA SOARES

Um dos princípios directores do comércio internacional, nomeadamente no âmbito da Organização Mundial do Comércio, é o do comércio sem discriminação. No âmbito do Direito Internacional aplicável aos investimentos, o princípio

---

[1] *Vide*, por exemplo, *Oil Platforms (Islamic Republic of Iran v. United States of America)*, Preliminary Objection, Separate Opinion by Judge Higgins, I.C.J. Reports 1996, 847, 857 (com referências à jurisprudência do TIJ em tema de cláusulas compromissórias).

da "cláusula da nação mais favorecida" é um corolário daquele outro princípio director. Pode ser definido como a concessão por uma Parte aos investidores de uma outra Parte bem com aos seus investimentos de um tratamento não menos favorável que o tratamento que concede aos investidores de terceiros Estados e seus investimentos em relação ao estabelecimento, aquisição, expansão, gestão, fruição, manutenção, uso, ou disposição dos investimentos, entre outros aspectos. A cláusula da nação mais favorecida deve ser distinguida do princípio do tratamento nacional.

Para estes efeitos, o termo "investimento" designa, nomeadamente: propriedade sobre bens móveis e imóveis, bem como quaisquer outros direitos reais, tais como hipotecas, penhores e garantias; acções, quotas, obrigações ou outras partes sociais que representem o capital de sociedades ou quaisquer outras formas de participação e/ou interesses económicos resultantes da respectiva actividade; direitos de crédito ou quaisquer outros direitos com valor económico; direitos de propriedade intelectual, tais como direitos de autor, patentes, modelos de utilidade e desenhos industriais, marcam, denominações comerciais, segredos comerciais e industriais, processos técnicos, *know-how* e *goodwill*; concessões conferidas por força de lei, nos termos de um contrato ou acto administrativo, emanado por uma autoridade pública competente, incluindo concessões para prospecção, pesquisa e exploração de recursos naturais; bens que, em conformidade com um contrato de locação, sejam colocados à disposição de um locatário no território de uma Parte, em conformidade com a respectiva legislação.

A cláusula da nação mais favorecida tem, pois, um amplo âmbito de aplicação de escassa limitação. No caso *Maffezini*, o Centro Internacional para a Resolução de Diferendos relativos a Investimentos (CIRDI) sugeriu que a cláusula da nação mais favorecida arriscava-se a ser uma caixa de Pandora por ter um âmbito de aplicação imprevisível. Como exemplo, no que respeita aos acordos bilaterais de investimento, a cláusula pode conduzir à situação jurídica peculiar em que um investidor pode escolher a disposição de acordos bilaterais de investimentos dos quais o Estado da sua nacionalidade não seja Parte. Numa tal situação, o investidor beneficiará do melhor tratamento concedido pelo Estado onde realiza o investimento a um investidor de um terceiro Estado.

A cláusula da nação mais favorecida está frequentemente sujeita a várias excepções, em função do acordado pelas Partes. De entre as excepções mais comuns, registam-se aquelas que decorrem de: participação em, ou associação com, zonas de comércio livre, uniões aduaneiras, mercados comuns, uniões monetárias, ou tratados internacionais que incluam outras formas de cooperação económica; tratados bilaterais ou multilaterais que, tendo ou não natureza regional, se relacionam com a tributação, nomeadamente as destinadas a evitar dupla tributação.

A Comissão de Direito Internacional empreendeu uma primeira tentativa de regulação da matéria adoptando um projecto de artigos sobre a matéria em 1978. Contudo aquele projecto de artigos nunca chegou a ser adoptado pela Assembleia Geral das Nações Unidas enquanto projecto de tratado, já se encontrando desactualizado. A diversidade de prática e de jurisprudência recente sobre a matéria, algo fragmentada, levaram a que a Comissão de Direito Internacional iniciasse em 2009 um novo estudo que pretende servir de guia aos Estados e Organizações Internacionais.

Referências:
Giorgio Monti, *EC Competition Law*, Cambridge: Cambridge University Press, 2007.
Massimo Motta, *Competition Policy: Theory and Practice*, Cambridge: Cambridge University Press, 2004.
Muthucumaraswamy Sornarajah, *The International Law on Foreign Investment*, Cambridge: Cambridge University Press, 2010.
Proceedings between Emilio Agustín Maffezini and the Kingdom of Spain (Award of the Tribunal), ICSID Repertoire 2002, 419.

CLÁUSULA MARTENS

Mateus Kowalski e Miguel de Serpa Soares

A assim designada "Cláusula Martens" foi inserida por ocasião das Conferências de Paz da Haia de 1899 e de 1907 nos preâmbulos das Convenções II de 1899 e IV de 1907 sobre as leis e os costumes da guerra em terra. A sua adopção em 1899 foi sugerida pelo delegado russo Fyodor Martens, que assim lhe conferiu a designação.

A cláusula dispõe o seguinte: "até que seja adoptado um código mais completo de leis da guerra, as altas partes contratantes entendem adequado declarar que, nos casos não incluídos nas disposições regulamentares por si adoptadas, as populações e os beligerantes mantêm-se sobre a protecção e a observância dos princípios do Direito das Gentes, na medida em que decorrem dos usos estabelecidos entre as nações civilizadas, das leis de humanidade e das exigências da consciência pública". O artigo 1.º, n.º 2, do Protocolo I de 1977 reproduz uma formulação moderna da cláusula.

O Tribunal Internacional de Justiça invocou a "Cláusula Martens" no parecer sobre a *Legalidade da Ameaça ou Uso de Armas Nucleares* de 1996. Em primeiro lugar sublinhou a importância da cláusula no contexto da rápida evolução tecnológica militar. Depois, sublinhando que a existência e aplicabilidade da "Cláusula Martens" não deve ser posta em causa, referiu-se a ela como uma afirmação de que os princípios e regras do Direito Internacional Humanitário são aplicáveis às armas nucleares.

Em termos mais gerais, é possível concluir que a "Cláusula Martens" se aplica a todos os domínios do Direito Internacional Humanitário. A cláusula aplica-se na expectativa da plena codificação do Direito Internacional Humanitário. Contudo, sabendo que a plena codificação não é para agora, a cláusula tem actualmente um importante papel subsidiário e de integração de lacunas no Direito Internacional aplicável existente.

Referências:
Antonio Cassese, "The Martens Clause: Half a Loaf or Simply Pie in the Sky?", 11 *European Journal of International Law* 187, 2000.
Michel Deyra (2001), *Direito Internacional Humanitário*, Lisboa: GDDC, 2001.
Rupert Ticehurst, *"The Martens Clause and the Laws of Armed Conflict"*, 317 *International Review of the Red Cross* 125, 1997.
Legality of the Threat or Use of Nuclear Weapons (Advisory Opinion), ICJ Reports 1996, 226.

COACÇÃO (GARANTIA DO DIREITO INTERNACIONAL)

Gonçalo de Almeida Ribeiro

O Direito Internacional constitui obrigações e deveres na esfera dos sujeitos da comunidade internacional, entre os quais avultam os Estados soberanos. Alguns exemplos paradigmáticos são: *i*) a obrigação de abdicar do uso da força nas relações internacionais, estabelecida no artigo 4.º (2) da Carta das Nações Unidas; *ii*) o dever de observar as normas imperativas e irrevogáveis (por tratado ou por costume derrogatório) de Direito Internacional, designadas *jus cogens*; *iii*) as obrigações resultantes de convenções internacionais, como a do tratamento mais favorável no comércio internacional, estabelecida no artigo 1.º do GATT.

Relativamente a estas e outras obrigações, coloca-se a questão de saber que mecanismos estão ao dispor do Direito Internacional para garantir o cumprimento, quando este não é espontâneo. Na ordem jurídica interna dos Estados soberanos, o uso da força é a garantia última da eficácia do direito e é monopólio das autoridades públicas, excepto em casos pontuais (acção directa, legítima defesa) regulados pelo próprio direito do Estado. Pelo contrário, a sociedade internacional não tem polícia própria e os destinatários mais proeminentes do Direito Internacional – os Estados – possuem amplos meios coactivos, sob a forma de forças armadas. Muito do cepticismo clássico relativamente ao Direito Internacional baseia-se nesse facto.

COACÇÃO (GARANTIA DO DIREITO INTERNACIONAL)

Em boa verdade, tal cepticismo reveste duas formas distintas. A primeira é de natureza conceptual, consistindo na negação do carácter jurídico às normas que regulam a sociedade internacional. Apoia-se em uma controversa concepção, hoje com poucos aderentes, segundo a qual é a coercibilidade – a ameaça do cumprimento forçado – que constitui a característica específica do direito. A segunda forma de cepticismo é de natureza empírica, abstraindo do problema metafísico da essência do direito ou da juridicidade. Aponta antes para a eficácia limitada de uma ordem normativa cuja garantia aparente é a boa vontade dos seus destinatários. É frequente o emprego dos termos "positivismo" e "realismo" para designar, respectivamente, a primeira e a segunda formas de cepticismo indicadas, embora se trate de uma nomenclatura deficiente e fértil em confusões.

Ambas as posições cépticas se baseiam em premissas falsas, obtidas a partir de um exame insuficiente do regime internacional e de uma concepção equívoca do poder institucionalizado ou oficial. Em primeiro lugar, é falso que a eficácia do Direito Internacional se esgote na disponibilidade dos seus destinatários para observarem as respectivas normas. Para além da garantia coactiva, há sanções jurídicas (e.g., pena de expulsão prescrita pelo artigo 8.º do Estatuto do Conselho da Europa) e económicas (e.g., artigo 41.º da Carta das Nações Unidas) que dissuadem os Estados da violação do Direito Internacional. A estas sanções acresce a autorização, baseada no artigo 42.º da Carta, do uso da força para manter a paz e segurança colectivas. Se as ilegalidades cometidas por um Estado soberano ameaçarem a paz e ordem internacionais, o Conselho de Segurança das Nações Unidas pode, uma vez esgotadas as alternativas mais ligeiras (artigos 40.º e 41.º), decidir empregar a coacção. Por último, todos os Estados detêm uma permissão residual do uso da força em legítima defesa (artigo 51.º). Estes traços de regime invalidam a premissa empírica da tese positivista que nega o carácter jurídico ao Direito Internacional, ainda que seja de aceitar a definição de direito como ordem coerciva.

É verdade que a execução de uma resolução do Conselho de Segurança autorizando o uso da força depende da disponibilidade dos membros da ONU para cumprirem a obrigação de prestação de auxílio militar e logístico (artigo 43.º). O mesmo ocorre, porém, quer em muitas áreas de direito federal dos Estados Unidos da América, quer no direito da União Europeia – é às autoridades policiais dos Estados que compete a sua execução. Finalmente, importa notar que até na ordem jurídica interna de Estados unitários a garantia do direito depende, em última análise, da obediência espontânea dos detentores dos meios coactivos – a polícia e as forças armadas – ao direito. Se o "realismo" político extremo fosse levado a sério, a subordinação do poder militar ao poder civil seria impossível ou ilusória, contra aquilo que é a norma em Estados democráticos de direito ou mesmo Estados de legalidade. Não há forma de ordenação política que possa ultrapassar o carácter meramente humano do poder. O paradoxo do "realismo vulgar" é que elimina das relações internacionais a dimensão ideológica, ao mesmo tempo que sobrevaloriza, ao ponto de reificar, a *ideia* de "unidade do Estado" no plano interno.

O marcado contraste entre "Estado" e "anarquia internacional" é, por isso, superficial. O que, de facto, distingue a ordem jurídica de um Estado da ordem jurídica internacional não é uma diferença de qualidade – garantia coactiva *versus* boa vontade e *realpolitik* – mas uma diferença de grau. A razão pela qual a garantia do Direito Internacional é mais precária do que a do direito interno tem que ver, quer com o próprio conteúdo e substrato ideológico do Direito Internacional – que valoriza a autonomia soberana dos Estados –, quer com as dificuldades de coordenação e disciplina que existem na presença de uma *forma de poder* radicalmente descentralizada.

Referências:
H.L.A. Hart, *The Concept of Law*, 1961, 2.ª ed. de 1994, 213-238.
Antonio Cassese, *International Law*, 2001, 2.ª ed. de 2005, 296-313.

COACÇÃO (VÍCIO DOS TRATADOS)

GONÇALO DE ALMEIDA RIBEIRO

A noção de coacção aparece no léxico do Direito Internacional com dois sentidos diferenciados. Pode tratar-se de um vício dos tratados internacionais ou da garantia do Direito Internacional. É de coacção no primeiro sentido que se ocupam estas linhas.

Os vícios dos tratados são as propriedades em virtude das quais estes são inválidos, não formando, por essa razão, normas ou vínculos jurídicos. A Convenção de Viena sobre Direito dos Tratados de 1969 elenca nos artigos 46.º-53.º os vários vícios que inquinam a validade dos tratados internacionais. Apesar de a Convenção se referir unicamente a uma noção geral de nulidade, resulta do exame do regime que de um vício podem resultar uma de duas consequências bem demarcadas: uma nulidade absoluta ou em sentido estrito, que pode ser invocada por qualquer Estado que seja parte no tratado e que não é sanável, bem como uma nulidade relativa (semelhante à noção civilista de anulabilidade), invocável apenas pelo Estado ao qual o vício é imputável e sanável por confirmação expressa ou tácita (Cassese, 2005).

Constam do elenco de vícios na Convenção de Viena duas espécies de coacção: a coacção sobre representante de um Estado (artigo 51.º) e a coacção sobre um Estado pela ameaça ou pelo uso da força (artigo 52.º). A consequência, em ambos os casos, é a nulidade absoluta.

COACÇÃO (VÍCIO DOS TRATADOS)

O artigo 51.º dispõe que "a manifestação do consentimento de um Estado em ficar vinculado por um tratado obtida por coacção exercida sobre o seu representante, por meio de actos ou de ameaças dirigidos contra ele, é desprovida de qualquer efeito jurídico." O regime é semelhante para os casos de coacção física – a agressão física – e de coacção moral – a ameaça do uso da força ou da imposição de um prejuízo ilegítimo. Esta última categoria é muito ampla, compreendendo situações tão diversas como sejam a ameaça a membros da família do representante, de revelação de factos da sua vida privada, ou de extinção de direitos de que é titular na ordem jurídica interna do Estado que exerce a coacção (Dinh *et al.*, 1987).

No que respeita à coacção exercida sobre um Estado, prescreve o artigo 52.º: "É nulo todo o tratado cuja conclusão tenha sido obtida pela ameaça ou pelo emprego da força, em violação dos princípios de Direito Internacional consignados na Carta das Nações Unidas." O Direito Internacional clássico não condenava a celebração de tratados sob a ameaça ou o uso da força. Partia-se do entendimento segundo o qual a prerrogativa soberana de fazer a guerra implicava, por maioria de razão, a licitude do emprego de meios coercivos menos pesados. É com o estabelecimento da Sociedade das Nações em 1919 e o Pacto de Brian-Kellogg de 1928 que se desenvolve uma posição contrária à resolução de diferendos internacionais através da guerra (Shaw, 2003). Esta tendência consolidou-se no quadro jurídico que se estabeleceu após a Segunda Grande Guerra, com a entrada em vigor da Carta das Nações Unidas. A proscrição geral do uso ou ameaça da força nas relações internacionais (artigo 2(4) da Carta das Nações Unidas) estendeu--se à proibição da coacção na celebração de tratados. É neste contexto que surge o artigo 52.º da Convenção (Shaw, 2003, 848).

Há dúvidas quanto ao âmbito da noção de coacção empregue no artigo 52.º, nomeadamente se a expressão "ameaça" compreende não apenas a ameaça do uso da força mas também a pressão económica e política. Esta questão foi debatida na Conferência que precedeu a adopção da Convenção de Viena, no quadro político da Guerra Fria e da ascensão do bloco dos países do Terceiro Mundo. Os signatários optaram por deixar o problema em aberto no texto da Convenção, adoptando porém uma Declaração de Proibição de Coacção Militar, Política ou Económica na Conclusão de Tratados. O seu valor jurídico é controverso, havendo quem a considere mero *soft law* e quem a tome por uma declaração de costume internacional. Seja como for, parece ser pacífica a noção de que há formas de pressão política e económica que não constituem coacção, mas instrumentos lícitos de política externa (Shaw, 2003). Vale a pena transcrever neste contexto algumas palavras do voto de vencido de Padilla Nervo no caso *Fisheries Jurisdiction*:

A big power can use force and pressure against a small nation in many ways, even by the very fact of diplomatically insisting in having its view recognized and accepted. (...) There are moral and political pressures which cannot be proved by the so-called documentary evidence, but which are in fact indisputably real and which have, in history, given rise to treaties and conventions claimed to be freely concluded and subjected to the principle of *pacta sunt servanda*. ICJ Rep 181; *ICGJ 139 (ICJ 1972)*.

Referências:
Antonio Cassese, *International Law*, 2001, 2.ª ed. de 2005, 170-183.
Malcolm Shaw, *International Law*, 1997, 2.ª ed. de 2003, 848-850.
Nguyen Quoc Dinh, Patrick Daillier e Alain Pellet, *Droit International Public*, 3.ª ed. de 1987, 182-185.

COLONIALISMO

Jorge Azevedo Correia

Expressão etimologicamente originada no termo latino *colonus* – agricultor –, representava no seu sentido original a expansão de uma comunidade política para fora das fronteiras da mesma, com o intuito de adquirir terrenos agrícolas para a sua sustentação económica. Ao longo do tempo a ideia de colonialismo esteve sempre associada a esses dois conceitos: a expansão territorial e o benefício económico do exterior. O conceito lida, em suma, com a legitimidade das fronteiras dos Estados e com a licitude das relações entre as populações e o Estado, da mesma forma que o conceito de imperialismo. Enquanto este último representa uma situação de domínio de uma determinada comunidade sobre outras, a relação colonial representa um tipo específico de relação de domínio. A importância do conceito e a sua definição, no que respeita ao Direito internacional evoluiu em particular nos séculos XIX e XX.

Substituindo o sistema de direitos históricos e de descoberta, foi na Conferência de Berlim de 1885, e em clara consonância com o espírito progressista e vitoriano-utilitarista da época, que se começaram a determinar princípios internacionais para a delimitação de fronteiras em espaços não-soberanos. Para a apropriação de determinado território ultramarino não bastava já possuir um direito a este (por descoberta de território que fosse *res nullius*), mas também dispor da capacidade de o ocupar e administrar eficazmente. A legitimação internacional da ocupação efectiva introduz um elemento inovador no Direito Internacional, a ideia de que a posse de determinado território depende da capacidade de o desenvolver e já não da mera licitude da sua aquisição. Em Berlim os Estados comprometeram-se à preservação das tribos nativas, assim como à melhoria das suas condições morais e materiais, dois critérios que revelam o carácter do "desenvolvimentismo" subjacente. Esta ordem colonial foi apenas subvertida no fim da

COLONIALISMO

I Guerra Mundial, pela Sociedade das Nações, através da introdução do sistema de mandatos (A, B ou C, consoante a respectiva maior ou menor proximidade à obtenção de independência), reflectindo o que havia sido sustentado no 5.º dos Pontos do Presidente Woodrow Wilson: o estabelecimento de um equilíbrio entre as legítimas pretensões dos Estados e os interesses das populações na reordenação da estrutura colonial global. No seguimento da II Guerra Mundial e com a criação da ONU, a questão colonial mantinha-se no centro da discussão e em consonância com os princípios que haviam presidido à SdN. Na Carta das Nações Unidas consagra-se a autodeterminação dos povos como princípio (no ponto 2 do Artigo 1.º da Carta), embora não como direito dos mesmos. Se no caso dos territórios sob tutela (fideicomissos) o objectivo seria a concessão de independência, no caso dos territórios não autónomos não haveria quaisquer obrigações que não a promoção do bem-estar das populações e a entrega periódica de relatórios sobre a situação económico-social do território.

Esta situação só se viria a alterar em 1960, afirmando as Nações Unidas, através da Resolução 1514 (*Declaração sobre a outorga da independência aos territórios e povos coloniais*), de 14 de Dezembro de 1960, o colonialismo como contrário à Carta das Nações Unidas. Na chamada "Magna Carta da Descolonização", advogava-se a devolução do poder político a todos os povos coloniais, dotando-os, desta forma, de autodeterminação, em prol do progresso económico e dos direitos humanos. A delimitação do conceito e abrangência da Resolução 1514 viria com a Resolução 1541 (de 15 de Dezembro de 1960), em que as Nações Unidas consideram corresponder à definição apenas os territórios de tipo colonial abrangidos pelo Artigo 73.º da Carta. Uma colónia é definida como um território secessionista separado étnica e geograficamente. A "água salgada", ou seja, a existência de uma extensão considerável de oceano entre as partes de um determinado Estado, torna-se critério definidor de uma relação colonial. Fica excluído dessa interpretação qualquer território sob domínio estrangeiro, onde exista continuidade ou proximidade geográfica e étnica. O colonialismo é então um tipo específico de relação imperial baseada na expansão marítima, o chamado "imperialismo de água salgada".

Termina em 1960, através da Resolução 1514, a possibilidade dos Estados argumentarem o critério civilizador e o subdesenvolvimento material ou moral (questões religiosas ou sócio-económicas) como obstáculo à cedência de independência pelo colonizador. Estes haviam sido desde 1885, os grandes argumentos para a ocupação colonial.

Do processo de descolonização que decorreu entre a década de 1950 e a presente época, muito poucos territórios da lista reconhecida pela ONU como de territórios não-autónomos se mantiveram sob domínio considerado colonial. A presente lista de situações coloniais não resolvidas inclui Gibraltar, o Sahara Ocidental, Guam, as Malvinas e as Bermudas como casos mais relevantes.

Referências:

Jennifer Pitts, *A Turn to Empire: the rise of imperial liberalism in Britain and France*, Princeton, NJ, USA: Princeton University Press, 2006.

Daniel Philpott, *Revolutions in Sovereignty: How Ideas Shaped Modern International Relations*, Princeton, NJ, USA: Princeton University Press, 2001.

Frantz Fanon, *Les Damnés de la Terre*, Paris: Maspéro, 1961.

COMBATENTE

MARIA FRANCISCA SARAIVA

O princípio da distinção entre civis e combatentes é um dos princípios cardinais do Direito Internacional Humanitário (DIH) e um dos costumes internacionais mais fortes. Tem por objectivo reduzir as consequências adversas da guerra sobre os civis.

No DIH, só os combatentes têm o direito de atacar o inimigo ou de lhe resistir. O combatente pertencente a uma formação armada com "direito a participar directamente nas hostilidades" (artigo 43.º, 2) do Protocolo Adicional I às Convenções de Genebra) e a combater. Não pode atacar civis e pessoal médico, sanitário, civil e religioso e pessoas que já não são combatentes, nomeadamente, feridos, doentes, náufragos e prisioneiros de guerra.

Para além dos membros Forças Armadas dos Estados, o estatuto de combatente foi reconhecido aos guerrilheiros (artigo 44.º, 3 do I Protocolo Adicional) e às criança-soldado (artigo 77.º, 3) do I Protocolo e artigo 4.º, 3) do II Protocolo Adicional).

Um combatente legítimo pode ser objecto de um ataque, quando capturado tem estatuto de prisioneiro de guerra e não pode ser punido pelo facto de tomar parte nas hostilidades, excepto se violar as leis e os costumes da guerra em relação ao inimigo e à população civil.

Os espiões e os mercenários (artigos 46.º e 47.º do Protocolo I Adicional) são "combatentes ilegítimos", embora lhes seja garantido o tratamento com humanidade (artigos 45.º e 75.º), podendo ser punidos pelas leis do captor. Os terroristas também são considerados combatentes ilegítimos.

A doutrina defende que os "combatentes ilegais" ou "ilegítimos" são civis que pegam em armas sem autorização do DIH, embora não gozem da protecção contra ataques, como sucede com os civis, e não tenham direito ao estatuto de combatente ou ao estatuto de prisioneiro de guerra. Em 2002, estes princípios foram postos em causa pelos Estados Unidos, ao negaram aos membros da Al Qaeda o estatuto de combatentes, ainda que pudessem ser ilegais.

Por outro lado, as novas tecnologias da guerra trouxeram a "civilinização" da guerra transformando muitas pessoas civis em participantes directos nas hostili-

COMBATENTE

dades. Com efeito, se um civil que toma directamente parte num conflito pode ser um alvo legítimo de um ataque enquanto durar a sua participação em combate (artigo 13.º, 3) do II Protocolo Adicional), o número de situações em que os civis podem ser atacados é maior do que no passado.

Referências:
III Convenção, Convenção de Genebra Relativa ao Tratamento dos Prisioneiros de Guerra de 12 de Agosto de 1949, Decreto-Lei n.º 42 991, de 26 de Maio de 1960.
I Protocolo Adicional às Convenções de Genebra de 12 de Agosto de 1949 relativo à Protecção das Vítimas dos Conflitos Armados Internacionais, de 1977, Decreto do Presidente da República n.º 10/92, de 1 de Abril, publicado no Diário da República, I Série-A, n.º 77/92.
II Protocolo Adicional às Convenções de Genebra de 12 de Agosto de 1949 relativo à Protecção das Vítimas dos Conflitos Armados Não Internacionais, de 1977, Decreto do Presidente da República n.º 10/92, de 1 de Abril, publicado no Diário da República, I Série-A, n.º 77/92.
Kenneth Watkin, *Warriors Without Rights? Combatants, Unprivileged Belligerents, and the Struggle over Legitimacy*, HPCR Occasional Paper: 2, Cambridge: Harvard University, 2005.
Michel Deyra, *Direito Internacional Humanitário*, Lisboa. PGR/GDDC, 2001.

COMÉRCIO LIVRE

Miguel Medina Silva

Comércio Livre – Integra vários significados, nas seguintes acepções: *i*) *Política de comércio livre*; *ii*) *Acordo de comércio livre*; *iii*) *Associação de comércio livre*; *iv*) *Zona de comércio livre*.

i) Política de comércio livre é uma política estadual relativa às trocas comerciais, assente numa concepção de mercado em que os preços são definidos pela oferta e pela procura, eliminando ou atenuando os factores de intervenção governativa.

Radica, historicamente, no pensamento anti-mercantilista do século XVIII, com Adam Smith, David Hume e, posteriormente, David Ricardo com a teoria económica da *vantagem comparativa*, pela qual as trocas comerciais beneficiam todos os Estados participantes contando que cada um se especialize na produção de bens em que é relativamente mais eficiente; a que, já no século XX, se seguiram, designadamente, as teorias de Heckscher-Ohlin e Ricardo-Sraffa.

Contrapõe-se às políticas comerciais proteccionistas, caracterizadas por intervenções governativas que influenciam os preços ou limitam a circulação de bens, nomeadamente, aplicando tarifas alfandegárias ou outras barreiras ao comércio internacional, tais como, licenças e quotas de importação e de exportação, sanções económicas, embargos e depreciação artificial de moeda.

No Direito Internacional, os Estados prosseguem políticas de comércio livre através de *acordos de comércio livre*, bilaterais ou multilaterais, e através da Organização Mundial de Comércio (OMC), uma organização internacional que tem por objectivos a supervisão e liberalização do comércio mundial, proporcionando aos seus 153 Estados-Membros um fórum de negociações e de resolução de disputas.

Para além do Reino Unido, da Holanda, da Suíça, entre outros países com prática reiterada de políticas de comércio livre, têm sido os Estados Unidos da América, no pós-guerra, a assumir um papel de destaque na promoção do comércio livre, primeiro apoiando o Acordo Geral sobre as Pautas Aduaneiras e o Comércio (GATT, 1947 na origem da OMC), depois o Tratado Norte-Americano de Livre Comércio (NAFTA, 1992) e o Tratado de Livre Comércio entre os Estados Unidos, América Central e República Dominicana (CAFTA, 2006).

ii) Acordo de comércio livre é um tratado relativo às trocas comerciais entre dois ou mais Estados, que estabelece uma *zona de comércio livre*, em que os produtos e serviços podem ser transaccionados, eliminando ou atenuando as tarifas aduaneiras e outras barreiras congéneres. Em sentido estrito, contempla apenas os produtos e serviços; em sentido amplo, pode abranger também a livre circulação de capitais e de pessoas (trabalho), como sucede com um tratado que estabelece um *mercado comum*.

De um modo geral, os acordos de comércio livre caracterizam-se pelos princípios da *reciprocidade*, que beneficie cada uma das partes pelo menos na medida das concessões que efectue à outra; da *nação mais favorecida*, clausulando uma obrigação de tratamento igual da contraparte em relação a outros acordos com Estados terceiros; e do *tratamento nacional das barreiras não tarifárias*, comprometendo-se os Estados a tratar os agentes económicos externos de modo similar aos nacionais dos seus próprios países.

São exemplos de acordos de comércio livre multilaterais o Tratado Norte-Americano de Livre Comércio (NAFTA, 1992), o Acordo da Área de Comércio Livre Sul Asiática (SAFTA, 2004), o Acordo de Comércio Ásia-Pacífico (APTA, 1975) e o Acordo do Mercado Comum do Sul (MERCOSUL, 1991).

A nível bilateral, entre os diversos Estados, existem centenas de acordos, algum já vigentes há mais de duas décadas, como é o caso do primeiro acordo de comércio livre dos EUA, celebrado com Israel em 1985.

Para o futuro, têm sido propostos variados acordos de comércio livre e de maior integração económica, como é o caso do Acordo de Comércio Livre da Ásia Oriental (EAFTA), da Zona Africana de Comércio Livre (AFTZ), ou da Zona Transatlântica de Comércio Livre (TAFTA) entre os EUA e a UE.

iii) Associação de comércio livre é uma organização de integração económica, composta por um agrupamento de Estados, que visa estabelecer uma *zona de comércio livre*, um *mercado comum*, uma *união aduaneira* ou uma *união económica*.

São exemplos de associações de comércio livre a Associação Europeia de Comércio Livre (EFTA) e a Associação de Comércio Livre da América Latina (LAFTA).

iv) Zona de comércio livre é uma forma de integração económica, estabelecida por um acordo de comércio livre, celebrado entre dois ou mais Estados, pelo qual se eliminam tarifas alfandegárias e outras barreiras ao comércio internacional de produtos e serviços.

Em sentido estrito, uma *zona de comércio livre* não contempla uma pauta aduaneira comum, pelo que se mantêm as diferentes quotas e tarifas alfandegárias no comércio com Estados não membros.

Com maior integração económica, a zona de comércio livre que possui uma pauta aduaneira comum constitui uma *união aduaneira*.

Ainda de maior integração se caracteriza a *união económica*, combinando uma pauta aduaneira comum com a formação de um *mercado comum*, eliminando barreiras na circulação de bens, serviços, pessoas e capitais.

Referências:

Ha-Joon Chang, *Bad samaritans: the myth of free trade and the secret history of capitalism*, Bloomsbury Press, 2008.

Ana Dias, *Sobre a possibilidade de uma zona de comércio livre entre os EUA e a EU*, policop., Lisboa: Univ. Téc. Lisboa, 1998.

Robert C. Feenstra, *Advanced international trade: theory and evidence*, Princeton Univ. Press , 2003.

André Gonçalves Pereira *et al*, *Manual de direito internacional público*, Coimbra: Almedina, 2009.

Peter B. Kenen, *The international economy*, Cambridge Univ. Press, 2000.

Miguel Lechón, *Evolução e perspectivas do acordo livre de comércio da américa do norte (NAFTA)*, policop., Lisboa: Univ. Lusíada, 2002.

Mitsuo Matsushita *et al.*, *The world trade organization: law, practice, and policy*, Oxford Univ. Press, 2006.

COMISSÃO DE DIREITO INTERNACIONAL (CDI)

Miguel Calado Moura

A Comissão de Direito Internacional (CDI) é um organismo independente pertencente à ONU, criado pela Assembleia-Geral das Nações Unidas em 1947 e que tem como objectivo principal a codificação e o desenvolvimento progressivo do Direito Internacional Público. O trabalho da CDI focaliza-se, por um lado, na preparação de projectos de Convenções Internacionais principalmente em matérias ainda não reguladas pelo Direito Internacional ou sobre matérias ainda não suficientemente desenvolvidas pela prática dos Estados e, por outro lado, na formulação precisa, sintética, sistematizada e científica de regras de Direito Internacional em áreas onde já existe alguma prática concertada dos Estados, regras pretorianas uniformizadas no plano internacional ou mesmo matérias largamente debatidas pela Doutrina jus-internacionalista.

Os antecedentes históricos desta Comissão remontam, na sua génese, a Jeremy Bentham, que já no final do século XVIII tinha proposto a codificação de todo o

Direito Internacional Público. Depois de Bentham, inúmeros autores, associações, sociedades, e até algumas organizações governamentais tentaram promover a codificação do Direito Internacional Público, destacando-se, *inter alia*, os projectos de códigos e outras propostas preparadas pelos *Institut de Droit International* (1873), *International Law Association* (1873) e o *Harvard Research in International Law* (1927). Durante a primeira fase de tentativa da edificação de uma estrutura jurídica intergovernamental à escala global, é criado a 22 de Setembro de 1924 – através de resolução da Assembleia Sociedade das Nações – o "Comité de Peritos para a Codificação Progressiva do Direito Internacional" (*Comitee of Experts for the Progressive Codification of International Law*) composto por dezassete membros, tornando-se na primeira verdadeira tentativa de sucesso na codificação e desenvolvimento uniforme do Direito Internacional Público, e acabando por ser o antecessor directo da CDI.

A 11 de Dezembro de 1949, no começo da era das Nações Unidas, e tendo como base jurídica o artigo 13.º, n.º 1, da Carta das Nações Unidas, é criado o "Comité dos Dezassete" ("*Committee of Seventeen*" – "*Committee on the Progressive Development of International Law and its Codification*") que recomendou à Assembleia-Geral da ONU a criação de uma Comissão de Direito Internacional. Foi sobre esta base que o Sexto Comité da Assembleia-Geral (*Legal Committee*) preparou os Estatutos da CDI e em 21 de Novembro de 1947 a Assembleia-Geral das Nações Unidas instituiu a CDI.

A CDI é composta por trinta e quatro membros que devem ser reconhecidos e competentes profissionais no plano do Direito Internacional. Ao contrário do Sexto Comité das Nações Unidas, nos termos do qual os seus membros são representantes dos Estados, os membros da CDI são governamentalmente independentes, sem prejuízo *i*) de não poderem co-existir na Comissão dois membros da mesma nacionalidade e *ii*) das eleições serem efectuadas tendo em conta grupos regionais mundialmente delimitados por forma a que a Comissão seja composta por membros que cubram áreas distintas e sistemas jurídicos também eles diferentes.

A CDI funciona com sessões anuais e reúne-se em Genebra, no Palácio das Nações, antiga sede da Sociedade das Nações. A Comissão funciona em *plenário* para as discussões de carácter genérico onde se delimitam as linhas orientadoras do trabalho ou se adopta o *Annual Report* que será enviado à Assembleia-Geral da ONU de onde sairá o *Yearbook* da CDI que contém o trabalho da Comissão naquela sessão.

Durante décadas de trabalho, a CDI já versou sobre as mais diversas matérias de Direito Internacional, entre as quais, destaca-se: "*Succession of States and Governments*", "*Jurisdictional immunities of States and their Property*", "*Regime of high seas*", "*Regime of territorial waters*", "*Law of treaties*", "*State responsibility*", "*Reservation to treaties*" "*Diplomatic protection*", "*Unilateral acts of States*", "*Responsibility of international organizations*", "*Shared natural resources*".

COMISSÃO DE INQUÉRITO (*vide* INQUÉRITO)

COMISSÃO DO ESTADO-MAIOR

Mateus Kowalski e Miguel de Serpa Soares

A Carta das Nações Unidas estabelece, no seu capítulo VII, um conjunto de medidas para pôr termo à ameaça à paz, à ruptura da paz ou a actos de agressão, designadamente medidas que envolvam o emprego de forças armadas. Para tanto, a Carta prevê a criação de uma Comissão de Estado-Maior com competência para "orientar e assistir o Conselho de Segurança em todas as questões relativas às exigências militares do mesmo Conselho" (artigo 47.º). A Comissão seria composta pelos membros permanentes do Conselho de Segurança.

A Carta previa que os membros das Nações Unidas proporcionassem ao Conselho de Segurança forças armadas que ficariam sob direcção estratégica da Comissão de Estado-Maior, sob a autoridade do Conselho de Segurança. No entanto, divergências entre o "grupo de Estados ocidentais" e a União Soviética a respeito da dimensão e do estacionamento das forças levaram a que o Conselho de Segurança considerasse ainda não estarem reunidas as condições para a constituição de uma força internacional ao serviço das Nações Unidas.

Assim, a Comissão de Estado-Maior nunca chegou a ser constituída. Por outro lado, os acordos sobre a determinação do contributo dos Estados-Membros em relação ao "número e tipo de forças, o seu grau de preparação e a sua localização geral, bem como a natureza das facilidades e da assistência a serem proporcionadas" (artigo 43.º), nunca foram celebrados. Foi uma primeira demonstração do fracasso da implementação do sistema de segurança colectiva tal como previsto inicialmente na Carta.

Em 2005, o então Secretário-Geral das Nações Unidas, Kofi Annan, chegou mesmo a propor que a referência à Comissão de Estado-Maior fosse retirada da Carta. Contudo, da Cimeira Mundial de Setembro de 2005 onde foi discutido um amplo pacote de medidas para a reforma das Nações Unidas, resultou antes um pedido ao Conselho de Segurança para que estude a composição, o mandato e os métodos de trabalho da Comissão de Estado-Maior e para que submeta à Assembleia Geral uma recomendação para acção subsequente.

Referências:

Brun-Otto Bryde & August Reinisch, "Article 47", in Bruno Simma (ed.), *The Charter of the United Nations: a Commentary – vol. I*, Oxford: Oxford University Press, 2002, 769-775.

Jochen Frowein & Nico Krisch, "Article 43", in Bruno Simma (ed.), *The Charter of the United Nations: a Commentary – vol. I*. Oxford: Oxford University Press, 2002, 760-763.

Kofi Annan, "'In Larger Freedom': Decision Time at the UN" 84 *Foreign Affairs* 63, 2005.

COMISSÃO DOS DIREITOS HUMANOS (*vide* CONSELHO DOS DIREITOS HUMANOS)

COMISSÃO EUROPEIA

Francisco Pereira Coutinho

A Comissão Europeia é uma instituição política da União Europeia composta por um nacional de cada Estado-Membro, incluindo o seu Presidente e o Alto Representante da União para os Negócios Estrangeiros e a Política de Segurança (artigo 17.º, n.º 4, do Tratado da União Europeia). A partir de 1 de Novembro de 2014, será constituída por um número de membros, incluindo o seu Presidente e o Alto Representante, correspondente a dois terços do número de Estados-Membros da União, a menos que o Conselho Europeu, deliberando por unanimidade, decida alterar esse número (artigo 17.º, n.º 5, do Tratado da União Europeia).

O processo de nomeação da Comissão Europeia assemelha-se a um processo de investidura parlamentar de um Governo. A escolha do seu Presidente é feita pelo Parlamento Europeu, após proposta do Conselho Europeu, a qual deve ter em conta o resultado das eleições para o Parlamento Europeu. Os restantes membros da Comissão são escolhidos pelo Conselho Europeu, na sequência de acordo entre o Presidente eleito e os Governos dos Estados-Membros, e, posteriormente, submetidos colegialmente, juntamente com o Presidente e o Alto Representante, a voto de aprovação pelo Parlamento Europeu. A nomeação definitiva da Comissão é feita pelo Conselho Europeu, por um período de cinco anos (artigo 17.º, n.º 7, do Tratado da União Europeia). Tal como um Governo em sistema parlamentar, a Comissão Europeia responde politicamente perante o Parlamento Europeu, que a pode destituir através da aprovação de moção de censura (artigo 234.º do Tratado sobre o Funcionamento da União Europeia).

Os membros da Comissão formam um colégio que delibera por maioria (artigo 250.º do Tratado sobre o Funcionamento da União Europeia), não obstante actuarem sob a orientação política do seu Presidente (artigo 248.º do Tratado sobre o Funcionamento da União Europeia). Os Estados-Membros devem respeitar a independência dos membros da Comissão, não podendo influenciá-los no exercício das suas funções (artigo 245.º do Tratado sobre o Funcionamento da União Europeia).

Com o objectivo de promover o interesse geral da União Europeia, o artigo 17.º, n.º 1, do Tratado da União Europeia, atribui à Comissão Europeia o poder de: *i*) velar pela aplicação dos Tratados, bem como das medidas adoptadas pelas instituições, o que lhe confere a qualidade de "guardiã dos Tratados"; *ii*) controlar a aplicação do direito da União, sob a fiscalização do Tribunal de Justiça da União Europeia; *iii*) executar o orçamento e gerir os programas; *iv*) exercer funções

COMISSÃO EUROPEIA

de coordenação, de execução e de gestão em conformidade com as condições estabelecidas nos Tratados; *v*) assegurar a representação externa da União, com excepção da Política Externa e de Segurança Comum e dos restantes casos previstos nos Tratados; e *vi*) tomar a iniciativa da programação anual e plurianual da União com vista à obtenção de acordos interinstitucionais. À Comissão Europeia é ainda atribuído o "quase monopólio de iniciativa" no âmbito do processo legislativo (artigo 17.º, n.º 2, do Tratado da União Europeia), que lhe permite fazer parte do "triângulo legislativo da União" constituído também pelo Parlamento Europeu e pelo Conselho da União Europeia.

Referências:

Maria Luísa Duarte, "A Comissão das Comunidades Europeias e os limites aos seus poderes: quem guarda a guardiã dos Tratados?", *Estudos de direito da União e das Comunidades Europeias*, I, 2000, pp. 47 a 79.

Neil Nugent, *The European Commission*, Hampshire, 2001.

David Spence e Geoffrey Edwards, *The European Commission*, 3.ª ed., John Harper, 2006.

COMISSÃO INTERAMERICANA DE DIREITOS HUMANOS (CIDH)

TERESA VIOLANTE

Funciona como órgão da Organização dos Estados Americanos (OEA) e como órgão da Convenção Americana sobre Direitos Humanos (CADH), tendo sede em Washington. Enquanto órgão autónomo da OEA, promove os direitos humanos nos Estados-Membros da organização, detendo igualmente competência consultiva nesta matéria. Enquanto órgão da Convenção, é um dos organismos que supervisiona a aplicação dos instrumentos americanos de protecção dos direitos humanos nos Estados que ratificaram aquele instrumento (o outro é o Tribunal Interamericano de Direitos Humanos). Foi criada em 1959 por resolução da Quinta Reunião de Consulta dos Ministros dos Negócios Estrangeiros, tendo o seu Estatuto sido aprovado um ano depois, em 1960. O actual Estatuto da Comissão data de 1979, na sequência da aprovação da CADH. É composta por sete especialistas em direitos humanos que são nomeados pela Assembleia Geral da OEA, a título individual, para um mandato de quatro anos. A criação da Comissão representa um passo decisivo no robustecimento do sistema americano de protecção dos direitos humanos. De facto, se bem que a temática dos direitos humanos tenha estado presente desde a criação da OEA (encontram-se referências, na Carta, ao princípio da não discriminação e ao princípio geral de respeito pelos direitos essenciais do homem e dos indivíduos), era pacífico o respectivo valor meramente persuasivo. O aparecimento da Comissão representa um compromisso importante no processo de criação e implementação de um sistema vinculativo. Aquando da sua criação, foram-lhe conferidos poderes de dirigir recomendações gerais sobre o estado dos direitos humanos na região. Foi ainda encarregue de promover a investigação e educação na área dos direitos humanos.

A revisão da Carta da OEA resultante do Protocolo de Buenos Aires, aprovado em 1967 e em vigor desde 1970, transformou a Comissão num dos órgãos da organização, tendo procedido à criação de um sistema de queixa individual quanto a violações dos direitos humanos nos Estados-Membros.

Actualmente, a Comissão desempenha as seguintes funções principais: procede à análise e investigação de petições individuais; supervisiona o respeito geral pelos direitos humanos nos Estados-Membros, elaborando relatórios gerais e, eventualmente, específicos quando tal se justifique; promove a cultura de observância e respeito pelos direitos humanos na região, funcionando como órgão consultivo da OEA. Compete-lhe ainda o envio de casos à jurisdição do Tribunal Interamericano de Direitos Humanos podendo, perante este, ter intervenção formal em determinados litígios.

A Comissão pode ordenar, no âmbito de um caso pendente, em casos graves e urgentes, por iniciativa própria ou mediante requerimento, medidas cautelares para prevenir danos irreparáveis às pessoas. Pode ainda, em casos graves e urgentes, requerer aos Estados-Membros a adopção de medidas cautelares para prevenir danos irreparáveis às pessoas, independentemente de qualquer petição ou caso pendente. Estes poderes cautelares permitem à Comissão actuar mesmo que ainda não esteja pendente nenhum processo e independentemente da prévia exaustão dos mecanismos internos de reacção.

Distinguem-se as competências da Comissão relativamente aos Estados que ratificaram a Convenção e aqueles que desta não fazem parte. Relativamente aos primeiros, subsiste a possibilidade de, caso os mesmos não acatem as recomendações da Comissão em face de uma petição ou caso concreto, os autos serem remetidos ao Tribunal Interamericano de Direitos Humanos.

Referências:

David Harris, "Regional Protection of Human Rights: The Inter-American Achievment, in David J. Harris e Stephen Livingstone (eds.), *The Inter-American System of Human Rights*, Oxford: Oxford University Press, 1998, 1-30.

Christina Cerna, "The Inter-American Commission on Human Rights: Its Organisation and Examination of Petitions and Communications", in David J. Harris e Stephen Livingstone (eds.), *The Inter-American System of Human Rights*, Oxford: Oxford University Press, 1998, 65-114.

Harmen Van der Wilt & Viviana Krsticevic, "The OAS System for the Protection of Human Rights", in Raija Hanski e Markku Suksi (eds.), *An Introduction to the International Protection of Human Rights*, Turku: Institute for Human Rights, 1990, 371-385.

COMISSÕES DE VERDADE E RECONCILIAÇÃO

Andreia Soares e Castro

As Comissões de Verdade e Reconciliação são um dos mecanismos disponíveis para proceder à reconciliação de comunidades divididas em contextos, muitas vezes frágeis, de transição democrática ou de pós-conflito. Estas Comissões surgem no contexto que advoga que a reconciliação passa pela necessidade de lidar com o passado em detrimento do seu esquecimento (ex: amnistias). É pois privilegiado o reconhecimento do passado e o conhecimento da verdade. De facto, estas Comissões, ao contrário dos métodos judiciais (como por exemplo os tribunais internacionais *ad hoc* ou o Tribunal Penal Internacional) que privilegiam a justiça criminal, não são judiciais, estando relacionadas com um conceito diferente de justiça, não criminal, mas restauradora e social.

A escolha das Comissões de Verdade e Reconciliação está dependente das características contextuais específicas da transição do país em causa e dos objectivos que se estabelecem para elas. É esta a razão pela qual se inscrevem na chamada justiça transitória. Geralmente são organismos oficiais, temporários, criados no âmbito dos acordos de paz com o objectivo de investigar as violações de direitos humanos no passado, expor a verdade com uma certa medida de justiça, dando reconhecimento às vítimas (processo de dignificação) em oposição à anterior cultura de impunidade. Para além do princípio da necessidade de ouvir e compensar as vítimas, bem como ouvir e entender os perpetradores, facilitando a sua posterior integração na sociedade, estas Comissões propõem formas de reparação e de prevenção de abusos no futuro. Subjacente está o princípio de que a compreensão do passado de abusos ou da "reconciliação da memória" tem um valor terapêutico, aproximando as comunidades divididas e criando a confiança para um futuro conjunto. Neste sentido pode afirmar-se que estas Comissões são um instrumento de consolidação da paz, da democracia e dos direitos humanos, sendo cada vez mais sugeridas como parte integrante dos processos de paz.

As Comissões de Verdade e Reconciliação, à semelhança dos outros mecanismos, também têm pontos fracos, como, por exemplo, a fraca implementação das recomendações das Comissões ou a crítica da impunidade que lhes está associada. De facto, apesar de não poderem decretar amnistias, estas Comissões têm sido acompanhadas de declarações gerais de amnistia e por isso alvo de reivindicação por parte das vítimas que se sentem injustiçadas. Na verdade, quando se opta pelas Comissões de Verdade e Reconciliação há que ter presente o binómio difícil entre verdade e justiça (o problema de ir de encontro à verdade sem sacrificar a procura de justiça), ou entre a necessidade de paz (o bem comum) e a necessidade de justiça (o bem individual).

Quanto às mais-valias destas Comissões podem citar-se: a noção de igualdade moral entre crimes perpetrados por ambos os lados e de igualdade de tratamento, o que gera credibilidade e isenção; a distribuição das responsabilidades por vários sectores da sociedade, evitando-se a "justiça dos vencedores"; o enfoque nas vítimas e na verdade, privilegiando a reparação e a reconciliação, em detrimento da vingança; a educação a favor dos direitos humanos, a restauração social, o fortalecimento da sociedade civil e a prevenção de futuros conflitos. Em suma, as Comissões de Verdade e Reconciliação podem ser um catalisador importante no longo processo de transformação das relações entre duas comunidades divididas, permitindo a reconstrução de uma nova sociedade pós-conflito.

Referências:
Audrey R. Chapman, "Truth Commissions as Instruments of Forgiveness and Reconciliation", págs. 257-277, in *Forgiveness and Reconciliation: Religion, Public Policy, and Conflict Transformation*. HELMICK, Raymond G. e Petersen, Rodney L. (eds.), Philadelphia: Templeton Foundation Press, 2001.
Mark Freeman & Priscilla B. Hayner, "Truth-Telling", in *Reconciliation after violent conflict: a handbook*. Bloomfield, David, Barnes, Teresa e Huyse, Luc (eds.), Stockholm: International Institute for Democracy and Electoral Assistance, 2003, págs. 122-144.
Michael Lund, "Reckoning for Past Wrongs: Truth Commissions and War Crimes Tribunals", in *Democracy and Deep Rooted Conflict: Options for Negotiators*. Harris, Peter e Reilly, Ben (eds.), Stockholm: International Institute for Democracy and Electoral Assistance, 1998, págs. 281-288.
Robert I. Rotberg & Thompson, Dennis (eds.), *Truth v. Justice: The Morality of Truth Commissions*. Princeton: Princeton University Press, 2000.

COMPENSAÇÃO

MANUEL DE ALMEIDA RIBEIRO

A Compensação constitui, ao lado da *restitutio in integrum* e da satisfação, uma das formas reparação de danos no quadro da responsabilidade internacional.

Tendo em conta que a *restitutio in integrum* (ou reconstituição) é muitas vezes impossível e a satisfação insuficiente ou inadequada, a compensação ou indemnização constitui a forma mais comum de reparação.

A compensação pode definir-se como a reparação pecuniária do prejuízo e deve ser estabelecida por equivalência, ou seja, não deve ser nem inferior nem superior ao prejuízo, não tendo, assim, carácter punitivo nem implicando enriquecimento sem causa do titular do direito à indemnização. A compensação deve abranger os danos emergentes não satisfeitos total ou parcialmente por eventual reconstituição e os lucros cessantes.

Um caso relevante de resolução de uma questão de indemnização em Direito Internacional foi a decisão proferida no *Caso Alabama*. Um Tribunal *ad hoc* consti-

COMPENSAÇÃO

tuído por cinco juízes designados pelos Estados Unidos, Reino Unido, Itália, Suíça e Brasil foi investido de poderes para decidir se o Reino Unido tinha violado as regras de Direito Internacional ao permitir que companhias inglesas construíssem navios de guerra para a Confederação durante a Guerra Civil americana. O Tribunal veio a decidir que o Reino Unido violara as suas obrigações de neutralidade, condenando-o a pagar aos Estados Unidos uma indemnização de US$15.500. Outros prejuízos indirectos reclamados pelos Estados Unidos como os resultantes do prolongamento da guerra, da alta dos fretes e dos prémios de seguros não foram atendidos pelos Tribunal que considerou que "segundo os princípios de Direito Internacional aplicáveis não constituíam base suficiente para fundamentar um pagamento de compensação ou o cálculo de indemnizações entre as nações"

Outra decisão com um grande impacte no Direito Internacional posterior foi o acórdão do Tribunal Permanente de Justiça Internacional *Fábrica de Chorzów* de 1927.

Esta matéria está hoje prevista no Projecto de Artigos sobre Responsabilidade Internacional da Comissão de Direito Internacional de 2003, no artigo 36.º. O artigo 38.º do mesmo documento refere-se aos juros, prevendo que os mesmos devem ser pagos, quando necessário para garantir a total reparação. Prevê-se ainda que a taxa de juro e ao modo de cálculo devem ser fixados de modo a atingir esse resultado e que os juros são devidos a partir da data em que a reparação pelo prejuízo deveria ter sido paga e até à data em que a obrigação de pagar cesse.

Está hoje em debate em meios académicos a reparação das vítimas de conflitos armados.

Referências:
Joaquim da Silva Cunha & Maria da Assunção do Vale Pereira, *Manual de Direito Internacional Público*, 2.ª ed., Coimbra: Almedina, 2004.
António Cassese, International law, Oxford: Oxford University Press, 2005.
Ngyuen Quoc Dihn, Patrick Dailler & Alain Pellet, *Droit International Public*, Paris: L.G.D.J., 1992.
Malcom N. Shaw, *International Law,* Cambridge: Cambridge University Press, 2003.

CONCILIAÇÃO

Manuel Duarte de Oliveira

Situada entre outros métodos de resolução alternativa de disputas internacionais, a conciliação consiste num procedimento *quasi*-judicial, segundo o qual as partes acordam resolver um conflito através da designação de um terceiro interveniente (um Estado ou uma organização internacional), encarregue de investigar e elucidar os factos em disputa e recomendar os termos de um possível acordo a implementar. Caracterizado pelo seu carácter flexível enquanto método de resolução

CONCILIAÇÃO

alternativa de conflitos, o processo de conciliação não obriga as partes a concordar necessariamente com os termos sugeridos pelo terceiro interveniente, podendo de livre vontade rejeitar ou aceitar a solução proposta, ou simplesmente considerá-la como ponto de partida para uma resolução final do conflito. Embora respeitando as devidas considerações legais, os procedimentos da conciliação dão particular ênfase aos aspectos pragmáticos que poderão conduzir à resolução do conflito.

A conciliação teve origem nas comissões de inquérito estabelecidas pelas Convenções de Haia para a Resolução Pacífica de Disputas Internacionais de 1899 e 1907, e as comissões contidas nos tratados de arbitragem concluídos pelos Estados Unidos em 1913 e 1914. Posteriormente, o Artigo 13.º, n.º 1, do Pacto da Liga das Nações estabelecia que disputas que não pudessem ser satisfatoriamente resolvidas através da diplomacia fossem submetidas arbitragem ou outro método de acordo judicial. Tendo em vista o estabelecimento de comissões de conciliação, foram estabelecidas numerosas convenções pelos Artigos 15.º e 17.º do Pacto. A Resolução de 22 de Setembro de 1922, acordada pela 3.ª Assembleia da Liga, estabeleceu que a comissão fosse composta por cinco membros, integrada num sistema de natureza bastante flexível, em geral consistindo num pequeno comité ou num *Rapporteur*, encarregue de apurar os factos e consequentemente sugerir um método adequado para resolver a disputa em questão.

O Artigo 2, n.º 3, da Carta das Nações Unidas encoraja os membros a "resolver as suas controvérsias internacionais por meios pacíficos, de modo que não sejam ameaçadas a paz, a segurança e a justiça internacionais". Entre os diversos meios de resolução pacífica são enumerados pelo Artigo 33 da Carta sugerem-se aos membros os seguintes: "negociação, inquérito, mediação, conciliação, arbitragem, solução judicial, recurso a entidades ou acordos regionais, ou a qualquer outro meio pacífico à sua escolha".

Em geral, os tratados multilaterais mais recentes estipulam um número de regras de conciliação compulsória, garantindo desse modo mecanismos pré--estabelecidos com capacidade de regular a resolução de conflitos. Contam-se entre outros a Convenção de Viena sobre o Direito dos Tratados de 26 de Maio de 1969[1]; a Convenção de Viena sobre a Sucessão de Estados em Matéria de Tratados de 23 de Agosto de 1978[2]; a Convenção da Nações Unidas sobre o Direito do Mar de 10 de Dezembro de 1982[3]; e a Convenção de Viena de 21 de Março de 1986 sobre o Direito dos Tratados entre Estados e Organizações Internacionais ou entre Organizações Internacionais[4].

---

[1] 1155 UNTS 331.
[2] 1946 UNTS 3.
[3] 1833 UNTS 396.
[4] (1986) 25 ILM 543.

CONCILIAÇÃO

Referências:
Rudolf L. Bindschedler, "Conciliation and Mediation", in *Encyclopedia of Public International Law*, Rudolf Bernhardt, ed., published under the auspices of the Max Planck Institute for Comparative Public Law and International Law, Vol. 1, Elsevier Science Publishers, 1992, pp. 721-725.
Ian Brownlie, *Principles of Public International Law*, Oxford: Oxford University Press, 2008.
Alina Kaczorowska, *Public International Law*, Routledge, 2010.
Jónatas E.M. Machado, "Conciliação", in *Direito Internacional: Do Paradigma Clássico ao Pós-11 de Setembro*, Coimbra: Coimbra Editora, 2003, pp. 445 ss.
S. K. Verma, *An Introduction to Public International Law*, Prentice-Hall of India Pvt. Lta., 2004.

CONCORRÊNCIA FISCAL PREJUDICIAL

RITA CALÇADA PIRES

A concorrência fiscal prejudicial é igualmente apelidada de práticas fiscais prejudiciais.

Porque os Estados buscam o aumento da competitividade fiscal internacional como forma de captação de rendimento capaz de gerar receita fiscal, constroem-se estruturas fiscais cada vez mais apelativas nomeadamente ao investimento, seja através, designadamente, da diminuição das taxas de imposto ou através do estabelecimento de uma taxa única de tributação (*flat rate*). O certo é que o espírito de concorrência conduz a profundos desequilíbrios internacionais que devem ser contrariados, conduzindo à permanente tensão na busca de um sistema fiscal sempre mais apelativo (*race to the bottom*).

A condenação da concorrência fiscal prejudicial ou, na actual linguagem da Organização para a Cooperação e Desenvolvimento Económico (OCDE), das práticas fiscais prejudiciais, encontra a sua fundamentação na pretensão de se conseguir um espaço de concorrência fiscal sã que não distorça as escolhas económicas, que não afecte a essência da soberania fiscal na construção dos sistemas nacionais assentes na justiça e na integridade e que assente na confiança generalizada. Por isso, promove-se a criação de um espaço comum de actuação, com mínimos essenciais presentes em todas as jurisdições fiscais (*level playing field*).

A União Europeia apresenta um Código de Conduta no domínio da fiscalidade das empresas como um instrumento para contrariar a concorrência fiscal internacional. No referido documento, encarado como *soft law*, procura-se moderar o impacto das diferenças nas taxas de imposto e de benefícios concedidos de forma diferenciada pelos vários sistemas fiscais, apresentando as medidas com potencial de distorção e que devem ser evitadas. Também a OCDE tem tido no combate à concorrência fiscal prejudicial um dos núcleos da sua acção. De entre as estratégias escolhidas, destaca-se a busca de acordos com os países infractores e a aceitação, por parte destes, da necessidade de remoção das medidas que originam as distorções concorrenciais. Aqui um importante papel é desempenhado pela lista negra de espaços fiscais (*black list*).

Referências
OECD, *Harmful Tax Comeptition. An Emerging Global Issue*, Paris: OECD, 1998.
B. J. Kiekebeld *Harmful Tax Competition In the European Union*, The Hague: Kluwer Law International, 2006.
Carlo Pinto, *Tax Competition and EU Law*, The Hague: Kluwer Law International, 2003.
Rajiv Biswas (ed.), *International Tax Competition. Globalisation and fiscal sovereignty*, London: Commonwealth Secretariat, 2002.

CONFERÊNCIA DAS NAÇÕES UNIDAS SOBRE COMÉRCIO E DESENVOLVIMENTO (CNUCED)

Mónica Dias

A primeira Conferência das Nações Unidas sobre Comércio e Desenvolvimento (CNUCED) ou UNCTAD em inglês – *United Nations Conference on Trade and Development* foi realizada entre 23 de Março e 16 de Junho de 1964 em Genebra, na Suíça. Na génese desta conferência estiveram os sentimentos de frustração dos países em desenvolvimento que se sentiam marginalizados nas instituições de Bretton Woods e nas negociações do GATT.

No dia 30 de Dezembro de 1964 a Assembleia-Geral das Nações Unidas adoptou a Resolução 1995 (XIX) que estabeleceu a CNUCED como um órgão permanente das Nações Unidas, com a recomendação de que as conferências se realizassem em intervalos não superiores a 3 anos.

Os principais objectivos da CNUCED eram promover o comércio internacional tendo em vista a aceleração do desenvolvimento económico, formular princípios e políticas sobre o comércio internacional, iniciar acções para a adopção de acordos comerciais multilaterais e agir como um centro para harmonizar o comércio e as políticas de desenvolvimento dos governos e de grupos económicos regionais.

Para poder prosseguir os objectivos que se propunha foi criado o Conselho de Comércio e Desenvolvimento (TDB em inglês – *Trade and Development Board*) a quem cabia agir no sentido de implementar as decisões da conferência, fazer ou encomendar estudos e relatórios sobre questões relacionadas com comércio e desenvolvimento. O Conselho, que reporta anualmente ao Conselho Económico e Social das Nações Unidas (CES) é também o órgão preparatório para as sessões da Conferência. A CNUCED tem também um Secretariado que serve a Conferência, o Conselho e os seus órgãos subsidiários.

A CNUCED serviu como fórum para avançar os interesses dos países em desenvolvimento, permitindo que no seu seio se identificassem como um grupo que teria mais vantagens em concertar posições e apresentar uma frente unida. Foi assim que os países em desenvolvimento se identificaram como tal e se assumiram como Grupo dos 77. Inspirados pelas teorias da dependência e das relações centro-periferia que animaram o debate intelectual no lançamento da conferência, estes países procuraram chamar a atenção dos actores envolvidos no comércio internacional para a necessidade de rever princípios como o da reciprocidade e da nação mais favorecida que representavam graves obstáculos às suas possibilidades de desenvolvimento através do comércio internacional.

Foi uma frente unida que, no entanto, não resistiu ao passar dos tempos. Os eventos das décadas de 70 e 80 demonstraram que as diferenças no seio dos 77 se agravavam e que as diferenças entre alguns deles e os países industrializados se esbatiam cada vez mais. A mudança na dinâmica dos grupos foi-se acentuando com a realização de que já não havia espaço para uma alternativa inovadora.

Nas últimas sessões da conferência o pragmatismo foi vencedor e a aceitação da interdependência e da necessidade de encontrar soluções nos moldes do sistema como ele se afirmou, sobretudo na década de 90, era inevitável. A nova parceria internacional para o desenvolvimento, a interdependência global, as vias para o desenvolvimento e o desenvolvimento sustentável passaram assim a constituir os mais actuais princípios da CNUCED.

Referências:

António dos Santos Labisa, *Uma Perspectiva Histórica da Política Económica Internacional*, Lisboa: Banco de Portugal, 2003.

Osmanczyk, Edmund J., *The Encyclopedia of the United Nations and International Agreements*, 2.ª ed., London: Taylor & Francis, 1990.

Richard Jolly, & Louis Emmerij, & Dharam Ghai, & Frédéric Lapeyre,, *UN Contributions to Development Thinking and Practice*, Bloomington, Indianapolis: Indiana University Press, 2004.

The Europa Directory of International Organizations, 6.ª ed., London: Europa, 2004.

CONFERÊNCIAS DA HAIA

Mateus Kowalski e Miguel de Serpa Soares

Em 1899 e 1907 realizaram-se duas conferências internacionais na Haia, que ficaram conhecidas como as Conferências de Paz da Haia. Destas duas Conferências resultaram um conjunto de convenções e declarações. As Conferências de Paz Haia foram convocadas pelo Czar Nicolau II não com um propósito específico de resolver alguma crise, mas antes com uma intenção de elaborar instrumentos para a resolução pacífica de conflitos, para a prevenção das guerras e para a codificação das, então assim chamadas, leis sobre a condução da guerra. A realização das conferências tem por base um pensamento idealista e é expressão do "pacifismo jurídico" que marcou o Direito Internacional na viragem do século XIX para o XX. Em conjunto com as Convenções de Genebra de 1949 foram um acervo jurídico formal regulador dos conflitos armados.

A primeira Conferência de Paz da Haia (1899) teve como resultados três convenções (sobre: a resolução pacífica de controvérsias internacionais; as leis e costumes da guerra em terra; a adaptação à guerra marítima dos princípios da convenção de Genebra de 1864) e três declarações (sobre: o lançamento de projécteis e explosivos de balões; o uso de projécteis para a difusão de gases; o uso de balas que expandem ou achatam no corpo humano). Foi também criado o Tribunal Permanente de Arbitragem.

A segunda Conferência de Paz da Haia (1907) teve como resultados treze convenções (sobre: a resolução pacífica de controvérsias; a limitação do recurso à força para a recuperação de dívidas; a abertura de hostilidades; as leis e costumes da guerra em terra; os direito e deveres das potências e pessoas neutrais no caso de guerra em terra; o estatuto de navios mercantes em caso de abertura de hostilidades; a conversão de navios mercantes em navios de guerra; a colocação de minas submarinas de percussão automática; o bombardeamento por forças navais em tempo de guerra; a adaptação à guerra marítima dos princípios da convenção de Genebra de 1906; certas restrições relativas ao exercício do direito de captura na guerra naval; a criação de um tribunal internacional para a captura no mar; os direitos e deveres das potências neutrais na guerra naval) e uma nova declaração (sobre o princípio da arbitragem obrigatória).

Ambas as conferências constituem uma referência na codificação do Direito Internacional, em especial no que respeita ao relativo aos conflitos armados. Em particular, as conferências tiveram sucesso imediato na codificação das leis da guerra em terra, que vieram a assumir a natureza de costume internacional. Por outro lado, merece igualmente destaque a afirmação da arbitragem como método de resolução pacífica de controvérsias e a codificação dos respectivos procedimentos de arbitragem.

Referências:
Christine Gray, *International Law and the Use of Force*, Oxford: Oxford University Press, 2008.
Frederick Holls, *The Peace Conference at the Hague and Its Bearings on International Law and Policy*, MacMillan Company, New York: MacMillan Company, 1900.
Walther Schücking, *The International Union of the Hague Conferences*, Oxford: Clarendon Press, 1918.

CONFLITOS ARMADOS INTERNACIONAIS

Mateus Kowalski e Miguel de Serpa Soares

Um conflito armado existe quando se verifica o recurso à força armada entre Estados ou violência armada prolongada no tempo entre autoridades governamentais e grupos armados organizados ou entre estes grupos dentro de um Estado. Esta é a noção de conflito armado tal como definida pelo Tribunal Penal para a ex-Jugoslávia no caso *Tadić*. Apesar de não existir uma definição consensual para conflito armado, a avançada por aquele Tribunal reflecte uma noção moderna e abrangente que contribui para a cristalização de uma definição única. Por outro lado, a procura por uma definição consensual evita a fragmentação terminológica do discurso jurídico, a bem da coerência e unidade do Direito Internacional. Isto sem prejuízo de um conflito armado poder ter diferentes efeitos jurídicos em diferentes contextos, com por exemplo no âmbito do Direito Internacional Humanitário ou no que respeita à vigência de convenções internacionais.

Contudo, esta definição abrange os conflitos armados internacionais e os conflitos armados não-internacionais. Assim, o conflito armado será internacional se ocorrer entre dois ou mais Estados. Será igualmente internacional se se tratar de um conflito interno a ocorrer no território de apenas um Estado, em que outro Estado intervenha no conflito empenhando as suas forças armadas ou se alguns dos participantes no conflito (aparentemente interno) agirem em nome desse outro Estado.

No que respeita a este último caso de conflitos armados internacionais em que alguns dos participantes no conflito ajam em nome de um outro Estado ("por procuração"), apenas será realmente internacional se houver um determinado grau de controlo entre o grupo armado interno e o outro Estado que não o do território onde decorre o conflito. O Tribunal Internacional de Justiça na sentença de 2007 relativa ao caso *Aplicação da Convenção sobre o Genocídio* aplicou o teste do "controlo efectivo" anteriormente enunciado no caso *Nicarágua*, rejeitando assim o teste do "controlo geral" defendido pelo Tribunal Penal para a ex-Jugoslávia no caso *Tadić*. De notar que outra jurisprudência e a prática parecem mais consentâneas com os fundamentos da decisão no caso *Tadić*.

O decorrer dos conflitos armados é regulado em primeira linha pelo Direito Internacional Humanitário, sem prejuízo de se aplicarem outros corpos normativos tais como o Direito Internacional dos Direitos Humanos.

Referências:
Leslie Green, *The Contemporary Law of Armed Conflict*, Manchester: Manchester University Press, 2008.

Application of the Convention on the Prevention and Punishment of the Crime of Genocide (Bosnia and Herzegovina v. Serbia and Montenegro), ICJ Reports 2007, 1.

Military and Paramilitary Activities in and Against Nicaragua (Nicaragua v. United States of America), ICJ Reports 1986, 14.

Prosecutor v. Duško Tadić, Appeals Chamber, Decision on the Defense Motion for Interlocutory Appeal on Jurisdiction, 2 October 1995.

CONFLITOS INTERNOS

Manuel de Almeida Ribeiro

Os conflitos internos podem ter, ou não, consequências internacionais. Quando têm, tal resulta normalmente da intervenção de terceiros Estados no conflito, apoiando uma das partes ou ambas.

Por vezes as consequências internacionais destes conflitos estendem-se muito para além do conflito propriamente dito, como aconteceu com o caso *Alabama*, que deu origem a uma das decisões arbitrais mais importantes do século XIX. Um tribunal *ad-hoc*, foi investido de competência para decidir se o Reino Unido tinha violado as regras do Direito internacional ao autorizar companhias inglesas a construírem navios de guerra para a Confederação durante a Guerra Civil Americana.

Embora ao Direito Internacional já tivesse admitido o reconhecimento do estatuto de insurgente, uma matéria não isenta de controvérsia e de difícil aplicação prática e, se do reconhecimento resultava a obrigação de tratar os prisioneiros de guerra de acordo com os regras internacionais, foi a dimensão e natureza do conflito e os seus efeitos sobre a população civil que levaram ambas as partes e os outros Estados a defenderem que as regras de protecção da população civil aplicáveis a conflitos internacionais se deveriam aplicar igualmente à guerra civil em curso e a outras de natureza semelhante.

Estas regras seriam aplicáveis caso a natureza do conflito apresentasse as mesmas características da Guerra Civil espanhola: os insurgentes terem uma administração efectiva de uma parte do território e uma força militar susceptível de cumprir o Direito Internacional. Revoltas de menor dimensão, sem as proporções de uma guerra civil eram, assim, excluídas.

Os acontecimentos que ocorreram nos anos subsequentes não confirmaram o cumprimento universal destas regras. A II Guerra Mundial foi o conflito que conduziu a um maior sacrifício das populações civis e, nos conflitos internos que se seguiram, as regras de protecção de civis foram genericamente desrespeitadas. Tal foi o caso do conflito do Biafra e das guerras civis na Nicarágua, El Salvador, Sri Lanka, Ruanda, Chechénia, Serra Leoa e República Democrática do Congo.

As regras consuetudinárias de tratamento de civis em conflitos internos foram transpostas para o artigo 3.º da Convenção de Genebra de 1949, com a importante particularidade da sua aplicação ser restringida não só a conflitos de alta intensidade mas a todos os conflitos internos. O Protocolo Adicional de 1977 recuou contudo nesta matéria, reintroduzindo a restrição da sua aplicação a conflitos de alta intensidade. Acresce que artigo 3.º deste Protocolo salvaguarda a jurisdição interna dos Estados.

Uma evolução recente da maior importância resultou da criação pelo Conselho de Segurança da ONU do Tribunal Internacional para o Julgamento de Indivíduos Responsáveis por Sérias Violações do Direito Internacional Cometidas no Território da Antiga Jugoslávia desde 1991. No primeiro caso julgado por este tribunal, o *Caso Tadyc*, foram suscitadas todas as questões relevantes sobre a intervenção da ONU na punição de actos criminosos cometidos em conflitos internos.

O veredicto do TPIJ neste caso, que criou jurisprudência aplicável a casos posteriores, foi o de que o domínio interno dos Estados, a que se refere o artigo 2.º § 7.º da Carta não impede a ONU, através do Conselho de Segurança, de promover o julgamento e a punição por crimes cometidos em conflitos internos, quando a jurisdição interna do Estado em que os crimes foram cometidos não esteja em condições de o fazer.

Referências:
Antonio Cassese, *International Law*, Oxford: Oxford University Press, 2005.
Ngyuen Quoc Dihn, Patrick Dailler & Alain Pellet, *Droit International Public*, Paris: L.G.D.J., 1992.
Malcom N. Shaw, *International Law*, Cambrigde: Cambridge University Press, 2003.

CONSELHO DA EUROPA

Francisco Pereira Coutinho

"Eu acredito que a Europa pode funcionar unida no âmbito de um Conselho da Europa". Estas palavras de Winston Churchill, proferidas ainda durante a II Guerra Mundial, constituíram um dos momentos fundadores do movimento em favor da criação de uma Europa unida, que se reuniria no Congresso da Europa, na Haia em Maio de 1948, com o objectivo de promover a unidade e estabelecer as fundações da Europa do pós-guerra. Os participantes no Congresso dividiram--se entre o desenvolvimento da integração europeia através da via federal, pela qual os Estados deveriam transferir poderes soberanos para organizações internacionais de base supranacional, e da via intergovernamental, através da criação de organizações internacionais em que os Estados mantivessem o essencial dos seus poderes soberanos. O primeiro caminho desembocou na criação da Comunidade Europeia do Carvão e do Aço (Tratado de Paris, assinado em 18 de Abril de 1951), que constitui o embrião da União Europeia. O segundo caminho esteve

CONSELHO DA EUROPA

na origem da criação do Conselho da Europa (Tratado de Londres, assinado em 5 de Maio de 1949).

O objectivo do Conselho da Europa é o de realizar uma união mais estreita entre os seus Membros, a fim de salvaguardar e promover os ideais e os princípios que são o seu património comum e de favorecer o seu progresso económico e social (artigo 1.º, alínea a), do Estatuto do Conselho da Europa). Este propósito é conseguido através da conclusão de acordos e acções comum nos domínios económico, social, cultural, científico, jurídico e administrativo, bem como no âmbito da salvaguarda e desenvolvimento dos direitos do homem e das liberdades fundamentais (artigo 1.º, alínea b), do Estatuto do Conselho da Europa). Pela sua importância para a protecção dos direitos do homem na Europa, entre os acordos celebrado no quadro do Conselho da Europa, especial ênfase deve ser dado à Convenção Europeia dos Direitos do Homem, assinada em Roma em 3 de Setembro de 1950.

O Conselho da Europa tem a sua sede em Estrasburgo e é composto por 47 membros. Podem ser membros os Estados europeus que reconheçam o princípio do primado do Direito e os direitos e liberdades fundamentais da pessoa humana (artigo 3.º do Estatuto do Conselho da Europa). Entre estes direitos inclui-se o direito de participação política, o que explica a razão pela qual Portugal apenas se tornou membro em 22 de Setembro de 1976, dois anos após a Revolução dos Cravos.

O Conselho da Europa tem como órgãos a Assembleia Consultiva e o Comité de Ministros, assistidos pelo Secretariado (artigo 10.º do Estatuto do Conselho da Europa). O Conselho de Ministros funciona como o órgão executivo e é composto pelos Ministros dos Negócios Estrangeiros dos Estados-Membros (artigos 13.º a 15.º do Estatuto do Conselho da Europa). A Assembleia Consultiva desempenha as funções de órgão deliberativo. É constituída por 318 representantes dos parlamentos nacionais e tem competência para discutir qualquer questão relevante para a organização, bem como fazer recomendações ao Comité de Ministros (artigo 22.º do Estatuto do Conselho da Europa). Ainda que não previstas estatutariamente, são ainda instituições permanentes do Conselho da Europa: *i*) o Congresso do Conselho da Europa, onde estão representadas as autoridades locais e regionais dos Estados-Membros; *ii*) o Tribunal Europeu dos Direitos do Homem, criado pela Convenção Europeia dos Direito do Homem; e *iii*) o Comissário para os Direitos do Homem do Conselho da Europa, eleito pela Assembleia Consultiva para promover o respeito pelos direitos do homem nos Estados-Membros.

Referências:
Aline Royer, *Council of Europe*, Council of Europe, 2010.
Vítor Nogueira, "O Conselho da Europa: Contribuições do passado, desafios da actualidade", *Relações Internacionais*, 9, 2006, pp. 57 a 71.

Sergio Salinas Alcega, *El Consejo de Europa: su protagonismo en la construcción de la "Gran Europa" y sus aportaciones al progreso del derecho internacional público*, Biblioteca Diplomática Española, 6, Ministerio de Asuntos Exteriores, 1999.

Maria Luísa Duarte, "O Conselho da Europa e a protecção dos direitos do homem", *Gabinete de Documentação e Direito Comparado*, 1991, pp. 193 a 242.

CONSELHO DA UNIÃO EUROPEIA

Francisco Pereira Coutinho

O Conselho da União Europeia é a instituição política da União Europeia onde estão representados os ministros dos Estados-Membros (artigo 16.º, n.º 2, do Tratado da União Europeia). O Estado português é representado pelo Ministro competente em razão da matéria ou por um Secretário de Estado da mesma área governativa (v. Resolução do Conselho de Ministros n.º 32/86, publicada no *Diário da República*, I Série, n.º 94, de 23 de Abril de 1986, p. 985).

A profusão de competências atribuídas à União Europeia ditou que o Conselho da União Europeia funcione com diferentes formações ministeriais. Após a entrada em vigor do Tratado de Lisboa (2009), apenas duas formações são permanentes: o Conselho dos Assuntos Gerais, a quem compete a coordenação dos trabalhos das diversas formações do Conselho, e o Conselho dos Negócios Estrangeiros, a quem cabe promover a acção externa da União, de acordo com as linhas estratégicas fixadas pelo Conselho Europeu (artigo 16.º, n.º 6, do Tratado da União Europeia). A lista das demais formações resulta de decisão do Conselho Europeu (artigo 236.º, alínea a), do Tratado sobre o Funcionamento da União Europeia) ou, enquanto essa competência não for exercida, de aprovação pelo Conselho dos Assuntos Gerais (artigo 4.º do Protocolo n.º 36 relativo às disposições transitórias). A presidência das formações do Conselho da União Europeia é assegurada por grupos pré-determinados de 3 Estados-Membros durante um período de 18 meses, formados com base num sistema de rotação igualitária, em que cada membro do grupo preside sucessivamente, durante seis meses, a todas as formações do Conselho, com excepção da formação Conselho dos Negócios Estrangeiros, que é sempre presidida pelo Alto Representante da União para os Negócios Estrangeiros e a Política de Segurança (artigo 18.º, n.º 3, do Tratado da União Europeia, e artigo 236.º, alínea b), do Tratado sobre o Funcionamento da União Europeia). O Conselho da União Europeia é assistido pelo COREPER, que é um comité composto pelos representantes permanentes dos Estados-Membros junto da União (artigo 16.º, n.º 7, do Tratado da União Europeia).

O Conselho da União Europeia pode deliberar por maioria simples, maioria qualificada ou unanimidade. A regra de votação é a maioria qualificada, a qual, a partir de 1 de Novembro de 2014, será alcançada quando votarem favoravelmente 55% dos membros do Conselho, num mínimo de 15 Estados-Membros, que reúnam, pelo menos, 65% da população da União (artigo 16.º, n.ºs 3 e 4, do Tratado da União Europeia).

As competências do Conselho da União Europeia transformam-no, a par com o Parlamento Europeu, na instituição governativa mais forte da União, na medida em que exerce: *i*) poderes legislativos e orçamentais (artigo 16.º, n.º 1, do Tratado da União Europeia); *ii*) poderes de vinculação internacional (artigo 218.º do Tratado sobre o Funcionamento da União Europeia); *iii*) poderes executivos (v. g. artigo 291.º, n.º 2, do Tratado sobre o Funcionamento da União Europeia); e *iv*) poderes de coordenação das políticas económicas gerais dos Estados-Membros (artigo 16.º, n.º 1, do Tratado da União Europeia).

Referências:

Martin Westlake e David Galloway, *The Council of the European Union*, John Harper, 2004.

Josu de Miguel Bárcena, *El Consejo de la Unión Europea. Poder normative y dimension organizativa*, Aranzadi, 2009.

Daniel Naurin & Helen Wallace, *Unveiling the Council of the European Union*, Palgrave Macmillan, 2010.

CONSELHO DE SEGURANÇA DAS NAÇÕES UNIDAS

Manuel de Almeida Ribeiro

O Conselho de Segurança é principal órgão do dispositivo constitucional da ONU destinado a assegurar às grandes potências um direito de controlo sobre a evolução da organização, bem como a sua preponderância no domínio da paz e da segurança internacionais.

O Conselho de Segurança compunha-se, nos termos do artigo 23.º, § 1.º, da redacção original da Carta, de cinco membros permanentes e de cinco membros não permanente, não imediatamente reelegíveis. Os membros permanentes são, pela ordem indicada no referido artigo, a República da China, a França, a URSS (a que sucedeu a Rússia, após o seu desmembramento), o Reino Unido e os Estados Unidos. Em 1963, o número de membros não permanentes foi elevado para dez.

O Conselho de Segurança é o único órgão intergovernamental permanente previsto na Carta. Em rigor, apenas os membros, permanentes ou não, do Conselho de Segurança estão obrigados a manter uma representação permanente na ONU, embora a generalidade dos Estados-Membros o faça.

O Conselho pode reunir-se a qualquer momento, a requerimento de um dos seus membros e, ainda, para a discussão de uma questão concreta a pedido:

CONSELHO DE SEGURANÇA DAS NAÇÕES UNIDAS

a) de um Estado membro, nos termos do artigo 35.º, § 1.º, para analisar qualquer questão que este considere constituir uma ameaça à paz e à segurança internacionais, nos termos do artigo 34.º; *b*) de um Estado não membro, nos termos do artigo 35.º, § 2.º, se se tratar de uma controvérsia em que seja parte e desde que aceite previamente, em relação a essa controvérsia, as obrigações de solução pacífica previstas na Carta; *c*) da Assembleia Geral, nos termos do artigo 11.º; *d*) do secretário-geral, nos termos do artigo 99.º.

O processo de decisão no Conselho de Segurança está decisivamente marcado pelo direito de veto atribuído às grandes potências. É através dessa atribuição, bem como da própria qualidade de membro permanente do Conselho, que a Carta estabelece a única distinção entre Estados. Já referimos as razões que estiveram subjacentes à introdução na Carta desse princípio aristocrático.

A perenidade da qualidade de membro permanente do Conselho e do direito ao veto está assegurada, como também já referimos, através do artigo 108.º, que faz depender as emendas à Carta do voto favorável dos membros permanentes do Conselho.

Os Estados-Membros, ficam, obrigados, com a adesão à organização a acatarem as decisões imperativas do Conselho de Segurança no exercício das suas competências. Trata-se, aliás, para além do TIJ, do único órgão cujas decisões não têm um carácter meramente exortativo quando dirigidas aos Estados.

As competências do Conselho de Segurança desenvolvem-se em três vectores essenciais: *a*) supervisão do regime de tutela, previsto nos artigos 82.º e 83.º; *b*) regulamentação de armamentos, previsto no artigo 26.º; *c*) intervenção em situação de crise política ou militar.

Os meios de acção do Conselho em caso de crise são os seguintes: *a*) favorecer uma regulação pacífica do diferendo (capítulo VI); *b*) tomar as medidas necessárias para pôr termo a uma ameaça à paz (capítulo VII); *c*) executar um aresto do Tribunal Internacional de Justiça.

Acresce que o Conselho intervém em todas as competências da Assembleia Geral, susceptíveis de influenciar os equilíbrios políticos da organização: a admissão de membros (artigo 4.º), suspensão (artigo 5.º), exclusão (artigo 6.º), nomeação do secretário-geral (artigo 97.º), eleição de membros do Tribunal Internacional de Justiça (artigo 4.º do Estatuto do TIJ).

Referências:

Manuel de Almeida Ribeiro & Mónica Ferro, *A Organização das Nações Unidas*, Coimbra: Almedina, 2004.

Michel Virally, *L'Organization Mondiale*, Paris: Armand Colin, 1972.

Rosalyn Higgins, *The United Nations: Appearance and Reality*, Hull: University of Hull Press, 1993.

Paul Kennedy, *The Parliament of Man, the Past, Present and Future of the United Nations*, New York: First Vintage Books, 2007.

CONSELHO DOS DIREITOS HUMANOS

Manuel de Almeida Ribeiro

O Conselho dos Direitos Humanos da ONU é um órgão subsidiário intergovernamental criado pela Assembleia Geral, através da Resolução 60/251 de 15 de Março de 2006, em substituição da Comissão dos Direitos Humanos, que tinha sido criada em 1946 pelo Conselho Económico e Social.

O Conselho dos Direitos Humanos tem 47 membros, cabendo-lhe o fortalecimento da promoção e da protecção dos direitos humanos no mundo. Para tanto, o Conselho de Direitos Humanos deve relatar as violações dos direitos humanos e fazer recomendações sobre a matéria.

Um ano após a sua primeira reunião, em 18 de Junho de 2007, o Conselho adoptou o denominado *Institution-building package*, que estabeleceu os seus instrumentos e órgãos subsidiários. Esta decisão foi aprovada pela Assembleia Geral, através da Resolução 62/219, de 22 de Dezembro de 2007.

Entre os instrumentos criados está o *Universal Periodic Review*, que procede à avaliação da situação dos direitos humanos em todos os Estados-Membros da ONU. Foi criado ainda um *Advisory Comitee* que se pretende que seja um "think-tank" para a temática dos direitos humanos e um Procedimentos de Queixas que permite que indivíduos e organizações apresentem ao Conselho denúncia sobre situações de violações de direitos humanos.

Referência:
Manuel de Almeida Ribeiro & Mónica Ferro, *A Organização das Nações Unidas,* Coimbra: Almedina, 2004.

CONSELHO ECONÓMICO E SOCIAL (CES)

Manuel de Almeida Ribeiro

O Conselho Económico e Social é um órgão constitucional da ONU, mas não soberano, visto estar submetido à Assembleia Geral.

Nos termos do artigo 72.º da Carta, o CES aprova o seu regimento, determina o ritmo das suas sessões e elege a sua mesa, podendo ainda, nos termos do artigo 68.º, criar as comissões necessárias para o exercício das suas funções, sendo-lhe desde logo imposta a criação de comissões para assuntos económicos e sociais e para os direitos do homem.

O CES é composto por 59 membros eleitos rotativamente por três anos (artigo 61.º), o que representa um alargamento muito significativo em relação ao número inicialmente previsto na Carta de 18 membros.

CONSELHO ECONÓMICO E SOCIAL

Nos termos da Resolução 2847 (XXVI), os membros do CES deveriam ser distribuídos por áreas geográficas, nos termos seguintes:

África – 14; Ásia – 11; América Latina – 10; Europa Ocidental e outros Estados – 13; Europa Oriental – 6.

O CES tem duas sessões anuais, a primeira, na Primavera, em Nova Iorque, que se ocupa de questões sociais e dos direitos do homem e a segunda, mais importante, que se reúne durante as quatro semanas de Julho, em Genebra, sendo retomada por alguns dias em Nova Iorque, durante a reunião da Assembleia Geral.

As principais categorias de comissões criadas pelo CES são os comités permanentes, comissões técnicas e comissões económicas regionais. Todas estas são, na realidade, órgãos subsidiários que funcionam permanentemente, sendo ainda criadas frequentemente outras com carácter eventual para o estudo de problemas específicos.

As comissões económicas regionais são instrumentos de concertação e descentralização. Existem cinco:

1. A Comissão Económica para a Europa, com sede em Genebra.
2. A Comissão Económica para a Ásia e o Pacífico, com sede em Banguecoque.
3. A Comissão Económica para a América Latina e as Caraíbas, com sede em Santiago do Chile.
4. A Comissão Económica para a África, com sede em Adis Abeba.
5. A Comissão Económica e Social para a Ásia Ocidental, com sede em Amã.

Estas comissões são órgãos intergovernamentais, compostos pelos Estados de cada região e pelos Estados que têm interesses nessa região.

Ao CES estão ainda ligados os organismos da ONU como a UNICEF, a ONUDI, o PNUD, a CNUCED, etc.

O CES, nos termos do artigo 71.º da Carta tem a seu cargo as relações com as organizações não governamentais, actualmente cerca de 1500, agrupadas em três categorias, I, II e III consoante as relações que têm com o CES.

As competências do CES, tal como as define a Carta nos artigos 62.º a 66.º, é mais definível por exclusão que por inclusão. Estão excluídos os assuntos estritamente políticos e os assuntos puramente administrativos. Estão incluídos todos os assuntos relativos à cooperação económica, social e cultural, o que representa um universo imenso de matérias.

A subordinação do CES à Assembleia Geral está mal definida na Carta (artigos 60.º, 62.º e seguintes), podendo ser interpretada tanto no sentido de supervisão como de orientação específica.

O CES tem revelado, ao longo da sua história, crescentes dificuldades de funcionamento, que se devem em parte ao aumento do número dos seus membros, que tornou menos eficaz o seu processo de decisão, mas também a causas técnicas, como uma má organização dos trabalhos, e factores políticos – os Estados não representados no CES tendem a levar à segunda e terceira comissões da Assembleia Geral questões do âmbito do CES para poderem participar no seu debate, ou mesmo a votarem a criação de órgãos subsidiários que invadem a área do CES, comprometendo a sua autoridade.

Referências:
Manuel de Almeida Ribeiro, & Mónica Ferro, *A Organização das Nações Unidas*, Coimbra: Almedina, 2004.
Michel Virally, *L'Organization Mondiale*, Paris: Armand Colin, 1972.
Rosalyn Higgins, *The United Nations: Appearance and Reality*, Hull: University of Hull Press, 1993.
Paul Kennedy, *The Parliament of Man, the Past, Present and Future of the United Nations*, New York: First Vintage Books, 2007.

CONSELHO EUROPEU

FRANCISCO PEREIRA COUTINHO

O Conselho Europeu é a instituição da União Europeia responsável pela promoção dos impulsos necessários ao seu desenvolvimento e pela definição das suas orientações e prioridades políticas gerais (artigo 13.º, n.º 1, e artigo 15.º, n.º 1, do Tratado da União Europeia). Trata-se, portanto, de um órgão de decisão política de cúpula, composto pelo Chefes de Estado ou de Governo dos Estados-Membros da União, pelo Presidente da Comissão e pelo Presidente do Conselho Europeu, a quem compete preparar, presidir e dinamizar os trabalhos. Participam ainda nas reuniões do Conselho Europeu, o Alto Representante da União para os Negócios Estrangeiros e a Política de Segurança, bem como, quando a ordem de trabalhos assim o exija, ministros dos Governos dos Estados-Membros e um membro da Comissão (artigo 15.º, n.ᵒˢ 2 e 3, do Tratado da União Europeia). O Conselho Europeu reúne-se ordinariamente duas vezes por semestre e decide por consenso (artigo 15.º, n.ᵒˢ 3 e 4, do Tratado da União Europeia). A representação portuguesa é assegurada pelo Primeiro-Ministro (artigo 197.º, n.º 1, al. a), da Constituição da República Portuguesa).

A origem do Conselho Europeu remonta à Cimeira de Paris, ocorrida entre 9 e 10 de Dezembro de 1974, na qual a França propôs a institucionalização dos encontros dos Chefes de Estado ou de Governo dos Estados-Membros das então Comunidades Europeias. O objectivo seria dotar as Comunidades de uma instância decisória capaz de dar os impulsos políticos necessários ao desenvolvimento do processo de integração europeia. O Conselho Europeu seria formalmente reconhecido nos Tratados europeus pelo Acto Único Europeu (1986).

O Conselho Europeu desempenha uma missão de orientação política geral, pelo que não adopta actos normativos (artigo 15.º, n.º 1, do Tratado da União

CONSELHO EUROPEU

Europeia). Com a entrada em vigor do Tratado de Lisboa (2009), foram-lhe atribuídos competências reforçadas, tais como: *i*) o poder de modificar disposições e procedimentos de decisão inscritos nos Tratados (artigo 48.º, n.ᵒˢ 6 e 7, do Tratado da União Europeia); *ii*) o poder de se pronunciar sobre as condições de adesão de novos Estados (artigo 49.º (1) do Tratado da União Europeia) e de retirada de Estados-Membros (artigo 50.º, n.º 2, do Tratado da União Europeia); ou *iii*) a participação na nomeação dos membros de outras instituições da União (*v. g.* do Presidente do Conselho Europeu, do Alto Representante, do Presidente da Comissão Europeia e do Presidente da Comissão Executiva do Banco Central Europeu).

Referências:
Béatrice Taulègne, *Le Conseil Européen*, PUF, 1993.
João Mota de Campos,, "O Conselho Europeu", *Estudos Jurídicos e Económicos em Homenagem ao Professor João Lumbrales*, Faculdade de Direito da Universidade de Lisboa, 2000, pp. 253 a 267.
Jan Werts, *The European Council*, John Harper, 2008.

CONSENTIMENTO (DO LESADO)

MIGUEL CALADO MOURA

O *consentimento* (do lesado) é um acto de vontade, nos termos do qual um Estado, uma organização internacional, ou outro qualquer sujeito de Direito Internacional permite expressa ou tacitamente uma acção ou omissão de outro Estado, organização internacional ou sujeito de Direito Internacional que iria consubstanciar um acto ilícito na esfera daquele, originando – não fosse o consentimento – responsabilidade civil internacional. Desta forma, no que toca ao seu enquadramento doutrinário, o consentimento apresenta-se como uma causa de exclusão (justificação) de ilicitude internacional. A entidade que consente é titular de um direito ou de outro interesse legal e internacionalmente protegido, autorizando um terceiro à prática de um acto lesivo desse mesmo direito ou interesse.

Perante o acto de consentir, não emerge no autorizado a obrigação jurídica de lesar o direito ou interesse daquele que consente.

Esta causa de exclusão de ilicitude tem uma longa tradição nas relações inter-estaduais, consignando um princípio basilar de Direito Internacional e é utilizada pelos Estados com alguma regularidade, nomeadamente no que respeita a questões ligadas com os princípios da territorialidade e soberania, tais como a mera permissão para passar no espaço aéreo ou entrar nas águas territoriais ou mesmo até a autorização para a condução de certas investigações, inquéritos judiciais e operações de salvamento.

O agente que dá o consentimento em nome do Estado pode divergir de caso para caso, não sendo, portanto, um elemento essencial do consentimento.

Muitas vezes a doutrina e a jurisprudência entendem que o consentimento deve ser válido e eficaz, dependendo, naturalmente, a eficácia dos efeitos da validade do consentimento. Essa validade pode ser concretizada através de diversas questões – algumas delas já desenvolvidas pela jurisprudência internacional – tais como saber se o agente que deu o consentimento está ou não habilitado para tal; se houve coação aquando do consentimento; se um consentimento regional consubstancia, *per si*, o consentimento de todo o Estado; ou se um consentimento é válido mesmo violando disposições de direito interno do Estado que autoriza. Como critério negativo de aferição de validade, o consentimento não pode estar sujeito a erro, fraude, corrupção ou outra vicissitude intrínseca que possa afectar o próprio acto de consentir e os seus actos subsequentes.

Quanto à positivação deste princípio, nos seus trabalhos, a Comissão de Direito Internacional já consagrou por duas vezes o consentimento como causa de exclusão de ilicitude de certos actos que, em abstracto, seriam ofensas a princípios, obrigações ou interesses internacionais (ver artigo 20.º dos *Draft Articles of States for Internationally Wrongful Acts,* e artigo 19.º dos *Draft Articles on Responsibility of International Organizations*).

Referências:
International Military Tribunal (Nuremberg), judgment and sentences October 1, 1946, reprinted in AJIL, vol. 41, No 1 (January 1947), p. 172, pp. 192-4.
ILC's Draft Articles on Responsibility of States for Internationally Wrongful Acts (with commentaries) (2001), UNGA- Res. 56/83, Annex, 56 UN-GAOR, Supp. No. 10, UN-Doc. A/56/83, pp.72-3; *ILC's Draft Articles on Responsibility of International Organizations* (2009), Report of the Sixty-first Session A/64/10, pp. 94-5.
Alex Tuckness (2005), "State Consent and the Obligation to Obey International Law", Paper presented at the annual meeting of the *The Midwest Political Science Association*, Palmer House Hilton, Chicago, Illinois, Abril, 2007.
Caso *Savarkar*, UNRIAA, vol. XI (Sales No. 61.V.4), (1911), p. 243, p. 252-55 1911.
Matthew Lister, "*The Legitimating Role of Consent in International Law*", Draft for Penn Law Conference in International Law, 2010, texto disponível em http://www.law.upenn. edu/academics/institutes/ilp/intl_law_papers/Lister_Legitimating%20Role%20of%20 Consent.pdf

CONTRA-MEDIDAS

Maria de Assunção do Vale Pereira

Contra-medidas são medidas de auto-tutela dos direitos de um Estado, também designadas por represálias, que consistem em comportamentos ilícitos adoptados por um Estado como reacção a um comportamento prévio, também ele ilícito, de outro Estado, com vista a fazê-lo cessar. Estão previstas, enquanto causa de exclusão da ilicitude, no artigo 22.º do Projecto de Artigos sobre a Responsabilidade Internacional do Estado por Factos Ilícitos (adoptado pela resolução AG 56/83, de 28 de Janeiro de 2002), que dispõe: "A ilicitude de um facto de um Estado que não esteja de acordo com uma das suas obrigações internacionais relativamente a outro Estado será excluída se, e na medida em que, tal facto constitua uma contra-medida tomada contra esse outro Estado, de acordo com o disposto no capítulo II da Terceira Parte". Portanto, a sua verificação afasta a responsabilidade do Estado por factos ilícitos, embora – como em relação às demais causas de exclusão da ilicitude – não afaste o dever de indemnizar por qualquer prejuízo efectivo causado pela contra-medida adoptada (artigo 27.º *b*)).

No referido artigo 22.º, não se dá uma noção de contra-medida, reportando-se ao conceito bem afirmado na doutrina jusinternacionalista, mas indica-se que a sua regulamentação é feita adiante, nesse documento. Assim, e como já resulta do próprio conceito de contra-medida, determina-se que ela só pode ser adoptada "com vista a levar este Estado a cumprir as suas obrigações"; que o facto ilícito em que ela se traduz há-de cingir-se ao incumprimento de obrigações em relação ao Estado a que são dirigidas; e que, na medida do possível, a adopção de contra-medidas não deve impedir a reassunção do cumprimento das obrigações em questão (artigo 49.º). Por outro lado, especificam-se obrigações que o Estado não pode violar, mesmo como contra-medidas: a obrigação de não recorrer à ameaça ou uso da força, nos termos consagrados na Carta das Nações Unidas; as obrigações que salvaguardam direitos humanos fundamentais; as obrigações de carácter humanitário que proíbem as represálias; e, genericamente, todas as obrigações decorrentes de normas de *jus cogens* (o que decorreria já do artigo 26.º). Particularmente importante é a afirmação de que as contra-medidas não podem violar o princípio da proibição do uso da força, que põe termo à polémica questão da admissibilidade das contra-medidas (ou represálias) armadas. É também afirmado o princípio da proporcionalidade das contra-medidas em relação ao dano sofrido – atendendo à gravidade do facto internacionalmente ilícito e aos direitos em causa –, bem como o dever de as fazer cessar logo que tenha cessado o facto ilícito que lhes deu origem e tenham sido reparados os danos que dele hajam resultado, ou quando, tendo cessado o facto ilícito, o diferendo entre os Estados estiver pendente perante um tribunal internacional com autoridade para proferir decisões obrigatórias para as partes (artigos 51.º, 53.º e 52.º, n.º 3). Além disso, o artigo 52.º prevê um procedimento para a adopção das contra-medidas (apelo ao Estado autor do facto ilícito para que o faça cessar e notificação da possibilidade da adopção de contra-medidas), que pode ser dispensado em caso de urgência.

Na medida em que reagem a um ilícito prévio, as contra-medidas aproximam-se da legítima defesa, embora delas se distinguindo porque o ilícito prévio não é um ataque armado nem a contra-medida pode supor o uso da força.

Referências:

AAVV, "Symposium: Counter-measures and Dispute Settlement: The Current Debate within the ILC", European Journal of International Law, 1994, vol. 5, 20-115.

Christian Tomuschat, "Are Counter-measures Subject to Prior Recourse to Dispute Settlement Procedures?", *European Journal of International Law*, vol. 5, 77-88.

Denis Alland, La légitime défense et les contre-mesures dans la codification du droit international de la responsabilité, *Journal de Droit International*, 1983,728-762.

Gaetano Arangio-Ruiz, "Counter-measures and Amicable Dispute Settlement Means in the Implementation of State Responsibility: A Crucial Issue before the International Law Commission", *European Journal of International Law*, 1994, vol. 5, 20-53.

James Crawford, *The International Commission's Articles on State Responsibility. Introduction, Text and Commentaries*, Cambridge: Cambridge University Press, 2002.

Jorge Pueyo Losa, "El derecho de las represalias en tiempo de paz", *Revista Española de Derecho Internacional*, 1988, vol. XL, 9-40.

CONVENÇÃO AMERICANA DOS DIREITOS HUMANOS (CADH)

Teresa Violante

É um dos instrumentos do sistema americano de protecção dos direitos humanos. A Convenção foi aprovada no seio da Organização de Estados Americanos (OEA) em 22 de Novembro de 1969, entrou em vigor em 18 de Julho de 1978, e conta com 25 Estados parte. Enumera os direitos que os Estados se comprometem a respeitar e promover, procede à criação do Tribunal Interamericano de Direitos Humanos (TIDH) e define as atribuições e procedimentos para o Tribunal e para a Comissão Interamericana de Direitos Humanos (CIDH). Os direitos reconhecidos são, essencialmente, direitos civis e políticos (artigos 4.º a 25.º). Relativamente aos direitos económicos, sociais e culturais, o artigo 26.º limita-se a reiterar a obrigação dos Estados de adoptarem as medidas necessárias tendentes à progressiva efectividade das normas constantes da Carta da OEA, salvaguardada a reserva do possível.

A Convenção apresenta algumas semelhanças com outros instrumentos internacionais de protecção dos direitos humanos, designadamente a Convenção Europeia dos Direitos do Homem (CEDH) e o Pacto Internacional de Direitos Civis e Políticos (PIDCP). Começa por firmar a obrigação dos Estados de respeitarem e garantirem, nas respectivas ordens internas, os direitos e liberdades nela reconhecidos (artigo 1.º). O artigo 2.º especifica o dever dos Estados de adoptarem as medidas legislativas ou de outra natureza necessárias à efectivação desses direitos e liberdades. Algumas especificidades são dignas de destaque como é o caso da inclusão, no corpo normativo da Convenção, da categoria de deveres das pessoas enquanto correlação dos direitos garantidos (artigo 32.º). Por outro lado, a aprovação da Convenção abriu caminho para o carácter dualista do sistema americano de protecção dos direitos humanos, com a jurisdição da CIDH, obrigatória para todos os Estados-Membros da OEA, e a jurisdição do TIDH, obrigatória para os Estados que subscreveram a Convenção e, adicionalmente, aceitaram a jurisdição daquele, nos termos do artigo 62.º, n.º 1. Quanto ao catálogo dos direitos reconhecidos, encontram-se igualmente algumas especificidades no confronto com outros documentos internacionais, não só no que toca a alguns direitos específicos (como por exemplo, o direito à nacionalidade que, embora integrado na Declaração Universal dos Direitos do Homem, não foi acompanhado no PIDCP nem na CEDH), como relativamente ao conteúdo de outros (p. exemplo, quanto ao direito à vida, estabelece-se expressamente que a protecção se inicia, em regra, no momento da concepção; embora se admita, como sucede no PIDCP, a pena de morte, prevê-se que a mesma não possa ser aplicada a maiores de 70 anos nem a mulheres em estado de gravidez; proíbe-se, de igual modo, a aplicação da pena de morte por delitos políticos). Prevê-se a intangibilidade de um núcleo de direitos que não pode ser objecto de suspensão em qualquer circunstância (artigo 27.º, n.º 2).

A Convenção conta com dois Protocolos Adicionais, um em matéria de direitos económicos, sociais e culturais (Protocolo de San Salvador), assinado em 17 de Novembro de 1988 e que entrou em vigor em 16 de Novembro de 1999, e outro referente à abolição da pena de morte, aprovado em 8 de Junho de 1990, tendo entrado em vigor em 28 de Agosto de 1991.

Os órgãos de controlo da Convenção são a CIDH e o TIDH e os mecanismos de controlo previstos são os relatórios (artigo 43.º), as petições individuais (artigo 44.º) e as petições interestaduais (artigo 45.º).

Referências:

Dinah L. Shelton, "The Inter-American Human Rights System", in Hurst Hannum (ed.), *Guide to International Human Rights Practice*, 4.ª ed., New York: Transnational Press, Ardsley, 2004, p. 27-141.

Harmen Van der Wilt & Viviana Krsticevic, "The OAS System for the Protection of Human Rights", in Raija Hanski e Markku Suski (eds.), *An Introduction to the International Protection of Human Rights*, Turku: Institute for Human Rights, 1999, p. 371-385.

António Cançado Trindade, "Le système inter-américain de protection des droits de l'homme: état actuel et perspectives d'évolution à l'aube du XXIe siècle", 548 *Annuaire Français de Droit International*, vol. I, 2000.

CONVENÇÃO DA UNIÃO DE PARIS (CUP)

MARIA CABRAL ALVES MINEIRO

A partir do século XIX, com a revolução industrial, criadores e inventores começaram a recear que terceiros se apoderassem das suas ideias, podendo mesmo iniciar a sua divulgação e comercialização a nível nacional e internacional. Assim, tornou-se evidente a necessidade de obtenção de protecção a nível da propriedade industrial.

Foi neste contexto que em 1873 ocorreu em Viena o primeiro congresso para a protecção da propriedade industrial. Apesar de não ter surtido grandes efeitos práticos, em 1878 foi realizado um segundo congresso em Paris no qual foi nomeada uma comissão permanente para o acompanhamento das matérias de propriedade industrial.

Porém, só a 20 de Março de 1883, aquando da realização de um novo congresso, surgiu a Convenção da União de Paris para a Protecção da Propriedade Industrial (CUP) – um grande instrumento internacional projectado para ajudar todos aqueles que pretendiam obter protecção para as suas criações intelectuais na área da propriedade industrial, abrangendo as patentes, as marcas e os desenhos industriais.

Tendo entrado em vigor em 1884, a CUP contou com 14 países fundadores, entre os quais Portugal, o qual aderiu através da carta de lei de 17 de Abril de 1884.

A CUP desempenhou um importante papel na harmonização das diversas leis nacionais que protegem a propriedade industrial, garantindo um nível mínimo de protecção e assentando em princípios fundamentais de observância obrigatória, entre os quais, os princípios do tratamento nacional e da assimilação, plasmados nos artigos 2.º e 3.º. Nestes termos, qualquer nacional de um país da União beneficia dos mesmos direitos e garantias nos outros Estados-Membros da CUP, sendo-lhe conferido o mesmo tratamento que é concedido aos nacionais. Para além do mais, mesmo que uma pessoa não tenha a sua nacionalidade num Estado-membro da CUP, poderá beneficiar da protecção conferida aos nacionais, desde que tenha o seu domicílio ou estabelecimento efectivo localizado num dos Estados-Membros.

Já em relação ao princípio da atribuição do direito de prioridade, diz a CUP no seu artigo 4.º que sempre que seja solicitado regularmente e pela primeira vez um pedido de um direito de propriedade industrial num país da União, o requerente beneficia de um prazo complementar para efectuar o registo nos outros países da CUP, sem que nesse período possam ser apostos outros pedidos iguais.

A CUP estabelece também um conjunto de regras comuns auto-executórias e não auto-executórias. As primeiras podem ser invocadas em qualquer Estado-Membro, desde que a lei do país o permita e mesmo que não haja regras plasmadas nas respectivas leis nacionais, nomeadamente em relação à protecção conferida à marca notoriamente conhecida (artigo 6.º-*bis*). Já o segundo tipo de regras levanta a necessidade de os Estados-Membros consagrarem e regulamentarem especificamente certas disposições, como é o caso da protecção atribuída às marcas de serviços (artigo 6.º-*sexies*) e às marcas colectivas (artigo 7.º-*bis*).

Referências:
Código da Propriedade Industrial Anotado, António Campinos, Coord. Geral, Luís Couto Gonçalves, Coord. Científica, Coimbra: Almedina, 2010, p. 19-20.
Dário Moura Vicente, *A Tutela Internacional da Propriedade Intelectual,* Coimbra: Almedina, 2008, p. 138-141.
Friedrich-Karl Beier, "One hundred years of international cooperation: the role of the Paris Convention in the past, present and future", *International Review of Industrial Property (IIC),* vol. 15 n.º 1, 1984.

CONVENÇÃO DE MONTEGO BAY (CNUDM)

Manuel de Almeida Ribeiro

Convenção de Montego Bay designa a Convenção das Nações Unidas sobre Direito do Mar, que resultou dos trabalhos da III Conferência das Nações Unidas sobre o Direito do Mar.

O texto final da Convenção foi aberto à assinatura em Montego Bay, na Jamaica, em 10 de Dezembro de 1982.

Os trabalhos da Conferência resultaram numa codificação do Direito do Mar, tendo sido introduzidas alterações em regimes jurídicos e criados novos conceitos. A Convenção só reuniu as sessenta ratificações necessárias para a sua entrada em vigor em 1993, tendo entrado em vigor um ano depois do depósito do último instrumento de ratificação pela Guiana. Até Setembro de 2010, 160 Estados e a União Europeia tinham ratificado a Convenção.

A Parte XI da Convenção que se refere à exploração dos fundos marinhos fora das zonas de jurisdição dos Estados, constituía um obstáculo à ratificação da Convenção pelos países industrializados, que consideravam o regime pouco atractivo para a exploração daqueles espaços por empresas privadas. Para ultrapassar essa dificuldade foi objecto de negociação um Acordo para a Aplicação que veio a ser adoptado em 1994 como convenção internacional.

Apesar deste desenvolvimento os Estados Unidos ainda não ratificaram a Convenção, embora tenham, declarado aceitar a aplicação das suas disposições como direito consuetudinário, à excepção da Parte XI.

As questões mais relevantes de que trata a convenção são: *a)* a definição de novos limites para o mar territorial e a zona contígua; *b)* o novo regime de circulação nos estreitos internacionais; *c)* o novo conceito de Estados arquipélagos; *d)* a nova formulação do conceito de plataforma continental; *e)* o regime da zona económica exclusiva; *f*) a criação da "Área", bem como da Autoridade Internacional dos Fundos Marinhos e da "Empresa"; *g*) O novo regime de regularização pacífica dos diferendos.

Quanto aos limites dão mar territorial e da zona contígua foram fixados em doze milhas cada, a contar das linhas de base, fixadas através de pontos saliente das costa ou ilhas costeiras.

A circulação nos estreitos contempla dois regimes possíveis: o da passagem inofensiva não susceptível de suspensão ou da passagem em trânsito.

Os Estados arquipélagos, ou seja os apenas constituídos por um arquipélago, passaram e beneficiar da possibilidade de delimitação das águas arquipelágicas, ficando as águas contidas no perímetro interior sujeitas a uma quase soberania.

A largura da plataforma continental foi fixada em duzentas milhas a contar das linhas de base utilizadas para a delimitação do mar territorial, existisse, ou não, plataforma continental geológica. Os Estados com plataforma continental geológica mais larga podem ainda reivindicar a extensão da sua soberania a um máximo de trezentas e cinquenta milhas.

A zona económica exclusiva, que ao contrário do que acontece com a plataforma continental depende de declaração pelo estados interessado, engloba quer direitos de natureza económica sobre as águas sobrejacentes quer sobre o solo e subsolo marinhos, tendo assim um efeito de consumpção sobre os direitos à plataforma continental nos espaços em que coincidem.

Quanto aos fundos marinhos fora das zonas sujeitas a jurisdição dos Estados, foi prevista a criação da Autoridade Internacional dos Fundos Marinhos e ainda da "Empresa" para gerir a exploração das riquezas do solo e subsolo nesses espaços.

A Convenção criou o Tribunal Internacional do Direito do Mar, que é dos quatro meios de resolução de controvérsias que estão previstos, para além do Tribunal Internacional de Justiça, de um tribunal arbitral constituído em conformidade com o Anexo VI, ou de um tribunal arbitral especial, constituído em conformidade como Anexo VIII. Os Estados que deverão escolher um ou mais destes meios, podendo, contudo, excluir alguns tipos de controvérsias, referidas no artigo 298.º, n.º 1.

Referências:

René Jean Dupuy & Daniel Vignes, *Traité du Nouveau Droit de la Mer*, Paris/Bruxelles: Economica Bruylant.

Manuel de Almeida Ribeiro, *A Zona Económica Exclusiva*, Lisboa: ISCSP.

Manuel de Almeida Ribeiro, Revisitando a convenção de Montego Bay in *Estudos em Homenagem ao Professor Joaquim M. da Silva Cunha*, Lisboa: Fundação Universidade Portucalense Infante D. Henrique, 1999.

Manuel de Almeida Ribeiro, Portugal e a Convenção de Montego Bay, in *Estudos em Homenagem do Professor Adriano Moreira*, vol. 1, Lisboa: ISCSP, 1995.

Armando Marques Guedes, *Direito do Mar*, Lisboa.

CONVENÇÃO DRAGO-PORTER

MARIA DE ASSUNÇÃO DO VALE PEREIRA

Convenção Drago-Porter (também chamada Convenção Porter) é a designação por que é conhecida a II Convenção aprovada nas Conferências da Haia de 1907, "relativa à limitação do uso da força para recuperação de dívidas contratuais", designação essa adoptada em homenagem ao seu promotor, o delegado norte-americano Horace Porter, que se inspirou na chamada Doutrina Drago. Aprovada numa época em que o direito de recorrer à força armada para solução de diferendos entre Estados era genericamente reconhecido (sujeito apenas à necessidade de uma prévia declaração de guerra ou a um ultimato com uma declaração de guerra condicional), através dela, os Estados renunciaram a recorrer à guerra no âmbito restrito da cobrança de dívidas. Efectivamente, no século XIX, tinham-se verificaram vários incidentes, em que alguns Estados, para assegurar a cobrança de dívidas de outros Estados a seus nacionais, recorreram à ameaça ou o emprego da força, mediante bloqueios, demonstrações navais, etc. E já em 1902, uma actuação deste tipo pela Alemanha, Grã-Bretanha e Itália contra a Venezuela esteve na origem da formulação, pelo Ministro dos Negócios Estrangeiros da Argentina, da referida doutrina Drago. Inspirando-se nessa doutrina, embora não indo tão longe como ela propunha, o artigo 1.º da Convenção Drago-Porter afirma a renúncia ao recurso à força armada, no âmbito referido, nos termos seguintes: "As Partes Contratantes concordam em não recorrer à força armada para a cobrança de dívidas contratuais, reclamadas pelo Governo de um país ao Governo de outro país, que sejam devidas aos seus nacionais.

Este acordo não é, no entanto, aplicável, quando o Estado devedor recusar ou negligenciar a resposta a uma oferta de arbitragem, ou, depois de ter aceitado a oferta, impedir que seja aprovado qualquer compromisso, ou depois da arbitragem, não se submeter à sentença". Portanto, apesar de haver uma condenação genérica do emprego da força armada para cobrança de dívidas estaduais, a Convenção Drago--Porter deixa aberta a possibilidade de recurso à força nos casos de: *a)* recusa de aceitação da arbitragem para a resolução do litígio; *b)* impossibilidade de se chegar a acordo sobre a constituição do tribunal arbitral; *c)* inexecução da sentença arbitral.

Apesar de, dado o seu âmbito restrito, deixar praticamente intocado o direito de os Estados recorrerem à força de acordo com os seus interesses, não deixou de constituir um passo inicial importante no caminho da proibição geral do uso da força, que virá a ser afirmada na Carta das Nações Unidas.

Referências:
J. da Silva Cunha & Maria de Assunção do Vale Pereira, *Manual de Direito Internacional Público*, 2.ª ed., Coimbra: Almedina, 2004.
Nguyen Quoc Dinh, Patrick Daillier &, Alain Pellet, *Direito Internacional Público*, Lisboa: Fundação Calouste Gulbenkian, 1999.

CONVENÇÃO EUROPEIA DOS DIREITOS DO HOMEM (CEDH)

PEDRO LOMBA

A Convenção Europeia dos Direitos do Homem é um tratado multilateral celebrado no seio do Conselho da Europa, adoptado a 4 de Novembro de 1950 e em vigor desde 3 de Setembro de 1953. Trata-se porventura da convenção de direitos humanos que mais efectividade possui no actual Direito Internacional, obviamente marcada pelo contexto histórico que a fez nascer – a II Guerra Mundial – e um motor essencial do movimento de internacionalização dos direitos humanos no mundo. O objectivo da CEDH visava, conforme se enuncia no seu preâmbulo, "uma união mais estreita entre os seus Membros", assumindo que "um dos meios de alcançar esta finalidade é a protecção e o desenvolvimento dos direitos do homem e das liberdades fundamentais". A CEDH compõe-se do texto originário, ao qual acrescem mais 14 protocolos. A CEDH é um tratado aberto a todos os Estados que se tornarem membros do Conselho da Europa. O tratado define, no seu título I, uma lista de direitos e liberdades fundamentais consistentes com as tradições constitucionais comuns dos Estados-Membros daquela organização. A CEDH cometeu a protecção dos direitos e liberdades acordados a um tribunal internacional próprio: o Tribunal Europeu dos Direitos do Homem. Entre esses direitos e liberdades contam-se, nomeadamente, o direito à vida, a protecção da privacidade, a liberdade religiosa e a liberdade de expressão. Portugal assinou a CEDH a 22 de Setembro de 1976, que foi aprovada para ratificação pela Lei n.º 65/78, de 13 de Outubro, e entrou em vigor a 9 de Novembro de 1998. Destaque-se que Portugal tem sido repetidamente condenado no âmbito do Tribunal Europeu dos Direitos do Homem por violação dos direitos a um processo equitativo (artigo 6.º) e à liberdade de expressão (artigo 10.º).

O inequívoco sucesso da CEDH na defesa dos direitos humanos no espaço político e jurídico europeu, bem comprovado nos índices de acolhimento e execução das decisões do TEDH pelos Estados-Contratantes e no facto de a CEDH ter funcionado como fonte de inspiração também para o processo de integração jurídica e incorporação de direitos fundamentais no âmbito do Tribunal de Justiça da União Europeia, significou para muitos comentadores um caso paradigmático de como o Direito Internacional pode suprir deficiências de protecção dos direitos fundamentais ao nível interno. Para uns, a CEDH assumir-se-á como direito internacional constitucional, suplementando as constituições parciais dos estados; outros entenderão a CEDH como um complexo de normas de *jus cogens* regional; outros ainda enfatizam o seu papel na socialização e mutação de práticas internas no domínio dos direitos humanos, assegurando que mais Estados e sociedades se guiam pelos mesmos direitos. A discussão sobre a natureza e o significado da

CEDH, no quadro de uma leitura cosmopolita dos ordenamentos constitucionais que acentua o diálogo, a cooperação e a mútua influência entre jurisdições, tem vindo a ser analisada dentro do pluralismo inerente ao Direito Europeu dos Direitos Humanos e ao Direito Internacional no seu conjunto.

Referências:
Marcello Neves, *Transconstitucionalismo*, 2009.
Mark W. Janis & Richard S. Kay, *European Human Rights Law: Text and Materials*, 2008.
Nico Krisch, *Beyond Constitutionalism*, 2011.
Steven Greer, *The European Convention on Human Rights: Achievements, Problems and Prospects*, 2006.

CONVENÇÃO CIRDI

Jorge Mattamouros

No início dos anos sessenta houve várias tentativas de criar um quadro jurídico internacional para a protecção de investimento estrangeiro, desde logo com a negociação e preparação do projecto da OCDE para uma Convenção para Protecção de Propriedade Estrangeira (publicado em 1963, revisto e aprovado em 1967), e com a publicação em 1961, pela *Harvard Law School*, do Projecto de Convenção sobre a Responsabilidade Internacional dos Estados por Danos a Estrangeiros. Em 1961, o então director jurídico do Banco Mundial, Aron Broches, iniciou a concepção do que viria a ser a Convenção para a Resolução de Diferendos Relativos a Investimentos Entre Estados e Nacionais de Outros Estados ("Convenção CIRDI", ou "Convenção"), centrando esforços na obtenção de um acordo sobre um *procedimento* ou *mecanismo* neutral para a resolução de conflitos resultantes de operações de investimento estrangeiro, ao invés de pretender alcançar consenso quanto a um corpo de normas e standards substantivos protectores da propriedade e investimento estrangeiros.

Depois de vários anos de negociações e consultas com juristas e representantes dos vários continentes e tradições jurídicas, a Convenção foi aprovada e aberta a ratificação em Março de 1965, entrando em vigor em 14 de Outubro de 1966, depois de ratificada pelos primeiros 20 Estados Contratantes. Foi ratificada e entrou em vigor em Portugal em Abril de 1984. Em Maio de 2011, a Convenção está em vigor em 147 Estados Contratantes.[1]

[1] Em Maio de 2011, há 157 Estados signatários, 10 dos quais não depositaram o respectivo instrumento de ratificação, aprovação ou aceitação da Convenção. À mesma data, apenas dois Estados denunciaram a Convenção, Bolívia (com efeitos a partir de 3 de Novembro de 2007) e Equador (denúncia com efeitos a partir de 7 de Janeiro de 2010).

O objectivo primordial da Convenção é promover a cooperação económica entre os Estados Contratantes, em particular pelo incremento do fluxo de investimento estrangeiro entre os vários países partes da Convenção. Para fomentar a prossecução deste objectivo, a Convenção criou um mecanismo para a resolução de conflitos relacionados com o investimento estrangeiro independente dos sistemas internos dos Estados receptores do investimento. A forma privilegiada de resolução destes conflitos é por via de arbitragens de investimento, sob os auspícios do CIRDI, centro instituído pela Convenção e estruturalmente ligado ao BM.

Dois aspectos centrais delimitam o escopo de aplicação da Convenção: as partes no diferendo de investimento e o âmbito objectivo do diferendo. Os diferendos de investimento administrados pelo CIRDI caracterizam-se subjectivamente por terem como partes uma pessoa física ou jurídica – investidor – e um Estado soberano – ou uma região política ou organismo público do Estado, autorizados por este para ser parte num procedimento arbitral. Quanto ao âmbito objectivo, diferendos de investimento são aqueles que resultam de litígios directamente relacionados com operações de investimento por um investidor estrangeiro num Estado receptor do investimento.

Enquanto instrumento de Direito Internacional, a Convenção trouxe vários desvios em relação a princípios do Direito Internacional até então considerados basilares: *i*) criou um mecanismo ao abrigo do qual pessoas físicas e jurídicas de um Estado podem exercer o direito de acção directamente contra um outro Estado, ao arrepio do instituto da protecção diplomática; *ii*) permite a aplicação directa do direito internacional a relações entre privados de um Estado e outro Estado, remetendo para lugar marginal o papel do direito nacional do estado receptor do investimento; *iii*) elimina, na grande maioria dos casos, a operatividade da regra do esgotamento dos recurso internos em diferendos de investimento; *iv*) determina o reconhecimento e execução automáticos de sentenças emitidas pelo tribunal arbitral, equiparando-as a decisões do tribunal supremo do Estado onde o reconhecimento e execução é pretendido, e sem possibilidade de recurso aos fundamentos de recusa de reconhecimento e execução do direito nacional e/ou de outros tratados internacionais (*maxime* Convenção de Nova Iorque).

Referências:

International Centre for Settlement of Investment Disputes, *History of the ICSID Convention*, Vols. I, II-1 and II-2, Washington D. C. (também disponíveis em Espanhol e Francês), 2001 (1968).

Christoph Schreuer, *et al.*, *The ICSID Convention: A Commentary*, 2nd edition, Cambridge: Cambridge University Press, 2009 (2001).

CONVENÇÕES DE GENEBRA DE 1949

MATEUS KOWALSKI E MIGUEL DE SERPA SOARES

As Convenções de Genebra de 1949 e os respectivos Protocolos adicionais formam o núcleo duro do Direito Internacional Humanitário, o ramo do Direito Internacional que regula a condução dos conflitos armados e procura limitar os seus efeitos. Protegem em especial as pessoas que não participam nas hostilidades (civis, pessoal de saúde e de socorro). Este acervo estabelece medidas para a prevenção e resolução de situações de violação daquelas regras de Direito Internacional Humanitário. Os responsáveis pela violação grave daquelas regras devem ser procurados, julgados ou extraditados independentemente da sua nacionalidade.

Após o termo da Segunda Grande Guerra, o Comité Internacional da Cruz Vermelha, com o apoio do Governo Suíço, reiniciou os seus esforços para reformar o Direito Internacional Humanitário, à época em larga medida condensado nas convenções que resultaram das Conferências de Paz da Haia de 1899 e 1907.

Em 1949 reuniu-se, então, em Genebra uma Conferência Diplomática que elaborou as quatro Convenções de Genebra: Convenção (I) de Genebra para Melhorar a Situação dos Feridos e Doentes das Forças Armadas em Campanha; Convenção (II) de Genebra para Melhorar a Situação dos Feridos, Doentes e Náufragos das Forças Armadas no Mar; Convenção (III) de Genebra relativa ao Tratamento dos Prisioneiros de Guerra; Convenção (IV) de Genebra Relativa à Protecção das Pessoas Civis em Tempo de Guerra. As Convenções de Genebra entraram em vigor em 1950. Actualmente são Parte nas Convenções de Genebra 194 Estados, sendo por isso tratados de aplicação universal.

As quatro Convenções contêm um artigo 3.º comum a todas elas. Este "artigo 3.º comum" incluía pela primeira vez os conflitos armados não-internacionais, estabelecendo regras fundamentais inderrogáveis. É por vezes apelidado de "mini-Convenção para os conflitos armados não-internacionais" uma vez que condensa as regras essenciais das Convenções de Genebra de 1949 aplicando-as àquele tipo de conflitos armados.

As Convenções de Genebra de 1949 foram entretanto complementadas por três Protocolos adicionais. Em 1977 foram adoptados dois Protocolos que procuravam dar resposta à nova tipologia de conflitos armados de natureza não--internacional então emergente: Protocolo (I) Adicional relativo à Protecção das Vítimas dos Conflitos Armados Internacionais; e Protocolo (II) Adicional relativo à Protecção das Vítimas dos Conflitos Armados Não-Internacionais. O Protocolo II foi o primeiro tratado a ter por objecto exclusivo os conflitos armados não-internacionais. Em 2005, foi adoptado o Protocolo (III) Adicional para a criação de um novo emblema, o pendente vermelho, com igual valor distintivo que a cruz vermelha ou o crescente vermelho.

Referências:
Dietrich Schindler, "Significance of the Geneva Conventions for the Contemporary World", 836 *International Review of the Red Cross*, 1999, p. 715.
Gary Solis & Frederic Borch, *Geneva Conventions*, New York: Kaplan, 2010.
Marco Sassòli & Antoine Bouvier, *How does Law Protect in War? Cases, Documents and Teaching Materials on Contemporary Practice in International Humanitarian Law*, Geneva: ICRC, 2006.
Michel Deyra, *Direito Internacional Humanitário*, Lisboa: GDDC, 2001.

COSTUME

Gonçalo de Almeida Ribeiro

O costume é uma fonte importante de Direito Internacional no mundo contemporâneo, ao contrário do que sucede na ordem jurídica interna dos Estados soberanos que são os sujeitos mais proeminentes da sociedade internacional. Nem sempre foi assim. A sociedade feudal que se formou no mundo ocidental sobre os escombros do Império Romano desconhecia praticamente a noção moderna de um direito criado por um centro político – o Estado. Caraterizava-se pelo pluralismo político e jurídico e pela indistinção entre a esfera pública e a privada ou pessoal, sendo muitos conflitos sociais arbitrados pelo costume geral ou local (Grossi, 2006). É com a centralização do poder na instituição estadual – a princípio confundida com o monarca e depois reconhecida como uma personificação jurídica do povo – que o costume perde a relevância no quadro das fontes de direito, entretanto dominado pela lei.

Na sociedade internacional contemporânea, porém, há uma pluralidade de Estados, cada um dotado de uma ordem jurídica própria, cujas relações entre si não são reguladas, ao contrário do que acontece nas federações ou confederações, por uma organização estadual superior. Este vácuo de poder central implica que a regulação deliberada das relações internacionais se tenha de fazer pela via difusa do tratado ou pela instituição de organizações internacionais com âmbitos de actuação limitados. Em ambos os casos, os mecanismos de normação são pontuais e ineficazes, gerando um panorama normativo francamente lacunoso. A relevância internacional do costume é, em larga medida, uma consequência deste fenómeno e foi oficialmente afirmada no artigo 38.º(1)(b) do Estatuto do Tribunal Internacional de Justiça.

O conceito de "costume" é uma espécie do género "fonte direito", na acepção técnica do termo. São fontes de direito, nesse sentido, certos factos sociais criadores de direito, i.e. de normas jurídicas. A lei (em sentido amplo), por exemplo, é uma decisão da autoridade pública revestida da forma escrita. Resta saber como é que um facto social – como o *fiat* legislativo – pode produzir uma realidade normativa, como o são direitos e deveres. Essa questão tem ocupado um papel central na reflexão filosófica sobre a natureza do direito, mas não nos deve induzir a ignorar o indesmentível facto sociológico que é a produção de direito através de factos sociais como a legislação. A filosofia do direito tenta compreender, em vez de obliterar, esse fenómeno.

Se o costume é uma espécie de fonte de direito, há-de ser uma espécie de facto social. Na verdade, o que distingue o costume da lei (ou da jurisprudência, a criação de direito através de decisões jurisdicionais) são as propriedades sociais em virtude das quais cria direito. O costume é uma espécie de uso ou hábito social, uma prática reiterada no âmbito de um grupo humano, como a de cumprimentar os vizinhos entre os habitantes do mesmo bairro ou vestir agasalhos no inverno em climas frios. Mas é característico do costume que o hábito em questão não é considerado entre os membros do grupo que o praticam um comportamento optativo ou voluntário mas vinculativo ou obrigatório. Assim, o uso de formar uma fila de espera não é considerado, como o será o de beber vinho branco com uma refeição de peixe, uma norma optativa ou uma mera recomendação obsequiosa, mas um dever. Onde há costume, portanto, um dado uso é considerado obrigatório, os desvios à prática do uso são criticados através do léxico normativo dos deveres e obrigações e os membros do grupo tomam genericamente, em relação ao uso, uma atitude interna ou de obediência (Hart, 1994). Os juristas chamam a estes dois componentes do costume – o uso e a convicção de vinculatividade – respectivamente *corpus* e *animus* (ou *opinio juris*).

Dizer que o costume é fonte de direito significa que a existência de um uso acompanhado de convicção de vinculatividade cria efeitos jurídicos. Importa notar, todavia, que a norma costumeira ou consuetudinária não se identifica necessariamente com a norma observada pelos membros do grupo social no seio do qual se forma o costume. Os judeus e os cristãos reconhecem os mandamentos bíblicos não por serem praticados por outros judeus e cristãos, mas por os julgarem provenientes de Deus. A fonte de direito, porém, é o facto social de certa norma ser habitualmente observada no âmbito de um grupo; por outras palavras, fonte de direito é o próprio costume e não as razões em virtude das quais o costume se formou e se mantém vivo numa sociedade. O equivalente quanto à lei é a distinção entre as razões nas quais se baseia a legislação – e.g., a proibição moral de matar – e a própria norma jurídica – e.g., a consagração do tipo penal do homicídio – que resulta do acto legislativo.

Referências:
H.L.A. Hart, *The Concept of Law*, 19961, 2.ª ed. de 1994, 82-91.
John Finnis, *Natural Law and Natural Rights*, 1980, 238-245.
Paolo Grossi, *L'Ordine Giuridico Medievale*, 1995, 5.ª ed., 2006.

COSTUME INTERNACIONAL

Teresa Mafalda Vieira da Silva Cabrita

Por costume internacional ou Direito Internacional consuetudinário entende-se quer um processo de formação de normas de Direito Internacional, quer as normas internacionais formadas por tal processo. O "costume internacional como prova de uma prática geral aceite como direito" é expressamente reconhecido como fonte de direito no artigo 38.º n.º 1, alínea b) do Estatuto do Tribunal Internacional de Justiça ("TIJ"). Atenta a definição, a formação de uma norma de Direito Internacional consuetudinário requer a presença simultânea de dois elementos, a saber: um elemento objectivo – a prática internacional e consistente dos Estados num determinado sentido (*diuturnitas*) – e um elemento subjectivo – a convicção da natureza jurídico-vinculativa da conduta como correspondente ao cumprimento de uma obrigação de Direito Internacional (*opinio juris sive necessitatis*). A natureza e força normativa do costume têm sido interpretadas segundo duas correntes doutrinárias essenciais: a corrente positivista deriva a força normativa do costume de uma norma superior, interpretando o costume internacional quer como um acordo tácito cuja força normativa provém da norma *pacta sunt servanta*, quer como derivando a sua autoridade de uma norma primária (*Grundnorm*) com o conteúdo *consuetudo est servanta*; por sua vez, a corrente do "direito espontâneo" interpreta o costume internacional como um conjunto de normas vinculativas *per se*, o qual emerge espontaneamente da comunidade internacional. Segundo o TIJ, a prática relevante para a formação de uma norma de costume internacional é qualquer pratica "extensiva e virtualmente uniforme" que inclua a "prática dos Estados cujos interesses sejam especialmente afectados" [*North Sea Continental Shelf Cases* (Federal Republic of Germany v. Denmark; Federal Republic of Germany v. Netherlands), ICJ Reports 1969, 3, 43]. Note-se, contudo, que a conformidade da prática internacional com a norma consuetudinária em formação não tem que ser absolutamente rigorosa, na medida em que as práticas contrárias sejam interpretadas como violações da norma e não como indícios da emergência de uma nova norma de Direito Internacional consuetudinário. Por sua vez, como manifestações de *opinio iuris* deverão referir-se as comunicações públicas de órgãos do Estado e, discutivelmente, a adopção de resoluções pela Assembleia Geral das Nações Unidas, nomeadamente se adoptadas por unanimidade. Dada a dificuldade inerente à determinação empírica da *opinio juris* dos Estados, bem como de separação absoluta entre os elementos objectivos e subjectivos do costume, a jurisprudência internacional tem considerado a *opinio juris* dos Estados como dedutível da sua prática internacional. Da mesma forma, tem sido defendida uma concepção escalonar dos elementos constitutivos do costume internacional, por forma a que a existência quer de uma prática ou *opinio juris* dominantes torne a

COSTUME INTERNACIONAL

determinação do segundo elemento irrelevante ou desnecessária. Por fim, uma vez determinada a natureza consuetudinária de uma norma, esta vincula todos os Estados independentemente da participação destes na sua formação. A única excepção a esta regra refere-se aos Estados que sejam objectores persistentes à formação do costume internacional, rejeitando repetidamente a prática e *opinio juris* constitutiva da norma durante o seu processo de formação.

Referências:

Amanda Perreau-Saussine & James Bernard Murphy, *The Nature of Customary Law*, New York: Cambridge University Press, 2007.

Anthony A. D'Amato, "The Theory of Customary International Law," 82 *American Society of International Law Proceedings* 242, 1988.

Ian Brownlie Q. C., *Principles of Public International Law*, New York: Oxford Universiry Press, 2008, 6-12.

Malcom N. Shaw, *International Law*, Cambridge: Cambridge University Press, 2003, pp. 68-87.

Rosalyn Higgins Q. C., *Problems and Process: International Law and How We Use It*, Oxford: Oxford University Press, 1994, pp. 17-38.

COSTUMES REGIONAIS

Teresa Mafalda Vieira da Silva Cabrita

Por costume internacional regional, especial ou bilateral entende-se um conjunto de normas de Direito Internacional consuetudinário que vincule apenas um número determinado de Estados. A existência de normas de costume regional foi reconhecida pelo Tribunal Internacional de Justiça, notando que "[o] Tribunal não vê qualquer razão para que uma prática prolongada e contínua entre dois Estados, aceite por estes como reguladora das suas relações, não constitua a base de direitos e obrigações recíprocas entre os dois Estados"[1] [*Right of Passage over Indian Territory* (Portugal v. India), ICJ Reports 1960, 6, 39]. Tal como a formação de uma norma de costume internacional geral ou universal, a formação de uma norma consuetudinária regional requer a presença de um elemento objectivo e de um elemento subjectivo, a saber: a prática reiterada e uniforme dos Estados integrantes do grupo num determinado sentido (*diuturnitas*); e a convicção da natureza jurídico-vinculativa da conduta (*opinio juris sive necessitatis*). Contudo, contrariamente às normas de direito consuetudinário geral ou universal, uma norma de direito consuetudinário regional vincula apenas os Estados que tenham expressa ou implicitamente reconhecido a sua validade como norma reguladora

---

[1] "The Court sees no reason why long continued practice between two States accepted by them as regulating their relations should not form the basis of mutual rights and obligations between the two States." *See Right of Passage over Indian Territory* (Portugal v. India), ICJ Reports 1960, 6, 39.

da sua conduta em relação a um outro ou outros Estados [*Asylum Case* (Colombia v. Peru), ICJ Reports 1950, 266, 277-278]. Da mesma forma, um Estado que haja persistentemente objectado à validade ou existência da norma não se encontrará vinculado pela mesma.

Referências:
Anthony A. D'Amato, "The Concept of Special Custom in International Law," 63 *American Journal of International Law* 211, 1969.
Malcom N. Shaw, *International Law*, Cambridge: Cambridge University Press, 2003, pp. 87-88.

CRIME DE AGRESSÃO

Miguel de Serpa Soares e Mateus Kowalski

Sem prejuízo de algumas referências dispersas em textos convencionais de diversa natureza, surgidos a partir de finais do século XIX, o crime de agressão, enquanto crime internacional, tem a sua primeira consagração expressa no Acordo de Londres de 1945, pelo qual os Estados vencedores da II Guerra Mundial, adoptaram a Carta do Tribunal Internacional Militar, na génese do julgamento de Nuremberga. Nos termos do artigo 6.º, alínea a), da referida Carta a agressão foi considerada como um crime contra a paz, submetido à jurisdição do Tribunal Internacional Militar e gerador de responsabilidade penal individual (definindo-se como tal a preparação, planificação, início ou execução de uma guerra de agressão). Numa fórmula que passou à história a agressão foi definida pelo julgamento de Nuremberga como "o supremo crime internacional". A mesma linguagem é utilizada nos textos constitutivos do Tribunal de Tóquio (em particular no artigo 5.º, a) da Carta para o Tribunal Militar Internacional de Tóquio de 1946). Os julgamentos de Nuremberga e Tóquio constituem uma etapa decisiva no processo de formação do Direito Internacional Penal e, em particular, na possibilidade de a agressão poder ser considerada como um ilícito criminal gerador de responsabilidade individual. A partir deste momento a agressão iniciou um lento processo de inserção no património jurídico internacional, o qual culminou com a consagração do crime de agressão na primeira Conferência de Revisão do Estatuto do Tribunal Penal Internacional, ocorrida em Kampala, Uganda, em Junho de 2010.

Em 1946, a Assembleia Geral das Nações Unidas adoptou um conjunto de Resoluções relativas ao Direito Internacional, entre as quais se destacam: *i*) a Resolução AG 95 (I) que procedeu a uma reafirmação solene dos princípios da Carta e do julgamento de Nuremberga, bem como à criação de um Comité com o encargo de incluir os referidos princípios num Código Penal Internacional e a *ii*) Resolução AG 96 (I) consagrando o genocídio como crime internacional. Sem

CRIME DE AGRESSÃO

prejuízo de algumas tentativas para prosseguir o objectivo da codificação penal internacional, nomeadamente no âmbito das Nações Unidas, a dinâmica específica da Guerra Fria colocou constrangimentos óbvios neste processo. Não obstante, a Resolução AG 3314 de 14 de Dezembro de 1974 (adoptada por consenso), consagrou uma definição de agressão (declarada como a forma ilícita mais séria e perigosa do uso da força), declarando-a como crime contra a paz internacional (artigo 5.º), para além de incluir uma enumeração exemplificativa de condutas susceptíveis de integrar o conceito de agressão. O texto de 1974 é particularmente importante, tendo sido referido pelo Tribunal Internacional de Justiça no caso *Nicarágua c. EUA,* dado que veio posteriormente a ser formalmente retomado nas emendas ao Estatuto do Tribunal Penal Internacional, adoptadas em 2010.

Neste processo evolutivo, a criação de tribunais penais internacionais *ad hoc* por resoluções do Conselho de Segurança, como nos casos da ex-Jugoslávia e do Ruanda, deram um novo ímpeto à justiça criminal internacional. A resolução AG 50/46, de 11 de Dezembro de 1995, estabeleceu um Comité Preparatório para a criação de um Tribunal Penal Internacional: com base nestes trabalhos foi realizada a Conferência Diplomática que adoptou em 1998, em Roma, o Estatuto do Tribunal Penal Internacional.

No Estatuto de Roma o crime de agressão integra o catálogo de crimes submetidos à jurisdição do Tribunal (cfr. artigo 5.º, n.º 1, alínea d), embora, de acordo com o artigo 5.º, n.º 2, o Tribunal não possa exercer a sua competência relativamente ao crime de agressão, enquanto uma Conferência Diplomática convocada para o efeito não adopte uma definição completa do crime em causa, bem como a definição das condições de exercício de jurisdição do Tribunal, relativamente a este crime. Este último aspecto terá determinado a impossibilidade de um compromisso final relativamente ao crime de agressão em 1998. O exercício de um poder judicial independente relativamente ao "crime de agressão" limita de forma indirecta um certo número de prerrogativas deferidas ao Conselho de Segurança pelo artigo 39.º da Carta das Nações Unidas, relativamente à determinação de existência de uma agressão.

Em momento posterior à conclusão da Conferência Diplomática de Roma, a primeira Assembleia de Estados Partes realizada em 2002, criou um Grupo de Trabalho Especial sobre o Crime de Agressão. Este Grupo apresentou os seus trabalhos em 2009, tendo apresentado à Assembleia de Estados Partes, um conjunto de propostas de emenda ao Estatuto de Roma, o qual serviu de base aos trabalhos da Conferência Diplomática de Revisão, ocorrida em Kampala de Maio a Junho de 2010.

O compromisso obtido em Kampala, fruto de negociações complexas e difíceis, é relativamente imperfeito, na medida em que, entre outros aspectos, defere para uma decisão a tomar em 2017 (em Assembleia de Estados Partes, por uma maioria de 2/3) o exercício pleno de competências do Tribunal Penal Internacional sobre o crime de agressão. Não obstante, foram adoptadas as disposições relativas ao crime de agressão (nomeadamente o novo artigo 8.º-A, contendo uma definição do próprio crime, bem como uma lista extensiva de condutas susceptíveis de integrarem o tipo de crime de agressão, a qual retoma o texto da resolução AG 3314), bem como ao exercício de jurisdição do Tribunal nos casos de acções propostas pelo Conselho de Segurança ou por Estados ou ainda em resultado de investigações oficiosas pelo Procurador (cfr. novos artigos 15.º-A e 15.º-B).

Referências:

Benjamin Ferencz, "The Crime of Agression", in *Substantive and Procedural aspects of International Criminal Law, The Experience of International and National Courts*, Kleuwer Law International, 2000 (Separata).

Roger Clark, "Negotiating Provisions Defining the Crime of Agression, its Elements and the Conditions for ICC Exercise of Jurisdiction Over It", 20-4, *The European Journal of International Law* (1103), 2010.

Michael Glennon (2009) "The Blank-Prose Crime of Aggression", 35, *The Yale Journal of International Law* (71).

Stefan Barriga, "Against the Odds: the Results of the Special working Group on the Crime of Agression", in Barriga, Danspeckgruber, Wenaweser (eds.), *The Princeton Process on the Crime of Agression: Materials of the special Working Group on the Crime of Agression 2003-2009*, The Liechtenstein Institute on Self-Determination at Princeton University, 2009,1-20.

David Scheffer (2010) "States Parties Approve New Crimes for International Criminal Court", 14, *The American Society of International Law-Insights 16.*

Trials of War Criminals Before the Nuremberg Military Tribunals, Washington DC: US Government Printing Office, 1950.

Military and Paramilitary Activities in and against Nicaragua (Nicaragua v. United States), ICJ Reports 1986, 14 (em especial parágrafo 195).

CRIME DE GENOCÍDIO

Miguel de Serpa Soares e Mateus Kowalski

O termo "Genocídio" foi criado em 1944 pelo jurista polaco, Raphael Lemkin, o qual foi o autor do ante-projecto que viria a dar origem à Convenção relativa à Prevenção e Repressão do Crime de Genocídio, adoptada pela Assembleia-Geral das Nações Unidas em 9 de Dezembro de 1948 (Portugal aderiu à Convenção em 1999). Nos julgamentos de Nuremberga o extermínio do povo judeu foi julgado e punido como "crime contra a humanidade" ou "crime de guerra", não tendo sido, nesse momento, utilizada a noção de genocídio.

A Convenção de 1948 declara que o Genocídio, cometido em tempo de guerra ou paz, constitui um crime de Direito Internacional, impondo aos Estados um dever geral de prevenção e repressão (artigo 1.º). Por genocídio, entende-se a prática de actos cometidos com a intenção de destruir, total ou parcialmente, um grupo étnico, racial ou religioso, nomeadamente, o homicídio, ofensas graves à integridade física e mental, imposição de condições de vida destinadas a uma destruição física dos indivíduos, imposição de medidas impeditivas de reprodução e transferência forçada de crianças (artigo 2.º). São puníveis ao abrigo da Convenção o acto de genocídio, a associação (ou acordo) para o cometer, o incitamento público e directo ao seu cometimento, a tentativa e a cumplicidade (artigo 3.º). Aos Estados é imposta a obrigação de adoptar a legislação interna necessária para dar pleno efeito às disposições da Convenção (artigo 5.º) e os acusados deste crime devem ser julgados nos tribunais do Estado no qual os factos foram cometidos ou por uma jurisdição penal internacional existente e aceite pelos mesmos Estados (artigo 6.º).

O artigo 2.º, n.º 1 da Convenção refere-se a uma intencionalidade específica (*dolus specialis*) do crime de genocídio: a intenção específica visa o indivíduo enquanto membro de um determinado grupo étnico, racial, religioso, desenvolvendo-se normalmente num contexto de violência sistemática.

Considerando a aceitação quase universal do Texto de 1948 (em Outubro de 2010, 142 Estados são Partes na Convenção) o normativo que prevê e pune o "crime de genocídio", possui indubitavelmente uma natureza consuetudinária e mesmo de *jus cogens*. O Parecer do Tribunal Internacional de Justiça de 28 de Maio de 1951, *Reservas à Convenção relativa à Prevenção e Repressão do Crime de Genocídio*, refere que os princípios que estão na base da Convenção são princípios reconhecidos pelas nações civilizadas que criam obrigações para os Estados, independentemente de qualquer norma convencional.

O Estatuto do Tribunal Penal Internacional, reproduz no seu artigo 6.º (crime de genocídio), a disposição do artigo 2.º da Convenção de 1947 e explicita, no artigo 25.º, as condições da responsabilidade penal individual para efeitos de estabelecer a competência do Tribunal. Em Portugal a Lei n.º 31/2004, de 22 de Julho, que adapta a legislação penal ao Estatuto do Tribunal Penal Internacional, estabelece uma jurisdição universal condicionada para os crimes tipificados no Estatuto, inclusivamente para o crime de genocídio (artigos 8.º e 5.º).

O Tribunal Penal para a Ex-Jugoslávia e o Tribunal Penal para o Ruanda, entre outras jurisdições, procederam ao julgamento de acusações de genocídio, existindo neste momento, alguma jurisprudência internacional sobre este crime. O Tribunal Internacional de Justiça é competente, ao abrigo do artigo 9.º da Convenção de 1947, para a interpretação, aplicação ou execução da Convenção, nomeadamente para as questões relativas à responsabilidade dos Estados em matéria de genocídio. Neste âmbito foi proferido o Acórdão de 26 de Fevereiro de 2007, *Bósnia Herzegovina c. Sérvia e Montenegro*, o qual estabeleceu e definiu as condições da responsabilidade internacional dos Estados pela prática de actos de genocídio, procedendo à sua delimitação relativamente à responsabilidade penal individual pela prática dos mesmos actos.

Referências:
Mario Bettati & Pierre-Marie Dupuy, Genocide d' Etat et Responsabilité Penale Individuelle, *Revue Générale de Droit International Public*, 2007.
Ralph Henham, *The Criminal Law of Genocide: International, Comparative and Contextual Aspects*, Aldershot: Ashgate, 2007.
Brendan January, *Genocide: Modern Crimes Against Humanity*, Minneapolis: Twenty-First Century Books, 2007.
Larry May, *Genocide: a Normative Account*, Cambridge: Cambridge University Press, 2010.
Convenção sobre Prevenção e Repressão do Crime de Genocídio (aprovada por Resolução da Assembleia da República n.º 37/98, de 14 de Julho in DR, 1.ª Série-A, n.º 160).
Estatuto do Tribunal Penal Internacional para a Ex-Jugoslávia, Relatório do SG em aplicação do parágrafo 2 da Resolução Conselho Segurança 808 (1993), S/25704.
Estatuto do Tribunal Penal Internacional para o Ruanda, Resolução do Conselho de Segurança 955 (1994) de 8 de Novembro de 1994.
Estatuto do Tribunal Penal Internacional, Roma, 17 de Julho 1998, UN Treaty Series, vol.2187
Tribunal Internacional de Justiça, *Reservations to the Genocide Convention, Advisory Opinion*, ICJ Reports 1951, 15.
Tribunal Internacional de Justiça, *Bosnia and Herzegovina v. Serbia and Montenegro*, Judgement de 26 Fevereiro 2007, ICJ General List 91, 2007.

CRIMES CONTRA A HUMANIDADE

Teresa Mafalda Vieira da Silva Cabrita

A primeira referência de relevo ao conceito jurídico de "crimes contra a humanidade" foi feita em 1915 na Declaração Conjunta da França, Reino Unido e Rússia relativa ao massacre de cidadãos Arménios pela Turquia. A ofensa internacional foi mais tarde codificada no artigo 6, alínea c) do Estatuto do Tribunal Militar Internacional de Nuremberga, por forma a cobrir os actos cometidos durante o Holocausto por parte de Estados contra os seus próprios cidadãos. O tipo objectivo de crimes contra a humanidade foi formalmente reconhecido pela Assembleia Geral das Nações Unidas na Resolução 95(I) de 1946, e encontra-se hoje definido nos Estatutos de vários tribunais penais internacionais, entre os quais o Tribunal Penal para a Ex-Jugoslávia, o Tribunal Penal para o Ruanda, o Tribunal Especial para a Serra Leoa, o Tribunal Especial para o Líbano e o Tribunal Penal Internacional. A ofensa é juridicamente definida como a comissão de determinados actos (tais como homicídio, tortura, violação), no contexto de um ataque generalizado ou sistemático contra qualquer população civil. A comissão do tipo não requer qualquer ligação entre o acto e um conflito armado, qualquer qualidade especial

CRIMES CONTRA A HUMANIDADE

do autor do facto, ou qualquer intenção de discriminar em razão da nacionalidade, etnia, raça ou religião. O elemento objectivo essencial é a natureza generalizada ou sistemática do ataque. Por sua vez, os elementos subjectivos do tipo comportam a intenção de cometer qualquer dos actos descritos nos respectivos Estatutos com o conhecimento da existência de um ataque geral ou sistemático contra qualquer população civil. O termo "ataque" é entendido como a comissão de múltiplos actos descritos no tipo objectivo, não tendo de envolver o uso de força armada. A referência a "qualquer população civil" visa abranger ataques cometidos não apenas contra nacionais de outros Estados, mas também actos de um Estado contra os seus próprios cidadãos. Da mesma forma, visa-se excluir ataques dirigidos contra combatentes ou actos isolados contra um número reduzido de indivíduos. O termo "ataque generalizado" descreve a elevada dimensão de vítimas do ataque, quer em termos agregados ou em resultado de um só ataque de extraordinária magnitude. O termo "sistemático" implica a natureza metódica ou organizada do ataque. Contrariamente aos Estatutos do Tribunal Penal para a Ex-Jugoslávia e do Tribunal Penal para o Ruanda, o Estatuto do Tribunal Penal Internacional requer que os actos típicos do crime sejam cometidos "de acordo com a política de um Estado ou de uma organização de prática desses actos, ou tendo em vista a prossecução dessa política" (artigo 7.º n.º 2, alínea a)).

Referências:
Antonio Cassese, *International Criminal Law*, New York: Oxford University Press, 2008, p. 98-126.
M. Cherif Bassiouni, *Crimes against Humanity in International Criminal Law*, The Hague: Kluwer Law International, 1999.
Robert Cryer, Håkan Friman, Darryl Robinson & Elizabeth Wilmshurst, *International Criminal Law*, Cambridge: Cambridge University Press, 2008, p. 187-219.

CRIMES DE GUERRA

MIGUEL DE SERPA SOARES E MATEUS KOWALSKI

Os "crimes de guerra" são crimes internacionais que consubstanciam a violação grave de normas de Direito Internacional Humanitário, de fonte consuetudinária ou convencional. No caso *Tadić*, o Tribunal Penal para a ex-Jugoslávia estabeleceu condições específicas para a admissibilidade do julgamento por este tipo de crime: *i*) a conduta do indivíduo constitua uma violação do Direito Internacional Humanitário; *ii*) a norma em causa tenha fonte consuetudinária ou convencional e, neste último caso, seja inquestionavelmente vinculativa para as Partes no momento da prática dos factos e não esteja em conflito ou seja derrogada por uma

CRIMES DE GUERRA

norma de *jus cogens*; *iii*) a conduta seja grave, *i.e.*, envolva a violação de uma norma que proteja valores relevantes e envolva graves consequências para a vítima; e *iv*) a conduta implique a responsabilidade penal do indivíduo que violou a norma em causa.

A responsabilidade penal do indivíduo não depende da responsabilização internacional do Estado em nome do qual actua. Pressupõe, contudo, a existência de um conflito armado e a violação de normas de Direito Internacional Humanitário pela parte no conflito em nome da qual actua. Por outro lado, os crimes de guerra podem ser cometidos no âmbito quer de conflitos armados internacionais quer de conflitos armados internos (e assim já não apenas no âmbito da "guerra" clássica interestadual). Este desenvolvimento teve expressão primeira na decisão de 2 de Outubro de 1995 no âmbito do já referido caso *Tadić*. Posteriormente, este entendimento foi definitivamente consagrado por via do artigo 8.º, n.º 2, do Estatuto do Tribunal Penal Internacional.

O Estatuto do Tribunal Penal Internacional, no seu artigo 8.º, n.º 2, elenca de forma exaustiva os factos relevantes para a tipificação do "crime de guerra", incluindo a violação grave das Convenções de Genebra de 1949. Os crimes de guerra incluem: *i*) crimes cometidos contra pessoas que não participem ou que já não participem nas hostilidades; *ii*) crimes contra não-combatentes ou combatentes inimigos cometidos com recurso a métodos proibidos de condução das hostilidades; *iii*) crimes contra não-combatentes ou combatentes inimigos que envolvam o uso de armamento proibido; *iv*) crimes contra indivíduos e bens que gozem de protecção especial; *v*) crimes de perfídia que envolvam o uso indevido de sinais e emblemas (*v.g.* a "bandeira branca", o emblema da Cruz Vermelha, bandeiras nacionais, uniformes militares); e *vi*) recruta, alistamento ou uso para participação activa nas hostilidades de crianças com menos de 15 anos.

O Estatuto do Tribunal Penal Internacional, estabelece nos artigos 5.º e 8.º a competência do Tribunal relativamente aos "crimes de guerra". Em Portugal a Lei n.º 31/2004, de 22 de Julho, que adapta a legislação penal ao Estatuto do Tribunal Penal Internacional, estabelece uma jurisdição universal condicionada para os crimes tipificados no Estatuto, inclusivamente para os crimes de guerra (artigos 10.º e 5.º). O Tribunal Penal para a Ex-Jugoslávia e o Tribunal Penal para o Ruanda, entre outras jurisdições, têm igualmente competência para o julgamento de crimes de guerra, existindo actualmente, alguma jurisprudência internacional sobre este tipo de crime.

Referências:
Antonio Cassese (ed.), *The Rome Statute for an International Criminal Court – A Commentary (II Vols.)*, Oxford: Oxford University Press, 2002.
Antonio Cassese, *International Criminal Law*, Oxford: Oxford University Press, 2008.

CRIMES DE GUERRA

Gerhard Werle, *Principles of International Criminal Law*, T.M.C. Asser Press, The Hague: T.M.C. Asser Press, 2005.

Knut Dörmann, *Elements of War Crimes under the Rome Statute of the International Criminal Court*, Cambridge: Cambridge University Press, 2003.

Michel Deyra, *Direito Internacional Humanitário*, Lisboa: GDDC, 2001.

Prosecutor v. Duško Tadić, Appeals Chamber, Decision on the Defense Motion for Interlocutory Appeal on Jurisdiction, 2 October 1995.

CRIMES INTERNACIONAIS

Miguel de Serpa Soares e Mateus Kowalski

São considerados como crimes internacionais as violações de regras internacionais susceptíveis de serem imputadas a indivíduos concretos e, em consequência, poderem suscitar a aplicação de uma pena. O efeito de responsabilidade penal individual decorrente dos crimes internacionais, supera a noção de responsabilidade internacional dos Estados por actos ilícitos internacionais.

Para que uma determinada conduta seja considerada como um crime internacional devem reunir-se os seguintes requisitos: *i*) a violação de uma regra internacional de origem consuetudinária ou convencional *ii*) a ofensa de um valor considerado pela comunidade internacional, como fundamental e *iii*) o interesse da comunidade internacional na sua efectiva repressão. Estes elementos característicos da noção de crime internacional, justificam a possibilidade, como regra geral e desde que reunidas determinadas condições, de os seus autores poderem ser julgados e punidos por qualquer Estado, sem dependência de uma conexão específica com a nacionalidade do autor ou vítima ou com o território onde foram praticados os factos.

Os crimes internacionais possuem habitualmente um "elemento internacional" que os distingue dos crimes previstos e punidos nos ordenamentos jurídicos nacionais. A conduta individual que consubstancia um crime internacional surge no contexto de um conflito armado ou de uma campanha política ou ideológica associada à acção organizada de um Estado ou de uma entidade não estatal. Alguma doutrina jusinternacionalista refere-se a este "elemento internacional" como a necessidade de a conduta ser praticada num contexto de *criminalidade sistémica* ou de *violência organizada*. Para que a conduta tipificada num ordenamento nacional como crime de homicídio possa ser igualmente tipificada, pelo Direito Internacional, como crime contra a humanidade, será necessário, para além do preenchimento dos elementos típicos do crime de homicídio, um contexto, conhecido pelo agente, de violência global e organizada contra um determinado grupo.

De modo contrário, algumas condutas tipificadas pelo Direito Internacional como crimes internacionais, como por exemplo a utilização de determinado tipo de armamento, não têm necessariamente correspondência num crime previsto no ordenamento nacional.

A punibilidade do "crime internacional" exige igualmente um elemento subjectivo de culpa do agente. Neste aspecto em especial, a relativa juventude do Direito Internacional Penal, associada à dispersão de fontes e à utilização de métodos de análise jurídica de origens diversas, acarreta algumas dificuldades próprias. Não existe actualmente nenhuma regra internacional contendo definições gerais de culpa, dolo, negligência ou outras noções operativas de base, como aquelas as que o jurista nacional habitualmente recorre na interpretação e aplicação da sua legislação penal interna. Apesar disso algumas regras internacionais, como o artigo 30.º do Estatuto do Tribunal Penal Internacional, incluem definições de âmbito restrito quanto a estes aspectos.

Actualmente, são reconhecidos pela ordem jurídica internacional como crimes internacionais: *i*) crimes de guerra; *ii*) crimes contra a humanidade; *iii*) genocídio; *iv*) tortura; e *v*) crime de agressão. O crime de pirataria e o crime de terrorismo internacional, considerados por alguma doutrina como crimes internacionais, devem, como maior rigor, ser considerados como crimes com relevância internacional, na medida em que a sua criminalização não resulta directamente de uma regra internacional, embora possa desencadear acções repressivas nesse plano.

Referências:

Antonio Cassese, *International Criminal Law*, Oxford: Oxford University Press, 2008.

Antonio Cassese (ed.), *The Rome Statute for an International Criminal Court -A Commentary (II Vols)*, Oxford: Oxford University Press, 2002.

Gerhard Werle, *Principles of International Criminal Law*, T.M.C. Asser Press, Haia: T.M.C. Asser Press, 2005.

William Schabas, *The International Criminal Court-A Commentary on the Rome Statute*, Oxford: Oxford University Press, 2010.

CRITICAL LEGAL STUDIES

Mateus Kowalski e Miguel de Serpa Soares

Os *Critical Legal Studies* (CLS) assimilam uma corrente teórica do Direito que defende que a produção normativa não é mais do que a manipulação do Direito pela política em função de interesses e opções da classe política dominante. Os detentores do poder político, os mais favorecidos e, em geral, os com maior capacidade de influência usariam o Direito não em proveito da sociedade mas em benefício dos seus interesses próprios.

Os CLS têm a sua origem no activismo social dos anos 1960 ligado ao movimento dos *Civil Rights* nos EUA. O movimento dos CLS nasceu oficialmente em

CRITICAL LEGAL STUDIES

1977 reunindo essencialmente académicos de faculdades de Direito de universidades anglo-saxónicas, como Harvard, Kent ou Melbourne. Apesar de ser na sua génese um movimento dos EUA, sofreu influências do pensamento Europeu, tais como: as teorias sociais do século XIX (Marx, Engels, Weber); a Escola de Frankfurt da filosofia social; as teorias da hegemonia desenvolvidas em Itália (Antonio Gramsci); ou o pensamento pós-estruturalistas Francês (Foucault, Derrida).

Os CLS inscrevem-se no âmbito das teorias críticas, oferecendo uma visão emancipadora, de empatia, e quotidiana das relações sociais que supera a tradicional visão ortodoxa-liberal e vestefaliana das relações sociais internacionais. Embora sejam uma teoria aplicável ao Direito em geral, tem um reflexo próprio no Direito Internacional, na medida em que: é um domínio jurídico muito politicizado; está ainda ancorado numa visão vestefaliana/estatocentrica da sociedade internacional; estabelecem-se essencialmente relações *top-down* de tendência universal, desconsiderando o nível local e o factor contexto. Do ponto de vista metodológico, os CLS recorrem à desconstrução dos elementos do Direito Internacional para expor as suas fragilidades e como forma de compreender o poder do discurso jurídico moderno enquanto paradigma intelectual dominante, assumindo que todo o Direito é política.

Contudo, alguns académicos do movimento dos CLS seguem uma agenda que vai para além da mera desconstrução: pretendem igualmente afrontar e mudar aquilo a que apelidam de estruturas hierárquicas de dominação da sociedade moderna. No âmbito das relações sociais internacionais, o Direito Internacional (como objecto do discurso crítico) seria uma ferramenta importante para atingir aquele objectivo.

Referências:

Andrew Altman, *Critical Legal Studies: A Liberal Critique*, Princeton: Princeton University Press, 1990.

Costas Douzinas & Adam Gearey, *Critical Jurisprudence: The Political Philosophy of Justice*, Oxford: Hart Publishing, 2005.

Duncan Kennedy, *A Critique of Adjudication*, Cambridge: Harvard University Press, 1997.

Duncan Kennedy & Paul Carrington, *Legal Education and the Reproduction of Hierarchy – A Polemic Against the System: A Critical Edition*, New York: New York University Press, 2004.

Mark Kelman, *A Guide to Critical Legal Studies*, Harvard University Press, Cambridge: Harvard University Press, 1987.

CRUZ VERMELHA

Francisco Pereira Coutinho

O Movimento da Cruz Vermelha e do Crescente Vermelho congrega um conjunto de instituições de assistência humanitária. A sua origem remonta a 1862, ano em que Henry Dunant relatou em livro o sofrimento de dezenas de milhares de soldados feridos em combate na Batalha de Solferino, ocorrida em 24 de Junho de 1859. Para melhorar a sorte destes soldados sugeriu a criação de estruturas de voluntários nacionais que prestassem auxílio médico no campo de batalha e a adopção de uma convenção internacional que protegesse combatentes feridos e o pessoal médico de socorro. O projecto de Dunant seria rapidamente adoptado por um grupo de cinco cidadãos de Genebra: o Comité de Genebra – mais tarde designado Comité Internacional da Cruz Vermelha. Sob o seu impulso, em 1863 foi convocada uma conferência internacional pelo Governo suíço, na qual foram definidos os princípios fundamentais da organização, bem como o seu símbolo: uma cruz vermelha sobre um fundo branco. A este símbolo juntar-se-ia, em 1929, o crescente vermelho, e, desde 2005, o cristal vermelho.

O Movimento da Cruz Vermelha é constituído por três instituições: *i*) o Comité Internacional da Cruz Vermelha, entidade que funciona como o órgão supremo da organização; *ii*) a Federação Internacional das Sociedades da Cruz Vermelha e do Crescente Vermelho, que coordena a actividade das sociedades nacionais; *iii*) as Sociedades Nacionais da Cruz Vermelha e do Crescente Vermelho, que desenvolvem as suas actividades em cada Estado. A acção do Movimento baseia--se em sete princípios fundamentais: humanidade, imparcialidade, neutralidade, independência, voluntariado, unidade e universalidade.

Ao Comité Internacional da Cruz Vermelha são atribuídos poderes de inter-venção humanitária em situações de conflitos armados pelas Convenções de Genebra de 1949 e pelos Protocolos Adicionais de 1977 e 2005. Por esta razão, a esta entidade, que possui ainda o estatuto de observador na Assembleia Geral das Nações Unidas (Resolução da Assembleia Geral n.º 45/6, de 16 de Outubro de 1990), é reconhecida capacidade jurídica internacional funcional, que lhe per-mite estabelecer delegações e celebrar acordos que se debrucem sobre matérias do Direito Internacional Humanitário.

Em Portugal, a Cruz Vermelha iniciou a sua actividade a 11 de Fevereiro de 1865, sob a designação "Comissão Provisória para Socorros a Feridos Doentes em Tempo de Guerra", tendo sido oficialmente reconhecida por Decreto de 26 de Maio de 1868, sob o nome de "Comissão Portuguesa de Socorros a Feri-dos e Doentes Militares em Tempo de Guerra". Em 13 de Julho de 1887, foi reconhecida pelo Comité Internacional da Cruz Vermelha, sob a designação oficial de "Sociedade Portuguesa da Cruz Vermelha", e admitida no seio da Liga Internacional das Sociedades da Cruz Vermelha e Crescente Vermelho em 28 de Maio de 1919. Nos termos do artigo 57.º dos Estatutos da Cruz Ver-melha Portuguesa, publicados em anexo ao Decreto-Lei n.º 281/2007, de 7 de Agosto, a Sociedade Portuguesa da Cruz Vermelha é tutelada pelo Ministério da Defesa Nacional.

CRUZ VERMELHA

Referências
Denise Bindschedler-Robert, "Red Cross", *Encyclopedia of Public International Law*, 10, North--Holland, 1987, pp. 248 a 254.
Maria Barroso Soares, *Cruz Vermelha*, Fundação Mário Soares, 2002.
Aldo Zammit Borda (editor), *International Humanitarian Law and the International Red Cross and Red Crescent Movement*, Taylor & Francis Group, 2010.

CULPA

Vítor Pereira das Neves

Nos termos gerais do Direito, a culpa é o juízo de censura do ordenamento jurídico sobre o agente que pratica um acto ilícito (independentemente a gradação do acto – ilícito civil ou criminal). A verificação da culpa assenta em dois elementos positivos – *i*) a capacidade para estar sujeito ao juízo de culpa e *ii*) a consciência da ilicitude – e um elemento negativo – a não verificação de uma causa de exclusão de culpa (ou causa de desculpa).

Não está assente na doutrina e na jurisprudência internacional que, na responsabilidade civil internacional dos Estados pela prática de actos ilícitos, a culpa se apresente como um requisito essencial, na medida em que é discutível se o Estado – e bem assim, as organizações internacionais – pode ser objecto de juízos de censura subjectiva.

Consequentemente, é igualmente discutível a imprescindibilidade da aferição da culpa dos agentes cuja actuação seja atribuída a um Estado nos termos do Capítulo II do Projecto de Artigos sobre a Responsabilidade Internacional dos Estados (Comissão de Direito Internacional, 2001).

No entanto, a maioria dos autores não se refere à culpa como um dos requisitos da verificação da responsabilidade internacional dos Estados.

É no Direito Internacional Penal que a culpa assume um papel fundamental, nomeadamente na verificação da responsabilidade criminal de agentes que cometem crimes internacionais.

O conceito de culpa no Estatuto de Roma do Tribunal Penal Internacional abrange, em sentido lato, a responsabilidade criminal do agente (v.g. artigo 66.º) – conforme a conceptualização de culpa do direito de *common-law*, em particular, direito norte-americano – mas também abrange, em sentido estrito, o juízo de censura subjectiva sobre o agente que pratica o facto ilícito (v.g. artigos 30.º e 31.º) – conforme dogmatização clássica da responsabilidade criminal dos ordenamentos jurídicos continentais.

A imputabilidade ou a falta de consciência da ilicitude são exemplos de causas de desculpa. O artigo 31.º, n.º 1 do Estatuto de Roma refere que "*não será criminalmente responsável a pessoa que, no momento da prática de determinada conduta, (a) sofrer de enfermidade ou deficiência mental que a prive da capacidade para avaliar a ilicitude ou a natureza da sua conduta, ou da capacidade para controlar essa conduta a fim de não violar a lei e (b) estiver em estado de intoxicação que a prive de capacidade para avaliar a ilicitude ou a natureza da sua conduta, ou da capacidade para controlar essa conduta a fim de não violar a lei, a menos que se tenha intoxicado voluntariamente em circunstâncias que lhe permitiam ter conhecimento de que, em consequência da intoxicação, poderia incorrer numa conduta tipificada como crime da competência do Tribunal, ou de que haveria o risco de tal suceder").*

A consequência da verificação de uma causa de desculpa tem como consequência a não punibilidade do agente.

Referências:
Draft Articles on Responsibility of States for Internationally Wrongful Acts (with commentaries), Comissão de Direito Internacional, 2001, UNGA- Res. 56/83, Annex, 56 UN-GAOR, Supp. No. 10, UN-Doc. A/56/83.
Nancy A. Combs, *Guilty Pleas in International Criminal Law: constructing a restorative justice approach*, Stanford University Press, 2007.
Robert Cryer, *An Introduction to International Criminal Law and Procedure*, Cambridge University Press, 2007.
Alexander Zahar, Gören Sluiter, *International Criminal Law: a critical introduction*, Oxford University Press, 2008.

DANO

Vítor Pereira das Neves

O *dano* corresponde ao prejuízo (material e moral) sofrido por um Estado – ou outro sujeito de Direito Internacional – por facto imputável a outro Estado – ou a outro sujeito de Direito Internacional. A verificação de um dano é um requisito essencial para a aferição da responsabilidade civil pela prática de factos internacionalmente ilícitos, sem prejuízo para os casos excepcionais de *direitos colectivos* em que pode não existir directamente a ocorrência de um prejuízo para alguns dos Estados lesados.

O *dano material*, independentemente do objecto e da natureza, constitui, indiscutivelmente, uma das bases para a emergência da obrigação de indemnizar no âmbito da responsabilidade civil internacional. Embora o entendimento maioritário vigente no princípio do século XX fosse o da inadmissibilidade da invocação do *dano não material (moral)*, actualmente esses danos podem também ser invocados por um Estado no quadro do Direito Internacional público (artigo 31.º, n.º 2 dos *Draft Articles on Responsibility of States for Internationally Wrongful Acts*, Comissão de Direito Internacional, 2001). Os *danos não materiais* podem consistir na ofensa da honra e dignidade de um Estado.

DANO

A doutrina delineada pela jurisprudência internacional indica que só o *dano directo* é que pode ser tido em conta na aferição da responsabilidade internacional, entendendo-se como tal todo o prejuízo que resulte necessariamente do acto ilícito. Assim, tem necessariamente de existir um nexo causal – baseado nos critérios da *teoria da causalidade adequada* – entre o acto ilícito e o dano causado, não podendo existir situações anormais de quebra ou ruptura do encadeamento dos factos.

O dano é *imediato* quando a entidade que o sofreu é um Estado ou uma organização internacional. O dano é *mediato* quando é sofrido por um particular e que pode estar sujeito a protecção diplomática do Estado, nos termos gerais do Direito Internacional.

Referências:

Caso *Factory at Chorzów* (Alemanha c. Polónia), TPJI, ser. A, n.º 19, 1928.

Caso *Rainbow Warrior* (Nova Zelândia c. França), UNRIAA, vol. XX, 1990, p. 215.

Nguyen Quoc Dinh, Patrick Daillier, Alain Pellet, *Droit Internacional Public*, Paris, 1997, pontos 484-487.

Draft Articles on Responsibility of States for Internationally Wrongful Acts (*with commentaries*), Comissão de Direito Internacional, 2001, UNGA- Res. 56/83, Annex, 56 UN-GAOR, Supp. No. 10, UN-Doc. A/56/83, p. 91 e ss.

William R. Slomanson, *Fundamental Perspectives on International Law*, Wadsworth, 2011, p. 225 e ss.

DANOS COLATERAIS

Armando José Dias Correia

Designam-se por efeitos colaterais os efeitos diferentes dos esperados como principais e que se pretendiam obter. Estes efeitos devem ainda ser distinguidos em efeitos colaterais positivos e negativos. Estes últimos, efeitos colaterais indesejados, são vulgarmente designados por danos colaterais quando se trata de um prejuízo involuntário causado a populações civis durante operações militares.

Este termo é usado na terminologia militar (AAP 6 – Glossário de termos e definições) quando há mortes, feridos ou danos morais a civis, ou mesmo a destruição de bens civis (prejuízo patrimonial), resultantes de operações militares.

Referências:

Department of Defense, Joint Publication 1-02: Department of Defense Dictionary of Military and Associated Terms, US Department of Defense, 2010.

DECLARAÇÃO INTERPRETATIVA

Mateus Kowalski e Miguel de Serpa Soares

A expressão "Declaração Interpretativa" designa uma declaração unilateral, qualquer que seja o seu conteúdo ou a sua denominação, feita por um Estado ou Organização Internacional pela qual o declarante visa clarificar o sentido e o âmbito que atribui ao tratado ou a certas disposições do tratado.

A distinção entre "reserva" e "declaração interpretativa" estabelece-se pela determinação dos efeitos jurídicos que a declaração unilateral pretenda eventualmente produzir. No caso das reservas, o declarante pretende a produção de efeitos jurídicos. As declarações interpretativas não produzem efeitos jurídicos próprios. Por isso também, não são objecto de regulação específica pelo Direito Internacional.

Por vezes, os Estados ou Organizações Internacionais formulam declarações que visam produzir efeitos jurídicos embora as designem por "declaração interpretativa" ao invés de "reserva": são as chamadas "reservas disfarçadas". Nem por isso deixam de ser materialmente reservas, sendo, por isso, tratadas como tal.

Os Estados ou Organizações Internacionais podem reagir a uma declaração interpretativa formulada, aprovando, opondo-se ou recaracterizando-a. A recaracterização é o acto unilateral apelo qual um Estado ou Organização Internacional trata como uma reserva uma declaração interpretativa formulada por outro Estado ou Organização Internacional.

No caso do Estado Português, compete ao Ministério dos Negócios Estrangeiros emitir uma declaração interpretativa. Por outro lado, as declarações interpretativas não estão formalmente adstritas às mesmas exigências jurídico-procedimentais que as reservas.

Referências:

Ian Sanclair, *The Vienna Convention on the Law of Treaties*, Manchester: Manchester University Press, 1984.

International Law Commission, *Reservations to Treaties*, United Nations General Assembly document A/65/10, 2010, p. 9-278.

Olivier Corten & Pierre Klein (eds.), *Les Conventions de Vienne sur le Droit des Traités: Commentaire article par article*, Bruxelles: Bruylant, 2006.

Rosario Sapienza, *Dichiarazioni Interpretative Unilaterali e Trattati Internazionali*, Milano: Giuffrè, 1996.

DECLARAÇÃO UNIVERSAL DOS DIREITOS DO HOMEM (DUDH)

Isabel Cabrita

A Declaração Universal dos Direitos do Homem (DUDH) é o primeiro instrumento internacional a consagrar um catálogo de direitos reconhecidos a toda a pessoa humana.

A Declaração Universal foi aprovada pela Assembleia Geral das Nações Unidas, em 10 de Dezembro de 1948, através da Resolução n.º 217 A (III) e representa o culminar do processo de internacionalização dos direitos humanos iniciado, em 26 de Junho de 1945, pela Carta das Nações Unidas (v. Preâmbulo e artigos 1.º, n.º 3, 13.º, 55.º, 56.º, 62.º, 68.º e 76.º da Carta).

A redacção de uma Declaração que enunciasse os direitos humanos internacionalmente reconhecidos foi confiada à Comissão dos Direitos Humanos, criada em 1946, como órgão subsidiário do Conselho Económico e Social das Nações Unidas (v. artigo 68.º da Carta das Nações Unidas que atribuiu competência ao Conselho Económico e Social para criar uma comissão para a protecção dos direitos humanos e Resolução n.º 9 (II) do Conselho Económico e Social, de 21 de Junho de 1946).

A Comissão dos Direitos Humanos composta por representantes de dezoito Estados, entre os quais se incluíam representantes dos cinco membros permanentes do Conselho de Segurança (China, Estados Unidos da América, França, Reino-Unido e União Soviética), iniciou os seus trabalhos em 1947 e, em 1948, na sua terceira sessão, que decorreu entre 24 de Maio e 18 de Junho, adoptou um projecto de Declaração que submeteu, através do Conselho Económico e Social, à Assembleia Geral a qual aprovou a Declaração por 48 votos a favor, nenhum contra e 8 abstenções (os Estados que se abstiveram foram a Bielorrússia, a Checoslováquia, a Polónia, a Arábia Saudita, a África do Sul, a Ucrânia, a URSS e a Jugoslávia).

A DUDH é composta por um preâmbulo e por trinta artigos. No último parágrafo do preâmbulo a Declaração é definida como um *"ideal comum a atingir por todos os povos e todas as nações".*

Ao longo dos seus trinta artigos a DUDH enuncia os grandes princípios de respeito pela pessoa e pela sua dignidade (artigos 1.º e 2.º, 28.º, 29 e 30.º) e apresenta uma lista de direitos, que inclui direitos civis e políticos (artigos 3.º a 21.º) e direitos económicos, sociais e culturais (artigos 22.º a 27.º).

A DUDH não estabelece nenhuma distinção entre os direitos reconhecidos no seu texto e não consagra nenhuma hierarquia entre os mesmos.

Quanto à natureza jurídica da DUDH não há acordo na doutrina.

Parte da doutrina e a própria Assembleia Geral das Nações Unidas vêem nela um texto interpretativo da Carta das Nações Unidas, pelo que participaria da sua natureza e força jurídica. Ou seja, a Declaração não faz mais do que desenvolver e explicitar a referência aos direitos humanos que consta da Carta, em particular os artigo 55.º e 56.º.

Para outros, o recurso reiterado à Declaração por parte dos Estados e das organizações internacionais transformou a Declaração ou, pelo menos, alguns dos seus preceitos em costumes internacionais.

Uma terceira perspectiva, entende que as repetidas referências à Declaração que se deparam em Constituições, tratados, leis e decisões judiciais teriam transformado os seus preceitos em princípios gerais de Direito Internacional aplicáveis a todos os Estados e não apenas aos Estados-Membros da Organização das Nações Unidas (v. artigo 38.º, n.º1, alínea c) do Estatuto do Tribunal Internacional de Justiça).

De qualquer modo, é indiscutível que a DUDH tem tido uma importância política e moral excepcional, inspiradora de toda a actividade posterior das Nações Unidas em matéria de direitos humanos.

Referências:
Ana Maria Guerra Martins, *Direito Internacional dos Direitos Humanos,* Coimbra: Almedina, 2006.
Isabel Cabrita, *Direitos Humanos: Um Conceito Em Movimento,* Coimbra: Almedina, 2011.
Jorge Miranda, *Curso de Direito Internacional Público,* Cascais: Principia, 2002.
Olivier De Schuter, *International Human Rights Law Cases, Materials, Commentary,* Cambridge: Cambridge University Press, 2010.
Thomas Buergenthal, Dinah Shelton e David Stewart, *International Human Rights*, 3.ª ed., EUA: West Group, 2004.

DEPOSITÁRIO

Mateus Kowalski e Miguel de Serpa Soares

O Depositário é uma entidade responsável por assegurar a administração de todos os actos procedimentais de relevância internacional relativos a um tratado. No âmbito das suas funções incluem-se as seguintes: assegurar a guarda do texto original do tratado e dos plenos poderes que lhe tenham sido transmitidos; obter cópias autenticadas do texto original e de textos do tratado noutras línguas que possam ser necessários em virtude do tratado e comunicá-los às Partes no tratado e aos contratantes que possam vir a sê-lo; receber todas as assinaturas do tratado e receber e guardar todos os instrumentos, notificações e comunicações relativos ao tratado; examinar se uma assinatura, um instrumento, uma notificação ou uma comunicação relativos ao tratado revestem a forma devida e, se necessário, chamar a atenção do respectivo contratante para a questão; informar as Partes no tratado e os contratantes que possam vir a sê-lo dos actos, notificações e comunicações relativos ao tratado; informar os contratantes que possam vir a ser Partes

DEPOSITÁRIO

no tratado da data em que foi recebido ou depositado o número de assinaturas ou de instrumentos de ratificação, aceitação, aprovação ou adesão necessário para a entrada em vigor do tratado; registar o tratado junto do Secretariado das Nações Unidas. O estatuto, designação e funções do depositário encontram-se regulados nos artigos 76.º e ss. da Convenção sobre o Direito dos Tratados, adoptada em Viena, a 23 de Maio de 1969.

O depositário pode ser um ou vários Estados (o governo dos EUA no caso da Carta das Nações Unidas), uma organização internacional (o Secretariado Executivo da CPLP relativamente ao Estatutos da Organização) ou o principal funcionário administrativo de uma tal organização (o Secretário-Geral das Nações Unidas é depositário de um elevado número de tratados concluídos, via de regra, sob os auspícios das Nações Unidas). A designação do depositário de um tratado pode ser efectuada pelos participantes na negociação, quer no próprio tratado quer de qualquer outro modo. Quando o Estado Português seja designado depositário (como o é o na caso, por exemplo, do Tratado da Carta da Energia, do Estatuto do Laboratório Ibérico Internacional de Nanotecnologia ou do Acordo Ortográfico) compete ao Departamento de Assuntos Jurídicos do Ministério dos Negócios Estrangeiros exercer as funções de depositário.

As funções do depositário têm carácter internacional, sendo que o depositário deve agir imparcialmente no cumprimento dessas funções. Normalmente, e em virtude da sua própria natureza, apenas são designados depositários para tratados multilaterais, sendo diminuto o efeito útil da existência de depositário no caso de um tratado bilateral.

O Tribunal Internacional de Justiça, no caso relativo a *Actividades Armadas no Território do Congo*, reconheceu responsabilidades especiais do Secretário-Geral das Nações Unidas relativamente à notificação aos Estados Contratantes de actos relativo aos tratados de que é depositários. No caso, uma vez que o Ruanda não havia notificado o Secretário-Geral das Nações Unidas da retirada de uma reserva que havia feito à Convenção sobre o Genocídio, o Tribunal entendeu que o acto interno do Ruanda relativo à retirada da reserva não tinha relevância internacional. Logo, nos termos do Direito Internacional, a reserva formulada pelo Ruanda mantinha-se válida (ao contrário do que o Ruanda alegava).

Referências:

Anthony Aust, *Modern Treaty Law and Practice*, Cambridge: Cambridge University Press, 2000.

Ian Sanclair, *The Vienna Convention on the Law of Treaties*, Manchester: Manchester University Press, 1984.

Olivier Corten & Pierre Klein (eds.), *Les Conventions de Vienne sur le Droit des Traités: Commentaire Article par Article*, Bruxelles: Bruylant, 2006.

Armed Activities on the Territory of the Congo (Democratic Republic of Congo vs. Rwanda), ICJ Reports 2006, 6.

DESARMAMENTO

Maria Francisca Saraiva

Por desarmamento entende-se a redução, remoção ou eliminação, parcial ou total, de armas ou sistemas de armas, tanto no âmbito das armas de destruição massiva (armas químicas, biológicas, nucleares e radiológicas) como na categoria dos armamentos convencionais. Distingue-se do conceito mais amplo de controlo de armamentos, que reporta à limitação da competição em termos de armamento, tanto ao nível dos sistemas de produção, como de distribuição e emprego de armas.

O desarmamento é um conceito central do actual sistema internacional, que se rege pelo princípio de que a paz não se alcança pela força das armas.

Os Estados Unidos e a URSS assinaram o primeiro tratado bilateral de desarmamento nuclear em 1987, o *Intermediate-Range Nuclear Forces Treaty*, ou Tratado INF, sobre armamentos nucleares sub-estratégicos. Este tratado eliminou pela primeira vez toda uma categoria de armas nucleares ofensivas, os mísseis nucleares com um alcance entre os 500 e os 5,500 quilómetros.

No final da Guerra Fria, em 1991, os Estados Unidos e a URSS/Rússia celebraram o primeiro acordo de desarmamento nuclear referente a armamentos nucleares estratégicos ofensivos, o conhecido *Strategic Arms Reduction Treaty* I (Acordo START I). Em 2002, um outro tratado bilateral, o *Strategic Offensive Reduction Treaty* (SORT), estabeleceu novas reduções de armas nucleares estratégicas. Finalmente, em 2010, o Novo START abriu caminho a cortes nucleares ainda maiores nos arsenais nucleares dos dois países.

Para além destes acordos bilaterais, não existe um regime multilateral envolvendo os restantes membros do Clube Nuclear (França, China e Reino Unido) e os Estados no limiar, países que alegadamente possuem capacidade nuclear mas que não fazem parte do Clube Nuclear – actualmente a Índia, o Paquistão e Israel.

Em Abril de 2010, na cimeira de Washington sobre segurança nuclear, o presidente Obama anunciou publicamente a intenção dos Estados Unidos cumprirem os compromissos do Tratado de Não Proliferação Nuclear (TNP) em matéria de desarmamento nuclear, nomeadamente no que se refere ao "desarmamento geral e completo" (artigo VI do TNP), uma decisão que há muito é exigida pelos Estados sem nuclear que são Estados partes deste tratado, por considerarem que os arsenais nucleares das potências nucleares continuam a ser excessivos.

No capítulo do desarmamento convencional, deve referir-se o *Treaty on Conventional Armed Forces in Europe*, ou Tratado CFE, de 1990, negociado no âmbito da CSCE/OSCE, que prevê a destruição parcial de seis categorias de armas convencionais na Europa e a *Anti-Personnel Landmines Convention*, ou Convenção de Otava, de 1997, que proíbe as minas anti-pessoal.

DESARMAMENTO

Para concluir, deve realçar-se que no capítulo do desarmamento global há ainda um longo caminho a percorrer pela comunidade internacional.

Referências:
Josef Goldblat, *Arms Control: the New Guide to Negotiations and Agreements*, 2nd ed. rev., London: Sage/PRIO/SIPRI, 2002.
Melissa Gillis, *Disarmament: a Basic Guide*, New York: UNODA/UN, 2009.

DESCOBERTA (*vide* AQUISIÇÃO DE TERRITÓRIO)

DESENVOLVIMENTO SUSTENTÁVEL

Marisa Apolinário e Pedro Conceição Parreira

O conceito de desenvolvimento sustentável reúne dois termos que, à primeira vista, parecem inconciliáveis: desenvolvimento e sustentabilidade. De facto, na origem do conceito está, precisamente, a preocupação de superar essa aparente incompatibilidade, garantindo o direito das gerações presentes ao desenvolvimento, sem com isso comprometer, no entanto, a capacidade das gerações futuras satisfazerem também as suas próprias necessidades.

A primeira referência ao conceito, no âmbito do Direito Internacional, surge nos anos setenta, na Conferência das Nações Unidas sobre o Desenvolvimento Humano realizada em Estocolmo, em 1972, numa altura em que se assiste a uma progressiva tomada de consciência de que um crescimento económico sem limites poderia levar à exaustão dos recursos naturais e com isso hipotecar o direito das gerações futuras ao seu próprio desenvolvimento.

Seria, no entanto, com o célebre Relatório Brundtlant (1987), elaborado pela Comissão Mundial sobre Meio Ambiente e Desenvolvimento, das Nações Unidas, que o conceito alcançaria maior visibilidade, tendo acabado por obter, cinco anos mais tarde, consagração expressa na Declaração do Rio (1992), produzida no âmbito da Conferência das Nações Unidas sobre Ambiente e Desenvolvimento. De acordo com o Princípio 3 da Declaração do Rio, *"o direito ao desenvolvimento deve ser exercido de tal forma que responda equitativamente às necessidades ambientais e de desenvolvimento das gerações presentes e futuras".*

A ideia de solidariedade intergeracional que preside à formulação do conceito pode ser, assim, desdobrada em três grandes princípios: *i*) o da conservação dos recursos, de forma a permitir às gerações futuras a possibilidade de satisfação das suas necessidades; *ii*) o princípio da conservação da qualidade, de acordo com o qual deve ser transmitido às gerações futuras um planeta com qualidade igual àquela que as gerações precedentes herdaram e *iii*) o da manutenção do direito de

DESENVOLVIMENTO SUSTENTÁVEL

acesso, nos termos do qual deve ser garantida, às diversas gerações, uma idêntica possibilidade de acesso aos recursos naturais.

Estes princípios são, muitas vezes, apresentados sob duas ideias de sustentabilidade: a sustentabilidade fraca (em que numa perspectiva intergeracional se pretende garantir as mesmas oportunidades das gerações presentes e futuras, não obrigando, no entanto, a uma cristalização do legado existente) e a sustentabilidade forte (em que se defende a existência de um núcleo de bens naturais inatingíveis, como a água ou o oxigénio, que fazem parte de um legado que deve ser preservado, ou pelo menos não fragilizado, para as gerações vindouras).

Apesar de na sua formulação inicial o conceito de desenvolvimento sustentável ter surgido muito ligado à componente ambiental, nos últimos anos viria a ser alargado de forma a incluir também uma vertente económica e uma vertente sócio-política. Isto é particularmente visível após a publicação da Declaração do Milénio de 2000 (Resolução n.º 55/2 da Assembleia Geral das Nações Unidas).

Deste modo, actualmente, a noção de desenvolvimento sustentável surge ligada não só ao combate às alterações climáticas e à perda da biodiversidade, à manutenção e gestão dos recursos naturais e à promoção das energias renováveis, mas também ao combate a todas as formas de pobreza e à exclusão social.

A verdade, porém, é que apesar das diversas referências ao conceito de desenvolvimento sustentável em textos e convenções nacionais e internacionais, continua sem existir, ao nível do Direito Internacional Público, uma definição legal clara de "desenvolvimento sustentável". Neste sentido, embora para alguns estejamos perante um princípio com valor normativo, para a maioria, estamos apenas ainda perante um conceito indeterminado que remete, por sua vez, para um conjunto de princípios ligados a diferentes esferas do Direito Internacional, incluindo, entre outras, os direitos humanos, a responsabilidade do Estado, o direito ao ambiente (princípios do poluidor pagador, princípio da precaução), o direito económico, a equidade e a soberania territorial.

Em todo o caso, não existem dúvidas de que estamos perante um conceito incontornável do moderno Direito Internacional Público, sendo o mesmo decisivo para o afastamento de uma ideia de desenvolvimento económico medido apenas por variáveis quantitativas.

Referências:
Asif H. Qureshi & Andreas R. Ziegler, *International Economic Law*, second edition, London: Thomson/Sweet & Maxwell, 2007.
Eduardo Paz Ferreira, *Valores e Interesses. Desenvolvimento Económico e Política Comunitária de Cooperação*, Coimbra: Almedina, 2004.
Jessica Howley , "The Gabcikovo-Nagymaros Case: The Influence of the International Court of Justice on the Law of Sustainable Development", Queensland Law Student Review, vol. 2 (1), The University of Queensland of Australia, 2009, p. 1-19.

Rute Saraiva, "Direito Internacional do Desenvolvimento Sustentado?", in AAVV, *Estudos em Homenagem ao Professor Doutor André Gonçalves Pereira*, Faculdade de Direito da Universidade de Lisboa, Coimbra Editora, 2006, p. 847-871.
Projecto Gabcikovo-Nagymaros (Hungria v. Eslováquia), I.C.J. Reports, 1997, 7, 78.

DESMEMBRAMENTO DE ESTADOS

João Carlos Santana da Silva

O desmembramento de Estados é um processo político que ocorre quando há uma desagregação de partes (secessão ou transferência de território para um ou mais Estados já existentes) ou do todo do território de um Estado e consequente sucessão de Estados, quer acompanhada por uma solução de continuidade do Estado predecessor com redução de território e de população (mantendo a sua identidade), quer através da extinção desse Estado tal como existia.

O problema do desmembramento de Estados intensificou-se no século XIX e no início do século XX, aquando das divisões da Polónia ou do fim do Império Austro-Húngaro e do Império Otomano, este como consequência da derrota na I Guerra Mundial, sendo imperativa uma partilha do que pertencia ao Estado predecessor. A discussão em redor do desmembramento de Estados ganhou importância com o estabelecimento definitivo do Estado territorial moderno, e tornou-se fulcral na segunda metade do século XX com a independência de territórios coloniais (a "profunda transformação" trazida pela descolonização abre mesmo o Preâmbulo da Convenção de Viena de 1978) e com o fim de grandes blocos territoriais como a União Soviética e a República Socialista Federativa da Jugoslávia.

Não há uma norma muito clara quanto à sucessão de Estados, nem uma regra universal de gestão de um processo de desmembramento. Isto resulta de ainda não se ter encontrado um terreno intermédio entre a doutrina da *tabula rasa* (que favorece novos Estados independentes sob argumento de que estes não ratificaram livremente os tratados e as obrigações durante o período de dependência) e a da sucessão universal, ou da obrigatoriedade da continuidade de todos os direitos e obrigações do Estado predecessor para um ou mais sucessores. Como consequência, a decisão quanto à forma do desmembramento e sucessão de Estados é feita "caso a caso", aplicando os poucos princípios existentes para tal com o auxílio das Convenções de Viena de 1978 e 1983.

Os principais problemas decorrentes de um desmembramento referem-se à sucessão de deveres e propriedade do Estado predecessor para dois ou mais Estados sucessores. Em todos os casos de sucessão de obrigações e propriedade, no entanto, os dois princípios orientadores têm sido: a negociação entre Estado sucessor e as outras partes dos tratados; e o princípio da distribuição equitativa das obrigações e da propriedade (cujas partes relativas são proporcionais à divisão territorial e populacional consequente do desmembramento). O artigo 34.º da Convenção de Viena de 1978 (para a Sucessão de Estados respeitante a Tratados) impõe uma tendência de continuidade que tem sido, em regra, seguida pela maioria dos Estados sucessores, garantindo o respeito pelas obrigações para com Estados terceiros co-signatários de tratados bilaterais ou multilaterais, que não devem sair lesados de uma situação de desmembramento de um Estado.

Apesar de não explicitado nas Convenções, o reconhecimento, pela comunidade internacional, de novos Estados e da sua disputa numa sucessão é decisivo. Esta importância está bem patente na decisão das Nações Unidas (e da arbitragem da Comissão Badinter) em não reconhecer validade, em 1992, à pretensão de continuidade da Jugoslávia socialista na República Federal da Jugoslávia (Sérvia e Montenegro), argumentando que aí se verificou a passagem de apenas uma parte minoritária do território e da população para o Estado sucessor, tendo a autoridade política sido dissolvida e quatro dos seis Estados federados declarados independentes.

Referências:

James Crawford, *The Creation of States in International Law*, 2nd edition, Oxford: Oxford University Press, 2006 [1979].

Patrick Dumberry, *State Succession to International Responsibility*, Leiden-Boston: Martinus Nijhoff Publishers, 2007.

Wilfried Fiedler (1987), "State succession", in Rudolf Bernhardt (dir.), *Encyclopedia of Public International Law*, Installment 10, North-Holland, Amsterdam, pp. 446-456.

Aleksandar Pavkovic & Peter Radan, *Creating New States – Theory and Practice of Secession*, Aldershot: Ashgate, 2007.

Bernard Schloh, "Dismemberment", in Rudolf Bernhardt (dir.), *Encyclopedia of Public International Law*, Installment 10, Amsterdam: North-Holland, 1987, pp. 124-126.

DIPLOMACIA

Armando José Dias Correia

A diplomacia é a arte de convencer sem empregar a força, embora, segundo Otto Bismarck, a "diplomacia sem as armas é como a música sem os instrumentos". Em rigor só há diplomacia pura no caso das relações de cooperação e de acomodação. Nos demais casos a acção diplomática recorre em maior ou menor grau, a formas de pressão (económica, psicológica ou de outra natureza) pelo que, na realidade, o que existe é uma estratégia diplomática.

A palavra diplomacia remonta à Grécia Antiga mas só ganhou expressão com a diplomacia renascentista italiana, que lançou as bases da moderna actividade diplomática. O Renascimento ficou marcado pela consolidação de embaixadores permanentes; pelo estabelecimento do conceito de extraterritorialidade das missões estrangeiras; pela consolidação das chancelarias estáveis; e pela formulação das garantias de imunidades diplomáticas e dos privilégios de trânsito e acesso a informações. O moderno sistema de Estados, que emergiu na Europa setecentista, foi o ambiente no qual se definiu a missão do diplomata: a defesa do interesse nacional na arena internacional.

A diplomacia como actividade pretende, assim, a promoção do interesse nacional, compreendendo, informando e influenciando o exterior. Nesse sentido, a diplomacia pública é o somatório de todas as actividades de comunicação externa dirigidas não só a elites ou a líderes de opinião, como também à opinião pública em geral que a longo prazo detém por objectivo influenciar de forma positiva a imagem e a percepção de um país. Refira-se que o principal objectivo da diplomacia pública consiste em influir no comportamento de um governo externo de forma indirecta, exercendo a influência sobre as atitudes dos cidadãos, através de informação, educação e cultura.

Diplomacia e política externa não são a mesma coisa, a primeira é uma dimensão da segunda. A política externa é definida, em última análise, pelo chefe de governo de um país ou pela alta autoridade política de um sujeito de Direito Internacional; já a diplomacia pode ser entendida como um instrumento para condução da política externa, através do planeamento, da execução e do controlo daquela, por meio da actuação de diplomatas.

As relações diplomáticas são definidas no plano do Direito Internacional pela Convenção de Viena sobre Relações Diplomáticas, de 1961.

Referências:
Henry Kissinger, *Diplomacia*, Lisboa: Gradiva, 1994.
James E Dougherty &, Robert L. Pfaltzgraff, Jr., *Relações Internacionais: as Teorias em confronto*, Lisboa: Gradiva, 2003.
Joseph Nye, *Compreender os Conflitos Internacionais: Uma Introdução à Teoria e à História*, Lisboa: Gradiva, 2002.

DIREITO AO DESENVOLVIMENTO

Isabel Cabrita

O direito ao desenvolvimento foi proclamado pela Assembleia Geral das Nações Unidas como um *"um direito humano inalienável em virtude do qual qualquer ser humano e todos os povos têm a faculdade de participar, contribuir e gozar de um desenvolvimento económico, social, cultural e político, no qual possam realizar-se todos os direitos humanos e liberdades fundamentais"* (v. artigo 1.º da Declaração sobre o Direito ao Desenvolvimento, adoptada pela Resolução 41/128, de 4 de Dezembro de 1986).

DIREITO AO DESENVOLVIMENTO

A Declaração sobre o Direito ao Desenvolvimento foi aprovada pela Assembleia Geral das Nações Unidas com 146 votos a favor, 1 voto contra (Estados Unidos da América) e 8 abstenções (todos os países nórdicos com excepção da Noruega, Alemanha, Israel, Japão e Reino-Unido) e constitui o resultado de mais de uma década de reivindicação de "uma nova ordem económica internacional" pelos países em desenvolvimento.

Em 1993, o direito ao desenvolvimento foi reafirmado pela Declaração e Programa de Acção de Viena, adoptada pela Conferência Mundial sobre Direitos Humanos, como um *"um direito universal e inalienável que faz parte dos direitos fundamentais da pessoa humana"* (v. A/CONF. 157/23, de 25 de Junho, ponto 10, 1.º parágrafo).

Em 1998, a Comissão dos Direitos Humanos, baseando-se numa decisão do Conselho Económico e Social (1998/269), criou um mecanismo para avaliar os progressos realizados ao nível da promoção e protecção do direito ao desenvolvimento, tanto ao nível nacional como internacional (v. Resolução 1998/72). Este mecanismo entrou em funcionamento no ano 2000 e é composto por um Grupo de Trabalho de Composição Aberta sobre o direito ao desenvolvimento e um Perito Independente.

Em 2004, sob recomendação do Grupo de Trabalho sobre o direito ao desenvolvimento, foi instituída a Equipa Especial de Alto Nível sobre a Implementação do Direito ao Desenvolvimento, através da Resolução 2004/7 da Comissão dos Direitos Humanos e da decisão 2004/249 do Conselho Económico e Social com o fim de o ajudar no cumprimento do seu mandato. Mais concretamente, a Equipa Especial, que é composta por 5 peritos independentes e por representantes das instituições internacionais para o desenvolvimento, comércio e finanças, tem como principal objectivo proporcionar ao Grupo de Trabalho a especialização necessária para que possa fazer recomendações aos vários actores internacionais sobre a implementação do direito ao desenvolvimento.

A partir de 2005, a pedido da Comissão dos Direitos Humanos (v. Resolução 2005/4), a Equipa Especial dedicou-se ao desenvolvimento de um conjunto de critérios para a avaliação periódica da parceria global para o desenvolvimento, que constitui o 8.º Objectivo de Desenvolvimento do Milénio.

A actual agenda do Grupo de Trabalho foi aprovada pela Resolução 9/93 do Conselho dos Direitos Humanos (que substituiu a Comissão dos Direitos Humanos em Junho de 2006) e pela Resolução 63/178 da AG, de 18 de Dezembro de 2008 e tem como principal objectivo promover o desenvolvimento sustentável e os Objectivos de Desenvolvimento do Milénio de modo a elevar o direito ao desenvolvimento ao nível dos outros direitos humanos.

Não obstante a evolução sofrida pelo direito ao desenvolvimento desde a adopção da Declaração, a sua natureza e conteúdo continuam a ser um assunto

DIREITO AO DESENVOLVIMENTO

controverso. Entre outras questões encontramos, por exemplo, as seguintes: quem pode reivindicar este direito? Sobre quem recaem as obrigações para dar cumprimento ao direito? Como é que se relaciona a realização deste direito com a realização de outros direitos humanos?

Referências:

Allan Rosas, "The Right to Development", in Asbjørn Eide *et al.* (eds.) *Economic, Social and Cultural Rights,* Dordrecht: Kluwer Academic Publishers, 1995, 15-19.

Antonio Cassese, *International Law in a Divided World,* Oxford: Oxford University Press, 1994.

Isabel Cabrita, *Direitos Humanos: Um Conceito Em Movimento,* Coimbra: Almedina, 2010.

DIREITO DO MAR

ALEXANDRA VON BÖHM-AMOLLY

Conjunto das regras derivadas das fontes de Direito Internacional Público (convenções internacionais, costume e jurisprudência internacionais), que definem as competências dos Estados e das Organizações Internacionais sobre os espaços marítimos. Corresponde à estrutura legal e regulamentar de coordenação dos factores que compõem os interesses marítimos dos sujeitos de Direito Internacional.

A expressão "Direito do Mar" generalizou-se a partir de meados do século XX, pela denominação das três Conferências (1958, 1960 e 1973-82) realizadas sob os auspícios da Organização das Nações Unidas para codificação das regras do Direito Internacional Público relativas aos espaços marítimos e às competências neles exercidas. Conferências essas que deram origem às quatro Convenções de Genebra de 1958 e à Convenção das Nações Unidas sobre o Direito do Mar, assinada em Montego Bay em 1982. Neste sentido, o Direito do Mar distingue-se do Direito Marítimo, enquanto conjunto das regras jurídicas, de natureza essencialmente de Direito Interno, directamente aplicáveis às actividades comerciais praticadas nos vários espaços marítimos.

Contudo, a Doutrina tem-se dividido relativamente a esta distinção terminológica. Alguns Autores defendem que as expressões "Direito do Mar" e "Direito Marítimo" devem ser utilizadas em perfeita sinonímia, porquanto aquela primeira corresponderia à designação traduzida do termo anglo-saxónico (*law of the sea*) e equivalente à segunda, de influência romanista.

Para além da questão semântica, também é discutida a tradicional separação e autonomização das duas disciplinas jurídicas apontadas (que ainda recolhe o consenso maioritário da Doutrina), propugnando alguns doutrinários uma perspectiva ampla do Direito do Mar (ou do Direito Marítimo, consoante a terminologia adoptada) como disciplina jurídica única e autónoma, que abrange regulamentação jurídica pública e privada, nacional e internacional.

Embora conceptualmente separáveis, se é certo que a divisão entre Direito do Mar e Direito Marítimo não é – nunca foi – estanque, a distinção entre estes dois ramos tende cada vez mais a esbater-se e a deixar de ter sentido. Por um lado, as regras aplicáveis às actividades marítimas não podem ignorar a divisão do mar em espaços marítimos submetidos a regimes próprios e a diferentes níveis de jurisdição dos Estados e da Comunidade Internacional. Por outro lado, o Direito Marítimo deriva cada vez mais de convenções internacionais, pelo que a legislação estritamente nacional nessa matéria vai perdendo importância.

Referências:
Pierre Bonassis & Christian Scapel, *Droit Maritime*, Librairie Générale de Droit et de Jurisprudence, Paris: Lextenso Éditions, 2010.
Armando Marques Guedes, *Direito do Mar*, Lisboa: Instituto da Defesa Nacional, 1989.

DIREITO INTERNACIONAL FISCAL

Rita Calçada Pires

Entende-se por Direito Internacional Fiscal (DIF) o ramo jurídico que regula as situações tributárias plurilocalizadas. Está-se perante uma situação tributária plurilocalizada quando o sujeito ou o rendimento apresentar elementos de conexão com mais do que um território. O papel principal do DIF passa por determinar qual a jurisdição com competência para tributar, quando uma situação tributária apresenta ligação a mais do que um território. Contudo, a sua função não se limita a esta tarefa, uma vez que a ligação a mais do que uma jurisdição compreende igualmente outros problemas como a evasão fiscal, o planeamento fiscal, a concorrência fiscal prejudicial, a tributação do comércio electrónico, as medidas de apoio ao investimento nos países menos desenvolvidos.

Os elementos de conexão são uma realidade dominante no conceito e no funcionamento do DIF. São a justificação do poder tributário internacional. Estes podem ser de dois tipos: elementos de conexão pessoais (residência ou nacionalidade) ou elementos de conexão reais (fonte). No âmbito dos elementos de conexão pessoais tem-se dado primazia à residência. Esta é determinada de acordo com as normas nacionais, sendo que, em caso de dupla residência, em regra, recorre-se a acordo para eliminar e evitar a dupla tributação (ADT), acordo que contém uma norma de resolução desse conflito (*tie-breaker rule*). Na inexistência de um ADT ou na ausência de norma capaz de resolver a dupla residência, recorre-se, em última análise, a negociações entre as Administrações Fiscais envolvidas. Já o elemento de conexão fonte representa a jurisdição de origem do objecto tributado, ou seja, local da produção do rendimento, local da situação do bem ou local da realização do acto que dão origem à tributação. De destacar que a tributação no Estado da fonte tende a acontecer caso nesse território se identifique, designadamente, a existência de um estabelecimento estável (*cfr. estabelecimento estável*), a localização do bem ou do devedor do rendimento, sendo a tributação na residência uma tributação quase ilimitada, por se entender a competência genérica para tributar o rendimento global do contribuinte (*world wide income*).

O DIF tem como mecanismos fundamentais as convenções internacionais, quer sob a forma de tratados ou acordos bilaterais (ADT), quer de tratados ou acordos multilaterais (e.g. Convenção sobre Assistência Mútua Administrativa em Matéria Fiscal). Contudo, as fontes do DIF não se limitam apenas a estes elementos negociais. Veja-se o valor crescente dos trabalhos da Organização para Cooperação e Desenvolvimento Económico (Modelo de Convenção Fiscal sobre o Rendimento e o Património para evitar e eliminar a dupla tributação do rendimento e o Modelo de Convenção respeitante à dupla tributação em matéria de *sucessões* e doações e interpretações das suas normas; combate à fraude e evasão fiscais, nomeadamente com apoio à troca de informações, etc.); o papel crescente da doutrina, bem como, no caso europeu, o dinamismo impregnado pelas criações jurisprudenciais do Tribunal da União Europeia em matéria fiscal.

A identificação dos princípios fundamentais que orientam o DIF passa pelo reconhecimento de um confronto entre a neutralidade e a equidade. Por neutralidade fiscal internacional entende-se a sua não influência nas opções dos particulares. Pretende-se, acima de tudo, que as escolhas internacionais tenham por base valores reais de produtividade e de retorno de investimento, em vez de índices fiscais. Não é, pois, raro encontrar o fundamento das decisões no âmbito da tributação internacional com base ou na neutralidade para as exportações (*CEN*) ou na neutralidade das medidas para as importações (*CIN*). No referente à equidade, internacionalmente, o tratamento justo e adequado entre aqueles que estão em situações comparáveis e o tratamento desigual dos desiguais na medida dessa desigualdade, quer no plano interpessoal, quer no plano das relações entre Estados, é uma necessidade básica para a existência de um espaço de interacção e coerência internacionais. Observa-se, ainda, a tendência crescente para a valorização do princípio da solidariedade internacional, como elemento a ter em consideração na tributação internacional.

Referências:

Angharad Miller & Lynne Oats, *Principles of International Taxation*, West Sussex: Tottel Publishing, 2009.

Rutsel Silvestre J. Martha, *The jurisdiction to tax in international law. Theory and practice of legislative fiscal jurisdiction*, Deventer-Boston: Kluwer Law, 1989.

Reuven S. Avi-Yonah, *International tax as international law. An analysis of the international tax regime*, New York: Cambridge University Press, 2007.

Roy Rohatgi, *Basic International Taxation volume 1: principles*, London: BNA International, 2005.

DIREITO INTERNACIONAL HUMANITÁRIO (DIH)

Isabel Cabrita

O Direito Internacional Humanitário (DIH) – também designado "Direito dos Conflitos Armados" ou "Direito da Guerra" – é o ramo do Direito Internacional Público que regula os conflitos armados com o objectivo de limitar os seus efeitos por razões humanitárias. O DIH limita os efeitos dos conflitos armados, essencialmente, através da protecção dos que não participam ou já não participam nos conflitos (feridos, doentes, prisioneiros de guerra, membros das Forças Armadas que tenham deposto as armas e civis) e da regulamentação dos meios e métodos bélicos de modo a evitar sofrimento e destruição desnecessários.

O DIH contemporâneo é o resultado da procura de um equilíbrio entre duas forças: as exigências humanitárias e as necessidades militares.

Tal como outros ramos do Direito Internacional Público, o DIH tem duas grandes fontes: as convenções internacionais e o direito internacional consuetudinário. As convenções mais importantes nesta matéria são as quatro Convenções de Genebra de 1949 e os respectivos Protocolos Adicionais de 1977, diversas Convenções que proíbem ou limitam o uso de certas armas (p. ex. Convenção das Nações Unidas sobre a Proibição ou Limitação do Uso de certas Armas Convencionais que podem ser consideradas como Produzindo Efeitos Traumáticos Excessivos ou Ferindo Indiscriminadamente de 1980 e respectivos Protocolos), a Convenção da Haia para a Protecção dos Bens Culturais em caso de Conflito Armado de 1954 e instrumentos que estabelecem mecanismos internacionais de aplicação do DIH, como por exemplo, o Estatuto de Roma do Tribunal Penal Internacional de 1998.

O DIH é aplicável a qualquer conflito armado, internacional ou não. No entanto, as regras convencionais sobre conflitos armados internacionais são mais detalhadas e mais extensas. Os conflitos armados não internacionais regem-se, nomeadamente pelas seguintes Convenções: artigo 3.º comum a todas as Convenções de Genebra e pelo II Protocolo Adicional de 1977, Convenção sobre a Proibição de certas Armas Convencionais emendada, Convenção da Haia para a Protecção dos Bens Culturais e o respectivo II Protocolo Adicional, Convenção sobre a Proibição de Armas Químicas, Convenção de Otava sobre a Proibição de Minas Anti-pessoais e Estatuto do Tribunal Penal Internacional. Quanto ao Direito Internacional consuetudinário aplica-se a todos os conflitos armados mas também aqui há regimes jurídicos diferentes consoante se trate de um conflito armado internacional ou não internacional. O Comité Internacional da Cruz Vermelha disponibiliza no seu site uma base de dados com todos os documentos e convenções sobre DIH e respectiva lista de Estados Partes, assim como uma base de dados sobre o direito internacional humanitário consuetudinário.

DIREITO INTERNACIONAL HUMANITÁRIO

Se as Convenções de Genebra foram universalmente ratificadas, o mesmo não aconteceu com as outras Convenções sobre Direito Humanitário, nomeadamente com os seus Protocolos Adicionais. Apesar do I Protocolo Adicional ter sido ratificado por 170 Estados, a sua eficácia é limitada porque diversos Estados envolvidos em conflitos armados internacionais não o ratificaram. E o mesmo se passa com o II Protocolo Adicional, que foi ratificado por 165 Estados, mas muitos dos Estados partes em conflitos armados não internacionais não o ratificaram. Esta situação constitui um obstáculo à eficácia do DIH em muitos dos conflitos armados actuais.

Salienta-se que as violações graves do DIH são definidas como crimes de guerra.

Por último, importa referir que as violações do DIH não se devem à inadequação das suas regras mas sim à falta de vontade em respeitá-las e à insuficiência de meios para a sua aplicação.

Referências:

Sítio na Internet do Comité Internacional da Cruz Vermelha: http://www.icrc.org

Jean-Marie Henckaerts, "Study on customary international humanitarian law: A contribution to the understanding and respect for the rule of law in armed conflict", *International Review of The Red Cross,* Vol. 87, N.º 857, Março 2005. Disponível em http://www.icrc.org/eng/assets/files/other/irrc_857_henckaerts.pdf

Michel Veuthey, "Humanitarian Ethical and Legal Standards" in Kevin M. Cahill (ed.), *Basics of International Humanitarian Missions,* New York: Fordham University Press & Center for International Health and Cooperation, 2003.

DIREITO INTERNO

Carlos Proença

Parcela do Direito proveniente dos órgãos competentes de um determinado Estado (*v.g.* o Português ou qualquer outro) e cujo âmbito de aplicação geográfico, normalmente, se circunscreve ao território desse mesmo Estado, sem prejuízo de tal parcela ou bloco normativo poder ser chamado a resolver determinadas situações jurídicas (*maxime* litígios) eventualmente ocorridas noutros Estados, desde que tais situações jurídicas se encontrem em contacto com vários (no mínimo dois) ordenamentos jurídicos, por convocação das normas do Direito Internacional Privado dos Estados onde as mesmas ocorreram.

Por outras palavras, o Direito interno corresponde, em suma, àquele Direito que se insere na esfera doméstica de actuação dos órgãos, sobretudo públicos, competentes de um Estado, e configurado para ter aplicação principalmente dentro desse mesmo Estado.

Assim entendido, o Direito interno, correspondendo ao conjunto de actos normativos (*maxime* legislativos e regulamentares) oriundo das instituições (públicas ou privadas) competentes de um determinado Estado, é uma consequência da organização dos países, enquanto comunidades políticas organizadas, em torno da figura do Estado-nação, traduzindo-se numa (talvez até na principal) expressão da soberania de cada Estado.

Nesta medida, o Direito interno contrapõe-se a outras parcelas *não internas* do Direito, como seja o *Direito Internacional Público* e o *Direito da União Europeia*. Com efeito, estas áreas da juridicidade, que mais do que "meros" ramos do Direito se traduzem em verdadeiros ordenamentos jurídicos, correspondem à expressão normativa de diferentes organizações internacionais e de vários Estados.

A União Europeia, não sendo um Estado, constituindo antes uma organização internacional traduzida numa associação de Estados (*Staatenverbund*) *sui generis*, é dotada de órgãos próprios[1] (Comissão Europeia, que actua sobretudo ao nível da iniciativa; Parlamento Europeu e Conselho, com poderes principalmente decisórios) com competência normativa das quais provém o Direito derivado da União Europeia, traduzido em regulamentos, directivas e decisões comunitários. Os princípios como os do primado, do efeito directo e da aplicabilidade directa (entre outros) do Direito Comunitário surgiram precisamente para resolver o problema das relações entre o(s) Direito(s) interno(s) e Direito da União Europeia.

No Direito Internacional Público, para além da importantíssima função que o costume desempenha no quadro das fontes do Direito, há a destacar várias organizações internacionais, universais (*v.g.* a Organização das Nações Unidas) e regionais (*v.g.* o Conselho da Europa; a própria União Europeia), compostas por Estados e dotadas de órgãos com competência normativa própria, das quais provêm tratados e convenções internacionais, resoluções, conclusões, recomendações, entre outros actos típicos do Direito Internacional.

O célebre artigo 8.º da Constituição da República Portuguesa trata de regular as relações do Direito interno português com o Direito Internacional, bem como com o Direito da União Europeia.

Referências:
Albino de Azevedo Soares, *Lições de Direito Internacional Público,* 4.ª ed., 1996, Coimbra, p. 63 e ss.
Gonçalves Pereira & Fausto de Quadros, *Manual de Direito Internacional Público,* 3.ª ed., 2002, p. 81 e ss.
Jónatas Machado, *Direito Internacional. Do Paradigma Clássico ao Pós-11 de Setembro,* 3.ª ed., Coimbra, 2006, p. 136 e ss.

---

[1] As chamadas Instituições Comunitárias.

DIREITO MARÍTIMO (*vide* DIREITO DO MAR)

DIREITO NATURAL

Mateus Kowalski e Miguel de Serpa Soares

A problemática do fundamento do Direito é uma questão que sempre preocupou a teoria do Direito. A concepção jusnaturalista foi uma tentativa de dar solução à problemática. Para esta teoria, o direito positivado teria um fundamento superior: o Direito Natural. Apesar de ser de difícil definição e de divergir por diversas concepções, poder-se-á dizer que o Direito Natural é um ordenamento de raiz ética que a razão projecta numa ordem objectiva.

A sua conceptualização no âmbito do Direito Internacional surge no século XVI, com a autonomização do próprio Direito Internacional. O Direito Natural, anterior e superior ao Direito Internacional positivado, garantiria a liberdade do ser humano inserido na sua colectividade e limitava o poder.

Os assim chamados "teólogos juristas", influenciados por São Tomás de Aquino, confortados com o surgimento do Estado moderno, sentiram a necessidade de situar juridicamente esta nova entidade soberana, designadamente no espaço de relacionamento entre os Estados. O Direito Natural teria, para aqueles pensadores, um fundamento divino. Francisco de Vitoria, fundador da Escola de Salamanca, defendia que o poder do Estado soberano é limitado pelo Direito Natural. Logo, a comunidade de Estados seria em primeira linha regulada pelo Direito (internacional ou entre Estados) que era Direito Natural (o *Jus inter Gentes*). Já Francisco Suarez, professor da Universidade de Coimbra, não negando que o Estado soberano se encontra submetido ao Direito Natural, distinguia, contudo, o Direito Natural (anterior) do Direito positivado que regula a relação entre os Estados (o *Jus Gentium*).

Hugo Grócio, autor da primeira obra científica sobre Direito Internacional, formulou a sua concepção geral do Direito Internacional com base no Direito Natural, na esteira dos "teólogos juristas". Contudo, demarca-se deles ao fazer radicar o Direito Natural na moral e não na lei divina. Para este autor, o Direito Natural seria formado por princípios revelados pela razão que determinariam se uma determinada acção seria moralmente aceite ou não, logo, lícita ou não. Esta linha de pensamento foi continuada por outros, como Puffendorf. Já Vattel, embora reconhecendo a existência de um Direito Natural, advogava que o Direito Natural é subjectivo, sendo que cada Estado é livre de o determinar. Admite, mesmo, que o Direito internacional voluntário, expressão da vontade dos Estados, pode assim modificar o próprio Direito Natural em benefício da uniformização de regras de convivência entre os Estados. São assim lançados os alicerces para uma concepção positivista do Direito Internacional.

A concepção do Direito Internacional com fundamento no Direito Natural clássico acabou por ser superada ou recusada (embora nalguns casos aparente estar hoje apenas em semi-hibernação). Isto sem prejuízo do ressurgimento do jusnaturalismo nos anos 1930-40, continuado, de alguma forma, por um jusnaturalismo cristão. A crítica ao Direito Natural assenta essencialmente no facto de radicar num sistema de valores fechado oferecendo uma explicação a-histórica. Assim se percebe que tenha servido de fundamento eficaz tanto para o absolutismo como para a democracia.

Referências:
Malcolm Shaw, *International Law*, Cambridge: Cambridge University Press, 2003.
Nguyen Quoc Dinh *et al.*, *Direito Internacional Público*, Lisboa: Fundação Calouste Gulbenkian, 2003.
Thomas Hobbes, *Elementos do Direito Natural e Político*, Porto: Ré-Editora, s.d.
Vicente Paiva, *Elementos de Direito Natural ou de Philosophia de Direito*, Coimbra: Imprensa da Universidade de Coimbra, 1850.

DIREITOS HUMANOS

ISABEL CABRITA

O termo "direitos humanos" é relativamente recente tendo vindo substituir a expressão "direitos naturais" produto da filosofia moderna nascida no mundo europeu no século XVII e herdeira da concepção cristã da vida.

Não obstante a actualidade e importância dos direitos humanos na vida política contemporânea verifica-se a imprecisão do termo direitos humanos. Isto é, não existe unanimidade de significado.

Na realidade, nem sequer existe acordo sobre quais são os direitos humanos e muito menos sobre o que é que significa ter um direito, quem é o titular dos direitos, se é possível limitar um direito, como se relacionam os diversos direitos entre si, se existe alguma hierarquia de direitos, como se relacionam os direitos de uma pessoa com os direitos das outras pessoas, como se relacionam os direitos de uma pessoa com os direitos dos grupos dos mais diversos tipos, se o cumprimento dos deveres tem alguma relação com os direitos, etc.

Com efeito, existe no mundo contemporâneo um desacordo em relação a algumas questões básicas respeitantes aos direitos humanos. Mais, este desacordo tanto se verifica entre sociedades com culturas diferentes como nas próprias sociedades democráticas de Estados pluralistas.

Este problema não é novo. Já quando as Nações Unidas decidiram criar a Declaração Universal dos Direitos do Homem (DUDH) e atribuíram essa tarefa à

DIREITOS HUMANOS

Comissão dos Direitos Humanos nada disseram sobre o significado da expressão direitos humanos nem sobre a sua justificação ou fundamentação. No entanto, não deixaram de dar algumas instruções sobre o conteúdo da Declaração, nomeadamente *frisaram que esta devia incluir princípio da não discriminação, os direitos civis e políticos, os direitos económicos e sociais e que devia ser universal.*

A razão para a omissão de quaisquer referências ao sentido e fundamento dos direitos humanos nos trabalhos preparatórios da DUDH residiu no facto de se considerar que eram assuntos problemáticos, e como tal, a serem evitados de modo a permitir o consenso sobre o conteúdo da Declaração.

Acontece que os autores da DUDH chegaram a um acordo sobre uma *lista de direitos* que pudessem ser postos em prática mas desistiram da procura de um consenso a respeito da definição e justificação filosófica dos direitos humanos.

Assim sendo, verifica-se que quando os defensores dos direitos humanos reivindicam os direitos humanos ao nível internacional estão a apelar para a *lista* de direitos prevista na DUDH, que inclui direitos civis e políticos (artigos 3.º a 21.º) e direitos económicos, sociais e culturais (artigos 22.º a 27.º).

Realça-se que conhecer a *lista* dos direitos humanos reconhecidos internacionalmente é diferente de saber o que *são* os direitos humanos. Em relação a esta última questão, a maioria da doutrina considera que para o movimento internacional dos direitos humanos os direitos humanos são *os direitos que cada um tem só por ser um ser humano* (ou só por ser Homem).

Por sua vez, para o movimento internacional dos direitos humanos, o termo "direito" significa *direito subjectivo.* Quanto ao termo "humano" pretende exprimir que o direito *é deduzido do ser humano.*

Daqui se pode concluir que para o movimento internacional dos direitos humanos os direitos humanos não retiram o seu valor das leis criadas pelo Estado mas sim do próprio ser humano, que só as pessoas humanas é que podem ser titulares de direitos humanos e que os direitos humanos são universais, iguais para todos os seres humanos e inalienáveis.

Referências:

Åshild Samnoy, "Origins of The Universal Declaration", in Gudmundur Alfredsson e Asbjørn Eide (eds.), *The Universal Declaration of Human Rights A Common Standard of Achievement,* Haia: Kluwer Law International, 1999, p. 3-22.

Isabel Cabrita, *Direitos Humanos: Um Conceito Em Movimento,* Coimbra: Almedina, 2011.

Jack Donnelly, *Universal Human Rights In Theory & Practice,* Ithaca and London: Cornell University Press, 2003.

DISCRIMINAÇÃO RACIAL

Helena Pereira de Melo

A DUDH proclama no artigo 1.º o princípio da igualdade afirmando que "todos os seres humanos nascem livres e iguais em dignidade e em direitos". Decorrência lógica deste reconhecimento de que o ser humano é o mesmo em toda a parte devendo as mesmas regras ser válidas para todos os seres humanos em qualquer época ou lugar constitui o todos poderem invocar "sem distinção alguma, nomeadamente de raça (...)" os direitos e liberdades nela contidos. A afirmação da universalidade dos direitos implica ainda que todos possam igualmente invocá-los para se protegerem contra "qualquer discriminação que viole a presente Declaração e contra qualquer incitamento a tal discriminação" (cf. os artigos 2.º e 7.º da Declaração).

O conceito de discriminação em razão da raça será definido com pormenor, pela primeira vez, na Convenção Internacional sobre a Eliminação de Todas as Formas de Discriminação Racial, aberta à assinatura em 21 de Dezembro 1965. Os motivos da sua elaboração constam do respectivo Preâmbulo, no qual os Estados partes se declaram "convencidos de que as doutrinas da superioridade fundada na diferenciação entre as raças são cientificamente falsas, moralmente condenáveis e socialmente injustas e perigosas", bem como de que "a existência de barreiras raciais é incompatível com os ideais de qualquer sociedade humana". O objectivo da sua adopção é, pois, a "eliminação rápida de todas as formas e de todas as manifestações de discriminação racial", bem como o combate "às doutrinas e práticas racistas" com vista ao favorecimento do "bom entendimento entre as raças" e à edificação de "uma comunidade internacional liberta de todas as formas de segregação e de discriminação raciais" (cf. o preâmbulo desta Convenção que foi aprovada para adesão pela Lei n.º 7/82, de 29 de Abril).

Para efeitos da sua aplicação, uma definição muito ampla de discriminação racial é dada no seu artigo 1.º: "qualquer distinção, exclusão, restrição ou preferência fundada na raça, cor, ascendência na origem nacional ou étnica que tenha como objectivo ou como efeito destruir ou comprometer o reconhecimento, o gozo ou o exercício, em condições de igualdade, dos direitos do homem e das liberdades fundamentais nos domínios político, económico, social e cultural, ou em qualquer outro domínio da vida pública". A igualdade que se pretende alcançar em matéria de raça é, portanto, não apenas formal, mas também material, encontrando-se mesmo prevista a adopção, pelos Estados-partes, de medidas de discriminação positiva. Com efeito, o artigo 1.º, número 4, desta Convenção prevê a adopção de medidas especiais "com a finalidade única de assegurar convenientemente o progresso de certos grupos raciais ou étnicos ou de indivíduos que precisem da protecção eventualmente necessária para lhes garantir o gozo e o exercício dos direitos do homem e das liberdades fundamentais em condições

DISCRIMINAÇÃO RACIAL

de igualdade". A adopção destas medidas encontra-se, porém, sujeita a um duplo limite: não podem ser mantidas em vigor logo que se encontrem satisfeitos os objectivos visados com a sua adopção, nem podem ter como efeito "a conservação de direitos diferenciados para grupos raciais diferentes". Constituem exemplo destas medidas especiais as adoptadas pelo Governo Australiano com o intuito de proteger os Aborígenes.

Os direitos cujo gozo os Estados Partes se obrigam a assegurar para promoverem a igualdade jurídica de todos, sem distinção de raça, cor, origem nacional ou étnica, não são direitos consagrados *ex novo*, mas apenas os reconhecidos nos Pactos Internacionais das Nações Unidas. A Convenção apenas cria, para os Estados Partes, na matéria, a obrigação de eliminarem qualquer discriminação racial no exercício dos direitos civis e políticos e dos direitos económicos, sociais e culturais, tal como se encontram reconhecidos no PIDCP e no PIDESC. Compete, ainda, aos Estados Partes assegurar às pessoas sujeitas à sua jurisdição o exercício dos direitos quer de recorrer aos tribunais ou a quaisquer outros órgãos de administração da Justiça contra os actos de discriminação racial que violem os seus direitos e liberdades fundamentais, quer a uma reparação justa e adequada por qualquer prejuízo decorrente desses actos.

Para combater o renascimento destas ideologias a Conferência Geral da UNESCO adoptou, em 27 de Novembro de 1978, a Declaração sobre a Raça e os Preconceitos Raciais. Elaborada ao longo de quase três décadas e em parte com base na Obra de Claude Lévi-Strauss, a sua redacção denota a preocupação de acompanhar os progressos entretanto ocorridos na Antropologia e na Biologia. Nela se encontra realçada, por exemplo, a importância do meio ambiente sobre a constituição biológica do indivíduo e se reafirma que toda a teoria que defenda a superioridade racial de um grupo sobre outro é "desprovida de qualquer fundamento científico e contrária aos princípios morais e éticos da humanidade".

Fundamental também, para o combate à discriminação em razão da raça, foi a adopção da Convenção para a Protecção dos Direitos do Homem e das Liberdades Fundamentais, adoptada em Roma, sob a égide do Conselho da Europa, a 4 de Novembro de 1950 e aprovada para ratificação pelo nosso país pela Lei n.º 65/78, de 13 de Outubro. O gozo dos direitos e liberdades nela reconhecidos e nos seus Protocolos Adicionais deve, de acordo com o disposto no artigo 14.º deste tratado, ser assegurado sem quaisquer distinções, tais como as fundadas na raça. A protecção dispensada pela Convenção em matéria de discriminação até à adopção e entrada e vigor do Protocolo Adicional n.º 12 era limitada se a compararmos com a facultada por outros instrumentos jurídicos internacionais. Com efeito, apesar de o artigo 14.º da Convenção se inspirar nos artigos 1.º, 2.º e 7.º da DUDH, os seus redactores optaram por não consagrar o princípio da igualdade perante a lei. Acresce que o artigo 14.º da Convenção, ao limitar a protecção contra a discriminação ao gozo dos direitos e liberdades nela reconhecidos, assegura às pessoas dependentes da jurisdição das Altas Partes Contratantes uma protecção menos intensa do que a conferida pela cláusula geral do artigo 26.º do PIDCP onde se proclama a igualdade de todos perante a lei e se reconhece o direito de todos, sem discriminação, a igual protecção da lei.

Para obviar a que a exigência de não discriminação se limite a estes direitos e liberdades foi adoptado pelo Comité de Ministros do Conselho da Europa, em 26 de Junho de 2000, o Protocolo n.º 12 à Convenção, que entrou em vigor em 1 de Abril de 2005. Este Protocolo consagra no artigo 1.º uma cláusula geral de não discriminação semelhante à contida no artigo 26.º do PIDCP, segundo a qual o gozo "de qualquer direito definido pela lei deve ser assegurado sem quaisquer distinções, tais como as fundadas no sexo, raça (...)".

O Direito da União Europeia também proíbe a discriminação em razão da raça quer através do Tratado de Lisboa que altera o Tratado da União Europeia e o Tratado que institui a Comunidade Europeia, assinado em Lisboa em 13 de Dezembro de 2007, quer através da Directiva 2000/43/CE do Conselho, de 29 de Junho, que aplica o princípio da igualdade de tratamento entre as pessoas, sem distinção de origem racial ou étnica.

Referências:

Claude Lévi-Strauss, *Race et Histoire*, reimpressão da edição de 1987, Paris: Éditions Gallimard, 2002.

Emmanuel Decaux, *Le Droit face au Racisme*, Paris: Editions A. Pedone, 1999.

Sandra Fredman, *Discrimination and Human Rights The Case of Racism*, Oxford: Oxford University Press, 2001.

DOUTRINA BREJNEV

Maria de Assunção do Vale Pereira

A *doutrina Brejnev* (segundo o nome do Secretário-Geral do PCUS, que a oficializou) surgiu como uma tentativa de alargar os pressupostos do recurso à força armada definidos na Carta das Nações Unidas. Esta doutrina, que vigorou nas relações entre Estados socialistas (URSS e Estados satélites), permitia o recurso a meios militares por parte dos outros Estados socialistas para repor no caminho do socialismo algum Estado que dele se estivesse a desviar. A sua afirmação visou legitimar a intervenção soviética (juntamente com alguns outros Estados do Pacto de Varsóvia) na Checoslováquia, dirigida a fazer cessar a tentativa de liberalização do regime (*socialismo com rosto humano*) levada a cabo sob a liderança de Dubček, que ficou conhecida sob a designação de *Primavera de Praga*. Porque este movimento teve uma ampla adesão popular, a União Soviética, com manifesto receio de que se verificasse a sua propagação às vizinhas "democracias populares", decidiu a intervenção das tropas do Pacto de Varsóvia para pôr termo ao dito movimento. E efectivamente, a 20 de Agosto de 1968, os tanques do Pacto de Varsóvia invadem Praga, tendo Dubček sido detido, acabando por ser destituído do cargo.

As bases desta doutrina foram lançadas num artigo publicado no *Pravda*, a 26 de Setembro de 1968, da autoria de Sergei Kovalev, em que se afirma que "os povos dos países socialistas e os partidos comunistas têm com certeza, e devem ter, liberdade para determinar as formas de evolução dos seus países respectivos. No entanto, nenhuma das suas decisões deve prejudicar o socialismo nos seus países ou os interesses fundamentais de outros países socialistas, e o conjunto do movimento da classe operária, que trabalha pelo socialismo. (...) Como sistema social, o socialismo mundial é benefício comum das classes trabalhadoras de todos os países; é indivisível e a sua defesa é causa comum de todos os comunistas e progressistas do mundo, em primeiro lugar, o povo trabalhador dos países socialistas".

A 12 de Novembro desse ano, no V Congresso do Partido Operário Polaco, esta doutrina é oficializada por Brejnev. Dela resulta o reconhecimento da soberania dos Estados socialistas, mas uma *soberania limitada* (como, aliás, esta doutrina também é designada) à prossecução dos objectivos do socialismo, não tolerando qualquer desvio à ortodoxia marxista-leninista. Caso esse desvio ocorra, deverá haver uma acção, que pode chegar à utilização de meios militares, para repor o Estado "desviado" nos caminhos do socialismo, nessa vertente ortodoxa. Podendo essa acção, teoricamente, ser levada a cabo por qualquer Estado socialista ("cada partido comunista é responsável não apenas perante o seu próprio povo, mas também perante todos os países socialistas, perante todo o movimento comunista", como afirmou Brejnev), ela funcionou sempre a favor da URSS, que detinha o controlo sobre as forças do Pacto de Varsóvia (e Brejnev referiu-se ao "(...) poder da comunidade socialista e, acima de tudo, da União Soviética como uma força central").

Esta doutrina, genericamente condenada pela comunidade internacional, viola claramente as regras a que a Carta das Nações Unidas sujeita o recurso à força armada e foi definitivamente afastada com a orientação política adoptada na URSS por Gorbachev (Perestroika) e a subsequente desagregação do bloco soviético e modificações ocorridas nos sistemas políticos dos ex-Estados satélites.

Referências:
J. A. Azeredo Lopes, *Textos Históricos de Direito e de Relações Internacionais*, Porto: UCP-GEI, 1999, 63-633.

Maria de Assunção do Vale Pereira, *A Intervenção Humanitária no Direito Internacional Contemporâneo*, Coimbra: Coimbra Editora, 2009, pp. 347-352.
Stephen Schwebel, "The Brezhnev Doctrine Repealed and Peaceful Co-Existence Enacted", *American Journal of International Law*, 1972, vol. 66, 816-819.

DOUTRINA DRAGO

MARIA DE ASSUNÇÃO DO VALE PEREIRA

A doutrina Drago foi afirmada, pelo Ministro dos Negócios Estrangeiros da Argentina, Luiz Maria Drago, no contexto da crise verificada entre a Venezuela, por um lado, e a Alemanha, o Reino Unido e a Itália, por outro, em 1902. Então, estes Estados impuseram um bloqueio naval, bombardearam um dos portos venezuelanos e apresaram alguns navios desse Estado como forma de assegurar a cobrança de dívidas daquele Estado aos seus nacionais (portanto, no exercício da protecção diplomática). Diga-se que o recurso à ameaça ou ao emprego da força pelos Estados era relativamente corrente durante o século XIX como meio de obrigar terceiros Estados ao pagamento de dívidas que detivessem perante os seus nacionais (especialmente em relação a Estados latino-americanos).

Neste contexto, Luiz Maria Drago redige um documento («Instruções do Ministro dos Negócios Estrangeiros da Argentina ao seu Enviado em Washington relativas às cobranças de dívidas por Meios Militares», de 29 de Dezembro de 1902) em que se mostra alarmado "ao saber que a falta de pagamento da dívida pública da Venezuela seja apresentada como uma das causas determinantes do apresamento da sua frota, do bombardeamento de uma dos seus portos e do bloqueio de guerra rigorosamente estabelecido para as suas costas", comportamento que considera "violar os princípios muitas vezes proclamados pelas nações da América e muito particularmente a doutrina de Monroe (...)". Conclui afirmando o princípio de que "a dívida pública não pode dar lugar à intervenção armada, nem tão pouco à ocupação material do solo das nações americanas por uma potência europeia". Foi este princípio que ficou conhecido pelo nome de *Doutrina Drago*.

Uma resolução que o consagrava foi aprovada na 3.ª Conferência Internacional Americana (Rio de Janeiro, 1906) que o recomendou à consideração da Segunda Conferência da Paz de Haia (1907) que, porém, não aprovou a doutrina na íntegra, tendo aceite uma outra proposta – mais restritiva quanto ao seu conteúdo, mas sem limitar o seu âmbito de aplicação às relações entre Estados europeus e Estados americanos – que ficou consagrada na geralmente denominada *Convenção Drago-Porter* ou *Convenção Porter*.

Houve, ainda, uma tentativa de fazer reviver a Doutrina Drago na Conferência Interamericana para a Consolidação da Paz (Buenos Aires, Dezembro de 1936), que não teve sucesso devido a condicionalismos formulados pelo Brasil (designadamente da aceitação do recurso obrigatório à arbitragem ou a um tribunal jurisdicional internacional, quando os litígios sobre cobrança de dívidas dos Estados não pudessem ser resolvidos pela via diplomática).

Referências:

Drago, Luiz Maria, "Les emprunts d'Etat et leurs rapports avec la politique internationale", *Revue Générale de Droit Internationale Public*, Tomo XIV, 1907, pp. 1081-1134.

J. A. Azeredo Lopes, *Textos Históricos de Direito e de Relações Internacionais,* Porto, 1999, pp. 157-161.

J. da Silva Cunha & Maria de Assunção do Vale Pereira, *Manual de Direito Internacional Público,* 2.ª ed., Coimbra: Almedina, 2004.

Nguyen Quoc Dinh, Patrick Daillier & Alain Pellet, *Direito Internacional Público*, Lisboa: Fundação Calouste Gulbenkian, 1999.

DOUTRINA MONROE

MARIA DE ASSUNÇÃO DO VALE PEREIRA

Esta doutrina foi afirmada na Mensagem que o Presidente dos Estados Unidos, James Monroe, dirigiu ao Congresso americano, a 2 de Dezembro de 1923, em que definiu as bases da política externa norte-americana, especialmente nas suas relações com a Europa. Neste continente, formara-se um directório de grandes potências europeias que, com o objectivo de preservar o princípio da legitimidade monárquica (face à ameaça que as casas reinantes europeias viam no princípio das nacionalidades, que começara a germinar com a Revolução Francesa), veio a definir, no Congresso de Troppeau, de 1820, a legitimidade da sua intervenção nos Estados em que a autoridade legítima houvesse sido deposta ou estivesse em risco, bem como a regra do não reconhecimento de Governos nascidos de movimentos revolucionários.

Verificando-se movimentos nas colónias espanholas no continente americano, que contestavam a autoridade do Rei de Espanha, estavam reunidas as condições para uma possível intervenção das potências europeias em apoio da monarquia espanhola. É face à possibilidade dessa intervenção – que chegou a ser ponderada – que é afirmada a doutrina de Monroe, em que se podem encontrar dois vectores fundamentais. Um deles é o da definição de uma política isolacionista nas relações entre as Potências europeias e as Américas, afirmando-se que a política dos Estados Unidos em relação à Europa, "(...) [é] de *não interferir nos assuntos internos* de qualquer uma das suas Potências"; e que "(...) devemos à franqueza e amizade das relações entre os Estados Unidos e aquelas Potências declarar que consideraríamos *qualquer tentativa sua de expandir o seu sistema a qualquer porção deste hemisfério como perigosa para a nossa paz e segurança*". O outro é o do respeito pelas colónias existentes no continente, e da não admissibilidade da constituição de novas colónias nas Américas ("Não interferimos e não interferiremos nas colónias ou domínios de qualquer Potência europeia" e "(...) considerou-se a ocasião oportuna para afirmar, como princípio no qual estão envolvidos os direitos e interesses dos Estados Unidos, que os continentes americanos, pela condição livre e independente que assumiram e mantêm, *não são doravante de considerar como sujeitos a colonização futura por quaisquer Potências Europeias*").

Portanto, há uma afirmação clara de um princípio de não-intervenção, embora com um âmbito de aplicação restrito: apenas nas relações entre os Estados europeus e o continente americano. O que, aliás, revela bem o carácter pragmático da sua afirmação: a preocupação dos Estados Unidos em afirmar uma política independente , nomeadamente face a Inglaterra, e de tomar posição relativamente a quaisquer pretensões europeias nas Américas, quer fosse possibilidade de intervenção em socorro da Coroa espanhola quer fossem os esforços russos de prolongar a sua influência, a partir do Alasca, a toda a costa do Pacífico até à Califórnia. Definido nestes termos, o princípio nunca constituiu óbice à intervenção do Estado que o formulou no próprio continente americano.

Referências:

J. A. Azeredo Lopes, *Textos Históricos de Direito e de Relações Internacionais,* Porto: GEI, UCP, 1999, pp. 90-93.

Nguyen Quoc Dinh, Patrick Daillier & Alain Pellet, *Direito Internacional Público,* Lisboa: Fundação Calouste Gulbenkian, 1999.

DUALISMO

MATEUS KOWALSKI E MIGUEL DE SERPA SOARES

A tese dualista é enunciada no quadro da dialéctica clássica monismo/dualismo. Quer o monismo quer o dualismo procuram dar resposta à problemática do relacionamento entre o Direito Internacional e o Direito interno.

A tese dualista está enraizada numa concepção voluntarista do Direito. Perspectiva a ordem jurídica internacional e a ordem jurídica interna como sendo ordens separadas e estanques. Cada uma teria regras sobre o relacionamento com a outra. Os subscritores da tese dualista defendiam esta concepção pluralista de ordens jurídicas argumentando que: o Direito interno inscreve-se no âmbito da soberania de um só Estado, enquanto o Direito Internacional é criado e aplicado no espaço internacional onde se encontram reunidos vários Estados soberanos; a ordem jurídica interna comporta diversos sujeitos de natureza pública e privada, enquanto a ordem jurídica internacional tem como únicos sujeitos os Estados; a norma interna vale a partir do momento da sua formação e independentemente

DUALISMO

da norma internacional, enquanto a norma internacional só vale depois de transposta para a ordem interna.

Contudo, esta tese assentava em pressupostos que hoje não são válidos. Desde logo, não é hoje totalmente verdadeiro que cada uma das ordens tem um objecto material diferente (principalmente na era da globalização, em são exemplos de preocupações partilhadas a segurança, a saúde, o ambiente, ou mesmo as crises económico-financeiras). Em segundo lugar, a existência de um conflito entre normas internas e internacionais resolvido em favor da primeira, não significa necessariamente a supremacia da ordem interna: por um lado, na prática, tal verifica-se, efectivamente, mas normalmente apenas quando esteja em causa uma norma interna de elevado valor, como a Constituição (sendo certo que a posição do Direito Internacional nas fontes de Direito pode variar); por outro lado, tal é admitido igualmente pelas teses monistas (quer com primado no Direito interno quer com primado no Direito Internacional). Ainda, via de regra, as normas internacionais não carecem de transposição para a ordem interna, tendo os seus próprios processos de formação que são oponíveis aos Estados e às suas ordens jurídicas internas. Finalmente, a comunidade internacional integra outros sujeitos de Direito para além dos Estados, nomeadamente as Organizações Internacionais ou o Indivíduos (simultaneamente sujeitos de Direito interno e de Direito Internacional.

As teses dualistas não deram uma resposta satisfatória à problemática do relacionamento entre o Direito Internacional e o Direito interno. Esta é, pois, uma querela que foi entretanto ultrapassada em favor da tese monista com primado no Direito Internacional, de dimensão moderada.

Referências:

André Gonçalves Pereira & Fausto de Quadros, *Manual de Direito Internacional Público*, Coimbra: Almedina, 2009.

Ian Brownlie, *Princípios de Direito Internacional Público*, Lisboa: Fundação Calouste Gulbenkian, 1997.

Nguyen Quoc Dinh *et al.*, *Direito Internacional Público*, Lisboa: Fundação Calouste Gulbenkian, 2003.

DUPLA TRIBUTAÇÃO

Rita Calçada Pires

O conceito de dupla tributação é identificado usualmente com a dupla tributação jurídica. Esta acontece quando um mesmo indivíduo, em face do mesmo facto, está sujeito a mais do que um imposto, tendo que os vários impostos serem idênticos. Inclusivamente o mesmo indivíduo poderá estar sujeito aos impostos, num mesmo

DUPLA TRIBUTAÇÃO

período, se forem impostos renováveis. Esta dupla tributação jurídica distingue-se da dupla tributação económica, aquela que é gerada quando, para o mesmo facto, vários são os sujeitos do imposto (e.g., o exemplo usual da tributação dos lucros de uma sociedade e dos lucros distribuídos aos sócios).

A dupla tributação é gerada pela existência de mais do que uma conexão a vários territórios, territórios esses que se assumem com competência fiscal própria. A dupla tributação surge como um problema, uma vez que pode actuar como uma barreira à livre circulação de capital, bem como à maximização dos benefícios decorrentes do investimento internacional, desprestigiando, claramente, a real capacidade contributiva. Torna-se, por tal, imprescindível encontrar formas de evitar e eliminar a dupla tributação. Essa é a função das convenções bilaterais, a forma privilegiada de actuação no presente âmbito, convenções essas que têm por base, essencialmente, as soluções apontadas no Modelo de Convenção Fiscal sobre o Rendimento e o Património da Organização para a Cooperação e para o Desenvolvimento Económico (é de apontar ainda a existência de um modelo de convenção respeitante à dupla tributação em matéria de *sucessões* e doações).

Evita-se a dupla tributação através da atribuição a uma única jurisdição do poder de tributar, seja a residência do sujeito passivo ou a fonte do rendimento, do bem ou do facto que gera tributação. Porém, porque o poder tributário pode ser reconhecido, simultaneamente, ao Estado da residência e ao Estado da fonte, criaram-se mecanismos para resolver a dupla tributação inevitavelmente gerada. Elimina-se a dupla tributação através da adopção de dois métodos fundamentais: método da isenção e o método do crédito. O Estado que geralmente atenua ou elimina a dupla tributação é o Estado da residência.

Através do método da isenção, aquando o cálculo do imposto devido, tem-se em atenção o rendimento ou bem tributado no estrangeiro. Estar-se-á perante uma isenção integral quando o valor tributado no estrangeiro é reconhecido como não sendo objecto de tributação no Estado da residência, nem integrando o cálculo da mesma. Já no caso da isenção com progressividade, o valor tributado no estrangeiro, apesar de ser afastado no âmbito daquilo que tem de ser tributado, é um valor tomado na determinação da taxa a aplicar aos outros rendimentos ou bens.

De acordo com o método do crédito, deduz-se ou imputa-se o valor pago no estrangeiro ao valor a pagar de imposto nacional. Esta imputação pode ser total, quando todo o valor pago no estrangeiro é creditado no imposto que seria pago na residência, ou pode limitar-se o montante a imputar-se ao imposto nacional. Esta última variante é a mais comum. Entende-se que o limite da imputação deverá ser o valor que aquele rendimento, bem ou facto estaria sujeito se fosse tributado internamente. Contudo, em nome da solidariedade internacional, surgindo como forma de promover o desenvolvimento e as potencialidades das

DUPLA TRIBUTAÇÃO

relações económicas internacionais, às vezes aceita-se que, caso haja um benefício na tributação no Estado da fonte, o Estado nacional possa imputar a totalidade do imposto que haveria de ser pago no estrangeiro e não foi. Cria-se um imposto fictício e assume-se o desagravamento desse imposto fictício como forma de auxílio (*tax sparing credit*).

Referências:
Klaus Vogel, *On Double Taxation Conventions*, 3rd edition, Deventer: Kluwer Law International, 1999.
Manuel Pires, *Da dupla tributação jurídica internacional sobre o rendimento*. Lisboa: Centro de Estudos Fiscais, Direcção–Geral das Contribuições e Impostos. Ministério das Finanças, 1984.
Christiana HJI Panayi, *Double Taxation, Tax Treaties, Treaty Shopping and the European Community*, Deventer: Kluwer Law International, 2007.

EFEITO DIRECTO

PEDRO LOMBA

Uma norma jurídica possui eficácia directa, sem precisar de intermediação ou transformação em outra norma jurídica, quando confere direitos ou cria obrigações para os cidadãos de forma precisa e incondicional, podendo por isso ser invocada directamente por esses cidadãos e devendo ser aplicada pelos tribunais. O efeito directo das normas traduz-se num fenómeno comum em direito interno. Mas no Direito Internacional o problema coloca-se noutra dimensão. Cabe recordar que sobre o efeito directo de acordos internacionais o Tribunal Permanente de Justiça Internacional afirmou, a respeito do estatuto da cidade de Dantzig, que um convénio internacional não cria directamente direitos nem obrigações na esfera jurídica de particulares. Com efeito, o efeito directo das normas de Direito Internacional pressupõe, primeiramente, que os estados o tenham reconhecido através dos respectivos sistemas constitucionais de incorporação e recepção doméstica do Direito Internacional. No caso da Constituição Portuguesa de 1976, o artigo 8.º aceita expressamente o efeito directo do Direito Internacional de fonte costumeira e convencional. Nos nossos dias, porém, a doutrina do efeito directo suscita dúvidas mais especiosas atendendo ao estádio actual de desenvolvimento do Direito Internacional, o qual consiste em saber se podemos falar de uma doutrina do efeito directo como princípio autónomo de Direito Internacional ou se a mesma doutrina está, pelo contrário, acessoriamente ligada ao que as diversas constituições estaduais determinem sobre a eficácia do Direito Internacional nas respectivas ordens internas. Na verdade, a doutrina do efeito directo recebeu um grande desenvolvimento no âmbito do Direito da União Europeia, tendo já sido cunhada como o mais "significativo avanço judicial na criação na ordem jurídica do pós-II Grande Guerra". Através do julgamento do Tribunal da Justiça da actual União Europeia no caso *Van Gend En Loos*, em 1963, este Tribunal decidiu que o objectivo acordado no Tratado de Roma de estabelecer um mercado comum em benefício dos cidadãos europeus impunha o efeito directo das normas do tratado que estabelecessem direitos ou obrigações precisas e incondicionais, mesmo que nas respectivas ordens nacionais, em função do sistema adoptado para a vigência do Direito Internacional, tais disposições ainda não pudessem ser aplicadas. Mais tarde, o Tribunal de Justiça estendeu a doutrina do efeito directo a normas de regulamentos, directivas comunitárias (caso *Van Duyn*, de 1974) e normas inseridas em acordos com estados terceiros. Encontrando-se a temática do efeito directo das normas internacionais, designadamente ao nível do Direito Internacional económico, sob forte indagação doutrinária, pode distinguir-se, na esteira da jurisprudência entre TJUE, entre efeito directo vertical e efeito horizontal consoante a norma invocada seja contra o Estado ou nas relações entre particulares.

Referências:
Armin Von Bogdandy, "Pluralism, direct effect, and the ultimate say: On the relationship between international and domestic constitutional law," 2008, *International Journal of Constitutional Law*, 6, 397
Bruno de Witte, "Direct Effect, Supremacy and the Nature of the Legal Order", in P. Craig and G. de Búrca (eds.), *The Evolution of EU Law*, Oxford: OUP, 1999.
Thomas Cottier, "A Theory of Direct Effect in Global Law", A. von Bogdandy/P. C. Mavroidis/Y. Mény (eds.), *European Integration and International*, Co-ordination, 2002, pp. 99-123.

EMBARGO (*vide* REPRESÁLIAS)

ENERGIA NUCLEAR

MIGUEL CALADO MOURA

A energia nuclear é uma forma de energia libertada durante o processo de reacção nuclear, convertendo matéria em energia, modificando a constituição do núcleo do átomo.

Existem duas formas diferentes de produção de energia nuclear: *i*) através da cisão dos núcleos pesados (fissão nuclear) e *ii*) através da fusão de núcleos leves (fusão nuclear). A fissão nuclear gera energia através da desintegração de um átomo de um elemento pesado (como é o caso do plutónio ou urânio). A fusão nuclear, por seu turno, consiste na produção de energia através da fusão de dois átomos leves (como é o caso do hidrogénio, deutério, trítio ou hélio), formando um elemento novo mais pesado.

A criação de energia nuclear pode ser produzida tanto por processos controlados pelos humanos (reactores nucleares, centrais nucleares e bombas atómicas), como também pode ser produzida naturalmente (a luz que o Sol e outras estrelas produzem deriva de reacções nucleares provocadas nos seus núcleos). A produção humana de energia nuclear utiliza o processo de fissão nuclear nas centrais e reactores, enquanto a libertação de energia nuclear do Sol e outras estrelas tem por base a fusão nuclear.

A teoria atomista (antecedente histórico da energia nuclear) teve a sua origem no século V a.C. pelos filósofos gregos Leucipo de Mileto e pelo seu discípulo e Demócrito de Abdera, afirmando que o Universo tem por base uma constituição elementar atómica, sendo o átomo uma partícula invisível, indivisível e impenetrável.

É só no século XIX que os cientistas voltam a abordar a teoria atómica, desenvolvendo a teoria da energia nuclear, destacando-se, entre muitos, John Dalton (1766-1844), Pierre Curie (1859-1906), Henri Becquerel (1852-1908), Maria Slodowska Curie (1867-1934), Joseph Ernest Ruthford (1871-1937), John Thomson (1854-1940), Max Ernest Planck (1858-1947), Robert Andrews Millikan (1868-1953), Albert Einstein (1879-1955), Enrico Fermi (1901-1954) e Lise Meitner (1878-1968). Em 2 de Dezembro de 1942, em Chicago, é criado por Fermi o primeiro reactor de cisão nuclear.

As vantagens essenciais da energia nuclear são: *i*) a não utilização de combustíveis fósseis, e consequentemente, *ii*) a não libertação de gases poluentes para atmosfera, não gerando efeito estufa, *iii*) longevidade das centrais e *iv*) energia obtida a baixo custo. No entanto, a energia nuclear também proporciona efeitos nocivos, nomeadamente através da libertação de radioactividade para atmosfera danificando os organismos vivos, principalmente através da radiação gama.

A História já presenciou momentos em que a energia nuclear demonstrou o seu poder destrutivo, como é o caso das bombas nucleares de Hiroshima (4 de Agosto de 1945) e Nagazaki (9 de Agosto de 1945), o desastre de Chernobyl (26 de Abril de 1986) e o desastre nuclear de Fukushima (11 de Março de 2011).

Perante a comunidade internacional, a energia nuclear não é uma unanimemente aceite como fonte de energia plenamente alternativa ao petróleo, pois os riscos associados ao mau uso podem ser catastróficos.

Por um lado, no que toca à energia nuclear de cariz militar, a década de 60 do século XX marca um período de mudança, na medida em que é criado o Tratado de Não-Proliferação Nuclear, assinado em 1968 (entrou em vigor em 5 de Março de 1970), que actualmente conta com a adesão de 189 Estados, cinco dos quais, pelo menos, são detentores de armas nucleares: Estados Unidos da América, Rússia, Reino Unido, França e China (os cinco membro-permanentes do Conselho de Segurança das Nações Unidas).

Por outro lado, no que respeita à energia de cariz civil, foram criadas três organizações internacionais: *i*) a Comunidade Europeia de Energia Atómica

EQUIDADE (DIREITO INTERNACIONAL)

(instituída pelo Tratado de Roma de 1957) que desempenha um papel fundamental na supervisão da radioactividade e na elaboração de normas de segurança, *ii*) a Agência para a Energia Nuclear da OCDE (1975) que tem como objectivo fundamental favorecer o desenvolvimento da indústria nuclear, zelando pela aplicação da Convenção de 20 de Dezembro sobre o Controlo da Segurança e *iii*) a Agência Internacional da Energia Atómica (1956), de cariz universal que zela pela aplicação dos tratados de desarmamento nuclear bem como pela supervisão da segurança nas instalações nucleares.

No âmbito do Direito Internacional do Ambiente, a energia nuclear aparece como uma matéria fundamental. Cada vez mais a comunidade internacional tem vindo a preocupar-se com esta matéria, tendo criadas várias Convenções protectoras dos riscos associados à criação e utilização da energia nuclear, entre as quais se destaca a Convenção de Viena sobre a Segurança Nuclear de 1994.

Referências:
Joseph W. Dellapenna, "Law in a Shrinking World: The Interaction of Science and Technology with International Law", *Kentucky Law Journal*, vol. 88, n.º 4, 2000.
Karten J. Frey, "Nuclear Weapons as Symbols: The Role of Norms in Nuclear Policy Maling" *IBEI Working Paper*, n.º 2006/3.
Stefan Kirchner, "Grenznahe Atomkraftwerke und umweltvölkerrechtlicher Nachbarschutz – Der Temelin-Streit geht in eine neue Runde", *Working Paper Series*, Institute for Public Law, University of Goettingen, 2007.
Jakub Handrilica, "European Atomic Energy Community and Nuclear Liability", *Oil Gas and Energy Law*, vol. 3, 2009.

EQUIDADE (DIREITO INTERNACIONAL)

Gonçalo Almeida Ribeiro

O lugar da equidade no Direito Internacional deve ser compreendido contra o pano de fundo da anarquia conceptual e da insegurança jurídica provocadas pelo artigo 38.º/1 do Estatuto do Tribunal Internacional de Justiça. O artigo 38.º/1 enuncia as fontes do direito aplicável pelo Tribunal: o costume internacional, as convenções internacionais, os princípios gerais de direito, as decisões judiciais e a doutrina dos publicistas. Com essa disposição, procurou delimitar-se de forma clara os factos sociais que incorporam ou revelam normas de Direito Internacional, remendiando-se assim boa parte da insegurança jurídica que decorre de um sistema de criação do direito ao qual faltam uma constituição e um aparelho orgânico centralizado.

Todavia, a técnica de enunciação das fontes do Direito Internacional a que aderiram os redactores do Estatuto é de tal modo censurável que o desiderato foi largamente frustrado. Confundem-se fontes de direito propriamente ditas, como sejam o costume ou o tratado, com o que tanto se podem considerar normas como critérios de argumentação jurídica, caso dos princípios gerais de direito, mas nunca fontes em sentido rigoroso. A isto acresce que o artigo 38.º/1 omite a referência a fontes reconhecidas de Direito Internacional, com particular destaque para certos actos unilaterais dos Estados e das organizações internacionais (Dinh *et al.*, 1987). O enunciado das fontes é, por essa razão, meramente exemplificativo, o que prejudica a segurança jurídica que se terá querido salvaguardar.

Para além das fontes de direito, o Estatuto autoriza o Tribunal a decidir controvérsias segundo o que a doutrina tem denominado equidade, uma tradução discutível, e talvez dispensável, da expressão "decisão *ex aequo et bono*" (Pereira e Quadros, 2000). O artigo 38.º/2 dispõe que o enunciado das fontes de direito "não prejudicará a faculdade do Tribunal de decidir a questão *ex aequo et bono*, se as partes assim convierem." Esta disposição sugere que a equidade é uma alternativa à resolução de litígios através da aplicação das fontes do direito, nomeadamente os princípios gerais de Direito Internacional. Não é clara, porém, qual a relação entre a equidade, os princípios gerais e o direito das fontes, nomeadamente se aquela está na continuidade deste (*secundum legem*), está para além dele (*praeter legem*), ou é contrário a ele (*contra legem*) (Pereira e Quadros, 2000). Esta ambiguidade é ampliada pela polissemia e leviandade no uso do termo "equidade" na jurisprudência do TIJ.

Quando Aristóteles, no capítulo 10 do Livro V da *Ética a Nicómaco*, contrapôs a equidade à justiça legal, esclareceu que entre ambas se estabelece uma relação de complementariedade. A equidade aperfeiçoa a justiça da lei. Por um lado, sem o amparo da lei, a decisão judicial não é equitativa mas arbitrária, porque não se apoia em critérios gerais que garantem o justo tratamento igual para o que é igual e diferente para o que é diferente. Por outro lado, sem a correcção equitativa a lei é injusta, porque as limitações humanas da legislação não permitem a definição antecipada de todas as discriminações que o justo tratamento igual requer. Daí a frase de Aristóteles: "...o equitativo é justo, não o legalmente justo, mas uma correcção da justiça legal." (Aristóteles, 1925, trad. minha). A lei e a equidade são duas etapas no processo de realização da justiça, a lei enunciando regras que incorporam critérios gerais e a equidade afinando-os no momento da aplicação. É a equidade *secundum legem*.

Esta equidade nada tem que ver com a resolução de litígios *ex aequo et bono*. Está antes ligada aos princípios gerais a que o artigo 38.º/1(c) se refere erroneamente como fontes de direito, mas que em bom rigor são normas jurídicas ou critérios de argumentação jurídica. Desde logo, segundo o princípio geral *summum jus, summa injuria*, os tribunais não devem aplicar a lei de forma mecânica ou

EQUIDADE (DIREITO INTERNACIONAL)

subsuntiva, mas equitativamente. De forma mais directa, a relevância atribuída pelo artigo 38.º/1 aos princípios gerais confere ao Tribunal a faculdade de controlar a equidade na aplicação de normas convencionais e costumeiras, através do exame dos princípios gerais nos quais estas se apoiam. É neste sentido, como critério de aplicação do direito, que o Tribunal emprega com maior frequência o termo *equity* (Brownlie, 1990).

Um outro sentido em que a palavra "equidade" é invocada na jurisprudência do TIJ, nos costumes, nas convenções e na doutrina é enquanto critério de decisão em áreas do Direito Internacional que se entende não ser possível ou prudente regular por intermédio de regras gerais e abstractas. Em páginas dedicadas à equidade em Direito Internacional, os autores de um conhecido tratado escrevem: "[e]stá assente... que, se o Direito Internacional comporta regras bastante exactas sobre condições de atribuição da responsabilidade internacional, não é explícito sobre a fixação do montante da indemnização. Nestas condições, os juízes e árbitros são frequentemente levados a proceder a uma avaliação equitativa do montante das indemnizações." (Dinh *et al.*, 1999, 325). Estes casos de recurso à equidade distinguem-se dos casos omissos, pois não correspondem a uma lacuna no ordenamento jurídico mas a uma delegação de poder decisório no aplicador do direito. É a equidade *praeter legem*, inevitável em áreas do direito insusceptíveis de regulação adequada *ex ante*, não podendo por essa razão depender o seu recurso do consentimento das partes exigido pelo artigo 38.º/2.

Nem a equidade *secundem legem*, nem a *praeter legem*, estão – como se vê – compreendidas no conceito de decisão *ex aequo et bono*. Esta só pode referir-se à equidade *contra legem*. A equidade, neste último sentido, é a resolução de um caso em conformidade, não com o direito, mas com os critérios de justiça e prudência que o juiz entenda adequados. Embora este possa apoiar-se, explícita ou implicitamente, nas fontes formais para resolver a controvérsia, a autoridade daquelas deixa de ser obrigatória para tornar-se meramente persuasiva. A decisão *ex aequo et bono* é *contra legem* não porque contraria necessariamente o direito, mas porque implica a permissão para preterir este em nome da justiça, da prudência, ou da consciência.

As origens profundas do artigo 38.º/2 estarão ligadas à prática tardo-medieval de resolução de litígios entre mercadores itinerantes segundo a equidade, em prejuízo quer do direito territorial e reinícola quer do direito comum, e que esteve na base não apenas da formação da *lex mercatoria*, como do recurso generalizado à regra de decisão *ex aequo et bono* na arbitragem privada, nacional e internacional. Já no âmbito do Direito Internacional Público, a equidade *contra legem* não desempenha um papel significativo; com efeito, não se conhece nenhum caso julgado pelo Tribunal Internacional de Justiça em que as partes tenham exercido o direito, atribuído pelo artigo 38.º/2 do Estatuto, de requerer uma decisão *ex aequo et bono* ou segundo a equidade *contra legem*. Quando se refere à "equidade", o TIJ emprega o termo nos dois outros sentidos acima examinados, como aperfeiçoamento (*secundum legem*) ou complemento (*praeter legem*) do direito formal.

Referências:
Aristóteles, *Nicomachean Ethics*, trad. ing. W. D. Ross, 1925, Livro V, cap. 10.
Ian Browlie, *Principles of Public International Law*, 1966, 4.ª ed., 1990, pp. 26-28.
Nguyen Quoc Dinh, Patrick Daillier e Alain Pellet, *Droit International Public*, 3.ª ed., 1987, pp. 322-327.
Nguyen Quoc Dinh, Patrick Daillier e Alain Pellet, *Direito Internacional Público*, trad. port. Vítor Marques Coelho, 1999, pp. 322-327.
André Gonçalves Pereira e Fausto de Quadros, *Manual de Direito Internacional Público*, 3.ª ed., 2000, pp. 275-277.

ERGA-OMNES (OBRIGAÇÕES)

MIGUEL CALADO MOURA

Erga omnes significa, à letra, "contra todos". No Direito Internacional, a questão da existência e exigibilidade das obrigações *erga omnes* é um tema bastante controverso e problemático. A questão surge quando se pretende saber se há obrigações emergentes de tratados internacionais que são oponíveis a outros Estados que não ratificaram os tratados, ou seja, se se pode exigir – ou não – o cumprimento de obrigações a Estados que não consentiram na elaboração dessas obrigações.

O problema das obrigações *erga omnes* coloca-se perante diversas perspectivas, mas todas elas convergem, essencialmente para uma situação de choque com o princípio da relatividade dos Tratados e com o princípio basilar da soberania dos Estados.

A não existência de uma Constituição ou Normas Fundamentais efectivas faz com que a vontade dos Estados – enquanto entidades soberanas – tenha um peso forte aquando da estruturação das obrigações que lhe são imputáveis, vigorando a lógica de que, em princípio, os Estados só estão juridicamente obrigados àquelas que, de livre consciência e vontade, aceitaram.

No entanto, a doutrina e a jurisprudência jusinternacional, com alguma cautela e reserva, têm vindo, paulatinamente, a conceber a ideia de que há certas obrigações que são de tal forma protectoras do interesse geral da comunidade internacional que são oponíveis *erga omnes*, isto é, oponíveis a todos os Estados. Sendo as obrigações *erga omnes* oponíveis a todos os Estados, podemos associá-las à ideia privatista de direito absoluto em contraposição a um dever genérico tal como o direito de propriedade, mas não se restringe a este direito. O Tribunal Internacional de Justiça, no caso *Barcelona Traction* (segunda fase – 1962) para além de

ERGA-OMNES (OBRIGAÇÕES)

ter reconhecido pela primeira vez a existência e exigibilidade de obrigações *erga omnes* – afirmando que se deve distinguir entre, por um lado, as obrigações que existem para os Estados que derivam de tratados, por outro lado, aquelas obrigações perante a comunidade internacional que os Estados têm legitimidade em querer proteger – teve igualmente a oportunidade de elencar algumas matérias que fazem nascer obrigações *erga omnes* para todos os Estados (principalmente obrigações de *non faccere*), tais como discriminação racial, escravatura, actos de agressão, genocídio e outras ofensas graves à dignidade da pessoa humana.

A crítica essencial à existência e exigibilidade das obrigações *erga omnes* é exactamente a dúvida que existe quando à legitimidade de um certo grupo de Estados em estipular regas oponíveis a outros, criando, de certa forma, um regime governativo internacional do tipo "oligárquico". É por isso que as instâncias judiciais internacionais têm tido algum cuidado quanto à criação dogmática e construção teórica de um regime enunciativo de obrigações *erga omnes*. Ao invés de optarem por uma doutrina geral e por fundamentos das doutrinas supra-estatais, os Tribunais Internacionais preferem enunciar a natureza dessas obrigações, graduando-as e, nesse sentido, estabelecendo um grau de elevada importância dessas obrigações para a comunidade internacional.

Muitas obrigações estipuladas em tratados são regras de *jus cogens* ou são enunciações de normas consuetudinárias, daí que em muitos casos a mera invocação da regra consensual estabelecida no tratado para fundamentar o efeito *erga omnes* não é bastante: é necessário demonstrar o *interesse em agir* em nome da comunidade internacional.

O problema da invocação das obrigações *erga omnes* perante os meios de tutela judiciais internacionais é exactamente o facto de um Estado estar a representar a comunidade internacional numa lógica de *actio popularis*, e assim, para além do problema básico da legitimidade activa e *legal interest*, surgem outros problemas tais como o pedido do *quantum* indemnizatório bem como a distribuição da compensação de forma equitativa e justa ao(s) "lesado(s)".

Referências:

Maurizio Ragazzi, *The Concept of the International Obligations Erga Omnes*, Oxford: Oxford Univerity Press, 1997, reimp. 2002.

Olivia Lopes Pegna, "Counter-Claims and Obligations Erga Omnes before the International Court of Justice", *European Journal of International Law*, vol. 9, 1998, pp. 724-736.

Alexander Stremitzer, "Erga Omnes Norms and the Enforcement of International Law", *Journal of Institutional and Theoretical Economics*, vol. 165, n.º 1, 2008, pp. 29-32, (perspectiva económica).

Antonios Tzanakopoulos, "Barcelona Traction at 40: The ICJ as an Agent of Legal Development", Leiden Journal of International Law, vol. 23, 2010, pp. 781-800.

Caso *Barcelona Traction, Light and Power Company, Ltd.* (Bélgica v, Spain), segunda fase, ICJ Reports 1970, p. 5, *maxime* § 33 e 34.

ERRO

Vítor Pereira das Neves

O *erro* é a representação inexacta sobre as qualidades ou existência de um facto ou da existência (e interpretação) de uma norma jurídica.

No âmbito do Direito Internacional Público, o *erro* enquadra-se dentro do regime geral das vicissitudes do *direito dos tratados* entre Estados – nos termos previstos na Secção II da Parte V da Convenção de Viena sobre o Direito dos Tratados entre Estados, de 1969 (CVDT). Com efeito, "*um Estado pode invocar um erro como tendo viciado o seu consentimento em ficar vinculado pelo tratado se o erro incidiu sobre um facto ou uma situação que esse Estado supunha existir no momento em que o tratado foi concluído e que constituída uma base essencial do consentimento desse Estado em ficar vinculado pelo tratado*" (artigo 48.º, n.º 1 da CVDT). A CVDT delimitou o erro como abrangendo unicamente os *erros de facto*.

Todavia, aquela regra não se aplica quando *i*) o Estado que se encontra em erro contribuiu com a sua conduta para a verificação do erro ou quando *ii*) as circunstâncias forem tais que era exigível a percepção da susceptibilidade da existência de um erro (artigo 48.º, n.º 2 da CVDT). Esta regra tem origem jurisprudencial (Tribunal Internacional de Justiça: caso *Templo de Préah Vihear*).

O erro enunciado no artigo 48.º da CVDT tem de ser um *erro essencial* e não um *mero lapso* de redacção. Neste último caso, os textos podem ser rectificados, nos termos previstos no artigo 79.º da CVDT, não se afectando a validade do tratado (artigo 48.º, n.º 3).

Enquadrando-se o *erro* na matéria dos *vícios do consentimento*, a consequência da invocação do *erro* por parte de um Estado é a *i*) *invalidade objectiva* (nos termos do artigo 69.º da CVDT), no caso de o tratado ser bilateral ou, sendo multilateral, seja essencial a presença do Estado que invocou o erro como Parte no tratado, ou *ii*) *invalidade subjectiva* quanto ao Estado que invocou o erro, no caso de um tratado multilateral em que a presença desse Estado como Parte no tratado não seja essencial para a validade de todo o tratado. O Estado que se encontra em *erro essencial*, em princípio, não é responsável por prejuízos causados a terceiros.

O erro também surge no âmbito do Direito Internacional Penal, *maxime* aquando da verificação dos pressupostos da responsabilidade criminal. Com efeito, *i*) o *erro de facto* só excluirá a responsabilidade criminal se eliminar o dolo requerido pelo crime em causa (artigo 32.º, n.º 1 do Estatuto de Roma do Tribunal Penal Internacional) e *ii*) o *erro de direito* sobre se determinado tipo de conduta constitui crime da competência do TPI, não será fundamento de exclusão de responsabilidade criminal – todavia, o erro de direito pode excluir a responsabilidade se eliminar o dolo requerido pelo crime ou se decorrer de uma decisão hierárquica (artigo 32.º, n.º 2 do Estatuto de Roma).

Referências:

Caso da *Sentença Arbitral proferida pelo Rei de Espanha*, (Honduras c. Nicarágua), ICJ Reports 1960, p. 192.

Caso *Templo de Préah Vihear* (Cambodja c. Tailândia), ICJ Reports 1962, p. 6.

Louis Dubouis, "L'erreur en droit international public", *Annuaire Français de Droit International*, vol. 9, 1963, pp. 191-227.

Andre Oraison, *L'erreur dans les traités*, Paris: Pichon & Durand-Azuras, 1972.

Diferendo Territorial (Líbia c. Chade), ICJ Reports 1994, p. 6.

ESGOTAMENTO DE MEIOS INTERNOS

GUSTAVO GRAMAXO ROZEIRA

I. O requisito do prévio esgotamento de meios internos antes da submissão a uma instância internacional de resolução de conflitos de um lítigio ou diferendo relativo a particulares é um reconhecido princípio geral de Direito Internacional público emergente de uma regra costumeira, como de resto o reconheceu expressamente o Tribunal Internacional de Justiça no caso *Interhandel*.

Esta regra costumeira logrou obter consagração expressa em alguns instrumentos de Direito Internacional relativos à protecção internacional de direitos humanos. Assim, esta regra encontra-se consagrada no Pacto Internacional sobre os Direitos Civis e Políticos (artigo 41.º, n.º 1, al. c)), no Protocolo Facultativo relativo ao Pacto Internacional sobre os Direitos Civis e Políticos (artigo 2.º), na Convenção Americana de Direitos Humanos (artigo 46.º), na Carta Africana dos Direitos Humanos e dos Povos (artigo 50.º) e na Convenção Europeia dos Direitos Humanos e das Liberdades Fundamentais (artigo 35.º, § 1).

II. No caso específico da CEDH, o requisito de esgotamento dos meios internos funciona como um pressuposto processual dos processos de queixa individual perante o TEDH dada a natureza subsidiária do sistema convencional de protecção dos direitos humanos. Nesta perspectiva, e ao abrigo do artigo 13.º da CEDH, é em primeiro lugar às autoridades de direito interno de cada Estado que cumpre assegurar a observância e a protecção dos direitos e das liberdades convencionais e, em qualquer caso, a intervenção subsequente do TEDH tem sempre de ter presente o modo como essas autoridades apreciaram a matéria objecto da queixa, por serem estas as que estão normalmente em contacto directo e contínuo com as forças vivas dos respectivos Estados (Ac. *Burden*).

A função prosseguida por este requisito é, precisamente, o de permitir às autoridades de direito interno cumprirem o seu papel de primeiros guardiães dos direitos e das liberdades previstas na CEDH e nos seus protocolos adicionais e, desse modo, poderem prevenir ou reparar violações sem necessidade de fazer intervir o sistema convencional de protecção (Ac. *Selmouni*).

III. O conceito de esgotamento de meios internos é um conceito convencional e como tal tem de ser interpretado à luz da jurisprudência do TEDH, que, de resto, tem acentuado a necessidade de aplicar este requisito com algum grau de flexibilidade e sem excessivo formalismo (Ac. *Ringeisen*).

Deste modo, no âmbito de um processo de queixa individual apenas pode ser trazida à apreciação do TEDH uma questão que, na sua substância, tenha já sido apreciada internamente até à última instância estadual competente. Não é, contudo, necessário que a alegada violação da CEDH tenha sido expressamente invocada a nível interno, bastando apenas que a essencialidade da questão trazida ao Tribunal tenha já sido objecto de apreciação pelas autoridades internas (Ac. *Castells*).

Por outro lado, o TEDH restringe este requisito apenas à exaustão dos meios internos efectivamente existentes e ao alcance do queixoso e que se revelem, na prática, como meios meios efectivos e eficazes para remediar ou prevenir a violação de um direito ou liberdade convencional (Ac. *Sejdovic*). Ficam assim excluídos do âmbito de aplicação deste requisito os meios internos de natureza extraordinária ou excepcional. Quando um queixoso utilize algum destes meios internos, a contagem do prazo de apresentação da queixa individual (que é de seis meses) não se suspende nem se interrompe. Este prazo corre assim desde o momento de exaustão dos meios (efectivos e eficazes) internos, independentemente de o queixoso ter procurado subseqentemente valer-se de outros meios internos igualmente à sua disposição.

O preenchimento deste pressuposto processual é apreciado tendo em conta a circunstâncias particulares de cada caso concreto, devendo o Tribunal apreciar se o queixoso foi diligente na tentativa de esgotar os meios internos à sua disposição (Ac. *D.H. e outros*). Assim, se existirem diversos meios alternativos, o Tribunal tem entendido que o requisito se encontra preenchido se for empregue apenas um deles. Em qualquer caso, a utilização de eventuais meios internos deve fazer-se sempre de acordo com as leis e as práticas de direito interno.

O requisito de prévia exaustão dos meios internos é dispensável, sendo esse o caso quando o Tribunal entenda que existe a prática interna que demonstradamente torna inútil e fútil, na prática, o emprego de um concreto meio interno (Ac. *Aksoy*).

Invocada como excepção pelos governos requeridos, é sobre estes que impende o ónus de provar que o queixoso não utilizou os meios de direito interno que estavam à sua disposição, demonstrando a existência desse meio e o modo como, através dele, se poderia ter remediado ou prevenido a alegada violação de um direito ou liberdade convencional. Nesse caso, incumbe sobre o queixoso o ónus de demonstrar que utilizou o meio invocado pelo governo ou que este, por qualquer razão devidamente justificada, estava desprovido, no caso concreto, de real efectividade ou utilidade.

IV. O requisito de prévio esgotamento dos meios internos tem-se suscitado na jurisprudência do TEDH principalmente a propósito das queixas relativas à violação do direito a uma decisão judicial em prazo razoável, levando mesmo o tribunal a sugerir aos Estados a criação de meios específicos para lidar com este tipo de violações (Ac. *Scordino*).

No caso português, depois de ter considerado a acção de responsabilidade civil extra-contratual do Estado por violação do direito a uma decisão judicial em prazo razoável como um meio interno eficaz e efectivo, o Tribunal recuou em face da inconsistência da jurisprudência dos tribunais administrativos portugueses nesta matéria e passou a considerar aquela acção como um meio ineficaz e não efectivo (Ac. *Martins Castro e Alves Correia de Castro*), ao qual portanto os eventuais queixosos estão dispensados de recorrer para que lhes seja possível aceder directamente ao sistema convencional de protecção dos direitos humanos.

Referências:
Ireneu Cabral Barreto, *A Convenção Europeia dos Direitos do Homem Anotada*, Coimbra: Almedina, 2011.

Interhandel Case (Switzerland v. United States), ICJ Reports 1959, 5, 30; TEDH, *Burden c. Reino Unido* [Grande Câmara], Acórdão de 29 de Abril de 2008, inédito, N.º 13378/05, para 42; TEDH, *Selmouni c. França* [Grande Câmara], Acórdão de 28 de Julho de 1999, Reports of Judgments and Decisions, 1999-V, para. 74; TEDH, *Ringeisen c. Áustria*, Acórdão de 16 de Julho de 1971, Series A, No. 13-A, para. 89; TEDH, *Castells c. Espanha*, Acórdão de 23 de Abril de 1992, Series A, No. 236-A, para. 32; TEDH, *Sejdovic c. Itália* [Grande Câmara], Acórdão de 1 de Março de 2006, Reports of Judgments and Decisions, 2006-II, para. 46; TEDH, *Aksoy c. Turquia*, Acórdão de 18 de Dezembro de 1996, Reports of Jdgments and Decisions, 1996-VI, para. § 52; TEDH, *D.H. e outros c. República Checa* [Grande Câmara], Acórdão de 13 de Novembro de 2007, inédito, N.º 57325/00, para. 116-122; TEDH, *Scordino c. Itália (n.º 1)* [Grande Câmara], Acórdão de 29 de Março de 2006, Reports of Jdgments and Decisions, 2006-V; TEDH, *Martins Castro e Alves Correia de Castro c. Portugal*, Acórdão de 10 de Junho de 2008, inédito, N.º 33729/06, para. 56.

ESPAÇO AÉREO

Victor Marques dos Santos

A noção de *espaço aéreo* adquire relevância em finais do século XVIII, perante as potenciais utilizações estratégicas e comerciais da área suprajacente ao *território* terrestre e marítimo, enquanto expressão geográfica do exercício da soberania estatal e da sua ordem jurídica. O *espaço aéreo* articula-se política e juridicamente com os territórios terrestre e marítimo subjacentes. A transferência de soberania ou alienação destes territórios inclui, pois, o *espaço aéreo*, o que não se verifica se a transferência for apenas de posse ou uso.

ESPAÇO AÉREO

As fronteiras do *espaço aéreo* definem o volume atmosférico que tem como limite inferior a superfície do solo e das águas interiores e territoriais, e como limites laterais o prolongamento vertical das fronteiras terrestres e marítimas constituindo, elas próprias, referências de complexa fixação. O chamado *espaço exterior* não faz parte do território dos Estados. A dificuldade de separação física entre o *espaço aéreo* e o *espaço exterior*, bem como os interesses estratégicos de alguns Estados, têm inviabilizado a definição dos limites horizontais superiores do *espaço aéreo*, inerentes ao respectivo regime jurídico, evidenciando também, a hierarquia das capacidades políticas e tecnológicas de projecção do poder e de gestão dos interesses.

A Convenção de Chicago, de Dezembro de 1944, entrou em vigor em Abril de 1947, criando a Organização Internacional de Aviação Civil (OACI), instituição especializada da ONU. Em conjunto com a Convenção Europeia de Dezembro de 1960, que cria o Eurocontrol, e além dos numerosos tratados bilaterais e multilaterais de âmbito regional, estas Convenções e Organizações constituem, actualmente os principais instrumentos de enquadramento jurídico, normativo e institucional da utilização pacífica do *espaço aéreo*.

As disposições do Anexo II à Convenção de Chicago e a capacidade regulatória da OACI, fixam as chamadas "regras do ar", em cujo contexto se articulam as "liberdades do ar". No *espaço aéreo internacional*, as "liberdades do ar" correspondem à "liberdade de sobrevoo". No *espaço aéreo* nacional do Estado soberano, essas liberdades integram-se na ordem jurídica interna, designadamente, as liberdades de trânsito e escala não comercial, podendo o estado delimitar zonas e períodos interditos a sobrevoo. Existem ainda três "liberdades" de carácter estritamente comercial.

Os direitos de utilização e exploração do espaço aéreo suprajacente à superfície do território marítimo são casos específicos regulamentados pela Convenção das Nações Unidas sobre o Direito do Mar, de Dezembro de 1982 (CNUDM). O tráfego em *espaço aéreo internacional*, designadamente, sobre o alto mar ou sobre a zona económica exclusiva, encontra-se sob o controlo do Estado de aproximação que exerce, assim, competências jurídicas fora do espaço da soberania territorial. Não existe, pois, o princípio da livre passagem inofensiva aplicável à navegação marítima , verificando-se a tendência dos Estados para alargarem as suas competências em defesa da segurança nacional.

A complexidade do estatuto jurídico do *espaço aéreo* e do regime aplicável à navegação aérea justifica uma vasta produção normativa.

Referências:
Albino de Azevedo Soares, *Lições de Direito Internacional Público*, 4.ª ed., Coimbra: Coimbra Editora, 1988.

Joaquim da Silva Cunha, *Direito Internacional Público*, Lisboa: ISCSP-UTL, 1990.

Nguyen Quoc Dinh, Patrick Daillier & Alain Pellet, *Direito Internacional Público*, Lisboa: Fundação Calouste Gulbenkian, 1999.

Víctor Marques dos Santos, *A Humanidade e o seu Património*, Lisboa: ISCSP-UTL, 2001.

ESPAÇO EXTERIOR

VICTOR MARQUES DOS SANTOS

A separação física entre o território das soberanias estatais e o *espaço exterior* envolve a problemática complexa da fixação do limite territorial superior do espaço aéreo, sobre o qual, o estado exerce a sua soberania e que corresponde a um espaço de vigência dos inerentes regimes político e jurídico.

Sobre esta questão, as doutrinas jurídicas espacialistas consideram decisiva a delimitação espacial entre ambos os espaços, na medida em que a aplicação das regras do respectivo direito depende da localização espacial das actividades desenvolvidas. Acentuando o paralelismo entre os corpos celestes e os "territórios sem dono", ou entre o *espaço exterior* e o alto mar, a escola espacialista, advoga os direitos soberanos, frequentemente mitigados pelas noções de "*res communis*" e de "*res nullius*", estabelecendo uma gradualidade de aplicação entre a soberania plena e exclusiva, e um "feixe de competências" jurídicas variáveis na sua composição e intensidade, dependente dos interesses específicos dos estados e de uma funcionalidade normativa eventualmente convencionada.

Para a escola funcionalista, a "natureza espacial das actividades" torna a delimitação desnecessária, dificultando a verificação do princípio da não-apropriação num quadro normativo que não distingue os espaços de aplicação de regimes jurídicos diferenciados. Ao mesmo tempo, a admitida indefinição da extensão territorial do exercício da soberania, origina a formação de áreas de "soberania funcional", apenas dependentes das capacidades efectivas dos estados e da característica expansão tendencial das soberanias sobre os espaços livres e, neste caso, de apropriação interdita.

A doutrina funcionalista tem prevalecido e a fixação dos limites desta "província de toda a humanidade", não constitui prioridade. A indefinição normativa sustentada, resulta do consenso político tácito sobre a conveniência dos estados cujas capacidades e interesses económicos e estratégicos lhes permitem o acesso, a utilização e exploração do *espaço exterior*. A evidente falta de vontade política neutraliza o fundamento técnico-científico acentuando o carácter político-jurídico da problemática de fixação dos limites.

O "Tratado sobre os Princípios que devem Reger as Actividades dos Estados na Exploração e Utilização do Espaço Exterior incluindo a Lua e outros Corpos

Celestes", de 1967, e o "Acordo que deve Reger as Actividades dos Estados sobre a Lua e os Outros Corpos Celestes", de 1979 e que entrou em vigor em 1984, constituem os dois "pilares" fundadores do regime jurídico do *espaço exterior*. Porém, a complexidade e a diversidade das matérias envolvidas nas actividades de utilização e na exploração do espaço, dos seus recursos e dos corpos celestes têm justificado uma abundante produção convencional e normativa cujos objectivos, evidenciam as interacções e as sinergias geradas entra as áreas em debate.

Apesar disso, a UNISPACE III, a conferência da ONU sobre o Espaço Exterior, realizada em Viena, em Julho de 1999, adoptou a *"Declaration on Space and Human Development"* acentuando a necessidade do desenvolvimento de um Direito Internacional do Espaço Exterior que acompanhe os efeitos prospectivos da evolução científica e tecnológica, no sentido do estabelecimento de medidas de salvaguarda e de obrigações para os estados e outros agentes envolvidos na exploração do cosmos.

Referências

Armand D. Roth, *La Prohibition de l'Appropriation et les Régimes d'Accés aus Espaces Extra-Terrestres*, Paris: PUF, 1992.

Jaime Marchán, *Derecho Internacional del Espacio. Teoria e Política*, Madrid: Civitas, 1999.

José M. M. da Silva Pureza, *O Património Comum da Humanidade: Rumo a um Direito Internacional de Solidariedade?*, Coimbra: Faculdade de Economia da Universidade de Coimbra, 1995.

Victor Marques dos Santos, *A Humanidade e o seu Património*, Lisboa: ISCSP-UTL, 2001.

ESTABELECIMENTO ESTÁVEL

Rita Calçada Pires

No âmbito da tributação internacional assume reconhecida importância a figura do Estabelecimento Estável (EE). Este é encarado como o patamar mínimo para a existência de tributação no Estado da fonte no caso de tributação dos lucros de contribuintes não residentes. A prática internacional diz-nos que os lucros de uma empresa são tributados no Estado onde se encontra a residência dessa empresa. Esta regra é, porém, complementada no caso de a empresa ter um E.E. num outro Estado, facto que gera a possibilidade desse outro Estado tributar os rendimentos que possam ser legitimamente imputados a esse EE. É este o regime constante do Modelo de Convenção sobre o rendimento e o património da Organização para a Cooperação e para o Desenvolvimento Económicos (MC-OCDE), no seu artigo 7.º, n.º1, instrumento base de influencia dos acordos bilaterais entre os Estados.

Nos termos do artigo 5.º do MC-OCDE, detectam-se dois tipos de o E.E. A regra geral indica existir um E.E quando exista uma instalação fixa através da qual a empresa exerça toda ou parte da sua actividade. São, assim, três os elementos cumulativamente exigidos: a existência de uma instalação; a fixidez dessa mesma instalação; e o exercício da actividade da empresa através dessa instalação fixa. Tradicionalmente apresenta-se uma lista positiva de exemplos que tendem a ser considerados E.E., mas haverá sempre que analisar o caso concreto e verificar o cumprimento dos requisitos base. Igualmente rejeita-se a existência de um E.E. caso a organização desempenhe meras funções preparatórias ou auxiliares da função principal da instituição, não sendo parte essencial e significativa das actividades da empresa em conjunto (critério da essencialidade). No entanto, caso não se verifiquem as exigências do conceito base de E.E., aceita-se ainda a existência de um E.E. através de ficções. A razão de ser para o aparecimento deste tipo de E.E. prende-se com a insuficiência e rigidez do conceito geral de E.E. em face das realidades empresariais e económicas que fogem à rigidez da fixação em determinado território, num só local, de forma permanente e integral. Estes últimos casos acontecem ou na situação da cláusula do estaleiro de construção ou quando exista um agente dependente. Nos termos da cláusula do estaleiro de construção, observa-se a existência de uma ficção de fixidez, de uma ficção de permanência, uma vez que o critério da "instalação fixa" é substituído por uma cláusula temporal. Um local ou um estaleiro de construção ou de montagem é tomado como um E.E., desde que um limite de permanência temporal seja cumprido, limite esse variável conforme o interesse dos países desenvolvidos (12 meses) ou dos países em vias de desenvolvimento (e.g. 6 meses). No caso do E.E. agência, uma pessoa, singular ou colectiva, sem necessidade de ser residente ou ter uma instalação fixa no Estado em que actua, é E.E. se agir por conta da empresa, com autoridade para concluir contratos em nome desta, exercendo tais poderes habitualmente. É um E.E. ficção, uma vez que se utiliza a existência de um agente dependente como modo alternativo à presença em determinado território.

Uma vez detectado um E.E., atribui-se poder tributário à jurisdição da respectiva localização e permite-se a tributação do rendimento que for imputado ao mesmo E.E. (artigo 7.º MC-OCDE).

Referências:

Arvid Aage Skaar, *Permanent establishment – Erosion of a tax treaty principle* Deventer – Boston Kluwer Law and Taxation Publishers, 1991.

Francisco Alfredo García Prats, *El establecimiento permanente. Análisis jurídico-tributario internacional de la imposición societaria*, Madrid: Tecnos, 1996.

Paulo Caliendo, *Estabelecimentos permanentes em direito tributário internacional*, São Paulo: Editora Revista dos Tribunais, 2005.

ESTADO DE GUERRA

Luís Guilherme Pedro

Se o conceito de estado de guerra é tido comummente como uma descrição de um fenómeno político concreto e factual, a sua exegese semântica revela o seu carácter eminentemente jurídico e normativo. Ao recorrer a este conceito os legisladores ou decisores tentam definir e delimitar uma realidade social complexa e dinâmica que é a do confronto armado entre colectivos mais ou menos autónomos, capazes de concentrarem quer os instrumentos materiais da força (exército) quer os meios simbólicos da sua monopolização (lei).

Ao contrário do conceito de guerra que se define normalmente por antinomia ao de paz, o estado de guerra aponta para uma situação jurídica concreta, mais definida e positiva. De facto, o Direito Internacional tende a privilegiar uma acepção de estado de guerra no qual este é visto como condição jurídica oficialmente declarada, que permite a dois ou mais grupos hostis conduzir um conflito de força armada, limitando o âmbito semântico do conceito quase em exclusivo a conflitos entre estados reconhecidamente soberanos, dado o seu grau de legitimidade decisória.

Todavia, como demonstra a declaração de guerra do Presidente americano George Bush em resposta aos atentados de 11 de Setembro, a assunção de legitimidade e legalidade que impende sobre a declaração pode visar uma entidade mais híbrida como uma rede terrorista ou um grupo insurgente; ou pode mesmo partir destas entidades que, não sendo estados, procuram reivindicar uma identidade política semi-soberana fazendo apelo a uma legitimidade popular que desafia a autoridade histórica dos próprios estados. Dado que o poder para declarar a guerra constitui um elemento fundamental da assunção de soberania de qualquer entidade política autónoma – ou que se quer autonomizar – o estado de guerra, como condição jurídica que anuncia um conflito armado eminente, pode servir o propósito retórico de tornar visível, legítima ou mesmo independente uma entidade política que ainda não o é.

De notar que o estado de guerra apresenta um carácter menos híbrido que o de guerra, excluindo casos como o célebre caso da Guerra Fria em que a tensão psicológica constante entre dois blocos regionais permite descrever uma disposição psicológica dada como sendo "de guerra" mas não permite a sua acepção, nem ontológica nem jurídica, como configurando o estado de guerra.

Historicamente, a declaração do estado de guerra inaugura um período de anormalidade, ou antes suspende um período de normalidade, nas relações políticas entre grupos, ou pelo menos na estabilidade relacional e de coexistência não-agressiva entre comunidades, e que é caracterizado pelas circunstâncias especiais que o conflito eminente e aberto com um putativo inimigo público impõe.

Assim, o estado de guerra está normalmente associado ao "estado de excepção" ou "estado de emergência", segundo o qual a legalidade dita normal, constitucional e ordinária é suspensa, dando lugar a um tipo específico e paradoxal de legalidade extra-legal e extraordinária e onde o 'político' emerge desmascarado, na sua vocação pré-legal e, contudo, incessantemente à procura de uma nova legalidade que justifique um acto que em condições normais escapa à lei porque admite a sua radical reconfiguração.

Como condição jurídica excepcional, o estado de guerra impõe assim leis e condutas que tendem a reforçar os poderes do estado e do exército e a constranger as liberdades e direitos da sociedade civil em prol de um maior controlo sobre os comportamentos individuais, um controlo visto como essencial à concentração de esforços e sacrifícios colectivos que um acontecimento potencialmente devastador exige.

Referências:

Thomas Hobbes *The Leviathan*, Cambridge: Cambridge University Press, 1996.

Karl von Clausewitz , *On War*, London: Penguin Books, 1982.

Michael Walzer, *Just and Unjust Wars*, New York: Basic Books, 2000.

Isabelle Duyvesteyn and Jan Angstrom, *Rethinking the nature of War*, New York: Frank Cass, 2005.

Norberto Bobbio, *Teoria Geral da Politica – a Filosofia Política e as Lições dos Clássicos*, São Paulo: ed. M. Bovero, Campus, 2009.

ESTADO DE NECESSIDADE

Miguel Calado Moura

O estado de necessidade (*state of necessity, état de nécessité*) é a situação excepcional de urgência nos termos da qual se encontra um Estado ou outro sujeito de Direito Internacional em que a solução menos gravosa possível para salvaguardar um direito ou um interesse essencial legal e internacionalmente protegido ameaçado por um perigo grave iminente, é a prossecução de um acto ou actos (acção ou omissão) lesivos de outros direitos ou interesses legal e internacionalmente protegidos, independentemente da sua fonte. Assim, o acto que à partida iria consubstanciar, em abstracto, um acto ilícito, deixa de o ser, no caso concreto, por força do estado de necessidade, que torna essa conduta objectivamente lícita face à situação concreta.

Dogmaticamente, a teorização do estado de necessidade encontra-se sediada nas causas de exclusão de ilicitude internacional. Ao contrário do consentimento do lesado, legitima defesa, contra-medidas (*countermeasures*), o estado de necessidade não está dependente de uma conduta anterior do Estado lesado; ao contrário da força maior (*force majeure*) não envolve condutas involuntárias; e ao contrário do *distress*, o estado de necessidade consiste já não numa situação de perigo iminente de vida de uma pessoa (agente de Estado), mas sim numa situação de ameaça a interesses intrínsecos ao próprio Estado ou mesmo à comunidade internacional. Nesse sentido, o estado de necessidade assume um carácter excepcional face às demais causas de justificação de ilicitude internacional.

Os *Draft Articles on State Reponsibility* (DASR) e os *Draft Articles on the Responsibility of International Organizations* (documentos jurídicos não vinculativos – *soft law*) criados pela Comissão de Direito Internacional são exemplos da codificação deste princípio. Nos termos do n.º 1 artigo 25.º dos DASR, o estado de necessidade não poderá ser invocado pelo um Estado como fundamento para a violação de uma conduta violadora de obrigações internacionais a não ser que – e concomitantemente – *i*) seja a única forma que o Estado tem na salvaguarda de um interesse essencial contra um grave perigo iminente; e *ii*) não prejudique fortemente outro interesse essencial do Estado lesado ou da comunidade internacional, numa lógica de análise de ponderação de valores em causa. Acrescenta ainda o n.º 2 do mesmo preceito que, em nenhum caso, o estado de necessidade pode ser invocado como causa de exclusão da ilicitude quando *i*) a obrigação internacional em questão exclui, por força da sua natureza, a possibilidade de invocar esse fundamento; e *ii*) o Estado que invoca contribuiu dolosa ou por mera culpa para a situação de perigo iminente (caso contrário seria uma situação de abuso de direito).

O artigo 25.º dos DASR está redigido na negativa e nunca define o conceito de *estado de necessidade* pois não é pacifico na doutrina jus-internacionalista se este princípio deriva (ou não) de Direito Internacional costumeiro. Não obstante, a jurisprudência existente sobre esta temática é mais vasta, e tem vindo a deixar uma conceptualização mais definida sobre o conceito. Muitas vezes, a invocação do estado de necessidade como causa de escusa para actos abstractamente ilícitos surge nos pleitos internacionais em questões tão variadas como uso da força e o Direito Internacional do Ambiente.

Referências:

Sarah Heathcote, "Est-ce que L'état de nécessité est un principe de droit international coutumier", *Revue Belge de Droit International*, Vol. 1, 2007, pp. 53-89.

Caso *Libyan Arab Foreign Investment Company and The Republic of Burundi*, ILR, vol. 96 (1994), p. 318.

Caso *Gabčikovo-Nagymaros Project* (Hungria vs. Eslováquia), ICJ Reports (1997), p. 7.

ILC's Draft Articles on Responsibility of States for Internationally Wrongful Acts (with commentaries) (2001), UNGA- Res. 56/83, Annex, 56 UN-GAOR, Supp. No. 10, UN-Doc. A/56/83, pp. 80-84.

Andreas Laursen, "The Use of Force and (the State of) Necessity", *Vanderbilt Journal of Transnational Law*, Vol. 37, 2004, pp. 485-527.

ESTADOS

João Carlos Santana da Silva

A Paz de Vestefália, em 1648, trouxe às relações internacionais o conceito de igualdade dos Estados soberanos e integrou-o, juntamente com a noção de pessoa jurídica, no sistema internacional. Profundamente ligado à definição de Estado, o conceito de pessoa jurídica nasceu da necessidade de grupos de indivíduos, como a população de um país, se juntarem para criar uma entidade única que, nas relações com outros países ou comunidades, tenha legitimidade para representar a comunidade de indivíduos e, assim, tornar viável qualquer acordo vinculativo que, de outra forma, necessitaria da assinatura de todos os indivíduos integrantes da mesma comunidade. Outras pessoas jurídicas no Direito Internacional Público referem-se aos próprios indivíduos pertencentes a qualquer Estado e a organizações internacionais supra-estatais (casos da ONU, União Europeia, Mercosul, etc.).

A definição de Estado refere-se aqui estritamente à entidade soberana que nessa condição se relaciona internacionalmente com outras entidades ou grupos de entidades semelhantes, e não à definição de Estado enquanto conjunto de instituições políticas que sustentam a organização interna de uma comunidade de indivíduos. Assim, embora a forma como um Estado se organiza ou define seja da inteira responsabilidade da respectiva comunidade ou classe governativa, e a comunidade internacional promova as relações diplomáticas com quaisquer sistemas sociais e constitucionais (como explicitado no princípio de não-ingerência presente no n.º 7 do artigo 2.º da Carta das Nações Unidas), o artigo 27.º da Convenção de Viena para a Lei dos Tratados (1969) adverte que essa especificidade interna não poderá "justificar o incumprimento de um tratado".

É precisamente para respeitar essa heterogeneidade de sistemas políticos e constitucionais dos Estados na comunidade internacional, e para salvaguardar o princípio de igualdade no seu tratamento, que a definição de Estado se procura preservar básica e abrangente, sem pressupostos constitucionais que se possam tornar restritivos ao reconhecimento de algumas entidades. Assim, apesar das críticas que apontam o simplismo da caracterização, parece ter vingado a matriz clássica, atribuída ao alemão da escola positivista Georg Jellinek, dos três elementos coincidentes para a definição de Estado: que este esteja identificado com uma população; com um território; e com um governo. Esta doutrina foi acordada no artigo 1.º da Convenção de Montevideu para os Direitos e Deveres dos Estados, de 1933.

O Estado, enquanto entidade soberana, tem sempre autonomia na concessão ou no retirar da nacionalidade a membros da sua população, para além de ter a liberdade de exigir deveres e lealdade à sua população. Ao Estado é ainda permitida a liberdade discricionária para escolher o seu modo de governo, o seu sistema político ou o detentor da soberania, sendo apenas imperativo que um Estado ou governo não se funde através de uma violação de direitos humanos ou da soberania de outros Estados. Obter o reconhecimento internacional, no entanto, traz deveres ligados aos direitos e aos princípios que definem o Estado enquanto tal. Assim, não são permitidos abusos de direitos ou discriminação excessiva na atribuição de nacionalidade. Para além disso, vincando bem as diferenças entre Estado e governo, é reconhecido à população o direito de não reconhecer o governo ou a ordem constitucional em vigor como legítimos, embora continue a ter de aceitar a legitimidade do reconhecimento internacional do próprio Estado.

Os conceitos de Estado e de Nação são distintos, já que, aos olhos do Direito Internacional, várias nações podem representar um só Estado nas relações com o exterior. A isto acresce que é indiferente a composição e o nível de homogenei-dade (étnica, religiosa ou outra) da população que pertence a esse Estado, sendo estas distinções domínio dos princípios do próprio Estado na sua organização interna, ainda que possam ser parte de argumentação no sentido da autodeter-minação de uma Nação. Os exemplos mais flagrantes de Estados multinacionais são o Reino Unido e a Federação Russa, sendo também importantes os casos históricos da União Soviética, da República Socialista Federal da Jugoslávia e do Império Austro-Húngaro.

Essencial não só para a relação entre um Estado e a sua população mas tam-bém para a relação pacífica entre Estados soberanos é a definição do seu territó-rio e a delimitação das suas fronteiras. O próprio Direito Internacional nascera como garante de soberania territorial, evitando assim as disputas beligerantes por um território. A posse de um território delimitado, por muito pequeno que seja, é mesmo um pré-requisito para o reconhecimento internacional enquanto Estado, já que só assim as leis internacionais se podem aplicar e ser claras quanto se referem à jurisdição desse Estado e dos adjacentes. Como consequência, fica definido o espaço dentro do qual um Estado pode exercer o seu poder, já que fazê-lo dentro do território de outro Estado é ilícito, já que aí lhe falta soberania.

Finalmente, é exigida independência a qualquer governo de um Estado soberano. Ou seja, deve ter a capacidade política de se manter e agir de forma independente de qualquer outro Estado. Isto implica que o governo desse Estado deve ter força para cumprir e fazer cumprir as suas leis e obrigações dentro e fora de fronteiras, para corresponder aos deveres para com outros Estados exigidos pela Carta das Nações Unidas de 1945 (conforme aí previsto no n.º 2 do artigo 2.º) e para cumprir qualquer outro tratado internacional do qual seja signatário. Apesar destas exigências, a cada Estado é permitido decidir sobre a sua forma de governo e esta, por si só, não é razão para lhe negar reconhecimento enquanto Estado.

Inicialmente (em 1945) constituída por 51 membros, a Organização das Nações Unidas (ONU) reconhece hoje 193 Estados, tendo os últimos membros da comunidade internacional, o Montenegro e o Sudão do Sul, entrado, respectivamente, em 2006 e em 2011 – o Sudão do Sul entrou como Estado autónomo na ONU após finalizar o seu processo de separação do Sudão, tornando-se oficialmente independente em 9 de Julho de 2011 e reconhecido pela comunidade a 14 de Julho. O Vaticano é o único Estado soberano, e assim reconhecido internacionalmente, que não é membro da ONU (a Santa Sé tem, no entanto, assento enquanto observador permanente). Por outro lado, Taiwan – cuja ambígua condição jurídica contrasta com o reconhecimento do território da China – e os territórios ocupados da Palestina não têm reconhecimento enquanto Estados.

Referências:

Peter Burnham, "State", in Iain McLean & Alistair McMillan (ed.), *Concise Dictionary of Politics*, 2nd edition, Oxford: Oxford University Press, 2003, 1996, pp. 512-515.

James Crawford, *The Creation of States in International Law*, 2nd edition, Oxford: Oxford University Press, 2006 [1979].

Karl Doehring, "State", in Rudolf Bernhardt (dir.), *Encyclopedia of Public International Law*, North-Holland, Amsterdam: Installment 10, 1987, pp. 423-428.

Hans Kelsen, *General Theory of Law and State*, translated by Anders Wedberg, Cambridge, Massachusetts: Harvard University Press, 1949.

David Raic, *Statehood and the Law of Self-Determination*, The Hague: Kluwer Law International, 2002.

ESTOPPEL

Mateus Kowalski e Miguel de Serpa Soares

Em Direito Internacional a figura jurídica *"Estoppel"* (preclusão ou impedimento) pretende o efeito de impedir que um Estado faça valer (em especial perante um tribunal) uma situação contrária a uma posição clara e inequívoca manifestada por si a um outro Estado, de forma expressa ou implícita.

A invocação desta figura por um Estado que pretende precludir uma posição defendida por um outro Estado depende da verificação de três requisitos essenciais, a saber: a parte que invoca o *estoppel* foi induzida a tomar um acto (acção ou omissão) juridicamente relevante em resultado de ter confiado na boa fé de manifestações de vontade claras e inequívocas pelo outro Estado; este outro Estado tenha agido desviando-se do sentido daquela manifestação de vontade; em resultado, o Estado que invoca o *estoppel* tenha sofrido um dano ou o Estado desviante tenha conseguido uma vantagem sobre o Estado que agora invoca *estoppel*. O *estoppel* tem, assim, como efeito impedir que o Estado desviante se

ESTOPPEL

faça valer com sucesso de posições diferentes manifestadas subsequentemente sobre uma mesma questão.

A doutrina do *estoppel* tem a sua origem no *common law*, tendo diversas expressões no Direito britânico e americano. Esta é uma doutrina cuja aplicação no Direito Internacional não é posta em causa, embora esteja ainda em evolução, sendo que o seu fundamento e os seus limites não gozam de consenso. No que respeita à sua origem, a doutrina maioritária aceita que o *estoppel* é um princípio de Direito Internacional que colhe o seu fundamento no princípio geral da boa fé. O seu desenvolvimento e aplicação ao Direito Internacional tem recebido um forte contributo da jurisprudência internacional.

O Tribunal Internacional de Justiça, no caso *Testes Nucleares* afirmou que um dos princípios fundamentais da criação e aplicação das obrigações internacionais, independentemente da fonte, é o princípio da boa fé. Com base apenas neste princípio, o Tribunal considerou que uma séria de anteriores declarações pela França através das quais manifestou a sua intenção em se abster de realizar testes nucleares no Pacífico Sul vinculavam juridicamente aquele Estado. A doutrina do *estoppel* oferece uma sustentação para a atribuição de valor jurídico àquelas declarações.

Referências:

Ian Brownlie, *Princípios de Direito Internacional Público*, Lisboa: Fundação Calouste Gulbenkian, 1997.

John O'Connor, *Good Faith in International Law*, Dordrecht: Martinus Nijhoff Publishers, 1991.

Malcolm Shaw, *International Law*, Cambridge: Cambridge University Press, 2003.

Caso Testes Nucleares (New Zealand v. France), ICJ Reports, 1974, 253.

ESTRANGEIRO

Ana Rita Gil

Estrangeiro é a pessoa que não é nacional do Estado em que se encontra, seja porque é nacional de qualquer outro Estado, seja porque não possui qualquer nacionalidade (caso em que considera apátrida).

Os direitos dos estrangeiros desde cedo interessaram ao Direito Internacional Público. A doutrina de Vattel, plasmada no tratado clássico *Le Droit des Gens* de 1758, lançou as bases para o reconhecimento do direito dos Estados a protegerem os seus nacionais no estrangeiro através do instituto da protecção diplomática. No desenvolvimento desta teoria delinearam-se duas teses sobre o tratamento a conceder a estrangeiros pelo Estado de acolhimento: a do tratamento internacional mínimo (de acordo com a qual o estrangeiro gozaria de um mínimo

ESTRANGEIRO

de direitos independentemente dos direitos reconhecidos aos nacionais) e a do tratamento nacional (que garantia aos estrangeiros igualdade de tratamento com os nacionais).

Os vários textos destinados à protecção dos direitos humanos surgidos no pós II Guerra Mundial consagraram o princípio da universalidade, reconhecendo que qualquer pessoa – cidadão nacional ou estrangeiro-beneficiava de todos os direitos por eles garantidos. As únicas excepções dizem respeito ao direito de livre acesso ao território estadual e aos direitos políticos e de acesso a cargos públicos. No que toca ao gozo dos demais direitos, a tradicional afirmação de que não deriva do Direito Internacional uma proibição de discriminação em função da nacionalidade começa hoje a ser temperada por várias decisões de instâncias internacionais, que têm afirmado que a nacionalidade pode ser considerada um critério de distinção *suspeito*[1]. Não obstante, no que toca ao reconhecimento de direitos a prestações económicas ou sociais, as distinções de tratamento têm-se considerado justificadas, sendo muitas vezes dependentes de tratado bilateral ou de reciprocidade[2].

Vários instrumentos consagram direitos específicos dos estrangeiros. Assim, o artigo 6.º da Declaração Universal dos Direitos do Homem prevê o direito ao reconhecimento da personalidade jurídica dos estrangeiros, o artigo 13.º do Pacto Internacional de Direitos Civis e Políticos e o artigo 1.º Protocolo n.º 7 da Convenção Europeia dos Direitos do Homem prevêem garantias que devem ser reconhecidas aos estrangeiros em processo de expulsão, e o artigo 4.º deste último proíbe ainda as expulsões colectivas. Paralelamente, surgiram vários instrumentos internacionais especificamente destinados à protecção dos estrangeiros, como as várias Convenções da OIT destinadas à protecção dos Trabalhadores Migrantes[3], a Convenção das Nações Unidas sobre a Protecção dos Direitos de Todos os Trabalhadores Migrantes e dos Membros das suas Famílias[4], a Declaração

---

[1] Committe on the Elimination of Racial Discrimination, General Recommendation n.º 30, *Discrimination against Non Citizens*, doc. CERD/C/64/Misc.11/Rev.3., Comité dos Direitos Humanos das Nações Unidas, *The position of aliens under the Covenant* (Twenty-seventh session, 1986), Compilation of General Comments and General Recommendations Adopted by Human Rights Treaty Bodies, U.N. Doc. HRI/GEN/1/Rev.6 at 140 (2003), Comité de Direitos Humanos das Nações Unidas *Ibrahim Gueye e outros c. França*, comunicação n. 196/1985, de 3 de Abril de 1989, TEDH, *Gaygusuz v. Áustria,* Acórdão de 16 de Setembro de 1996, Reports of Judgments and Decisions 1996-IV, pp. 1 142-1 143, para. 42.

[2] Nesse sentido, determina o artigo 2.º, n.º3 do Pacto Internacional dos Direitos Económicos, Sociais e Culturais: "*Os países em vias de desenvolvimento, tendo em devida conta os direitos humanos e a respectiva economia nacional, podem determinar em que medida garantirão os direitos económicos no presente Pacto a não nacionais*".

[3] Em especial, a Convenção n. 97 relativa aos Trabalhadores Migrantes, adoptada pela Conferência Geral da OIT a 1 de Julho de 1949 e a Convenção n. 143 relativa às Migrações em Condições Abusivas e à Promoção da Igualdade de Oportunidades e de Tratamento dos Trabalhadores Migrantes, adoptada pela Conferência Geral da OIT a 24 de Junho de 1975.

[4] Resolução da Assembleia Geral n.º 45/158, de 18 de Dezembro de 1990.

ESTRANGEIRO

Assembleia Geral sobre os Direitos do Homem das Pessoas que não possuem a nacionalidade do país em que vivem[1], bem como a Convenção Europeia relativa ao Estatuto Jurídico do Trabalhador Migrante[2].

Ultimamente, tem-se posto em causa a tradicional dicotomia entre cidadão nacional e estrangeiro, devido ao surgimento de várias categorias de estrangeiros consideradas "privilegiadas". Esse é o caso dos nacionais de outros Estados--Membros da União Europeia, que beneficiam da cidadania da União. Eles têm mais direitos que os restantes estrangeiros, pois beneficiam do acesso ao território de outros Estados-Membros e de alguns direitos políticos nos mesmos. Assim, para o Direito da União Europeia, estrangeiro abrange apenas qualquer pessoa que não seja nacional dos Estados-Membros da União.

Referências:

Andreas Hans Roth, *Minimum Standard of International Law Applied to Aliens*, Leiden: A.W. Sijthoff, 1949.

Richard Lillich (1984), *The Human Rights of Aliens in Contemporary International Law*, Manchester: Manchester University Press, 1984.

Rui Moura Ramos, "Estrangeiro", *Polis, Enciclopédia Verbo da Sociedade e do Estado*, Lisboa: Verbo, 1997, pp. 1215-1221.

Carmen Tiburcio, *The Human Rights of Aliens under International and Comparative Law*, Martinus Nijhoff Publishers, 2001.

Ana Maria Guerra Martins, *A Igualdade e a Não Discriminação dos Nacionais de Estados Terceiros Legalmente Residentes na União Europeia – Da Origem na Integração Económica ao Fundamento na Dignidade do Ser Humano*, Coimbra: Almedina, 2010.

ESTREITOS

MATEUS KOWALSKI E MIGUEL DE SERPA SOARES

O estreito é uma via de comunicação entre dois mares de origem natural (v.g. Estreito de Gibraltar, Estreito de Malaca). Assim se distinguem dos canais, que são resultado da intervenção humana (v.g. Canal do Suez, Canal do Panamá). Um estreito pode ser interno se faz a ligação com um mar fechado e se está sujeito à soberania de um único Estado. Um estreito será internacional quando estabelece a comunicação entre parte do alto mar ou uma zona económica exclusiva, por um lado, e uma outra parte do alto mar ou uma zona económica exclusiva, por outro, ou ainda com o mar territorial de um Estado estrangeiro, podendo ser utilizado para a navegação internacional. É o estatuto jurídico das águas do estreito e a sua

---

[1] Resolução da Assembleia Geral n.º 40/144, de 13 de Dezembro de 1985.
[2] Adoptada e aberta à assinatura em Estrasburgo, a 24 de Novembro de 1977.

utilização pela navegação internacional que determina os direitos dos Estados costeiros e dos Estados de pavilhão.

A Convenção das Nações Unidas sobre o Direito do Mar, adoptada em Montego Bay, a 10 de Dezembro de 1982 (CNUDM) estabelece na sua Parte III a regulamentação dos estreitos utilizados para navegação internacional. Os navios e aeronaves gozam do "direito de passagem em trânsito". Passagem em trânsito significa o exercício da liberdade de navegação e sobrevoo exclusivamente para fins de trânsito contínuo e rápido pelo estreito entre uma parte do alto mar ou de uma zona económica exclusiva e uma outra parte do alto mar ou uma zona económica exclusiva. Contudo, a exigência de trânsito contínuo e rápido não impede a passagem pelo estreito para entrar no território do Estado costeiro ou dele sair ou a ele regressar sujeito às condições que regem a entrada no território desse Estado.

O direito de passagem assim definido implica um controlo de alguma forma ténue pelo Estado costeiro, pelo menos se comparado com o direito d passagem inofensiva. Ainda assim, este regime não permite a mesma liberdade de navegação que existiria se as águas dos estreitos estivessem sujeitas ao regime do alto mar.

Referências:
Bing Jia, *The Regime of Straits in International Law*, Oxford: Clarendon Press, 1998.
Robin Churchill & Alan Lowe, *The Law of the Sea*, Manchester: Manchester University Press, 1999.
Satya Nandan & Shabtai Rosenne (eds.), *United Nations Convention on the Law of the Sea 1982: a Commentary – vol. II*, Dordrecht: Martinus Nijhoff Publishers, 1993.

EVASÃO FISCAL INTERNACIONAL

RITA CALÇADA PIRES

O fenómeno da evasão fiscal, nascido nas jurisdições nacionais, é transposto para o plano internacional. Trata-se de uma manipulação dos resultados obtida com a aplicação das normas fiscais de certos ordenamentos, mercê também da aplicação de convenções internacionais. Pressupõe que o contribuinte provoca uma distorção dos factos para que a norma que lhe seria aplicada no seu caso real (lei evadida) não seja efectivamente aplicada, sendo antes outra norma (lei de cobertura) que lhe oferece maiores benefícios do ponto de vista da sua tributação, seja evitando ou diminuindo a sua carga fiscal seja protelando no tempo o pagamento efectivo do imposto devido, mas obtendo o resultado económico que seria alcançado com a aplicação da norma evadida. De uma panóplia de normas fiscais existentes nos vários ordenamentos jurídicos, o contribuinte escolhe aquela que lhe é mais favorável constituindo a sua sujeição a essa situação. É uma prática que tem tido um crescimento notável, em virtude da liberdade crescente nos movimentos de capitais, de pessoas e de bens que procuram jurisdições fiscalmente mais vantajosas. Para tal contribui, em muito, as diferenças de níveis de tributação e de critérios utilizados para determinar a residência e a fonte. A figura generalizou-se de tal forma que se reconhece a existência de uma actividade intensa de estudo e aplicação de técnicas fiscais que promovam a manipulação dos elementos de conexão de modo a obter as vantagens pretendidas. A técnica é usualmente conhecida pelo termo anglo-saxónico *rule* ou *treaty shopping*, encarado respectivamente como a manipulação de regras das convenções para evitar e eliminar a dupla tributação ou a criação de situações que conduzam à aplicação de um tratado que sem essa criação não seria aplicado.

As formas mais comuns de evasão fiscal internacional são encontradas, designadamente, na utilização de formas empresariais como as sociedades de base ou condutoras, na subcapitalização ou até mesmo na transferência indirecta de lucros através de manipulação de preços. Contudo, forma mais usual de evasão fiscal assenta no recurso a paraísos fiscais ou zonas de tributação privilegiadas.

Tem existido a preocupação de combater o fenómeno, tanto na esfera nacional como na esfera internacional. As respostas maioritariamente oferecidas pelas jurisdições nacionais como meios que contrariam a obtenção da vantagem fiscal indevida passam pela criação de regimes de extensão da residência, de regimes em que se ficciona a distribuição de lucros (*Controlled Foreign Companies-CFC's*), de regimes que procuram evitar a subcapitalização ou, mais geral, a criação de custos fictícios, de regimes onde se procede à correcção dos preços praticados pelos agentes económicos, ou de aprovação de cláusula geral anti-abuso. Internacionalmente tem-se verificado a introdução de cláusulas nos acordos entre Estados, procurando promover a transparência, a prova da boa fé e a necessidade de os rendimentos serem obtidos pelos beneficiários efectivos para terem acesso aquele tratamento fiscal concreto (*limitation of benefits*-LOB).

Por ser uma realidade que utiliza os mecanismos globais, compreende-se a vantagem que a cooperação entre Administrações Fiscais representa no combate à evasão fiscal internacional. Assim, assume especial ênfase o incentivo à utilização do mecanismo de troca de informações.

Referências:

Organization for Economic Co-operation and Development, *International tax avoidance and evasion International tax avoidance and evasion*, Paris: OECD Publisher, 1987.

Dennis Weber, *Tax Avoidance and the EC Treaty Freedoms: A Study on the Limitations under European Law to the prevention of tax avoidance*, The Hague: Kluwer Law International, 2005.

EXPULSÃO DE ESTRANGEIROS

Mateus Kowalski e Miguel de Serpa Soares

A "Expulsão de Estrangeiros" pode ser definida como um acto ou conduta pelo qual o Estado que expulsa coage um estrangeiro a abandonar o seu território.

A expulsão de estrangeiros afecta todos os anos milhares de pessoas. Os indivíduos sujeitos à expulsão têm origem em diferentes regiões do mundo sendo que também as razões que os levam a sair do seu país de origem são as mais diversas. São sujeitos à expulsão homens, mulheres e crianças de todas as idades. Não existe, pois, um padrão comum aos indivíduos sujeitos à expulsão, além da circunstância de terem entrado num país estrangeiro no qual a sua presença não é mais tolerada. A expulsão de estrangeiros tem tendência a aumentar uma vez que também os fluxos migratórios internacionais continuam a crescer.

Normalmente, os Estados adoptam legislação interna que regula esta matéria. Contudo as soluções legislativas são muito díspares, quando existentes. O facto de estarem em causa direitos humanos justifica a tutela do Direito Internacional sobre a questão da expulsão de estrangeiros. Um Estado tem, via de regra, a faculdade de expulsar um estrangeiro do seu território. Contudo, embora sendo um poder que cabe no âmbito de discricionariedade do Estado, a expulsão não pode ser arbitrária devendo ser conforme ao Direito, designadamente aos princípios fundamentais de Direito Internacional aplicáveis.

Neste sentido, vigora a proibição de expulsão de nacionais do Estado que expulsa, de refugiados, de apátridas e de expulsões colectivas. Esta proibição geral admite, porém, algumas excepções. Ainda, o acto de expulsão deve ter em consideração um conjunto de circunstâncias, tais como: a expulsão deve ser levada a cabo nos termos da lei; a violação do princípio da não-discriminação pode levar à invalidade do acto de expulsão; deve haver um equilíbrio entre a necessidade de expulsar e o direito do indivíduo à sua vida privada e à vida em família; devem ser tidos em conta os riscos para os direitos do indivíduo que decorra da sua expulsão para determinado Estado (designadamente no que respeita ao direito à vida e ao direito à integridade pessoal).

Os indivíduos sujeitos à expulsão têm o direito a um processo justo e imparcial, designadamente no que respeita à formulação do acto de expulsão e ao direito dele recorrer. Impende sobre os Estados a obrigação internacional de assegurarem aqueles procedimentos naqueles termos.

No caso do Estado Português, a Constituição proíbe a expulsão de nacionais Portugueses do território nacional (artigo 33.º). A expulsão pode ser determinada por autoridade judicial ou administrativa competente. A expulsão é determinada por autoridade judicial quando revista a natureza de pena acessória ou quando o cidadão estrangeiro objecto da decisão tenha entrado ou permanecido regularmente em Portugal.

Referências:

Elspeth Guild & Paul Minderhoud (eds.), *Security of Residence and Expulsion: Protection of Aliens in Europe*, The Hague: Kluwer Law International, 2001.

Hélène Lambert, *The Position of Aliens in Relation to the European Convention on Human Rights*, Strasbourg: Council of Europe Publishing, 2006.

United Nations, *Expulsion of Aliens: Memorandum by the Secretariat*, United Nations General Assembly document A/CN.4/565 of 10 July 2006.

EXTRADIÇÃO

Ana Rita Gil

A extradição é uma medida de cooperação internacional em matéria penal através da qual um Estado coloca um indivíduo que se encontra sob a sua jurisdição sob a autoridade de outro Estado, por solicitação deste último. A extradição pode ter lugar para fins de procedimento criminal ou para cumprimento de medidas privativas da liberdade, relativamente a factos cujo julgamento seja da competência dos tribunais do Estado requerente. Tradicionalmente é um instrumento processual de cooperação internacional misto, pressupondo a intervenção dos poderes executivo e judiciário.

Na falta de convenção que vincule simultaneamente o Estado requerente e o Estado requerido, a decisão de outorgar a extradição depende apenas do poder soberano do Estado requerido[1]. Daí que se tenham concluído inúmeros tratados bilaterais, dos quais derivam determinados princípios[2], como o princípio da dupla incriminação (só pode haver extradição para julgamento de factos também considerados como crimes no país requerido), o princípio do *non bis in idem* (não ocorrerá extradição de pessoa por crime pelo qual já tiver sido julgada), o princípio da especialidade (o extraditando só pode ser processado pelos crimes previstos no pedido) e o princípio *aut dedere aut judicare/punire*, (caso negue o pedido de extradição, o Estado requerido compromete-se a julgar ou a punir o extraditando). No entanto, tem-se considerado que estes princípios não reflectem princípios costumeiros de Direito Internacional. Isso não significa que o Direito Internacional não imponha limites à extradição. Desde logo, ela não deve ser

---

[1] *Questions of Interpretation and Application of the 1971 Montreal Convention arising from the Aerial Incident at Lockerbie* (Libyan Arab Jamahiriya *v.* United Kingdom), provisional measures, 14 Abril de 1992, ICJ Reports 1992, 24.

[2] A Assembleia Geral das Nações Unidas adoptou um tratado tipo de extradição através da Resolução n.º 45/116, de 14 de Dezembro de 1990.

FONTES DE DIREITO INTERNACIONAL PÚBLICO

concedida a um Estado em que o indivíduo extraditado risque ser objecto de tratamentos desumanos ou degradantes, nos termos do artigo 3.º, da Convenção Europeia dos Direitos do Homem[1] e do artigo 19.º da Carta dos Direitos Fundamentais da União Europeia.

A par dos Tratados bilaterais, celebraram-se vários tratados multilaterais sobre Extradição. No âmbito do Conselho da Europa, a Convenção Europeia de Extradição de 13 de Dezembro de 1957 e Protocolos Adicionais, de 15 de Outubro de 1975 e 17 de Março de 1978 tiveram o objectivo de criar regras uniformes em matéria de extradição. Os Estados contratantes comprometem-se a proceder a extradição entre si em caso de prática de facto punível com medida privativa da liberdade de, pelo menos, 1 ano de duração. Prevêem-se várias excepções a esta obrigação, fundamentadas na natureza da infracção, na pena aplicável ou nas garantias oferecidas pelo Estado requisitante.

Por seu turno, às relações entre os Estados-Membros da União Europeia aplicam-se regras específicas, que prescindem de alguns dos princípios clássicos presentes nos tratados bilaterais. Essas regras constam hoje da decisão quadro sobre o mandado de detenção europeu e os processos de entrega entre os Estados-Membros, aprovada em 13 de Junho de 2002[2], que aboliu o processo formal de extradição entre os Estados-Membros, substituindo-o por uma mera entrega de pessoas através de um procedimento simplificado em que apenas intervêm autoridades judiciárias dos Estados envolvidos.

Referências:

José Calvet de Magalhães, "Extradição", *in* José Pedro Fernandes (dir.), *Dicionário Jurídico da Administração Pública*, vol. IV, Lisboa, 1991.

Manuel António Lopes Rocha & Teresa Alves Martins, *Cooperação Judiciária Internacional em Matéria Penal*, Lisboa: Aequita-Editorial Notícias, 1992.

Jean Pradel e Geert Corstens, *Droit Pénal Européen*, Paris: Éditions Dalloz, 1999.

Mário Mendes Serrano, "Extradição – Regime e Praxis", in *Cooperação Internacional*, vol. I, Lisboa: Centro de Estudos Judiciários, 2000.

R. Blekxtoon *et al.*, *Handbook on the European Arest Warrant*, Haia, 2005.

FONTES DE DIREITO INTERNACIONAL PÚBLICO

MATEUS KOWALSKI E MIGUEL DE SERPA SOARES

As fontes de Direito, enquanto fontes de jurisdicidade, são os modos de produção ou formação das normas jurídicas. O problema das fontes de Direito traduz-se,

---

[1] *Soering v. Reino Unido*, Acórdão de 7 de Julho de 1989, series A, No. 161.

[2] Decisão-quadro 2002/584/JAI do Conselho.

assim, no modo de constituição e manifestação do Direito vigente numa determinada comunidade histórica. Uma vez que esta é uma questão que transcende o Direito positivo, ela não se encontra na esfera da livre disponibilidade do legislador. Antes, ela sedimenta-se primeiro num conjunto de postulados axiológico-normativos característicos de uma dada comunidade situada num dado quadro histórico.

Assim, do ponto de vista analítico, importa considerar as fontes de Direito no seu sentido formal, enquanto processos de elaboração do Direito, e no seu sentido material, i.e. os fundamentos sociais, políticos, económicos e até morais das normas jurídicas. A simples apreciação da dimensão formal impede a adequada consideração da dinâmica característica do Direito. No que respeita ao Direito Internacional Público em concreto, a consideração desde dinamismo afigura-se fundamental para a correcta produção normativa, bem como para a sua interpretação e aplicação.

Feita esta salvaguarda, tradicionalmente são considerados fontes de Direito Internacional Público as referidas no artigo 38.º do Estatuto do Tribunal Internacional de Justiça, a saber: os tratados, o costume internacional, os princípios gerais de Direito, a doutrina e a jurisprudência (estas duas enquanto fontes auxiliares). Por outro lado, a equidade é igualmente referida como forma de apreciação de uma situação individual, em que é valorada e julgada de acordo com a justiça do caso concreto e decidida *ex aequo et bono*.

Para além destas fontes referidas naquele artigo do Estatuto do Tribunal, haverá actualmente ainda que considerar outras tais como os actos unilaterais dos Estados e as decisões das Organizações Internacionais.

Referências:
Antonio Cassese, *International Law*, Oxford: Oxford University Press, 2005.
Malcolm Shaw, *International Law*, Cambridge: Cambridge University Press, 2003.
Martti Koskenniemi, *Sources of International Law*, Farnham: Ashgate, 2000.
Nguyen Quoc Dinh *et al.*, *Direito Internacional Público*, Lisboa: Fundação Calouste Gulbenkian, 2003.

FORÇA MAIOR

Maria de Assunção do Vale Pereira

A força maior é uma causa de exclusão da ilicitude de factos do Estado que contrariam uma sua obrigação internacional, prevista no artigo 23.º do Projecto de Artigos sobre a Responsabilidade Internacional do Estado por Factos Ilícitos, da autoria da Comissão de Direito Internacional (CDI), que foi adoptado pela resolução AG 56/83, de 28 de Janeiro de 2002. De acordo com esta disposição, estamos face a uma situação de força maior quando se verifica "a ocorrência de uma força irresistível ou de um acontecimento imprevisível, fora do controlo do Estado, que torne materialmente impossível, dadas as circunstâncias, cumprir a obrigação". Nesta concepção da força maior, a doutrina tradicional distinguia a força maior propriamente dita (pela referência a força irresistível) e o caso fortuito (por referência a acontecimento imprevisível). No entanto, esta distinção não aparece no Projecto porque em ambos os casos se configuram situações fora do controle do Estado sobre o qual impende a obrigação, aspecto essencial para a sua definição, pelo que a distinção não se justifica nesta sede. Estamos, portanto, face a circunstâncias em que não há o elemento volitivo na conduta do Estado ou, pelo menos, em que não há um elemento de livre escolha.

Como se lê no Relatório da CDI, para se verificar uma situação de força maior, hão-de estar reunidos três elementos: 1) o facto em questão tem de ter sido ocasionado por uma força irresistível ou um acontecimento imprevisível; 2) que está para além do controlo do Estado em causa; e 3) tornar-se materialmente impossível, nas circunstâncias verificadas, cumprir a obrigação (cf. Relatório CDI, 2001, cap. IV, p. 183, comentário 2) ao artigo 23.º).

A situação irresistível ou imprevisível pode decorrer de acontecimentos naturais (sismos, inundações, etc.) ou de acontecimentos humanos (por exemplo, se o Estado deixa de ter controlo efectivo sobre uma parte do seu território em virtude de uma insurreição), desde que se trate de uma força irresistível e não uma mera dificuldade acrescida no cumprimento de uma obrigação.

No n.º 2 do referido artigo 23.º são definidos casos em que a força maior não pode actuar como causa de exclusão da ilicitude, nomeadamente se "a situação de força maior for devida, quer unicamente, quer conjugada com outros factores, ao comportamento do Estado que a invoca", do que decorre que não é suficiente o facto de esse Estado ter dado uma qualquer contribuição para a verificação da situação, sendo necessário que ela seja *devida* ao comportamento do Estado que a invoca; ou seja, que o Estado tenha tido um papel substancial na sua verificação. Também não é invocável no caso de o Estado ter assumido o risco da ocorrência de tal situação (al. *b)*). Para além destas duas hipóteses previstas no n.º 2 do artigo 23.º, a força maior também não afasta a ilicitude de um qualquer comportamento se este se traduz na violação de uma norma de *jus cogens*, de acordo com o artigo 26.º do Projecto de Artigos referido.

A verificação de uma situação de força maior justifica o incumprimento de um obrigação enquanto se verificaram essas circunstâncias, pelo que, logo que elas cessem, o Estado está obrigação a cumpri-la. Porém, como em relação a qualquer causa de exclusão da ilicitude, não é afastado o dever de indemnizar qualquer prejuízo decorrente do comportamento do Estado, de acordo com a al. *a)* do artigo 27.º

Referências:

James Crawford, *The International Commission's Articles on State Responsibility. Introduction, Text and Commentaries*, Cambridge: Cambridge University Press, 2002.

J. da Silva Cunha & Maria de Assunção do Vale Pereira, *Manual de Direito Internacional Público*, 2.ª ed., Coimbra: Almedina, 2004.

FORÇAS ARMADAS

Armando José Dias Correia

Desde os primórdios da Antiguidade se citam as façanhas dos exércitos, porém a organização militar, tal como hoje a conhecemos (com uma estrutura e organização; hierarquia e capacidade de comando; meios operacionais e prontidão; patriotismo e espírito de servir) é relativamente recente. Os exércitos começaram por ser apenas uma instituição, sustentados exclusivamente em valores e, no geral, confiados a classes de estatuto elevado dentro da sociedade. Só no início do século XVII, com Maurice de Orange, se pode começar a falar de organização militar, ou seja de forças armadas organizadas.

A existência de Forças Armadas como organização social complexa e profissional orientada sistematicamente para a preparação da guerra, em contraposição à esporádica mobilização de forças, só foi possível com a economia monetária, a centralização do poder no Estado, a revolução industrial e a racionalidade administrativa baseada no mérito, resultante da mudança nas relações sociais.

Hoje, ao nível do Estado, são as Forças Armadas que detêm o monopólio da violência organizada e por isso treinam e desenvolvem a sua capacidade para combater. Embora seja o combate que justifica a sua existência, elas não se esgotam aí, são empregues em muitas outras missões ao serviço do Estado, como seu instrumento de acção política. Nestas missões, por vezes, não é nítida a fronteira entre o que é defesa (é importante ter a noção de que uma qualquer actuação eficaz dá credibilidade à sua acção dissuasora, o que já é defesa) e quando estão, exclusivamente, em apoio da política externa do Estado.

Às Forças Armadas Portuguesas, "que são um instrumento e um meio de autoridade e de poder que o Estado usa para impor e fazer cumprir a sua vontade (Professor Adriano Moreira)", nos termos da Constituição e da Lei, obedecendo aos órgãos de soberania competentes, incumbe: a defesa militar da República, bem como a satisfação dos compromissos internacionais do Estado Português no âmbito militar e a participação em missões humanitárias e de paz assumidas pelas organizações internacionais de que Portugal faz parte. Para além disso, as Forças Armadas podem ser incumbidas de colaborar em missões de protecção civil, em tarefas relacionadas com a satisfação de necessidades básicas e a melhoria da qualidade de vida das populações, e em acções de cooperação técnico-militar no âmbito da política nacional de cooperação.

As leis que regulam o estado de sítio e o estado de emergência fixam as condições de emprego das Forças Armadas quando se verifiquem essas situações.

A estrutura das Forças Armadas Portuguesas é composta pelo Estado-Maior--General das Forças Armadas, pelos três ramos das Forças Armadas-Marinha, Exército e Força Aérea e ainda pelos órgãos militares de comando das Forças Armadas (Chefe de Estado-Maior-General das Forças Armadas e os três Chefes de Estado-Maior dos três ramos).

Referências:
Constituição da República Portuguesa.
Maria da Saudade Baltazar, *As Forças Armadas Portuguesas: Desafios numa sociedade em mudança*, Casal de Cambra: Caleidoscópio, 2005.
António Silva Ribeiro, *Organização Superior de Defesa Nacional*, Lisboa: Prefácio, 2004.

FORUM PROROGATUM

MARIA DA ASSUNÇÃO DO VALE PEREIRA

O *forum prorogatum* é uma forma de aceitação da sua competência que o Tribunal Internacional de Justiça tem reconhecido, apesar de só podermos falar dela em relação a um caso concreto. Sendo a competência do TIJ – como acontece na larguíssima maioria dos tribunais internacionais uma competência para julgar Estados – uma competência de atribuição, o Tribunal, antes de julgar qualquer caso, tem de verificar se as partes no diferendo aceitam a sua competência em relação a ele. O *forum prorogatum* não supõe qualquer aceitação expressa da competência, exigindo apenas que esse consentimento decorra de forma indiscutível da actuação de uma das partes.

Foi o que se verificou na primeira fase do caso *Estreito de Corfu* (Reino Unido c. Albânia). Tendo o diferendo sido originariamente submetido ao Tribunal pelo Reino Unido unilateralmente, a Albânia contestou essa actuação, alegando um vício de forma na apresentação do mesmo. Não sendo a Albânia membro das Nações Unidas ou parte no Estatuto do TIJ, o Reino Unido tinha, na sequência dos factos que originaram o diferendo, levado o caso ao Conselho de Segurança que, por sua vez, aprovara uma resolução em que, de acordo com o disposto no artigo 36.º, n.º 6, da CNU recomendava o recurso ao TIJ. Apesar de a Albânia ter afirmado aceitar a resolução, entendeu que da mesma resultava que a sujeição do caso ao Tribunal devia ser feita por via de compromisso e não unilateralmente. Todavia, o TIJ rejeitou o argumento, decidindo, por acórdão de 25 de Março de 1948, prosseguir o processo por entender que da actuação da Albânia decorria a aceitação da competência no caso – aceitação por via do *forum prorogatum* –, porque, como fora afirmado em nota enviada por esse Estado, apresar da irregularidade que considerava existir na submissão do caso ao TIJ, estava "resolvido a não negligenciar qualquer oportunidade de testemunhar o seu apego aos princípios de uma colaboração amigável entre as nações e da regulação pacífica de diferendos [pelo que] (...) estava pronto apresentar-se ao Tribunal". Além disso, na mesma nota, notificava-se o Tribunal da designação o seu agente, bem como do seu domicilio na Haia. Portanto, apesar da irregularidade alegada, a Albânia não se recusou a comparecer perante o TIJ, nem veio alegar a sua falta de competência para conhecer do caso (cf. ICJ Reports, 1948, p. 20).

Diga-se que as partes vieram posteriormente celebrar um compromisso (no próprio dia 25 de Março de 1948, logo após a pronúncia do referido acórdão), que o Tribunal considerou, por despacho de 26 de Março, que, a partir de então, "constitui[a] a base de competência sobre a qual o Tribunal deverá conhecer o referido caso e enuncia[va] as questões que as partes acordaram submeter à sua decisão" (ICJ Reports, 1948, p. 55).

Como foi dito pelo Tribunal, "se o consentimento das partes confere jurisdição ao Tribunal, nem o Estatuto nem o Regulamento exigem que esse consentimentos e exprima que de uma forma particular" (ICJ Reports, 1948, p. 27). E efectivamente, se o Tribunal tem demonstrado um particular zelo na verificação da aceitação sua competência, revela-se extremamente maleável no que toca à forma como essa aceitação se expressa.

Referências:

Soubeyrol, "*Forum prorogatum* et Cour Internationale de Justice: de la procédure contentieuse à la procédure consultative", *Revue Générale de Droit International Public*, 1972, vol. 76, 1098-1104.

Stillmunkes, "Le *forum prorogatum* devant la CIJ et la CPJI", *Revue Générale de Droit International Public*, 1964, vol. 68, 665-686.

Winiarski, "Quelques réflexions sur le soi-disant *forum prorogatum* en droit international", *Festchrift für Jean Spiropoulos*, Bona: Schimmelbusch & Co., 1957, 445-452.

FRAGMENTAÇÃO DO DIREITO INTERNACIONAL

Manuel de Almeida Ribeiro

A fragmentação do Direito Internacional é o problema que resulta da proliferação de tratados, contendo normas contraditórias total ou parcialmente, impedindo potencialmente os Estados de cumprirem as obrigações que assumem perante outros Estados, pela circunstância de estarem obrigados a cumprir outras obrigações incompatíveis com aquelas.

FRAGMENTAÇÃO DO DIREITO INTERNACIONAL

O tema "Fragmentação do Direito Internacional" surgiu na 52.ª sessão da Comissão de Direito Internacional (CDI) que decidiu incluir na sua agenda de trabalhos de longo prazo no tópico "riscos emergentes da fragmentação do Direito Internacional". No ano seguinte, a Assembleia Geral solicitou à Comissão de Direito Internacional que desenvolvesse os tópicos do seu programa de longo prazo. Na sua 54.ª Sessão, em 2002, a Comissão deliberou incluir o tópico, designado "Fragmentação do Direito Internacional: dificuldades emergentes da diversificação e expansão do Direito Internacional" no seu programa de trabalhos e estabelecer um grupo de estudo para o efeito. O Grupo de Estudo adoptou um conjunto de recomendações sobre tópicos que deveriam ser tratados e solicitou ao Presidente, Bruno Simma, a preparação de um estudo sobre a função e objecto da regra da prevalência da *lex specialis* e dos "regimes independentes" (*self-contained regimes*). Na 53.ª sessão, em 2003, a Comissão designou Martti Koskkenniemi presidente do Grupo de Estudo. O relatório do Grupo de Estudo foi aprovado na 58.ª sessão, em 2006 e submetido à Assembleia Geral, como parte do relatório da CDI.

O relatório conclui que o Direito Internacional é um sistema de direito, devendo as suas regras ser interpretadas no contexto de outras regras e princípios. Sendo um sistema jurídico e não um simples acumulado de regras, deve considerar-se existirem relações relevantes entre as mesmas. Assim, tendo as regras valores hierárquicos mais altos ou mais baixos, a sua formulação pode envolver uma maior ou menos generalidade e especificidade e a sua vigência pode datar de momentos temporais anteriores ou posteriores.

O relatório refere-se às técnicas jurídicas que podem ser utilizadas para dirimir conflitos entre regras de Direito Internacional, designadamente a aplicação do princípio *lex specialis derogat legi generali*, o problema dos regimes especiais (*self-contained regimes*) a aplicação do Artigo 31 da Convenção de Viena sobre Direito dos Tratados, a resolução de conflitos entre normas sucessivas, tendo em conta que as partes contratantes podem não ser as mesmas nos instrumentos que criam essa regras.

Embora considere que a Convenção de Viena sobre Direito dos Tratados deve ser o repositório de regras para a resolução dos conflitos resultantes da fragmentação do Direito Internacional, o relatório considera que alguns do dispositivos da Convenção deveriam se reformulados tendo em vista esse objectivo, designadamente no que se refere ao tratamento idêntico que a Convenção faz dos tratados bilaterais e multilaterais.

Referências:
International Law Commission, *Fragmentation of International law: Difficulties arising form the diversification and expansion of International law*, Report of the Study Group of the International Law Commission, finalized by Martti Koskenniemi, ILC, 58th session, Geneva, 1 May-9 June and 3 July -11 august 2006.

FRONTEIRAS

Maria Regina de Mongiardim

Segundo Adriano Moreira, "a questão da fronteira tem uma dupla dimensão, a que se traduz na definição de um limite de vizinhança entre identidades diferenciadas, e a que salvaguarda um espaço de intervenção autónoma de cada identidade em relação aos interesses próprios".[1]

Esta definição insere-se no tradicional conceito de fronteira, enquanto elemento estrutural dos Estados e linha de demarcação e divisão dos territórios estaduais, assente no princípio da territorialidade, paradigma do Estado-nação, que incorpora, assim mesmo, as ideias de inclusão e de exclusão de comunidades próprias e vizinhas. Neste pressuposto, o conceito de fronteira traduz-se numa "linha" de demarcação/divisão geográfica, política, defensiva, jurídica, institucional e administrativa, com uma carga histórica derivada dos acontecimentos e vicissitudes que acompanharam o seu traçado e a sua consagração e legitimação.

Esta fronteira convencional, expressão de uma relação de competição e de um confronto entre poderes, existe em sentido físico, com tradução geográfica, quer na própria natureza (rios, oceanos, mares, montanhas), quer numa linha concreta de delimitação de um dado espaço territorial – o Estado.

A ideia de fronteira terá surgido, historicamente, da necessidade dos homens estabelecerem, definirem e resolverem os seus direitos de propriedade. Com o passar dos tempos, esta ideia incorporou noções políticas, jurídicas e institucionais de comunidades mais amplas, territorializadas. Esta evolução permitiu uma transposição do direito privado para o direito público das relações inter-estaduais, passando-se de uma primeira noção que separava o território, conhecido, do resto do mundo, desconhecido, para uma noção em que a fronteira passa a assumir uma função que divide os grupos, os organiza, os diferencia e os protege.

Nesses primeiros tempos históricos, a fronteira tinha uma forte carga simbólica e religiosa, porque associada a um domínio de forças mágicas, onde era exercida a acção dos deuses. Outra característica da fronteira dos tempos históricos mais remotos (Antiguidade) era a sua mobilidade e dinâmica, na medida em que a delimitação das suas áreas de influência era temporária e sempre dependente das capacidades militares e económicas das forças de ocupação face à pressão exercida pelas forças nómadas invasoras.

Com a formação do Estado-nação, surgido do derrube do feudalismo e assente no princípio da territorialidade, a tendência universal foi de fazer coincidir as

---

[1] Adriano Moreira, Prefácio da obra "A Evolução do Conceito de Fronteira na Época da Mundialização", de Maria Regina Marchueta, Colecção Atena, Edições Cosmos/Instituto da Defesa Nacional, Lisboa, 2002.

fronteiras políticas e de segurança, com as fronteiras linguísticas, culturais e económicas, "fechando" o Estado e isolando-o com respeito a outras comunidades. O nacionalismo seria um produto ideológico desta justaposição de fronteiras físicas e funcionais.

As alterações do sistema mundial verificadas a partir da Revolução Industrial, com particular incidência desde finais do século XIX, quando se assiste ao início do movimento de descolonização que culminou na segunda metade do século XX, afectaram profundamente as teorias e a validade das fronteiras de muitos países, em particular das antigas potências coloniais. As antigas fronteiras multicontinentais, multiétnicas e multiculturais das soberanias imperiais europeias transformaram-se quantitativa e qualitativamente, aumentando os riscos e desafios do modelo tradicional do Estado ocidental, agora transposto para o âmbito planetário.

Como resultado das duas grandes guerras e da divisão ideológica do mundo em dois blocos antagónicos, novas fronteiras vieram acrescentar-se às fronteiras físicas e políticas já existentes, com um novo traçado em função das necessidades de segurança e defesa e das ideologias dominantes, e nem sempre coincidente com aquelas (OTAN, Pacto de Varsóvia e todos os demais agrupamentos de cooperação entre países). A emergência do fenómeno dos grandes espaços, que tendem a substituir os poderes políticos soberanos tradicionais por uma nova lógica de poder, supranacional ou cooperativo, iria traduzir-se num novo redimensionamento das fronteiras conjunturais e funcionais do universo, de geometrias variáveis, e que não se podem reconduzir às linhas de definição territorial dos Estados (UE, MERCOSUL, NAFTA, ASEAN, etc.). Neste sentido, a proliferação de fronteiras conjunturais é, não apenas, um factor determinante da dissolução da fronteira unitária do passado, como representa, também, a sua pulverização numa teia de traçados antagónicos, justapostos ou complementares.

Com a globalização, os fluxos transnacionais, as inovações tecnológicas, a progressiva diluição da soberania dos Estados e a complexidade crescente da vida internacional, o sistema de fronteiras tornou-se mais complexo, também. Verifica-se, assim, a existência de uma *fronteira geográfica* indicativa, com características em quase tudo semelhantes às do passado, mas que pode ser descontínua, graças ao fenómeno das regiões, e a evoluir progressivamente para uma maior transparência, permeabilidade, porosidade e mobilidade; uma *fronteira de defesa*, delineada pelos limites das áreas de cobertura de pactos militares, acordos de cooperação em matéria de defesa, e coligações internacionais, pelo redimensionamento das áreas de responsabilidade da Aliança Atlântica e da PESDC/UE, pela reestruturação do Conselho de Segurança das Nações Unidas, pela evolução do direito de ingerência humanitária e pelas potencialidades militares das nações párias; uma *fronteira de segurança*, com características administrativas, sociais e de polícia, que pode não corresponder apenas ao território nacional e, no caso da UE, acompanha a evolução do Espaço Schengen e das orientações políticas do terceiro pilar (JAI); uma *fronteira política*, que, no quadro europeu, acompanha a evolução do alargamento e da própria construção da UE; uma *fronteira económica*, determinada pela construção dos blocos económicos, que o *dólar* como moeda de referência do comércio internacional, o reforço do *iene*, e a emergência do *euro*, vieram acentuar; uma *fronteira da cooperação*, baseada num novo conceito de fronteira directamente relacionado com a crise de soberania dos Estados e com o movimento do regionalismo, seja ele transnacional ou local; uma *fronteira marítima*, relativa às soberanias dos Estados ribeirinhos sobre as suas águas territoriais, as plataformas continentais, os fundos marinhos, a ZEE e à competição sobre o alto mar; uma *fronteira do espaço*, em que as grandes potências e algumas potências emergentes (China e Índia) jogam o seu potencial científico, tecnológico, militar e económico, para garantirem o seu domínio; uma *fronteira do conhecimento*, que separa os Estados e os homens, segundo os respectivos níveis de modernização, potencial científico, tecnológico e do saber; uma *fronteira ideológica*, multifacetada e multidimensional; uma *fronteira linguística*, traçada em função das línguas nacionais, das línguas oficiais e dos dialectos comuns; uma *fronteira demográfica*, que, no seu movimento expansionista, vem apertando o cerco aos países ricos, afluentes e de consumo do norte do mundo; uma *fronteira da pobreza*, em movimento, que delimita os pólos opostos dos países ricos frente aos países pobres, expressa na linha de fractura Norte-Sul, mas com idêntica linha de fractura dentro das próprias sociedades industrializadas e pós-industrializadas; uma *fronteira cultural*, em redimensionamento, em função de identidades culturais separadas pelas fronteiras políticas dos Estados, da ausência de integração de minorias etnoculturais dentro de Estados, vistos como estranhos, e da reunião estratégica de antigos territórios coloniais em comunidades multicontinentais mais vastas; uma *fronteira religiosa*, que separa comunidades de diferentes credos, cortando na transversal todas as sociedades territorializadas ou reagrupando outras independentemente da descontinuidade do espaço territorial ocupado; e, por último, uma *fronteira civilizacional* que separa e distingue as diferentes civilizações do mundo actual.

Referências:
Bertrand Badie, *La Fin des Territoires*, Paris: Fayard, 1995.
Bertrand Badie e Marie-Claude Smouts (dir.), *L'International sans Territoire*, France: L'Harmattan, 1996.
Maria Regina Marchueta, *A Evolução do Conceito de Fronteira na Época da Mundialização*, Lisboa: Col. Atena, Edições Cosmos e Instituto da Defesa Nacional, 2002.
Michel Foucher, *Fronts et Frontières – Un Tour du Monde Géopolitique*, Paris: Fayard, 1991.

FUNDO INTERNACIONAL DE EMERGÊNCIA DAS NAÇÕES UNIDAS PARA AS CRIANÇAS (UNICEF)

Francisco Borges

A UNICEF, acrónimo de *United Nations International Children's Emergency Fund* – Fundo Internacional de Emergência das Nações Unidas para as Crianças –, foi criada pela Assembleia Geral das Nações Unidas no dia 11 de Dezembro de 1946. Na data da sua constituição, os objectivos desta organização eram bem mais restritos que aqueles que hoje em dia lhe são atribuídos. Na verdade, a UNICEF foi criada para lidar com uma situação específica: a devastação resultante da II Guerra Mundial, *maxime* nos países vítimas de agressão. Nesta medida, tratava-se de um fundo de emergência, com carácter temporário, que centraria a sua actividade no auxílio às crianças vítimas da guerra – procurando manter-se neutro em relação aos grandes blocos políticos e ideológicos –, insistindo mais na prestação de cuidados urgentes de saúde ou de alimentação do que numa estratégia de desenvolvimento a longo prazo.

Entretanto, assumindo que a melhoria das condições mínimas de vida das crianças em todo o mundo deveria ser considerada um objectivo essencial da comunidade internacional, transcendendo os problemas específicos colocados pela II Guerra Mundial, no dia 6 Outubro de 1953, a Assembleia Geral das Nações Unidas integrou a UNICEF no sistema permanente das Nações Unidas, passando a organização a chamar-se *United Nations Children's Fund*, denominação que até hoje não foi alterada. Manteve-se, todavia, o acrónimo UNICEF, já demasiado conhecido para ser modificado.

Se a vertente humanitária não foi obviamente descurada, objectivos económicos e sociais, baseados numa perspectiva de desenvolvimento, passaram também a pautar a actividade da UNICEF, como demonstram as diversas iniciativas desta organização no âmbito da educação das crianças. Por outro lado, desde a sua entrada em vigor em Setembro de 1990, a Convenção sobre os Direitos da Criança, de 20 de Novembro de 1989, tem influenciado a orientação da UNICEF.

Em termos organizativos, a UNICEF é administrada em permanência pelo Director Executivo, que é nomeado pelo Secretário-Geral das Nações Unidas, ouvido o Conselho Executivo. Este último órgão é constituído por 36 membros, eleitos para mandatos de três anos, nomeados por governos de Estados dos cinco grupos regionais das Nações Unidas. O Conselho Executivo supervisiona a actividade da UNICEF e estabelece as suas orientações principais, tendo em conta o estabelecido pela Assembleia Geral das Nações Unidas e pelo Comité Económico e Social. Está sujeito à autoridade deste último, apresentando-lhe um relatório anual.

A nível regional e local, têm um papel fundamental os Escritórios Regionais e os Escritórios de Campo. Estes, em coordenação com os governos dos diversos países onde se encontram, são responsáveis pela execução das políticas definidas a nível central e regional. É de referir uma certa autonomia destas entidades relativamente à administração central, algo que tem sido considerado essencial para o sucesso das iniciativas da UNICEF.

Nos países mais industrializados, os Comités Nacionais para a UNICEF – organizações não governamentais – são responsáveis por parte significativa do financiamento da UNICEF, que é completamente voluntário, mesmo no tocante às contribuições dos diferentes governos.

Referências:
Maggie Black, *Children First: The Story of UNICEF, Past and Present*, Oxford: Oxford University Press, 1996.
Trevor Buck, *International Child Law*, Abingdon: Routledge-Cavendish, 2007.

FUNDO MONETÁRIO INTERNACIONAL (FMI)

Valerio de Oliveira Mazzuoli

O Fundo Monetário Internacional é uma organização vinculada às Nações Unidas cujos estatutos entraram em vigor em 27 de dezembro de 1945, quando 29 países firmaram o seu Convênio Constitutivo. Sua criação deu-se por força da Conferência Monetária e Financeira das Nações Unidas, em Bretton Woods, estado de New Hampshire, Estados Unidos, celebrada de 1.º a 22 de julho de 1944, já no quadro da preparação do pós-guerra, destinada a promover a cooperação internacional nos campos monetário e comercial, garantindo a estabilidade do câmbio e minimizando o desequilíbrio das balanças internacionais de pagamento, no intuito de evitar as políticas de *beggar-thy-neighbor* – ou "empobrecimento do vizinho" – surgidas durante a grande depressão de 1929 a 1933. Na mesma ocasião, juntamente com o FMI, foi também criado o Banco Internacional para a Reconstrução e Desenvolvimento (BIRD ou Banco Mundial), tendo ainda sido proposta a instituição (à época, ambiciosa) de uma Organização Internacional do Comércio (OIC), que, contudo, não vingou, tendo sido instituído em seu lugar o Acordo Geral sobre Tarifas e Comércio (GATT), o qual, apesar de criado para regular provisoriamente as relações comerciais internacionais, acabou por gerir, de fato, por mais de quatro décadas as relações econômicas entre os Estados. O FMI, o BIRD e a frustrada OIC formariam o tripé das agências especializadas da ONU responsáveis pela estruturação e regência da nova ordem econômica internacional a partir de então estabelecida.

As operações financeiras do FMI iniciaram-se na cidade de Washington, em 1.º de março de 1947, com 39 países-membros. Desde 15 de novembro de 1947 a entidade é agência especializada da Organização das Nações Unidas, mediante acordo nesse sentido celebrado entre o Fundo e a ONU. O FMI, portanto, conta com personalidade jurídica internacional e, ainda, capacidade para contratar, adquirir e alienar bens móveis e imóveis e mover ações judiciais.

O escopo básico do FMI é zelar pela estabilidade do sistema monetário internacional, por meio da promoção da cooperação e da consulta em assuntos monetários entre os seus mais de 180 países-membros. O objectivo da sua criação foi evitar que desequilíbrios nos balanços de pagamentos e nos sistemas cambiais dos países-membros prejudicassem a expansão do comércio e dos fluxos de capitais internacionais.

Para cumprir com os seus objectivos o Fundo favorece a progressiva eliminação das restrições cambiais nos paíse-membros e concede recursos temporários para evitar ou remediar desequilíbrios no balanço de pagamentos, além de planejar e monitorar programas de ajustes estruturais. Além da assistência financeira que concede aos países com dificuldades nas suas contas externas, o Fundo também desempenha importantes funções de *aconselhamento técnico* e de *supervisão financeira* (e econômica) dos seus países-membros.

Nenhum dos países-membros é obrigado a permanecer na organização, podendo deixá-la quando quiserem. Cuba, Checoslováquia, Indonésia e Polônia assim o fizeram, mas todos, com excepção de Cuba, retornaram ao Fundo após algum tempo.

Referências:

Barry J. Eichengreen, *A globalização do capital*: uma história do sistema monetário internacional. Trad. Sergio Blum. São Paulo: Editora 34, 2002.

Dominique Carreau, *Le système monétaire international*: aspects juridiques, Paris: Armand Colin, 1972.

J. Keith Horsefield, *The International Monetary Fund – 1945-1965: twenty years of international monetary cooperation*, Washington, D.C.: International Monetary Fund (3 vols.), 1969.

Jacques Fontanel, *Organisations économiques internationales*, 2.ª ed., Paris: Masson, 1995.

Valerio de Oliveira Mazzuoli, *Natureza Jurídica e Eficácia dos Acordos* Stand-by *com o FMI*, São Paulo: Editora Revista dos Tribunais, 2005.

FUNDOS MARINHOS (AUTORIDADE INTERNACIONAL DOS FUNDOS MARINHOS/CÂMARA DE CONTROVÉRSIAS DOS FUNDOS MARINHOS) (*vide* ÁREA)

FUSÃO DE ESTADOS

João Carlos Santana da Silva

A fusão de Estados ocorre quando dois ou mais Estados soberanos se unem, perdendo a sua personalidade jurídica internacional em favor da criação de um novo Estado soberano, do qual passam a fazer parte. Esta fusão implica, necessariamente, a criação de uma entidade jurídica nova, sendo diferente de uma incorporação, como foi o caso da reunificação da Alemanha em 1990 (através da qual a República Democrática Alemã, ou Alemanha Oriental, foi incorporada na República Federal da Alemanha).

Apesar das Convenções de Viena de 1978 (Tratados) e 1983 (Propriedade, Arquivos e Dívidas do Estado), que regulam genericamente o procedimento jurídico da sucessão de Estados, não especificarem claramente a distinção entre unificação e incorporação, a prática corrente tem sido a da garantia de sucessão de todos os direitos e obrigações dos Estados predecessores para o Estado sucessor, segundo uma orientação claramente próxima do princípio da responsabilidade internacional. Desta forma, assegura-se o respeito das obrigações tidas para com um terceiro Estado ou outras partes interessadas no âmbito de tratados ou de dívidas tidas para com estes.

Originando, salvo raras excepções, de uma situação de acordo entre os Estados predecessores, a fusão de Estados é bastante incontroversa no que respeita à sucessão de tratados, dívidas e bens. Conforme previsto no artigo 31.º da Convenção de 1978, a sucessão dos tratados ocorre através de uma renegociação ou confirmação dos mesmos entre o Estado sucessor e as outras partes co-signatárias, sendo prática habitual a continuação dos mesmos após apreciação da nova situação (com a fusão, desaparece o Estado predecessor tal como existia na assinatura do tratado).

No que se refere à sucessão de bens, dívidas e arquivos, verifica-se a mesma doutrina de passagem dos Estados predecessores para o Estado sucessor, apoiada no raciocínio de que um Estado sucessor, ao herdar bens, arquivos e restantes direitos dos Estados predecessores, também está a herdar as dívidas, obrigações e restantes deveres contratualizados por estes, ou seja, está a herdar, obrigatoriamente, o pacote completo. O carácter sintético e incontestável desta sucessão total está bem patente na Convenção de Viena de 1983 (apesar de não estar em vigor), mais precisamente no artigo 16.º (bens), no artigo 29.º (arquivos) e no artigo 39.º (dívidas).

O caso mais emblemático de fusão de Estados na história recente pode ser encontrado na criação, em 1964, da República Unida da Tanzânia. Esta resultou da fusão de dois Estados predecessores, o arquipélago de Zanzibar e a República de Tanganica, que assim desapareceram para dar origem a um só Estado.

Um exemplo conhecido de insucesso de uma situação política de fusão de Estados será, possivelmente, o da união entre Egipto e Síria para criar, em 1958, a República Árabe Unida. Esta República, que existiu entre 1958 e 1961, teve no movimento "pan-árabe" a sua inspiração ideológica e na frágil situação política na Síria a sua origem. Perante a iminência de um golpe liderado pelo Partido Comunista Sírio, os líderes políticos e militares desse país afastaram a via comunista através da solução de seguir pela via da "unidade árabe" com o Egipto, que tinha muito apoio popular e veio, de facto, a concretizar-se a 1 de Fevereiro de 1958. O insucesso desta fusão pode ser encontrado na dificuldade do Presidente Gamal Abdel Nasser (líder egípcio) em compatibilizar os modelos económicos egípcio e sírio, radicalmente diferentes, ou na impossibilidade de chegar a acordo quanto a um regime político comum. No final de 1961, a República Árabe Unida sucumbia perante um golpe de militares separatistas sírios.

Referências:
Patrick Dumberry, *State Succession to International Responsibility*, Leiden-Boston: Martinus Nijhoff Publishers, 2007.
Wilfried Fiedler, "State succession", in Rudolf Bernhardt (dir.), *Encyclopedia of Public International Law*, North-Holland, Amsterdam: Installment 10, 1987, pp. 446-456.

G7

Nuno Canas Mendes

Grupo formado pelas sete maiores potências industrializadas e democráticas do mundo, que reúne anualmente os respectivos chefes de Estado ou de governo para discutir os assuntos de maior importância económica e política tanto no plano interno como no plano internacional. A primeira cimeira teve lugar em Rambouillet, em Novembro de 1975, ainda só com seis Estados: Estados Unidos, Grã-Bretanha, França, Alemanha, Japão e Itália. Só em 1976, na Cimeira de San Juan, na Costa Rica, se juntou o Canadá e pela Comunidade Europeia, na Cimeira de Londres de 1977. Desde então a designação Grupo dos Sete ou G7 manteve-se, embora com algumas evoluções importantes, designadamente a reunião com quinze líderes de países em desenvolvimento na véspera da Cimeira de Paris, em 1989, e a participação da URSS, depois Rússia, a partir de 1991, num diálogo pós-cimeira. Na Cimeira de Nápoles, em 1994, a Rússia passa a participar em todas as cimeiras, formando o P8 ou Political Eight. Em Denver (1997), a Rússia passa a participar em todas as discussões excepto nas que versavam questões financeiras e algumas económicas; Birmingham (1998) marca a entrada plena da Rússia, o que resultou na formação do Grupo dos 8 ou G8 (apesar do G7 continuar a funcionar em paralelo às cimeiras formais). Em 2002, em Kananaskis (Canadá) foi anunciado que a Rússia acolheria a cimeira do G8 em 2006, concluindo assim o seu processo de adesão total.

As cimeiras do G7/G8 têm-se ocupado sobretudo da gestão macroeconómica, comércio internacional e relações com os países em desenvolvimento, bem como relações económicas Leste-Oeste, energia e terrorismo. O alargamento dos temas de agenda desde o momento da fundação tem sido muito significativo, incluindo actualmente a discussão de questões microeconómicas, como o emprego, ou

G7

transnacionais, como ambiente ou crime, ou ainda político-securitárias, como os direitos humanos ou o controlo de armamentos.

A realização de reuniões ministeriais sectoriais permite dar continuidade às decisões tomadas nas cimeiras, permitindo a aplicação das directrizes e prioridades definidas ao mais alto nível e a capacidade de gerar respostas aos novos problemas e desafios, revitalizando a capacidade de resposta das instituições internacionais. A centralidade do G8 e a relevância das suas tomadas de posição atraiu as organizações não-governamentais e a sociedade civil que aproveitam a oportunidade para manifestar as suas preocupações e propósitos.

Referência:
G8 Information Centre-http://www.g8.utoronto.ca/what_is_g8.html

G8 (*vide* G7)

G20

NUNO CANAS MENDES

Criado em Berlim, em Dezembro de 1999, o Grupo dos 20 (G20) é um sistema de reuniões periódicas dos ministros das Finanças e governadores dos bancos centrais das mais importantes economias mundiais. A principal inovação que introduziu foi ter-se constituído como palco privilegiado para encontro e discussão dos países industrializados e emergentes sobre questões da estabilidade económica e da arquitectura financeira globais. Formado na sequência da crise económica e financeira na Ásia do Sudeste (1997), o G20 reflecte não só a necessidade de aprofundar os mecanismos de cooperação sobre questões económicas e financeiras como uma lógica de inclusão das potências em ascensão, obtendo assim uma legitimidade acrescida para debater as questões. Compõem-no a África do Sul, a Alemanha, a Arábia Saudita, a Argentina, a Austrália, o Brasil, o Canadá, a China, a Coreia do Sul, os Estados Unidos da América, a França, a Índia, a Indonésia, a Itália, o Japão, o México, o Reino Unido, a Rússia, a Turquia e a União Europeia (representada pela presidência em exercício e pelo Banco Central Europeu). Este conjunto de países representa cerca de 90% do Produto Nacional Bruto mundial, 80% do comércio mundial e dois terços da população mundial. Têm ainda assento nas reuniões representantes de outras organizações, designadamente o director executivo do Fundo Monetário Internacional (FMI), o presidente do Banco Mundial. A presidência do G20 é rotativa, com mandatos de um ano e em *troika*. Desde 1999, no seio do G20 foram negociados acordos sobre políticas de crescimento económico, regulamentação do sector financeiro e adopção de medidas para lidar com as crises e com o terrorismo financeiro. Têm igualmente sido desenvolvidos esforços no sentido de promover a adopção de padrões internacionalmente reconhecidas com base nos exemplos dos seus membros na área da transparência e da política e evasão fiscais, da lavagem de dinheiro e do financiamento do terrorismo. A eclosão da crise financeira global em 2008 veio reforçar a necessidade de cooperação, aumentando o número de cimeiras (Washington, 2008; Londres e Pittsbrugh, 2009; Toronto e Seul, 2010). A tónica das últimas cimeiras foi posta na regulação e na supervisão, bem como na coordenação macroeconómica.

Referência:
G20-http://www.g20.org/about_what_is_g20.aspx

GLOBALIZAÇÃO

Mateus Kowalski e Miguel de Serpa Soares

Tem-se assistido não só à globalização da economia, da política, da ciência, ou da informação, mas também à desterritorialização de problemas relacionados com a segurança, a saúde, o ambiente, ou mesmo as crises económico-financeiras. Tudo o que tem contribuído para o reforço das interdependências globais.

Da perspectiva do Direito Internacional, a globalização acontece num momento de mundialização dos fenómenos humanos e de aceleração da história. Matérias relacionadas com, por exemplo, os direitos humanos, a justiça pena internacional, a economia, o ambiente ou determinados espaços geográficos, gozam de uma regulamentação tendencialmente universal. Trata-se de um processo que tem como ponto de partida a observação do mundo, actualmente marcado pela globalização, e do ser humano dotado de dignidade. A meta é a criação de um modelo que, pelo Direito, ordene a realidade global em que hoje o ser humano se insere.

O Estado, por si só, mostra-se insuficiente para lidar com a realidade globalizada que o compele a organizar-se com outros Estados. Funções que anteriormente caíam na esfera governativa do Estado soberano acham-se agora transferidas para níveis políticos que vão para além das fronteiras do clássico Estado-Nação, tais como Organizações Internacionais ou outras formas de cooperação bilateral e multilateral. Ainda, os actores internacionais não-estatais têm vindo a ganhar crescente participação na vida da comunidade internacional.

Por outro lado, o fortalecimento do conceito de comunidade internacional acarreta a consideração de princípios como o interesse global ou a protecção dos direitos do ser humano, onde quer que este se encontre. Objectivos clássicos do

GLOBALIZAÇÃO

constitucionalismo, tais como o respeito pelo primado do Direito, a promoção e protecção dos direitos e liberdades dos membros da comunidade, a separação dos poderes, a solução pacífica de conflitos, ou a adequada criação das normas necessárias à comunidade, são também agora encarados ao nível internacional.

A diluição do poder do Estado noutros níveis políticos para além dele, a exigência cada mais forte da globalização da democracia, do desenvolvimento e do respeito pelos direitos humanos, acorrentada à prática da "boa governação", provocam novas pulsões constituintes, complementado e fazendo inflectir as ordens constitucionais nacionais. Contudo a este processo globalizante, contrapõem-se outras teorias quer de protecção da soberania estadual quer de índole crítica anti ou contra hegemónicas, estas colocando a tónica no elemento emancipatório e propugnando a regulamentação de fenómenos globais ao nível regional e também local numa lógica *bottom-up*.

Referências:

José Manuel Pureza, "Encrucijadas Teóricas del Derecho Internacional en la Transición Paradigmática", in Ana Salinas de Frías & Alejandro Carrión (eds.), *Soberanía del Estado y Derecho Internacional – Homenaje al Professor Juan Antonio Carrillo Salcedo*, Sevilla: Universidad de Sevilla, 2005, 1169-1181.

Boaventura Sousa Santos (ed.), *Globalização: Fatalidade ou Utopia?*, Porto: Afrontamento, 2001.

Bruno Simma, "Universality of International Law from the Perspective of a Practitioner", 20 *European Journal of International Relations*, 265, 2009.

Dieter Senghass, "Global Governance: How Could it be Conceived?", 24, *Security Dialogue*, 1993, 247.

Richard Falk, *Globalização Predatória*, Lisboa: Instituto Piaget, 2001.

GOVERNOS NO EXÍLIO

Francisco Pereira Coutinho

Um governo no exílio é constituído por um indivíduo ou grupo de indivíduos reconhecidos como os legítimos representantes do respectivo Estado de origem, não obstante não exercerem qualquer controlo efectivo sobre o seu território, na sequência do deflagrar de uma crise que forçou o estabelecimento de residência no estrangeiro.

Os governos no exílio assumem uma natureza provisória, actuando no pressuposto de que voltarão a assumir o controlo político no seu Estado de origem. A sua relevância para o Direito Internacional está dependente do reconhecimento por outros Estados. Este assume assim uma natureza constitutiva, determinado a capacidade do governo no exílio para praticar actos jurídicos em nome do Estado de origem. Dada a ausência de controlo efectivo sobre qualquer território, a capacidade jurídica de um governo no exílio está essencialmente dependente da vontade do Estado de residência, o qual deve definir no acto de reconhecimento o alcance das competências do governo no exílio, designadamente no que diz respeito *i*) à imunidade diplomática dos seus membros, *ii*) ao direito de legação ou *iii*) à jurisdição sobre os seus nacionais que se encontrem no Estado de residência.

Exemplo de grande notoriedade de governo no exílio foi o Governo do Estado do Kuwait, exilado na Arábia Saudita durante a ocupação iraquiana que perdurou de Agosto de 1990 a Março de 1991. Os casos mais recentes de governos que foram forçados ao exílio revelam uma tendencial ausência de reconhecimento de qualquer estatuto oficial e, em alguns casos, de limitação de intervenção política pelos Estados de residência. Este facto decorre da difícil compatibilização do reconhecimento do governo no exílio com a proibição de intervenção em assuntos internos de outros Estados (artigo 2.º (7) da Carta das Nações Unidas). O princípio do *estoppel* (*venire contra factum proprium*) proscreve, todavia, o reconhecimento simultâneo do governo no exílio e do governo rival que se tenha estabelecido na respectiva capital.

Referências:
F. E. Oppenheimer, "Governments and Authorities in Exile", *American Journal of Internacional Law*, 36, 1942, pp. 568 a 575.
Manfred Rotter, "Government-in-exile", *Encyclopedia of Public International Law*, 10, North--Holland, 1987, pp. 210 a 214.

GUERRA

Luís Guilherme Pedro

O conceito de guerra é normalmente definido por oposição ao de paz, o que corresponde a uma definição negativa do conceito. De forma mais substancial e positiva, o Direito Internacional tende a privilegiar uma acepção de guerra enquanto estado legal ou condição ontológica, e como capacidade jurídica que permite a dois ou mais grupos hostis conduzir um conflito armado. Contudo, tal como o conceito de força, também o conceito de guerra se estende a formas não-armadas de conflitualidade organizada ou de confrontação psicológica institucionalizada como o célebre caso da "guerra fria".

É neste sentido que a aclamada fórmula de Clausewitz, segundo a qual a guerra consiste a continuação da política por outros meios, pode ser entendida. Nesta acepção tradicional, a guerra emerge como uma possibidade histórica de confrontação violenta e armada entre duas ou várias comunidades organizadas política e militarmente – não-raro como estados ou entidades reconhecidamente soberanas. A guerra constitui assim a continuação da política prolongando a vocação civilizacional e ordeira da política através da força e do medo, meios que a ordem política pacificada conhece em menor grau, e elevando assim a codificação e legalização da guerra a uma necessidade ética e existencial, de acordo com critérios estabelecidos – objecto tanto de consenso como de contestação – de legitimidade, de necessidade e/ou de direito, regidos pelo *ius bellum* e pelos princípios da denominada tradição da guerra justa: *ius ad bellum*, *ius in bello* e *ius post bellum* – respectivamente, o direito para fazer a guerra, as leis que regem o modo de fazer a guerra e a ordem do pós-guerra.

Na mesma linhagem legalista daquela tradição inscrevem-se ainda os vários exercícios de tipificação da guerra – civil ou imperial; limitada, instrumental ou total; regular ou irregular; efectiva ou fria; regional ou mundial; religiosa ou inter-racial; configurando acções de terrorismo, crimes de estado ou de genocídio, etc. Assim, para além das funções descritivas do conceito de guerra, os desafios inerentes à sua definição prendem-se com o critério usado para determinar o tipo específico de guerra de modo a aproximar uma definição geral do caso concreto. Os critérios descritivos podem variar entre os da causalidade ou da finalidade, o das características dos agentes envolvidos, o dos meios utilizados, dos resultados ou do sucesso do estado pós-guerra, o da geopolítica ou do período histórico, etc.

Importa neste contexto relembrar a discussão Hobbesiana sobre se a guerra constitui um estado natural ontológico das sociedades humanas ou antes uma disposição psicológica inata, apenas suspensa e prorrogada na medida em que a sua intensificação política e concretização factual exige da parte do agente potencialmente bélico, um grau relativo de paz social, de autocontrolo e de hierarquização interna. Tal como sugerido nesta concepção mais tradicional, e ao contrário da violência, a guerra não diz respeito necessariamente a um estado ontológico, nem descreve somente uma realidade de conflicto actual, mas configura antes uma disposição antropológica ou biológica geral que o conceito de estado de guerra cauciona juridicamente, sendo assim emprestada à ideia de guerra uma conotação sócio-simbólica decisiva.

O recurso jurídico e político à ideia de guerra poderá referir-se a uma ocorrência de facto; mas a existência de uma guerra nao depende da sua presumida facticidade. O mesmo é dizer que um dado fenómeno ou comportamento pode ser incluido na categoria de guerra, ou descrito enquanto tal, sem prejuízo do rigor conceptual de tal descrição. Neste sentido, podemos concluir que as estratégias adoptadas para definir a guerra parecem variar entre a da antropomorfização da guerra em certas características subjectivas dos beligerantes; a da ontologização da guerra numa situação objectiva geopolítica e histórica; ou a da legalização (ou ilegalização) de uma certa concepção da noção de guerra, no qual se procura depois enquadrar os variados casos concretos e as práticas específicas.

Referências:
Thomas Hobbes, *The Leviathan*, Cambridge: Cambridge University Press, 1996.
Karl von Clausewitz, *On War*, London: Penguin Books, 1982.
Michael Walzer, *Just and Unjust Wars*, New York: Basic Books, 2000.
Michael Hardt and Antonio Negri, *Multitude*, London: The Penguin Press, 2004.
Gilles Deleuze, 'Treatise on Nomadology: The War Machine', *Thousand Plateaus: Capitalism and Schizophrenia*, Minneapolis: The University of Minnesota Press, 1987.
Michel Foucault *Security, Territory, Population: Lectures at the College de France 1977-1978*, New York: Palgrave Mcmillan, 2007.

GUERRA FRIA

MATEUS KOWALSKI E MIGUEL DE SERPA SOARES

A "Guerra Fria" traduz um período histórico-político que durou de 1947 a 1989 e é caracterizado por uma intensa hostilidade entre as superpotências URSS e EUA, e respectivos aliados, sem que houvesse conflito armado directo e efectivo entre eles. Terminada a Segunda Grande Guerra, os Estados vencedores uniram-se em torno de propósitos e princípios teoricamente comuns no intuito de evitarem uma nova Grande Guerra e manterem a paz e a segurança internacionais, criando para tanto um sistema de segurança colectiva centrado nas Nações Unidas. No entanto, os dois blocos em confronto organizaram-se militarmente em pactos militares – a OTAN e o Pacto de Varsóvia. O clima de confrontação hipotecou *ab initio* o consenso necessário para se fazer funcionar o sistema de segurança colectiva previsto na Carta.

Da perspectiva do Direito Internacional, este é um período que marca a sua codificação e desenvolvimento. A Carta das Nações Unidas é um acto jurídico revolucionário que, de certo modo, inicia uma nova era no Direito Internacional. Ao lado dos Estados, surgem como sujeitos internacionais relevantes as Organizações Internacionais e o Indivíduo. Por outro lado, o multilateralismo passa a ser a estratégia de acção dominante nas relações internacionais. Ainda, o desenvolvimento e a codificação do Direito Internacional conhecem um aumento sem paralelo. A adopção de convenções internacionais de tendência universal e sobre temas fundamentais para a humanidade, como os direitos humanos, os mecanismos de violência (designadamente no âmbito do Direito Internacional Humanitário) ou os recursos naturais são uma marca desta era. Ademais, a Carta das Nações Unidas, um estatuto jurídico fundamental, lança elementos que servem de base para uma Paz estruturada, que serão desenvolvidos pela jurisprudência internacional e por actos jurídicos internacionais, unilaterais e multilaterais, de *soft-law* e de *hard-law*.

A conjuntura política, os bens jurídicos então relevantes e os interesses dos vários grupos que foram surgindo na comunidade internacional determinaram o desenvolvimento do Direito Internacional e a formulação de uma política de Direito Internacional relativa a diversos domínios. Cumpre destacar: a descolonização e o direito à autodeterminação dos povos; a regulamentação dos armamentos; o recurso a meios de solução pacífica dos conflitos; a formulação do Direito Internacional do Desenvolvimento; ou a codificação do Direito Internacional dos Direitos Humanos.

Referências:
Antonio Cassese, *International Law*, Oxford: Oxford University Press, 2005.
John Gaddis, *A Guerra Fria*, Lisboa: Edições 70, 2007.
Malcolm Shaw, *International Law*, Cambridge: Cambridge University Press, 2003.
Nguyen Quoc Dinh *et al.*, *Direito Internacional Público*, Lisboa: Fundação Calouste Gulbenkian, 2003.
Michael Walzer, *Just and Unjust Wars: a Moral Argument with Historical Illustrations*, New York: Basic Books, 2000.

GUERRA JUSTA

MATEUS KOWALSKI E MIGUEL DE SERPA SOARES

Actualmente vigora o princípio geral da proibição do recurso à ameaça ou ao uso da força nas relações internacionais, tal como codificada no artigo 2.º, n.º 4, da Carta das Nações Unidas. Apesar de este princípio admitir excepções a regra é, pois, a da proibição. A doutrina da "Guerra Justa" admitia o recurso à força. A regra neste caso era a da liberdade de recorrer à força armada – de fazer a guerra –, embora com algumas condicionantes, mais filosóficas do que propriamente jurídicas.

A doutrina da guerra justa limitava-se a distinguir entre as guerras justas e as guerras injustas. Apenas as justas seriam permitidas. Contudo, a valoração do "justo" foi variando no tempo histórico, também conforme a perspectiva filosófica, religiosa ou política dominante.

Na Roma antiga havia já a distinção entre a guerra justa e a guerra injusta, fundada no Direito Romano. Todavia a distinção não era regulada pelo *jus gentium*. Antes, as guerras seriam justas quando decididas por Roma. Na idade média, e até ao século XVI a doutrina cristã estabeleceu, por sua vez, no espaço europeu, os critérios da distinção. As guerras não seriam injustas contra os infiéis. Entre cristãos apenas seriam justas as guerras conduzidas por um soberano legítimo e que tivessem por objectivo reparar ou mesmo punir uma injustiça cometida.

A partir do século XVI, os assim chamados "teólogos juristas" iniciam o caminho para a consolidação do Direito Internacional como ciência, com fundamento no Direito natural. Na esteira destes, no século XVI Hugo Grócio simboliza o início do estudo geral com método do Direito Internacional e a sua autonomização científica. Grócio perfilha a teoria do Direito natural, embora assimilando-o a uma moral laica. Reconhece a legitimidade natural da guerra, reconhecendo embora que existem guerras justas e guerras injustas: a guerra seria justa quando pretendesse fazer face a uma injustiça. O Direito Natural determinaria os casos de injustiça: aqueles em que fosse violentado um elemento fundamental da soberania dos Estados.

Com Vattel, é feita a ponte para o positivismo. Vattel ainda adere à concepção de guerra justa como sendo aquela conforme à justiça. Contudo, a justiça seria aqui determinada pela observância de meros requisitos formais, desconsiderando, assim, a apreciação material do recurso à guerra. Com o positivismo entra-se num período de indiferença que tem o seu apogeu no século XIX. Não existindo critérios jurídicos que atestem da justiça de uma guerra, ela pode ser justa relativamente a qualquer parte na contenda. Na prática, o recurso à guerra resulta de um juízo individual de cada Estado: o Direito Internacional seria, pois, indiferente a esse juízo.

Com as Conferências de Paz da Haia de 1899 e 1907 inicia-se um período de regulamentação jurídica do recurso à guerra, no sentido da sua limitação. Mas foi apenas com o Pacto da Sociedade das Nações que se deu uma verdadeira ruptura, assistindo-se a uma mudança de paradigma: à liberdade de fazer a guerra (justa) opõe-se agora a proibição geral do recurso à guerra quando ilícita (embora o novo paradigma da proibição sofresse ainda de grandes limitações).

Actualmente, e como referido, a doutrina da liberdade de guerra justa encontra-se ultrapassada tendo sido substituída por uma regulação assente na ideia de proibição. Ainda assim, uma parte da doutrina questiona se perante os desvios a que se vem assistindo relativamente ao princípio geral da proibição do uso da força, bem como perante a inexistência de um verdadeiro sistema de segurança colectiva, não haverá um retorno a uma ideia moderna de guerra justa como forma de justificar o recurso à força.

Referências:
Emer Vattel, *Le Droit des Gens, ou Principes de la Loi Naturelle Appliqués à la Conduite et aux Affaires des Nations et des Souverains*, (s.ed.), Londres, 1758.
Hugo Grotius, *De Jure Belli ac Pacis*, (s.ed.), Paris, 1625.
James Johnson, *Can Modern War be Just?*, New Haven: Yale University Press, 1984.
José Manuel Pureza, "Da Guerra Justa à Guerra Justificada?" 10 *Política Internacional* 67, 1995.

GUERRA PREVENTIVA (vide LEGÍTIMA DEFESA PREVENTIVA)

GUERRAS CIVIS (vide CONFLITOS INTERNOS)

GUERRILHA

Armando José Dias Correia

Presume-se que a palavra guerrilha (*guerrilla*) tenha sido utilizada pela primeira vez na Guerra Peninsular contra a invasão napoleónica da Península Ibérica, entre 1808 e 1812, embora as técnicas guerrilheiras remontem à Antiguidade.

A guerrilha designa um tipo de guerra não convencional no qual as principais tácticas se baseiam na ocultação e extrema mobilidade dos combatentes, chamados guerrilheiros. Estes movimentos de guerrilha podem ser norteados por ideologias que se pretendem assumir ou defender. Também podem ser o braço armado avançado de um exército que utiliza este tipo de técnicas no confronto com outro exército regular.

O conceito de guerrilha visa levar um adversário, por muito mais forte que seja, a admitir condições frequentemente muito duras e aparentemente inaceitáveis de reorganização da sociedade. Quase sempre procuram a independência de determinada região. Os guerrilheiros evitam entrar em combate directo procurando sempre meios e condições de vantagem proporcionados pela surpresa e rapidez da acção (acções conhecidas por emboscadas). Este tipo de luta armada potencia a inferioridade das forças combatentes com uma superioridade crescente das forças morais, à medida que a acção se prolonga. Assim, a operação desenvolve-se simultaneamente em dois planos, o plano material, das forças militares, e o plano moral, da acção psicológica que visa a lassidão do adversário. É esta estratégia indirecta que permite sustentar um conflito de longa duração, obrigando o adversário a um esforço muito considerável que não possa suportar indefinidamente. Este modelo de luta total, prolongada, de fraca intensidade militar, foi geralmente empregue com sucesso nas Guerras de Descolonização. O seu principal teórico foi Mao Tse-Tung. A técnica da guerrilha leva, por vezes, em maior ou menor intensidade, a uma verdadeira onda revolucionária no tecido social, visando a tomada do poder constituído.

Mao Tse-Tung definiu em sete regras a essência da guerrilha: íntimo acordo entre a população e os guerrilheiros; retracção perante um avanço do inimigo em força; flagelamento e ataque do inimigo na sua retracção; estratégia de um contra cinco; táctica de cinco contra um, particularmente graças ao que se chama a "retracção centrípeta", isto é, à concentração de forças durante a retracção (ele dispunha de muito espaço na China); e finalmente a logística e o armamento à base do que é tomado do inimigo. Além deste mínimo foram formuladas duas noções capitais para garantir a liberdade de acção da guerrilha. A primeira, de origem soviética, mas já aplicada pelos irlandeses, visa impedir a repressão, dissuadindo a população de informar o inimigo, mediante a prática sistemática do terror. A segunda, explicada por Lawrence da Arábia, na I Guerra Mundial, a propósito de Medina, tem por princípio estender a ameaça da guerrilha ao máximo espaço, sem, no entanto, incitar o inimigo a retrair-se, de forma a criar para ele um problema de protecção cada vez mais difícil (Lawrence manteve sob ataque a ferrovia Damasco-Medina, cortando as ligações do Exército turco com Damasco e fixando-o em Medina).

A guerrilha não é necessariamente um tipo de guerra de resistência onde os insurgentes se opõem a uma força de ocupação, como aconteceu na União Soviética invadida pelos nazis ou no Iraque ocupado pelos aliados. Ela é também comum em guerras revolucionárias (com um forte factor político-ideológico) que podem despoletar entre partidos ou facções de um mesmo povo. Neste âmbito, citam-se alguns movimentos bem conhecidos: Movimento Revolucionário 8 de Outubro-MR8, Forças Armadas Revolucionárias da Colômbia-FARC, Sendero Luminoso, Euskadi Ta Askatasuna-ETA, Exército Republicano Irlandês-IRA, etc.).

Referências:
Marcelo Ferroni, *Método Prático da Guerrilha*, Lisboa: Publicações Dom Quixote, 2011.
US Department of the Army, *U.S. Army Guerrilla Warfare Handbook*, New York: Skyhorse Publishing, 2009.
Ernesto Guevara, *Che Guevara: Guerrilla Warfare*, Nebraska: University of Nebraska Press, 1998.

HARD-LAW

Mateus Kowalski e Miguel de Serpa Soares

Apenas faz sentido falar em *hard-law* quando necessário distingui-lo do *soft-law*. Nestas situações, *hard-law* terá uma definição muito aproximada da do Direito Internacional, i.e. o acervo de normas e princípios jurídicos que regulam as relações sociais internacionais. Estas normas e princípios são dotados de vinculatividade jurídica própria e podem ser encontrados no costume internacional nos tratados, nos princípios gerais de Direito Internacional ou nas decisões vinculativas das Organizações Internacionais.

Não se trata de negar jurisdicidade aos actos de *soft-law*. Embora não tendo efeitos jurídicos próprios e imediatos, podem ter efeitos jurídicos reflexos, nomeadamente por efeito do princípio da boa fé.

HARD-LAW

Referências:
Antonio Cassese, *International Law*, Oxford: Oxford University Press, 2005.
Kenneth Abbott & Duncan Snidal, "Hard and Soft Law in International Governance", 54 *International Organization* 421, 2000.
Malcolm Shaw, *International Law*, Cambridge: Cambridge University Press, 2003.
Martti Koskenniemi, *Sources of International Law*, Farnham: Ashgate, 2000.
Nguyen Quoc Dinh *et al.*, *Direito Internacional Público*, Lisboa: Fundação Calouste Gulbenkian, 2003.

HELMS-BURTON (LEI)

MIGUEL CALADO MOURA

A Lei Helms-Burton (Lei da Liberdade Cubana e Solidariedade Democrática/"The Cuban Liberty and Democratic Solidarity Act") é uma lei norte-americana assinada em 1996 pelo Presidente Bill Clinton que aplica sanções económicas de diversas naturezas à República de Cuba. O nome comummente atribuído à Lei deve-se a Jess Helms, senador republicano representante do Estado da Carolina do Norte, Presidente do Comité de Relações Exteriores do Senado e a Dan Burton, representante democrata do Estado de Illinois.

A Lei Helms-Burton é o culminar de uma panóplia de documentos legislativos norte-americanos que vieram a ser produzidos desde o rompimento das relações diplomáticas entre os Estados Unidos da América e a República de Cuba a 2 de Janeiro de 1961 e consequente embargo norte-americano ao regime cubano. Como antecedente histórico relevante, destaca-se a Lei para a Democracia Cubana de 1992 ("The Cuban Democracy Act", também conhecida como "Lei Toricelli" como homenagem ao senador democrata Robert G. Toricelli) que visou agravar o bloqueio económico-financeiro de Cuba, dificultando a obtenção de créditos externos para financiamento no mercado internacional e impondo sanções económicas às sociedades comerciais ou sociedades por estas dominadas que tivessem relações comerciais com a República de Cuba.

O Título I da Lei Helms-Burton proíbe, genericamente, a importação de bens e serviços provenientes de Cuba, impondo sanções civis não só às pessoas jurídicas norte-americanas, como igualmente aos demais Estados Soberanos e outros sujeitos de Direito Internacional que vierem a estabelecer relações económicas ou financeiras com Cuba. O Título II tem por objecto a ajuda dos Estados Unidos da América a Cuba, por forma a edificar e estabelecer um regime político pós-Castro. O Título III permite que sejam propostos nos tribunais nacionais norte-americanos processos nos termos dos quais uma pessoa singular ou colectiva (de nacionalidade/sede norte-americana) reclame indemnizações derivadas de prejuízos resultantes de nacionalizações feitas em Cuba. O Título IV estabelece a expulsão do território e/ou proibição de entrada ou comércio daqueles que, directa ou indirectamente, venham a prejudicar a propriedade de pessoas jurídicas norte-americanas, nos termos do Título III da Lei.

O embargo dos Estados Unidos da América à República de Cuba tem sido condenado pela comunidade internacional, como demonstra, a título exemplificativo, a Resolução de 27 de Novembro de 2001 (A/RES/56/9) da Assembleia-Geral das Nações Unidas.

A Lei Helms-Burton levanta na comunidade ju-internacionalista muitas dúvidas quanto à validade e eficácia da mesma, na medida em que esta parece violar o princípio da não-extraterritorialidade (ou o princípio da eficácia interna) das leis nacionais, violando, consequentemente, o princípio da soberania dos Estados.

Referências:

Jeanette M. E. Tramhel, "Helm-Burton Invites a Closer Look at Counter-Measures", *George Washington Journal of International Law & Economics*, n.º 30, 1996-1997, pp. 317 *et seq.*

David J. Santeusanio, "Extraterritoriality and Secondary Boycotts: A Critical and Legal Analysis of United States Foreign Policy", *Suffolk Transnational Law Review*, n.º 21,1998, pp. 367 *et seq.*

Kenneth J. Vandevelde, "Fixing International Law or Fixing Castro?", *Catholic University Law Review*, vol. 48, n.º 4, 1999, pp. 1035 *et seq.*

Jordan J. Paust, "Non-extraterritoriality of Special Territorial Jurisdiction of the United States: Forgotten History and the Erros of Erdos", *Yale Journal of International Law*, n.º 24, 1999, pp. 305 *et seq.*

Bernardette Atuahene, "The Effectiveness of International Legislative Responses to the Helm-Burton Act", *Revista Juridica Universidad de Puerto Rico*, vol. 69, 2000, pp. 69 *et seq.*

HIERARQUIA DAS FONTES DE DIREITO INTERNACIONAL PÚBLICO

Mateus Kowalski e Miguel de Serpa Soares

As fontes de Direito, enquanto fontes de jurisdicidade, são os modos de produção ou formação das normas jurídicas. Desta perspectiva, em bom rigor, é princípio geral que não existe efectiva hierarquia das fontes formais de Direito Internacional Público. Antes, existe uma controvertida e mal definida relação entre as normas emanadas daquelas fontes. Isto sem prejuízo de se observar na prática que normas emanadas de determinadas fontes, como o costume ou os tratados, adquirem mais relevância do que outras. Em todo o caso, importa aqui ter bem presente a distinção entre fontes formais de Direito Internacional Público e as normas jurídicas internacionais. Não se trata, pois, de negar o carácter hierárquico do Direito Internacional Público (ainda que primitivo). A ideia de hierarquização é, aliás, característica dos discursos naturalistas, formalistas e realistas. Contudo, o foco de análise deve centrar-se nas normas jurídicas internacionais positivadas e não tanto nas suas fontes formais de origem.

Assim sendo, no que respeita às normas jurídicas internacionais, existe uma hierarquia que é determinada caso a caso no contexto da relação internormativa e nos termos da Teoria do Direito e à qual se aplicam regras de estabelecimento de hierarquia (ou, se se preferir, de conflitos) em função das sua características próprias no que respeita, por exemplo, ao seu grau comparativo de generalidade (a norma especial prevalece sobre a geral), à sua posição cronológica (a norma posterior prevalece sobre a anterior) ou mesmo à qualificação de vinculação à norma pelos Estados ou Organizações Internacionais.

Por outro lado, a introdução do conceito de regras de *jus cogens* veio trazer, neste sentido, uma hierarquização do Direito Internacional. O *jus cogens* constitui um núcleo duro de Direito imperativo, sendo formado pelas normas de Direito Internacional geral aceites e reconhecidas pela comunidade internacional no seu conjunto como normas às quais nenhuma derrogação é permitida e que só pode ser modificada por uma nova norma de Direito Internacional geral com a mesma natureza. Neste caso existe um efectivo princípio hierárquico.

De um ponto de vista mais prospectivo, um outro fenómeno a considerar é o estabelecimento pelo artigo 103.º da Carta das Nações Unidas da hierarquização das obrigações convencionais, colocando a Carta das Nações Unidas no topo dessa hierarquia. Nos termos daquela disposição, em caso de conflito entre as obrigações de um dos Estados-Membros em virtude da Carta e obrigações que para ele decorram em virtude de uma outra convenção internacional, prevalecem as primeiras. O âmbito do artigo 103.º não inclui apenas as obrigações que se encontrem consagradas directa e imediatamente na Carta das Nações Unidas, mas todas as obrigações que resultem em virtude da Carta, incluindo, pois, as deliberações dos órgãos das Nações Unidas que tenham força vinculativa. Por outro lado, e seguindo a mesma linha de raciocínio, as obrigações em virtude da Carta prevalecerão também sobre as deliberações vinculativas dos órgãos de outras organizações internacionais.

Referências:

Antonio Cassese, *International Law*, Oxford: Oxford University Press, 2005.

Martti Koskenniemi, "Hierarchy in International Law: a Sketch", 8 *European Journal of International Law* 566, 1997.

Martti Koskenniemi, *Sources of International Law*, Farnham: Ashgate, 2000.

Juan Carrillo Salcedo, "Reflections on the Existence of a Hierarchy of Norms in International Law", 8 *European Journal of International Law* 583, 1997.

HOSTILIDADES

VALERIO DE OLIVEIRA MAZZUOLI

O início de um conflito bélico dá-se por meio da *declaração de guerra*, que é o acto de um Estado em dar ciência ao outro de que, a partir desse momento, terá início uma luta armada entre eles, cessando as relações até então pacíficas que ambos mantinham. Trata-se de um acto *unilateral* do Estado que antecede o início das hostilidades, criando uma situação jurídica certa e determinada. A declaração de guerra visa, sobretudo, evitar um *ataque traiçoeiro* por parte de outro Estado, e a prática foi seguida na I Guerra Mundial em que houve cinquenta e seis declarações de guerra, tendo havido uma diminuição dessa prática no período da Segunda Guerra. Muitos defendem a necessidade da declaração de guerra sob o forte argumento que, somente por meio dela é que se saberá a partir de que momento as regras do Direito das Gentes atinentes aos conflitos armados passam a vigorar. A exigência desse *aviso* de guerra está prevista no artigo 3.º da Convenção de Haia de 1907 sobre abertura das hostilidades. Às vezes aparece a figura do *ultimatum*, que representa a última oportunidade que um país dá a outro para o atendimento de certa exigência. Foi o que fez a Inglaterra, em Setembro de 1939, em relação à Alemanha, marcando prazo para que os exércitos desta desocupassem a Polônia.

Contudo, apesar de já ter sido sedimentada pelo costume internacional e estar, inclusive, regulada pelas Constituições dos Estados, o acto formal de *declaração* de guerra tem sido pouco a pouco abandonado. Vários países – *v.g.*, os Estados Unidos da América – têm recorrido ao uso da força armada sem a declaração formal de guerra. Os Estados árabes, à excepção do Egipto (cujo compromisso de não iniciar hostilidades sem prévio aviso é mantido em virtude de tratado assinado em 1972), têm dado início a ataques armados contra Israel sem qualquer declaração formal de guerra, etc.

Após a efetivação da declaração de guerra segue-se imediatamente o início das hostilidades. Assim, são vários os efeitos que uma declaração de guerra provoca. Em relação aos beligerantes, tem-se o rompimento imediato das relações diplomáticas e consulares, conservando os representantes dos Estados em conflito suas imunidades até a retirada do território em que se encontravam em função (sendo este último aspecto um costume internacional decorrente da cortesia inerente ao tratamento entre Estados). Ora, se as relações diplomáticas de um Estado são fruto do vínculo de amizade entre eles, é claro que a situação de guerra é incompatível com a manutenção dessas relações. Sofrem também prejuízo os tratados anteriormente celebrados entre as partes (normalmente suspendendo- -se os multilaterais, e extinguindo-se os bilaterais) à excepção daqueles acordos concluídos para vigorar justamente durante o período do conflito bélico (*tratados de guerra*). Em relação aos nacionais do Estado inimigo, o princípio que tem sido seguido actualmente é o de não os fazer prisioneiros de guerra (como se fazia antigamente, até o começo do século XIX), mas o de permitir a sua presença dentro do território, mas sob guarda ou vigilância, devendo respeitar as suas leis de polícia e segurança pública. Em último caso, pode o Estado ordenar sua retirada estipulando um determinado prazo, findo o qual poderão ser expulsos. Quanto aos bens (e também à proteção de edifícios e arquivos diplomáticos), a regra é que não poderá haver confisco, permitindo-se apenas o sequestro com a guarda e administração dos bens. Os bens móveis do Estado inimigo podem ser confiscados, na forma da Convenção de Haia de 1907, sem possibilidade de restituição, o que não ocorre com os bens pertencentes ao domínio público estatal, que devem ser obrigatoriamente devolvidos.

As hostilidades têm início com a autorização da luta armada, quando o governo de um Estado ataca *de facto* o território de outro. Contudo, hoje em dia a guerra ultrapassa os antigos campos de luta, que eram anteriormente classificados em *terrestres, marítimos* e *aéreos*. A guerra moderna é *espacial* (conceito que também ultrapassa o sentido de *aéreo*) e *científica*, dotada dos mais tecnológicos meios presentes na atualidade, podendo uma ordem militar causar destruição de cidades inteiras em apenas poucos segundos.

Referências:

Hermes Marcelo Huck, *Da guerra justa à guerra econômi, 1996.ca: uma revisão sobre o uso da força em direito internacional*, São Paulo: Saraiva, 1996.

Michael Meyer e Charles Garraway, Clearing the fog of war. The ICRC'S interpretative guidance on direct participation in hostilities. *International and Comparative Law Quarterly*, vol. 59, jan./2010, 2010, pp. 180-192.

Oyama Cesar Ituassú, *Curso de direito internacional público*, Rio de Janeiro: Forense, 1986.

Valerio de Oliveira Mazzuoli , *Curso de Direito Internacional Público* (5.ª ed.), São Paulo: Editora Revista dos Tribunais, 2011.

Yoram Dinstein, *Guerra, Agressão e Legítima Defesa*, 3.ª ed., trad. Mauro Raposo de Mello, São Paulo: Manole, 2004.

HOT PURSUIT

Rosa Maria Martins Rocha

O *hot pursuit* ou direito de perseguição está consagrado no artigo 111.º da Convenção das Nações Unidas sobre o Direito do Mar de 1982, que reproduz o artigo 23.º da Convenção de Genebra sobre o Alto-mar de 1958, que, por sua vez, se inspirou na regulamentação aprovada na Conferência de Haia de

1930. A razão de ser primeira deste direito reconhecido aos Estados costeiros era e é a supressão do contrabando e outras práticas em matéria aduaneira e de pesca.

O direito de perseguição é uma regra de Direito Internacional que constitui uma limitação ao princípio da liberdade de navegação no alto-mar, liberdade consagrada no artigo 87.º n.º 1 a) da Convenção de 1982, e representa o exercício extra território de uma competência do Estado costeiro. O direito de perseguição é a "caça" começada nas águas sujeitas ao poder público (poder público e não soberania ou jurisdição, para salvaguardar as situações de perseguição por infracções às leis e regulamentos relativos à zona contígua, pois, nesta zona o Estado não tem direitos de soberania ou jurisdição, mas apenas poderes de polícia) do Estado costeiro e continuada no alto-mar, realizada por um navio ou aeronave com competência para o efeito, pertencente ao Estado costeiro, a um navio estrangeiro, que não seja de guerra (pois estes gozam de imunidade) que cometeu uma infracção às leis e regulamentos do Estado costeiro. Um navio estrangeiro, após ter violado tais leis e regulamentos, pode pôr-se em fuga, alcançando o alto-mar, escapando, desse modo, à jurisdição do Estado. Para evitar tais situações, é possível a perseguição de um navio estrangeiro, quando as autoridades competentes do Estado costeiro tiverem motivos fundados para acreditar que o navio infringiu as suas leis e regulamentos. No entanto, a Convenção de 1982, tal como a de 1958, sujeita o exercício deste direito a algumas condições: *a*) a perseguição deve iniciar-se quando o navio estrangeiro, ou uma das suas embarcações, se encontra nas águas interiores, nas águas arquipelágicas, no mar territorial, ou na zona contígua do Estado perseguidor, bem assim como quando o navio estrangeiro se encontra na zona económica exclusiva ou na plataforma continental, incluindo as zonas de segurança em volta de instalações situadas na plataforma continental, quando aí tenham sido cometidas infracções em violação das leis e regulamentos do Estado costeiro para tais zonas – artigo 111.º § 1 e 2; *b*) a perseguição tem de ser precedida de um sinal de parar, visual ou auditivo, emitido a uma distância que permita ao navio estrangeiro vê-lo ou ouvi-lo – artigo 111.º § 4.º, *in fine; c*) a perseguição só pode ser feita por navios de guerra ou aeronaves militares, ou por outros navios ou aeronaves que possuam sinais claros e sejam identificados como navios e aeronaves ao serviço do governo e estejam para tanto autorizados – artigo 111.º § 5.º; *d*) a perseguição não pode ser interrompida – artigo 111.º § 1.º, embora um navio possa substituir outro navio ou um avião ou um avião possa substituir um navio ou outro avião – artigo 111.º § 6.º b); *e*) o direito de perseguição cessa no momento em que o navio perseguido entra no mar territorial do seu Estado ou no mar territorial de um terceiro Estado – artigo 111.º § 3.º.

O navio apresado é depois escoltado até um porto do Estado costeiro a fim de aí ser submetido à sua jurisdição. Se, eventualmente, o Estado perseguidor não

HOT PURSUIT

tiver razão e, como tal, não se justificar o exercício do direito de perseguição, o navio perseguido tem direito a ser indemnizado por todas as perdas e danos que tenha sofrido – artigo 111.º § 7.º e 8.º.

Referências:
René-Jean Dupuy et Daniel Vignes, *Traité du Nouveau Droit de la Mer,* Collection "Droit International", Paris: Economica-Bruylant, 1985, pp. 706-711.
Rosa Maria Rocha, *O Mar Territorial; Largura e Natureza Jurídica*, Porto: Universidade Portucalense, 1996, pp. 350-352.

ICSID (*vide* CENTRO INTERNACIONAL PARA A RESOLUÇÃO DE DIFERENDOS RELATIVOS A INVESTIMENTO – CIRDI)

IGUALDADE SOBERANA DOS ESTADOS

Miguel Calado Moura

A igualdade soberana dos Estados é um corolário da soberania. Na medida em que os Estados (soberanos) não estão sujeitos a qualquer outra autoridade nacional ou internacional superior, e tendo eles o *imediatismo normativo*, encontram-se numa relação de igualdade entre si. A igualdade soberana dos Estados é uma *igualdade formal* uma vez que é impossível de obter-se uma *igualdade material* dos Estados (igualdade de condições económicas, sociais, culturais e políticas).

O princípio da igualdade soberana tem como consequência a emergência de outros princípios tais como o *princípio da imunidade jurisdicional dos Estados* (*"par in parem imperium non habet"*), o *princípio da reciprocidade de direitos e vantagens*, o *princípio da não-discriminação*, o *princípio da cooperação* e o *princípio da não intervenção nos assuntos internos*. Negativamente, a igualdade soberana consagra a regra da proibição do uso da força sem motivo justificado perante o Direito Internacional, proibição esse genericamente plasmada na Carta das Nações Unidas no artigo 2.º/4.

O princípio da igualdade soberana dos Estados remonta à ideia de soberania que, por sua vez remonta à ideia de Estado. É depois da Guerra dos Trinta Anos europeia e a partir da Paz de Vestefália (1648) que pela primeira juridicamente se concretizou a igualdade soberana dos Estados. Desde então, este princípio afigura-se como basilar na ordem internacional e consagra um elemento fundamental das relações internacionais.

A igualdade soberana esteve na base das Conferências de Paz de Haia (1899 e 1907) e está presente em diversos textos fundamentais de Direito Internacional. A Carta das Nações Unidas, no artigo 2.º/1 indica que *"a Organização é baseada no princípio da igualdade soberana dos Estados*". O princípio encontra-se positivado na Carta de Direitos e Deveres Económicos dos Estados, e desenvolvido na Declaração Relativa aos Princípios do Direito Internacional Referentes às Relações de Amizade e à Cooperação entre Estados de acordo com a Carta das Nações Unidas (A/RES/25/2625).

Referências:
Frederick Charles Hicks, "The Equality of States and the Hague Conferences", *American Journal of International Law*, vol. II, 1908, pp. 530-561.
Hans Kelsen, "The Principle of Sovereign Equality of States as a Basis for International Organization", *The Yale Law Journal*, vol. 53, n.º 2, 1944, pp. 207-220.
Nguyen Quoc Dinh, Patrick Daillier, Alain Pellet, *Droit Internacional Public*, Paris, 1997, ponto 278.
Richard H. Steinberg, "Who is Sovereign?", Stanford Journal of International Law, 40, 2004, pp. 329 ss.
Declaration on Principles of International Law concerning Friendly Relations and Co-operation (A/RES/25/2625).

IMUNIDADE CONSULAR

Miguel de Serpa Soares e Mateus Kowalski

As imunidades e privilégios de natureza consular representam, tal como as imunidades e privilégios de natureza diplomática, uma excepção ao princípio geral de exercício de poderes de autoridade e de aplicação das leis nacionais pelo Estado de Acolhimento. O conjunto de regras relativas às imunidades e privilégios de natureza consular encontra-se codificado na Convenção de Viena sobre Relações Consulares de 1963 (Portugal aderiu em 1972). A Convenção de Viena de 1963, segue de muito perto o modelo da Convenção de Viena de 1961 sobre Relações Diplomáticas, estabelecendo um conjunto de imunidades e privilégios de natureza funcional e pessoal, a favor do posto consular, agentes consulares (e outras categorias de beneficiários de uma protecção mitigada). O artigo 5.º da Convenção de 1963 estabelece uma definição precisa das actividades incluídas na função consular. Em termos gerais, a imunidade consular possui uma menor intensidade do que a imunidade diplomática. A finalidade da concessão das imunidades (e privilégios) consulares é assegurar o eficaz desempenho das funções dos postos consulares, em nome dos respectivos Estados, tal como referido no preâmbulo da Convenção de Viena de 1963 (com uma linguagem próxima do preâmbulo da Convenção de Viena de 1961). À semelhança das imunidades e privilégios diplomáticos, a concessão dos mesmos não visa a concessão de benefícios pessoais, justificando-se no interesse da função (diplomática e consular), bem como no princípio geral *ne impediatur legatio*. Em 2010, a Convenção de Viena de 1963 vincula 173 Estados.

Referências:
Vide bibliografia indicada *Imunidade Diplomática*.
Convenção de Viena sobre Relações Consulares, de 24 de Abril de 1963 (Aprovada pelo Decreto-Lei n.º 183/72, de 30 de Maio, *in* DR Série I-172).

IMUNIDADE DIPLOMÁTICA

Miguel de Serpa Soares e Mateus Kowalski

Em sentido lato, as Imunidades e Privilégios Diplomáticos, representam uma excepção ao princípio geral segundo o qual um Estado pode exercer os seus poderes de autoridade sobre qualquer indivíduo que se encontre no seu território. Em relação a determinadas categorias de pessoas, bem como aos locais da Missão Diplomática e a certos aspectos da sua actividade, o Estado de acolhimento (ou Estado Acreditador), deve abster-se de aplicar a sua Lei nacional (penal, civil, administrativa ou fiscal). A justificação da concessão de imunidades e privilégios diplomáticas encontra-se no interesse do exercício da função diplomática (quanto às pessoas) e no princípio geral *ne impediatur legatio* (quanto à Missão diplomática). O conjunto de regras relativas à imunidade diplomática, muitas delas com natureza consuetudinária, encontra-se codificado na Convenção de Viena sobre Relações Diplomáticas de 1961 (à qual Portugal aderiu em 27 de Março de 1968). A Convenção consagra um conjunto de imunidades de carácter funcional a favor da Missão Diplomática (ou melhor a favor do Estado Acreditante que as exerce em benefício da sua Missão Diplomática) e um conjunto de imunidades de carácter pessoal a favor do agente diplomático e de outras categorias de indivíduos que beneficiam de uma protecção diplomática relativa. Na primeira categoria podem dar-se como exemplo a inviolabilidade dos locais da Missão e dos seus bens, a liberdade de comunicação, bem como um conjunto de imunidades de natureza aduaneira e fiscal. Na segunda categoria podem ser dados os exemplos das imunidades de jurisdição penal (de carácter absoluto) e de jurisdição civil (de carácter relativo), inviolabilidade da pessoa e do domicílio do agente diplomático, bem como uma isenção fiscal genérica. A Convenção de Viena vincula, em 2010, 187 Estados.

Referências:
Jean Salmon, *Manuel de Droit Diplomatique*, Bruxelas: Bruylant Delta, 1996.
Wladimir Brito, *Direito Diplomático*, Lisboa: Instituto Diplomático, Ministério dos Negócios Estrangeiros, 2007.

José Calvet de Magalhães, *Manual Diplomático*, Lisboa: Bizâncio, 2005.
Ivor Roberts (ed.), *Satow's Diplomatic Practice*, Oxford: Oxford University Press, 2009.
Convenção de Viena sobre Relações Diplomáticas, de 18 de Abril de 1961 (aprovada pelo Decreto-Lei 48 295, de 27 de Março de 1968, *in* DR, Série I-74).

IMUNIDADE DO ESTADO

Miguel Calado Moura

A *imunidade do Estado* é o privilégio que o Estado tem, enquanto entidade soberana, a não estar sujeito a qualquer acto coercivo de cariz administrativo ou judicial num território de um outro Estado (soberano). *In trebus verbis,* a imunidade jurisdicional do Estado significa que um Estado não pode ser julgado de mérito num tribunal nacional de um outro Estado, independentemente da causa de pedir. De um ponto de vista negativo, a imunidade jurisdicional é o privilégio que o Estado tem para a suspensão ou para a não propositura de uma acção num tribunal que, caso não existisse a imunidade, teria competência em razão da jurisdição, território e matéria para julgar aquela causa. A imunidade judicial do Estado é passiva e não activa, ou seja, o Estado pode apresentar-se como autor mas não pode ser demandado como réu em foro estrangeiro.

O conceito de imunidade estende-se às coisas que são objecto de propriedade do Estado Soberano. O benefício da imunidade do Estado é um princípio proveniente de direito consuetudinário atribuído pela comunidade internacional. A imunidade do Estado provém directamente do princípio da igualdade soberana dos Estados (*"par in parem imperium non habet"*) e nesse sentido, conduz a uma directa ligação entre três conceitos: soberania, jurisdição e imunidade.

A teorização do conceito de imunidade jurisdicional provém historicamente das imunidades jurisdicionais antigas atribuídas aos Chefes de Estado (veja-se a frase célebre de Luís XIV *"L'État c'est moi"* ou o brocado latino *"Rex non potest peccare"*). Os monarcas não eram julgados perante os tribunais do seu próprio território por uma questão de "dignidade real" que provinha da lógica do sistema político internacional. Por um mero motivo de cortesia entre Estados (monárquicos) adoptou-se o costume de não julgar os monarcas nos Estados em que estes não reinavam. É nestes termos que surge a imunidade jurisdicional dos Estados, principiada sobretudo pela Paz de Vestefália (1648).

Existem duas grandes doutrinas da imunidade jurisdicional dos Estados.

A mais antiga é a *teoria da imunidade absoluta* – que é explicada muitas vezes através do princípio da extraterritorialidade – na qual o Estado, a sua embaixada e os seus órgãos representativos gozam de uma total, plena e absoluta não submissão à lei de um Estado terceiro. Casos clássicos como *The Prins Frederik* (2 Dod. 451, 1820) *Parlement Belge* (L.R. 5 P.D. 197, 1880) ou *Porto Alexandre* (L.R. P.D. 30, 1920) criaram uma jurisprudência sólida na defesa da imunidade absoluta.

A segunda doutrina é a *teoria da imunidade relativa*, nos termos da qual é necessário aferir se, no caso concreto, o Estado está ou não a actuar dotado de soberania (*ius imperii*) ou desprovido de tal (*ius gestioni*) e, em consequência, só será imune no primeiro caso. A teoria relativista da imunidade dos Estados foi essencialmente desenvolvida por via pretoriana, destacando-se, para o efeito, dois casos de tribunais nacionais norte-americanos, os casos *Alexander Chisholm, Executors v. Georgia* (2 DALL 412-25 US, 1793) e *Bank of United States v. Planters' Bank* (22 US 904, 1824).

Referências:

Ian Sinclair, "The Law of sovereign immunity. Recent developments", *RCADI*, II, vol. 167, 1980.

Burkhard Heß, "The international law commission's draft convention on the jurisdictional immunities of states and their property", *European Journal of International Law*, Oxford, vol. 4, n.º 2, 1993.

Lee M. Caplan, "State Immunity, Human Rights, and *Jus Cogens*: a Critique of the Normative Hierarchy Theory", *The American Journal of International Law*, Vol. 97:74, 2003, pp.741-8.

Caso *Porto Alexandre* (L.R.P.D. 30, 1920).

Caso *Bank of United States v. Planters' Bank* (22 US 904, 1824).

IMUNIDADE PESSOAL

TERESA MAFALDA VIEIRA DA SILVA CABRITA

O Direito Internacional reconhece a agentes diplomáticos e Chefes de Estado ou de governo um conjunto de privilégios e imunidades, conferidos por forma a assegurar o desempenho eficaz das suas funções e facilitar a condução das relações internacionais.

De entre as formas de imunidade conferidas a agentes e representantes do Estado, a imunidade de jurisdição penal e, com algumas excepções, de jurisdição civil e administrativa, assume-se como a de maior relevo. Enquanto a imunidade jurisdicional de agentes diplomáticos se encontra codificada no Artigo 31.º da Convenção de Viena sobre Relações Diplomáticas de 1961 (CVRD), a imunidade jurisdicional de Chefes de Estado e outros agentes estatais tem por fonte o costume internacional ou decisões de tribunais nacionais ou internacionais.

O conceito de imunidade jurisdicional abrange tanto imunidade em razão da matéria (*ratione materiae*)-a qual preclude o exercício de jurisdição penal, civil ou administrativa sobre quaisquer actos realizados pelo agente de Estado no exercício das suas funções-como imunidade pessoal (*ratione personae*). Esta última, operando em simultâneo com o gozo de imunidade *ratione materiae*, abrange tanto actos oficiais como actos privados do agente de Estado.A imunidade *ratione personae* implica, portanto, que a pessoa do agente diplomático, Chefe de Estado, ou agente estatal, goza de inviolabilidade pessoal absoluta, não podendo ser objecto de qualquer forma de detenção ou prisão, nos termos do Artigo 29.º da CVRD, bem como de imunidade absoluta de jurisdição penal, nos termos do Artigo 31.º da mesma Convenção.

A imunidade de jurisdição civil ou administrativa será em princípio também reconhecida ao agente de Estado ou de governo, embora, dada a natureza menos coerciva destes actos, não abranja actos puramente privados do agente diplomático ou oficial de Estado. Dada a relação imediata entre o gozo de imunidade *ratione personae* e a necessidade de assegurar o desempenho eficaz por parte do agente das suas funções, o gozo desta forma de imunidade cessa uma vez cessado o seu cargo. Esta limitação temporal da imunidade *ratione personae*, a qual não vigora para a imunidade *ratione materiae*, implica o levantamento da protecção jurisdicional relativamente a actos privados do agente uma vez cessadas as suas funções, embora os actos oficiais permaneçam protegidos pela imunidade *ratione materiae* mesmo após o termo de ofício. Este princípio foi reconhecido pela House of Lords do Reino Unido no julgamento de Augusto Pinochet, ex-Chefe de Estado Chileno.

Por outro lado, o mesmo princípio justificou o juízo de ilegalidade sobre a emissão de um mandato de detenção em 2000 por incitamento à comissão de genocídio, contra o então Ministro dos Negócios Estrangeiros da República Democrática do Congo, Abdoulaye Yerodia Ndombasi [*Arrest Warrant of 11 April 2000* (Democratic Republic of the Congo v. Belgium), ICJ Reports 2002, 3]. Encontrando-se o agente de Estado ainda no exercício das suas funções, o exercício de jurisdição penal e, genericamente, de jurisdição civil ou administrativa por parte de um terceiro Estado, requer o levantamento prévio da imunidade do agente pelo Estado que este representa, ou o início do respectivo procedimento penal ou civil no seu Estado.

Note-se, contudo, que em 2008 o Tribunal Internacional de Justiça sublinhou que a protecção conferida a agentes de Estado e o respeito pelo princípio da igualdade dos Estados, não precludem a emissão dirigida a um Chefe de Estado de um pedido de comparência voluntária como testemunha em procedimentos criminais, na medida em que este não afecte ou constranja o exercício das suas funções [*Case Concerning Certain Questions of Mutual Assistance in Criminal Matters* (Djibouti v. France), ICJ Reports 2008, 177].

IMUNIDADE PESSOAL

Referências:
Sir Arthur Watts, "The Legal Position in International Law of Heads of State, Heads of Governments and Foreign Ministers," 247 *Recueil des Cours* 9, 1994.
Chanaka Wickremasinghe, "Immunities enjoyed by Officials of States and International Organizations", in Malcom D. Evans (ed.), *International Law*, Oxford: Oxford University Press, pp. 395-419.
Malcom N. Shaw, *International Law*, Cambridge: Cambridge University Press, 2003, pp. 621-667.
Arrest Warrant of 11 April 2000 (Democratic Republic of the Congo v. Belgium), ICJ Reports 2002, 3, Dissenting Opinion of Judge *ad hoc* Van den Wyngaert, pp. 137-188.

INDIVÍDUO

CARLA MARCELINO GOMES

A posição que o indivíduo ou pessoa física ocupa no âmbito do Direito Internacional Público tem vindo a sofrer alterações significativas ao longo do tempo, sendo controverso o debate acerca da sua personalidade jurídica internacional e, consequentemente, a sua qualificação enquanto sujeito de Direito Internacional.

A doutrina divide-se quanto a esta problemática, sendo que, se, por um lado, a corrente voluntarista (Anzilotti), precursora do dualismo, entende que apenas os Estados, e por sua vontade, são os protagonistas do Direito Internacional, já as correntes monistas (anti-voluntaristas, Duguit e os seus discípulos, Politis e Scelle) entendem que o indivíduo é o sujeito do Direito Internacional, por excelência. Embora a Paz de Vestefália surja frequentemente como o corolário do conceito dos Estados enquanto actores principais e únicos nos areópagos internacionais, é justamente no Tratado de Vestefália de 1648 que o indivíduo vê consagrada a sua liberdade de religião que surge como um limite à densificação da ideia da soberania dos Estados (ex. artigo XXVIII do *supra* referido Tratado), vislumbrando-se, portanto, como que o amanhecer da elevação do indivíduo à categoria de sujeito de Direito Internacional. Outros exemplos têm vindo a surgir ao longo da História, designadamente, a proibição da escravatura no século XIX, o DireitoInternacional humanitário, nomeadamente, com a criação do Comité Internacional da Cruz Vermelha (1876) e as Convenções de Genebra (1949) e respectivos Protocolos adicionais (1977), as regulamentações emanadas da Organização Internacional do Trabalho, no início do século XX, o reconhecimento da protecção universal dos direitos humanos, sobretudo, a partir de 1948, com a adopção da Declaração Universal dos Direitos do Homem e, mais recentemente, com a responsabilidade internacional penal do indivíduo no que respeita aos actos qualificáveis como crimes internacionais, cujo corolário foi a entrada em vigor, a 1 de Julho de 2002, do Estatuto de Roma que criou o Tribunal Penal Internacional.

Apesar das reservas de alguns autores em qualificar o indivíduo enquanto sujeito de Direito Internacional *tout court*, isto é, enquanto entidade que estaria

INDIVÍDUO

no mesmo plano jurídico que os Estados, a verdade é que se verifica alguma consensualidade no que respeita à superação da ideia de que o indivíduo, internacionalmente, é apenas objecto de uma mera protecção diplomática por parte do Estado a que pertence. Desde logo, por se ter verificado que tal posição de supremacia absoluta do Estado face ao indivíduo enfraquece a posição deste contra as próprias violações do Estado sobre si mesmo. Daí que, sobretudo após a II Guerra Mundial, se tenha vindo a assistir a um reforço da posição e importância do indivíduo no ordenamento jurídico internacional, sobretudo, através do desenvolvimento exponencial dos sistemas universal e regional de protecção dos direitos humanos. Estes sistemas, têm vindo, paulatinamente, a evoluir no sentido de conferir ao indivíduo o estatuto de sujeito titular de direitos e deveres, facilitando, assim, o reconhecimento da sua personalidade jurídica internacional e, mais, da sua capacidade jurídica, nomeadamente, capacidade processual junto de algumas instâncias internacionais.

Mesmo que se reconheça que a qualificação do indivíduo enquanto sujeito de Direito Internacional é ainda limitada, pois depende da vontade dos Estados, responsáveis pela aprovação e adopção dos instrumentos jurídicos internacionais, certo é que a evolução da protecção internacional dos direitos humanos e do direito penal internacional estão a conduzir-nos para uma elevação do indivíduo no âmbito das relações internacionais e, consequentemente, à categoria de sujeito de Direito Internacional, havendo mesmo quem defenda que o Estado deveria ser remetido para uma função operacional, encarregado apenas de executar as diligências necessárias para a efectivação do papel da pessoa na esfera internacional. Por fim, refira-se que os mais recentes desenvolvimentos no que diz respeito à densificação do princípio da responsabilidade de proteger e da intervenção humanitária, têm vindo a contribuir, ainda que colateralmente, para este debate uma vez que constituem focos de tensão na dialéctica com os princípios da não-ingerência e da soberania do Estado. O reposicionamento do indivíduo na cena internacional representa, sem dúvida, uma das mais surpreendentes evoluções do Direito Internacional.

Referências:

André Gonçalves Pereira & Fausto Quadros, *Manual de Direito Internacional Público*, 3.ª ed., Coimbra: Almedina, 2000. ISBN 972-40-0868-4, pp. 378-398.

Francisco Ferreira de Almeida, *Direito Internacional Público*, 2.ª ed., 2003. ISBN 972-32-1189-0, pp. 328-350.

Ian Brownlie, *Princípios de Direito Internacional Público*, Fundação Calouste Gulbenkian, 1997. ISBN 972-31-0759-7, pp. 71-82 e 577-623.

Jónatas Machado, *Direito Internacional-do paradigma clássico ao pós-11 de Setembro*, Coimbra: Coimbra Editora, 2004. ISBN 972-32-1276-5, pp. 315-349.

Nguyen Quoc Dinh, et alia, *Direito Internacional Público*, 2.ª ed., Fundação Calouste Gulbenkian, 2003. ISBN 972-31-1056-3, pp. 659-835.

INQUÉRITO

Victor Marques dos Santos

O *inquérito* constitui um instrumento de resolução não jurisdicional de contenciosos interestatais. Consagrado pela 1.ª Conferência da Paz da Haia, de 1899, e regulamentado pela segunda destas Conferências, em 1907, situa-se entre os instrumentos de resolução pacífica de conflitos, previstos pela Carta das Nações Unidas (Artigo 33.º, n.º 1). O *inquérito* consiste numa investigação sobre os factos materiais que originaram o litígio, e que pressupõe e se fundamenta no recurso a uma terceira entidade, a *Comissão de Inquérito*.

O *inquérito* não visa a finalidade directa e objectiva de resolução do conflito, constituindo antes uma técnica instrumental ou um "meio diplomático" utilizado em conjugação com outros meios de diálogo e de aproximação entre as partes em litígio. É geralmente aplicado numa fase preliminar específica do processo de resolução do conflito, imediatamente após a verificação dos factos que estiveram na sua origem. Os procedimentos do processo de *inquérito* visam o apuramento objectivo dos factos através da investigação, identificação e verificação de provas materiais, sem passar à fase de extracção de conclusões, de atribuição de responsabilidades ou de apreciação extensiva das consequências.

O *inquérito* constitui um processo facultativo, cuja iniciativa e alcance são previamente acordados entre os estados envolvidos e que visam enquadrar, definir e limitar o âmbito de actuação da *Comissão de Inquérito*, órgão colegial cujos membros são designados por acordo especial entre as partes, e aos quais é atribuída a tarefa de apuramento dos factos materiais que se encontram na génese do conflito. A *Comissão de Inquérito* não propõe soluções para o conflito, não lhe competindo atribuir responsabilidades, emitir pareceres ou tomar posições sobre a questão em apreço, baseadas nos factos apurados. Compete-lhe, apenas, a elaboração de um relatório, cujas conclusões, se resumem ao estabelecimento dos factos, não implicando qualquer obrigatoriedade de sequência de procedimentos, podendo as partes envolvidas, adoptar livremente as acções que considerarem pertinentes, perante os resultados conclusivos do relatório.

A realização do *inquérito* tem a vantagem de permitir que o período que decorre entre a produção dos acontecimentos e o apuramento dos resultados consagrados no relatório, induza a alteração das perspectivas, a contextualização alargada dos factos, do seu significado e das suas consequências concretas, contribuindo para uma certa moderação dos ânimos e introduzindo, deste modo, uma componente de razoabilidade acrescida no processo de procura de soluções para o conflito. Neste contexto, apesar da sua natureza, dos limites da acção e do carácter facultativo, o *inquérito* contribui, frequentemente, para a ponderação consensual sobre a conveniência de se iniciar um processo de negociação que, não significando, necessariamente, a garantia de ser encontrada uma solução para o conflito, aproximará as partes em litígio através da utilização de outros instrumentos de resolução pacífica de conflitos.

Referências:
Albino de Azevedo Soares, *Lições de direito Internacional Público*, 4.ª ed., Coimbra: Coimbra Editora, 1988.
Joaquim da Silva Cunha, *Direito Internacional Público*, Lisboa: ISCSP-UTL, 1990.
Nguyen Quoc Dinh, Patrick Daillier & Alain Pellet, *Direito Internacional Público*, Lisboa: Fundação Calouste Gulbenkian, 1999.
Victor Marques dos Santos, *Teoria das Relações Internacionais. Cooperação e Conflito na Sociedade Internacional*, Lisboa: ISCSP-UTL, 2009.

INSURREIÇÃO

Manuel de Almeida Ribeiro

Insurreição é um conflito interno de escala considerável, no qual rebeldes controlam uma parte do território de um Estado e dispõem de uma estrutura apta a exercer a autoridade sobre a respectiva população.

A reacção do governo do Estado no qual a insurreição se verifica é geralmente a de qualificar os rebeldes como criminosos sujeitos à jurisdição penal do Estado, rejeitando qualquer ingerência estrangeira.

A tendência do Direito Internacional é a de se admitir a possibilidade do reconhecimento do estatuto de beligerante a movimentos insurreccionais, desde que estes controlem uma parcela do território e o conflito tenha uma intensidade e uma duração consideráveis (não sendo de considerar como tal actos isolados ou esporádicos de violência).

O próprio governo do Estado contra o qual a insurreição é dirigida ou terceiros Estados podem reconhecer o estatuto de de beligerância, o que tem como consequência atribuir ao confllito relevância internacional ficando, em consequência, os rebeldes sujeitos a todas as obrigações que resultam do *jus in bello*. Este reconhecimento é, no entanto, raro.

Embora o Direito Internacional não autorize terceiros Estados a prestar assistência a rebeldes, à excepção dos movimentos de libertação e salvo assistência humanitária, os insurrectos podem estabelecer alguns acordos com Estados. Em alguns casos, os rebeldes estabelecem mesmo acordos com o governo contra o qual é dirigida a insurreição, embora não seja reconhecido a tais acordos carácter internacional.

Os actos dos rebeldes que causem prejuízos a estrangeiros constituem o Estado na obrigação de reparação, caso a insurreição seja vencedora, como prevê

INSURREIÇÃO

o Artigo 10 do Projecto de Artigos sobre Responsabilidade Internacional dos Estados por Actos Ilícitos Internacionais, da Comissão de direito Internacional.

Debate-se se os movimentos insurreccionais têm personalidade internacional, mesmo limitada. A tendência maioritária não vai no sentido afirmativo.

A Guerra da Secessão Americana entre 1861 e 1865 e a Guerra Civil Espanhola entre 1936 e 1939 foram conflitos internos em que foi reconhecido aos movimentos insurreccionais o estatuto de beligerância.

Recentemente no conflito interno na Líbia, alguns Estados como a França e o Reino Unido declararam que o governo da Líbia tinha perdido a legitimidade ao ter usado violência indiscriminada contra a população civil, pelo que reconheceram os rebeldes como representantes legítimos do povo líbio, o que permite estabelecer com o movimento insurrecto relações quase diplomáticas e prestar-lhe todo o tipo de assistência, inclusive militar.

Referências:
António Cassese, *International Law*, Oxford: Oxford University Press, 2005.
Joaquim da Silva Cunha & Maria da Assunção do Vale Pereira, *Manual de Direito Internacional Público*, 2.ª ed., Coimbra: Almedina.

INTERPRETAÇÃO DE TRATADOS

Miguel Calado Moura

Os tratados internacionais, pelo facto de serem fontes de Direito Internacional, estão sujeitos às regras gerais da hermenêutica jurídica aplicável. A interpretação dos tratados tem por base uma longa e vasta doutrina jurídica que tem as suas raízes no Direito Privado mas que paulatinamente foi-se alargando a outros ramos do Direito.

A Convenção de Viena sobre o Direito dos Tratados entre Estados (CVDT), assinada em 1969, positivou algumas regras relativas à interpretação dos tratados internacionais que até então faziam parte do Direito Internacional consuetudinário.

Nos termos do artigo 31.º, n.º 1 da referida Convenção, *um tratado deve ser interpretado de boa-fé, de acordo com o sentido comum a atribuir aos termos do tratado no seu contexto e à luz dos respectivos objecto e fim.*

No que toca aos métodos interpretativos, a interpretação de boa-fé aparece na CVDT evidenciada. A ideia fundamental é a de que os tratados devem ser interpretados à luz da vontade das partes, respeitando, em concomitância, os princípios da igualdade soberana e *pacta sunt servanda*. A regra geral de interpretação de boa-fé consome, em si, grande parte da teoria hermenêutica do direito dos contratos usada no direito privado, mas não se reduz à mesma.

INTERPRETAÇÃO DE TRATADOS

O texto do tratado é o instrumento interpretativo fundamental. Todavia, aquando da interpretação dos tratados existem outras fontes interpretativas acessórias que devem ser tidas em consideração.

Neste sentido, o artigo 31.º, n.º 2 da CVDT indica que para além do texto, preâmbulo e anexos do tratado, a interpretação deverá ter em conta o *contexto* que compreende qualquer acordo relativo ao tratado que tenha sido celebrado entre todas as Partes aquando da conclusão do tratado e aceite pelas outras Partes como instrumento relacionado com o tratado.

Ter-se-á igualmente em consideração *i*) todos os acordo posteriores entre as Partes sobre a interpretação do tratado ou sobre a aplicação das suas disposições, *ii*) todas as práticas seguida posteriormente na aplicação do tratado pela qual se estabeleça acordo das Partes sobre a interpretação do tratado e *iii*) todas as normas de Direito Internacional relevante no caso concreto aplicável às relações entre as Partes.

Grosso modo, o *objecto* da interpretação é objectivista e actualista (artigo 31.º, n.º 1), estando a interpretação subjectivista (artigo 31.º, n.º 4) enquadrada em casos específicos. No que toca ao *sujeito* da interpretação, é todo aquele que pretende extrair do texto um sentido normativo, sem prejuízo do relevo especial da interpretação autêntica e a de cariz pretoriano. Os *elementos* interpretativos dos tratados consubstanciam o elemento histórico, sistemático e teleológico. Finalmente quanto ao *resultado*, a interpretação dos tratados divide-se em quatro categorias essenciais: interpretação declarativa, restritiva, extensiva e ab-rogante.

A CVDT ainda inclui uma disposição relativa a meios complementares/auxiliares de interpretação no artigo 32.º. Desta forma, pode recorrer-se a meios complementares de interpretação, designadamente aos trabalhos preparatórios e às circunstâncias em que foi concluído o tratado, mas sempre com o propósito de confirmar ou determinar o sentido de interpretações feitas com base nas regras gerais de hermenêutica enunciadas no artigo 31.º.

Importa realçar que a interpretação dos tratados internacionais coloca ainda o problema da questão linguística. Quando um tratado for autenticado em duas ou mais línguas, o seu texto faz fé em cada uma dessas línguas, salvo disposição em contrário, presumindo-se que os termos de um tratado – no que toca à qualificação jurídica de conceitos – têm o mesmo sentido nos diversos textos autênticos (artigo 33.º da CVDT).

Referências:
Nguyen Quoc Dinh, Patrick Daillier, Alain Pellet, *Droit Internacional Public,* Paris, 1997, pontos 162-170.
S. Torres Bernárdez, "Interpretation of Treaties by the ICJ following the adoption of the 1969 Vienna Convention on the Law of Treaties" in G Hafner *et al.,* *Liber Amicorum Professor Seidl-Hohenveldern,* The Hague: Kluwer Law International, 1988.

INTERPRETAÇÃO DE TRATADOS

R. Bernhardt, "Evolutive Treaty Interpretation, Especially of the European Convention on Human Rights", *European Journal of International Law*, 1999, pp. 11-25.

Caso *Territorial Dispute* (Libyan Arab Jamahiriya c. Chad), ICJ Reports 1994, p. 6 *et seq.*

Interpretation of Peace Treaties, Advisory Opinion, ICJ Reports 1950, p. 65 *et seq.*

INTERVENÇÃO ARMADA

Armando José Dias Correia

No espectro das situações possíveis de uma sociedade identificamos a situação de paz, de crise ou de guerra. A palavra "guerra" é um termo em desuso no Direito Internacional, tendo sido substituído, prefencialmente, pela designação "conflito armado". Não se trata de uma simples troca de palavras mas sim de aplicar um princípio acordado no Pacto de Paris de 1928, também conhecido como o Pacto Briand-Kellog, em que a guerra foi proscrita do Direito Internacional como meio válido de solução de diferendos entre Estados. No entanto, o termo continua a ser adequado para caracterizar os grandes conflitos, como foram as guerras civis europeias, de impacte mundial, do século XX.

Em 1945, a Carta de São Francisco deixou claro, no seu artigo 2.º, parágrafo 4.º, que "todos os membros deverão evitar nas suas relações internacionais a ameaça ou o uso da força contra a integridade territorial ou a independência política de qualquer Estado, ou qualquer outra acção incompatível com os Propósitos das Nações Unidas". Entenda-se que a guerra é a expressão mais extrema de todo e qualquer emprego da força. O tempo viria a revelar que as excepções são possíveis e que o emprego da força pode ser permitido nos casos em que o Conselho de Segurança, para situações específicas, aprova o recurso à força, por julgá-lo compatível com os propósitos da ONU (artigo 39.º), nas lutas pela autodeterminação dos povos (Declaração anexa à Resolução n.º 2625, XXV) e no exercício da legítima defesa (artigo 51.º).

Ainda hoje se discute a legalidade da intervenção armada. A não-intervenção é um dos princípios do Direito Internacional, previsto na Carta das Nações Unidas, artigo 2.º ponto 7, ampliado pela "Declaração Relativa aos Princípios de Direito Internacional Concernentes às Relações Amigáveis e à Cooperação entre os Estados Conforme a Carta das Nações Unidas" de 1970. Neste contexto, uma intervenção armada, ou operação expedicionária de carácter ofensivo, enquadra-se no contexto do "conflito armado" e é sempre uma questão de política internacional resolvida por meio do uso da força, ou seja do uso de armas de forma presencial em território estrangeiro, para dobrar a vontade de um dos actores em conflito.

As intervenções de tipo armado podem subdividir-se em intervenções militares directas e intervenção por assistência militar. Esta última ainda se divide em auxílio militar a um país que esteja envolvido num conflito com um terceiro país, em razão de um tratado de defesa colectiva, e pela oferta de auxílio armado a um governo-ou grupo armado-num conflito interno ou numa guerra de libertação nacional (que o Direito Internacional define de forma diferente do conceito de guerra civil).

Há autores (por ex. Ingrid Detter) que ainda distinguem outras modalidades de intervenção armada habitualmente consideradas operações humanitárias: intervenção por preempção e intervenção punitiva. A primeira ocorreu quando a OTAN atacou a ex-Jugoslávia para impedir a "limpeza étnica" dos kosovares albaneses. A segunda refere-se à Guerra do Golfo, onde houve um elemento punitivo que se evidenciou quando a estratégia não visou apenas a retirada das tropas iraquianas do território do Kuweit, mas também a redução do poder militar do Iraque.

Referências:

Carta das Nações Unidas, in *Diário da República*, I Série A, n.º 117/91, mediante o aviso n.º 66/91, de 22 de Maio de 1991.

Ingrid Detter, *The Law of War*, 2.ª ed., Cambridge (UK): Cambridge University Press, 2000.

Joseph S. Nye Jr., *Compreender os Conflitos Internacionais: Uma Introdução à Teoria e à História*, Lisboa: Gradiva, 2002.

Henry Kissinger, *Diplomacy*, New York: Simon & Schuster, 1994.

INTERVENÇÃO HUMANITÁRIA

Maria de Assunção do Vale Pereira

A intervenção humanitária é um conceito, gizado por alguns autores, pelo qual visam consagrar uma nova excepção ao princípio da proibição do uso da força, consagrado na Carta das Nações Unidas, para além das excepções que esse mesmo documento prevê. Apesar de não haver total consenso na doutrina acerca dos contornos do conceito (p. ex., Fernando Tesón sustenta um conceito mais amplo que abrange intervenções que já seriam lícitas face à CNU), podemos considerar que a intervenção humanitária é uma intervenção feita com recurso à força armada, de carácter unilateral, e sem legitimação pelo Conselho de Segurança, destinada a proteger um grupo de indivíduos vítimas do Estado ou que este não tem capacidade ou interesse em proteger, e que tem lugar sem o consentimento do Estado em cujo território se verifica. Desta noção decorre que devem estar reunidos os seguintes elementos: 1) uma intervenção em sentido restrito, ou seja, supondo o recurso à força armada; 2) a intervenção deve ser unilateral – independentemente de ser singular ou plural –, no sentido de que não se que não se enquadra no sistema de segurança colectiva previsto na CNU; 3) como decorre,

INTERVENÇÃO HUMANITÁRIA

a intervenção em causa não foi autorizada pelo Conselho de Segurança; 4) nem foi consentida pelo Estado em cujo território se dá intervenção; 5) a intervenção deve ser feita com o objectivo de proteger um grupo de indivíduos vítimas do Estado ou que este não tem capacidade ou interesse em proteger; 6) a intervenção deve ser temporalmente limitada, ou seja, deve durar o tempo mínimo, mas suficiente, para que o seu desiderato possa ser alcançado.

Neste sentido, pode dizer-se que, desde o início da vigência da CNU, nunca uma intervenção cumpriu todos esses requisitos. Mesmo aquela que gerou maiores simpatias pelo conceito de intervenção humanitária – a intervenção da OTAN no Kosovo –, levando a que muitos questionassem as regras relativas ao uso da força, viu muitas dessas simpatias esboroarem-se à medida que a verdade dos factos ia sendo conhecida.

O certo é que a consagração de uma nova excepção ao princípio da proibição do uso da força, não se encontrando consagrada em qualquer tratado – e mesmo aí haveria que atender ao disposto no artigo 103.º da CNU – só poderia ser feita por via costumeira. Ora, os casos em que se pretendeu vislumbrar a existência de intervenções humanitárias dificilmente se poderiam reconduzir a um mesmo tipo de situações, de modo a podermos concluir pela existência de um padrão comum, ou seja, um comportamento uniforme e reiterado, capaz de consubstanciar o elemento material do costume. E, ainda que se pudesse afirmar a existência de tal padrão – o que não acontece –, haveria que apurar a existência da convicção da obrigatoriedade de tal comportamento – elemento subjectivo do costume –, o que está longe de ser conseguido.

Efectivamente, há, por parte dos Estados interventores, uma recusa sistemática em justificar a sua acção por invocação da intervenção humanitária, o que mostra claramente que não estão convictos da consagração jurídica de tal figura, nem que a sua invocação trouxesse mais apoios à sua acção, que pretendem sempre escudar nas excepções à proibição o uso da força que não sofrem contestação, ou seja, na legítima defesa ou numa autorização do CS (mesmo o referido caso do Kosovo foi reiteradamente afirmado, pelos próprios interventores, como excepcional – pretendendo com isto evitar a ocorrência de casos do mesmo tipo que pudessem levar à afirmação de um costume internacional – e só um deles, a Bélgica, tentou justificá-lo, perante o TIJ, enquanto exemplo de intervenção humanitária). E essa mesma rejeição se pode encontrar nas reacções de terceiros Estados a actuações em que se pretendeu ver exemplos de intervenções humanitárias, que foram genericamente de rejeição.

Referências:
Abiew, Francis Kofi, *The Evolution of the Doctrine and Practice of Humanitarian Intervention*, The Hague: Kluwer Law International, 1999.

Fernando R. Tesón, *Humanitarian Intervention: An Inquiry into Law and Morality*, 2nd ed., New York: Transnational Publishers, Inc. 1997.

Maria de Assunção do Vale Pereira, *A Intervenção Humanitária no Direito Internacional Contemporâneo*, Coimbra: Coimbra Editora, 2009.

Simon Chesterman, *Just war or just peace? Humanitarian Intervention and International Law*, Oxford: Oxford University Press, 2001.

INVALIDADE DOS TRATADOS

Miguel Calado Moura

Os tratados internacionais só podem produzir efeitos se forem válidos e eficazes. A eficácia de um tratado depende da sua validade. A validade não se deve confundir com a existência. A questão da invalidade dos tratados foi durante muito tempo vista pelos autores à luz do Direito Interno. No entanto, o tratado é um acto de natureza jurídica diversa de um contrato ou de outro acto jurídico similar, na medida em que a ordem internacional é desprovida de autoridades superiores competentes para determinar e delimitar regras normativas relativas à matéria dos desvalores e vicissitudes dos tratados.

A Comissão de Direito Internacional e a Conferência de Viena de 1968-1969 tiverem um papel fundamental no que toca à positivação de regras relativas à questão da validade dos tratados que se encontram hodiernamente alocadas na Parte V da Convenção de Viena sobre o Direito dos Tratados entre Estados (CVDT) de 1969.

A dogmática jus-internacionalista indica que as condições de validade dos tratados devem estar aferidas sobre quatro parâmetros fundamentais: o sujeito, o objecto, a funcionalidade e a forma.

No que respeita aos princípios de *validade subjectiva*, o Estado é aquele que, por excelência, possui plena capacidade de exercício para concluir tratados (artigo 6.º da CVDT). No entanto, as organizações internacionais, actualmente, têm capacidade para serem partes em tratados, não obstante de estarem sujeitas ao *princípio da especialidade*. Existem outras causas de invalidade subjectiva dos tratados, a saber: *i*) a ausência de vontade internacional de contratação; *ii*) o erro quanto a elementos essenciais (artigo 48.º da CVDT), que faz com que a vontade do sujeito não seja esclarecida, tal como acontece no *iii*) dolo (artigo 49.º da CVDT); a *iv*) coacção física, nomeadamente através do uso da força (artigo 52.º da CVDT); e a v) coacção psicológica (artigo 51.º da CVDT) que retiram a liberdade de actuação do sujeito.

Quanto às causas de invalidade *objectiva*, elas são essencialmente duas: *i*) a impossibilidade ou inexistência de objecto e *ii*) a proibição do conteúdo do tratado por violação de outros normativos e princípios de Direito Internacional.

No que toca à *funcionalidade*, encontram-se na CVDT alguns vícios funcionais que se relacionam com casos de corrupção, situações de abuso e desvio de poder (artigos 47.º e 50.º da CVDT).

Os vícios *formais* (*latu sensu*) podem dividir-se duas vertentes: *i*) os vícios de forma (*stricto sensu*), ou seja, a não representação adequada do conteúdo do tratado de acordo com exigências legais ou convencionais [artigo 3.º, al. a) da CVDT], e *ii*) os vícios de procedimento, que configuram certos actos praticados aquando da feitura do tratado que são desconformes com as exigências aplicáveis (artigo 46.º, n.º 1, *in fine* da CVDT).

Refere ainda a CVDT que a circunstância de o consentimento de um Estado em ficar vinculado por um tratado ter sido manifestado com violação de uma disposição do seu direito interno relativa à competência para concluir tratados não pode ser invocada por esse Estado como tendo viciado o seu consentimento, a não ser que a violação tenha sido manifesta e diga respeito a uma regra de importância fundamental de seu direito interno, entendendo-se como violação manifesta, uma situação que for objectivamente evidente para qualquer Estado que proceda, nesse domínio, de acordo com a prática habitual e de boa-fé (artigo 46.º da CVDT).

As consequências da inobservância dos requisitos de validade resultam na nulidade do tratado de acordo com diversos graus e perspectivas que dependem da causa fáctica da invalidade (nulidade sanável e nulidade insanável; nulidade total e nulidade parcial; nulidade absoluta e nulidade relativa; nulidade originária e nulidade superveniente). Um tratado nulo não tem força jurídica (artigo 69.º, n.º 1 da CVDT).

Referências:

A. D. McNair, "Severance of Treaty Provisions", *Basdevant*, 1960, pp. 346-349.

J. Combacau, "Logique de la validité contre logique de l'opposabilité dans la Convention de Vienne sur le droit des traités", *Mél. Virally*, Paris: Pedone, 1995.

Nguyen Quoc Dinh, Patrick Daillier, Alain Pellet, *Droit Internacional Public*, Paris, 1997, pontos 114-137.

Caso *Temple Préah Vihear* (Camboja c. Tailândia), ICJ Reports 1962.

JURISDIÇÃO COMPULSÓRIA

Mateus Kowalski e Miguel de Serpa Soares

O Tribunal Internacional de Justiça é o principal órgão judicial das Nações Unidas. O Tribunal exerce uma competência contenciosa, relativa aos casos em que os litigantes sejam Estados, e uma competência consultiva. No que respeita à sua competência contenciosa, é particularmente significativo que o exercício dessa sua competência se encontre, em maior ou menor medida, na disponibilidade da vontade dos membros das Nações Unidas, Partes por inerência no Estatuto do Tribunal Internacional de Justiça. O Tribunal é competente para decidir sobre uma controvérsia apenas se os Estados em questão tiverem aceite a sua jurisdição.

A aceitação da jurisdição do Tribunal pode ser expressa de diversas formas: pelo acordo entre as partes na controvérsia para submeter o caso ao Tribunal; em virtude de uma cláusula de jurisdição, como acontece quando os Estados são Parte num tratado que contenha uma disposição pela qual se estabelece que qualquer divergência na interpretação ou aplicação será submetida ao Tribunal; através de uma declaração de aceitação compulsória da jurisdição do Tribunal, condicionada ou não pela reciprocidade, por um período de tempo. Em caso de dúvida quanto à jurisdição do Tribunal Internacional de Justiça, é o próprio Tribunal que decide.

A declaração de aceitação compulsória da jurisdição do tribunal pode ser feita a qualquer momento pelos Estados Parte no Estatuto, reconhecendo a jurisdição do Tribunal como compulsória *ipso facto* e sem necessidade de acordo especial em relação a qualquer outro Estado que aceite a mesma obrigação de se submeter à jurisdição do Tribunal. A declaração de jurisdição compulsória tem a natureza de acto unilateral do Estado sendo por este depositada junto do Secretário-Geral das Nações Unidas. Qualquer Estado que tenha aceite a jurisdição compulsória tem o direito de submeter ao Tribunal, através de petição, um caso contra um ou vários Estados que tenham aceite a jurisdição. Por outro lado, decorre uma obrigação de se sujeitar à jurisdição do Tribunal quando seja intimado para tal na sequência da submissão de um caso por um ou vários Estados.

À data, 66 Estados depositaram a declaração de aceitação compulsória da jurisdição do Tribunal, incluindo o Estado Português. A declaração pelo Estado Português foi depositada a 25 de Fevereiro de 2005. A declaração estabelece que a República Portuguesa reconhece a jurisdição do Tribunal como obrigatória *ipso facto*, embora com excepções, a saber: controvérsias que a República Portuguesa tenha concordado ou venha a concordar com a outra Parte ou Partes resolver por outros meios de resolução pacífica de controvérsias; controvérsias com qualquer Estado que tenha depositado ou ratificado de modo a que a controvérsia tenha ficado abrangida no seu âmbito menos de 12 meses antes da data em que a acção foi intentada junto do Tribunal; controvérsias anteriores a 26 de Abril de 1974, ou referentes a situações ou factos anteriores a essa data, excepto no que respeita a títulos ou direitos territoriais ou a direitos de soberania ou jurisdição; controvérsias que envolvam uma Parte ou Partes num tratado em relação ao qual a jurisdição do Tribunal tenha sido expressamente excluída, independentemente de a mesma se referir à interpretação e aplicação das disposições do tratado ou a outras fontes de Direito Internacional.

Referências:

Renata Szafarz, *The Compulsory Jurisdiction of the International Court of Justice*, Dordrecht: Martinus Nijhoff Publishers, 1993.

Shabtai Rosenne, *The Law and Practice of the International Court 1920-1996*, Dordrecht: Martinus Nijhoff Publishers, 1997.

Stanimir Alexandrov, *Reservations in Unilateral Declarations Accepting the Compulsory Jurisdiction of the International Court of Justice*, Dordrecht: Martinus Nijhoff Publishers, 1995.

JURISDIÇÃO DOS ESTADOS

Manuel Duarte de Oliveira

O termo jurisdição descreve a autoridade de um Estado para fazer exercer os seus interesses legais. No âmbito internacional não se conseguiu ainda delimitar um conjunto de regras suficientemente abrangente para definir com precisão todas as formas de jurisdição utilizáveis pelos Estados. No entanto, num sentido lato, a jurisdição de um Estado descreve a legitimidade do seu poder para agir e decidir se e como o fazer, de modo a implementar direitos e deveres de pessoas com personalidade natural e jurídica.

As bases para o exercício de jurisdição assentam em dois aspectos fundamentais do Estado moderno: território (incluindo o seu espaço aéreo e marítimo) e população. Em geral, um Estado tem jurisdição sobre todas as pessoas, interesses reais e actividades desenvolvidas no seu território. Para além disso, um Estado pode exercer jurisdição sobre os seus membros onde quer que estes se encontrem.

Enquanto elemento de soberania de um Estado, tradicionalmente distinguem-se três tipos de jurisdição, aplicando-se este conceito às competências judicial, legislativa e administrativa. Assim, um Estado exerce a sua jurisdição estabelecendo normas (jurisdição legislativa ou prescritiva), estabelecendo procedimentos que lhe permitam identificar o não cumprimento das normas e as devidas consequências (jurisdição judicial ou competência adjudicatória), e através da imposição coactiva dessas consequências (jurisdição de implementação). Por princípio, um Estado não pode implementar as suas próprias normas sem a adequada jurisdição para as prescrever.

Compete ao Direito Internacional Público determinar os aspectos jurisdicionais dos diversos Estados. Neste âmbito, existem quatro objectivos fundamentais a ter em conta. O primeiro determina os limites da jurisdição de modo a proteger os princípios de igualdade e soberania dos Estados. O segundo consiste no reconhecimento da independência dos Estados, assegurando a existência efectiva de jurisdição que permita alcançar os objectivos comuns dos Estados. O terceiro consiste na harmonização dos direitos de dois ou mais Estados, quando estes têm jurisdições concorrentes sobre a mesma matéria. E, por fim, o quarto objectivo consiste na protecção de indivíduos do exercício abusivo de jurisdição.

Em relação a problemas derivados de jurisdições concorrentes, uma possível solução alcança-se quer através da redução dos contornos das diversas bases de jurisdição, delimitando deste modo o número de casos nos quais essas situações problemáticas possam ocorrer, quer através do acordo sobre regras substantivas a aplicar pelos diferentes Estados em conflito ou, através do estabelecimento de princípios prioritários e práticas de cooperação e auto-delimitação.

Referências:

D. Bowett, "Jurisdiction: Changing Patterns of Authority over Activities and Resources", BYIL, Vol. 53, 1982, pp. 1-26.

Ian Brownlie, *Principles of Public International Law*, Oxford: Oxford University Press, 1990, pp. 289-379.

Jónatas E.M. Machado, "Jurisdição Internacional", in *Direito Internacional: Do Paradigma Clássico ao Pós-11 de Setembro*, Coimbra: Coimbra Editora, 2003, pp. 446-467.

F. Mann, "The Doctrine of Jurisdiction in International Law", RdC, Vol. 111, 1964, pp. 1-162.

Bernard H. Oxman, "Jurisdiction of States", in: *Encyclopedia of Public International Law*, Vol. 3, published under the auspices of the Max Planck Institute for Comparative Public Law and International Law, Elsevier Science Publishers, 2000, pp. 55-60.

JURISDIÇÃO EXTRATERRITORIAL

TERESA MAFALDA VIEIRA DA SILVA CABRITA

As normas e princípios legais reguladores do exercício de jurisdição por parte dos Estados e entidades não estatais (*v.g.*, a União Europeia), delimitam o seu exercício de competências legislativas, de adjudicação e de execução, sobre determinados sujeitos ou sobre um determinado conjunto de factos. Trata-se, portanto, de uma matéria regulada pelas normas de Direito Internacional Público e directamente influenciada pelo princípio da igualdade soberana dos Estados, contemplado no artigo 2.º, n.º 1, da Carta das Nações Unidas.

Os princípios ou bases clássicas em que se funda o exercício de jurisdição por parte de um Estado são os princípios da territorialidade e da nacionalidade, dos quais decorre que caberá ao Estado em cujo território determinados factos ocorram adjudicar sobre os mesmos e exercer poderes coactivos ou de execução, bem como lhe caberá a adopção de normas reguladoras da conduta dos seus nacionais. A estas bases são acrescidos o princípio da protecção, o qual confere aos Estados jurisdição sobre factos que directamente afectem os seus interesses vitais e cuja protecção seja necessária à segurança e ordem nacionais (nomeadamente em situações de contrafacção da sua moeda), o princípio da jurisdição universal e a possível extensão ou limitação da jurisdição de um Estado por meio de acordos internacionais, sendo exemplo desta última, o estatuto jurídico da Baia de Guantanamo.

Atentas estas bases ou princípios, o exercício de jurisdição extraterritorial corresponde a situações excepcionais em que um Estado disponha do direito de aplicação de medidas coactivas ou de execução no território de outro Estado. Por exemplo clássico tomem-se os acordos celebrados no âmbito da OTAN, nos termos dos quais os membros das forças armadas de um Estado, enviados para um Estado terceiro, permanecem sujeitos ao controlo das autoridades policiais e judiciárias do seu Estado de nacionalidade, podendo a polícia militar do Estado de nacionalidade aplicar medidas de coação ou privativas da liberdade aos seus nacionais, limitando desta forma o exercício de jurisdição penal e equiparada por parte do Estado em cujo território a ofensa tenha lugar.

Referências:

Malcom N. Shaw, *International Law*, Cambridge: Cambridge University Press, 2003, 611-620.

Vaughan Lowe, "Jurisdiction", in Malcom D. Evans (ed.), *International Law*, Oxford: Oxford University Press, 2006, 335-358.

Vaughan Lowe, *Extraterritorial Jurisdiction: An Annotated Collection of Legal Materials*, Cambridge: Grotius Publications, Ltd., 1983.

JURISDIÇÃO INTERNA (DOS ESTADOS)

RICARDO BRANCO

Locução que, utilizada no n.º 7 do artigo 2.º da Carta das Nações Unidas, de harmonia com cujos termos "Nenhuma disposição da presente Carta autorizará as Nações Unidas a intervir em assuntos que dependem essencialmente da jurisdição interna de qualquer Estado, ou obrigará os membros a submeterem tais assuntos a uma solução nos termos da presente Carta...", designa: *i*) os assuntos da competência do Direito interno dos Estados e por recorte dos quais se delimita a área de intervenção do DIP; ou, por outras palavras, *ii*) a área de garantia de soberania dos Estados frente à actuação das organizações para-universais de fins políticos, como a própria ONU, em cujo estatuto essa área se reconhece; ou ainda *iii*) a competência estatal discricionária encarada do ponto de vista do DIP.

Ao conjunto de assuntos da jurisdição interna dos Estados, no seu tratamento teórico-sistemático, se tem chamado "domínio reservado dos Estados".

JURISDIÇÃO INTERNA (DOS ESTADOS)

Tem-se discutido, na doutrina jus-internacionalista, se "assuntos de jurisdição interna dos Estados" são assuntos não submetidos a tratado internacional ou, de uma outra perspectiva, assuntos sem repercussões internacionais.

Uma doutrina de menosprezo do DIP tendia a sustentar, até ao aparecimento da Sociedade das Nações, a existência de um domínio reservado material, por natureza, dos Estados, posicionando a soberania interna acima do plano de importância do DIP. Mas desde o aparecimento de organizações internacionais para-universais de fins políticos que tem vingado a tese segundo a qual o DIP determina, em última instância, a extensão do domínio reservado, pois qualquer limitação inédita de uma competência estatal discricionária reduz o alcance do domínio reservado, ainda que, em perspectiva contrária, os Estados, enquanto sujeitos de DIP preponderantes, se tornam também senhores das restrições progressivas ao domínio reservado.

A jurisdição interna dos Estados sede hoje, na sua área de domínio reservado, perante um cada vez maior número de compromissos internacionais, associados quer a uma partilha tendencialmente universalista de mundividências – no domínio do Direito Internacional Humanitário, por exemplo –, quer ao nível da partilha de necessidades comuns propiciada pela globalização, ao nível das comunicações, das trocas e consequente partilha da soberania monetária, da sociedade da informação, do transporte, da exploração comum dos mares, etc.

Cunhado, hoje, a partir da sua positivação na Carta das NU, o conceito de jurisdição interna é, todavia, um conceito-charneira de DIP geral ou comum, delimitativo da área em que um Estado, nomeadamente por excepção, se pode defender da ingerência de outros Estados e de organizações internacionais. Em última análise, a auto-organização através de uma Constituição material, definitória da relação entre si e os seus cidadãos e do modo de organização do seu poder, consubstancia, actualmente, o núcleo essencial da noção de jurisdição interna de um Estado; ainda que, mesmo aí, fenómenos como a sujeição dos direitos humanos a pactos internacionais e o consequente encarar da democracia política como via única de implementação desses pactos marquem pontos a desfavor dessa área de jurisdição interna assim definida.

Referências:

Paulo Canelas de Castro, "Da não-Intervenção à Intervenção? O Movimento de Pêndulo Jurídico perante as Necessidades da Comunidade Internacional", *in Boletim da Faculdade de Direito da Universidade de Coimbra*, 1995, pp. 77-129.

Nguyen Quoc Dinh, Patrick Daillier & Alain Pellet, *Direito Internacional Público*, trad., 2.ª ed., Lisboa, 2003, pp. 448-460.

Jorge Miranda, *Curso de Direito Internacional Público*, 3.ª ed., Cascais, 2006, pp. 221-222.

Alfred Verdross, "Le Principe de la non Intervention dans les Affaires Relevant de la Competence Nationale d'Un État et l'Article 2 (7) de la Charte des Nations Unies", *in Melanges Offerts à Charles Rousseau*, obra colectiva, Paris, 1974, pp. 267-276.

JURISDIÇÃO UNIVERSAL

Mateus Kowalski e Miguel de Serpa Soares

A "Jurisdição Universal" está relacionada com o âmbito pessoal e material da capacidade de exercício da jurisdição penal por um tribunal, sem que exista um elemento de conexão territorial ou pessoal. Haverá que distinguir a jurisdição universal estabelecida pelos Estados da jurisdição de tribunais internacionais que se encontra estabelecida nos respectivos Estatutos.

A jurisdição universal pode ser absoluta ou condicionada. Será absoluta quando as autoridades jurisdicionais podem exercer a sua competência sobre qualquer indivíduo, independentemente da sua nacionalidade, lugar de residência ou local onde se encontre. Será condicionada quando a jurisdição universal se encontra limitada em virtude de circunstâncias concretas previstas na lei.

Esta é uma temática muito controversa nas relações internacionais actuais uma vez que têm sido frequentes os casos em que nacionais de um terceiro Estado são julgados ou sob eles impende um mandado de detenção para julgamento num outro Estado, normalmente em situações em que o suspeito cometeu os factos no Estado da sua nacionalidade e contra seus concidadãos. Sendo suspeitos da prática de factos graves de relevância internacional, casos há em que Estado da nacionalidade não julga nem extradita (violando a obrigação internacional de *aut dedere aut judicare*). Nestes casos, é prática de algumas jurisdições (de que são exemplo a Bélgica ou a Espanha) emitirem mandados de detenção ou deterem para julgamento (se se encontrarem no seu território) suspeitos da prática de crimes grave de relevância internacional.

Este tipo de situação gera uma contestação séria por parte do Estado da nacionalidade do agente. As mais das vezes, os agentes integram as elites dos Estados da nacionalidade e encontram-se envolvidos em actos perpetrados no decurso de um conflito armado, nomeadamente um conflito armado interno. Alguns Estados africanos têm afirmado existir um abuso da jurisdição universal por Estados europeus contra nacionais de Estados africanos. De referir, como exemplo, que foi constituída em 2009 o Grupo de Peritos União Europeia/União Africana sobre o Princípio da Jurisdição Universal para tentar estabelecer alguns pontos comuns de entendimento relativamente à jurisdição universal. Ainda neste contexto, encontra-se inscrito na agenda da Assembleia Geral das Nações Unidas um ponto relativo ao "Âmbito e Aplicação do Princípio da Jurisdição Universal".

A amplitude da jurisdição penal (universal) varia conforme os ordenamentos jurídicos dos vários Estados. Como princípio geral, a legislação penal portuguesa é aplicável a todos os factos cometidos no território Português. A legislação penal portuguesa também é aplicável a factos cometidos fora do território

Português por qualquer pessoa, em relação aos crimes de "burla informática e nas comunicações", às categorias de crimes de "falsificação de moeda, título de crédito e valor selado", "falsificação de cunhos, pesos e objectos análogos", "crimes contra a independência e a integridade nacionais", "crimes contra a capacidade militar e a defesa nacionais", "crimes contra a realização do Estado de direito", "crimes eleitorais", o "crime de terrorismo", bem como certos crimes cometidos por organizações terroristas. A lei penal portuguesa estabelece, pois, a jurisdição universal absoluta para estes crimes. Por outro lado, importa notar que a lei penal estabelece jurisdição universal condicional para um número considerável de crimes, tais como o genocídio, os crimes contra a humanidade, os crimes de guerra, o incitamento à guerra ou o recrutamento de mercenários.

Referências:

Luc Reydams, *Universal Jurisdiction: International and Municipal Legal Perspectives*, Oxford: Oxford University Press, 2005.

Manuel Maia Gonçalves, *Código Penal Português: Anotado e Comentado-Legislação Complementar*, Coimbra: Almedina, 2007.

Mitsue Inazumi, *Universal Jurisdiction in Modern International Law: Expansion of National Jurisdiction for Prosecuting Serious Crimes under International Law*, Utrech: Intersentia, 2005.

Stephen Macedo, *Universal Jurisdiction: National Courts and the Prosecution of Serious Crimes under International Law*, Philadelphia: University of Pennsylvania, 2006.

JUS COGENS

Mateus Kowalski e Miguel de Serpa Soares

O *jus cogens* é Direito Internacional que se impõe aos sujeitos internacionais soberanos formando, assim, um núcleo duro de Direito imperativo. É formado pelas normas de Direito Internacional geral aceites e reconhecidas pela comunidade internacional no seu conjunto como normas às quais nenhuma derrogação é permitida e que só podem ser modificadas por uma nova norma de Direito Internacional geral com a mesma natureza.

A existência do *jus cogens* foi pela primeira vez consagrada expressamente na Convenção sobre o Direito dos Tratados, adoptada em Viena, a 23 de Maio de 1969. O seu artigo 53.º estabelece que é nula qualquer norma convencional internacional que seja incompatível com o *jus cogens*. Nos termos do artigo 64.º daquela Convenção, o conteúdo do *jus cogens* pode variar no tempo.

Se bem que o seu reconhecimento expresso se dá no contexto do Direito dos Tratados, este Direito imperativo existe no âmbito de todo o Direito Internacional. Note-se, por exemplo, que no projecto de Convenção sobre a Responsabilidade dos Estados por Actos Internacionalmente Ilícitos elaborado pela Comissão de Direito Internacional, o capítulo III da parte II versa sobre a responsabilidade

JUS COGENS

internacional com origem na violação de uma obrigação que decorra de uma "norma peremptória de Direito Internacional geral" (*jus cogens*). Da violação de uma tal norma resultam no contexto da responsabilidade internacional consequências especiais, nomeadamente: a obrigação de cooperação entre os Estados para por termo à violação da obrigação que decorra de uma norma de *jus cogens*; a obrigação de não reconhecimento da situação que tenha origem numa tal violação, e de não prestar auxílio que contribua para a manutenção da situação; a responsabilidade pode ser invocada por qualquer Estado.

Apesar da sua previsão em instrumentos convencionais, não existe uma determinação precisa sobre quais são as regras que conformam o *jus cogens*. A doutrina ou a jurisprudência também não são conclusivas a este respeito. Contudo, é hoje aceite que aquelas normas devem ser procuradas no costume internacional. O critério será o da existência de um interesse da comunidade internacional assim aceite pelos sujeitos internacionais soberanos em geral. Integram, pois, o *jus cogens* normas que reflectem os valores fundamentais da comunidade internacional e procuram prosseguir interesses comuns.

A Comissão de Direito Internacional enunciou alguns exemplos no seu relatório que deu origem à Convenção sobre o Direito dos Tratados de 1969: tratados que visem o emprego da força; tratados que prevejam a execução de um crime de Direito Internacional; tratados que organizem o tráfico de escravos, a pirataria ou o genocídio, tratados que violem direitos humanos; tratados que violem a igualdade dos Estados; ou tratados que violem o princípio da autodeterminação. No caso *Barcelona Traction*, o Tribunal Internacional de Justiça enunciou o respeito pelas regras aplicáveis aos actos de agressão, ao genocídio e aos direitos humanos como sendo obrigações dos Estados para com a comunidade internacional no seu conjunto. A Comissão de Direito Internacional, no contexto da responsabilidade internacional dos Estados referiu como exemplos de interesses fundamentais para a comunidade internacional a manutenção da paz e segurança internacionais, a protecção do direito à autodeterminação dos povos, a protecção do ser humano e a preservação do "ambiente humano".

Parece, pois, possível identificar algumas linhas gerais comuns aos exemplos *supra* referidos. Todos eles têm por fundamento a dignidade humana, a paz, a igualdade ou a liberdade enquanto valores comuns da comunidade internacional, e o reconhecimento de que a protecção das suas iminentes expressões é interesse fundamental da comunidade.

Referências:

Alexander Orakhelashvili, *Peremptory Norms in International Law*, Oxford: Oxford University Press, 2009.

Joseph Mattera, Jus Cogens: *an Analysis and Compilation of Workable Norms*, Washington: George Washington University, 2005.

United Nations Conference on the Law of Treaties, *Official Records*, New York: United Nations, 1971.

Barcelona Traction, Light and Power Company, Limited-New Application: 1962 (Belgium v. Spain,), ICJ Reports 1970, 3.

JUSTIÇA TRANSITÓRIA

Carla Marcelino Gomes

A justiça transitória consiste no conjunto de mecanismos, judiciais e não judiciais, que pretendem dar resposta às violações de direitos humanos cometidas durante um conflito armado, visando a responsabilização dos autores daqueles actos, bem como o ressarcimento das vítimas, tendo em vista, designadamente, a reconciliação, individual e colectiva, e a paz.

Em situações de transição pós-bélica, a realização da justiça assume um carácter particularmente estrutural na reposição da soberania do Estado, no regresso à normalidade institucional e na pacificação social. A justiça transitória tem vindo a desenvolver-se no âmbito do modelo de reconstrução pós-conflito, aplicado pela Organização das Nações Unidas, quando o conflito violento cessou e se revela necessário apresentar medidas de auxílio para que a sociedade se reconstrua e reorganize. A justiça transitória é um dos aspectos mais delicados a ter em conta, num cenário pós-bélico, pois toca directamente o cerne do conflito e as suas consequências, para a população. Por outro lado, a justiça transitória está umbilicalmente ligada à reconciliação, imprescindível num processo de construção da paz.

Compete a quem administra o país/território em cenário pós-bélico decidir qual o trilho a percorrer, no sentido de pacificar a comunidade, sendo várias as possibilidades que se oferecem quando se trata de lidar com os abusos cometidos no passado e as violações do Direito Internacional dos Direitos Humanos e do Direito Internacional Humanitário. Desde logo, surgem duas vias: a judicial e a não-judicial. Na primeira, trata-se do recurso a tribunais internacionais *ad hoc* (ex. Ruanda e ex-Jugoslávia) ou ao Tribunal Penal Internacional, nacionais (ex. Indonésia), ou mistos (ex. Timor-Leste), responsáveis pelo julgamento dos acusados de perpetradores. Na segunda, trabalha-se, sobretudo, aspectos relacionados com a verdade e o perdão, designadamente, através do uso de Comissões de Verdade, em que a vítima e o seu ressarcimento assumem um papel protagonista. Ainda nesta segunda via, se poderão incluir aspectos como a reforma institucional (ex. afastamento dos perpetradores de centros de poder) e a promoção da reconciliação, nomeadamente, através de práticas tradicionais e simbólicas (ex. construção de memoriais) que pretendem reconstruir o tecido social.

Poderá ainda verificar-se um *tertium genus,* que é a opção pela amnésia, pelo silêncio, ou seja, enquanto nas duas vias *supra* enunciadas se dá prevalência ao direito à verdade e respectivas consequências, nesta terceira via, opta-se por não recordar e por silenciar os eventos ocorridos durante o conflito, não havendo, portanto, propriamente um processo de justiça transitória. Nestas situações, entende-se que o que aconteceu no passado, é passado e aí deve permanecer.

Com Jónatas Machado, diremos que, independentemente do caminho escolhido, *"em causa está a necessidade de encontrar um equilíbrio razoável entre a justiça, a verdade e a paz, ao mesmo tempo que se analisa os problemas a partir de uma perspectiva histórica e sistémica, e não com base em casos isolados"* (2004:381).

Referências:

Edel Hughes, William Schabas & Ramesh Thakur, *Atrocities and International Accountability: Beyond Transitional Justice,* United Nations University Press, 2007.

Hugo Merwe, *et alia, Assessing the Impact of Transitional Justice: challenges for empirical research,* United States Institute of Peace Press, 2009.

Jónatas Machado, *Direito Internacional-do paradigma clássico ao pós-11 de Setembro,* Coimbra Editora, 2004, pp. 350ss e 380-381.

Kofi Annan, *The Rule of Law and Transitional Justice in Conflict and Post-conflict Situations.* New York: Report of the Secretary-General, S/2004/616, 2004.

United Nations, *Rule-of-law Tools for Post-Conflict States: mapping the justice sector,* 2006.

LAGOS INTERNACIONAIS

Francisco Briosa e Gala

Não tem sido fácil chegar a uma definição jurídica de lagos internacionais atendendo às suas similitudes com outras duas figuras: os mares fechados e os rios internacionais.

A geografia não nos fornece critério suficiente, uma vez que a existência de lagos em que o grau de salinidade é mais elevado do que a média dos oceanos (ex: Mar Morto ou o Mar Cáspio) impossibilita o recurso ao critério "água salgada" como base para a distinção. Diga-se que o mesmo acontece com o critério "distância", segundo o qual a diferença seria a maior amplitude dos mares face aos lagos: o lago Vitória com 68 872 km quadrados é maior do que inúmeros mares fechados ou semi-fechados.

Nestes termos, a distinção vai ter que ser encontrada com base em outros critérios. Diz-nos o artigo 123 da CNUDM[1] que *"mar fechado ou semi-fechado significa um golfo, bacia ou mar rodeado por dois ou mais Estados e comunicando com outro mar ou com o oceano por uma saída estreita, ou formado inteira ou principalmente por mares territoriais e zonas económicas exclusivas de dois ou mais estados".* Segundo o

[1] Convenção das Nações Unidas sobre Direito do Mar, 1982 ("CNUDM").

Direito Internacional, o critério será assim o da abertura ou comunicação (ainda que estreita – caso do Mar Negro) com toda a extensão dos oceanos. Caso essa comunicação não exista, e independentemente da salinidade das águas, será considerado um lago e não mar (Mar Cáspio).

Por outro lado, a distinção entre lagos e rios será encontrada na existência (ou não) de corrente circulatória. Nos primeiros estaremos perante água estagnada (mesmo no caso de serem atravessados por um rio), no segundo estaremos perante água circulante.

O estatuto de "internacionalidade" já será atribuído tendo por base um factor geográfico: a sua localização, pelo que será um lago internacional se cruzar ou se situar na fronteira entre dois ou mais Estados, podendo potencialmente ser estendido esse estatuto no caso do desaguadoiro do lago ser constituído por uma via de água internacional[1].

Deve notar-se que os lagos internacionais, a par com os rios, prestam-se a uma heterogeneidade de aproveitamento quanto aos seus recursos o que levanta questões delicadas sobre o aproveitamento sustentável – compreendendo, também, a ideia de utilização sustentável para as gerações futuras, a compatibilização de interesses entre os Estados e o dever oriundo do princípio *sic utere tuo ut alienum non laedas*, a unidade dos ecossistemas e a poluição como um problema transnacional.

No entanto, e com excepção da Convenção de Helsínquia sobre a Protecção e Utilização dos Cursos de Água Transfronteiriços e Lagos Internacionais[2], os lagos internacionais nunca foram alvo de uma regulação convencional de carácter geral. Contudo, alguns princípios e regras constantes de convenções pensadas para os rios internacionais[3] – e na medida da sua identidade – são aptos a conferir um enquadramento geral numa matéria onde a primazia normativa é atribuída aos acordos ou convénios bilaterais que atentam às especificidades geográficas e geopolíticas da região.

Referências:

Dihn, Nguyen Quoc/Daillier, Patrick/Pellet, Alain, *Direito Internacional Público*, 2.ª ed., Lisboa: Fundação Calouste Gulbenkian, 2003.

Martins, Afonso de Oliveira, "O desenvolvimento sustentável e o regime dos cursos de águas internacionais", in AAVV, *Estudos em Homenagem ao Prof. Doutor Joaquim Moreira da Silva Cunha*, Coimbra, 2005.

Zacklin, Ralph/Caflisch, L. (eds.), *The legal regime of international rivers and lakes*, Boston/The Hague/London: Martinus Nijhoff Publishers, 1981.

---

[1] Dihn, Nguyen, cit., p. 1256.

[2] Esta Convenção, concluída em Helsínquia no dia 17 de Março de 1992, tem como principal objectivo controlar o "impacto transfronteiriço" nas águas – artigo 1, n.º 2.

[3] Destaque-se a Convenção de Barcelona de 1921 quanto à navegação e a Convenção sobre o Direito das Utilizações dos Cursos de Água Internacionais para Fins Distintos da Navegação (ONU, Nova Iorque, 21.05.1997) – apesar de esta última não estar ainda em vigor na ordem internacional.

LEGÍTIMA DEFESA

Miguel Calado Moura

A legítima defesa configura um dos meios de tutela coercivo dos direitos dos Estados, surgindo na dogmática jus-internacionalista como uma causa de exclusão da ilicitude internacional. Considera-se lícito (justificado) o acto activo ou passivo lesivo destinado a afastar uma agressão ou perigo iminente de um outro Estado ou conjunto de Estados que seja contrário ao Direito Internacional. Este acto lesivo reconduz-se, na maioria das vezes, ao uso da força.

Como regra geral, a Carta das Nações Unidas proíbe o uso da força no Artigo 2.º, n.º 4, independentemente da sua forma de execução. Não obstante, a própria Carta identifica uma situação excepcional, nos termos da qual os Estados podem fazer uso da força: a legítima defesa.

O Artigo 51 da Carta estabelece que nada na Carta prejudicará o *"direito inerente de legítima defesa individual ou colectiva, no caso de ocorrer um ataque armado contra um membro das Nações Unidas, até que o Conselho de Segurança tenha tomado as medidas necessárias para a manutenção da paz e segurança internacionais."*. Um Estado que pratique um acto de agressão de acordo com os requisitos do Artigo 51 da Carta não está juridicamente a incumprir o disposto no Artigo 2.º, n.º 4, da mesma.

Os *Draft Articles on Responsibility os States for Internationally Wrongful Acts* (2001), produzidos pela Comissão de Direito Internacional prevêem, no artigo 21, a legítima defesa como causa de exclusão da ilicitude internacional, remetendo para a Carta das Nações Unidas os requisitos de validade e eficácia. Por outro lado, a Convenção de Viena sobre o Direito dos Tratados (1969) não trata desta questão, limitando-se a estabelecer no artigo 73 que as disposições da Convenção não prejudicam qualquer questão que possa surgir a propósito de um Tratado em virtude da abertura de hostilidades entre Estados.

A doutrina e a jurisprudência internacional têm vindo a interpretar a expressão *"direito inerente"* a que se refere a Carta das Nações Unidas como significando, por um lado, que o direito dos Estados à legítima defesa é um "direito natural" e que, por outro lado, existe um direito consuctudinário de legítima defesa.

A legítima defesa pode ser exercida tanto individual como colectivamente, e pode ser exercida contra um Estado ou um conjunto de Estados.

Somente a "agressão armada" (ou um perigo iminente proveniente de uma eventual agressão armada) é que pode servir de base à aplicação do artigo 51. Nos termos do artigo 1.º da Resolução 3314 da Assembleia-Geral de 14 de Dezembro de 1974, *"a agressão é o emprego da força armada por um Estado contra a soberania, a integridade territorial ou a independência política de um outro Estado, ou de qualquer outra forma incompatível com a Carta das Nações Unidas"*. É discutido se a agressão externa como "agressão química e biológica" (como é exemplo os ataques com recurso ao Antrax – *Bacillus Anthracis*) pode ou não ser enquadrado dentro do conceito "agressão", alargando-se o âmbito para situações não armadas ou, de outra perspectiva, entendendo-se como arma, a utilização de produtos químicos e biológicos lesivos.

O Tribunal Internacional de Justiça teve a oportunidade de se pronunciar pela primeira vez sobre a legítima defesa no julgamento do Caso *Military and Paramilitary Activities in and Against Nicaragua* (1986), estabelecendo certos critérios, requisitos e limites para o uso da mesma.

A legítima defesa encontra dois limites: *i*) o seu uso deve estar estritamente condicionado à prévia tomada de medidas necessárias por parte do Conselho de Segurança (artigo 51.º da Carta) e *ii*) deve obedecer ao princípio da proporcionalidade.

Não obstante, desde o início do século XXI, devido às novas formas de força armada infra-estadual ou para-estadual, tem-se vindo a questionar se tais organizações militarizadas não-governamentais que ameaçam a paz e a segurança internacionais podem ou não consistir na *fattispecie* para a emergência de um direito individual ou colectivo à legítima defesa.

Referências:

Nguyen Quoc Dinh, "La légitime défense d'après la Charte des Nation Unies", *Revue Générale du Droit Internationale*, III, vol. 58, 1948, pp. 223-254.

AA.VV. (Ed. por Bruno Simma), *The Charter of the United Nations, A Commentary*, Oxford: Oxford University Press, 1995, pp. 107-128, 661-678.

M. Glennon, "The Fog of Law: Self-Defense, Inherence and Incoherence in Article 51 of the United Nations Charter", *Harvard Journal of International Law*, 2002, pp. 539-558.

Caso *Military and Paramilitary Activities in and Against Nicaragua* (Nicaragua v. USA), ICJ Reports 1986, p. 14.

Legality of the Threat or Use of Nuclear Weapons, Advisory Opinion, ICJ Reports 1996, pp. 226 *et seq.*

LEGÍTIMA DEFESA COLECTIVA

MIGUEL CALADO MOURA

A legítima defesa colectiva é o meio de tutela coercivo de direitos de um conjunto de Estados de forma a fazer terminar uma agressão (ou perigo iminente) ilícita de um outro Estado ou conjunto de Estados. Considera-se lícito (justificado) o acto (activo ou passivo) lesivo destinado a afastar uma agressão ou perigo iminente de um outro Estado ou conjunto de Estados que seja contrário ao Direito Internacional. Este acto lesivo reconduz-se, na maioria das vezes, ao uso da força.

Na legítima defesa colectiva, não é requisito que todos os Estados que actuam em legítima defesa sejam lesados ou potencialmente lesados pela agressão ou perigo iminente – é uma actuação conjunta por forma a evitar uma agressão ilícita de um Estado. As demais condições da legítima defesa colectiva são as mesmas condições presentes na legítima defesa individual.

O Artigo 51.º da Carta das Nações Unidas prevê expressamente a legítima defesa colectiva mas não prevê os termos em que esta se efectua. O exercício deste direito tem vindo paulatinamente a ser desenvolvido através da prática costumeira dos Estados e com base em acordos estabelecidos.

A primeira positivação do recurso à legítima defesa colectiva deriva do Acto de Chapultepec (1945), um acordo panamericano que prevê a defesa dos países do continente Americano contra agressões extra-continentais. É no contexto geo-político da Guerra-Fria que surgem outras acordos de coligação militar no que respeita ao exercício da legítima defesa colectiva: Tratado Interamericano de Assistência Recíproca (1947); Tratado do Atlântico Norte (1949) que criou a NATO/OTAN; Tratado de Cooperação Económica e Defesa Conjunta da Liga Árabe (1950); Tratado ANZUS (Austrália, Nova Zelândia e EUA; 1951); Organização do Tratado da Ásia do Sudeste (OTASE; 1954); Tratado de Varsóvia (1955); Tratado de Segurança e Cooperação Mútua (Japão e EUA; 1970); Carta da Comunidade dos Estados Independentes (1993).

Colocou-se a questão da legitimidade do exercício desta modalidade de legítima defesa, tendo em conta o disposto no artigo 51.º da Carta. O entendimento maioritário dos Estados é o de que estes acordos não contrariam a Carta e permitem que se assuma que uma agressão contra um Estado-Parte seja considerada (ficcionada) como uma agressão contra todos os Estado-Parte.

As Nações Unidas tiverem sempre alguma preocupação em evitar permitir situações de ingerência militar nos assuntos internos dos Estados e procurou limitar o âmbito de aplicação da legítima defesa colectiva a situações pontuais: exemplo disso é a *Declaration on the Inadmissibility of intervention and Interference in the Internal Affairs of States* (anexo à Resolução 36/103 da Assembleia-Geral das Nações Unidas de 1981).

Muitas vezes os Estados invocam a legítima defesa colectiva para justificar actuações que caem no âmbito da intervenção humanitária, cuja dogmática ainda não está bem assente na doutrina e jurisprudência jus-internacionalista.

Referências:
Josef L. Kunz, "Individual and Collective Self-Defense in Article 51 of the Charter of the United Nations", *The American Journal of International Law*, vol. 41, n.º 4, 1947, pp. 872-879.
Eugene V. Rostow, "Until What? Enforcement Action or Collective Self-Defense?", *The American Journal of International Law*, vol. 85, n.º 3, 1991, pp. 506-516.

AA.VV. (Ed. por Bruno Simma), *The Charter of the United Nations, A Commentary*, Oxford: Oxford University Press, 1995, pp. 107-128, 661-678.

Eric A. Posner, Alan O. Skytes, "Optimal War and *Jus Ad Bellum*", *University of Chicago Law & Economics*, Olin Working Paper n.º 211, Public Law Working Paper n.º 63, 2004.

LEGÍTIMA DEFESA PREVENTIVA

MIGUEL CALADO MOURA

A legítima defesa preventiva é o meio de tutela de direitos de um Estado ou conjunto de Estados de forma a impedir (prevenir) uma agressão ilícita de um outro Estado ou conjunto de Estados. A legítima defesa preventiva tem como fatispécie a verificação de um perigo iminente.

Considera-se lícito (justificado) o acto activo ou passivo lesivo destinado a afastar um perigo iminente de um outro Estado ou conjunto de Estados que seja contrário ao Direito Internacional. Neste sentido, na legítima defesa preventiva não existe um acto lesivo mas a *expectativa* quase certa que o acto de agressão irá ocorrer iminentemente. Este acto lesivo reconduz-se, na maioria das vezes, ao uso da força.

A Carta das Nações Unidas não prevê expressamente a legítima defesa preventiva no artigo 51.º mas não a proíbe. Neste sentido, a comunidade internacional tem vindo a discutir a sua admissibilidade. A doutrina jus-internacionalista maioritária aponta para a inadmissibilidade do recurso a esta modalidade de legítima defesa, apoiando-se no argumento literal baseado na expressão *"if an armed attack occurs"* (artigo 51.º da Carta) e no facto de que sendo uma excepção a um princípio de proibição genérica, então deve estar expresso para ter efeitos.

No entanto, os Estados Unidos da América e o Reino Unido têm vindo a defender a admissibilidade da legítima defesa preventiva com base no artigo 51.º da Carta. Os casos exemplificativos foram *i)* a invasão ao Afeganistão derivada do 11 de Setembro e *ii)* a invasão ao Iraque de Saddam Hussein decorrente do perigo iminente do Iraque ser detentor de armas de destruição maciça.

Referências:

Ian Brownlie, "Non-Use of Force in Contemporary International Law", *Non-Use of Force in International Law* (William E. Butler ed.), 17, 25.

AA.VV. (Ed. por Bruno Simma), *The Charter of the United Nations, A Commentary*, Oxford: Oxford University Press, 1995, pp. 675-676.

Caso *Military and Paramilitary Activities in and Against Nicaragua* (Nicaragua v. USA), ICJ Reports 1986, p. 14.

Loui-Philippe Roullard, "The Caroline Case: Anticipatory Self-Defence in Contemporary International Law", *Miskolc Journal of the International Law*, vol. 1, n.º 2, 2004, pp. 104-120.

LEGITIMIDADE INTERNACIONAL

Luís Pereira Coutinho

A legitimidade constitui um atributo de uma ordem, norma ou decisão, relevando da respectiva rectidão e/ou aceitabilidade na perspectiva daqueles que se lhe encontram vinculados.

Cumpre distinguir legitimidade substantiva e legitimidade processual. A legitimidade substantiva prende-se com o facto de uma dada ordem, norma ou decisão exprimir princípios de justiça material, estruturando-se segundo os mesmos. A legitimidade processual prende-se com o facto de uma dada ordem, norma ou decisão constituir o produto de um *iter* recto, o qual em teoria garanta a racionalidade dos resultados e/ou a existência de um consenso entre as partes envolvidas.

Em sede de tematização da ordem internacional, a legitimidade ganha particular relevância, o que se compreende tanto mais quanto a mesma tendencialmente não seja uma ordem coerciva ou, pelo menos, tendencialmente não seja assistida por meios coercivos particularmente dissuasores. Se assim é, torna-se patente que a persistência de uma ordem internacional depende sobretudo da sua legitimidade.

Quanto à legitimidade substantiva de uma ordem internacional, os princípios de justiça material em razão dos quais essa pode ser aferida são variáveis. Tomando como boa a classificação de Hedley Bull, pode falar-se num princípio de justiça inter-estadual (o qual tem como unidade valorativa primordial o Estado), num princípio de justiça individual ou humana (o qual tem os indivíduos como tuteláveis no plano internacional, projectando-se em normas que adscrevem aos mesmos direitos e deveres) e num princípio de justiça cosmopolita (versão extrema da justiça individual ou humana, já que não preconiza apenas a titularidade imediata de direitos e deveres pelos indivíduos, mas também que os mesmos integrem uma imaginada *civitas maxima* ou república cosmopolita a cujos bem comum e interesses comuns se subordinam).

A estabilidade de uma ordem internacional será prejudicada no caso de se verificar um conflito ao nível dos princípios ou referentes de legitimidade, aplicando-se aqui de pleno a tese aristotélica segundo a qual a vigência de uma ordem dependerá sempre, no limite, de um acordo em torno de uma concepção de justiça. Um conflito poderá, no entanto, ser superado e uma situação estável alcançada no âmbito de uma acomodação recíproca de princípios de legitimidade.

Assim, por exemplo, é possível que uma mesma ordem internacional se estruture simultaneamente de acordo com um princípio de justiça inter-estadual e um princípio de justiça individual ou humana, relativizando-se aquele de acordo com algumas exigências deste último, relevantes de um certo grau de protecção dos direitos humanos.

Será esta, aliás, a situação correspondente à actual ordem internacional. Com efeito, se a ordem internacional de Vestefália se estruturou de acordo com um princípio de justiça inter-estadual, o século XX – sobretudo a partir do segundo pós-guerra – tendeu a relativizar semelhante princípio, admitindo gradualmente o levantamento do "véu de soberania" em nome da protecção dos direitos humanos.

Referências:
Hedley Bull, *The Anarchical Society*, 3.ª ed., Hampshire: Palgrave Macmillan, 2002.
Thomas Franck, *The Power of Legitimacy Among Nations*, Oxford: Oxford University Press, 1990.

LIBERDADE DOS MARES

Mateus Kowalski e Miguel de Serpa Soares

A doutrina do *mare clausum* foi sendo progressivamente substituída a partir dos finais do século XVI pela doutrina do *mare liberum*. A doutrina da liberdade dos mares que se foi paulatinamente formando por juristas da época, tem em Hugo Grócio um símbolo da sua afirmação. Na sequência de um litígio marítimo que envolvia um navio português, a Companhia Holandesa das Índias Orientais pediu a Hugo Grócio a defesa da tese da liberdade dos mares. Tese que veio a ser desenvolvida na obra *Mare Liberum*, publicada em 1609.

Actualmente, a doutrina da liberdade dos mares encontra-se codificada na Convenção das Nações Unidas sobre o Direito do Mar, adoptada em Montego Bay, a 10 de Dezembro de 1982 (CNUDM) que, no seu artigo 87.º regula a liberdade do alto mar. Estabelece a CNUDM que o alto mar está aberto a todos os Estados, quer costeiros quer sem litoral. A liberdade do alto mar compreende, nomeadamente: a liberdade de navegação; a liberdade de sobrevoo; a liberdade de colocar cabos e ductos submarinos; a liberdade de construir ilhas artificiais e outras instalações permitidas pelo Direito Internacional; a liberdade de pesca; ou a liberdade de investigação científica. Estas liberdades não são absolutas, admitindo as excepções previstas quer no Direito Internacional em geral quer na CNUDM em especial.

Na zona económica exclusiva, todos os Estados, quer costeiros quer sem litoral, gozam, nos termos das disposições da CNUDM, das liberdades de navegação e sobrevoo e de colocação de cabos e ductos submarinos, bem como de outros usos do mar internacionalmente lícitos, relacionados com as referidas liberdades, tais como os ligados à operação de navios, aeronaves, cabos e ductos submarinos. A abertura aos Estados é, pois, limitada nesta zona.

Referências:

Armando Marques Guedes, *Direito do Mar*, Coimbra: Coimbra Editora, 1998.

Hugo Grotius, *The Freedom of the Seas Or the Right Which Belongs to the Dutch to Take Part in the East Indian Trade*, Union: The Lawbook Exchange, 2001.

Robin Churchill & Alan Lowe, *The Law of the Sea*, Manchester: Manchester University Press, 1999.

Satya Nandan & Shabti Rosenne (eds.), *United Nations Convention on the Law of the Sea 1982: a Commentary – Vol. III*, Dordrecht: Martinus Nijhoff Publishers, 1995.

LIGA ÁRABE

Mónica Dias

A Liga dos Estados Árabes (conhecida como Liga Árabe) é uma organização regional estabelecida em 1945. Ao contrário de outras organizações regionais que têm como base a geografia, a Liga Árabe tem como base uma cultura partilhada enraizada numa língua comum. Foi estabelecida para fortalecer os laços que ligam os países árabes e para coordenar as suas políticas e actividades para que ganhem uma voz política unida no mundo e construam um futuro melhor para todos os árabes.

A Liga tinha como objectivo pôr fim ao domínio dos Estados árabes por forças exteriores, tendo como base o Nacionalismo Árabe que tinha como principal propósito retirar os países árabes do controlo das potências coloniais europeias e impedir a criação do Estado de Israel de acordo com os desígnios e interesses dessas mesmas potências. A Liga procura substituir as rivalidades entre os seus membros por relações de cooperação para que todos se possam desenvolver de uma forma rápida que beneficie todo o grupo.

A Liga Árabe foi estabelecida pelo Pacto da Liga dos Estados Árabes assinado a 22 de Março de 1945 no Cairo, no Egipto, pelos chefes dos governos do Arábia Saudita, Egipto, Iraque, Líbano, Síria, Transjordânia (agora Jordânia) e Iémen. Nas 3 décadas seguintes o número de membros aumentou para 22 com a entrada da Líbia (1953), do Sudão (1955), de Marrocos e Tunísia (1958), da Argélia (1962), do Kuwait (1964), do Iémen do Sul (1967), do Bahrein, Qatar e Oman (1971), dos Emiratos Árabes Unidos (1972), do Djibuti (1973) e da OLP – Organização para a Libertação da Palestina (1976).

Entre os instrumentos que definem o mandato da Liga, para além do Pacto, podem apontar-se o Tratado sobre Cooperação Cultural de Novembro de 1945, o Tratado sobre Defesa Conjunta e Cooperação Económica de Junho de 1950, o Tratado sobre Comércio Inter-Árabe de Abril de 1953, a Convenção sobre a formação de uma União Postal Árabe de Julho de 1954 ou a Convenção sobre a criação do Banco de Desenvolvimento Árabe de Junho de 1957.

O órgão supremo da Liga é Conselho que consiste em representantes dos Estados-Membros e um representante da Palestina, cada um com um voto. O Conselho reúne normalmente todos os anos em Março ao nível dos chefes de Estado e em Março e Setembro ao nível dos ministros dos negócios estrangeiros. As decisões tomadas por unanimidade são vinculativas para todos. No entanto, as decisões por maioria só vinculam os Estados que as aceitaram. A estrutura da Liga inclui um Secretariado geral responsável pelos serviços financeiros e administrativos a prestar aos funcionários da Liga.

Apesar de assentar a sua génese na cooperação dos povos árabes, a Liga Árabe tem tido dificuldades em espelhar verdadeiramente essa união. Os diferentes interesses dos Estados-Membros, mesmo em questões relacionados com a Palestina e Israel que deveria ser um dos principais pontos de convergência da Liga, impedem que se tomem posições comuns. A origem da Liga Árabe ligada à língua é aquela que acaba por ser mais beneficiada com o grande avanço do trabalho cultural e educativo que é realizado.

Referências:

Cris E. Toffolo & Khan Peggy (ed.), *The Arab League,* Broomall: Chelsea House Publishers, 2008.

Edmund J. Osmanczyk, *The Encyclopedia of the United Nations and International Agreements*, 2.ª ed., London: Taylor & Francis, 1990.

The Europa Directory of International Organizations, 6.ª ed., London: Europa, 2004.

LIMPEZA ÉTNICA

Maria João Militão Ferreira

A limpeza étnica pode ser definida como a "remoção, planeada e deliberada, de um território específico de indivíduos pertencentes a um grupo étnico particular, através de meios coercivos ou intimidatórios, com o objectivo de tornar essa área geográfica etnicamente homogénea" (S/1993/25274, par. 55). O conceito de limpeza étnica é um conceito recente tendo emergido na década de 1990, em especial a partir de Maio de 1992, devido aos conflitos verificados no território da ex-Jugoslávia. A limpeza étnica pode ser executada através de diferentes instrumentos, nomeadamente, assassinato, tortura, detenção arbitrária, execuções extra-judiciais, agressões sexuais, confinamento de populações civis em determinadas zonas, destruição injustificada de propriedade privada, transferência forçada de populações civis ou ataques militares deliberados. Se a transferência forçada de uma determinada população, a residir legalmente num território específico, ocorrer sem justificação válida perante o Direito Internacional, tal acto é classificado como um crime contra a humanidade (ICC, 1998, artigo 7.º, 2d). A deslocalização de populações consideradas como potenciais ameaças remonta ao século VIII antes de Cristo. A secularização que acompanhou o avançar da modernidade transformou as operações de limpeza étnica em instrumentos de ideologias políticas como o comunismo ou o nazismo. A invocação intensiva do conceito durante a década de 1990 permitiu o desenvolvimento da discussão académica sobre a natureza das operações de limpeza étnica e a sua operacionalização. A análise dos diferentes cenários em que este tipo de acção foi empregue revelou que o seu propósito é o de remover determinados agregados populacionais de territórios controlados ou reclamados pelos perpetradores. A mesma análise sugere a necessidade de estabelecer uma diferenciação entre o conceito de limpeza étnica e outros conceitos que se lhe encontram associados, nomeadamente, o conceito de genocídio. Limpeza étnica e genocídio descrevem cenários factuais diferentes. O que os separa é a intencionalidade que pode ser discernida em relação a cada tipo de acção. O intuito de uma operação de limpeza étnica é o de afastar uma determinada população de um território específico devido a discriminação racial ou religiosa motivada por considerações políticas, estratégicas ou ideológicas. A intencionalidade de uma operação de limpeza étnica está, assim, relacionada com a homogeneização étnica e não necessariamente com a destruição parcial ou total de um grupo étnico, racial ou religioso. Neste sentido, as operações de limpeza étnica podem ser comparadas com as deportações forçadas dado que ambas envolvem a transferência de contingentes populacionais. Contudo, operações de genocídio e de limpeza étnica podem revelar-se de difícil distinção dado a deslocação forçada de contingentes populacionais envolver, frequentemente, o recurso a violência. De uma perspectiva jurídica, uma acção de limpeza étnica só se torna indistinguível de um acto de genocídio se poder ser enquadrada nas categorias de actos referidos no artigo II da Convenção para a Prevenção e Punição do Crime de Genocídio, designadamente, se envolver a transferência forçada de menores de 18 anos. Daí que a literatura refira que limpeza étnica pode ser compreendida como ocupando uma posição intermédia num contínuo que inclui num dos extremos o genocídio e noutro extremo a migração étnica forçada mas não violenta.

Referências:

Andrew Bell-Fialkoff, "A Brief History of Ethnic Cleansing", 72, 3, *Foreign Affairs* 110, 1993.

Commission of Experts Established Pursuant to Security Council Resolution 780 (1992), *Interim Report of the Commission of Experts Established Pursuant to Security Council Resolution 780 (1992)*, S/1993/25274, 1993.

Norman Naimark, *Files of Hatred. Ethnic Cleansing in Twentieth Century Europe*, Harvard: Harvard University Press, 2002.

Paula Escarameia, *Colectânea de Leis de Direito Internacional*, Lisboa: Instituto Superior de Ciências Sociais e Políticas/Universidade Técnica de Lisboa, 1998.

Tribunal Penal Internacional, *Rome Statute of the International Criminal Court*, Roma, 17 de Julho de 1998, em vigor desde 1 de Julho de 2002, United Nations, Treaty Series, vol. 2187, 1998.

LINHAS DE BASE

Manuel de Almeida Ribeiro

Linhas de base são as linhas a partir das quais se mede o mar territorial e os restantes espaços marítimos: a zona contígua, a zona económica exclusiva e a plataforma continental.

A base de medição do mar territorial constituiu no passado objecto de controvérsia, embora se tenha vindo a formar um costume internacional que a Convenção das Nações Unidas sobre o Direito do Mar (CNUDM) acolheu. Nos termos do artigo 5 da Convenção "(...) a linha de base normal para medir a largura do mar territorial é a linha de baixa-mar ao longo da costa, tal como indicada nas cartas marítimas de grande escala, reconhecidas oficialmente pelo Estado costeiro".

Nos casos em que existam recifes (Artigo 6 da Convenção) "A linha de base para medir a largura do mar territorial é a linha de baixa-mar do recife que se encontra do lado do mar, tal como indicado por símbolos apropriados nas cartas reconhecidas oficialmente pelo Estado costeiro".

O Artigo 7.º (1) da Convenção prevê a possibilidade de se adoptar o "método das linhas de base rectas", "Nos locais em que a costa apresente recortes profundos e reentrâncias ou em que exista uma franja de ilhas ao longo da costa na sua proximidade imediata (...)". O mesmo artigo, nos parágrafos (2) a (5) prevê outras regras para o traçado das linha de base rectas. O paragrafo (6) dispõe que "O sistema de linhas de base rectas não poderá ser aplicado por um Estado para separar o mar territorial de outro Estado doa alto-mar ou de uma zona económica exclusiva.

Nos termos do Artigo 8.º da Convenção, as águas situadas no interior das linhas de base fazem parte das águas interiores do Estado.

Outras regras de traçado de linhas de base são estabelecidas no Artigo 8.º (Águas interiores), Artigo 9.º (Foz de um rio), Artigo 10.º (Baías) Artigo 13.º (Baixios).

O Artigo 14.º estatui que "o Estado costeiro poderá determinar as linhas de base por meio de qualquer dos método estabelecidos nos artigos precedentes".

As linhas de base devem, nos termos do Artigo 16.º, figurar nas cartas ou listas de coordenadas geográficas, de que deve ser depositado um exemplar junto do Secretário-Geral das Nações Unidas.

Regras especiais estão previstas no Artigo 47.º para o traçado das linhas de base arquipelágicas, ou seja dos Estados arquipélagos, aqueles cujo território é constituído totalmente por um ou mais arquipélagos, podendo incluir outras ilhas (Artigo 46.º a)).

Nos termos do artigo 47.º (1) da Convenção "O Estados arquipélagos pode traçar linhas de base arquipelágicas rectas que unam os pontos extremos das ilhas mais exteriores e dos recifes emergentes do arquipélago, com a condição de que essas linhas de base de que dentro dessas linhas de base estejam compreendidas as principais ilhas e uma zona em que a razão entre a superfície marítima e a superfície terrestre, incluindo os atóis, se situe entre um para um e nove para um". Os restantes parágrafos do artigo 47.º estabelecem alguns limites ao traçado das linhas de base arquipelágicas, designadamente, segundo ao parágrafo (2) "O comprimento destas linhas de base não deve exceder 100 milhas marítimas, admitindo-se que até 3% do número total das linhas de base que encerram qualquer arquipélago possam exceder esse comprimento até ao máximo de 125 milhas marítimas". As águas encerradas pelas linhas de base arquipelágicas estão sujeitas a um regime jurídico específico: embora sob a soberania do Estado arquipélago os outros Estados gozam do direito de passagem inofensiva.

Referências:

Antonio Cassese, *International law,* Oxford: Oxford University Press, 2005.
Ngyuen Quoc Dihn, Patrick Dailler & Alain Pellet, *Droit International Public,* Paris: L.G.D.J., 1992.

LUA

Helena Pereira de Melo

Graças ao progresso científico ocorrido nos últimos cinquenta anos a humanidade tem vindo a aceder a novos espaços, como sejam o espaço extra-atmosférico, no qual se integra a Lua. No que concerne a este espaço, o Tratado sobre os Princípios que Regem as Actividades dos Estados na Exploração e Utilização do Espaço Exterior, Incluindo a Lua e Outros Corpos Celestes, assinado em Washington, Londres e Moscovo em 27 de Janeiro de 1967 (e aprovado para adesão pelo Governo Português através do Decreto-Lei n.º 286/71, de 30 de Junho), reconhece, logo no preâmbulo, "o interesse comum de toda a Humanidade no progresso da exploração e utilização do espaço exterior para fins pacíficos" e determina, no artigo 1.º, que essa exploração e utilização "será conduzida para benefício e interesse de todos os países, independentemente do seu grau de desenvolvimento económico ou científico, constituindo apanágio de toda a Humanidade". Este regime jurídico veio ulteriormente a ser desenvolvido noutro instrumento de Direito Internacional, também elaborado sob a égide da Organização das Nações Unidas, o Acordo de 1979 sobre as Actividades dos Estados na Lua e Outros Corpos Celestes, aprovado pela Resolução n.º 34/68 da Assembleia Geral da Organização das Nações Unidas, em 5 de Dezembro de 1979, que estatui, no artigo 11.º, número 1, que "a Lua e os seus recursos naturais são património comum da humanidade". O conceito e o regime jurídico de património comum da humanidade originariamente formulados em relação à exploração dos fundos marinhos, no âmbito do Direito do Mar, são, pois, aplicáveis no que concerne à Lua. Isto implica que:

- a Lua possa ser livremente explorada por todos os Estados, sem que entre eles exista qualquer discriminação;
- seja reconhecida a liberdade de investigação científica no espaço lunar, devendo os Estados encorajar a cooperação internacional no que a ela concerne;
- os Estados possam utilizar a Lua e os recursos nela existentes, não dispondo de qualquer título de aquisição ou de transferência de direitos soberanos relativamente ao espaço lunar, aplicando-se o princípio da não apropriação nacional;
- a exploração e a utilização da Lua apenas possam ser feitas no interesse ou para o bem da humanidade, sendo excluídas as utilizações não pacíficas, e em conformidade com o Direito Internacional, incluindo a Carta das Nações Unidas;
- o direito de gestão da Lua seja exercido pelo conjunto dos utilizadores reais ou potenciais, ou em seu nome, nomeadamente por uma organização internacional;
- no exercício dessa gestão, a geração presente tenha direitos de acesso e de uso, devendo exercitá-los de forma racional, *i.e*, garantindo a renovação dos recursos em causa ou, tratando-se de recursos não renováveis, garantindo a satisfação equitativa das necessidades das gerações futuras;
- os benefícios resultantes dessa utilização devam ser partilhados segundo critérios de equidade entre os diferentes Estados.

Não sendo o território lunar passível de apropriação nacional, a Lua integra-se, segundo a Doutrina, no conceito de "património comum da humanidade por natureza" por contraposição ao "património comum da humanidade por afectação" (em que se integra, por exemplo, o património cultural abrangido pela Convenção para a Protecção do Património Mundial, Cultural e Natural, adoptada pela Conferência Geral da Organização das Nações Unidas para a Educação, Ciência e Cultura, em Paris, em 21 de Novembro de 1972).

Existe um interesse comum da humanidade em que a Lua seja preservada enquanto elemento de um património mundial comum a toda a humanidade, pressupondo essa preservação a existência de uma solidariedade a nível mundial, que se faz sentir não apenas no plano espacial, mas também no plano temporal: abrange todos os povos do Planeta Terra e as sucessivas gerações, que têm o dever de preservar e transmitir o património recebido. A gestão dos recursos lunares tem, pois, de obedecer a critérios de equidade, tendo de conduzir a uma partilha equitativa no espaço e no tempo, dos resultados do aproveitamento dos espaços lunares e dos respectivos recursos.

Referências:

Jorge Bacelar Gouveia, *Manual de Direito Internacional Público*, 3.ª ed. revista, Coimbra: Almedina, 2010.

José Manuel Pureza, *O Património Comum da Humanidade: Rumo a Um Direito Internacional de Solidariedade?*, Porto: Edições Afrontamento, 1998.

Victor Marques dos Santos, *A Humanidade e o seu Património, Reflexões Contextuais sobre Conceptualidade Evolutiva e Dinâmica Operatória em Teoria das Relações Internacionais*, Lisboa: ISCSP-UTL, 2001.

MANDATO INTERNACIONAL

André Filipe Valadas Saramago

O conceito de Mandato Internacional pode ter duas interpretações no âmbito do Direito Internacional. Por um lado, pode referir-se ao regime de mandatos da Sociedade das Nações. Por outro lado, pode referir-se aos mandatos internacionais que orientam a acção da Organização das Nações Unidas conforme a vontade expressa dos seus Estados-Membros.

Na primeira acepção do termo, o regime de mandatos internacionais foi criado no âmbito da Sociedade das Nações como resposta à substituição do regime colonial nos territórios retirados às potências vencidas na I Guerra Mundial, e como opção à simples ocupação desses territórios pelas potências vencedoras.

Consagrado no Artigo 22.º do Pacto da Sociedade das Nações, o regime de mandatos estabelece que este se aplica aos territórios habitados por povos ainda incapazes de se dirigirem por si próprios nas condições particularmente difíceis do mundo moderno. E que o bem-estar e o desenvolvimento desses povos constituem uma missão sagrada da civilização, donde a conveniência de incorporar no Pacto as garantias para o seu cumprimento.

O regime previa três tipos de mandato conforme o grau de preparação do território para se dirigir a si próprio. Assim, existiam os mandatos de tipo A, para os territórios que se encontravam quase prontos para a independência, onde a potência mandatária estabelecia uma relação equivalente ao protectorado com o território. Os mandatos de tipo B, para os territórios que ainda não se encontravam prontos para a independência e, como tal, deviam manter uma relação com a potência mandatária equivalente à existente entre uma metrópole e as respectivas colónias. E mandatos de tipo C, para os territórios que não demonstravam capacidade ou condições para se dirigirem a si próprios num futuro previsível e eram, por isso, praticamente anexados ao território da potência mandatária.

Este regime terminou após a constituição da Organização das Nações Unidas e do Regime de Tutela Internacional, o qual passou a administrar os territórios anteriormente sob mandato.

Na segunda interpretação, Mandato Internacional refere-se ao meio legal através do qual é concedida autoridade e responsabilidade a um órgão das Nações Unidas, nomeadamente o Secretariado, para implementar as medidas conducentes à satisfação da vontade dos Estados-Membros, expressa através das resoluções da Assembleia Geral, do Conselho de Segurança ou do Conselho Económico e Social.

O exemplo mais comum de mandato internacional nesta acepção são as resoluções do Conselho de Segurança que estabelecem Missões de Manutenção de Paz das Nações Unidas. Nestes casos, uma vez aprovada a resolução do Conselho de Segurança, definindo os contornos da missão de paz, o Secretariado, através da figura do Secretário-Geral e em conjunto com o Departamento de Operações de Manutenção de Paz, assume a responsabilidade de planear, preparar, gerir e implementar a missão. Deste modo, o Secretariado, ao implementar as disposições da resolução, cumpre a vontade dos Estados-Membros das Nações Unidas.

Referências:

William Bain, *The Idea of Trusteeship in International Society: Unity, Progress and the Perfection of Mankind*, Vancouver: The University of British Columbia, 2001.

Manuel de Almeida Ribeiro e Mónica Ferro, *A Organização das Nações Unidas*, 2.ª ed., Coimbra: Almedina, 2004.

Mónica Ferro, *Construção de Estados: Administrações Internacionais das Nações Unidas*, Lisboa: ISCSP, 2006.

MAR TERRITORIAL

ROSA MARIA MARTINS ROCHA

O mar territorial (MT), instituição ancestral, começou a aparecer a partir do século XIII como resposta à necessidade de os Estados costeiros se defenderem das investidas dos piratas. As razões que justificaram a extensão da soberania dos Estados para além dos limites do seu território terrestre foram: a segurança dos Estados e a defesa de interesses económicos, *maxime* ligados à pesca, fiscais, sanitários, demográficos, políticos e ambientais.

No século XX, houve várias tentativas de codificação do Direito do Mar – a Conferência de Haia de 1930, sob os auspícios da Sociedade das Nações e as

MAR TERRITORIAL

I, II e III Conferências das Nações Unidas sobre o Direito do Mar (CNUDM), realizadas, respectivamente, em 1958, 1960 e de 1973 a 1982

Ao MT, zona do mar adjacente ao território dos Estados a às suas águas interiores e, no caso de Estados arquipélagos, às suas águas arquipelágicas, foram dadas várias designações como: mar costeiro, mar nacional, mar litoral, águas territoriais, mar jurisdicional e mar adjacente. Na CNUDM de 1958, foi, definitivamente, adoptada a expressão MT.

Relativamente ao MT discutiram-se duas questões: a largura e a natureza jurídica.

No que toca à largura, ao longo do tempo, os Estados adoptaram várias soluções – cem milhas, sessenta milhas, o raio visual, a linha mediana, a distância correspondente a dois dias de viagem, o alcance do tiro de canhão, três milhas. Nas I e II CNUDM não houve acordo quanto à largura, tendo esse acordo sido alcançado na III Conferência, que culminou com a adopção, em 30 de Abril de 1982, da Convenção das Nações Unidas sobre o Direito do Mar, que foi assinada em Montego Bay, em 10 de Dezembro do mesmo ano e que entrou em vigor em 16 de Novembro de 1994. A Convenção estabelece, no artigo 3.º, que "todo o Estado tem direito de fixar a largura do seu mar territorial até um limite que não ultrapasse 12 milhas marítimas, medidas a partir da linha de base determinada de conformidade com a presente Convenção". A Convenção não define a largura do MT, antes reconhece aos Estados o direito à sua fixação até às 12 milhas. Dos 160 Estados que já se vincularam à Convenção, 141 adoptaram 12 milhas, 6-200 milhas, 1-30 milhas, 1-6 milhas e 1-3 milhas. Portugal definiu as 12 milhas como largura do MT pela Lei 33/77, de 28/5, pelo que, quando se vinculou à Convenção de 1982, não teve necessidade de fazer qualquer ajuste. Relativamente ao ponto a partir do qual se mede a largura do MT, a Convenção de 1982 estabelece, como linha de base normal, a linha de baixa-mar ao longo da costa, admitindo a possibilidade de adopção de linhas de base rectas, sempre que os Estados apresentem recortes profundos, reentrâncias ou franjas de ilhas – artigo 5.º. Em Portugal, a linha de base e as linhas de fecho e de base rectas estão estabelecidas na Lei 2130, de 22/8, de 1966, e no DL 495/85, de 29/11.

No que toca à natureza jurídica, debateram-se na doutrina várias posições: teoria da propriedade, da soberania, do direito de jurisdição, dos direitos de servidão, do direito de conservação e do direito geral de polícia. A solução consagrada na Convenção de 1982, tal como na Convenção de 1958 sobre o MT e a Zona Contígua, é a da soberania, mas limitada no interesse geral da navegação pelo direito de passagem inofensiva, pelo direito de passagem em trânsito pelos estreitos, quando as suas águas tenham o estatuto de mar territorial, bem assim como em matéria de jurisdição penal e civil, relativamente às embarcações em passagem inofensiva.

Referências:
Armando M. Guedes, *Direito do Mar*, 2.ª ed., Coimbra: Coimbra Editora, 1998.
http://www.un.org/Depts/los/LEGISLATIONANDTREATIES/PDFFILES/table_summary_
   of_claims.pdf.
Rosa Maria Rocha, *O Mar Territorial; Largura e Natureza Jurídica*, Porto: Universidade Portucalense, 1996.

MEDIDAS MILITARES (DO CONSELHO DE SEGURANÇA)

Mateus Kowalski e Miguel de Serpa Soares

Em caso de ameaça à paz, de ruptura da paz ou agressão o artigo 39.º da Carta é a chave para o despoletar da acção do Conselho de Segurança e aplicar medidas coercivas de natureza militar ao abrigo do capítulo VII da Carta das Nações Unidas. O artigo 42.º da Carta confere, assim, ao Conselho de Segurança o poder de levar a cabo, por meio de forças aéreas, navais ou terrestres, a acção que julgar neces-sária para manter ou restabelecer a paz e a segurança internacionais. O Conselho de Segurança pode de imediato decidir uma medida militar, se assim entender por mais adequado. Trata-se do mais elevado grau de excepção ao princípio da não-ingerência.

As medidas militares podem ser qualquer tipo de operação que envolva o emprego de forças armadas, quer seja uma mera demonstração ou um ataque armado. Efectivamente, o artigo 42.º permite uma variedade indeterminada de medidas. Em todo o caso, as medidas militares têm um carácter excepcional. Por outro lado, o uso da força autorizada pelo Conselho de Segurança obedece igualmente ao Direito Internacional aplicável, nomeadamente aos princípios da necessidade e proporcionalidade ou ao Direito Internacional Humanitário.

A autoridade conferida pela Carta às Nações Unidas para implementarem a paz e a segurança internacionais através do uso da força foi uma opção inovadora adoptada em 1945 no quadro do sistema de segurança colectivo estabelecido pela Carta. Para tanto, a Carta previa que os membros das Nações Unidas pro-porcionassem ao Conselho de Segurança forças armadas que ficariam sob direc-ção estratégica da Comissão de Estado-Maior, sob a autoridade do Conselho de Segurança. No entanto, divergências entre o "grupo de Estados ocidentais" e a URSS a respeito da dimensão e do estacionamento das forças levaram a que o Conselho de Segurança considerasse ainda não estarem reunidas as condições para a constituição de uma força internacional ao serviço das Nações Unidas. Durante a Guerra Fria o artigo 42.º não teve, pois, impacto significativo.

Foi apenas com o final da Guerra Fria que o Conselho de Segurança recupe-rou o mecanismo previsto naquele artigo. Contudo, na prática, o Conselho de

MEDIDAS MILITARES (DO CONSELHO DE SEGURANÇA)

Segurança, não dispondo de forças próprias, escolheu simplesmente autorizar os Estados-Membros a usar força para manter ou restabelecer a paz e a segurança internacionais em determinada situação. A autorização dada em 1991 aos Estados-Membros intervirem militarmente no Iraque constitui o primeiro grande exemplo do após Guerra Fria. Um tal mandato deve definir de forma precisa o âmbito e extensão do uso da força. Por outro lado, implica uma supervisão efectiva pelo Conselho de Segurança e uma obrigação dos Estados-Membros, actuando individualmente ou colectivamente, de manterem o Conselho de Segurança plenamente informado do seus actos. Na prática, verifica-se que o Conselho de Segurança é mais cuidadoso na elaboração de mandatos no caso de operações de paz. Nos restantes casos, o uso da força é autorizado de forma ampla e imprecisa.

Referências:

Danesh Sarooshi, *The United Nations and the Development of Collective Security: the Delegation by the United Nations of its Chapter VII Powers*, Oxford: Oxford University Press, 1999.

David Malone (ed.), *The UN Security Council: from the Cold War to the 21st Century*, Boulder: Lynne Rienner Publishers, 2005.

Michael Bothe, "Les limites des pouvoirs du Conseil de Sécurité", in *Le Développement du Rôle du Conseil de Sécurité, Académie de Droit International de La Haye, Colloque – La Haye, 21-23 Juillet 1992*, Dordrecht: Martinus Nijhoff Publishers, 1993, 67-81.

Niels Blokker & Nico Schrijver (eds.), *The Security Council and the Use of Force: Theory and Reality – a Need for Change?*, Leiden: Martinus Nijhoff Publishers, 2005.

Jochen Frowein & Nico Krisch, "Article 42", in Bruno Simma (ed.), *The Charter of the United Nations: a commentary – vol. I*, Oxford: Oxford University Press, 2002, 749-759.

MEDIDAS NÃO-MILITARES (DO CONSELHO DE SEGURANÇA)

MATEUS KOWALSKI E MIGUEL DE SERPA SOARES

Em caso de ameaça à paz (bem como de ruptura da paz ou agressão) o artigo 39.º da Carta é a chave para o despoletar da acção do Conselho e aplicar medidas coercivas de natureza não militar ao abrigo do capítulo VII da Carta das Nações Unidas. O artigo 41.º da Carta confere, assim, ao Conselho de Segurança o decidirá sobre as medidas que, sem envolver o emprego de forças armadas, deverão ser tomadas para tornar efectivas as suas decisões e poderá instar os membros das Nações Unidas a aplicarem tais medidas (actualmente também designadas por "sanções"). Trata-se, pois, de uma excepção ao princípio da não-ingerência.

Ao utilizar a expressão "ou de qualquer outra espécie", o artigo 41.º estabelece que o Conselho de Segurança pode decidir qualquer tipo de medida que, sem envolver o emprego das forças armadas, entenda ser adequada à situação.

Ainda assim, aquele artigo enumera de forma não taxativa um conjunto de medidas não-militares: a interrupção completa ou parcial das relações económicas, dos meios de comunicação ferroviários, marítimos, aéreos, postais, telegráficos, radioeléctricos, ou o rompimento das relações diplomáticas.

Durante a Guerra Fria, Conselho de Segurança conseguiu adoptar medidas não-militares nos termos do artigo 41.º apenas em duas ocasiões: em 1966, decidindo um embargo contra a Rodésia do Sul para forçar a demissão do governo minoritário racista; em 1977, decidindo um embargo de armas à África do Sul. Após o fim da Guerra Fria o Conselho de Segurança passou a recorrer mais frequentemente a este tipo de medidas. A princípio tratavam-se de embargos económicos de grande amplitude. Contudo este tipo de intervenção veio a revelar-se de consequências humanitárias desastrosas para a população dos Estados alvo sem que tal tivesse grandes consequências ao nível das elites visadas. O embargo ao Iraque dos anos 1990 constitui um caso paradigmático. Assim, a partir de meados dos anos 1990 tentou-se desenvolver "sanções dirigidas" que tivessem por alvo os responsáveis pela destabilização da paz, não atingindo, em princípio, as populações inocentes. Este tipo de sanções inclui: embargo de armas; embargo de bens específicos (componentes de potencial uso militar, diamantes); restrição do transporte aéreo; congelamento de contas bancárias no estrangeiro; limitação de circulação no estrangeiro.

O Comité de Sanções do Conselho de Segurança procura que a aplicação das sanções seja fundada em factos credíveis, revendo regularmente a inclusão de indivíduos nas listas de sanções. Foram igualmente criados mecanismos de implementação, como órgãos de investigação ou a criminalização ao nível nacional de actos que consubstanciem a violação de sanções.

Contudo, a aplicação destas sanções, que restringe direitos fundamentais dos seus destinatários, coloca diversos problemas, designadamente o que decorre da impossibilidade dos seus destinatários poderem recorrer judicialmente da sanção que lhes é aplicada. A decisão de 2008 em sede de recurso do então Tribunal de Justiça das Comunidades Europeias relativa ao caso *Kadi/Al Barakaat* expôs algumas das debilidades dos mecanismos de sanções. Existe um problema de implementação para os Estados que resulta da tensão entre, por um lado, a obrigatoriedade de implementarem as sanções decididas pelo Conselho de Segurança e, por outro, a imperatividade dos Estados cumprirem com o disposto nas cartas de direitos fundamentais constantes das suas constituições ou de convenções internacionais a que estejam vinculados, nomeadamente no âmbito da União Europeia (aqui para os Estados-Membros da União Europeia) em especial no que respeita ao direito à audição e à tutela jurisdicional efectiva.

Para tentar fazer face a estes desafios, as Nações Unidas criaram alguns mecanismos que, ainda assim, são insuficientes: em 2006 foi criado um ponto de contacto junto do Secretariado para receber pedidos de *de-listing*; em 2009 foi criado o Gabinete do Provedor para as sanções.

Referências:

Jochen Frowein & Nico Krisch, "Article 41", in Simma, Bruno (ed.), *The Charter of the United Nations: a Commentary – vol. I*. Oxford: Oxford University Press, 2002, 735-748.

Vera Gowlland-Debbas (ed.), *United Nations Sanctions and International Law*, The Hague: Kluwer Law International, 2001.

Vera Gowlland-Debbas (ed.), *National Implementation of United Nations Sanctions: a Comparative Study*. The Hague: Martinus Nijhoff Publishers, 2004.

David Malone (ed.), *The UN Security Council: from the Cold War to the 21st Century*, Boulder: Lynne Rienner Publishers, 2005.

Proc. C-402/05 P e C-415/05 P, *Yassin Abdullah Kadi, Al Barakaat International Foundation v Conselho da União Europeia, Comissão da União Europeia, Reino Unido de Grã-Bretanha e da Irlanda do Norte*, Acórdão de 3 de Setembro de 2008.

MEDIDAS PROVISÓRIAS (DO CONSELHO DE SEGURANÇA)

MATEUS KOWALSKI E MIGUEL DE SERPA SOARES

No caso em que o Conselho de Segurança determine, nos termos do artigo 39.º da Carta das Nações Unidas, a existência de uma ameaça à paz, ruptura da paz ou acto de agressão, pode mobilizar os poderes que lhe são conferidos pelo capítulo VII e "recomendar ou decidir" medidas que permitam a manutenção ou o restabelecimento da paz e da segurança internacionais: medidas não-militares, ou medidas militares.

Antes de aplicar uma daquelas medidas, o Conselho de Segurança pode recomendar "medidas provisórias" para evitar o agravamento da situação, conforme estabelecido pelo artigo 40.º da Carta. Estas medidas têm um carácter provisório e não prejudicam os direitos ou pretensões nem a situação das partes interessadas. De todo o modo, não será necessário recorrer a medidas provisórias antes de se decidirem outras não-militares e militares. Tudo depende do juízo de adequação do Conselho de Segurança.

Na prática não é simples determinar o efeito jurídico das medidas provisórias, uma vez que a linha que as separa quer, por um lado, das recomendações não--vinculativas tomadas ao abrigo do capítulo VI da Carta quer, por outro, das medidas não-militares e militares decididas ao abrigo do capítulo VII é muito ténue, em especial quando o Conselho de Segurança não fundamenta as suas resoluções com referência a uma disposição concreta da Carta. A referência numa resolução ao artigo 40.º como fundamento das medidas adoptadas é, pois, importante para esclarecer quanto à natureza e efeitos jurídicos das medidas adoptadas.

Quais são essas "medidas provisórias" a Carta não diz. Parecem situar-se já no espaço da condenação internacional mas na antecâmara da aplicação de sanções ou mesmo do recurso à força militar, em que é dada uma última oportunidade aos infractores para terminarem com a ameaça à paz, com a ruptura da paz ou com o acto de agressão. Por outro lado, funcionam como medidas cautelares de imediata aplicação decididas para evitar o agravamento e a irreversibilidade da situação.

Estarão incluídas no âmbito do artigo 40.º da Carta medidas como: suspensão de hostilidades; retirada de forças militares; conclusão ou cumprimento de tréguas. No caso *Tadić*, o Tribunal Penal Internacional para a ex-Jugoslávia considerou que não seriam medidas provisórias no sentido do artigo 40.º medidas que fossem para além da mera suspensão de operações ou que produzissem mais do que um efeito de espera ou de acalmia.

Referências:
Jochen Frowein & Nico Krisch, "Article 40", in Bruno Simma (ed.), *The Charter of the United Nations: a Commentary – Vol. I*, Oxford: Oxford University Press, 2002, 729-735.
Prosecutor v. Duško Tadić, Appeals Chamber, Decision on the Defense Motion for Interlocutory Appeal on Jurisdiction, 2 October 1995.

MEDIDAS PROVISÓRIAS (DO TRIBUNAL INTERNACIONAL DE JUSTIÇA)

Mateus Kowalski e Miguel de Serpa Soares

O Tribunal Internacional de Justiça é o principal órgão judicial das Nações Unidas. O Tribunal exerce uma competência contenciosa, relativa às causas em que os litigantes sejam Estados, e uma competência consultiva. No âmbito da sua função contenciosa, o Tribunal tem a faculdade de, se julgar que as circunstâncias o exigem, indicar quaisquer medidas provisórias que devam ser tomadas para preservar os direitos de cada parte. As partes e o Conselho de Segurança deverão ser informados imediatamente das medidas indicadas. As medidas provisórias encontram-se revistas no artigo 41.º do Estatuto do Tribunal Internacional de Justiça e nos artigos 73.º a 78.º das Regras do Tribunal.

Estas medidas provisórias são medidas cautelares indicadas pelo Tribunal na pendência de uma sua decisão definitiva sobre o mérito da causa para prevenir o prejuízo irreparável dos direitos objecto do litígio a decorrer perante o Tribunal. As medidas provisórias são justificáveis se estiverem reunidos os seguintes requisitos: entendimento pelo Tribunal de que tem *prima facie* jurisdição sobre o caso; convicção preliminar suficiente do Tribunal sobre a existência do direito invocado; necessidade de prevenir o prejuízo irreparável do direito objecto do litígio; urgência na adopção da medida cautelar.

MEDIDAS PROVISÓRIAS (DO TRIBUNAL INTERNACIONAL DE JUSTIÇA)

O procedimento para a indicação das medidas provisórias é independente do procedimento do caso principal. O pedido para a indicação de medidas provisórias pode ser feito em qualquer momento do processo. A recusa pelo Tribunal de indicação das medidas provisórias pedidas não impede que a parte solicite a indicação de novas medidas com base em factos novos. Uma vez indicadas as medidas provisórias, estas permanecerão válidas até à decisão final do Tribunal, a menos que estabeleça de outra forma no momento da indicação das medidas.

Referências:

Maria de Assunção do Vale Pereira, "As Medidas Provisórias na Jurisprudência Recente do Tribunal Internacional de Justiça", 35, *Boletim da Faculdade de Direito da Universidade de Coimbra*, 1998.

Rudolf Bernhardt (ed.), *Interim Measures Indicated by International Courts*, Berlin: Springer, 1994.

Shabtai Rosenne, *The Law and Practice of the International Court 1920-1996*, The Hague: Martinus Nijhoff Publishers, 1997.

MEMBROS PERMANENTES DO CONSELHO DE SEGURANÇA

Miguel Calado Moura

Os Membros Permanentes do Conselho de Segurança são cinco e pretendem reflectir as cinco grandes forças político-militares: os Estados Unidos da América (EUA), a Federação Russa (ex-URSS), o Reino-Unido, a República Francesa e a República Popular da China (artigo 23, n.º 1 da Carta das Nações Unidas). Logo após a II Guerra Mundial, os EUA, a URSS e o Reino-Unido formavam os três grandes pólos de poder político (*"The Big Three"*), *apanhados* de seguida pela China (*"The Four Policeman"*) e finalmente pela França.

Os Membros Permanentes do Conselho de Segurança foram estabelecidos de modo a formar uma força estável e compacta em termos políticos e militares dentro do quadro das Nações Unidas, zelando pela paz e, sobretudo, segurança internacional. Como contrapartida, a simples provisão na Carta das Nações Unidas da permanência de certos Estados num órgão de tão elevado peso político internacional como é o Conselho de Segurança acabou por significar uma ruptura com o princípio da igualdade soberana dos Estados, princípio basilar e transversal de Direito Internacional Público conquistado em 1648 com a paz de Vestefália. Isto vem evidenciar que os Estados constituintes da Carta de São Francisco tiveram de fazer certas elucubrações e ponderações de valores por forma a conseguir encontrar um mecanismo jurídico cujo objectivo inicial fosse impedir o desenrolar de uma nova (III) Guerra Mundial.

Ao contrário do que dispunha o Pacto da Sociedade das Nações, a Carta das Nações Unidas não permite *quase-membros permanentes* e o número desses membros só poderá ser aumentado através de modificação do texto da Carta que, de acordo com os artigos 108.º e 109.º, terá necessariamente de obter o voto favorável dos Membros Permanentes do Conselho de Segurança, permitindo que estes controlem a sua composição.

Neste sentido, a Carta das Nações Unidas dá fortes poderes aos Membros Permanentes do Conselho de Segurança – mais do que o mero benefício da permanência. A Carta atribui um *direito de veto* aos Membros Permanentes: uma resolução do Conselho de Segurança para ser aprovada tem necessariamente de obter o voto favorável dos Membros Permanentes, com excepção para resoluções de carácter procedimental (artigo 27.º, n.º 3 da Carta). Para saber se a questão é ou não é procedimental, continua a existir direito de veto.

A Comissão de Estado-Maior (*Military Staff Committee*) destinada a orientar e assistir o Conselho de Segurança em todas as questões relativas às exigências militares do Conselho é composta pelos Chefes de Estado-Maior dos Membros Permanentes (artigo 47.º, n.º 2 da Carta).

Referências:

AA.VV. (Ed. por Bruno Simma), *The Charter of the United Nations, A Commentary*, Oxford: Oxford University Press, 1995, pp. 394-395.

Jean-Pierre Cot, Alain Pellet & Mathias Forteau, *La Charte des Nations Unies, Commentaire article par article*, vol. 1, 3.ª ed., Paris: Economica, 2005, pp. 867-878.

MERCENÁRIOS

Mateus Kowalski e Miguel de Serpa Soares

O mercenário pode ser genericamente definido como um indivíduo que não é nacional nem residente de qualquer Estado parte num conflito e que intervém nas hostilidades com motivações materiais. A figura e o recurso a mercenários são objecto do regime estabelecido pela Convenção Internacional contra o Recrutamento, Uso, Financiamento e Treino de Mercenários, adoptada em Nova Iorque, a 4 de Dezembro de 1989. A lógica de regulação subjacente é a da proibição da actividade.

A utilização de forças militares privadas remonta à antiguidade. Podem ser encontrados exemplos da sua utilização quando mercenários númidas participaram no ataque de Ramsés II a Kadesh, em 1294 a.C. Também os gregos e romanos recorreram frequentemente a este tipo de forças. Na idade média, bandos de homens armados ofereciam os seus serviços a quem os contratasse. Na Itália renascentista, as cidade-estado contratavam os *condottieri* para assegurar poder militar e evitar desviar força humana das actividades económicas para o serviço militar.

Foi só nos finais do século XVIII que os exércitos estaduais permanentes superaram a necessidade de utilização de exércitos de mercenários. Com a afirmação do princípio da proibição geral do recurso à força, designadamente com a Carta das Nações Unidas, a utilização de mercenários foi sendo progressivamente marginalizada. Durante a segunda metade do século XX, assistiu-se à acção de mercenários em diversos Estados Africanos, que muitas vezes provinham das antigas potências colonizadoras, pondo em causa a estabilidade daqueles Estados normalmente ricos em minérios. A condenação da actividade mercenária adquiriu, então, contornos mais amplos e estruturados.

No início da década de 1990, no contexto do que vem sendo designado por "Revolução nos Assuntos Militares" verificou-se a emergência de um novo tipo de exércitos privados, agora sob a veste empresarial. Para tanto, contribuíram diversos factores: primeiro, o fim da Guerra Fria, que acarretou a diminuição das forças armadas e ao mesmo tempo alguma instabilidade global dispersa, fazendo aumentar a oferta de armamento e de pessoal militar disponível, bem como a procura pelos países em desenvolvimento de serviços militares especializados; depois, a dependência cada vez maior de tecnologias militares de ponta, normalmente produzidas e operadas por empresas privadas; ainda, uma tendência generalizada para a privatização de serviços do Estado.

Haverá, assim, que distinguir entre a figura do mercenário, de algum modo ultrapassada e objecto de controvérsia, e as Empresas Militares e de Segurança Privadas (EMSPs). Ao contrário das forças de mercenários, estas últimas são pessoas colectivas privadas com fins lucrativos que prestam serviços que envolvem o potencial uso da força de forma sistemática e através de meios militares e/ou a transferência ou a disponibilização desse potencial aos clientes.

No que respeita à sua regulamentação, o Direito Internacional adoptou uma lógica de proibição das forças mercenárias. Já no que respeita às EMSPs, a tendência é para a sua aceitação e consequente regulação enquanto entidades empresariais legítimas. O 'Documento de Montreux', não sendo vinculativo, reflecte, no entanto, a evolução do debate internacional relativamente às EMSPs, nomeadamente no que respeita à aplicação do Direito Internacional dos Direitos Humanos e do Direito Internacional Humanitário.

Referências:

DFAE: Département Fédéral des Affaires Étrangères de la Confédération Suisse et al. (2008), *Montreux Document on pertinent international legal obligations and good practices for States related to operations of private military and security companies during armed conflict*, DFAE, Montreux, www. icrc.org/web/eng/siteeng0.nsf/htmlall/montreux-document-170908/$FILE/Montreux--Document-eng.pdf [27 de Dezembro de 2008].

Carlos Ortiz, "The Private Military Company: an Entity at the Center of Overlapping Spheres of Commercial Activity and Responsibility", in Thomas Jäger & Gerhard Kümmel (eds.), *Private Military and Security Companies: Chances, Problems, Pitfalls and Prospects*, Wiesbaden: VS Verlag für Sozialwissenschaften, 2007, 55-68.

Carsten Hoppe, "Passing the Buck: State Responsibility for Private Military Companies", 19 *European Journal of International Law* 991, 2008.

Mateus Kowalski, "Novas Guerras, Novos Actores: As Empresas Militares Privadas" 124 *Nação e Defesa* 259, 2009.

Peter Singer, "Outsourcing war", 84 *Foreign Affairs* 119, 2005.

MICRO-ESTADOS

Francisco Pereira Coutinho

Micro-Estados – ou, seguindo outras terminologias, Estados exíguos, Estado--Lilipute, Estado-Pigmeu, Estados miniaturas, Mini-Estados, Estados diminutos, Estados muito pequenos – são Estados com um território e/ou população muito diminuta. Por essa razão, são designados por alguma doutrina como Estados semi-soberanos, em virtude de a sua exiguidade territorial e/ou populacional não lhes permitir exercer na plenitude a capacidade jurídico-internacional geralmente reconhecida aos Estados soberanos. No entanto, a sua qualidade de sujeito de Direito Internacional não se afigura controvertida, desde que demons-trem capacidade para estabelecer relações com outros Estados (artigo 1.º (IV) da Convenção sobre direitos e deveres dos Estados, assinada em Montivideu, em 26 de Dezembro de 1933), através da participação em convenções internacionais, organizações internacionais, conferências e congressos internacionais.

As Nações Unidas admitem como membros micro-Estados, o que significa que, no seu entender, consideram que estas entidades possuem "aptidão" para cumprir as obrigações contidas na Carta (artigo 4.º, n.º 1, *in fine*, da Carta das Nações Unidas).

Constituem exemplos de micro-Estados: o Estado do Vaticano, com 0.44 km2 e 826 habitantes, o Mónaco, com 1,95 km2 e 30,539 habitantes, ou o Nauru, com 21 km2 e 9,332 habitantes (v. https://www.cia.gov/library/publications/the-world-factbook).

Referências:
Edward Dommen e Philippe Hein, *States, Microstates and Islands*, Croom Helm, 1985.

Jorri C. Duursma, *Fragmentation and the International Relations of Micro-States*, Cambridge: Cambridge University Press, 1996.

Juliane Kokott, "Micro-States", *Encyclopedia of Public International Law*, 10, North-Holland, 1987, pp. 297 a 299.

MINORIAS

Isabel Cabrita

A questão das minorias tem uma longa história, recorde-se o tratamento dos judeus na Idade Média, o Édito de Nantes de 1598, algumas regras decorrentes dos Tratados de Vestefália e da Acta Final de Viena de 1815 e, após a I Guerra Mundial, os "tratados sobre minorias" garantidos pela Sociedade das Nações (SDN).

O sistema de protecção das minorias da SDN encontra as suas origens no facto de, no pós-Guerra, a reconstituição e a criação de alguns Estados na Europa terem sido acompanhadas da inclusão nesses Estados de minorias estrangeiras, sem consideração pelo princípio das nacionalidades (Polónia, Checoslováquia, Grécia, Roménia, Jugoslávia, Albânia, Estados Bálticos, Finlândia). Perante tal situação, os vencedores, as designadas "Principais Potências aliadas e associadas", sentiram a necessidade de instituir em contrapartida uma protecção internacional das minorias étnicas, linguísticas ou religiosas que tiveram que mudar de Estado. Tendo sido assinados tratados com a maior parte dos referidos Estados para proteger as minorias. Outros Estados exprimiram o seu consentimento através de uma declaração unilateral (Albânia, Estados Bálticos e Finlândia). Estes tratados consagravam o princípio da não discriminação dos indivíduos membros das minorias e garantiam alguns direitos individuais, nomeadamente o direito à nacionalidade, o direito ao uso da sua própria língua, o direito ao ensino na sua língua e o direito a praticar a sua religião.

Para garantir o cumprimento das obrigações impostas pelos "tratados sobre minorias", a SDN aceitou receber as petições dos membros das minorias protegidas.

O sistema das minorias da SDN acabou com a extinção da SDN, não tendo nenhum tratado de paz de 1947 restabelecido o sistema. Na realidade, os Estados submetidos ao controlo da SDN denunciaram o carácter desigual e discriminatório do sistema que lhes tinha sido imposto, alegando que todos os outros Estados multinacionais tinham o mesmo problema.

No entanto, a preocupação com as minorias foi acolhida pelas Nações Unidas, projectando-se tanto no plano normativo como institucional. Se a Declaração Universal dos Direitos do Homem se limitou a consagrar o princípio da não discriminação, já o artigo 27.º do Pacto Internacional de Direitos Civis e Políticos veio reconhecer a cada pessoa pertencente a minorias étnicas, religiosas ou linguísticas o direito à sua própria vida cultural, a professar e a praticar a sua própria religião e a empregar a sua própria língua. Por outro lado, foi criado, em 1947, um órgão especializado nesta matéria: a Subcomissão para a Prevenção da Discriminação e a Protecção das Minorias.

Com o fim da Guerra Fria e a emergência do nacionalismo em várias partes do mundo, a Comunidade Internacional começou a preocupar-se cada vez mais com a protecção das minorias. Em 1992, a A.G. das Nações Unidas adoptou a Declaração Sobre os Direitos das Pessoas Pertencentes a Minorias Nacionais ou étnicas, Religiosas ou Linguísticas (Resolução 41/135, de 18 de Dezembro) e, em 1995, foi criado um Grupo de Trabalho sobre Minorias para promover os direitos das pessoas pertencentes a minorias e para definir estratégias para a protecção dos seus direitos (Resolução 1995/31 do Conselho Económico e Social, de 25 de Julho). Por sua vez, ao nível regional, o Conselho da Europa adoptou a Convenção-quadro para a protecção das minorias nacionais em 1994.

Em 2007, sob recomendação do Grupo de Trabalho, o Conselho dos Direitos Humanos criou o Forum Sobre Assuntos das Minorias (v. Resolução 6/15, de 28 de Setembro) para promover o diálogo e a cooperação sobre assuntos das minorias e identificar e analisar as melhores práticas, desafios e oportunidades para a maior implementação da Declaração sobre os Direitos das Pessoas Pertencentes a Minorias. O Forum permite a participação de Estados, mecanismos, órgãos e agências especializadas das Nações Unidas, instituições nacionais de direitos humanos, académicos e peritos em assuntos das minorias e ONG's.

Referência:

Jorge Miranda, *Curso de Direito Internacional Público,* Cascais: Principia, 2002.

Nguyen Quoc Dinh, Patrick Daillier & Allain Pellet, *Direito Internacional Público,* trad. port. Vítor Marques Coelho, Lisboa: Fundação Calouste Gulbenkian, 1999.

Thomas Buergenthal, Dinah Shelton & David Stewart, *International Human Rights,* USA: West Group, 2002.

MONISMO

Mateus Kowalski e Miguel de Serpa Soares

As teses monistas são enunciadas no quadro da dialéctica clássica monismo/dualismo. Quer o monismo quer o dualismo procuram dar resposta à problemática do relacionamento entre o Direito Internacional e o Direito interno. Esta é, contudo, uma querela de algum modo já ultrapassada em favor das teses monistas.

As teses monistas partem do pressuposto teórico que todo o Direito (seja Internacional ou interno) constitui uma unidade. A única questão a resolver seria a de saber qual a posição de cada um dos ordenamentos no corpo único do Direito e, assim, qual a norma que prevaleceria havendo um conflito entre uma norma internacional e uma norma interna. As teses monistas, de uma perspectiva analítica simplificada, dividem-se, assim, entre a tese monista com primado no Direito interno e a tese monista com primado no Direito interno. A primeira, afastando-se da concepção voluntarista do Direito Internacional, defende que a ordem jurídica interna cede perante a ordem jurídica internacional. Esta tese pode assumir uma dimensão: radical, quando, colhendo inspiração numa concepção federalista do Direito, defende que é nula toda a norma interna incompatível com uma norma internacional; moderada, quando permite ao legislador interno uma margem legiferante. Já a segunda tese, de inspiração voluntarista, propugna a prevalência da norma interna quando em conflito com uma norma internacional.

Do ponto de vista jusinternacionalista, ganhou preponderância a tese monista com primado do Direito Internacional, com uma dimensão moderada. O primado do Direito Internacional Público seria uma consequência lógica e mesmo condição da sua própria existência.

Referências:
André Gonçalves Pereira & Fausto de Quadros, *Manual de Direito Internacional Público*, Coimbra: Almedina, 2009.
Ian Brownlie, *Princípios de Direito Internacional Público*, Lisboa: Fundação Calouste Gulbenkian, 1997.
Nguyen Quoc Dinh *et al.*, *Direito Internacional Público*, Lisboa: Fundação Calouste Gulbenkian, 2003.

MOVIMENTOS BELIGERANTES

Ana Cristina Borges Crisóstomo

São colectividades não estatais, que resultam da sublevação da população, organizam-se em estruturas políticas, munidas de força armada, com vista a alcançar objectivos políticos.

Os objectivos podem prosseguir a alteração da ordem estabelecida ou mesmo o desmembramento do Estado e desencadear uma guerra civil e podem ser de natureza social, como a luta contra o racismo, luta pela implementação de direitos humanos e pelo fim de discriminações de gênero, ou, de ordem política, como a discordância com o regime, fraude em eleições e destituição de governantes corruptos ou de ditadores.

Assim, os movimentos beligerantes têm origem no interior do Estado e desafiam a capacidade e a legitimidade do Governo para exercer plenamente a sua autoridade em todo o território, pondo em causa a unidade nacional

A sua estrutura política comporta-se de uma forma similar ao Estado, compreende a definição dos objectivos a alcançar, o planeamento estratégico, a escolha dos meios e a mobilização dos recursos para a execução da política.

Os movimentos beligerantes podem controlar uma parte do território, assumindo-se como uma autoridade de facto que controla e administra de forma efectiva um determinado território e nesta situação assumem uma relevância que pode levar a sociedade internacional a reconhece-los como sujeitos de Direito Internacional público, na condição de beligerantes, com vista a encetar negociações, conferindo-lhes o direito de celebrar tratados, designadamente tratados que regulem o recurso à força armada .Este reconhecimento está sujeito ao compromisso de que respeitam o Direito Internacional da guerra, em particular o Direito Internacional humanitário.

Enquanto sujeitos de Direito Internacional, estão submetidos a toda a legislação internacional relativa aos conflitos armados, em particular, o artigo 3.º comum às quatro Convenções de Genebra de 12 de agosto de 1949; o Protocolo II, adicional às Convenções de Genebra de 1977; a Convenção de Genebra para Melhorar a Situação dos Feridos e dos Doentes das Forças Armadas em Campanha; a Convenção de Genebra para Melhorar a Situação dos Feridos, Doentes e Náufragos das Forças Armadas no Mar; a Convenção de Genebra Relativa ao Tratamento dos Prisioneiros de Guerra e a Convenção de Genebra Relativa à Proteção das Pessoas Civis em Tempo de Guerra.

Referências:

Ian Brownlie, *Princípios de Direito Internacional Público*, Lisboa: Fundação Calouste Gulbenkian, 1997. ISBN 972-31-0759-7.

Francisco Ferreira Almeida, *Direito Internacional Público – Parte I*, Coimbra: Coimbra Editora, 2001. ISBN 972-32-1026-6.

André Gonçalves Pereira & Fausto Quadros, *Manual de Direito Internacional Público*, Coimbra: Almedina, 2000. ISBN 972-40-0868-1.

Albino de Azevedo Soares, *Lições de Direito Internacional Público*, 4.ª ed., Coimbra: Coimbra Editora,1988.

Jorge Miranda, *Direito Internacional Público – I*, Lisboa: FDL, 1995.

MOVIMENTOS DE LIBERTAÇÃO

Nuno Canas Mendes

Movimentos políticos de cariz nacionalista que agem com o intuito de pôr termo ao domínio colonial ou de outro tipo de ocupação pela fundação de novos Estados. Dotados de uma ideologia ou sistema de crenças e organizados em torno de uma liderança forte, podem usar a violência com fins políticos e por vezes podem assumir características terroristas. O peso específico que têm vindo a adquirir nas relações internacionais suscitou a consagração jurídico-internacional. Com efeito, os movimentos de libertação nacional têm um *locus standi* no Direito Internacional no contexto da luta dos povos contra o domínio colonial, ocupação externa ou regimes racistas no contexto do exercício do direito à autodeterminação. O reconhecimento jurídico internacional destes movimentos começa com a

MOVIMENTOS DE LIBERTAÇÃO

Resolução 1514 (XV) da Assembleia-Geral das Nações Unidas, de 15 de Dezembro de 1960, a "Declaração de Concessão de Independência aos Povos e Países Colonizados" e com a constituição do Comité dos 24. Posteriormente, os Protocolos Adicionais (08/06/1977) às Convenções de Genebra de 12 de Agosto de 1949, definem-nos, no artigo 96, parágrafo 3 do Protocolo 1, como "a autoridade representando um povo envolvido contra uma Alta Parte Contratante num conflito armado referido no artigo 1, parágrafo 4". Na resolução 2105 (XX) de 20 de Dezembro de 1965, a Assembleia-Geral reconheceu a legitimidade da luta dos povos colonizados contra a dominação colonial no exercício do seu direito à autodeterminação e independência, e exortou todos os Estados a prestar apoio material e moral aos movimentos de libertação nacional nos territórios coloniais. A Declaração sobre os Princípios de Direito Internacional respeitantes a relações amigáveis e cooperação entre Estados de acordo com a Carta das Nações Unidas, contida na Resolução 2625 (XXV) da Assembleia-Geral, de 24 de Outubro de 1970, estipula o direito dos movimentos de libertação nacional de representar povos em luta pela autodeterminação e de procurar e receber apoio. Este direito implica, necessariamente, também que os Estados terceiros podem manter relações com os movimentos de libertação, prestar auxílio e mesmo reconhecê-los sem que isto seja considerado como prematuro ou como uma interferência nos assuntos internos do governo colonial ou da potência ocupante. Esta mesma Declaração reconheceu que as guerras de libertação nacional eram conflitos armados com carácter internacional. A resolução 2787 (XXVI), da Assembleia-Geral, de 1971, confirmou as guerras de libertação nacional como conflitos armados e identificou nesta categoria os casos do Zimbabué, Namíbia, Angola, Moçambique, Guiné-Bissau e povo Palestiniano. Muitos dos movimentos obtiveram estatutos de observadores nos vários organismos da ONU e organizações regionais e mesmo em alguns Estados. Destaque-se ainda, pela relação que se pode estabelecer entre os dois fenómenos, a Resolução 32/147, da Assembleia-Geral, de 6 de Dezembro de 1977, sobre medidas para prevenir o terrorismo internacional, no n.º 3, "reafirma o direito inalienável à interdependência e independência de todos os povos sob regimes coloniais e racistas ou outras formas de dominação estrangeira, e reforça a legitimidade da sua luta, em particular da luta dos movimentos de libertação nacional". A questão ganhou nova amplitude após o 11 de Setembro de 2001 e tem suscitado amplo debate.

Referências:
Heather A. Wilson , "International Law and the Use of Force by National Liberation Movements", *The American Journal of International Law*, October 1990, 84, 981.
Legal Opinion on Status of National Liberation Movements and their Use of Armed Force in International Law, 17.11.2002, http://www.josemariasison.org/legalcases/related/legal_status_of_NLMs.pdf.
Paula Escarameia, *Reflexões sobre Temas de Direito Internacional*, Lisboa: ISCSP, 2001.

MULTINACIONAIS

Pedro Conceição Parreira

São consideradas empresas multinacionais, ou como também são conhecidas, empresas transnacionais, empresas que detenham ou controlem actividades produtivas localizadas em mais do que um país. As multinacionais detêm o *know-how* produtivo embora possam não deter a posse dos recursos usados. Estes podem ser adquiridos ou contratados localmente em cada país que a empresa opera. Embora seja a prática mais recorrente, a multinacional não tem necessariamente que transferir capital para o estrangeiro, o próprio financiamento do investimento pode ser obtido localmente. A multinacional é antes de mais um produtor internacional e só em segundo plano é que pode ser também um investidor internacional.

Quanto aos antecedentes da empresa multinacional, não existindo propriamente consenso entre os diversos autores, podemos tipificar em dois grandes grupos. Para uns remontam às antigas cidade-Estados gregas, para outros remontam às antigas companhias das índias (portuguesas, britânicas, francesas ou holandesas). O primeiro grupo explica estes antecedentes pelo estabelecimento paulatino das cidade-Estados gregas a partir do século VIII antes de Cristo, estando na sua maioria circunscritas a pequenas extensões territoriais, envolvidas por zonas montanhosas e rios de diminuta dimensão. A terra embora de boa qualidade para a produção agrícola, era escassa dada a limitação territorial. Contudo desde cedo os "gregos" começaram a expandir e a diversificar as suas produções para outras terras conquistadas, onde também procuravam outro tipo de qualificação de mão-de-obra, muito em resultado dos novos escravos feitos de tribos ou povos conquistadas.

Para um segundo grupo de autores, os antecedentes radicam nas antigas companhias das índias surgidas no início do século XVII em vários Estados europeus e o posterior movimento de fusões e aquisições de empresas americanas já nos finais do século XIX, inícios do século XX, a partir das quais as empresas multinacionais contemporâneas evoluíram.

No período entre as duas guerras mundiais, as operações multinacionais centraram-se sobretudo na transacção de minerais, onde se destacou o petróleo. A partir da II Guerra Mundial, as empresas americanas começaram a intensificar a produção na Europa Ocidental, particularmente em indústrias altamente tecnológicas produzindo produtos mais diferenciados do que até aí. Com esta intensificação de produção, veio também a criação e difusão de novas práticas produtivas, de gestão e contabilísticas, a adicionar à experiência de vender num mercado multicultural como já o era o mercado da então Comunidade Europeia. Na década de 70 do Século passado, as empresas europeias começaram também a produzir nos EUA numa escala bem maior que até aí, centradas sobretudo nos mesmos sectores que as empresas americanas na Europa. É também por esta década que as empresas japonesas começavam a produzir no estrangeiro em larga escala, mas em países do sudoeste asiático com baixos salários, particularmente em indústrias de baixa intensidade tecnológica, como por exemplo os têxteis.

Actualmente o valor acrescentado gerado por ano por algumas das maiores multinacionais a nível mundial, excede o PIB de alguns países onde até produzem. Todavia uma outra tendência tem vindo a ganhar expressão de forma consolidada, isto é, o número crescente de pequenas empresas que se estão a tornar multinacionais. O mesmo será dizer que ao contrário da imagem popular, nem todas as multinacionais são empresas de grandes dimensões.

As operações em vários mercados oferecem às empresas possíveis benefícios que vão além das, já de si muito importantes, economias de escala. Os produtos intermédios, serviços ou mesmo o uso de propriedade intelectual transferidos entre a empresa-mãe e as suas subsidiárias no estrangeiro ou entre subsidiárias, podem ser valorizados a preços de transferência, o que difere dos preços de mercado. Os preços de transferência podem ser usados para minimizarem o pagamento de tarifas aduaneiras, os limites de quota de importação, para realocar lucros em subsidiárias localizadas em países com carga fiscal mais baixa ou para permitir que a empresa contorne burocracias e mesmo limites de transferências financeiras, motivadas por controlo cambial, ao disfarçar transferências de capital como produção intermédia/rendimento intermédio. Embora a maior parte dos países, incluindo a própria OCDE, já tenham adoptado regras, o que é facto é que os preços de transferência são particularmente difíceis de detectar e sobretudo de provar por parte das autoridades fiscais, com dificuldade acrescida quando os produtos/serviços transferidos são por inerência difíceis de serem valorizados a preços de mercado. Esta dificuldade é particularmente evidenciada em pagamentos de tecnologias ou uso de propriedade intelectual ou serviços de gestão, os quais são muito comuns em empresas inseridas em mercados de alta tecnologia.

As operações multinacionais também dão às empresas acesso privilegiado a informação através da participação em associações de produtores nos mais diferentes países, permitindo maior facilidade de coordenação local e internacional no *lobbying* aos governos para mudarem para termos mais favoráveis o enquadramento jurídico. As multinacionais são recorrentemente acusadas de seduzirem o apoio de muitos governos para a prossecução dos seus interesses nos países estrangeiros. As Nações Unidas monitorizam o funcionamento das multinacionais através do seu Centro das Empresas Transnacionais, actualmente sobre a égide da Conferência das Nações Unidas sobre o Comércio e Desenvolvimento (CNUCED).

Referências:
The United Nations Centre on Transnational Corporations-http://unctc.unctad.org/aspx/
index.aspx.

Geoffrey, Jones, Multinationals and Global Capitalism: From the Nineteenth to the Twenty-first Century, Oxford: Oxford University Press, 2005.

Alfred D. Chandler Jr & Bruce Mazlish (eds.), *Leviathans: Multinational Corporations and the New Global History*, New York: Cambridge University Press, 2005.

Stephen D. Cohen, *Multinational Corporations and Foreign Direct Investment: Avoiding Simplicity, Embracing Complexity*, Oxford: Oxford University Press, 2007.

NACIONALIDADE

Gonçalo Matias

O conceito de nacionalidade tem sido entendido como o vínculo que liga um indivíduo a determinada comunidade. Esse vínculo traduz-se numa afinidade estreita, assente em critérios de conexão, que justificam o acesso a direitos próprios dos membros da comunidade, porque relativos ao seu modo de organização.

Neste sentido, a nacionalidade assume um contexto quase exclusivamente jurídico, correspondendo à sua dimensão de "status".

Controversa é, contudo, a distinção entre nacionalidade e cidadania. As duas expressões são, frequentemente, utilizadas como sinónimos. Em Portugal cidadania e nacionalidade são referidas na Constituição e na lei para designar a mesma realidade: o vínculo jurídico entre o indivíduo e o Estado.

Não raras vezes procura-se uma distinção entre os conceitos, associando nacionalidade a "status" ou atribuindo-lhe uma carga étnica, por referência a "nação" e estabelecendo com cidadania um paralelo cívico, sociológico ou de participação social.

Em sentido técnico-jurídico, à luz do direito português, nacionalidade e cidadania são sinónimos. A expressão cidadania tem, contudo, ganho adeptos uma vez que corresponde ao conceito constitucional e, substancialmente porque: *i*) a carga étnica de nacionalidade perturba e ideia de cidadania como direito fundamental; *ii*) os textos recentes tendem a usar a expressão cidadania, seja porque ela traduz um carácter neutro, seja porque abrange um conceito mais amplo incluindo as cidadanias derivadas e transnacionais; *iii*) à cidadania transnacional e cosmopolita repugna a ideia de nacionalidade como sinónimo de pertença a um grupo etnicamente fechado.

A nacionalidade pode ser atribuída no momento do nascimento, designando-se por originária, ou, mais tarde, por efeito da vontade ou por naturalização. Os critérios legalmente fixados para a atribuição da nacionalidade são o "ius sanguinis" e o "ius soli", resultando as normas internas de cada Estado, habitualmente, de uma combinação de ambos. A naturalização assenta, sobretudo, no critério do "ius domicilii" na medida em que está dependente da permanência, durante um certo período, no território do Estado.

NACIONALIDADE

A relação entre o Direito Interno e o Direito Internacional da nacionalidade tem estado sujeita a uma significativa evolução. Tradicionalmente, até pela umbilical ligação entre nacionalidade e soberania, a atribuição da condição de "nacional" de um Estado era considerada "domínio interno reservado". Todavia, já na a decisão do célebre caso Nottebohm no Tribunal Internacional de Justiça, em 6 de Abril de 1955, sem prejuízo da reafirmação do princípio do domínio reservado, o Tribunal reconheceu a existência de um princípio autónomo de Direito Internacional da nacionalidade: o princípio da efectividade.

A evolução do Direito Internacional tem caminhado no sentido da progressiva imposição de limites à liberdade dos Estados na definição da nacionalidade. Isso mesmo pode constatar-se em instrumentos como a Convenção de Redução da Apatridia, de 1961, o Pacto Internacional dos Direitos Civis e Políticos, de 1966, e, mais recentemente, a Convenção Europeia sobre Nacionalidade, de 1997.

Muito relevante para a análise da regulação da nacionalidade no plano internacional é a relação entre a cidadania europeia e a nacionalidade dos Estados-Membros. De acordo com o disposto no Tratado de Funcionamento da União Europeia, é cidadão da União Europeia qualquer pessoa que tenha a nacionalidade de um Estado-Membro. Assim, a decisão de atribuição da nacionalidade e, por relação com esta, da cidadania europeia, reside, em larga medida, em cada Estado. Esta decisão sofre, contudo, importantes limitações em função do impacto que dela inegavelmente decorre para os outros Estados-Membros.

Referências:

Jorge Miranda, *Manual de Direito Constitucional*, III, Coimbra, 2010.

Jorge Pereira da Silva, *Direitos de Cidadania e Direito à Cidadania – Princípio da Equiparação, Novas Cidadanias e Direito à Cidadania como Instrumentos de uma Comunidade Constitucional Inclusiva*, Lisboa: ACIME, 2004.

Rui Moura Ramos, *Do Direito Português da Nacionalidade*, Coimbra, 1992.

NÃO-ALINHADOS

JORGE AZEVEDO CORREIA

A política de não-alinhamento é uma forma de neutralidade perante um quadro internacional de alianças. Este posicionamento político ganhou proeminência internacional no século XX através do Movimento dos Não-Alinhados, que representou uma tentativa de concertação de Estados que não aderiram quer à Aliança Atlântica (o primeiro mundo), quer ao Pacto de Varsóvia (o segundo mundo) para fazer vingar alguns posicionamentos na ordem internacional. Por essa razão, o conjunto de posições preconizadas por estes países do "terceiro mundo" cristalizou-se numa ideologia, o "terceiromundismo", inspirada por pen-

NÃO-ALINHADOS

sadores tão díspares como Marx, Mao Tsé-Tung, Gandhi ou Fanon. Esta preconiza a revolução dos "povos mudos do mundo" e a criação de uma nova ordem internacional, onde num misto de nacionalismo e marxismo, as massas exploradas são, já não os indivíduos desapossados pelo capital, mas as comunidades submetidas pelos países desenvolvidos.

O movimento, saído dos princípios da Conferência de Bandung, na Indonésia, de 1955, por iniciativa dos presidentes Nehru, Nasser, Nkrumah, Sukharno e Tito, englobava países com passado colonial e tomou a bipolaridade da Guerra Fria como um conflito Norte-Norte em que os países pobres e subdesenvolvidos do Sul (Ásia, África e América Latina) se deveriam abster. Para esse efeito deveriam defender, de forma conjunta na cena internacional, princípios de não--intervencionismo nos assuntos internos de cada Estado e de apoio à autodeterminação dos povos afectados pelo colonialismo e pelo neocolonialismo ocidental. A este respeito o Movimento dos Não-Alinhados teve um papel decisivo na aprovação da Resolução 1514 (*Declaração sobre a outorga da independência aos territórios e povos coloniais*, de 14 de Dezembro de 1960), assim como da Resolução 2621 (*Programa de acção para a aplicação integral das declarações sobre a outorga de independência aos territórios e povos coloniais*, de 12 de Dezembro de 1970), que subordinam o princípio da não-ingerência e inviolabilidade da soberania dos Estados (ponto 7 do artigo 2.º da Carta da ONU) à autodeterminação dos povos colonizados, dando expressão normativa aos interesses e princípios descolonizadores que então ganhavam importância. Procede-se, desta forma, à globalização do princípio da Soberania.

Para obter os seus intentos os Não-Alinhados recorreram preferencialmente ao multilateralismo, pelo reforço do papel das Nações Unidas e em particular da Assembleia Geral, onde, em virtude dos Estados se encontrarem em posição de paridade (um Estado, um voto, sem poderes de veto), o amplo número de países que compõem o movimento podiam fazer prevalecer as suas posições concertadas com maior facilidade.

Quer pelo carácter revolucionário do movimento (a aplicação de princípios socializantes na ordem internacional), quer pelo diminuto passado colonial da União Soviética, quer pelo apoio prestado directa ou indirectamente a alguns dos seus membros, o Movimento dos Não-Alinhados optou historicamente por uma política de menor hostilidade e por vezes mesmo de colaboração com a União Soviética. Com o fim do mundo bipolar e com os subsequentes processos de integração regional, o Movimento parece ter perdido algum do seu fôlego e importância internacional, tanto ideológica como política. Continua, porém, a sustentar a ilegitimidade das intervenções militares americanas em Estados Soberanos, a atacar o lugar estrutural do Conselho de Segurança (que considera pouco democrático) através da defesa de reformas para o sistema das Nações Unidas

NÃO-ALINHADOS

e a clamar pela autodeterminação de povos como o Sahara Ocidental ou Porto Rico. As divergências culturais, geográficas e de interesses entre os membros dos 118 países que constituem o movimento, e que englobam mais de metade da população mundial, são um dos principais entraves à concertação de políticas entre seus membros.

Referências:

Hans Köchler, *The Principles of Non-Alignment: The Non-Aligned Countries in the Eighties: Results and Perspectives,* London: Third World Centre, Vienna, International Progress Organization, 1982.

Adriano Moreira, *Teoria das Relações Internacionais,* Coimbra: Almedina, 1996.

Peter Willets, *The Non-Aligned Movement: The Origins of a Third World Alliance*, New York: Nichols, 1978.

NATO (*vide* ORGANIZAÇÃO DO TRATADO DO ATLÂNTICO NORTE – OTAN)

NAVIO

Alexandra von Böhm-Amolly

Engenho flutuante, à superfície ou em profundidade, destinado à navegação por água.

Este parece ser o conceito que menos contestação poderá gerar, porquanto a Doutrina é unânime em reconhecer ao navio quatro características: *i*) ser uma construção realizada segundo regras técnico-navais, *ii*) ter capacidade de flutuação, quer em deslocação exclusivamente à superfície, quer em deslocação submarina, *iii*) destinar-se à navegação, no sentido de ser usado para fazer viagens independentemente do fim das mesmas, e *iv*) ser utilizado exclusivamente em meio aquático.

Segundo o entendimento doutrinário maioritário, é de juntar às quatro características referidas, uma quinta: a aptidão para navegar, sendo que a navegação compreende simultaneamente flutuação, deslocação, governo e manobra, sem esquecer que também terá de incluir o transporte material de mercadorias e/ou pessoas.

Os progressos científicos e tecnológicos têm gerado alguma controvérsia acerca da subsunção de certas construções ao conceito de navio como é o caso das plataformas *offshore*, dos *hidrofoil ships*, dos *hovercrafts* e dos hidroaviões.

Quanto à sua natureza, o navio é uma universalidade de facto, enquanto construção unitária, composta de vários objectos (casco, máquinas, aparelhos, aprestos, etc.), que perdem a respectiva individualidade a partir do momento em que passam a funcionar em conjunto com vista ao destino para que foram agregados, que, neste caso, é o exercício da navegação.

Na generalidade dos ordenamentos jurídicos, o navio é classificado como um bem móvel, sujeito a registo. Porém, é um bem móvel *sui generis*, porquanto está sujeito a algumas regras e institutos típicos dos bens imóveis, como por exemplo poder ser onerado por hipotecas.

Referências:

José M. P. Vasconcelos Esteves, *Direito Marítimo*, Volume I – *Navio, Comandante, Piloto*, Lisboa: Livraria Petrony, 1990.

Rodolfo A. González-Lebrero, *Curso de Derecho de la Navegación*, Vitoria-Gasteiz: Eusko Jaurlaritzaren Argitalpen Zerbitzu Nagusia/Servicio Central de Publicaciones del Gobierno Vasco, 1998.

Eliane M. Octaviano Martins, *Curso de Direito Marítimo*, Vol. I, São Paulo: Editora Manole, Ltda., 2005.

NAVIO DE GUERRA

Alexandra von Böhm-Amolly

Navio pertencente às forças armadas de um Estado, que ostente os sinais exteriores próprios dos navios de guerra da sua nacionalidade, sob o comando de um oficial devidamente designado pelo Estado, cujo nome figure na correspondente lista de oficiais ou seu equivalente e cuja tripulação esteja submetida às regras da disciplina militar. Esta é a definição da Convenção das Nações Unidas sobre o Direito do Mar de 1982, que consagra um conjunto de regras aplicáveis aos navios de guerra e demais navios de Estado utilizados para fins não comerciais. Entre outras, refira-se a imunidade absoluta de um navio de guerra em alto mar relativamente à jurisdição de qualquer outro Estado que não o de sua bandeira e o benefício da extraterritorialidade do navio de guerra que atravessa mar territorial alheio, sendo imune à jurisdição do Estado costeiro, excepto se violar as regras do direito de passagem inofensiva e não acatar as condições por este estabelecidas.

Os navios de guerra, tal como os navio-hospitais, os navios de fiscalização, os navios de uso exclusivo de Estado em serviço governamental, os navios de abastecimento, etc., inserem-se na categoria mais ampla de navio público ou navio de Estado. A natureza de navio público não se afere pela titularidade do navio, mas sim pelo seu destino ou afectação ao serviço de um poder público ou de uma função de Estado.

Referências:

M. Marco Angeloni & Angelo Senese, *Profili Applicativi dei Principali Istituti del Nuovo Diritto del Mare*, Bari: Cacucci Editore, 2001.

R. R. Churchill & A. V. Lowe, *The Law of the Sea*, Manchester: Manchester University Press, 1999.

NEGOCIAÇÃO

Victor Marques dos Santos

A *negociação* constitui um processo específico de relacionamento interactivo entre entidades públicas e/ou privadas. No plano político internacional, a negociação representa um instrumento inserido em estratégias de política externa, e também uma função da actividade diplomática, que recorre a tácticas e técnicas próprias. Neste contexto, a negociação têm como finalidade, a formalização de compromissos internacionais sobre objectivos e interesses comuns entre dois ou mais estados, incluindo a resolução pacífica de conflitos.

Deveremos distinguir entre as negociações diplomáticas, e os processos negociais. As primeiras processam-se através de contactos entre agentes diplomáticos, mas também entre outros agentes estatais ou privados designados pelos estados, no sentido da concertação ou consenso sobre procedimentos e posicionamentos relativos a interesses comuns. Podem ter carácter formal ou informal, desde o acordo verbal, do *"gentlmen's agreement"* e dos *"non-binding agreements"*, até ao acordo de princípios sobre o enquadramento de futuras negociações formais. Inserem-se, também, neste contexto os *actos concertados não convencionais*, nos quais intervêm, frequentemente, "cidadãos privados" admitidos ao enquadramento das relações externas do estado e autorizados por este a assumir, em seu nome, compromissos, sem que os mesmos tenham um efeito necessariamente vinculativo.

Os processos negociais são mais complexos, resultando do reconhecimento de afinidades ou interesses comuns, designadamente, da percepção sobre a conveniência da cooperação sectorial, ou da gestão de interesses conflituantes, perante situações de interdependência. Assumem um carácter formal, tendo como objectivo a elaboração e a conclusão de acordos gerais ou sectoriais, sobre questões de interesse comum entre os estados, e os contactos desenvolvem-se por fases e áreas de negociação.

A negociação formal pode ser desempenhada por diplomatas verificando-se, no entanto, que o processo negocial é frequentemente conduzido por agentes e estruturas estatais especializadas, num enquadramento previamente acordado. Neste contexto, a *negociação* pode ser definida como o processo de contactos conducentes à concertação sobre a resolução de contenciosos e à elaboração de um acordo sobre áreas de interesses comuns ou recíprocos. Os compromissos internacionais decorrentes de um processo negocial revestem a forma de acordos, convenções, coligações ou alianças, constituindo os tratados a sua expressão mais comum, enquanto actos jurídicos bilaterais ou plurilaterais formalizados entre estados soberanos, através dos seus representantes.

A importância intrínseca da *negociação* decorre da sua natureza processual. Directa ou indirecta, bilateral ou multilateral, formal ou informal, a *negociação* implica dinâmicas comunicacionais interactivas de aprendizagem mútua e conhecimento recíproco, experiência e troca de informação sobre causas, posições, motivações, percepções e intenções traduzindo-se no aumento da capacidade negocial, mesmo se o objectivo final da negociação não for alcançado.

Referências:
I. William Zartman, Jeffrey Z. Rubin, eds. *Power and Negotiation*, Ann Arbor: Mich. University of Michigan Press, 2000.
Nguyen Quoc Dinh, Patrick Daillier, Alain Pellet, *Direito Internacional Público*, Lisboa: Fundação Calouste Gulbenkian, 1999.
Victor Marques dos Santos, *Teoria das Relações Internacionais. Cooperação e Conflito na Sociedade Internacional*, Lisboa: ISCSP-UTL, 2009.

NEUTRALIDADE

Manuel de Almeida Ribeiro

Neutralidade é a posição assumida por um Estado que declara não querer participar num conflito que opõe outros Estados. Esta posição pode ser temporária e o Estado que se declara neutro decidir posteriormente participar no conflito, como aconteceu durante a I Guerra Mundial com a Itália, os Estados Unidos, Portugal e o Brasil.

As regras clássicas sobre neutralidade têm como fontes a Declaração de Paris de 1856 sobre guerra marítima, o caso Alabama entre os Estados Unidos e o Reino Unido, de 1871, e as Convenções III e XIII de Haia de 1907. Estas últimas foram muito impulsionadas pela guerra russo-japonesa de 1905, na qual as outras potências mundiais não se quiseram envolver.

Diferente da neutralidade declarada especificamente em relação a um conflito é a neutralidade perpétua, através da qual um Estado declara não participar em nenhum conflito, embora sem renúncia à legítima defesa. A Suíça, o caso mais antigo e conhecido de Estado perpetuamente neutro, só recentemente aderiu à ONU por considerar que a sua qualidade de membro da organização punha em causa esse estatuto.

A neutralidade é muitas vezes objecto de reconhecimento de outros Estados através de um tratado multilateral. Foi o caso da Bélgica (tratados de 1831 e 1839), do Luxemburgo (1867), do Laos (1962), da Suíça (Acta Final da Conferência de Viena de 1815, posteriormente reafirmada pelos tratados de paz de 1919) e da Áustria (1955). Malta declarou-se perpetuamente neutra em 1981, ligando a sua neutralidade à política de não-alinhamento, tendo a declaração de encerramento da reunião da CSCE de Madrid de 1983, "tomado nota" da Declaração de Malta.

NEUTRALIDADE

A neutralidade perpétua não tem impedido a agressão dos países com esse estatuto, como aconteceu com Bélgica nas duas guerras mundiais.

Durante a II Guerra Mundial diferenciaram-se dois tipos de neutralidade: a neutralidade integral e a neutralidade diferenciada ou colaborante.

A neutralidade integral, definida nas fontes atrás mencionadas constitui para o Estado neutro a obrigação de não favorecer nenhumas das partes em conflito. Embora possa manter relações comerciais com os beligerantes não pode fornecer-lhes equipamento militar ou outro susceptível de alimentar os respectivos esforços de guerra. O direito da guerra marítima permite o controlo do contrabando de guerra por parte dos Estados beligerantes, permitindo o direito de presa sobre produtos que façam parte das listas de contrabando e estabelecer bloqueios navais e até mesmo a requisição de navios neutros, mediante indemnização.

Durante a II Guerra Mundial os Estados Unidos assumiram um tipo de neutralidade diferente, tendo fornecido ao abrigo da lei dos "empréstimos e arrendamentos" equipamentos e armamentos em grandes quantidades ao Reino Unido. Outros Estados assumiram ao longo do conflito modalidades diferenciadas de neutralidade: a Espanha declarou-se neutral colaborante no conflito entre a Alemanha e as potências ocidentais, a favor da Alemanha, beligerante no conflito entre a Alemanha e a União Soviética e integralmente neutra no conflito do Extremo-Oriente. Portugal assumiu uma posição de neutralidade colaborante com a cedência de facilidades ao Reino Unido nos Açores em 1943.

Referências:

Antonio Cassese, *International law,* Oxford: Oxford University Press, 2005.

Ngyuen Quoc Dihn, Patrick Dailler & Alain Pellet, *Droit International Public,* Paris: L.G.D.J., 1992.

NORMAS DE APLICAÇÃO AUTOMÁTICA

RICARDO BRANCO

Em Direito Constitucional Internacional, aquelas normas de DIP para cuja vigência no ordenamento interno não se exige qualquer acto interno posterior à vinculação para que se dê a sua vigência interna, *maxime,* a publicação.

Os ordenamentos jurídicos reconhecem como tais, fundamentalmente, as normas de DIP consuetudinário. Tal acontece, por exemplo, no Direito Constitucional britânico de matriz consuetudinária, nas doutrinas norte-americana, suíça, francesa e belga – em todas, à falta de norma constitucional expressa sobre o assunto –, no artigo 25.º da Lei Fundamental alemã, no artigo 10.º da Constituição de Itália, no artigo 9.º/1 da Constituição da Áustria, no artigo 28.º/1 da Constituição grega e no artigo 8.º/1 da CRP.

À luz da Constituição dos Estados Unidos, pertencendo ao Congresso a competência para a vinculação a Tratados internacionais (artigo I), estes também são de aplicação automática pois, vinculado este Estado aos mesmos, passam eles a fazer parte do ordenamento jurídico sem necessidade de outro acto (artigo VI); já não assim na Constituição portuguesa pois, nos termos do n.º 2 do artigo 8.º da CRP, as convenções internacionais, para vigorarem no ordenamento interno, têm de ser objecto de publicação.

De harmonia com os principais sistemas de acolhimento do DIP nas ordens internas, as demais normas de DIP não são, via de regra, normas de aplicação automática.

Referências:
Eduardo Correia Baptista, *Direito Internacional Público, I – Conceito e Fontes*, Lisboa, 1998, p. 429.
Jorge Miranda, *Direito Internacional Público, Curso de Direito Internacional Público*, 3.ª ed., Cascais, 2006, pp. 146-147.

NULIDADE DE TRATADOS INTERNACIONAIS

RICARDO BRANCO

Termo das CVDT designativo do valor negativo ou sanção em sentido objectivo decorrentes, conforme as suas disposições, da invalidade de um tratado internacional ou do consentimento das respectivas partes em a ele se vincularem, podendo tomar-se, por sua vez, o termo "invalidade" como a categoria geral designativa dos vícios do tratado e consentimento que lhe preside, vícios esses decorrentes da violação das normas das CVDT sobre as condições de perfeição de tratados e sobre os co-constitutivos modos de vinculação das respectivas partes.

Trata-se de desvalor que, fora do âmbito temporal e subjectivo das CVDT, tem o seu regime no DIP costumeiro, ou em DIP convencional, sendo neste último qualificável a respectiva previsão como derrogatória do princípio *pacta sunt servanda* na medida em que inclui a previsão da não obrigatoriedade de alguns tratados em virtude de as respectivas partes terem convencionado a sua consideração ou do seu originário consentimento, reunidas certas previsões, como inválidos.

Neste âmbito, relativamente ao demais Direito dos Tratados, as CVDT assumem um intuito codificador, pelo que é inescapável a sua elevação a matriz explicativa.

Nos termos das CVDT, a nulidade tem origem em vícios típicos, pois as partes nas CVDT ficam proibidas de invocar qualquer vício conducente à invalidade de tratados que nelas não se encontre previsto (em ambas CVDT, artigo 42.º/1), i.e., que não os seguintes: *i*) "Violação de normas internas de competência para a conclusão de tratados", também dita "ratificação imperfeita", a qual será fundamento de nulidade do consentimento de uma parte num tratado se a norma

NULIDADE DE TRATADOS INTERNACIONAIS

violada for fundamental e a violação for manifesta (artigos 46.º, n.º 1 CVDT69; 46.º, n.º 1 e n.º 2 CVDT86), i.e., se a violação for, cumulativamente, de normas de competência, por estar aqui em causa um vício do consentimento inerente à vinculação ao Tratado-aplicando-se, quando muito, o preceito à violação de formalidades como o quórum e a maioria, por também viciarem a expressão do consentimento –, normas essas fundamentais, i.e., constitucionais e essenciais para a formação da vontade da parte, assim como afectadas por uma violação "manifesta", ou seja, nos próprios termos das CVDT, objectivamente evidente para qualquer Estado que actue nessa matéria de acordo com a prática habitual e de boa-fé, quer dizer, de cuja conduta comissiva se possa dizer que deve levantar dúvidas à contra-parte normalmente diligente (ratificação por outro órgão que não o Chefe de Estado) ou que violam normas constitucionais de que as outras partes têm conhecimento (boa-fé subjectiva psicológica); *ii*) manifestação da vontade conducente à vinculação de uma parte a um tratado de forma contrária a uma restrição dos plenos poderes do seu representante (artigo 47.º de ambas CVDT), aplicando-se esta norma de invalidação apenas à violação de restrições no caso de acordos em forma ultra-simplificada – porque o titular dos plenos poderes é, mediante esta previsão, também quem se vincula –, restrições específicas sobre um determinado conteúdo (por exemplo, o representante está autorizado a vincular a entidade em relação a um tratado se este tiver um determinado conteúdo mas já estará proibido de o fazer se o conteúdo for parcialmente distinto, ou a vinculação a um tratado sem que estejam preenchidas condições, previstas na carta de plenos poderes para essa vinculação, como as de apenas se vincular se determinados Estados se vincularem igualmente, de ser celebrado um segundo tratado com determinado conteúdo ou adoptados actos de outra natureza, etc.) e não a conteúdos totalmente distintos; *iii*) erro, enquanto falsa representação da realidade, desde que, nos termos dos artigos 48.º de ambas CVDT, incida sobre um facto ou uma situação e não sobre uma questão de Direito, facto ou situação qualificáveis como elemento determinante da vontade de conclusão do tratado e sem cuja representação falsa o consentimento não teria sido dado, assim como se configure como desculpável à luz de um critério de diligência esperada ou média; *iv*) dolo, enquanto erro induzido por uma entidade participante nas negociações (artigo 49.º das CVDT), em cujo alcance cabem não apenas as entidades que se pretendem vincular ao tratado, mas igualmente eventuais mediadores ou observadores, ainda que o dolo seja prática frequente em relação a tratados entre beligerantes, em cuja celebração se tolera a indução do inimigo em erro para obter, por exemplo, a sua rendição, através de ardis como os tendentes a exagerar o número e recursos das forças utilizadas num cerco para levar os sitiados a render-se; *v*) corrupção do representante de Estado vinculado como vício do seu próprio consentimento, invocável contra qualquer entidade participante na

312

negociação (artigos 50.º das CVDT); *vi*) coacção, física ou moral, exercida sobre o representante da entidade vinculada ou sobre alguém que pessoalmente se lhe encontre ligado (artigo 51.º das CVDT); *vii*) coacção contra a entidade, em violação do disposto no DIP em matéria de proibição do uso da força (artigo 52.º das CVDT); e *viii*) violação de uma regra de *ius cogens* (*idem*, artigo 53.º).

Num sentido contrário ao da tipicidade das causas de nulidade das CVDT, certa doutrina tem todavia vindo a defender que o efeito útil do artigo 42.º de ambas CVDT será apenas o de fornecer um fundamento, entre as partes, para a derrogação de qualquer causa costumeira de invalidade não prevista nas mesmas CVDT, a qual deixa de poder ser invocada, à luz desta norma geral, salvo se reproduzida em tratado posterior de âmbito mais restrito; assim como que a essa luz, dadas partes contratantes que sejam partes nas CVDT podem, nos termos das mesmas, prever convencionalmente outras causas de invalidade, tanto num tratado que celebrem sobre qualquer matéria, quer num tratado celebrado *ex professo* e de alcance genérico, destinado a regular a invalidade de quaisquer tratados que venham a ser celebrados entre essas partes.

Vícios de génese costumeira conducentes à nulidade dos Tratados também são reconhecidos pelo DIP, tais como a incapacidade da entidade para se vincular, ou a incapacidade intelectual do representante da entidade participante nas negociações quando o acto deste seja vinculatório.

De harmonia com a previsão do artigo 43.º das CVDT, se um Estado, ou outra entidade, já se encontram vinculados por força do DIP costumeiro ou por outra fonte, o facto de um Tratado ou alguma das suas disposições que contém a mesma obrigação serem inválidos em nada afecta a anterior obrigação decorrente dessa outra fonte não convencional.

Nos termos das CVDT, em directo afloramento da teoria geral da redução do negócio jurídico, a invalidade pode afectar apenas uma cláusula ou parte dispositiva de um Tratado e não um Tratado na sua íntegra, quando, cumulativamente: *i*) a respectiva causa apenas atinja uma ou algumas disposições, i.e., quando, por exemplo, o consentimento em relação a um tratado tenha sido viciado por erro apenas em relação a uma determinada disposição; *ii*) quando a execução das restantes disposições do tratado seja independente da disposição ou disposições atingidas [em ambas CVDT, artigo 44.º, n.º 3, al. a)], de modo que, por hipótese, se esta disposição era essencial para execução do resto do tratado se torna impossível a sua separação e todo o tratado será atingido – se, num tratado relativo à cessão de uma parcela de território, a disposição que a estabelecia é inválida, todas as restantes que estabeleciam, por exemplo, a sua delimitação, contrapartidas, prazos e garantias para a população serão igualmente inaplicáveis; *iii*) quando não decorra do tratado, ou não tenha sido por outra forma estabelecido, que a outra parte ou partes consideraram a disposição ou disposições afectadas

NULIDADE DE TRATADOS INTERNACIONAIS

como base essencial do seu consentimento em relação ao tratado na sua íntegra [*idem*, n.º 3, al. b)], pelo que, caso se conclua, através da aplicação das regras da interpretação, que as outras partes apenas se vincularam devido ao seu interesse na disposição atingida, então não será possível a limitação dos efeitos da causa invocada apenas em relação a esta e todas as disposições serão atingidas; *iv*) desde que o equilíbrio original entre direitos e obrigações do tratado não seja alterado de forma desrazoável, por força da limitação dos efeitos da causa invocada tão-só às disposições atingidas [*idem*, n.º 3, al. c)]; *v*) não decorra (*idem*, n.º 5) de coacção sobre o representante (artigo 51.º), de coacção sobre o Estado (artigo 52.º) ou de derrogação originária de uma norma *iuris cogentis* (artigo 53.º), regime perfeitamente compreensível para as situações de coacção, tão graves que, sobretudo nos casos em que a coacção partiu da outra parte num tratado bilateral simples, se justifica libertar a parte vítima de qualquer obrigação em relação àquele tratado, mas, segundo significativa parte da doutrina, de aplicação bem menos compreensível aos casos de contradição com uma norma de *jus cogens*, por existirem situações em que considerar que todas as disposições de um tratado são nulas somente porque uma delas derroga uma norma *iuris cogentis* é uma solução absurda, situações tais como, por exemplo, a de um tratado relativo aos direitos humanos que, entre várias disposições, consagra uma única que contraria uma norma *iuris cogentis* e relativamente ao qual a imposição da declaração da nulidade total não só não tutela qualquer interesse, como inclusivamente terá já sido revogada pela norma costumeira que procurou derrogar, por existir registo de prática da maioria dos Estados, incluindo Estados parte na CVDT69, que desconsidera esta norma, mesmo depois da entrada em vigor desta Convenção.

De harmonia com o disposto no n.º 4 do artigo 44.º das CVDT, nos casos de dolo ou corrupção, a parte vítima (única que tem o direito de invocar estes vícios do seu consentimento) poderá optar, se respeitadas as condições elencadas no parágrafo anterior, entre a invalidade do tratado ou apenas de algumas disposições.

A parte cujo interesse jurídico é tutelado pela norma objectivamente sancionatória do Tratado viciado tem o direito, nos termos do artigo 69.º das CVDT, a exigir, com a invocação da nulidade, a operação retroactiva dos respectivos efeitos, operação essa que ocorre *ex lege* no caso de violação de regras de *jus cogens*.

A invocação da nulidade de qualquer Tratado, nos termos dos artigos 65.º e seguintes das CVDT, está sujeita a um procedimento próprio, discutindo-se na doutrina o alargamento da legitimidade para a mesma invocação a outras partes que não a que vê o seu interesse tutelado pela norma de desvalor ou até a outros Estados. A sujeição a tal procedimento tem dado ensejo à discussão em torno da correcta qualificação da "nulidade" como tal, ante um regime que comporta características da anulabilidade, nomeadamente a necessidade de um procedimento para a eficácia da respectiva declaração.

Nesta matéria, os artigos 45.º das CVDT invalidam o comportamento, invocativo da nulidade, consistente na figura geral do *venire contra factum proprium*, tal como definida na teoria geral do negócio jurídico.

Referências:
Eduardo Correia Baptista, *Direito Internacional Público, I – Conceito e Fontes*, Lisboa, 1998, pp. 276-313 e 343-352.
Nguyen Quoc Dinh, Patrick Daillier & Alain Pellet, *Direito Internacional Público*, trad., 2.ª ed., Lisboa: Fundação Calouste Gulbenkian, 2003, pp. 191-219.

OBJECTIVOS DE DESENVOLVIMENTO DO MILÉNIO (ODM)

MÓNICA FERRO

De 6 a 8 de Setembro de 2000, os chefes de estado e de governos dos Estados--Membros das Nações Unidas reunidos em Nova Iorque aprovam a Declaração do Milénio. Esta Declaração vem na senda de uma estratégia gizada pelas Nações Unidas de, aproveitando as dinâmicas e ímpetos gerados pela entrada num novo milénio, relembrar e operacionalizar as responsabilidades que todos os Estados têm perante as suas sociedades mas também a "responsabilidade colectiva de respeitar e defender os princípios da dignidade humana, da igualdade e da equidade, a nível mundial." (Declaração do Milénio ONU).

Para este efeito, os líderes mundiais prometeram ao mundo empenhar-se, constituindo-se em parceria global, na prossecução de oito objectivos de desenvolvimento mundial que visam garantir, até 2015, a todos os seres humanos uma vida digna, em maior liberdade, livres de medo mas também ao abrigo da necessidade.

Os 8 ODM, monitorizáveis através de 20 metas e 61 indicadores, são a erradicação da pobreza extrema e da fome, a universalização do ensino primário, a promoção da igualdade de género e do empoderamento das mulheres, a redução da mortalidade infantil, a melhoria da saúde materna, o combate ao HIV/SIDA, a malária, a tuberculose e outras doenças, a sustentabilidade ambiental e a construção de uma parceria global para o desenvolvimento.

Todos estes esforços têm uma mensagem transversal que Ban Ki-moon traduz com clareza: *não podemos desiludir os milhares de milhões de pessoas que esperam que a comunidade internacional cumpra a promessa que assumiu, [...] o mundo possui os conhecimentos e os recursos necessários para realizar os ODMs e não o fazer seria um fracasso inaceitável, no plano moral e prático.*

A promoção dos ODM, uma agenda de desenvolvimento que se aplica aos países em desenvolvimento, e deve ser custeada com financiamentos dos países desenvolvidos doadores do Comité de Apoio ao Desenvolvimento da Organização para a Cooperação e Desenvolvimento Económico (CAD/OCDE). Os países doadores comprometeram-se a canalizar 0,7% do seu Rendimento Nacional Bruto para a Ajuda Pública ao Desenvolvimento, pugnar por uma ajuda transparente, responsável, previsível e de qualidade. O perdão da dívida e a criação de regras transparentes e previsíveis para o comércio tradicional e o fim das barreiras a entrada dos produtos dos países em desenvolvimento nos mercados dos países desenvolvidos são outras formas previstas para a consecução dos ODM.

Os países em desenvolvimento deverão assumir a sua quota-parte da responsabilidade pelo processo apropriando-se da programação nacional do desenvolvimento, concebendo e implementando políticas de qualidade, garantindo o financiamento adequado dessas políticas e monitorizando o cumprimento dos objectivos estabelecidos.

A União Europeia, em reconhecimento da sua responsabilidade como maior doador mundial, lançou em 21 de Abril de 2010 um Plano de Acção cujo objectivo é acelerar a realização dos ODM apenas a 5 anos para a meta estabelecida.

O balanço da realização é mitigado: lado a lado com sucessos como a universalização do ensino primário que está no bom caminho ou a redução da taxa do sarampo ainda antes do tempo, estão derrotas como o não termos conseguido erradicar a fome e a pobreza extrema. As 3 crises mundiais recentes (económica, alimentar e ambiental) fizeram retroceder ganhos de desenvolvimento e tornam os níveis de financiamento prometidos insuficientes para atingir os ODM em 2015.

Em Setembro de 2013 uma Cimeira de Revisão dos Progressos reunir-se-á nas Nações Unidas para fazer um esforço de aceleração final até 2015.

Referências:

Mónica Ferro, "Introdução" *Conhecimentos e Representações sobre os Objectivos de Desenvolvimento do Milénio*, Lisboa: Associação para o Planeamento da Família, ISCSP, IPAD, 2011.

United Nations, *The Millennium Development Goals 2011*, New York: United Nations, 2011.

United Nations, *Millennium Declaration*, New York: United Nations, 2000.

OBJECTOS ESPACIAIS

Francisco Borges

Não existe nos diferentes tratados internacionais sobre o espaço exterior adoptados pelas Nações Unidas uma definição propriamente dita de objecto espacial, embora as referências ao termo sejam abundantes, constando de todos os cinco tratados. A questão apresenta interesse prático significativo a diversos níveis, nomeadamente no tocante à jurisdição sobre os objectos e à aplicabilidade dos tratados internacionais referidos. Assim, por exemplo, só a partir de uma definição de objecto espacial se poderá discernir que objectos deverão ser registados para efeitos da Convenção relativa ao Registo de Objectos Lançados no Espaço Exterior (Convenção sobre Registo), assinada no dia 12 de Novembro de 1974. Por outro lado, a caracterização de um objecto como espacial é essencial para que o regime próprio estabelecido pela Convenção sobre a Responsabilidade Internacional por Danos Causados por Objectos Espaciais (Convenção sobre Responsabilidade), assinada no dia 29 de Março de 1972, possa ser aplicado a um caso concreto.

A inexistência de uma definição formal não impede, todavia, que, a partir de algumas das disposições dos tratados e sobretudo do espírito geral destes, a maioria da doutrina procure apresentar uma definição funcional de objecto espacial. Segundo esta, considera-se objecto espacial todo o objecto que seja concebido para ser lançado e utilizado no espaço exterior. Esta definição tem certamente um valor operacional limitado, tendo que ser adaptada ao contexto em que é utilizada – *v. g.*, o tratado em causa –, mas permite resolver certos problemas práticos, como, por exemplo, a caracterização como objecto espacial de um vaivém espacial, objecto concebido para o desempenho de missões no espaço exterior (o que já é controvertido no tocante a veículos sub-orbitais). Na medida em que, quer no início, quer no final da sua missão, atravessa o espaço atmosférico, o vaivém poderia ser considerado uma aeronave, sendo-lhe aplicadas as normas do direito aeronáutico e não as contidas nos tratados das Nações Unidas sobre o espaço exterior. Uma definição funcional de objecto espacial permite igualmente que o conceito abranja o "lixo espacial" (*space debris*) – trata-se de objectos ou partes de objectos concebidos para utilização no espaço exterior.

Não obstante, subsistem ainda muitos outros problemas interpretativos relativos à precisa delimitação do conceito de objecto espacial. Por exemplo, segundo os artigos 1.º, alínea d), da Convenção sobre Responsabilidade e 1.º, alínea b), da Convenção sobre Registo, "o termo "objecto espacial" inclui as partes componentes de um objecto espacial, bem como o seu veículo propulsor e respectivas partes." É discutido, por um lado, se a carga contida num objecto espacial – ou mesmo, para certos efeitos, os seres humanos que o tripulam – deverá ser considerada parte componente do mesmo ou se apenas os objectos integralmente ligados ao objecto espacial deverão ter esta qualificação. Por outro lado, discute-se que partes componentes de um objecto espacial são de registo obrigatório para efeitos da Convenção sobre Registo.

Por último, a inexistência de uma delimitação formal, a nível internacional, da fronteira entre o espaço atmosférico e o espaço exterior implica que se mantenha a indefinição do conceito de objecto espacial.

Referências:
E. R. C. van Bogaert, *Aspects of Space Law*, Deventer: Kluwer, 1986.
Carl Q. Christol, *Space Law: Past, Present and Future*, Deventer: Kluwer, 1991.
Bin Cheng, *Studies in International Space Law*, Oxford: Clarendon Press, 1997.
Glenn H. Reynolds & Robert P. Merges, *Outer Space: Problems of Law and Policy*, Oxford: Westview Press, 1997.

OBRIGAÇÕES INTERNACIONAIS

Manuel Duarte de Oliveira

As Obrigações Internacionais derivam dos vínculos jurídicos estabelecidos entre Estados, através da sua participação em Tratados Internacionais, podendo assumir uma configuração bilateral ou *erga omnes*, de acordo com a natureza desses Tratados. Por princípio, os Tratados criam obrigações que vinculam apenas as partes neles participantes, com a excepção das disposições que se tornem parte inerente do costume internacional, ou resultem de medidas tomadas de acordo com o artigo 75.º da Carta das Nações Unidas relativas a uma agressão cometida por um Estado. Em relação ao impacto sobre terceiros, de acordo com o princípio do consentimento e da soberania e independência dos Estados, o artigo 34.º da Convenção de Viena dispõe que um "tratado não cria nem obrigações nem direitos para um terceiro Estado sem o seu consentimento".

No contexto da responsabilidade dos Estados, podem-se definir três categorias de obrigações: 1) obrigações que requerem a adopção de uma conduta específica; 2) obrigações que requerem a concretização de determinado resultado; e, 3) obrigações destinadas a impedir a concretização de determinado facto. Engloba-se nesta última categoria, por exemplo, a protecção de diplomatas e estrangeiros.

Com amplitude mais vasta, o conceito de Obrigações Internacionais *erga omnes* – das quais não se admite derrogação possível – foi reconhecido em 1970 pelo Tribunal Internacional de Justiça (TIJ) (no Julgamento de Barcelona Traction, de 5 de Fevereiro), que o identificou como consistindo em obrigações devidas pelos Estados à comunidade internacional enquanto um todo, com o fim de proteger e promover valores fundamentais e interesses comuns globais. No contexto do Direito Internacional contemporâneo, o TIJ reconheceu que as obrigações *erga omnes* derivam sobretudo da deslegitimação de actos de agressão e genocídio, e dos princípios e normas sobre direitos fundamentais da pessoa humana, incluindo a protecção contra a escravatura e discriminação racial. (ICJ Reports 1970, p. 32, parágr. 34). Contudo, neste contexto, o TIJ não explicou em detalhe o modo de concretização destes direitos.

Num contexto globalizado, devido à relativa diminuição do papel interveniente dos Estados e ao crescente número de Organizações Internacionais, com competências técnicas e políticas de regulação das relações internacionais, uma das áreas onde as Obrigações Internacionais se concretizam com maior impacto consiste no domínio dos Direitos Humanos e dos Direitos Económicos, Sociais e Culturais. O artigo 2.º (1), do Pacto Internacional dos Direitos Económicos, Sociais e Culturais (adoptada pela Assembleia Geral da ONU em 16 de Dezembro de 1966, e em vigor desde 3 de Janeiro de 1976), estabelece que "[c]ada um dos Estados-Partes (...) compromete-se a adoptar medidas, seja isoladamente, seja através da assistência e cooperação internacionais, especialmente económicas e técnicas, até ao máximo dos recursos de que disponha, por todos os meios adequados, inclusive e em particular a adopção de medidas legislativas, para atingir progressivamente a plena efectividade dos direitos aqui reconhecidos". Estas obrigações resultam do facto de se constatar que de acordo com a Declaração Universal dos Direitos do Homem, não é possível realizar-se "o ideal do ser humano livre, liberto do medo e da miséria, a menos que se criem condições que permitam a cada pessoa gozar os seus direitos económicos, sociais e culturais, bem como os seus direitos civis e políticos". Recai sobre os Estados a responsabilidade de respeitar e assegurar a concretização destes direitos através do cumprimento das obrigações que directa ou indirectamente os implementem.

Referências:

Eduardo Correia Baptista, *Direito Internacional Público: Conceito e Fontes*, Vol. I, Lisboa: Lex, 1998, pp. 136 ss.

Rudolf Bernhardt, ed., *Encyclopedia of Public International Law*, published under the auspices of the Max Planck Institute for Comparative Public Law and International Law, Elsevier Science Publishers, 1992-2000.

Starmer, K. in J. Jowell and J. Cooper, eds., 'Positive Obligations under the Convention', *Understanding Human Rights Principles*, Oxford: Hart, 2001.

Maurizio Ragazzi, *The Concept of International Obligations* Erga Omnes, Oxford: Oxford University Press, 2000.

Joe Verhoeven, *Droit International Public*, Brussels: Editions Larcier, 2000.

OCUPAÇÃO MILITAR

Mateus Kowalski e Miguel de Serpa Soares

A "Ocupação Militar" pressupõe a presença prolongada de forças militares de um Estado ou coligação em parte ou em todo o território. Pode ser consentida (*v. g.* ocupação após armistício) ou imposta (*v. g.* invasão com uso da força). Em qualquer dos casos o consentimento do Estado ocupado é sempre condicionado e não espontâneo, embora o em diferente grau. A ocupação militar pode ser lícita (*v. g.* quando decorra de uma resolução do Conselho de Segurança) ou ilícita. De referir que a ocupação militar deve ser distinguida da aquisição territorial por anexação com recurso à força militar.

A situação de ocupação militar dá origem a um regime territorial particular. Não havendo transferência *de jure* de soberania a favor do ocupante, este tem no entanto uma ampla autoridade sobre pessoas e bens situados no território ocupado. Por outro lado, o ocupante tem diversos deveres, designadamente o de tomar todas as medidas para restaurar e assegurar a ordem pública e a segurança, respeitando o Direito vigente no território ocupado.

OCUPAÇÃO MILITAR

A Convenção (IV) da Haia, de 1907, sobre as Leis e Costumes da Guerra em Terra dispunha na sua parte III sobre a autoridade militar relativamente a um território de um Estado hostil, estabelecendo que: o território é tido como ocupado quando se encontra sob efectiva autoridade de forças armadas hostis; a ocupação estende-se apenas à parte do território relativamente ao qual foi estabelecida efectiva autoridade; o ocupante deve tomar todas as medidas para restaurar e assegurar a ordem pública e a segurança, respeitando o Direito vigente no território. Este regime foi entretanto desenvolvido pela Convenção (IV) de Genebra de 1949 e pelo se Protocolo (I) de 1977.

Um exemplo recente de uma ocupação militar foi a intervenção da coligação liderada pelos EUA e Reino Unido no Iraque que redundou numa ocupação militar unilateral, com presença prolongada de forças militares da coligação no território iraquiano. A coligação liderada pelos EUA e Reino Unido, enquanto ocupante, tinha o dever de administrar o território iraquiano durante a fase de transição. O facto é que, tendo a invasão sido ilícita, todo o processo de administração estava inquinado *ab initio*. Só com a adopção de sucessivas resoluções do Conselho de Segurança foi possível conferir alguma legitimidade internacional ao processo de transição (mas nunca à invasão). O Conselho de Segurança reconheceu a 22 de Maio de 2003 que os EUA e o Reino Unido eram potências ocupantes. A Resolução 1483 originou um conjunto de obrigações positivas para as potências ocupantes, designadamente no que respeita à promoção do bem-estar da população iraquiana através da efectiva administração do território, incluindo especialmente o restabelecimento das condições de segurança e estabilidade, e a criação de condições para que o povo iraquiano pudesse determinar o seu futuro político.

Referências:
Yutaka Arai-Takahashi, *The Law of Occupation*, Leiden: Martinus Nijhoff Publishers, 2009.
Christine Gray, *International Law and the Use of Force*, Oxford: Oxford University Press, 2008.
Mateus Kowalski, "O Estado em Construção e a sua Constituição: A Intervenção no Iraque", 26 *Relações Internacionais* 5, 2010.
Gary Solis & Frederic Borch, *Geneva Conventions*, New York: Kaplan, 2010.
Peter Stirk, *The Politics of Military Occupation*, Edinburgh: Edinburgh University Press, 2009.

OPERAÇÕES DE MANUTENÇÃO DA PAZ

Mónica Ferro

As operações de manutenção da paz das Nações Unidas são o instrumento a que a Organização recorre, desde Maio de 1948, para manter a paz e a segurança internacionais.

OPERAÇÕES DE MANUTENÇÃO DA PAZ

Não estando previstas na Carta das Nações Unidas, as operações de paz foram designadas pelo Secretário Geral Dag Hammarskjold como o Capítulo VI e ½ da Carta entre o Capítulo VI que trata da Resolução Pacífica de Conflitos e o Capítulo VII que dispõe a acção em caso de ameaça à paz, ruptura da paz ou acto de agressão.

Surgindo como uma solução de contingência, pois os acordos especiais de que o artigo 43.º nos dá conta nunca foram celebrados, as operações de paz têm sido chamadas a desempenhar tarefas que, hoje, vão muito além das actividades clássicas de manutenção da paz e incluem facilitar do processo político, proteger vítimas, auxiliar o Desarmamento, Desmobilização e Reintegração de antigos combatentes, apoiar a organização de eleições, promover os direitos humanos, e promover o estado de direito.

As operações de paz são constituídas *ad hoc* com base num mandato do Conselho de Segurança e com meios humanos e logísticos cedidos pelos Estados-Membros numa base voluntária; as despesas dos estados são reembolsadas pela ONU a partir de um orçamento específico financiado com contribuições voluntárias dos estados.

As operações de paz de primeira geração eram operações compostas por observadores militares desarmados ou apenas equipados com armamento ligeiro cuja principal função era a monitorização, a recolha de informação e as medidas de construção de confiança entre as partes.

A primeira missão destacada foi a UNTSO (Organização das Nações Unidas de Supervisão das Tréguas, Médio Oriente) em Maio de 1948; a primeira operação de paz armada foi a UNEF I (Força de Emergência das Nações Unidas, na sequência da Crise do Suez, em 1956) e a primeira missão de paz de larga escala foi a ONUC (Missão das Nações Unidas no Congo) em 1960.

Desde então, as operações de paz têm evoluído para uma segunda geração de missões multidimensionais, realizadas no cenário do pós guerra fria, e uma terceira geração onde se enquadram as administrações transitórias hiper-complexas e de governação directa (como as do Kosovo ou de Timor-Leste).

Assentes em princípios básicos como os do consentimento das partes, a imparcialidade e o não recurso à força senão em autodefesa e em defesa do mandato, estão hoje destacadas no terreno 16 operações de paz (15 operações de manutenção da paz e uma missão política especial no Afeganistão) em quatro continentes, envolvendo mais de 120 000 pessoas entre militares, polícias, observadores, pessoal civil e voluntários.

Até hoje a Organização já levou a cabo 66 missões, 53 delas desde 1988.

Em 2000 Kofi Annan pede a um grupo de peritos liderados por Lakdhar Brahimi um relatório sobre as operações de paz. O Relatório Brahimi faz recomendações fundamentais para uma reforma geral do sistema e foi alvo de um amplo debate mas a sua aplicação permanece lenta.

Os temas mais actuais nas operações de paz dizem respeito à participação das mulheres nas operações de paz, à delegação de competências nas organizações regionais de segurança e defesa e na agenda crescente do Conselho de Segurança que vai desde a protecção de civis em conflitos armados até ao nexo entre segurança e desenvolvimento.

Referências:
Manuel Almeida Ribeiro & Mónica Ferro, *A Organização das Nações Unidas*, 2.ª ed., Coimbra: Almedina, 2004.
David Sorenson & Pia Christina Wood (eds.), *The Politics of Peacekeeping in the Post-Cold War Era* (Cass Series on Peacekeeping), Routledge, 2005.
Mónica Ferro, *Construção de Estados, As Administrações Internacionais das Nações Unidas*, Lisboa: ISCSP, 2006.
Alex Bellamy & Paul Williams & Stuart Griffin, *Understanding Peacekeeping*, London: Polity.

OPINIO JURIS

Mateus Kowalski e Miguel de Serpa Soares

O costume internacional é uma fonte formal de Direito Internacional, para cuja formação contribuem todos os sujeitos de Direito Internacional. Será aqui analisado em particular o contributo dos Estados.

A formação de uma norma de Direito consuetudinário exige a reunião de dois elementos: o material ou objectivo (o uso); e o psicológico ou subjectivo (*opinio juris*). Precisamente, o Tribunal Internacional de Justiça, no caso *Plataforma Continental* sublinhou que o costume internacional deve ser identificado pela análise da prática reiterada e da convicção da sua obrigatoriedade pelos Estados.

A "Opinio Juris" ou, no caso, a convicção de obrigatoriedade pelos Estados da prática reiterada é, pois, um dos elementos que informam a formação de uma norma internacional de fonte costumeira. Em bom rigor, este elemento que deve ser identificado na formação de uma norma costumeira apenas após verificação da existência de uma prática reiterada. O mesmo é dizer que, para a formação de uma norma costumeira internacional não basta a verificação de prática constante, uniforme e coerente pelos Estados: é necessário que essa prática seja motivada pela convicção dos Estados de que ela é obrigatória. Precisamente, o Tribunal Internacional de Justiça, no caso *Plataforma Continental do Mar do Norte*, afirmou que, para a formulação do costume internacional, os actos que conformam o uso devem ser praticados não apenas de forma reiterada, mas também como evidência da convicção que aquela prática é obrigatória pela existência de uma norma jurídica que estabelece a obrigação: os Estados devem estar convictos de que estão a cumprir com uma obrigação internacional.

Tratando-se de um elemento subjectivo, a sua prova torna-se muito difícil, obrigando a uma metodologia de análise da prática dos Estados, pelo menos em teoria, muito complexa. Na prática, é normalmente a repetição constante, uniforme e coerente que dá origem à convicção de obrigatoriedade. A procura pela existência de uma norma costumeira dá-se, pois, através da observação da prática. Por outro lado, verifica-se por vezes a inversão dos dois momentos da formulação do costume internacional, num processo a que se tem apelidado de costume selvagem: primeiro existe a expressão de uma "necessidade de Direito" (v.g. através da adopção de uma Resolução da Assembleia Geral das Nações Unidas); só depois nasce a prática concordante que dá origem à norma costumeira.

Referências:
Antonio Cassese, *International Law*, Oxford: Oxford University Press, 2005.
Gennadiÿ Danilenko, *Law-Making in the International Community*, Dordrecht: Martinus Nijhoff Publishers, 1993.
Malcolm Shaw, *International Law*, Cambridge: Cambridge University Press, 2003.
Nguyen Quoc Dinh *et al.*, *Direito Internacional Público*, Lisboa: Fundação Calouste Gulbenkian, 2003.
North Sea Continental Shelf (Federal Republic of Germany v. Netherlands), ICJ Reports 1969, 3.

ÓRBITA GEOESTACIONÁRIA

Francisco Borges

Uma órbita geoestacionária é um tipo de órbita geossíncrona, ou seja, uma órbita com um período orbital igual ao período de rotação da Terra (23 horas, 56 minutos e 4 segundos). Distingue-se das restantes órbitas geossíncronas pelo facto de, por um lado, ter uma excentricidade de valor zero – é uma órbita circular e não elíptica – e uma inclinação de $0°$ – situa-se precisamente sobre o equador, na latitude de $0°$ – e, por outro lado, por os satélites nela localizados rodarem na mesma direcção da Terra. Para um observador colocado num ponto fixo da Terra, um objecto que percorre a órbita geoestacionária não se move, ocupando sempre a mesma posição relativamente ao observador. O mesmo já não acontece com um objecto situado numa órbita simplesmente geossíncrona, que, do ponto de vista do observador, ocupa diversas posições no céu ao longo de um dia. É de notar, porém, que um objecto situado numa órbita geossíncrona tem um percurso diário regular em relação à Terra, o que significa que volta sempre à mesma posição em cada momento de cada dia.

Muitos satélites, principalmente de telecomunicações, estão localizados na órbita geoestacionária. O facto de o satélite não se mover em relação à Terra significa que uma antena situada num ponto fixo do planeta não tem de ser ajustada continuamente para poder transmitir e receber dados do satélite, o que é muito vantajoso a diversos níveis. Esta potencialidade da órbita geoestacionária foi, de forma pioneira, destacada pelo célebre autor de ficção científica Arthur C. Clarke, em 1945, num artigo publicado na revista *Wireless World*, pelo que esta órbita também é conhecida pelo nome de órbita de Clarke.

Actualmente, a órbita geoestacionária apresenta diversos problemas de congestionamento, que podem pôr em risco o funcionamento dos satélites que a percorrem. Para que a comunicação entre um satélite e a respectiva antena na Terra se possa efectuar, é necessário que não haja interferência significativa das frequências de outros satélites, tendo de haver uma distância, maior ou menor conforme a sua sofisticação, entre os diversos satélites. Além disto, o congestionamento da órbita aumenta o próprio perigo de colisão entre satélites – resultante dos desvios destes, ao longo do tempo, da sua posição original na órbita geoestacionária – e o perigo de colisão entre satélites e "lixo espacial" (*space debris*).

O acesso à órbita geoestacionária em condições de igualdade com os países economicamente mais desenvolvidos tem sido disputado por diversos países em vias de desenvolvimento. Os países situados no equador, através da Declaração de Bogotá, de 3 de Dezembro de 1976, chegaram mesmo a defender que teriam soberania sobre a órbita geoestacionária. Neste contexto, é de realçar a importância da União Internacional de Telecomunicações (UIT), uma agência das Nações Unidas com 192 Estados-Membros, que tem, entre outras, a função de gerir o espectro mundial de frequências rádio-eléctricas. O critério eminentemente técnico seguido pela UIT na distribuição das frequências tem sido contestado por alguns Estados, que defendem também a utilização de critérios políticos.

Referências:

G. C. M. Reijnen e W. de Graaff, *The pollution of outer space, in particular of the geostationary orbit: scientific, policy and legal aspects*, Dordrecht: Martinus Nijhoff Publishers, 1989.

Glenn H. Reynolds & Robert P. Merges, *Outer Space: Problems of Law and Policy*, Oxford: Westview Press, 1997.

I. H. Diederik-Verschoor, *An Introduction to Space Law*, Haia: Kluwer Law International, 1999.

ORDEM DE MALTA

Andr é Folque

A *Ordem Soberana e Militar Hospitalária de São João de Jerusalém, de Rodes e de Malta*) embora tenha perdido o seu substrato territorial, primeiro na Palestina

(1048-1291), em Rodes (1310-1523) e, por fim, no arquipélago de Malta (1530-
-1800, por força das sucessivas ocupações francesa e britânica) conservou personalidade jurídica internacional, de acordo com o Direito Internacional geral,
sem prejuízo de posições contrárias na doutrina.

A sua capacidade é porém restrita ao *jus legationis* que exerce através de representantes diplomáticos acreditados junto de 104 Estados e pela sua participação,
com o estatuto de observadora, em conferências e organizações internacionais,
designadamente, na Organização das Nações Unidas. Por outro lado, enquanto
organização internacional católica, depende da Santa Sé.

Conquanto tenha desempenhado um importante papel militar no Mediter-
râneo – o qual lhe granjeou a doação de Malta, em 1530, por Carlos V – a Ordem
de Malta tem hoje como fim eminente aquele que originariamente levara o Papa
Pascoal III a reconhecer a sua independência, em 1113, e mais tarde, soberania,
em 1446, por Eugénio IV: o cuidado dos doentes e peregrinos cristãos em viagem aos Lugares Santos, como o fora o domínio sob o Hospital de São de Jerusalém, durante as cruzadas medievais. Assistida pelos grão-priorados, associações
nacionais e fundações próprias, a Ordem de Malta presta relevantes serviços
humanitários em 120 territórios, beneficiando na sua acção, sobretudo em zonas
afectadas por conflitos bélicos ou por catástrofes naturais, do estatuto de neutralidade que a sua Carta Constitucional lhe confere e que a personalidade jurídica
internacional sustenta.

As missões humanitárias vão desde a formação de socorristas a redes de hospitais, centros de acolhimento para idosos, crianças e portadores de deficiência,
trabalhando, por vezes, em cooperação com a Cruz Vermelha, em que está filiada,
e com Alto Comissariado das Nações Unidas para os Refugiados.

Governada por um grão-mestre que, no protocolo é tratado como Chefe de
Estado (Alteza Eminentíssima) e como Príncipe da Igreja, a Ordem de Malta
dispõe de imunidade diplomática sobre os seus principais dignitários, sua sede e
dependências, instaladas em Roma, desde 1834. Internamente, observa o princípio da separação de poderes, com órgãos executivos, legislativos e judiciais
diferenciados e interdependentes.

Dos 79 grão-mestres que conta na História, quatro foram portugueses:
D. Afonso de Portugal (1203-06), D. Luís Mendes de Vasconcelos (1622-23),
D. Manuel António de Vilhena (1722-36) e D. Manuel Pinto da Fonseca (1741-73).

Referências:

Armando M. Guedes, *Direito Internacional Público – Lições policopiadas*, Lisboa, 1985, pp. 244 ss.
André G. Pereira & Fausto de Quadros, *Manual de Direito Internacional Público*, Coimbra: Almedina, 1993, pp. 376 ss.

ORGANIZAÇÃO DA AVIAÇÃO CIVIL INTERNACIONAL (OACI)

André Filipe Valadas Saramago

A Organização da Aviação Civil Internacional é uma agência especializada da Organização das Nações Unidas, sediada em Montreal, no Canadá. Resultou de uma conferência realizada em 1944, em Chicago, entre cinquenta e quatro Estados, que teve por objectivo a criação de uma organização que promovesse a cooperação internacional no sentido da progressiva uniformização mundial dos regulamentos, parâmetros e procedimentos da aviação civil. Da Conferência de Chicago resultou a Convenção de Aviação Civil Internacional.

Esta uniformização pretende assegurar o aumento da segurança, eficiência, continuidade, legalidade e protecção ambiental da aviação internacional. Para isso, a OACI promove a coordenação e a homogeneização, entre outras, das regras e regulamentos relacionadas com o treino e licenciamento do pessoal aeronáutico, dos sistemas e procedimentos de comunicação, das regras e práticas dos sistemas de controlo aéreo, dos requerimentos de aeronavegabilidade, do registo e identificação dos veículos, assim como dos mapas, cartas e meteorologia aeronáutica.

A OACI tem também sido responsável por um importante trabalho no campo da assistência técnica, apoiando o desenvolvimento do sector aeronáutico em vários países através do envio de especialistas, e da formação especializada dos técnicos locais.

A organização da OACI procura respeitar as particularidades da navegação aérea de cada região do globo. Assim, a Organização subdivide a superfície da terra em diferentes regiões de acordo com as características e problemas específicos da aviação em cada uma dela. Por exemplo, a Região do Atlântico Norte apresenta como principal problema a aviação de longo curso transatlântica, enquanto a Região Euromediterrânica lida maioritariamente com questões relacionadas com a coordenação transeuropeia e os voos de curto alcance.

Para cada umas destas regiões, ou grupo de regiões, existe um Escritório Regional, que goza de autonomia nas suas actividades desde que não entrem em conflito com as regras estabelecidas à escala mundial pela OACI. Neste momento, existem sete Escritório Regionais.

A OACI conta ainda com três órgãos principais. A Assembleia, composta por representantes de todos os cento e noventa Estados-Membros. Reúne-se a todos os três anos, e é o órgão máximo da Organização, responsável por rever o seu trabalho e por estabelecer as directivas e linhas gerais que devem enquadrar o seu funcionamento. Tem também a função de aprovar o orçamento trianual.

O Conselho, composto por trinta e seis dos Estados-Membros, eleitos pela Assembleia com base em três critérios. Devem ter uma importância significativa no transporte aéreo internacional, devem expressar as maiores contribuições ao nível de instalações para a navegação aérea, e a sua nomeação deve assegurar que as principais áreas do mundo se encontram representadas. A função do Concelho é gerir e governar o quotidiano da OACI de acordo com as linhas de orientação definidas na Assembleia. É no Conselho que são adoptadas as Normas e Práticas Recomendadas a serem integradas na Convenção de Aviação Civil Internacional.

Por fim, o Secretariado. Encabeçado pelo Secretário-geral encontra-se divido em cinco departamentos, respectivamente, o Departamento de Transporte Aéreo, o Departamento de Navegação Aérea, o Departamento de Cooperação Técnica, o Departamento Jurídico e o Departamento de Administração e Serviços.

Portugal é um membro da OACI desde 1944.

Referências:

Nguyen Dinh, Patrick Daillier e Alain Pellet, *Direito Internacional Público*, 2.ª ed., Lisboa: Fundação Calouste Gulbenkian, 2003.

Sítio na Internet da OACI: http://www.icao.int/

Memorando auto-explicativo da OACI: http://www.icao.int/cgi/goto_m.pl?icao/en/pub/memo.pdf

Convenção de Aviação Civil Internacional: http://www.icao.int/icaonet/dcs/7300_cons.pdf

ORGANIZAÇÃO DA UNIDADE AFRICANA (OUA)

José Manuel Briosa e Gala

Em finais do século XIX, início do século XX, começa a ganhar consciência, entre africanos, um sentimento de marginalização e de alienação, sobretudo ao nível da Diáspora, que se expressa nuns primeiros rudimentos de institucionalização em Chicago (1893, Congress on Africa) e em Londres (African Association, 1897 e Pan African Conference, 1900), onde o tema "Pan-African" é usado para simbolizar uma ideia de descendência comum, de identidade e solidariedade. Esta ideia dupla, de pertença comum e de efectiva marginalização, social, cultural e política, vai inspirar conceitos como "African personality" (Nkrúmah) e impulsionar movimentos de luta pela dignidade humana e auto-determinação, gerando um sentimento de auto-afirmação que irá politicamente, mais tarde, mobilizar movimentos organizados contra o colonialismo.

Com o advento das independências dos Estados Africanos, líderes da "geração nacionalista" como os primeiros Presidentes do Gana, Kwame Nkrumah, Sekou Touré, da Guiné, Leopold Senghor, do Senegal, Abdel Nasser, do Egipto, Ali Ben Bella, da Argélia, elevam essa ideologia, de forte componente cultural e política, para um patamar continental, com a criação, em Adis Abeba, Etiópia, em 25 de

Maio de 1963, da Organização da Unidade Africana (OUA), congregando líderes políticos de 31 Estados africanos.

A Carta da OUA consistia em 33 artigos, que definiam princípios, objectivos e órgãos. E embora os objectivos da organização, estabelecidos no artigo 2, reflectissem uma visão pan-africana de integração e solidariedade entre os seus membros, desde o início essa visão mais ambiciosa foi bloqueada por uma maioria de Estados, ciosos da sua autonomia e da salvaguarda de qualquer interferência nos seus assuntos internos. A protecção da integridade territorial foi reforçada na Cimeira do Cairo em 1965, que expressamente reafirmou o princípio da inviolabilidade das fronteiras herdadas do período colonial, e, em 1965, em Acra, o ideal visionário de Nkrumah e seus apoiantes, de um executivo pan--africano, é rejeitado.

A OUA veio a dedicar-se essencialmente à missão de erradicar o colonialismo e derrubar o apartheid, sobretudo através da actividade do seu Liberation Committee, baseado em Dar-es-Salam, desde sempre apoiante dos movimentos nacionalistas, os quais, nomeadamente, em Angola, Moçambique e Guiné-Bissau, se insurgiram contra o Estado Português, tendo frequentemente a sua iniciativa diplomática influenciado a agenda das Nações Unidas.

A OUA foi, por outro lado, incapaz de prosseguir objectivos de desenvolvimento económico e, mesmo do ponto de vista da unidade do continente, sofreu um revés com o abandono institucional de Marrocos em 1984, em resultado da admissão formal do Sahara Ocidental (República Democrática Saharoni).

A impotência da organização para lidar com graves violações dos direitos humanos, conflitos inter e intra-africanos (por exemplo as guerras civis em Angola e Moçambique), e até genocídios (Ruanda 1994), marcou negativamente a sua legitimidade moral e política. Por outro lado, tem a consumação do seu maior sucesso no apoio à transição para a democracia na República da África do Sul, em 1994. Este balanço misto e um esgotamento da sua capacidade política, num novo contexto internacional, impuseram naturalmente a necessidade de revitalizar o projecto e substituir esta organização esgotada na sua capacidade e credibilidade.

Em Abril de 1980, fora adoptado o "Lagos Plan of Action" e o "Final Act", no qual os líderes africanos expressam a sua firme resolução de estabelecer uma Comunidade Económica Africana, até ao ano de 2000. Em 3 de Junho de 1991, é assinado por 34 estadista, na Nigéria, o Tratado da Comunidade Africana, doravante conhecido por Tratado de Abudja (entrou em vigor em 1994), com o propósito de vir a criar um dispositivo institucional de integração económica e um "mercado comum africano".

A importância deste Tratado, que passa algo despercebida, reside no facto de o seu capítulo III (artigos 7.º a 27.º) vir a constituir a génese e o modelo quase inalterado dos órgãos, funções e poderes que virão a ser previstos no Acto Constitutivo da futura União Africana[1].

Em Setembro de 1999, a Assembleia Geral da OUA, reunida em Sirte, Líbia, em sessão extraordinária (a 4.ª da sua história), proclamou a Declaração de Sirte, que expressa a resolução dos Chefes de Estado de criar a União Africana e de acelerar o estabelecimento das instituições da Comunidade Económica Africana (como parte da nova UA). O Acto Constitutivo foi adoptado a 11 de Julho de 2000 e a 26 de Maio de 2001 entra formalmente em vigor, cumpridas as previstas regras de ratificação qualificada de dois terços dos Estados-Membros e iniciando-se o período de transição entre os dois tratados e as respectivas organizações, tendo ficado claro que a União Africana sucede imediatamente à Organização de Unidade Africana[2].

Referências:

Samuel M.Makinda and F.Wafula Okumu, *The African Union, Challenges of Globalization, Security and Governance*, London: Routledge, 2008.

Deirdre Badejo, *The African Union*, New York: Chelsea House Publishers, 2008.

John Akokpari & Angela Nding-Muvumba & Tim Murithi, *The African Union and its Institutions*, South Africa: Fanele, 2008.

Timothy Murithi, *The African Union: Pan-africanism, Peacebuilding and Development*, Aldershot: Ashgate Publishing, 2005.

ORGANIZAÇÃO DAS NAÇÕES UNIDAS (ONU)

Manuel de Almeida Ribeiro

A Organização das Nações Unidas foi fundada na Conferência de S. Francisco que se iniciou em 25 de Abril de 1945 e terminou em 26 de Junho seguinte.

A Carta da ONU entrou em vigor em 24 de Outubro de 1945, quando se verificou a sua ratificação por dois terços dos Estados presentes na Conferência e pelos membros permanentes do Conselho de Segurança.

Nos termos da Carta a ONU tem duas finalidades distintas: a Segurança Colectiva e a Cooperação.

Os cinco órgãos constitucionais da ONU (ou seja, previstos na Carta) são: a Assembleia Geral, o Conselho de Segurança, o Conselho Económico e Social o

---

[1] Sobre a personalidade jurídica da UA e a omissão da qualificação da sua natureza, no artigo 2.º do acto constitutivo é aceite que esta organização sucede à OUA, herdando o seu estatuto. Ver introdução e comentários constantes das notas 2 e 3 de Konstantinos D. Masliveras & Gino Naldi, "The African Union – A New Dawn for Africa?, 51 *The International and Comparative Law Quarterly*, n.º 2, pp. 415-25.

[2] Corinne A. A. Packer & Donald Rukare (2002), "The new African Union and its Constitution Act", 96 *American Journal of International Law*, n.º 2, pp. 36-37

ORGANIZAÇÃO DAS NAÇÕES UNIDAS

Conselho de Tutela, o Tribunal Internacional de Justiça e o Secretariado. Destes, a Assembleia Geral, o Conselho de Segurança e o TIJ são considerados órgãos principais, pois não dependem de outros órgãos para o seu funcionamento.

A Assembleia Geral, em que têm assento e igualdade de voto todos os Estados-Membros, reúne ordinariamente entre o início de Setembro e o final de Dezembro de cada ano, tendo uma competência de objecto praticamente ilimitada, embora as suas resoluções não sejam vinculativas para os Estados, salvo se aceites por estes como tal. A Assembleia está, contudo, impedida de intervir nos assuntos de que o Conselho de Segurança se esteja a ocupar, no âmbito das funções que lhe são conferidas.

O Conselho de Segurança é composto pelos cinco membros permanentes: a China, a França, a Rússia, o Reino Unidos e os Estados Unidos e por dez membros não permanentes eleitos por dois anos pela Assembleia Geral. Os membros permanentes têm direito de veto, visto que ao Conselho só pode deliberar sobre questões não consideradas "questões de processo" com o voto afirmativo desses membros.

O Conselho de Segurança tem poder para adoptar resoluções vinculativas para todos os Estados-Membros, no âmbito da sua responsabilidade de tomar as medidas necessárias para manter a paz e a segurança internacionais, incluindo o uso da força.

O Conselho Económico e Social ocupa-se de todas as questões relacionadas com a cooperação internacional. O Conselho de Tutela não tem actualmente qualquer actividade, visto já não existirem territórios sob tutela.

O Secretariado, encabeçado pelo secretário-geral é o órgão administrativo da ONU. O Secretário Geral ganhou um protagonismo político muito para além do previsto na letra da Carta.

O Tribunal Internacional de Justiça, composto por quinze juízes, funciona na Haia, tendo duas esferas de competência distintas. A competência consultiva, no âmbito da qual se pronunciar sobre questões para as quais os órgãos da ONU e outras solicitem o seu parecer e a competência litigiosa, para resolver litígios entre os Estados, desde que estes acordem previamente em submetê-los á sua apreciação.

Concebida inicialmente como uma organização dos vencedores da II Guerra Mundial, a ONU universalizou-se sendo hoje integrada por todos os Estados do mundo.

O papel do Conselho de segurança na garantia da paz e segurança internacionais foi muito prejudicado pela emergência da guerra fria e, durante o bloqueio consequente, pelo exercício sistemático do veto pelas superpotências. O final da Guerra Fria reacendeu a esperança na viabilização da acção do Conselho, mas a prática tem demonstrado a extrema dificuldade na obtenção de consensos.

No plano da cooperação, em particular da cooperação técnica e científica, a acção da ONU foi fundamental no quadro das relações internacionais, designadamente pela criação de instituições especializadas que, em conjunto com a própria ONU, constituem o Sistema das Nações Unidas.

Referências:

Manuel de Almeida Ribeiro & Mónica Ferro, *A Organização das Nações Unidas*, Coimbra: Almedina, 2004.

Rosalyn Higgins, The New United Nations: Appearance and Reality, Hull: University of Hull Press, 1993.

Michel Virally, *L'Organization Mondiale*, Paris: Armand Colin, 1971.

Paul Kennedy, The *Parliament* of Man: The Past, Present, and Future of the United Nations, New York: Random House, 2010.

ORGANIZAÇÃO DAS NAÇÕES UNIDAS PARA A EDUCAÇÃO, CIÊNCIA E CULTURA (UNESCO)

Francisco Borges

A UNESCO, acrónimo de *United Nations Educational, Scientific and Cultural Organization* – Organização das Nações Unidas para a Educação, Ciência e Cultura –, é uma organização inter-governamental e uma agência especializada das Nações Unidas. Foi constituída por uma convenção adoptada em Londres, no dia 16 de Novembro de 1945, também designada por Acto Constitutivo da UNESCO. Apesar de estar vinculada às Nações Unidas – nos termos do artigo 63.º da Carta das Nações Unidas –, a UNESCO tem autonomia em relação a esta organização internacional, estabelecendo o artigo 10.º do Acto Constitutivo que "as relações entre as duas organizações serão objecto de um acordo", que "deverá prever a cooperação efectiva entre as duas organizações."

Os objectivos da UNESCO são muito vastos, não tendo uma delimitação clara. O artigo 1.º, n.º 1, do Acto Constitutivo contém uma definição muito abrangente, estabelecendo que a "Organização tem por finalidade contribuir para a manutenção da paz e da segurança, mediante o incremento, através da educação, da ciência e da cultura, da colaboração entre as nações, a fim de assegurar o respeito universal pela justiça, pela lei, pelos direitos do homem e pelas liberdades fundamentais que a Carta das Nações Unidas reconhece a todos os povos do Mundo, sem distinção de raça, de sexo, de língua ou de religião." Esta indefinição nos objectivos da UNESCO tem dado origem a alguns conflitos entre os Estados-Membros ao longo da história da organização. Por exemplo, os Estados Unidos da América não fizeram parte da organização entre 1985 e 2003, tendo exercido o seu direito de retirada, previsto no artigo 2.º, n.º 6, do Acto Constitutivo, em 1984.

Segundo o artigo 3.º do Acto Constitutivo, os órgãos que compõem a estrutura da UNESCO são a Conferência-Geral, o Conselho Executivo e o Secretariado. A Conferência-Geral, "composta por representantes dos Estados-Membros da Organização", "define a orientação e as linhas gerais de trabalho" da UNESCO (artigo 4.º, n.ᵒˢ 1 e 2, do Acto Constitutivo). O Conselho Executivo é constituído por representantes de 58 Estados-Membros das diversas regiões do globo, eleitos pela Conferência-Geral. Segundo o artigo 5.º, n.º 6, alínea b), do Acto Constitutivo, o Conselho Executivo é responsável "pela execução do programa adoptado pela Conferência", devendo "tomar as medidas necessárias para assegurar, de acordo com as decisões da Conferência-Geral e tendo em atenção as circunstâncias que tiverem surgido entre duas sessões ordinárias, a execução eficaz e racional do programa pelo Director-Geral." O Director-Geral, nomeado pela Conferência-Geral, sob proposta do Conselho Executivo, é o mais alto funcionário da UNESCO, cabendo-lhe a liderança do Secretariado. Este órgão tem como principal função a implementação administrativa das decisões tomadas pelos restantes órgãos da organização.

Uma das mais significativas formas de intervenção da UNESCO é a adopção, pela Conferência-Geral, de convenções internacionais, recomendações e declarações. As convenções internacionais da UNESCO, embora necessitem de posterior aprovação pelos Estados-Membros, de acordo com os seus respectivos ordenamentos jurídicos internos, têm tido um papel importante em diversos domínios. Entre outras, podem ser referidas as convenções relativas a direitos de autor, por um lado, e as relativas à protecção do património cultural e natural, por outro. É, aliás, neste âmbito que a acção da UNESCO tem sido mais divulgada, através da popular Lista do Património Mundial.

Referências:
Fernando Valderrama, *A History of UNESCO*, Paris: UNESCO, 1995.
João Mota de Campos *et al.*, *Organizações internacionais: teoria geral, estudo monográfico das principais organizações internacionais de que Portugal é membro*, Lisboa: Fundação Calouste Gulbenkian, 2006.
Manuel Diez de Velasco Vallejo, *Las Organizaciones Internacionales*, Madrid: Tecnos, 2006.

ORGANIZAÇÃO DAS NAÇÕES UNIDAS PARA O DESENVOLVIMENTO INDUSTRIAL (ONUDI)

Mónica Dias

A Organização das Nações Unidas para o Desenvolvimento Industrial (ONUDI) (UNIDO em inglês – *United Nations Industrial Development Organization)* é uma agência especializada das Nações Unidas estabelecida inicialmente, a 17 de

ORGANIZAÇÃO DAS NAÇÕES UNIDAS PARA O DESENVOLVIMENTO INDUSTRIAL

Novembro de 1966, como uma organização autónoma das Nações Unidas pela Resolução 2152 (XXI) da Assembleia Geral. Em 1975 a Assembleia decidiu torná-la numa agência especializada, seguindo as exigências dos países em desenvolvimento que queriam alargar o seu âmbito de actuação, queriam que tivesse mais recursos disponíveis e que tivesse autonomia financeira e administrativa. Só a 21 de Junho de 1985 é que entrou em vigor a Constituição da ONUDI como agência especializada das Nações Unidas após terem sido conseguidas as 120 ratificações necessárias.

De acordo com a sua constituição, o principal objectivo da ONUDI era a promoção do desenvolvimento industrial nos países em desenvolvimento de forma a permitir o estabelecimento de uma nova ordem económica internacional e promover o desenvolvimento industrial e a cooperação aos níveis global, regional, nacional e sectorial.

A ONUDI tem como principais órgãos a Conferência Geral que deve reunir a cada 2 anos caso não decida de outra forma, o Conselho de Desenvolvimento Industrial e o Secretariado chefiado pelo Director-Geral.

Em 1975, na Segunda Conferência Geral da ONUDI realizada em Lima, no Peru, foram decididas 3 grandes linhas de orientação. Em primeiro lugar a promoção da indústria deveria fazer parte de uma estratégia de desenvolvimento propositadamente concebida por oposição a ser deixada ao *laissez-faire* do mercado. Como parte de uma mudança estrutural global a percentagem da actividade industrial deveria aumentar nos países em desenvolvimento de 7% em 1970 para 25% no ano 2000. A cooperação industrial deveria ser o principal mecanismo de aceleração industrial com base na cooperação reforçada entre Norte e Sul, entre os países em desenvolvimento (cooperação Sul-Sul) e sectorialmente entre empresas.

Com a expansão do neoliberalismo esta estratégia foi progressivamente assumida como dirigista e deu lugar a uma nova direcção que se afirmou nos anos 80 e 90 num esforço de manter a relevância da ONUDI. A Conferência Geral estabeleceu em 1995 como novas prioridades de desenvolvimento a promoção da cooperação económica entre países industrializados e países em desenvolvimento, a disseminação de um crescimento industrial sustentável ao nível ambiental e energeticamente eficiente, o desenvolvimento de pequenas e médias empresas, o crescimento da competitividade industrial global, a disseminação de novas tecnologias, o desenvolvimento industrial em áreas rurais e a promoção da agro--indústria nos países menos avançados.

Com o novo Plano de Negócios sobre o Futuro Papel e Funções da ONUDI lançado na conferência de 1997, as actividades da ONUDI foram reagrupadas em duas grandes áreas, nomeadamente, o fortalecimento da capacidade industrial e os esforços para um desenvolvimento industrial mais limpo e sustentável.

ORGANIZAÇÃO DAS NAÇÕES UNIDAS PARA O DESENVOLVIMENTO INDUSTRIAL

Referências:

Edmund J. Osmanczyk, *The Encyclopedia of the United Nations and International Agreements*, 2.ª ed., London: Taylor & Francis, 1990.

Edmund J. Osmanczyk & Anthony Mango (ed.), *The Encyclopedia of the United Nations and International Agreements*, 3.ª ed., v. 4, New York: Routledge, 2003.

Richard Jolly, Louis Emmerij, Dharam Ghai & Frédéric Lapeyre, *UN Contributions to Development Thinking and Practice*, Bloomington, Indianapolis: Indiana University Press, 2004.

ORGANIZAÇÃO DO TRATADO DO ATLÂNTICO NORTE (OTAN)

Luís Xavier Cabrita

A Organização do Tratado do Atlântico Norte (OTAN ou NATO em inglês) é uma Aliança actualmente constituída por 28 países da América do Norte e da Europa, em que os seus membros se comprometem a cumprir as disposições do Tratado do Atlântico Norte, assinado em Washington, em 4 Abril de 1949.

De acordo com o Tratado, o objectivo permanente e essencial da OTAN consiste na defesa da liberdade e da segurança dos países membros, por meios políticos e militares. A OTAN visa salvaguardar e promover os valores comuns dos Aliados-democracia, liberdade individual, Estado de Direito, resolução pacífica de conflitos-na área Euro-Atlântica.

O conceito fundamental do Tratado expressa-se no seu Artigo 5.º, de acordo com o qual um ataque armado contra um ou mais Aliados, será considerado um ataque contra todos. Pela primeira vez na sua história, na sequência dos ataques de 11 de Setembro de 2001 aos EUA, a OTAN invocou o Artigo 5.º. Outro importante artigo é o Artigo 6.º, que define a área onde qualquer ataque armado ímplicará a aplicação do Artigo 5.º.

Portugal foi um dos 12 países fundadores da Aliança. Em consequência de sucessivos alargamentos resultantes do seu sucesso, o número de países foi aumentando ao longo dos anos, até aos actuais vinte e oito.

A unanimidade constitui o processo de tomada de decisões no âmbito da OTAN, o que implica que as decisões adoptadas representam a vontade colectiva dos países membros soberanos, dando-lhes força e credibilidade.

A OTAN apoia-se numa estrutura complexa, com componentes civis e militares, sendo superiormente dirigida pelo Conselho do Atlântico, responsável por tratar as questões relativas à aplicação do Tratado e estabelecer orientações políticas. O *Chairman* do Conselho é o Secretário-Geral da OTAN. A estrutura engloba Grupos, Comités, Comandos Estratégicos, Comandos Regionais, Agências e outros organismos, sofrendo reestruturações periódicas que visam acompanhar a evolução das circunstâncias.

ORGANIZAÇÃO DO TRATADO DO ATLÂNTICO NORTE

O Quartel-General da OTAN, onde trabalham mais de 4000 pessoas, situa-se em Bruxelas. Durante os cerca de quarenta anos de Guerra Fria a OTAN assegurou a paz e acabou por vencer a guerra. Sobreviveu à queda do Muro de Berlim (Novembro/1989), à dissolução do Pacto de Varsóvia (Julho/1991), e à implosão da União Soviética.

No decorrer da sua existência, a Aliança tem vindo a adoptar diferentes Conceitos Estratégicos, que procuraram ter em conta os desenvolvimentos políticos, militares e tecnológicos, que entretanto se verificaram. Assim, de uma estratégia inicial suportada na ameaça de uma retaliação atómica em caso de agressão pelo inimigo, a partir de 1967 adoptou um novo Conceito Estratégico, a chamada Resposta Flexível. A contenção de um eventual ataque convencional seria feita gradualmente: primeira resposta com forças convencionais, prevendo-se um patamar de uso de armas nucleares, e apenas em última instância a retaliação nuclear maciça.

O fim da Guerra Fria implicou a adopção de um novo Conceito Estratégico, que teve lugar na Cimeira de Roma (Nov.1991). A política de segurança passa a estar baseada em 3 elementos fundamentais: diálogo com ex-adversários, cooperação na prevenção de conflitos, e defesa colectiva com menos ênfase na componente nuclear. Considerou-se particularmente importante a capacidade de prevenir e gerir crises (operações de manutenção e de imposição da paz), que pudessem afectar a estabilidade internacional, designadamente a segurança da Aliança.

A nova estratégia originou o alargamento da área de intervenção, com a realização de operações "fora de área", ou seja, da delimitada pelo Artigo 6.º, e um alargamento do tipo de missões, para além da defesa colectiva (operações "não Artigo 5.º").

Para o diálogo e a cooperação com países não membros criaram-se várias estruturas: "Conselho OTAN-Rússia", "Conselho de Parceria Euro-Atlântica", "Grupo de Diálogo Mediterrânico", "Iniciativa de Cooperação de Istambul", (total de 33 países envolvidos).

O Conceito Estratégico mais recente, adoptado na Cimeira de Lisboa, em Novembro de 2010, contempla as ameaças de eventuais ataques com mísseis balísticos, do terrorismo internacional, dos ataques no ciberespaço, dos tráficos de armamento, de droga e de pessoas, e também de potenciais ataques a infra-estruturas críticas.

Referências:
NATO Handbook, Brussels: NATO Public Diplomacy Division, 2006.
Portugal e os 50 anos da Aliança Atlântica, Lisboa: Ministério da Defesa Nacional, 1999.
Sítio na Internet da OTAN/NATO: http://www.nato.int

ORGANIZAÇÃO DOS ESTADOS AMERICANOS (OEA)

Mónica Dias

A Organização dos Estados Americanos (OEA) foi estabelecida na nona Conferência de Estados Americanos realizada em Bogotá, Colômbia, em 1948 com a adopção da Carta da Organização dos Estados Americanos que entrou em vigor em 1951. Esta organização veio suceder a União Internacional das Repúblicas Americanas estabelecida em 1890, no seguimento do primeiro encontro entre Estados Americanos incentivado pelos Estados Unidos da América no âmbito da doutrina Monroe e realizado em Washington no ano anterior. Desta forma, com as suas origens a remontarem ao final do século XIX a OEA é a organização regional mais antiga do mundo.

Para além da Carta da Organização dos Estados Americanos ou Carta de Bogotá que definiu os objectivos da organização, os seus órgãos, os seus princípios e as regras que devem comandar a sua actuação, a OEA tem também como instrumentos essenciais a Acta de Chapultepec de Março de 1945 e o Pacto do Rio de Janeiro de Setembro de 1947. O primeiro enunciou o princípio de que qualquer ataque contra a integridade do território, a soberania ou a independência política de um Estado Americano seria considerado um acto de agressão contra todos os signatários. O segundo reforçou os princípios da Acta de Chapultepec e criou os meios para os pôr em prática.

A Carta foi posteriormente revista pelo Protocolo de Buenos Aires em 1967, pelo Protocolo de Cartagena das Índias em 1985, pelo Protocolo de Washington em 1992 e pelo Protocolo da Manágua em 1993.

A OEA tem como objectivos reforçar a paz e a segurança no continente, promover e consolidar a democracia representativa com o devido respeito pelo princípio da não-intervenção, prevenir possíveis causas de dificuldades e garantir a resolução pacífica de disputas que possam surgir entre os Estados-Membros, prover a acção comum no caso de agressão, procurar a solução de problemas políticos, jurídicos ou económicos que possam surgir, promover, através da cooperação, o desenvolvimento económico, social e cultural, alcançar uma efectiva limitação das armas convencionais e dedicar a maior fatia dos seus recursos ao desenvolvimento económico e social dos Estados-Membros.

A OEA tem como Estados-Membros os 35 Estados independentes da América. Em 1962, a revolução cubana e a adopção do marxismo-leninismo levaram a que o governo de Cuba fosse excluído da participação no sistema interamericano, não perdendo Cuba, no entanto, o estatuto de membro da organização. Outros 62 Estados têm estatuto de observador permanente da OEA assim como a União Europeia.

A Carta de Bogotá estabeleceu como órgãos da organização: a Conferência Interamericana; a Reunião Consultiva dos Ministros dos Negócios Estrangeiros; o Conselho; e o Secretariado ou União Pan-Americana.

Actualmente a estrutura da OEA inclui: a Assembleia Geral; a Reunião Consultiva dos Ministros dos Negócios Estrangeiros; o Conselho Permanente; o Conselho Interamericano para o Desenvolvimento Integral; o Comité Jurídico Interamericano; a Comissão Interamericana dos Direitos do Homem; o Secretariado Geral; Conferências especializadas; e Organizações especializadas.

Referências:

Edmund J. Osmanczyk & Anthony Mango, (ed.), *Encyclopedia of the United Nations and International Agreements*, 3.ª ed., v. 4, New York: Routledge, 2003.

Joaquim da Silva Cunha, & Maria da Assunção do Vale Pereira, *Manual de Direito Internacional Público*, 2.ª ed., Coimbra: Almedina, 2004.

ORGANIZAÇÃO DOS PAÍSES EXPORTADORES DE PETRÓLEO (OPEP)

Miguel Calado Moura

A Organização dos Países Exportadores de Petróleo (OPEP, ou *OPEC*, em inglês) é uma organização governamental internacional composta pelos Estados que têm as maiores reservas de petróleo do mundo.

A OPEP foi criada pela Conferência de Bagdad de 10-14 de Setembro de 1960 pela Arábia Saudita, Irão, Iraque, Kuwait com o propósito essencial de evitar descidas abruptas no preço do petróleo formadas pelo "cartel sete irmãs" (na época: Anglo-Persian Oil Company, Gulf Oil, Mobil, Royal Dutch Shell, Standard Oil of New Jersey, Standard Oil of New York e Texaco).

Mais tarde juntaram-se nove outros membros: o Qatar (1961), a Indonésia e Líbia (1962), os Emiratos Árabes Unidos (1967), a Algéria (1969), a Nigéria (1971), o Equador (1973), o Gabão (1975) e Angola (2007). O período de permanência como membro da OPEP do Gabão durou até 1994, o Equador suspendeu em 1992 e voltou a ser membro em 2007 e a Indonésia suspendeu a 2009.

A sede actual da OPEP é em Viena (Áustria).

De acordo com os Estatutos, os principiais objectivos da OPEP são: i) a coordenação e unificação das políticas petrolíferas dos Estados-Membros e ii) a determinação dos melhores meios de salvaguarda dos interesses individuais e colectivos dos Estados-Membros, definindo, *inter alia*, as estratégicas de produção de petróleo. Neste sentido, uma das principais funções da OPEP é a estabilização dos preços do petróleo nos mercados internacionais, procurando evitar eventuais flutuações excessivas de preços.

Para além de organizar diversas conferências internacionais e emitir comunicados sobre assuntos relacionados com o sector petrolífero, a OPEP publica mensalmente um documento ("Oil Market Report") nos termos do qual é efectuado, não só um estudo económico sobre os cenários presentes, como também projecções económicas futuras no âmbito do sector.

A OPEP tem tido cada vez mais uma forte influência no mercado petrolífero, nomeadamente na *i*) fixação de preços e cotas de produção, de acordo com os dados da oferta e da procura, *ii*) no controlo dos preços de venda do petróleo nos mercados internacionais, bem como no controlo do volume de produção de petróleo dos Estados.

Referências:

Anthony Sampson, *The Seven Sisters: The Great Oil Companies and the World They Shaped*, New York:Viking Press, 1975.

Daniel Yergin, *The Prize: The Epic Quest for Oil, Money and Power*, New York: Simon & Schuster, 1991.

Prabhakas Deshpand , "OPEC vs OPIC-a case for Formation of Organization of Petroleum Importing Countries", Case and Teaching Paper Series, 2003.

John L. Simpson, "The Effect of OPEC Production Allocations on Oil Prices", 21st Australasian Finance and Banking Conference 2008.

ORGANIZAÇÃO INTERNACIONAL

Manuel de Almeida Ribeiro

Uma organização internacional pode-se definir como uma "associação de Estados, constituída por um tratado, dotada de uma constituição e possuindo uma personalidade jurídica distinta das dos Estados-Membros". Embora extremamente sintética esta definição contém os elementos necessários e suficientes para circunscreverem o conceito: a colectividade de Estados, a convenção que a constitui e a autonomia jurídica face aos seus membros.

A qualidade de membro de uma organização internacional está, em princípio, limitada aos Estados, sujeitos plenos de Direito Internacional. Desta circunstância decorre em grande parte o elemento internacional das organizações internacionais, já que as competências internacionais de que estas dispõem são-lhe reconhecidas por quem o pode fazer, que são, exactamente, os Estados. Há, contudo, algumas excepções a este princípio, ou seja, casos de entidades que, não sendo Estados, participam de organizações internacionais. É o caso da Santa Sé, que é membro de várias organizações internacionais. Por outro lado, em certas organizações, por razões especiais da conveniência dos próprios Estados, fazem-se representar não Estados, mas zonas geográficas. É o que acontece, por exemplo no caso da União Postal Universal que admite como membros comunidades territoriais de direito público, podendo dizer-se, neste caso, que estamos perante uma personalidade internacional *ad hoc* dessas zonas geográficas.

As definições de organização internacional referem especificamente a personalidade jurídica que é, assim, uma característica essencial da própria natureza da organização internacional.

A questão do reconhecimento da personalidade internacional às organizações internacionais não foi contudo isenta de controvérsia. De facto, nem o Pacto da Sociedade das Nações nem a Carta das Nações Unidas se referem expressamente à questão. Da Carta, designadamente, apenas se retira que a ONU tem personalidade jurídica perante o direito interno dos Estados-Membros (artigos 104 e 105). Por outro lado, considerava-se controverso que Estados pudessem criar por entidades dotadas de personalidade internacional oponível perante terceiros Estados.

A questão considera-se hoje resolvida após o parecer consultivo do Tribunal Internacional de Justiça denominado *Reparação de Danos Sofridos ao Serviço das Nações Unidas*, de 11 de Abril de 1949, Hoje reconhece-se que mesmo as organizações regionais detêm uma personalidade jurídica internacional *erga omnes*.

Uma consequência da subjectividade internacional das organizações internacionais é o seu *jus tractuum*, ou seja a capacidade para executar uma das três manifestações clássicas da soberania dos Estados no plano internacional: a celebração de tratados. Os contornos do *jus tractuum* das organizações internacionais são diferentes do dos Estados.

A delimitação das competências das organizações internacionais e da relação dessas competências com as dos Estados constitui uma das questões centrais da Teoria Geral das Organizações Internacionais. De facto, se a soberania consiste na negação da existência de poderes superiores aos da entidade soberana, ou na tal competência para definir competências, como admitir que os Estados, ao aderirem a organizações internacionais, lhes atribuam competências sem sacrificarem a sua própria soberania? A resposta a esta questão não é fácil, mas tem sido tentada, de forma mais ou menos profunda, em todos os manuais de Direito Internacional Público.

Referências:
Antonio Cassese, *International law,* Oxford: Oxford University Press, 2005.
Ngyuen Quoc Dihn, Patrick Dailler & Alain Pellet, *Droit International Public*, Paris: L.G.D.J., 1992.
Malcom N. Shaw, *International Law,* Cambridge: Cambridge University Press, 2003.
Manuel de Almeida Ribeiro & Mónica Ferro, *A Organização das Nações Unidas*, Coimbra: Almedina, 2004.

ORGANIZAÇÃO INTERNACIONAL DO TRABALHO (OIT)

ANDRÉ FILIPE VALADAS SARAMAGO

A Organização Internacional do Trabalho (OIT) foi criada em 1919 como parte do Tratado de Versalhes que pôs termo à I Guerra Mundial. Em 1948, tornou--se numa agência especializada das Nações Unidas. Encontra-se sediada em Genebra, na Suíça.

A sua criação resultou da ideia, expressa na sua Constituição, em como a paz universal e prolongada apenas poderá ser alcançada se for baseada em justiça social. Por isso, a OIT estabelece como seus objectivos: promover e assegurar o respeito pelos princípios e direitos fundamentais no trabalho; criar maiores oportunidades para os homens e mulheres assegurarem um emprego e um rendimento dignos; aumentar a cobertura e a eficácia da protecção social para todos; e reforçar o diálogo social.

A Organização procura realizar estes objectivos através do estabelecimento de critérios internacionais, sob a forma de Convenções e Recomendações, nas quais se estipulam, entre outras coisas: os padrões mínimos de respeito pelos direitos dos trabalhadores; a liberdade de associação; a liberdade de organização; a negociação colectiva; a abolição dos trabalhos forçados; a igualdade de oportunidades e de tratamento; e se incentiva a criação de oportunidades de emprego; o aumento da protecção social, e o reforço do diálogo em questões relacionadas com trabalho.

A OIT é única entre as organizações internacionais na medida em que apresenta uma estrutura tripartida. Ou seja, reúne, em pé de igualdade, governos, organizações de empregadores e organizações de trabalhadores para, em conjunto, definirem as políticas e programas da Organização e as normas e recomendações por si veiculadas. Esta estrutura tripartida verifica-se nos três órgãos principais da OIT.

A Conferência Internacional do Trabalho é o órgão máximo. Reúne-se anualmente e é composta por quatro representantes de cada um dos cento e oitenta e três Estados-Membros (dois delegados do governo, um delegado dos empregadores e um delegado dos trabalhadores). A Conferência é responsável por estabelecer e adoptar os padrões internacionais de trabalho e constitui um fórum para a discussão de questões relacionadas com o trabalho. Adopta também o Orçamento da OIT e elege o Conselho de Administração.

O Conselho de Administração é o órgão executivo. Reúne-se três vezes por ano e é responsável por elaborar as políticas, programas e orçamento da OIT, os quais submete à Conferência para aprovação. Elege também o Director-Geral da OIT a cada cinco anos. O Conselho é composto por cinquenta e seis representantes dos Estados-Membros (vinte e oito dos governos, catorze dos empregadores e catorze dos trabalhadores). Os Estados com maior importância industrial asseguram permanentemente dez dos lugares reservados aos governos. Os restantes representantes são eleitos a cada três anos de acordo com distribuição geográfica.

Por fim, o Bureau Internacional do Trabalho é o secretariado permanente da OIT, responsável por conduzir as actividades quotidianas da organização sob a supervisão do seu Director-Geral e do Conselho de Administração.

Portugal é membro da OIT desde 1919.

Referências:
Gerry Rodgers, *The International Labour Organization and the Quest for Social Justice, 1919-2009*, Genebra: International Labour Organization, 2009.
Sítio na Internet da OIT: http://www.ilo.org/global/lang--en/index.htm
Constituição da OIT: http://www.ilo.org/ilolex/english/constq.htm
Escritório da OIT em Lisboa: http://www.ilo.org/public/portugue/region/eurpro/lisbon/

ORGANIZAÇÃO MARÍTIMA INTERNACIONAL (OMI)

ANDRÉ FILIPE VALADAS SARAMAGO

A Organização Marítima Internacional (OMI) foi criada em 1948, sob o nome de Organização Marítima Consultiva Intergovernamental, tendo vindo a assumir, em 1982, a sua designação actual. Encontra-se sediada em Genebra, na Suíça.

Os principais objectivos da OMI são promover a cooperação entre os Estados-Membros no campo dos regulamentos e práticas relativas a todo o tipo de questões técnicas que afectam o transporte marítimo, assim como encorajar e facilitar a adopção generalizada dos mais altos padrões em matéria de segurança, eficiência da navegação e prevenção e controlo da poluição marítima. Além disso, a Organização é também responsável por lidar com as questões legais e administrativas associadas ao cumprimento destes objectivos, e por promover a cooperação técnica entre os Estados-Membros em áreas relacionadas com os transportes marítimos.

A OMI tem de momento cento e sessenta e nove Estados-Membros e três membros associados, respectivamente, Hong Kong, Macau e as Ilhas Faroe.

A estrutura da OMI encontra-se dividida em três órgãos e cinco comités. A Assembleia é o órgão máximo. É constituída por todos os Estados-Membros e reúne-se a todos os dois anos. As suas principais responsabilidades são definir as linhas gerais de orientação da Organização, votar o orçamento, determinar os arranjos financeiros da OMI e eleger o Conselho.

O Conselho é o órgão executivo e é responsável por supervisionar o funcionamento quotidiano da OMI de acordo com as orientações traçadas pela Assembleia. Entre as sessões da Assembleia, o Conselho desempenha todas as suas funções

ORGANIZAÇÃO MARÍTIMA INTERNACIONAL

excepto fazer recomendações aos Estados-Membros sobre questões relacionadas com a prevenção da poluição e a segurança marítima.

Os 5 Comités da OMI são o Comité de Segurança Marítima, o Comité de Protecção Ambiental Marítima, o Comité Jurídico, o Comité de Cooperação Técnica e o Comité de Facilitação. A apoiar todo o trabalho da OMI encontra-se o Secretariado.

Portugal é membro da OMI desde 1976.

Referências:

Nguyen Dinh, Patrick Daillier e Alain Pellet, *Direito Internacional Público*, 2.ª ed., Lisboa: Fundação Calouste Gulbenkian, 2003.

Sítio na Internet da OMI: http://www.imo.org/Pages/home.aspx

Memorando auto-explicativo da OMI: http://www5.imo.org/SharePoint/blastDataOnly.asp/data_id=4527/english.pdf

ORGANIZAÇÃO MUNDIAL DA PROPRIEDADE INTELECTUAL (OMPI)

MARIA CABRAL ALVES MINEIRO

A Organização Mundial da Propriedade Intelectual (OMPI) é uma instituição de Direito Internacional Público, sediada em Genebra na Suíça. Foi criada pela Convenção de Estocolmo de 14 de Julho de 1967 e tem como objectivo a promoção da protecção da propriedade intelectual a nível internacional, desenvolvendo uma infra-estrutura global e harmonizada de propriedade intelectual, mediante a cooperação dos diversos Estados-Membros, mantendo a colaboração com diversas organizações internacionais.

A sua origem remonta aos anos de 1883 e 1886, altura em que foram respectivamente adoptadas a Convenção de Paris para a Protecção da Propriedade Industrial e a Convenção de Berna para a Protecção de Obras Literárias e Artísticas.

Ambas as Convenções previam o funcionamento de uma "Secretaria Internacional". Da fusão das duas "Secretarias" nasceu a Secretaria Internacional reunida para a Protecção da Propriedade Intelectual (BIRPI) sediada em Berne na Suíça. Em 1960 a sua sede foi transferida para Genebra e uma década depois a BIRPI levou ao aparecimento da OMPI. Em 1974 esta instituição alcançou o estatuto de agência especializada das Nações Unidas, contando actualmente com 184 Estados-Membros, o que corresponde a 90% dos países de todo o mundo.

Com efeito, são os Estados-Membros da OMPI que determinam as suas linhas estratégicas e actividades a desenvolver. Face às exigências e desafios do século XXI a OMPI tende a adoptar medidas estratégias e actividades cada vez mais eficazes e eficientes, voltadas para o desenvolvimento e expansão nas matérias de propriedade intelectual.

ORGANIZAÇÃO MUNDIAL DE SAÚDE

Os serviços fornecidos pela OMPI passam pela protecção de patentes internacionais (Tratado de Cooperação em Matéria de Patentes-PCT), registo de marcas internacionais (Sistema de Madrid), registo de desenhos ou modelos internacionais (Sistema de Haia), registo de denominações de origem internacionais (Sistema de Lisboa), resolução alternativa de litígios na área da propriedade intelectual (incluindo um centro especializado na resolução de disputas relacionadas com nomes de domínio) e protecção de emblemas dos Estados e de organizações.

Actualmente a OMPI administra 24 tratados multilaterais, divididos em 3 grupos, entre as quais as *supra* referidas Convenção de Paris e Convenção de Berna. Ora, na área da protecção de propriedade intelectual estão definidas as regras básicas de protecção para cada um destes direitos e no sistema de protecção global são apresentados os tratados que garantem que os direitos de propriedade intelectual serão respeitados em todos os Estados-Membros. Por último, nos tratados na área da classificação incluem-se os sistemas de classificação de marcas, patentes e desenhos ou modelos.

Referências:

Sítio na Internet da da OMPI: http://www.wipo.int
Código da Propriedade Industrial Anotado, António Campinos, coord. geral, Luís Couto Gonçalves, coord. científica, Coimbra: Almedina, 2010, pp. 29 e 30.

ORGANIZAÇÃO MUNDIAL DE SAÚDE (OMS)

André Filipe Valadas Saramago

A Organização Mundial de Saúde (OMS) é uma agência especializada da Organização das Nações Unidas, criada em 1948 e sediada em Genebra, na Suíça. O principal objectivo da OMS é promover o aumento do nível de saúde de todos os povos, sendo saúde definida pela Organização como um estado de completo bem-estar físico, mental e social que não constitui somente a ausência da doença ou enfermidade.

Para atingir este objectivo, a OMS procura cumprir uma agenda com seis pontos estratégicos. Primeiro, a promoção do desenvolvimento. A saúde tem uma relação de interdependência comprovada com o desenvolvimento socioeconómico. Por isso, a OMS defende que as questões relacionadas com a saúde devem integrar todas as estratégias de promoção do desenvolvimento. Em particular, estas devem assegurar o respeito pelo príncipio da equidade e da não exclusão no acesso aos cuidados de saúde.

Segundo, a promoção da segurança sanitária. A vulnerabilidade partilhada por todo o mundo face às ameaças à saúde, como as epidemias, exige acção colectiva,

ORGANIZAÇÃO MUNDIAL DE SAÚDE

o que leva a OMS a agir junto dos Estados-Membros no sentido de preparar os seus sectores de saúde para lidarem eficazmente com estas ameaças.

Terceiro, o reforço dos sistemas de saúde. Nesta área, a OMS procura garantir a formação de funcionários de saúde, o financiamento a programas de desenvolvimento do sector de saúde, a criação de sistemas eficazes de recolha de estatísticas e o desenolvimento de tecnologias apropriadas à melhoria das condições de saúde.

Quarto, aproveitar a investigação e a informação. A OMS produz informação especializada, com base na qual se possam criar normas e padrões relativos à monitorização e à melhoria das condições globais de saúde. Promove também a investigação para o desenvolvimento de tecnologias relacionadas com a saúde.

Quinto, potenciar alianças. A OMS desenvolve o seu trabalho com o apoio e a colaboração de muitos parceiros, incluindo outras organizações internacionais e agências da ONU, doadores, sociedade civil e o sector privado. A OMS procura encorajar os seus parceiros a coordenarem os seus programas e a alinharem as suas actividades de acordo com as orientações e práticas da Organização, de forma a promover a eficácia e a eficiência na gestão mundial da saúde.

Sexto, melhoria do desempenho. A OMS encontra-se em constante processo de reforma interna para melhorar o seu desempenho. Para isso, planeia o seu orçamento e actividades de acordo com uma gestão baseada em resultados, com objectivos claramente definidos, de forma a melhorar o seu funcionamento a nível nacional, regional e internacional.

A OMS é constituída por três órgãos. A Assembleia Mundial de Saúde, que integra as delegações de todos os cento e noventa e três Estados-Membros e se reúne uma vez por ano. É responsável por traçar as linhas gerais de orientação ao funcionamento da OMS.

O Conselho Executivo, composto por trinta e quatro Estados-Membros, eleitos por mandatos de três anos, de acordo com as suas qualificações técnicas na área da saúde. Reúne-se duas vezes ao ano. É responsável por aprovar resoluções, por adoptar a agenda da Assembleia Mundial e por traduzir nas políticas práticas da OMS as linhas gerais de orientação estabelecidas pela Assembleia.

E o Secretariado, responsável por implementar as medidas adoptadas pelo Conselho Executivo e por assegurar o funcionamento quotidiano da OMS.

Portugal é membro da OMS desde 1948.

Referências:
Kelley Lee, *The World Health Organization*, New York: Routledge, 2008.
Sítio na Internet da OMS: http://www.who.int/en/
Agenda da OMS: http://www.who.int/about/agenda/en/index.html
OMS – Portugal: http://www.who.int/countries/prt/en/

ORGANIZAÇÃO MUNDIAL DO COMÉRCIO (OMC)

Maria Cabral Alves Mineiro

A Organização Mundial de Comércio (OMC) nasceu a 1 de Janeiro de 1995, encontrando-se sediada em Genebra. Trata-se de uma organização internacional composta por 153 Estados-Membros, cujo principal papel passa por lidar com as regras sobre o comércio internacional de produtos e serviços, abrangendo uma vasta gama de sectores, tais como agricultura, têxteis, telecomunicações, bancário e propriedade intelectual. Dispõe de um centro de resolução de conflitos na área do comércio, desenvolve programas de cooperação com outras organizações internacionais e supervisiona os acordos adoptados pelos seus Estados-Membros.

A razão de ser da sua criação prende-se com a necessidade sentida por vários países após a II Guerra Mundial, em diminuir as medidas proteccionistas dos anos 30 e regular as suas relações económicas e internacionais de forma a reduzir reciprocamente as tarifas de comércio. Assim, no período pós-guerra, foi discutida a criação da Organização Internacional do Comércio, a qual funcionaria como agência especializada das Nações Unidas. No entanto, as negociações ocorridas no fórum de discussões em Havana acabaram por fracassar devido à não aprovação por parte do Congresso dos EUA. Nessa medida, o Acordo Geral sobre as Pautas Aduaneiras e o Comércio (GATT) definiu a criação da OMC nas negociações comerciais multilaterais do Ciclo do Uruguai ocorridas entre 1986 e 1994.

Os acordos administrados pela OMC obedecem a um conjunto de princípios, nomeadamente o da não discriminação dos parceiros comerciais, produtos e serviços, previsibilidade das barreiras impostas ao comércio, desencorajamento de práticas desleais e diferenciação positiva para os países em vias de desenvolvimento.

Referências:
Desenvolvimentos acerca da OMC disponíveis em: http://www.wto.org/english/thewto_e/whatis_e/whatis_e.htm
Michel Rainelli, *A Organização Mundial do Comércio*, Terramar, 1998.
Amrita Narlikar, *The World Trade Organization – A very short introduction*, Oxford University Press, 2005.
Bernard M. Hoekman e Petros C. Mavroidis, *The World Trade Organization: Law, economics and politics*, Routledge, 2007.

ORGANIZAÇÕES NÃO GOVERNAMENTAIS (ONG)

Maria João Militão Ferreira

O Conselho da Europa define as organizações não governamentais como "organizações, autónomas e independentes estabelecidas com o intuito de concretizar fins essencialmente não lucrativos definidos pelos seus fundadores ou membros (Conselho da Europa, 2007, ponto 1). A Convenção Europeia sobre o Reconhecimento da Personalidade Jurídica das Organizações Não Governamentais Internacionais enuncia um conjunto de elementos fundamentais para a compreensão da natureza destas entidades, nomeadamente, a natureza privada da organização, a posse de fins não lucrativos de utilidade internacional e o gozo de personalidade e capacidade jurídica internas ao estado onde a organização esta sediada. O conceito de organização não governamental surgiu em 1945 em paralelo com a fundação da Organização das Nações Unidas (ONU) e com a aprovação da sua Carta constitutiva. A Carta das Nações Unidas estabelece uma distinção entre a natureza das parcerias que podem ser estabelecidas entre o Conselho Económico e Social (CES) e as agências especializadas intergovernamentais e entre o CES e organizações não governamentais de âmbito internacional e nacional. O artigo 71.º da Carta consagra que o CES pode estabelecer "entendimentos" com organizações não governamentais cuja acção incida sobre temáticas que possam enquadrar-se no âmbito de competência do Conselho. Com base no artigo 71.º da Carta das Nações Unidas foi criada a figura do estatuto consultivo que constitui o instrumento formal de reconhecimento da articulação entre a ONU e as organizações não governamentais. O estatuto consultivo, que em 2010 era reconhecido a 3337 organizações, encontra-se regulamentado pela Resolução CES/1996/31 do Conselho Económico e Social. O texto da Resolução prevê um conjunto de elementos que concorrem para que uma organização possa ser reconhecida como sendo não governamental, designadamente, o facto de não ter sido estabelecida por uma entidade governamental ou por via de um acordo intergovernamental. Tal não significa que uma organização não governamental não possa incluir, enquanto membros, entidades designadas por um órgão público desde que essa inclusão não coarcte a liberdade de expressão da organização. A Resolução CES/1996/31 indica ainda como critério de acesso ao estatuto consultivo, a transparência e o carácter não governamental das fontes de financiamento da organização, a representatividade e democraticidade processual das suas estruturas e o carácter benigno dos seus fins, o que se traduz na compatibilidade entre estes e os objectivos das Nações Unidas. A forma como o estatuto consultivo tem sido interpretado e aplicado permite-nos indicar mais algumas características distintivas das organizações não governamentais. Um partido político não pode constituir uma organização não governamental. Todavia, associações de partidos políticos, como a Internacional Socialista, podem constituir organizações não governamentais. Uma entidade com fins lucrativos não pode constituir uma organização não governamental. Contudo, associações empresariais de representação de interesses podem aceder ao estatuto consultivo. Este estatuto compreende, actualmente, três categorias – geral, especial e lista – que diferenciam as organizações não governamentais segundo o seu potencial de contribuição para a acção do CES e que definem a amplitude dos seus direitos e deveres no contexto das actividades e funcionamento do Conselho Económico e Social.

Referências:

Conselho da Europa, *European Convention on the Recognition of the Legal Personality of International Non-Governmental Organizations*, European Treaty Series n.º 124, Estrasburgo, 1986.

Conselho da Europa, *Recommendation CM/Rec (2007)14 of the Committee of Ministers to Member-States on the Legal Status of Non-Governmental Organisations in Europe*, adopted by the Committee of Ministers on 10 October 2007 at the 1006th meeting of the Ministers' Deputies, Estrasburgo, 2007.

Conselho Económico e Social, Resolução CES/1996/31, *Consultative Relationship between the United Nations and Non-Governmental Organizations*, 49.ª sessão plenária, 25 de Julho de 1996.

Paula Escarameia, *Colectânea de Leis de Direito Internacional*, Lisboa: Instituto Superior de Ciências Sociais e Políticas/Universidade Técnica de Lisboa, 1998.

Peter Willetts, "Transnational Actors and International Organizations in World Politics", John Baylis, Steve Smith, Patricia Owens (eds.), *The Globalization of World Politics. An Introduction to International Relations*, 5.ª ed., Nova York: Oxford University Press, 2011, 356-387.

PACTO BRIAND-KELLOGG

Mateus Kowalski e Miguel de Serpa Soares

O Direito Internacional, principalmente desde o início do século XX, foi limitando o uso da força nas relações internacionais até à consagração definitiva da proibição do recurso à ameaça ou ao uso da força nas relações internacionais, tal como codificada no artigo 2.º, n.º 4 da Carta das Nações Unidas. O Pacto Briand-Kellogg de 1928 constituiu um dos últimos passos antes da consagração daquele princípio.

Em 1927, o Ministro dos Negócios Estrangeiros Francês, Aristide Briand, propôs ao seu homólogo dos EUA, Frank Kellogg, concluir um tratado bilateral que ilegalizasse a guerra e que estabelecesse a obrigação de a ela renunciarem como instrumento de política nacional. Assentindo, Kellogg levou a ideia mais longe e propôs que o tratado fosse aberto à vinculação por todos os Estados. Assim, a 27 de Agosto de 1928, foi adoptado aquele que ficou conhecido por "Pacto Briand-Kellogg".

O Pacto é composto por um preâmbulo e três artigos. No artigo 1.º as Partes declaram que "condenam o recurso à guerra para a resolução de controvérsias internacionais e a ela renunciam enquanto instrumento de política nacional nas relações entre elas". Na sequência, o artigo 2.º estabelece que as controvérsias entre as Partes serão resolvidas apenas com recurso a meios pacíficos.

PACTO BRIAND-KELLOGG

O princípio de proibição do recurso à força nas relações internacionais ficou, assim, estabelecido de forma irreversível. Todavia, o Pacto nada estabelecia sobre as consequências da sua violação.

Referências:

Anthony Arend & Robert Beck, *International Law and the Use of Force: Beyond the UN Charter Paradigm*, London: Routledge, 1993.

Marie Davis *The Briand-Kellogg Pact 1928-1929: Forces Leading to the Ratification of the Treaty Leading to the Renunciation of War*, s.ed, s.l., 1954.

Christine Gray, *International Law and the Use of Force*, Oxford: Oxford University Press, 2008.

PACTO INTERNACIONAL DE DIREITOS CIVIS E POLÍTICOS (PIDCP)

ISABEL CABRITA

O Pacto Internacional de Direitos Civis e Políticos (PIDCP) foi aprovado através da Resolução 2200 A (XXI) da Assembleia Geral das Nações Unidas, de 16 de Dezembro de 1966 e entrou em vigor no dia 23 de Março de 1976, depois de ter sido ratificado por 35 Estados, que era o número mínimo exigido para tal efeito (v. artigo 49.º). Actualmente, o Pacto tem 166 Estados partes.

O PIDCP é composto por um preâmbulo e divide-se em seis partes.

As Partes I a III (artigos 1.º a 27.º) acolhem praticamente todos os direitos civis e políticos previstos na Declaração Universal dos Direitos do Homem (DUDH), assim como contêm disposições gerais relacionadas com a proibição da discriminação e do abuso, da igualdade entre homens e mulheres e as cláusulas de salvaguarda.

As Partes IV a VI (artigos 28.º a 52.º) contêm as disposições de garantia, os princípios de interpretação e as cláusulas finais.

O Pacto não acolheu alguns dos direitos previstos na DUDH, designadamente o direito de propriedade, o direito à nacionalidade e o direito de asilo mas, por outro lado, acrescentou alguns direitos, entre outros, o direito a ser tratado com humanidade e com respeito da dignidade inerente à pessoa humana quando preso ou detido (artigo 10.º), a protecção contra a prisão por dívidas (artigo 11.º) e o direito das pessoas pertencentes a minorias culturais de ter em comum com os outros membros do seu grupo a sua própria vida cultural, a sua própria religião e a sua própria língua (artigo 27.º).

De acordo com o estabelecido no artigo 2.º do Pacto, os Estados partes obrigam-se a respeitar e a garantir a todos os indivíduos que se encontrem nos seus territórios e sujeitos à sua jurisdição os direitos nele reconhecidos e a adoptar as medidas necessárias nos domínios da legislação e da política social para implementar os direitos.

O artigo 4.º do Pacto contém uma cláusula de derrogação que permite aos Estados *"em tempo de uma emergência pública que ameaça a existência da nação e cuja existência seja proclamada por um acto oficial"* suspender os direitos nele previstos desde que as medidas derrogatórias *"não envolvam uma discriminação fundada unicamente sobre a raça, a cor, o sexo, a língua, a religião ou a origem social"*. Além disto, o Pacto não autoriza em nenhuma situação qualquer derrogação dos seguintes direitos: direito à vida, dos direitos derivados da proibição da tortura, das penas e dos tratamentos cruéis ou degradantes, da proibição de prisão por dívidas, do princípio da legalidade (é o caso da irretroactividade da lei penal), o direito ao reconhecimento da personalidade jurídica do ser humano e o direito à liberdade de pensamento, de consciência e de religião (artigo 4, n.º 2).

O Pacto também autoriza *restrições* e *limitações* de alguns dos direitos nele previstos (v., p. ex, os artigos 6.º n.º 1 e 9.º, n.º 1 e artigos 18.º, n.º 3 e 19.º, n.º 3).

Para garantir o cumprimento das obrigações impostas aos Estados partes, o Pacto criou o Comité dos Direitos do Homem (v. artigo 28.º). O Comité é composto por 18 peritos, que são eleitos pelos Estados partes a partir de uma lista de candidatos apresentada pelos próprios Estados e que exercem as funções a título pessoal.

O Comité examina os relatórios periódicos dos Estados (artigo 40.º), aprecia as comunicações dos Estados quando um Estado Parte pretende que um outro Estado Parte não cumpre as suas obrigações resultantes do presente Pacto (artigo 41.º) e aprecia as comunicações dos indivíduos, nos termos previstos no Primeiro Protocolo Facultativo ao PIDCP.

Referências:

Ana Maria Guerra Martins, *Direito Internacional dos Direitos Humanos,* Coimbra: Almedina, 2006.

Isabel Cabrita, *Direitos Humanos: Um Conceito Em Movimento,* Coimbra: Almedina, 2011.

Thomas Buergenthal, Dinah Shelton e David Stewart, *International Human Rights*, 3.ª ed., USA: West Group, 2004.

PACTO INTERNACIONAL DE DIREITOS ECONÓMICOS, SOCIAIS E CULTURAIS (PIDESC)

Isabel Cabrita

O Pacto Internacional de Direitos Económicos, Sociais e Culturais (PIDESC) foi aprovado pela Resolução 2200 A (XXI) da Assembleia Geral das Nações Unidas, de 16 de Dezembro de 1966 e entrou em vigor no dia 3 de Janeiro de 1976, depois de ter sido ratificado por 35 Estados, que era o número mínimo exigido para tal efeito (artigo 27.º). Actualmente, o Pacto tem 160 Estados partes.

O PIDESC contém diversas disposições iguais às previstas no Pacto Internacional de Direitos Civis e Políticos (PIDCP): o Preâmbulo, o direito à autodeterminação dos povos (artigo 1.º), a proibição da discriminação baseada em motivos de

PACTO INTERNACIONAL DE DIREITOS ECONÓMICOS, SOCIAIS E CULTURAIS

raça, cor, sexo, língua, religião, opinião política ou qualquer outra opinião, origem nacional ou social, fortuna, nascimento ou qualquer outra situação (artigo 2.º, n.º 2), a igualdade de direitos entre homens e mulheres (artigo 3.º) e as cláusulas de salvaguarda (artigo 5.º).

O PIDESC não só enunciou os direitos económicos, sociais e culturais reconhecidos pela DUDH como os desenvolveu com bastante pormenor, nos artigos 6.º a 15.º O Pacto acolheu o direito ao trabalho e a que o mesmo se desenvolva em condições justas e favoráveis, a liberdade sindical e o direito de greve, o direito à segurança social o direito à protecção da família, das mães e das crianças, o direito a um nível de vida suficiente, incluindo alimentação, vestuário e alojamento, bem como a um melhoramento constante das condições de existência, o direito à saúde, o direito à educação e o direito a participar na vida cultural e a beneficiar do progresso científico.

Diferentemente do PIDCP que impõe obrigações imediatas de implementação dos direitos nele previstos, o PIDESC concebe uma implementação progressiva dos direitos e condicionada pelos recursos disponíveis. Salienta-se que estas obrigações devem ser implementadas não só através do esforço de cada Estado parte como através da assistência e cooperação internacionais (artigo 2.º).

Em 1991, o Comité dos Direitos Económicos, Sociais e Culturais (CDESC), apesar de reconhecer que *"o Pacto prevê uma realização progressiva dos direitos e tem a conta as restrições derivadas dos recursos limitados com que se conta"*, veio afirmar que o mesmo *"também impõe várias obrigações com efeito imediato"* (v. Observação Geral n.º 3 do CDESC). De entre estas últimas obrigações, o CDESC destaca duas em particular: a obrigação dos Estados partes de garantirem que os direitos enunciados no Pacto serão exercidos sem discriminação e a obrigação de adoptarem as medidas tendentes à implementação dos direitos dentro de um prazo razoavelmente breve após a entrada em vigor do Pacto.

Para garantir o respeito das obrigações impostas aos Estados pelo Pacto estabeleceu-se que os Estados deveriam apresentar relatórios sobre as medidas adoptadas e os progressos realizados com vista à realização dos direitos. Os relatórios deveriam ser enviados para o Secretário-Geral das Nações Unidas, que mandaria uma cópia para o Conselho Económico e Social (artigo 16.º).

Em 1985 o Conselho Económico e Social criou o CDESC, com o fim de estabelecer um órgão paralelo ao Comité dos Direitos do Homem (v. resolução 1985/17, de 28 de Maio).

No dia 10 de Dezembro de 2008, a AG das Nações Unidas aprovou o *Protocolo Facultativo ao Pacto Internacional de Direitos Económicos, Sociais e Culturais*, que prevê um sistema de comunicações individuais para casos de violações dos direitos económicos, sociais e culturais. O novo Protocolo Facultativo ainda não entrou em vigor por falta do número mínimo de ratificações exigidas para o efeito.

Referências:

Ana Maria Guerra Martins, *Direito Internacional dos Direitos Humanos,* Coimbra: Almedina, 2006.

Isabel Cabrita, *Direitos Humanos: Um Conceito Em Movimento,* Coimbra: Almedina, 2011.

Thomas Buergenthal, Dinah Shelton e David Stewart, *International Human Rights,* 3.ª ed., USA: West Group, 2004.

PARAÍSOS FISCAIS

RITA CALÇADA PIRES

Embora não haja unanimidade quanto aos requisitos relativos ao conceito de paraíso fiscal, pode contudo indicar-se, conforme a OCDE, serem factores essenciais da relativa identificação e para fins da concorrência fiscal, a inexistência ou insignificância de tributação acrescendo, usualmente, a falta de transparência, gerada esta pelo segredo bancário e/ou comercial, não permitindo troca de informações, bem como a ausência de actividades substanciais. Contudo, os elementos caracterizadores de um paraíso fiscal não são apenas limitados ao elemento fiscal, em regra, são jurisdições onde outras atractividades são apresentadas, como um ambiente legal favorável e um sistema de regulação flexível, bastante permeável às necessidades empresariais. A razão de ser para a existência deste universo de jurisdições encontra-se na crescente necessidade de captação de investimento para as economias. No entanto, o tipo de investimento que mais utiliza os paraísos fiscais é o investimento de carteira (*portfolio*) por ser dotado de uma maior mobilidade e por não necessitar de estruturas que normalmente os países que são denominados paraísos fiscais não têm e de que o investimento estrangeiro directo necessita. A utilização de paraísos fiscais tem sido crescente, encontrando-se especial justificação para esse crescimento na recente profusão de legislação contra o denominado planeamento fiscal agressivo (e.g. EUA, Reino Unido e Alemanha).

É comum distinguir-se entre paraísos fiscais e zonas fiscais preferenciais, atendendo-se à existência ou não de tributação, uma vez que as zonas fiscais preferenciais aplicam taxas efectivas de tributação nulas ou diminutas, verificando-se ainda outros requisitos, dos quais se destaca a sua limitação aos não residentes (*ring fence*). Não raro é igualmente encontrar referências aos paraísos fiscais como centros financeiros *offshore*. De acordo com doutrina consagrada, é verdade afirmar-se serem os paraísos fiscais um dos tipos de centros financeiros *offshore* e, portanto, não sendo este último conceito deles exclusivo. Isto por se definir centro financeiro *offshore* como jurisdições onde as transacções com os não residentes são largamente maioritárias em face das praticadas por residentes (Dixon 2001).

Pelas suas consequências negativas no processo de construção de um espaço comum de actuação, com mínimos essenciais presentes em todas as jurisdições fiscais (*level playing field*), torna-se inevitável combater a sua existência. A forma mais genérica de luta contra os paraísos fiscais passa pela adopção de limites aos benefícios na eliminação da dupla tributação, quando os rendimentos sejam provenientes de paraísos fiscais. Mas existência de concreta legislação de combate aos paraísos fiscais existe igualmente, sendo uma tendência geral no universo tributário internacional. Apontam-se a necessidade de transparência, a troca de informações, as regras sobre preços de transferência, as regras sobre o alargamento da residência das sociedades e ainda as medidas de controlo de sociedades (*controlled foreign companies* – CFC).

Referências:
Caroline Doggart, *Paraísos Fiscais*, Vida Económica, 2004.
Claude Ducouloux-Favard, *Les paradis fiscaux et judicieres*, Riveneuve, 2010.
José Manuel Braz da Silva, *Os paraísos fiscais. Casos práticos com empresas portuguesas*, Coimbra: Almedina, 2000.
Nuno Sampaio Ribeiro, *Regimes Fiscais Preferenciais*, Lisboa: Fisco, 2002.
R. Alan, R. Murphy & C. Chavagneux, *Tax Havens. How globalization really works*, Cornell University Press, 2009.

PARLAMENTO EUROPEU

Francisco Pereira Coutinho

O Parlamento Europeu é uma instituição de decisão política da União Europeia composta por um máximo de 751 representantes dos cidadãos da União, eleitos em cada Estado-Membro através de sufrágio universal directo, livre e secreto, por um mandato de cinco anos (artigo 13.º e 14.º, n.ºs 2 e 3, do Tratado da União Europeia). A representação dos cidadãos da União é "degressivamente proporcional", o que significa que a relação entre população e deputados deverá ser tanto menos proporcional quanto mais populosos forem os Estados-Membros, com o limite de que nenhum Estado-Membro pode ter mais do que 96 lugares e menos de 6 lugares (artigo 14.º, n.º 2, do Tratado da União Europeia). Os Deputados eleitos agrupam-se em função das suas afinidades políticas e não por nacionalidade, podendo constituir grupos políticos, os quais devem incluir um número mínimo de 25 deputados e representar, pelo menos, um quarto dos Estados-Membros (artigo 30.º do Regimento do Parlamento Europeu). Os Deputados europeus reúnem-se numa sessão anual, que corresponde ao período de um ano (artigo 229.º do Tratado sobre o Funcionamento da União Europeia). No decorrer da sessão anual, são realizadas doze sessões ordinárias do plenário, as quais têm lugar em Estrasburgo durante uma semana de cada mês. As sessões suplementares e as reuniões das comissões parlamentares têm lugar em Bruxelas.

O Parlamento Europeu surgiu, sob o nome de Assembleia, nos Tratados fundadores das Comunidades Europeias como uma instituição dotada de funções consultivas e composto por membros designados pelos parlamentos nacionais. A transformação do Parlamento Europeu num órgão de decisão política seguiu-se à adopção do modelo de escolha directa dos deputados europeus pelos cidadãos dos Estados-Membros (1976). As sucessivas revisões dos Tratados – em 1987, 1993, 1999, 2003 e 2009 – concederam ao Parlamento Europeu poderes cada vez mais alargados, que lhe permitiram transformar-se numa das instituições mais influentes da União Europeia. Para além de competências de auto-organização, o Parlamento Europeu participa no procedimento orçamental e nos procedimentos decisórios destinados à adopção de actos de direito da União de natureza legislativa, executiva ou jurídico-internacional. Possui ainda competências de controlo político exercidas através da participação no processo de nomeação dos membros de outras instituições e órgãos da União Europeia (*v. g.* a Comissão Europeia ou o Provedor de Justiça) e de fiscalização da acção da Comissão e de outros órgãos da União Europeia (*v. g.* através das comissões parlamentares de inquérito, da moção de censura à Comissão Europeia ou das perguntas escritas e orais à Comissão Europeia).

Referências:
Jean-Louis Burban, *Le Parlement européen*, PUF, 1997.
Nicholas Clinchamps, *Parlement européen et droit parlamentaire. Essai sur la naissance du droit parlamentaire de l'Union européenne*, LGDJ, 2006.
Richard Corbett, Francis Jacobs & Michael Shackleton, *The European Parliament*, 7.ª ed., John Harper, 2007.
David Judge & David Earnshaw, *The European Parliament*, 2.ª ed., Palmgrave Macmillan, 2008.
Paulo Alves Pardal, "O Parlamento Europeu e os parlamentos nacionais: adversários ou aliados?", *Estudos em Homenagem ao Professor Doutor Paulo de Pitta e Cunha: Assuntos Europeus e Integração Económica*, I, Coimbra: Almedina, 2010, pp. 1033 a 1080.

PASSAGEM INOFENSIVA (DIREITO DE)

Vasco Becker-Weinberg

O direito de passagem inofensiva constitui a liberdade dos navios de um Estado, sem qualquer discriminação, navegarem no mar territorial de outro Estado, incluindo a escala num ancoradouro ou instalação portuária [artigos 17.º, 18.º (1)], sem que penetrem nas suas águas interiores, excepto quando o traçar de uma linha de base recta encerre como águas interiores, águas que anteriormente não eram consideradas como tais. Nestes casos, mantém-se o direito de passagem inofensiva conforme existia antes do traçar da linha de base recta [artigo 8.º (2)].

PASSAGEM INOFENSIVA (DIREITO DE)

O conceito de passagem corresponde ao exercício da liberdade de navegação de forma contínua e rápida, sem prejuízo da necessidade de um navio parar ou fundear quando tal constitua um incidente comum de navegação, ou resulte de uma inevitabilidade como, por exemplo, a prestação de auxílio [artigo 18.º (2)].

Será inofensiva a passagem de um navio que não represente um perigo ou constitua uma ameaça para o Estado costeiro e outros navios, colocando em causa a paz e segurança desse Estado [artigo 19.º], sendo que, no caso dos submarinos, o facto de terem que navegar à superfície e mostrar a sua bandeira [artigo 20.º] não implica que quando naveguem submergidos constitua, por si só, passagem não inocente.

No alto mar, na ZEE ou na zona contígua, o regime de passagem inofensiva não se aplica dado que, nestes espaços, todos os Estados gozam da liberdade de navegação, não podendo os navios estar sujeitos a qualquer ingerência, excepto quando esta respeitar ao exercício da jurisdição de um Estado relativamente a um navio que use a sua bandeira nacional, ou quando um navio não use qualquer bandeira ou recorra a bandeiras de conveniência [artigos 33.º (1), 58.º (1)(2), 87.º (1) (a), 90.º, 92.º, 110.º (1) (d) (e)].

Nas águas arquipelágicas os Estados exercem o direito de passagem inofensivo no mar territorial e nas rotas marítimas arquipelágicas [artigos 52.º-54.º], embora, contrariamente ao regime do mar territorial, [artigo 25.º (3)], e em resultado do compromisso alcançado na CNUDM, estes Estados não possam suspender a passagem arquipelágica [artigos 44.º, 54.º].

Nos estreitos internacionais, os navios gozam, em conformidade com o respectivo regime legal, da liberdade de navegação, desde que *i*) a situação geográfica do estreito permita a passagem em trânsito entre duas partes do alto mar ou da ZEE, ou entre qualquer uma destas, e *ii*) seja utilizado para navegação internacional. Caso contrário, aplicar-se-á o regime do direito de passagem inofensiva, embora sem a possibilidade de suspensão em estreitos utilizados para a navegação internacional [artigos 36.º, 37.º, 38.º (2) 45.º].

Refira-se ainda que, contrariamente ao direito de passagem inofensiva, a liberdade de navegação em rios internacionais está reservada, salvo acordo em contrário, para os Estados ribeirinhos.

O exercício da liberdade de navegação na ZEE ou na zona contígua deverá ser compatibilizado com as liberdades do alto mar, tais como, a colocação de cabos e ductos submarinos, podendo o Estado costeiro intervir na sua regulação e fiscalização [artigos 60.º, 80.º, 87.º, 240.º (c), 246.º (5) e), 260.º, 261.º], desde que tal não constitua uma ingerência ilegítima [artigos 21.º-28.º, 211.º (3) (4), 220.º], sob pena da sua responsabilização.

Nestes casos, e apesar da aparente contradição entre o regime do direito de passagem inofensiva e da liberdade de navegação [artigos 58.º, 87.º], e da responsabilidade por ingerência ilegítima [artigos 111.º (8), 110.º (1) d] (3),

PAZ DE VESTEFÁLIA

292.º (2), 295.º] quanto à possibilidade de entidades privadas demandarem Estados [artigo 20.º (2) Estatuto ITLOS], dever-se-á atender ao regime internacional da responsabilidade dos Estados [artigo 304.º].

Referências:
Philipp Wendel, *State Responsibility for Interferences with Freedom of Navigation on Public International Law*, Berlim/Heildeberg: Springer-Verlag, 2007.
Ralph J. Gillis, *Navigational Servitudes. Sources, Applications, Paradigms*, Leiden/Boston: Martinus Nijhoff Publishers, 2007.
René-Jean Dupuy & Daniel Vignes (1991), *A Handbook on the New Law of the Sea*, vol. 2, Dordrecht/Boston/Lancaster: Martinus Nijhoff Publishers, 1991.
The Case of the S.S. "Lotus" (França v. Turquia), PCIJ 1927, Ser. A, No. 10, 25.
The Corfu Channel Case (Reino Unido v. Albânia), ICJ Reports 1949, 22, 28.
The M/V "Saiga" (No. 2) Case (Saint Vincent and the Grenadines v. Guinea), ITLOS 1999, §172, *Separate Opinion of Vice-president Wolfrum*, §50-53.

PAZ DE VESTEFÁLIA

Jorge Azevedo Correia

Conjunto de acordos de paz, celebrados em Münster e Osnabrück em 1648, que colocaram termo à Guerra dos Trinta Anos. Neste conflito defrontaram-se os países que defendiam o reconhecimento generalizado dos termos da Paz de Augsburgo (França, as principais potências protestantes europeias e o Império Otomano) e o Sacro Império Romano-Germânico e seus aliados (Espanha, bem como os reinos, estados e principados católicos do centro da Europa), que se opunham a esse reconhecimento.

Com o triunfo das pretensões francesas e protestantes, os acordos, em larga medida gizados pela visão estratégica do Cardeal Mazarin, significaram a aceitação definitiva do princípio de *eius regio, cuius religio*, que havia sido ponto fundamental da Paz de Augsburgo de 1555 e consagrava o direito de cada Estado a adoptar a religião do Soberano (em 1648 já não apenas em relação ao luteranismo, mas também reconhecendo as pretensões calvinistas). Estas disposições representam, para muitos autores, a aceitação do princípio da Soberania e a criação de um sistema internacional de Estados que substitui a ordem medieval de reconhecimento da capacidade jurídica internacional pelo Papa. Para esse processo de desagregação em muito contribuiu o não reconhecimento da autoridade papal e do direito canónico por metade dos príncipes da Europa, que adoptaram o protestantismo, assim aceitando o preceito renascentista de que os Estados eram entidades *superiores non recognescentes*, ou seja, que dispunham de supremacia na ordem dos assuntos políticos.

Os referidos acordos de paz reafirmaram a posição dos Estados protestantes no sistema internacional, quer pela consagração dos princípios de tolerância religiosa que visavam implementar na ordem internacional, quer pela vitória sobre as prerrogativas papais em termos de relações internacionais. Ainda assim, é difícil equacionar a Paz de Vestefália como uma viragem secularizadora na ordem internacional, como pretenderam alguns autores realistas. Apesar da maior tolerância religiosa, considerando também lícita a existência de estados de inspiração calvinista, e já não apenas católicos e luteranos, não foi reconhecida a possibilidade de inserção na comunidade internacional a qualquer comunidade política não cristã. Com este alargamento do critério de pertença à comunidade internacional as denominações protestantes anteriormente mencionadas deixam de pertencer a um conjunto de Estados reconhecidos como realidades factuais, com quem é possível empreender relações de diplomacia por imposição conjuntural (um sistema secundário de relações internacionais similar à relação que a Cristandade teve com os turcos ou com impérios africanos que não conseguiu subjugar, não baseado na reciprocidade de reconhecimento) e adquirem o estatuto de membros de pleno direito da comunidade internacional. Apesar desta emancipação, o critério religioso, muitas vezes dissimulado de questão civilizacional, manteve-se, pelo menos até 1960, como critério de exclusão para atribuição de soberania a um povo. É, contudo, importante referir que existe um elemento de neutralidade religiosa na ordem internacional que é introduzida pela Paz de Vestefália, uma vez que a normatividade internacional deixa de estar alicerçada em normas canónicas e passa a ser o resultado das vontade e das interacções dos Estados. O *ius gentium* passa a ser o resultado da vontade das partes contratantes e não de um corpo de princípios de direito canónico aplicado a entidades colectivas e arbitradas pelo poder papal.

A Paz de Vestefália significou, também, o reconhecimento *de jure* da independência, que há muito se verificava *de facto*, dos Países Baixos, dado que o Acordo de Münster findou a Guerra dos Oitenta Anos entre estes e Espanha. Significou também o reconhecimento da Confederação Helvética, actualmente designada por Confederação Suíça.

Referências:

Hans Morgenthau, *Politics Among Nations: The Struggle for Power and Peace*. New York: Alfred A. Knopf, 1985.

Daniel Philpott, *Revolutions in Sovereignty: How Ideas Shaped Modern International Relations*, Princeton USA: Princeton University Press, 2001.

Stephen D. Krasner, *Sovereignty: Organized Hypocrisy*, Princeton, USA: Princeton University Press, 1999.

Randall Lesaffer, *Peace Treaties and International Law in European History: From the Late Middle Ages to World War One*, Cambridge: Cambridge University Press, 2004.

David Onnekink, *War and Religion after Westphalia: 1648-1713*, Farnham, Surrey, UK: Ashgate, 2009.

PAZ PELO DIREITO

Mateus Kowalski e Miguel de Serpa Soares

A narrativa da paz pelo Direito assenta na concepção de que a paz pode ser normativizada e, portanto, organizada e mantida pelo Direito. Esta teoria ganha uma clara expressão após o Tratado de Versalhes e com a adopção do Pacto da Sociedade das Nações. Após o fracasso da Sociedade das Nações, a adopção da Carta das Nações Unidas reanimou a aspiração da paz pelo Direito assente, agora, numa instituição aparentemente aperfeiçoada e com maior poder normativo, e portanto mais capaz de garantir a paz internacional.

Hans Kelsen é uma referência incontornável da teoria da paz pelo Direito. Cultor de um normativismo puro e acérrimo defensor do primado do Direito Internacional, identificava o Estado como sendo em última análise um ordenamento jurídico. O seu pacifismo jurídico levou-o a defender que o Direito é a única via para atingir a paz universal. Na sua concepção, a paz deveria estar assente em instituições internacionais e, em última análise, deveria ser organizada no âmbito de um Estado universal. O projecto de Kelsen confere um papel central à função judicial que deve ser capaz de se impor ao poder executivo. Para garantir a paz seria necessário que existisse um tribunal internacional de justiça que resolvesse os litígios entre os Estados e que fosse dotado de mecanismos realmente eficazes para a execução das suas decisões.

A teoria da paz pelo Direito e o normativismo puro de Kelsen, gozam de méritos que lhe devem ser reconhecidos, designadamente no que respeita ao contributo para o desenvolvimento do Direito Internacional, à consideração dos indivíduos como sujeitos de Direito Internacional, à criação de tribunais penais internacionais, ou até, à relevância conferida ao Tribunal como elemento essencial na solução pacífica de controvérsias entre os Estados.

Estes méritos não ofuscam, porém, as críticas que lhe são merecidas. Desde logo, porque aquela narrativa assenta num normativismo dogmático e redutor, em que a realidade é construída em função de postulados teóricos. Pelo contrário, a construção do Direito e a sua aplicação devem assentar num contexto político, económico e social, para além de necessariamente deverem assumir um carácter evolutivo. Por outro lado, o total abandono do Estado em favor da centralização da governação em instituições internacionais globais não deve deixar de ser vista com algum cuidado. Precisamente, o período entre as duas Grandes Guerras marcado pelo desaire da Sociedade das Nações e, com as Nações Unidas, a Guerra Fria e a conjuntura actual são frequentemente referidos como exemplos da cautela que deverá existir quando se pretendam depositar ilimitadas esperanças de paz universal no Direito Internacional e nas instituições internacionais.

Referências:

Danilo Zolo, "Hans Kelsen: International Peace through International Law", 9 *European Journal of International Law* 306, 1998.
Hans Kelsen, *Peace Through Law*, Clark: The Lawbook Exchange, 2008.
Oliver Richmond, *Peace in International Relations*, Oxon: Routledge, 2008.
Robert Delahunty & John Yoo, "Peace Through Law? The Failure of a Noble Experiment", 106 *Michigan Law Review* 923, 2008.

PERIGO EXTREMO

MARIA DE ASSUNÇÃO DO VALE PEREIRA

O perigo extremo está previsto no artigo 24.º do Projecto de Artigos sobre a Responsabilidade Internacional do Estado por Factos Ilícitos (adoptado pela resolução AG 56/83, de 28 de Janeiro de 2002) como causa de exclusão da ilicitude de um facto que contraria uma obrigação internacional de um Estado. No n.º 1 dessa disposição define-se a regra geral na matéria, ao determinar que é excluída a ilicitude um acto violador de uma obrigação internacional do Estado "se o autor do facto em questão não tinha outro meio razoável, numa situação de perigo extremo, de salvar a sua vida ou a das pessoas confiadas à sua guarda". Estamos, portanto, face a uma situação em que um comportamento ilícito de um indivíduo, que é imputável ao Estado, pode ver a sua ilicitude afastada se tal comportamento é a única via de salvar a vida desse mesmo indivíduo ou de outras pessoas que estejam à sua guarda. Portanto, o único interesse a salvaguardar numa situação destas é o da vida dos indivíduos em perigo, sendo absolutamente irrelevante a sua nacionalidade.

Distingue-se, assim, de outras causas de exclusão da ilicitude, uma vez que não estamos face a um situação em que haja lugar a ponderar entre o cumprimento da obrigação internacional e a salvaguarda de outros interesses legítimos do Estado, como acontece em situações de estado de necessidade (no caso de perigo extremo, qualquer ponderação será uma hipótese meramente teórica, porque a adopção do comportamento conforme ao Direito Internacional é anulada pelo risco de vida que daí resultaria) nem estamos face a qualquer actuação involuntária, que decorre de uma força invencível, como se verifica no caso de força maior.

Pode dizer-se que os casos mais comuns de invocação do perigo extremo ocorrem no contexto da navegação – quer aérea, quer marítima – quando, em razão de circunstâncias meteorológicas adversas ou face a avaria verificada nos aviões ou navios, os respectivos pilotos se vêem na necessidade de penetrar o espaço aéreo ou mesmo aterrar no território de um terceiro Estado ou de violar as suas fronteiras marítimas, sem terem previamente obtido a autorização para tanto, de forma a evitar desastres que ponham em causa a visa os pilotos e das demais pessoas que se encontrem a bordo. No entanto, os casos de perigo extremo não se resumem a estas situações, como prova facto de ter sido chamado à colação, pela França, no caso *Rainbow Warrior* (alegação parcialmente aceite pelo Tribunal arbitral), em que não estavam em causa situações desse tipo (*Rainbow Warrior (New Zealand/France), UNRIAA*, vol. XX, p. 217 (1990), pp. 254-255, par. 79).

Nos termos da al. *a)* do n.º 2 da referida disposição do Projecto de Artigos, determina-se que esta causa de exclusão da ilicitude não pode actuar no caso de a situação de perigo extremo resultar, unicamente ou em conjugação com outros factores, da conduta do Estado que a invoca. Portanto, para impedir a sua efectivação, não basta que o Estado que a invoca tenha de algum modo contribuído para a sua ocorrência, mas antes que esta se verifique *devido* ao comportamento do Estado (ainda que em conjugação com outros factores).

Também é precludida a actuação desta causa de exclusão da ilicitude no caso em que o facto ilícito em causa ser susceptível de criar um perigo comparável ou mais grave (artigo 24.º, n.º 2, b)). Nesse sentido, no relatório da Comissão de Direito Internacional, dá-se como exemplo a hipótese de um avião militar que carregue explosivos fazer uma aterragem de emergência não autorizada.

Além destes casos, também, nos termos do artigo 26.º, a invocação do perigo extremo não afasta a ilicitude de um facto ilícito, se se traduzir na violação de uma norma imperativa de Direito Internacional geral, ou seja, de uma norma de *jus cogens*.

Referências:
James Crawford, *The International Commission's Articles on State Responsibility. Introduction, Text and Commentaries*, Cambridge: Cambridge University Press, 2002.
J. da Silva Cunha & Maria de Assunção do Vale Pereira, *Manual de Direito Internacional Público*, 2.ª ed., Coimbra: Almedina, 2004.

PERIGO IMINENTE

MIGUEL CALADO MOURA

O *perigo iminente* é a situação em que se encontra um Estado, nos termos da qual a sua integridade territorial, independência política ou integridade física dos seus cidadãos se encontra ameaçada por uma futura e quase certa *agressão externa*. O perigo iminente surge no contexto jurídico como conceito que fundamenta a aplicação de causas de exclusão da ilicitude internacional como é o caso da legítima defesa (legítima defesa preventiva) ou estado de necessidade.

O conceito de perigo iminente não aparece expresso no texto da Carta das Nações Unidas. No entanto, a sua conceptualização, *maxime* o desenvolvimento

PERIGO IMINENTE

teórico da sua concretização tem vindo a ser desenvolvido pela doutrina e pela jurisprudência internacional (ver Caso *Military and Paramilitary Activities in and Against Nicaragua* decidido em 1986 pelo Tribunal Internacional de Justiça).

O perigo iminente está associado ao conceito de *acto de agressão*. Nos termos do artigo 1.º da Resolução 3314 da Assembleia-Geral de 14 de Dezembro de 1974, "*a agressão é o emprego da força armada por um Estado contra a soberania, a integridade territorial ou a independência política de um outro Estado, ou de qualquer outra forma incompatível com a Carta das Nações Unidas*". É discutido se a agressão externa como "agressão química e biológica" (como é exemplo os ataques com recurso ao Antrax – *Bacillus Anthracis*) pode ou não ser enquadrado dentro do conceito "agressão", alargando-se o âmbito para situações não armadas ou, de outra perspectiva, entendendo-se como arma, a utilização de produtos químicos e biológicos lesivos.

O perigo iminente está igualmente associado à legítima defesa preventiva, tendo sido profundamente discutido no caso da invasão ao Iraque. Alguns Estados (de entre os quais se destaca com maior relevo os EUA) entendiam que sendo o Iraque possuidor de armas de destruição maciça, esse facto consubstanciava um perigo iminente, em geral, para os "Estados ocidentais", motivo pelo qual serviu de base à invasão.

Referências:

David J. Luban, "Preventive War", *Philosophy & Public Affairs*, vol. 32, n.º 3, 2004.

Eric A. Posner, Alan O. Skytes, "Optimal War and *Jus Ad Bellum*", *University of Chicago Law & Economics*, Olin Working Paper n.º 211, Public Law Working Paper n.º 63, 2004.

Loui-Philippe Roullard, "The Caroline Case: Anticipatory Self-Defence in Contemporary International Law", *Miskolc Journal of the International Law*, vol. 1, n.º 2, 2004, pp. 104-120.

Caso *Military and Paramilitary Activities in and Against Nicaragua* (Nicaragua v. USA), ICJ Reports 1986, p. 14.

PERSONALIDADE INTERNACIONAL

Miguel de Serpa Soares e Mateus Kowalski

A personalidade jurídica internacional é um conceito base de Direito Internacional e o elemento fundamental da determinação da existência de um sujeito internacional. Um sujeito dotado de personalidade jurídica internacional é todo aquele que seja susceptível de ser titular directo de direitos e obrigações estabelecidos numa norma internacional. Em termos simplificados um sujeito internacional é todo aquele que possa ser reconhecido como o destinatário directo da norma internacional. A personalidade internacional é um atributo essencial reservado aos membros da comunidade internacional.

O debate relativo à personalidade jurídica internacional confunde-se com os próprios critérios de determinação da existência de um sujeito internacional, tendo-se desenvolvido, num primeiro momento, a propósito dos *i*) Estados, das *ii*) Organizações Internacionais e, mais recentemente, do *iii*) Indivíduo.

i) Estados – O Estado, como realidade histórica, política e sociológica, é o sujeito primeiro da comunidade internacional, da mesma forma que o Direito Internacional possui como função primeira a regulação das relações entre Estados. No entanto o Direito Internacional não cria o Estado, limitando-se a reconhecer juridicamente uma realidade pré-existente. Neste sentido, o debate relativo à personalidade jurídica internacional dos Estados, o qual respeita, em última análise, à própria existência de um determinado Estado na ordem internacional, confunde-se, em larga medida com o debate relativo aos critérios habitualmente seguidos para a determinação da sua existência, bem como o processo do seu reconhecimento. Não obstante o contexto político e diplomático específico, o processo de reconhecimento de um Estado é também norteado por critérios jurídicos. A Convenção de Montevideo de 1933 constitui uma ilustração destes critérios: nos termos do seu artigo 1.º, o Estado enquanto pessoa de Direito Internacional deve possuir uma população permanente, um território definido, um governo e a capacidade de estabelecer relações com os outros Estados. Fundamentada em última análise na soberania, a personalidade dos Estados, representa o paradigma da personalidade jurídica internacional. A personalidade internacional do Estado não é ilimitada, devendo este, em todas as suas actuações conformar-se aos limites impostos no Direito Internacional.

ii) Organizações Internacionais – A personalidade jurídica internacional, critério determinante da existência de uma organização internacional, deriva, em primeira linha, da vontade dos Estados, membros fundadores, na criação de uma nova entidade. Todas as pessoas colectivas, incluindo as pessoas colectivas internacionais, são criada para a prossecução de um determinado fim (princípio da especialidade do fim). A actividade ordenada para a prossecução de um fim específico exige uma medida mínima de funcionalidade (um enquadramento institucional, atribuição de competências, recursos humanos e financeiros, capacidade de gozo e exercício), na qual se fundamenta a atribuição de personalidade internacional. Neste sentido a atribuição de personalidade internacional a uma determinada organização é a expressão de uma verdadeira necessidade prática.

Os tratados constitutivos de organizações internacionais procedem, habitualmente, a uma atribuição explícita de personalidade internacional. No caso das Comunidades Europeias o artigo 281.º do respectivo Tratado constitutivo (versão de Amesterdão), procede a essa atribuição explícita (e o artigo 282.º exemplifica algumas manifestações típicas da capacidade jurídica das Comunidades).

PERSONALIDADE INTERNACIONAL

Note-se que, relativamente à União Europeia, enquanto entidade criada pelo Tratado de Maastricht, foi longamente discutido se a mesma seria ou não provida de personalidade jurídica internacional. O Tratado de Lisboa resolveu definitivamente esta questão ao proceder a uma atribuição explícita de personalidade no artigo 47.º.

O silêncio de um tratado constitutivo quanto a esta questão não permite fundar a conclusão que a organização é desprovida de personalidade internacional. Este foi o sentido do parecer 1/49 do Tribunal Internacional de Justiça, o qual, a propósito das Nações Unidas e da ausência de tal atribuição explícita na Carta, concluiu, segundo a doutrina exposta supra, pela personalidade jurídica internacional das Nações Unidas.

iii) Indivíduos – Num período mais recente, a possibilidade de definir o indivíduo como um sujeito internacional, dotado de personalidade jurídica internacional, tem sido objecto de debate doutrinal. O aparecimento e desenvolvimento de normas internacionais reconhecendo direitos aos indivíduos (em particular nas áreas dos Direitos do Homem e do Direito Internacional Humanitário), ou obrigações, ou ainda uma responsabilidade penal individual pela prática de crimes internacionais, suscitou a questão relativa à personalidade jurídica internacional do indivíduo. No estado actual de desenvolvimento do Direito Internacional é forçoso constatar que o indivíduo é efectivamente o destinatário directo de normas internacionais. No entanto este desenvolvimento ainda é relativamente incipiente, não podendo sustentar a conclusão de que o Indivíduo é apreendido na ordem jurídica internacional, como um sujeito de Direito Internacional em paridade com o Estado ou as Organizações Internacionais.

Tem sido bastante debatido pela doutrina o reconhecimento de personalidade jurídica internacional a entidades como empresas multinacionais ou organizações não-governamentais, ou mesmo à própria comunidade internacional.

Referências:

Convenção relativa aos Direitos e Deveres dos Estados, Montevideo, 26 de Dezembro de 1933.

Tratado de Lisboa (artigos 47.º do Tratado da União Europeia e artigo 335.º do Tratado sobre o Funcionamento da União Europeia).

Tribunal Internacional de Justiça, *Réparation des Dommages Subis au Service des Nations Unies – Avis consultatif*, Recueil 1949, 174.

Ian Brownlie, *Princípios de Direito Internacional Público*, Lisboa: Fundação Calouste Gulbenkian, 1990.

Michael Akehurst & Peter Malanczuk, *Akehurst's Modern Introduction to International Law*, Nova Iorque: Routledge, 1997.

Nguyen Quoq Dinh & Patrick Daillier & Allain Pellet, *Droit International Publique*, Paris: LGDJ, 2002.

Richard K. Gardiner, *International Law*, Essex: Pearson Longman, 2003.

PIRATARIA MARÍTIMA

Mateus Kowalski e Miguel de Serpa Soares

O termo "Pirataria Marítima" designa todo o acto de violência ou de detenção ou qualquer pilhagem cometida pela tripulação ou passageiros de um navio privado contra um outro navio ou contra pessoas ou bens que estejam a bordo, na dupla condição de o navio se encontrar em alto mar ou noutro lugar não pertencente à jurisdição de qualquer Estado e que os piratas actuem com fins privados. O Direito Internacional costumeiro relativo à pirataria encontra-se codificado nos artigos 100.º e ss. da Convenção das Nações Unidas sobre o Direito do Mar, adoptada em Montego Bay, a 10 de Dezembro de 1982 (CNUDM).

O artigo 105.º da CNUDM estabelece que qualquer Estado pode apresar no alto mar ou em qualquer outro lugar não submetido à jurisdição de qualquer Estado um navio pirata, deter os suspeitos de pirataria e apreender os bens que se encontrem a bordo dos navios. Estabelece o mesmo artigo que os tribunais do Estado que efectuou o apresamento podem ter competência jurisdicional sobre os actos de pirataria praticados no alto mar ou em qualquer outro lugar não submetido à jurisdição de qualquer Estado.

O Direito Internacional não tipifica, pois, o crime de pirataria nem sequer estabelece uma obrigação para os Estados de o tipificarem (a CNUDM não estabelece uma moldura penal e prevê apenas a mera possibilidade de os Estados preverem o crime de pirataria na sua legislação penal). Assim, dir-se-á que o crime de pirataria é um crime de tipificação nacional com expressão internacional em função do local onde ocorre (alto mar ou lugar não pertencente à jurisdição de qualquer Estado) e da nacionalidade dos indivíduos envolvidos.

Nos anos mais recentes tem-se assistido ao aumento dos actos de pirataria no Oceano Índico com origem no território da Somália. O facto da Somália ser actualmente um Estado desestruturado, não conseguindo prevenir, reprimir os actos de pirataria com origem no seu território ou julgar os suspeitos de actos de pirataria, tem colocado sérios desafios à comunidade internacional e ao Direito Internacional. O Conselho de Segurança alargou o âmbito da competência para intervenção estrangeira na captura (e eventual julgamento) de suspeitos de pirataria no mar territorial da Somália e no espaço terrestre sob soberania da Somália, conferindo um novo âmbito à prática da pirataria conforme costume bem assente codificado na CNUDM. Salvaguardou, contudo, que tal extensão não deveria ser considerada como precedente para a formação de costume internacional.

O crime de pirataria não se encontra previsto na legislação penal portuguesa. Contudo, um acto de pirataria pode subsumir-se numa vasta panóplia de tipos de crime previstos no Código Penal (incluindo crimes nas formas tentada e consumada), designadamente: crimes contra a vida das pessoas; crimes contra a integridade física; crimes contra a liberdade individual (rapto); crimes contra a propriedade (roubo); participação em associação criminosa; captura ou desvio de navio; crime contra a segurança de transporte. No que respeita à competência jurisdicional, o legislador português optou por a limitar a situações muito específicas, que só raramente se enquadram numa situação de pirataria.

Assim, a capacidade limitada de actuação das autoridades portuguesas no que respeita à detenção e julgamento de suspeitos de pirataria resulta, pois, não da falta da tipificação criminal de factos enquadráveis no acto de pirataria, mas da competência jurisdicional ser ela própria limitada. Ainda assim, podem ocorrer situações em que Portugal tenha competência jurisdicional sobre os agentes de tais crimes (quando os crimes sejam praticados a bordo de um navio português ou quando estejam cumpridos algum dos requisitos de conexão referidos no artigo 5.º do Código Penal).

Referências:

Douglas Guilfoyle, *Shipping Interdiction and the Law of the Sea*, Cambridge: Cambridge University Press, 2009.

Daniel Heller-Roazen, *The Enemy of All: Piracy and the Law of Nations*, New York: Zone Books, 2009.

Joshua Ho, "Piracy around the Horn of Africa", 21 *Korean Journal of Defense Analysis* 501, 2009.

Satya Nandan & Shabtai Rosenne (eds.), *United Nations Convention on the Law of the Sea 1982: a Commentary – Vol. III*, Dordrecht: Martinus Nijhoff Publishers, 1995.

PLANEAMENTO FISCAL INTERNACIONAL

Rita Calçada Pires

Figura igualmente conhecida como opção fiscal ou como economia de escolha.

A existência de mobilidade oferece a possibilidade de escolha da jurisdição fiscal que maiores benefícios promover. Em face das várias jurisdições fiscais e perante as suas diferentes opções fiscais, o contribuinte tem um espaço legítimo para escolher qual a jurisdição que mais se adequa aos seus objectivos, e, consequentemente, utilizar o sistema fiscal que maiores benefícios oferecer. Ou seja, surge como a técnica utilizada pelo contribuinte para organizar a sua actividade de forma a minimizar o imposto a pagar, mas sem qualquer violação (fraude) ou evasão do Direito. Trata-se, portanto, de uma actividade efectuada dentro da legalidade e que assume crescente importância em face da constante busca de aumento da competitividade internacional. Ao contrário do que se passa com a fraude fiscal, onde se contraria frontalmente a lei, o planeamento fiscal é feito com base nas escolhas permitidas pela lei fiscal. Nem tão pouco se confunde com a evasão fiscal uma vez que no planeamento fiscal internacional não há uma manipulação dos conteúdos devidos das normas que se deveriam aplicar e são evitadas.

Certo é que na prática cada vez maiores dificuldades existem na distinção entre o planeamento e a evasão. Não poucas vezes são tomados como realidades muito semelhantes, implicando o combate às técnicas de planeamento fiscal. Começa a difundir-se a terminologia de planeamento fiscal agressivo para identificar precisamente as práticas que abandonam o âmbito legítimo e passam a povoar o domínio do indesejável e contrário aos princípios do Direito Internacional Fiscal.

Referências:
José A. Rodriguez Ondarza & Ángel Fernández Prieto (coord.), *Fiscalidad y planificación fiscal internacional*, Madrid: Instituto de Estudios Económicos, 2003.
Raffaele Russo (ed.), *Fundamentals of international tax planning*, Amsterdam: IBFD, 2007.
Roy Saunders, Miles Dean, Richard Williams, *The principles of international tax planning*, IFS.

PLATAFORMA CONTINENTAL

Francisco Briosa e Gala

O conceito de plataforma continental é relativamente recente no Direito Internacional do Mar. Surge com maior relevância na 2.ª metade do século XX em sequência quer dos avanços tecnológicos e da crescente necessidade de prospecção e exploração de recursos do fundo marinho, quer traduzindo sentidas reivindicações de diversos Estados que tiveram a sua maior expressão na declaração do presidente norte-americano Truman, em 28 de Setembro de 1945. Na verdade, foi com esta declaração que o conceito se generalizou, partindo do entendimento de que os fundos marinhos contíguos à costa, e uma vez que são o prolongamento natural desta, devem pertencer ao Estado costeiro. Contudo, face ao necessário equilíbrio entre os interesses dos Estados costeiros na exploração dos recursos da plataforma e os interesses da comunidade internacional, o conceito e o regime legal da plataforma continental tem sofrido acentuadas mutações.

Foi na Convenção das Nações Unidas sobre o Direito do Mar, adoptada em Montego Bay, a 10 de Dezembro de 1982 (CNUDM)[1], que se chegou, por fim, à definição que se mantém até aos nossos dias. A definição da CNUDM consagrou um conceito misto: em parte jurídico, em parte geomorfológico. Nestes termos, *"a plataforma continental de um Estado costeiro compreende o leito e o subsolo das áreas submarinas que se estendem além do seu mar territorial, em toda a extensão do prolongamento natural do seu território terrestre, até ao bordo exterior da margem continental, ou até uma distância de 200 milhas marítimas das linhas de base a partir das quais se mede a largura do mar territorial, nos casos em que o bordo exterior da margem continental não atinja essa distância".*

---

[1] São da CNUDM todos os artigos enunciados sem menção de fonte.

A vertente jurídica, diga-se a mais marcada, é patente na atribuição de uma plataforma continental até à largura máxima de 200 milhas, independentemente da questão da existência da mesma em termos físicos (caso do Perú e Chile, entre outros, cujas costas terminam logo numa fossa abissal). Mais, a vertente jurídica do conceito declara o início da mesma no limite exterior do mar territorial, o que não acontece em termos geográficos. Diga-se ainda que, no caso de o bordo exterior da margem continental não atingir o limite das 200 milhas a contar do limite externo do mar territorial, não há sequer lugar à aplicação do critério geomorfológico: a plataforma define-se unicamente com base na distância, as 200 milhas.

A perspectiva geomorfológica está presente e é importante, naquilo a que o juiz Oda apelidou de "plataforma continental externa", ou seja, na área compreendida entre o limite das 200 milhas e o bordo exterior da margem continental[1]. Contudo, mesmo aqui, numa vertente completamente naturalística, o critério jurídico aplica-se para limitar a extensão máxima permitida caso a margem continental fisicamente ultrapasse essa distância, não admitindo o Direito reivindicações para além desses limites. Diz-nos, então, a CNUDM – artigo 76.º, n.º 5 – que os pontos fixos que constituem a linha dos limites exteriores da plataforma continental no leito do mar devem estar situados a uma distância: *i)* "*que não exceda 350 milhas marítimas da linha de base a partir da qual se mede a largura do mar territorial*" ou "*que não exceda 100 milhas marítimas da isóbata de 2500 metros, que é uma linha que une profundidades de 2500 metros*", sendo os referidos limites de aplicação alternativa.

Todas estas variantes poderão ser reduzidas para menos no caso de o espaço entre dois Estados com costas opostas ser inferior a 400 milhas marítimas. Esta questão é tratada especificamente no artigo 83.º, n.º 1, que prevê que essa delimitação se fará por acordo. O mesmo artigo manda aplicar idêntica solução para a delimitação lateral da plataforma. Se necessário, os Estados envolvidos seguirão os procedimentos de resolução de litígios previstos na Parte XV da CNUDM, caso em que a *ratio decidendi* será a aplicação de princípios equitativos, de que o critério da linha mediana constituí uma mera variante.

Contudo, refira-se que o regime da plataforma continental externa é substancialmente distinto do regime da plataforma continental até às 200 milhas: enquanto que na primeira, a mesma tem de ser declarada pelo Estado em questão e sujeita a recomendação vinculante da Comissão sobre os Limites da Plataforma Continental – artigo 76.º, n.º 8 – a segunda tem natureza *ipso factu*, ou seja, é independente de qualquer ocupação efectiva ou fictícia e, bem assim, de qualquer proclamação expressa. Por outro lado, e numa perspectiva de justiça equitativa, o artigo 82.º exige que o Estado costeiro (salvo caso de país em desenvolvimento importador substancial do recurso explorado) pague uma contribuição

---

[1] V. noção no artigo 76.º, n.º 3, CNUDM.

à Autoridade, em dinheiro ou em espécie, calculada percentualmente sobre a produção bruta que nessa parte da plataforma obtiver.

A delimitação vertical superior da plataforma é operada pelas águas que a recobrem, pelo que quer estas, quer o correspondente espaço aéreo, não estão sujeitas ao seu regime; por sua vez, a delimitação vertical inferior é potencialmente efectuada pelo centro do Globo. Note-se que a delimitação da plataforma deverá constar de carta geográfica depositada nas Nações Unidas – artigo 84.º.

O Estado costeiro exerce direitos soberanos, e como tal exclusivos, sobre a Plataforma *"para os fins da sua prospecção e exploração dos seus recursos"* – artigo 77.º, n.º 1. São, assim, poderes finalisticamente limitados, uma vez que apenas são atribuídos para os fins enunciados.

Tal como já se referiu, o regime da plataforma continental é relativamente recente. No entanto, já contribuiu para que mais de 30% do fundo marinho mundial, incluindo partes consideráveis situadas para além das margens continentais, fosse integrado nos direitos soberanos de cada Estado costeiro.

Referências:
Armando M. Marques Guedes, *Direito do Mar*, 2.ª ed., Coimbra: Coimbra Editora,1998.
Marisa Caetano Ferrão, *A Delimitação da Plataforma Continental além das 200 Milhas Marítimas*, Lisboa: AAFDL, 2009.
Myron H. Nordquist, John Norton Moore, &Tomas H. Heidar (eds.), *Legal and Scientific Aspects of Continental Shelf Limits*, Leiden – Boston: Martinus Nijhoff Publishers, 2004.
Nuno Marques Antunes, *Towards the Conceptualisation of Maritime Delimitation – Legal and Technical Aspects of a Political Process*, Leiden – Boston: Martinus Nijhoff Publishers, 2003.

PLENOS PODERES

Mateus Kowalski e Miguel de Serpa Soares

O conceito "Plenos Poderes" designa um documento proveniente da autoridade competente de um Estado que indica uma ou várias pessoas para o representar na negociação, adopção ou autenticação do texto de um tratado, para manifestar o consentimento do Estado em ficar vinculado por um tratado ou para praticar qualquer outro acto relativo ao tratado. Ao contrário de alguma confusão existente, "Plenos Poderes" designa, pois, o documento que consubstancia um acto de atribuição de poderes de representação do Estado e não apenas o acto material em si ou os poderes conferidos pelo acto ("carta de plenos poderes" é, pois, uma expressão redundante). O regime relativo aos plenos poderes (no contexto dos tratados concluídos entre Estados) encontra-se regulado na Convenção sobre o Direito dos Tratados, adoptada em Viena, a 23 de Maio de 1969 (artigos 2.º, n.º 1, al. c), 7.º e 8.º).

Uma pessoa é considerada representante de um Estado para a assinatura de uma convenção se munida de Plenos Poderes. São considerados representantes de um Estado, em virtude das suas funções, sem terem de apresentar carta de Plenos Poderes: os Chefes de Estado; os Chefes de Governo; os Ministro dos Negócios Estrangeiros; os chefes de missão diplomática (apenas para adopção do texto das convenções entre o Estado acreditante e o Estado acreditador); os representantes acreditados a uma conferência internacional ou junto de uma organização internacional, ou de um dos seus órgãos (apenas para a adopção do texto de uma convenção internacional celebrada nessa conferência, por essa organização ou por esse órgão).

Um acto que seja concluído por uma pessoa que não apresente plenos poderes (quando necessário) não produz efeitos jurídicos, a menos que seja confirmado ulteriormente por esse Estado.

No caso do Estado Português, cabe ao serviço competente do Ministério dos Negócios Estrangeiros elaborar os Plenos Poderes e submetê-la à assinatura do Ministro dos Negócios Estrangeiros, detentor da competência para os emitir.

O regime de plenos poderes previsto para as Organizações Internacionais é semelhante, com as devidas adaptações (artigos 2.º, n.º 1, al. c), 7.º e 8.º da Convenção sobre o Direito dos Tratados entre Estados e Organizações Internacionais ou entre Organizações Internacionais, adoptada em Viena, a 21 de Março de 1986).

Referências:
Anthony Aust, *Modern Treaty Law and Practice*, Cambridge: Cambridge University Press, 2000.
Ian Sanclair, *The Vienna Convention on the Law of Treaties*, Manchester: Manchester University Press, 1984.
Jorge Miranda, *Curso de Direito Internacional Público*, Cascais: Principia, 2006.
Olivier Corten & Pierre Klein (eds.), *Les Conventions de Vienne sur le Droit des Traités: Commentaire Article par Article*, Bruxelles: Bruylant, 2006.

PODERES IMPLÍCITOS

Manuel de Almeida Ribeiro

Esta teoria tem a sua origem na teoria de nome idêntico que o juiz Marshall, nos primórdios da formação dos Estados Unidos da América, formulou para justificar o alargamento dos poderes da União. A propósito da delimitação das competências entre o Estado federal e os Estados federados, o Supremo Tribunal dos Estados Unidos entendeu que o Estado federal poderia praticar os actos que não fossem expressamente autorizados pela Constituição federal, desde que os fins fossem legítimos, não fossem proibidos pela Constituição e fossem compatíveis com a sua letra e espírito.

No que se refere às organizações internacionais, embora já se tivessem verificado anteriormente afloramentos da aplicação dessa teoria, foi no parecer consultivo do TIJ de 1949 *Reparação de danos sofridos ao serviço das Nações Unidas* que a mesma foi enunciada da seguinte forma:

"Segundo o Direito Internacional as organizações devem ser consideradas como possuindo os poderes (no caso, os poderes de protecção funcional dos agentes e de reclamação internacional) *que, não estando expressamente enunciados na Carta, são, por consequência necessária, conferidos à Organização na medida em que são essenciais para o exercício das suas funções."*

A jurisprudência do TIJ tem feito uma aplicação constante desta teoria, quer no que se refere à ONU, quer ao próprio Tribunal, enquanto instituição jurisdicional. A título exemplificativo são de mencionar a posição do TIJ nos casos *Estatuto do Sudoeste Africano* (1950), *Efeitos dos Prémios de Compensação elaborados pelo Tribunal Administrativo das Nações Unidas* (1954), *Certas Despesas das Nações Unidas* (1954) *e Consequências Legais para os Estados da presença continuada da África do Sul na Namíbia (Sudoeste Africano) não obstante a Resolução 276 (1970) do Conselho de Segurança* (1971).

Os Estados têm, entretanto, oposto alguma resistência a esta teoria que deve sempre ceder perante o domínio reservado dos Estados, expressamente consignado, no caso das Nações Unidas, no artigo 2, §7, da Carta.

De qualquer modo, a teoria dos poderes implícitos não pode ser vista como mais que uma directiva de interpretação dos textos constitutivos das organizações, sob pena de uma utilização manifestamente abusiva. Algumas declarações de voto proferidas por juízes do TIJ têm justamente sublinhado que esta teoria tem apenas o efeito de permitir, dentro de limites razoáveis, dar conteúdo aos poderes explícitos e não de os suplantar ou modificar.

Recentemente, alguns actos constitutivos de organizações internacionais têm consagrado a teoria dos poderes implícitos. É o caso do artigo 6.º n.º 3 do Tratado da União Europeia, que dispõe que "[a] União dota-se dos meios necessários para atingir os seus fins e desenvolver as suas políticas".

Tratando-se, como se trata, a atribuição de competências às organizações internacionais do reconhecimento de alguma forma de poder de que os destinatários serão em princípio os Estados, esta matéria constitui sempre um foco de contradição com o princípio da soberania que, por definição, consiste na negação da existência de poderes superiores ao do ente soberano.

Referências:
Antonio Cassese, *International law,* Oxford: Oxford University Press, 2005.
Ngyuen Quoc Dihn, Patrick Dailler & Alain Pellet, *Droit International Public,* Paris: L.G.D.J., 1992.
Ian Brownlie, *Principles of Public International Law,* 4.ª ed, Oxford: Clarendon Press, 1990.
Manuel de Almeida Ribeiro & Mónica Ferro, *A Organização das Nações Unidas,* Coimbra: Almedina, 2004.

POSITIVISMO

Mateus Kowalski e Miguel de Serpa Soares

A problemática do fundamento do Direito é uma questão que sempre preocupou a teoria do Direito. O positivismo jurídico foi uma tentativa de dar solução à problemática. Para esta teoria, a imposição do Direito é produto da vontade do legislador, sendo que a sua validade se afere em função de um critério formal de vigência e de um critério social de eficácia. Por outro lado, para esta concepção teórica, o Direito identifica-se com o produto da vontade do legislador. Assim sendo, do ponto de vista metodológico, o juiz limita-se a aplicar a lei segundo um processo lógico-dedutivo que pretende a reprodução da vontade do legislador, enquanto o aplicador se transforma num mero técnico.

A sua conceptualização no âmbito do Direito Internacional surge no século XIX como reacção à concepção jusnaturalista, o que constituiu, na altura, um contributo de relevo para a renovação do estudo do Direito. Contudo, o positivismo levou à negação da existência do Direito Internacional por certos autores presos a uma perspectiva dogmática do positivismo jurídico. Outros limitaram-se a reconhecer carácter imperativo apenas aos tratados. Estes últimos faziam radicar o fundamento do Direito Internacional na vontade de cada Estado. O Direito Internacional não seria, assim, mais do que um conjunto de regras pertencentes ao ordenamento jurídico estadual que auto-limitava o Estado e que auto-impunha obrigações relativamente a outros Estados.

O positivismo normativista, dos anos 1920, inspirado na Escola de Viena, procurou rever o positivismo jurídico (sem o afastar) que então atravessava uma crise. Procurou conferir à ciência do Direito maior autonomia e coerência de modo a distingui-la claramente de outras formas de ciência (como a filosofia). Foi neste contexto que Kelsen desenvolveu a "Teoria Pura do Direito": por via do seu positivismo científico, procurou depurar a ciência do Direito de todos os elementos que pertencessem a outras ciências. O resultado foi a separação da norma pura (o dever-ser) do seu contexto histórico e social (o ser). Reconheceu, igualmente, que o fundamento dessa norma pura assenta numa outra norma fundamental, situada num nível hierárquico superior e que não foi criada por nenhuma fonte formal (a *Grundnorm*).

Contudo, apesar dos esforços teóricos de constante revisão das teses do positivismo jurídico, este acabou por sucumbir às duras críticas que suscitou. Desde logo, porque aquela narrativa assenta num normativismo dogmático e redutor, em que a realidade é construída em função de postulados teóricos. Pelo contrário, a construção do Direito e a sua aplicação devem assentar num contexto político, económico e social, para além de necessariamente deverem assumir um carácter evolutivo. Outros internacionalistas sublinhavam que o Direito não podia ser limitado, tal como propunha o positivismo jurídico, nas suas tarefas, nos seus meios ou nos seus métodos. Era necessária uma concepção mais abrangente que permitisse a efectiva compreensão do Direito.

Referências:
Hans Kelsen, *Pure Theory of Law*, Berkeley: University of California Press, 1978.
Kenneth Himma, *Law, Morality, and Legal Positivism*, Stuttgart Franz Steiner Verlag, 2004.
Malcom Shaw, *International Law*, Cambridge: Cambridge University Press, 2003.
Nguyen Quoc Dinh *et al.*, *Direito Internacional Público*, Lisboa: Fundação Calouste Gulbenkian, 2003.
Robert George (ed.), *The Autonomy of Law: Essays on Legal Positivism*, Oxford: Oxford University Press, 1996.

POVOS INDÍGENAS

Isabel Cabrita

Os assuntos sobre povos indígenas só começaram a ter relevância ao nível internacional a partir dos anos 70 do século XX. A única excepção verificou-se nos anos 50 quando as situações de trabalho forçado das "populações nativas" levaram a OIT a dedicar-se à elaboração de uma "Convenção relativa à protecção e integração das populações indígenas e tribais e semi-tribais nos países independentes" (Convenção n.º 107, de 5 de Junho de 1957).

A emergência do movimento internacional indígena foi estimulada pela descolonização e pelas ONG. A agenda deste novo movimento era dominada, essencialmente, pelos seguintes temas: violação de tratados, perda de terras, discriminação, conflitos e violações graves dos direitos humanos, incluindo massacres.

Em 1972, a Subcomissão das Nações Unidas para a Prevenção da Discriminação e Protecção das Minorias começou a estudar o problema da discriminação das populações indígenas. Este "estudo" viria mais tarde a ser conhecido como o "estudo de Martínez Cobo", que foi o Relator Especial nomeado para preparar o respectivo relatório.

O trabalho desenvolvido pelo movimento internacional indígena em conjunto com o referido estudo levou, em 1982, ao estabelecimento do primeiro mecanismo das Nações Unidas sobre assuntos dos povos indígenas, o Grupo de Trabalho da Subcomissão sobre Populações Indígenas. Por sua vez, em 1983, este Grupo decidiu autorizar a participação de representantes dos povos indígenas e das respectivas organizações nos seus trabalhos.

Entre 1984 e 1993, os assuntos indígenas adquiriram uma maior relevância. Aqui, destaca-se a criação do Fundo Voluntário das Nações Unidas para as

Populações Indígenas (1985), a adopção pela OIT da Convenção n.º 169 sobre Povos Indígenas e Tribais nos Países Independentes (1989), a proclamação do Ano Internacional dos Povos Indígenas do Mundo (1993), a elaboração de um projecto de Declaração sobre os Direitos dos Povos Indígenas pelo Grupo de Trabalho sobre Povos Indígenas (1993) e a proclamação de dois Decénios Internacionais dos Povos Indígenas do Mundo (1995-2004 e 2005-2014).

O Primeiro Decénio dos Povos Indígenas do Mundo com o tema "Parceria na Acção" foi proclamado pela Assembleia Geral das Nações Unidas, sob recomendação da Conferência Mundial sobre Direitos Humanos (1993), com o objectivo de desenvolver a cooperação internacional no sentido da solução dos problemas dos povos indígenas em diversas áreas, nomeadamente direitos humanos, cultura, ambiente e desenvolvimento económico e social (v. Resolução 48/163, de 21 de Dezembro de 1993).

Um dos principais resultados do Primeiro Decénio foi a criação do *Fórum Permanente Sobre Assuntos Indígenas* pelo Conselho Económico e Social, sob recomendação da Comissão dos Direitos Humanos, no ano 2000.

O Segundo Decénio adoptou o tema "Parceria para a Acção e Dignidade" com o fim de reforçar a cooperação internacional para resolver os problemas dos povos indígenas (v. Resolução 59/174 da AG, de 22 de Dezembro de 2004).

Quanto à Declaração das Nações Unidas sobre os Direitos dos Povos Indígenas só viria a ser adoptada pela Assembleia Geral no dia 13 de Setembro de 2007, após vários anos de difíceis negociações (v. Resolução n.º 61/295).

O Grupo de Trabalho sobre Povos Indígenas foi substituído pelo Mecanismo de Especialistas sobre os Direitos dos Povos Indígenas, que é um órgão subsidiário do Conselho dos Direitos Humanos em 2007 (v. Resolução 6/36 do Conselho dos Direitos Humanos, de 14 de Dezembro).

O Sistema das Nações Unidas nunca adoptou nenhuma definição formal do termo "povos indígenas", todavia, tanto a Declaração das Nações Unidas sobre Povos Indígenas (v. artigo 33.º) como a Convenção n.º 169 da OIT (v. artigo 1.º) sublinham a importância dos povos indígenas se identificarem a si próprios como indígenas.

Apesar da maior relevância prestada aos assuntos indígenas, a situação destes povos (mais de 370 milhões de pessoas em cerca de 90 países) continua a ser crítica.

Referências:
Departamento dos Assuntos Económicos e Sociais do Secretariado das Nações Unidas, *State of The World Indigenous Peoples*, Nova Iorque: Publicações das Nações Unidas, 2009.
Fórum Permanente das Nações Unidas Sobre Assuntos Indígenas http://www.un.org/esa/socdev/unpfii/.

PRÉ-COMPROMISSO

PEDRO LOMBA

O conceito de pré-compromisso foi usado, por autores americanos, entre os quais Tom Ginsburg e Steve Rattner, para justificar e enquadrar a adesão dos Estados ao Direito Internacional. A teoria do pré-compromisso defende que a incorporação do Direito Internacional nas ordens domésticas pode ser concebida como um mecanismo de pré-compromisso dos Estados, sinalizando a sua vontade e interesse em cumprir regras de Direito Internacional. A teoria retira as suas premissas da análise económica da escolha racional que destaca a importância das estratégias de auto-compromisso dos agentes económicos. Mas também se inspira na literatura que, no âmbito do Direito Constitucional, concebe as constituições como instrumentos de pré-compromisso (Jon Elster, Stephen Homes), mediante os quais uma comunidade política opta por se auto-limitar no momento 1 tendo em vista obter um particular interesse ou vantagem no momento 2. No domínio do Direito Internacional, a função do pré-compromisso passa igualmente por evidenciar essa dimensão potencial da soberania dos estados. Ao vincularem-se a normas de Direito Internacional, tais estados declaram que se abstêm de agir no futuro, impossível a existência de obrigações e acordos internacionais. Por isso, os principais autores desta visão das relações entre ordem interna e ordem internacional destacam a importância do Direito Internacional para a garantia de compromissos internos. Tom Ginsburg exemplifica com o papel que o Direito Internacional pode ter para proteger políticas específicas de mudanças decididas pelos actores políticos nacionais, visto que os Estados não se podem desvincular dos tratados internacionais sem custos significativos (por exemplo, no domínio dos direitos humanos). Este aspecto ajuda a perceber ainda a preferência claramente atribuída pela teoria do pré-compromisso aos tratados como fonte de Direito Internacional face ao costume. Diferentemente do costume, mais vago e de difícil reconhecimento, os tratados comunicam informação clara para os outros estados sobre os compromissos assumidos, garantindo obrigações e as consequências do seu incumprimento. Para os críticos, a teoria do pré-compromisso não constituirá mais do que uma revisão do positivismo dualista de Jellinek.

Referências:

Anne Peters, "Precommitment Theory applied to International Law – Between Sovereigny and Triviality", Illinois Law Review, 1, 2008.

Jon Elster, *Ulysses Unbound – Studies In Rationality, Precommitment And Constraints*, Cambridge University Press, 2000.

Steve R. Ratner, "Precommitment Theory and International Law: Starting a Conversation", 81 *Texas Law Review*, 2005 (2003).

Tom Ginsburg, "Locking in Democracy: Constitutions, Commitment, and International Law", in York University Journal of International Law and Politics, Vol. 38, No. 4, 2006.

PREJUÍZO (*vide* DANO)

PRIMADO DO DIREITO INTERNACIONAL PÚBLICO

MATEUS KOWALSKI E MIGUEL DE SERPA SOARES

O problema do "Primado do Direito Internacional Público" releva da relação entre o Direito Internacional Público e o Direito interno dos Estados. Este é uma questão enunciada na dialéctica clássica monismo/dualismo. Se bem que esta é uma querela de algum modo já ultrapassada em favor das teses monistas, não deixa de ser o ponto de partida para o debate.

Por outro lado, a afirmação do primado do Direito Internacional Público sobre o Direito interno é uma questão controvertida conforme se perspective a questão do ponto de vista do Direito Internacional Público ou do ponto de vista do Direito interno. Do ponto de vista jusinternacionalista, aceitando-se as teses monistas, o primado do Direito Internacional Público é uma consequência lógica e mesmo condição da sua própria existência (embora existam *nuances*). Basta lembrar a afirmação do Tribunal Internacional de Justiça no parecer *Aplicação da Obrigação de Arbitragem* em que referiu peremptoriamente que o princípio da prevalência do Direito Internacional Público sobre o Direito interno é um princípio fundamental do Direito Internacional Público.

Haverá contudo que ter presente que, mesmo aceitando o primado, o seu alcance é limitado pelas próprias insuficiências do Direito Internacional Público. As suas lacunas relativas ao alcance material da regulação, ao processo de elaboração normativa ou ao controlo da sua observância limitam a afirmação do primado do Direito Internacional Público face ao Direito interno.

Da perspectiva do Direito interno, cabe a cada ordenamento jurídico interno estabelecer a posição hierárquica do Direito Internacional Público na pirâmide das fontes de Direito. Arrogando-se outra legitimidade, complexidade e perfeição, raros são os casos em que o próprio ordenamento jurídico interno estabelece o primado do Direito Internacional sobre todo o Direito interno. A situação mais frequente é ocupar uma posição intermédia na hierarquia das fontes de Direito. Em Portugal, a doutrina dominante considera que o Direito Internacional Público ocupa uma posição supra-legal mas infraconstitucional.

Sem pretender aqui debater a questão de saber se o Direito da União Europeia é ou não na sua essência Direito Internacional Público, valerá a pena aqui referir o princípio do primado do Direito da União Europeia sobre todo o Direito interno, incluindo a Constituição, a que expressamente aderiram os Estados--Membros ao se vincularem ao Tratado de Lisboa. É certo que este princípio se encontrava já de certa forma consolidado por via da jurisprudência do Tribunal de Justiça. Contudo, com a expressa previsão do primado do Direito da União Europeia através de uma declaração anexa ao Tratado de Lisboa, a questão ficou resolvida por via convencional.

Referências:
André Gonçalves Pereira & Fausto de Quadros, *Manual de Direito Internacional Público*, Coimbra: Almedina, 2009.
Beate Kohler-Koch & Berthold Rittberger (eds.), *Debating the Democratic Legitimacy of the European Union*, Lanham: Rowman & Littlefield Publishers, 2007.
Nguyen Quoc Dinh *et al.*, *Direito Internacional Público*, Lisboa: Fundação Calouste Gulbenkian, 2003.
Applicability of the Obligation to Arbitrate under Section 21 of the United Nations Headquarters Agreement of 26 June 1947 (Advisory Opinion), ICJ Reports 1988, 12.

PRINCÍPIO DA NÃO-INGERÊNCIA

Mateus Kowalski e Miguel de Serpa Soares

O princípio da não-ingerência estabelece a proibição da intervenção internacional em assuntos que dependam essencialmente da jurisdição interna de qualquer Estado. Em Direito Internacional, "intervenção" será a interferência ditatorial e imperativa com a intenção de exercer pressão directa sobre um Estado em concreto. Uma leitura actualizada deste princípio conduz a uma interpretação ampla da proibição no sentido de incluir qualquer forma de interferência.

A Carta das Nações Unidas consagra este princípio, também designado por princípio do domínio reservado dos Estados, no seu artigo 2.º, n.º 7. Proíbe a intervenção das Nações Unidas em assuntos que dependam essencialmente da jurisdição interna de qualquer Estado, negando a obrigação dos Estados-Membros em submeterem tais assuntos a uma solução no âmbito da Carta. Fica ressalvada a possibilidade da aplicação das medidas previstas no capítulo VII.

Não existe um critério jurídico claro e rigoroso para a determinação dos assuntos que são essencialmente internos. Em princípio será o órgão competente das Nações Unidas a determinar se, numa dada situação, se está ou não perante uma questão essencialmente interna. Como exemplo, a prática da Assembleia Geral tem sido a de entender que são essencialmente da jurisdição interna de um Estado as questões que aquele órgão não entenda que têm carácter internacional, e que, por isso, não cabem na sua competência.

Verifica-se uma progressiva erosão do princípio do domínio reservado dos Estados. Continuam a ser assuntos essencialmente internos a organização política do Estado ou a forma de concretização das tarefas constitucionais. No entanto, a autonomização e reforço dos interesses da colectividade humana têm

PRINCÍPIO DA NÃO-INGERÊNCIA

determinado o crescente esvaziamento do conteúdo do que é essencialmente interno. Tanto mais que a prática tem demonstrado que a invocação do domínio reservado não constitui um obstáculo à intervenção nos casos em que a maioria no seio de um órgão das Nações Unidas assim o pretenda.

A progressiva tomada de consciência, pela maioria, da necessidade de acautelar os interesses da colectividade humana amplia o âmbito da função governativa das Nações Unidas. Mesmo aceitando o critério jurídico segundo o qual só é essencialmente interno o assunto que não envolva obrigações internacionais, na prática é o evoluir da consciência da comunidade internacional que provoca a erosão deste princípio. Assim tem acontecido no que concerne a assuntos relacionados com o respeito pelos direitos humanos, com governos impostos pela força ou governos opressivos, ou com a libertação dos povos sob regime colonial.

Referências:

Olivier Corten & Pierre Klein, *Droit d'Ingérence ou Obligation de Réaction?*, Bruxelles: Bruylant, 1992.

Benedetto Conforti, *The Law and Practice of the United Nations*, The Hague: Kluwer Law International, 2000.

Georg Nolte, "Article 2(7)", in Bruno Simma (ed.), *The Charter of the United Nations: a Commentary – vol. I*, Oxford: Oxford University Press 2002, 148-171.

Vaughan Lowe , "The Principle of Non-Intervention: Use of Force" in Vaughan Lowe & Colin Warbrick (eds.), *The United Nations and the Principles of International Law – Essays in Memory of Michael Akehurst*, London: Routledge, 1996, 64-84.

PRINCÍPIO DA UNANIMIDADE

CARLOS PROENÇA

A unanimidade, ou seja, a concordância dos votos de todos os membros de um determinado órgão no sentido favorável a uma proposta, é o quórum deliberativo tradicionalmente exigido para a tomada de decisões ou de deliberações no seio dos órgãos decisórios pertencentes às organizações internacionais de cooperação ao nível intergovernamental. Daí a elevação dessa regra a princípio. Dessa forma, de tal exigência decorre a atribuição do *direito de veto* a cada Estado membro de tais organizações, podendo qualquer um, *de per si*, impedir a adopção das propostas que servem de base às deliberações.

O princípio da unanimidade trata-se portanto de um princípio próprio das organizações internacionais de cooperação ao nível de governos de vários Estados, as quais se distinguem das organizações internacionais supranacionais ou de integração, onde se delibera, igualmente em regra, através de maioria qualificada (como sucede por exemplo em sede de União Europeia) ou simples dos membros.

A dualidade e divergência no que tange aos quóruns deliberativos exigidos para formação da vontade das organizações internacionais em questão compreende-se melhor se tivermos em conta as diferentes lógicas em que assentam um e outro tipo de organização internacional.

Assim, nas organizações internacionais onde vigora o princípio da unanimidade – organizações de cooperação intergovernamental – os seus Estados-Membros não abdicam a favor da organização dos domínios ou das matérias aí tratadas, as quais continuam a pertencer à esfera de competências soberanas dos diferentes Estados. Não se verifica aí, portanto, qualquer transferência de matérias e competências soberanas para uma entidade supranacional, limitando-se os Estados a cooperarem entre si nos domínios abrangidos por essas matérias.

Já nas organizações internacionais onde não vigora o princípio da unanimidade – organizações supranacionais – os respectivos Estados-Membros abdicaram de domínios ou de matérias que pertenceram à sua esfera de soberania, transferindo essas competências soberanas para uma entidade de integração. Os Estados-Membros aqui partilham, portanto, soberania num plano supranacional.

Referências:
Albino de Azevedo Soares, *Lições de Direito Internacional Público*, 4.ª ed., 1996, Coimbra, pp. 373 ss.
André Gonçalves Pereira e Fausto de Quadros, *Manual de Direito Internacional Público*, 3.ª ed., 2002, pp. 411 ss.
Jónatas Machado, *Direito Internacional. Do paradigma clássico ao pós-11 de Setembro*, 3.ª ed., Coimbra, 2006, pp. 249 ss.

PRINCÍPIOS GERAIS DE DIREITO INTERNACIONAL PÚBLICO

MATEUS KOWALSKI E MIGUEL DE SERPA SOARES

Os "Princípios Gerais de Direito Internacional Público" são uma fonte formal de Direito Internacional. À semelhança do que acontece nas ordens jurídicas internas, também no Direito Internacional os princípios têm um carácter ordenador e aglutinador do acervo de regras deste ramo do Direito. Estes princípios são referentes axiológicos devidamente contextualizados para o desenvolvimento e codificação das regras de Direito Internacional, sendo, por isso, logicamente anteriores àquelas regras. Para além desta função ordenadora, os princípios são igualmente uma fonte primária, embora supletiva: os tribunais internacionais invocam e aplicam directamente princípios, não carecendo para tal de uma norma habilitante.

O artigo 38.º, n.º 1, al. c), do Estatuto do Tribunal Internacional de Justiça enuncia como fonte de Direito Internacional os "princípios gerais de Direito reconhecidos pelas Nações Civilizadas". Da leitura actualizada da disposição resulta que são aqueles princípios fundamentais geralmente reconhecidos por todos os Estados. Tendo por base aquela noção tradicional, a identificação dos princípios gerais de Direito Internacional Público pode ser feita, desde logo, pelo reconhecimento dos princípios comuns às ordens jurídicas nacionais. Destes, apenas serão princípios de Direito Internacional aqueles que sejam aplicáveis na ordem internacional e que com ela sejam compatíveis. Neste caso, devem, pois, ter capacidade de adaptação ou de transposição para o ordenamento jurídico internacional.

Contudo, apesar da clássica inspiração nas ordens internas, existem princípios que decorrem directamente da ordem internacional. O princípio da igualdade soberana entre Estados ou o princípio da não-ingerência são exemplos elucidativos.

Não existe um elenco consensual dos princípios gerais de Direito Internacional Público. A jurisprudência internacional tem tido um papel importante na sua identificação. Em todo o caso, alguns sofrem menos ou nenhuma contestação, de que são exemplo: o princípio da boa fé nas relações internacionais; o princípio da ameaça ou uso da força; o princípio da não-ingerência; o princípio da liberdade dos mares; o princípio da resolução pacífica de controvérsias; o princípio da responsabilidade por actos ilícitos; ou o princípio da dignidade da pessoa humana.

Referências:
Antonio Cassese, *International Law*, Oxford: Oxford University Press, 2005.
Bin Cheng, *General Principles of Law as Applied by International Courts and Tribunals*, Cambridge: Cambridge University Press, 2006.
Gennadiï Danilenko, *Law-Making in the International Community*, Dordrecht: Martinus Nijhoff Publishers, 1993.
Malcolm Shaw, *International Law*, Cambridge: Cambridge University Press, 2003.
Nguyen Quoc Dinh *et al.*, *Direito Internacional Público*, Lisboa: Fundação Calouste Gulbenkian, 2003.

PROGRAMA DAS NAÇÕES UNIDAS PARA O MEIO AMBIENTE (PNUMA)

Mónica Dias

O Programa das Nações Unidas para o Meio Ambiente (PNUMA) (UNEP em inglês – *United Nations Environment Programme*) foi estabelecido pela Assembleia-Geral das Nações Unidas, através da resolução 2997 (XXVII) de 15 de Dezembro de 1972, no seguimento das recomendações da Conferência das Nações Unidas sobre Ambiente Humano realizada em Estocolmo, Suécia, no mesmo ano. Tinha como objectivo incentivar a cooperação internacional em assuntos ligados ao ambiente humano.

Hoje o PNUMA apresenta-se como a voz para o ambiente dentro do sistema das Nações Unidas, assumindo os papéis de catalisador, advogado, educador e facilitador na promoção do uso racional e do desenvolvimento sustentável do ambiente global. O mandato estabelecido pela Declaração de Nairobi de 1999 estipula que o PNUMA tem como principais propósitos analisar o estado do ambiente global e avaliar tendências, promover o avanço do direito ambiental internacional que visa o desenvolvimento sustentável, promover a implementação das normas e políticas acordadas internacionalmente e monitorizar o seu cumprimento, desempenhar um papel central na coordenação das actividades ambientais do sistema das Nações Unidas, desenvolver uma maior consciência para as questões ambientais e a cooperação entre diferentes sectores da sociedade e fornecer assistência ao nível da formulação e implementação de políticas a governos e outras instituições.

Para a prossecução dos seus objectivos o PNUMA trabalha com um vasto conjunto de parceiros, incluindo entidades das Nações Unidas, organizações internacionais, governos nacionais, organizações não-governamentais, o sector privado e a sociedade civil. Tendo o Secretariado sede em Nairobi, no Quénia, desde o final da década de 90, a interacção com estes actores é facilitada pelos 6 escritórios regionais que o PNUMA mantém (África, Ásia e Pacífico, Europa, América Latina e Caraíbas, América do Norte e Ásia Ocidental).

As suas actividades e a prossecução das suas políticas são supervisionadas pelo Conselho Administrativo que reporta à Assembleia-Geral através do Conselho Económico e Social das Nações Unidas (CES). O Conselho Administrativo inclui 58 membros eleitos pela Assembleia-Geral por mandatos de 4 anos, tendo em atenção o princípio da representação regional equitativa (16 Estados da África, 13 Estados da Ásia, 10 Estados da América Latina, 6 Estados da Europa de Leste e 13 Estados da Europa Ocidental e outros). O Conselho Administrativo é assistido por um Comité de Representantes Permanentes e desde 1999 constitui anualmente, nas suas sessões regulares ou em sessões especiais, o Fórum Ministerial Mundial do Ambiente.

O PNUMA conta também na sua estrutura organizativa com 7 divisões que evidenciam os temas e actividades subjacentes ao seu mandato, nomeadamente, a divisão de aviso prévio e avaliação, a divisão de implementação da política ambiental, a divisão de tecnologia, indústria e economia, a divisão de cooperação regional, a divisão de direito ambiental e convenções, a divisão de comunicação e informação pública e a divisão de coordenação do Fundo para o Ambiente Global.

Referências:

Edmund J. Osmanczyk & Anthony Mango (ed.), *Encyclopedia of the United Nations and International Agreements*, 3.ª ed., v. 4, New York: Routledge, 2003.

Richard Jolly, & Louis Emmerij, & Dharam Ghai, & Frédéric Lapeyre, *UN Contributions to Development Thinking and Practice*, Bloomington, Indianapolis: Indiana University Press, 2004.

The Europa Directory of International Organizations, 6.ª ed., London: Europa, 2004.

PROPORCIONALIDADE

Mateus Kowalski e Miguel de Serpa Soares

O termo "Proporcionalidade" traduz uma relação harmónica ou de equilíbrio entre vários elementos num dado contexto. Do ponto de vista jurídico, significa, pois, a harmonia ou equilíbrio entre direitos ou interesses juridicamente tutelados. Esta harmonia ou equilíbrio não se faz por uma simples equiparação equalitária entre o valor em contexto dos vários bens jurídicos que possam estar em confronto. Antes, admite-se a justa restrição de determinados direitos ou interesses no limite do necessário à salvaguarda de outros de valor atendível, evitando-se o confronto e garantindo-se a harmonia.

A proporcionalidade é um princípio geral de Direito Internacional. Logo, informa diversos domínios do Direito Internacional.

Tradicionalmente, o princípio da proporcionalidade era reconhecido no âmbito das contramedidas e da legítima defesa. Efectivamente, um dos critérios de licitude da legítima defesa é a proporcionalidade: a legítima defesa só é lícita se se restringir às medidas que envolvam o uso da força estritamente necessárias e incontornáveis para a preservação ou restauração do *status quo ante*. Também assim o é no que respeita às contramedidas, com a agravante de que, na prática, este tipo de reacção tende a ter uma pujança maior do que o acto inicial que lhe deu origem.

O princípio da proporcionalidade informa, igualmente e desde há muito, o Direito Internacional Humanitário. Constitui, aliás, um princípio básico desta área do Direito Internacional. As Convenções da Haia de 1907 e de Genebra de 1949 consagram vários corolários do princípio da proporcionalidade, como por exemplo: a proibição do sofrimento desnecessário; a proibição de danos colaterais. A proporcionalidade é também o critério chave para a determinação de uma violação grave do Protocolo (I) Adicional relativo à Protecção das Vítimas dos Conflitos Armados Internacionais, de 1977.

Outro domínio onde o princípio da proporcionalidade é de relevante aplicação é o Direito Internacional dos Direitos Humanos. Os direitos humanos podem sofrer determinadas restrições em nome do interesse público. Contudo, a relação entre a importância do direito garantido e o objectivo a atingir com a restrição do direito deve ser objecto de um juízo de proporcionalidade.

O princípio da proporcionalidade informa ainda outras áreas do Direito Internacional. No Direito dos Tratados, o princípio da proporcionalidade funciona, por exemplo, como um importante farol para a resposta à violação de um tratado: num caso concreto, a resposta deve ser medida em função da gravidade da violação e das consequências que decorrem da cessação ou suspensão do tratado. Por outro lado, no caso das sanções internacionais, as medidas coercivas adoptadas devem ser proporcionais ao objectivo pretendido: de contrário podem constituir uma violação do princípio da não-ingerência ou terem consequências humanitárias negativas para as populações.

Referências:
Enzo Canizaro, "The Role of Proportionality in the Law of International Countermeasures", 12 *European Journal of International Law* 889, 2001.
Judith Gardam, *Necessity, Proportionality and the Use of Force by States*, Cambridge: Cambridge University Press, 2004.
Olivier Corten & Pierre Klein (eds.), *Les Conventions de Vienne sur le Droit des Traités: Commentaire Article par Article*, Bruxelles: Bruylant, 2006.
Yutaka Arai-Takahashi, *The Margin of Appreciation Doctrine and the Principle of Proportionality in the Jurisprudence of the ECHR*, Antwerpen: Intersentia, 2001.

PROTECÇÃO CONSULAR

Mateus Kowalski e Miguel de Serpa Soares

Tratando-se de uma questão interna, embora com conexões internacionais, a delimitação da extensão da obrigação do Estado em proteger, no âmbito da protecção consular, depende do entendimento de cada Estado. A protecção consular traduz-se essencialmente na protecção de interesses, ajuda e apoio aos nacionais do Estado no estrangeiro. Assim, ao contrário da protecção diplomática, a protecção consular, função de um Estado no âmbito da acção consular, não é normalmente dirigida contra um Estado, nem tem fundamento numa violação do Direito Internacional. Por outro lado, esta é uma atribuição do Estado e não um seu direito.

Em Portugal, o dever do Estado em proteger os cidadãos portugueses no estrangeiro decorre directamente da Constituição. O artigo 14.º estabelece que no exercício de direitos os cidadãos portugueses gozam de protecção do Estado, na medida em que não sejam incompatíveis com a sua ausência do país. A protecção consular é, pois, devida aos cidadãos portugueses apenas quando necessária e possível. É ao Ministério dos Negócios Estrangeiros que incumbe a atribuição de proteger os cidadãos portugueses no estrangeiro.

Nesta medida, o Regulamento Consular (Decreto-Lei n.º 71/2009, de 31 de Março) estabelece a medida da protecção consular que o Estado Português deve conceder aos cidadãos portugueses. Assim, os postos e as secções consulares (sendo que as funções consulares também podem ser exercidas por missões diplomáticas) prestam assistência às pessoas singulares e colectivas portuguesas no estrangeiro, nomeadamente através dos seguintes actos: prestação de socorros a portugueses em dificuldade, como nos casos de prisão ou de detenção; prestação de socorros no caso de sinistro; prestação de socorros no caso de catástrofe natural ou de graves perturbações de ordem civil; salvaguarda de menores e de outros incapazes que se encontrem desprotegidos e se mostrem em perigo; assistência aos familiares de portugueses falecidos no estrangeiro; emissão de documentos de identificação e de viagem; apoio social, jurídico ou administrativo; acompanhamento do pagamento de prestações monetárias devidas a portugueses; assistência a desprotegidos; diligência para localização de portugueses desaparecidos; assistência à navegação marítima e aeronáutica.

A delimitação da função de protecção consular decorre também da Convenção sobre Relações Consulares, adoptada em Viena, a 24 de Abril de 1963, nomeadamente do seu artigo 5.º. No âmbito convencional há ainda a referir a Convenção Europeia sobre Funções Consulares, adoptada em Paris, a 11 de Dezembro de 1967, que embora já ratificada por Portugal, à data ainda não entrou em vigor por não ter sido atingido o número mínimo de cinco ratificações exigidas para o efeito.

Referências:
Jean Salmon, *Manuel de Droit Diplomatique*, Bruxelles: Bruylant, 1994.
Luke Lee, *Consular Law and Practice*, Oxford: Oxford University Press, 1991.

PROTECÇÃO DIPLOMÁTICA

Teresa Mafalda Vieira da Silva Cabrita

Invocação por parte de um Estado, por meio de acção diplomática ou outro mecanismo de resolução pacífica de disputas, da responsabilidade de outro Estado por danos causados a pessoas singulares ou colectivas suas nacionais, em resultado da violação de uma norma de Direito Internacional. Embora se trate de um regime jurídico maioritariamente fruto do costume internacional, o direito da protecção diplomática tem sido objecto de codificação e desenvolvimento progressivo pelos *Draft Articles on Diplomatic Protection* da Comissão de Direito Internacional. Segundo o princípio de *Mavromatis*, o direito do Estado de nacionalidade da pessoa singular ou colectiva (nomeadamente, sociedades de responsabilidade limitada cujo capital seja representado por acções) a invocar o regime jurídico de protecção diplomática, resulta da noção de que um dano causado ao nacional de um Estado é um dano causado ao próprio Estado. Ao exercer protecção diplomática, o Estado de nacionalidade encontra-se, na realidade, a defender o seu próprio direito de assegurar, na pessoa dos seus nacionais, o respeito pelas normas de Direito Internacional. A admissibilidade

PROTECÇÃO DIPLOMÁTICA

do exercício de protecção diplomática depende do princípio da nacionalidade da queixa e do princípio de exaustão prévia dos remédios legais existentes no Estado contra o qual se alegue uma violação de obrigações internacionais. Quanto ao primeiro, embora as normas de aquisição ou perda de nacionalidade se encontrem no domínio de jurisdição exclusiva dos Estados, o Direito Internacional impõe um conjunto de limites à sua determinação para efeitos de protecção diplomática. Primeiro, a nacionalidade da pessoa singular ou colectiva face ao Estado que exerça a protecção deverá ser contínua. Segundo, tendo o sujeito duas ou mais nacionalidades e sendo a responsabilidade invocada por um dos seus Estados de nacionalidade contra um outro, o Estado titular do direito de protecção diplomática é o Estado da nacionalidade "real ou efectiva" do sujeito. Tratando-se de pessoas singulares, é geralmente aceite que não é admissível o exercício de protecção diplomática quando a nacionalidade dos sujeitos haja sido adquirida de forma fraudulenta, com má fé, ou de forma manifestamente incompatível com princípios fundamentais de Direito Internacional, defendendo ainda alguns autores, à luz do caso *Nottebohm* do Tribunal Internacional de Justiça que protecção diplomática só será admissível se o sujeito tiver laços genuínos ou efectivos com o Estado de nacionalidade. Tratando-se de empresas, o Estado de nacionalidade será o Estado no qual a empresa se encontre incorporada, salvo se esta for efectiva e maioritariamente controlada por nacionais de outro Estado, tenha a sua administração e controlo financeiro noutro Estado e não disponha de actividade económica efectiva no Estado de incorporação; i.e., de uma "ligação próxima e permanente" com o Estado que exerça protecção diplomática. Nos termos do caso *Barcelona Traction*, o Estado de nacionalidade dos accionistas só poderá exercer protecção diplomática por danos causados à empresa, distintos de danos directos aos accionistas seus nacionais individualmente considerados, em casos excepcionais. Por sua vez, o *princípio do prévio esgotamento de meios internos* internos preclude o exercício de protecção diplomática por parte do Estado de nacionalidade quando o nacional não tenha previamente exausto todos os mecanismos legais disponíveis no Estado alegadamente responsável, salvo se estes se afigurarem insusceptíveis de proporcionar ressarcimento efectivo, sejam irrazoavelmente morosos, se o sujeito for manifestamente precludido de recorrer aos mecanismos legais existentes, ou se o Estado alegadamente responsável renunciar à regra de esgotamento de meios internos.

Referências:
Chittharanjan F. Amerasinghe, *Diplomatic Protection*, Oxford: Oxford University Press, 2008.
Chittharanjan F. Amerasinghe, *Local Remedies in International Law*, Cambridge: Cambridge University Press, 2005, 43-56.
Draft Articles on Diplomatic Protection with commentaries, ILC, Report on the Work of its Fifty-Eight Session, 2006 YBIL, vol. II (Part Two).

PROTECÇÃO DIPLOMÁTICA

E. M. Borchard, *Diplomatic Protection of Citizens Abroad or The Law of International Claims*, New York: Banks Law Publishing Co., 1915.

John Dugard, "Diplomatic Protection and Human Rights: The draft articles of the International Law Commission", 24 *Australian Yearbook of International Law* 75, 2005.

PROTECÇÃO DO INVESTIMENTO INTERNACIONAL

Rita Calçada Pires

A protecção do investimento internacional é justificada pelo risco a ele inerente.

Para o investidor, os riscos assumem-se como riscos comerciais e como riscos não comerciais. Os riscos sobre o qual a protecção internacional actua são os riscos não comerciais, uma vez ser apenas sobre estes riscos que o Estado anfitrião poderá ter algum controlo. Os riscos não comerciais suscitados para o investidor resultam das mudanças que podem ocorrer durante o período prolongado do investimento (mudanças legislativas, mudança de orientações políticas, mudanças nas opções económicas públicas, etc). Existe a preocupação da protecção da confiança, i.e., a protecção das legítimas expectativas criadas com a decisão de investimento a longo prazo.

A raiz histórica da necessidade de protecção do investidor é encontrada nos acontecimentos políticos e económicos que desencadearam expropriações de bens de investidores estrangeiros sem qualquer espécie de compensação (e.g. revolução russa de 1917 e nacionalizações de interesses petrolíferos norte-americanos no México, em 1938. Cfr. *Cláusula Calvo*). Este tipo de situações condicionaria a confiança dos investidores estrangeiros, o que, naturalmente, reduziria o volume de investimento internacional.

Apesar de a tónica de protecção ser a esfera do investidor, a actual visão económica internacional alerta para a existência de riscos também para o Estado anfitrião. Apontam-se as maiores volatilidades e vulnerabilidades das economias receptoras do investimento internacional (e.g. redução da capacidade de resistência a choques externos). A forma encontrada para promover o alerta e procurar minimizar estes riscos tem sido o recurso à responsabilidade social empresarial (*corporate social responsability*). Exemplo disso é o Código de Conduta paras as empresas transnacionais da Organização das Nações Unidas, a Declaração sobre investimento internacional e empresas multinacionais da Organização para a Cooperação e o Desenvolvimento Económicos, bem como os Princípios do Equador.

A vantagem da protecção encontra-se na maior possibilidade de captação do investimento, uma vez que o investidor procurará um local que se lhe apresente como vantajoso e o mais seguro possível.

Como se procede à protecção do investimento internacional? Em face da impossibilidade de se adoptar uma convenção multilateral (ainda que a

Organização para a Cooperação e o Desenvolvimento Económicos e a Organização Mundial de Comércio o tenham tentado), a protecção é feita através de acordos bilaterais. Em regra, o conteúdo desses acordos inclui certas regras sobre a admissão do investimento, designadamente cláusulas de tratamento nacional e proibição de requisitos de *performance*; normas sobre a necessidade de um tratamento justo e equitativo, assente num standard mínimo de protecção; bem como normas prevendo a existência de uma cláusula de protecção contra expropriações indevidas, criando o direito a uma justa compensação para o caso de expropriação necessária (recorrendo geralmente à fórmula de Hull). Existe ainda, em regra, uma remissão para um mecanismo de resolução de litígios entre o investidor e o Estado anfitrião, normalmente o Centro Internacional para a Resolução de Diferendos Relativos a Investimento (CIRDI).

Referências:
Andrew Newcombe & Lluís Paradell, *Law and practice of investment treaties: standards of treatment*, The Netherlands: Kluwer Law International, 2009.
Andrea K. Bjorklund, Ian A. Laird & Sergey Ripinsky (ed.), *Investment treaty law: current issues III. Remedies in International Investment Law. Emerging Jurisprudence of International Investment Law*, London: British Institute of International and Comparative Law, 2009.
Federico Ortino, Lahra Liberti, *et al.*, *Investment Treaty Law: Current Issues II: Nationality and Investment Treaty Claims. Fair and Equitable Treatment in Investment Treaty Law*, London: British Institute of International and Comparative Law, 2007.
Rudolf Dolzer & Christoph Schreuer, *Principles of international investment law*, Oxford: Oxford University Press, 2008.

PROTECTORADO

André Filipe Valadas Saramago

Um Protectorado, ou Estado protegido, trata-se de um Estado que, por via convencional, estabeleceu com um segundo Estado uma relação de protecção em troca da abdicação de certos poderes soberanos, tanto internos como externos, sobre os quais o segundo Estado, ou Estado protector, passa a exercer um determinado grau de influência e controlo.

O conteúdo do acordo que estabelece a relação de Protectorado entre o Estado protegido e o Estado protector varia significativamente conforme os casos. É por isso possível encontrar situações em que o acordo estabelece apenas a protecção do Estado protegido pelo Estado protector contra ameaças militares de terceiros em troca do controlo de certos aspectos da sua política externa, como é o caso do *Ius Belli*; outras situações em que o acordo de protecção significa a total subordinação da política externa do Estado protegido ao Estado protector, sendo as relações do primeiro com terceiros estabelecidas por via do Estado protector, mas

PROTECTORADO

mantendo este autonomia ao nível da sua política interna; ou ainda situações em que o acordo de protecção prevê um significativo grau de influência e controlo da política interna do Estado protegido pelo Estado protector. Em qualquer um destes casos, independentemente do grau de controlo que o Estado protector exerce sobre o Protectorado, este continua a ser reconhecido como um Estado soberano à luz do Direito Internacional, dai a relação de Protectorado diferir daquela de anexação ou de tutela.

Exemplos históricos de Protectorado incluem o Protectorado de Cabinda (1885-1874) sob a protecção de Portugal; o Protectorado do Cambodja (1863-1953) sob a protecção da França; ou o Protectorado da África Oriental (1895-1920) e o Protectorado do Uganda (1920-1962) ambos sob a protecção do Reino Unido. Desde os anos 90 a utilização do termo Protectorado tem sido cada vez mais frequente para descrever as operações de manutenção de paz e construção de Estados levadas a cabo pelas Nações Unidas e outras organizações internacionais em conjunto com coligações de Estados. A utilização do termo deve-se não à classificação expressa destas operações como exemplos de Protectorado, mas sim ao facto de estas muitas vezes assumirem relações entre os vários actores intervenientes com contornos semelhantes àqueles do Protectorado.

Referências:
Adriano Moreira, *Teoria das Relações*, Lisboa: ISCSP, 2002.
James Mayall e Ricardo Soares de Oliveira, *The New Protectorates: International Tutelage and the Making of Liberal States*, C. Hurst & Co Publishers Ltd., 2011.
Nguyen Dinh, Patrick Daillier e Alain Pellet, *Direito Internacional Público*, 2.ª ed., Lisboa: Fundação Calouste Gulbenkian, 2003.

PROTESTO

RICARDO BRANCO

Acto unilateral pelo qual um sujeito de Direito Internacional sustenta a anti--juridicidade de um acto ou de uma situação jurídica, embora também seja utilizado para manifestar mera oposição política àqueles, mas de forma que o Direito Internacional costumeiro e a doutrina qualificam como abusiva.

O protesto consubstancia sempre a reacção a uma situação controvertida e é, por natureza, um acto expresso, com o efeito jurídico principal de impedir outros sujeitos de Direito Internacional de invocarem o desconhecimento da posição do autor do protesto sobre a situação em causa. A oposição à usucapião em Direito Internacional, para quem admite, é, por exemplo, um dos casos em que se revela a importância do protesto, *in casu* do titular originário do território pretensamente usucapido.

Referências:
Eduardo Correia Baptista, *Direito Internacional Público*, I – Conceito e Fontes, Lisboa, 1998, pp. 396-398.
Nguyen Quoc Dinh, Patrick Daillier & Alain Pellet, *Direito Internacional Público*, trad., 2.ª ed., Lisboa: Fundação Calouste Gulbenkian, 2003, pp. 367-376.

RATIFICAÇÃO DE TRATADOS

GUSTAVO GRAMAXO ROZEIRA

A ratificação é o acto jurídico solene através do qual um Estado manifesta o seu consentimento em vincular-se por um tratado internacional. A conclusão dos tratados ditos formais ou solenes, segue um processo de duplo grau: por um lado, através da *assinatura*, o Estado exprime o seu acordo quanto à versão final de um texto previamente negociado e à autenticação da sua redacção definitiva; por outro lado, num momento subsequente, a ratificação exprime o consentimento do Estado em vincular-se pelo tratado assim negociado e já assinado.

Desse modo é a ratificação, e não a assinatura, o acto jurídico constitutivo relativamente à vinculação de um Estado a um tratado internacional.

Esta figura remonta a sua origem ao fim da Idade Média e à necessidade dos monarcas sujeitarem à sua fiscalização e aprovação final definitiva os tratados negociados pelos seus legados plenipotenciários.

Com o progressivo fim do absolutismo régio e a transição para sistemas de governo em que os parlamentos passaram também a ser chamados a partilhar o exercício das funções soberanas do Estado, o instituto da ratificação foi preservado já não como manifestação do poder absoluto do monarca, mas antes como meio de assegurar a intervenção parlamentar na expressão do consentimento estadual a vincular-se por tratados internacionais.

Efectivamente, no modelo contemporâneo de Estado é através da ratificação que os parlamentos estaduais asseguram o seu papel interventivo de partici-pação nas principais decisões políticas com alcance jurídico-internacional. No entanto, a ratificação enquanto acto jurídico permanece, ainda nos dias de hoje, como um puro acto político dos chefes de Estado, limitando-se a intervenção parlamentar à concessão de autorização para a ratificação. Do ponto de vista do direito interno, a forma da autorização parlamentar varia entre a de um acto legislativo (por exemplo, no caso da Itália) ou um acto estritamente político (por exemplo, Portugal). Nalguns Estados inclusivamente a autorização parla-mentar pode, em certas circunstâncias, ser substituída ou complementada pela exigência constitucional de realização de um referendo (por exemplo, no caso da França ou da Suíça). Porém, qualquer que seja a forma de que se revista, a autorização parlamentar (ou referendária) é, à semelhança da ratificação propriamente dita, um acto puramente político, não correspondendo ao exercício, pelos parlamentos estaduais, da função legislativa que constitucionalmente lhes está confiada.

A ratificação é também um acto livre, o que implica para os Estados parte num tratado internacional a inexistência de qualquer dever jurídico de ratificar um tratado por si já assinado e, inclusivamente, a faculdade de recusar expressamente a sua ratificação. Esta liberdade, porém, não pode ser entendida de um modo tão liberal ao ponto de colocar em crise o princípio da boa fé que impende sobre os Estados na negociação de tratados internacionais. Do mesmo passo, do ponto de vista do Direito interno, inexiste igualmente qualquer dever por parte dos executivos governamentais de solicitação junto dos parlamentos nacionais da autorização para ratificação de um tratado.

Referências:

André Gonçalves Pereira & Fausto de Quadros, *Manual de Direito Internacional Público*, 3.ª ed., reimp., Coimbra: Almedina, 2005.

Joaquim da Silva Cunha & Maria da Assunção do Vale Pereira, *Manual de Direito Internacional Público*, 2.ª ed., Coimbra: Almedina, 2004.

Jorge Bacelar Gouveia, *Manual de Direito Internacional Público*, 2.ª ed., Coimbra: Almedina, 2004.

Nguyen Quoc Dinh, Patrick Daillier & Alain Pellet, *Direito Internacional Público*, Lisboa: Fundação Calouste Gulbenkian (trad. port.: Vítor Marques Coelho), 1999.

REAGRUPAMENTO FAMILIAR

Ana Rita Gil

Reagrupamento familiar é a reunião, a uma pessoa residente num país, de familiares estrangeiros que se encontrem no exterior, através da concessão aos mesmos de uma autorização estadual de entrada e residência no território.

É muito discutida a questão de saber se se reconhece um direito ao reagrupamento familiar, já que, de acordo com um princípio de Direito Internacional, o controlo da entrada e saída de estrangeiros do território é uma prerrogativa soberana dos Estados. Não obstante, ultimamente tem-se afirmado que essa prerrogativa se encontra condicionada ao respeito pelos direitos humanos dos estrangeiros – em particular, do direito a viver em família. O Tribunal Europeu dos Direitos do Homem reconheceu já que do artigo 8.º da Convenção Europeia dos Direitos do Homem pode derivar a obrigação de os Estados autorizarem o reagrupamento familiar de estrangeiros a pessoas que residam nos seus territórios[1]. Isso dependerá do equilíbrio dos vários interesses públicos e privados

---

[1] TEDH, *Sen v. Holanda*, Acórdão de 21 de Dezembro 2001, Reports of Judgments and Decisions, 2001-XII.

em presença, já que o Tribunal afirma que o dever imposto pelo artigo 8.º não implica uma obrigação geral de os Estados respeitarem a escolha de um país de residência e de aceitarem que familiares não nacionais residam nesse país[1]. Também o Comité dos Direitos Humanos referiu já que essa obrigação pode derivar do artigo 17.º do Pacto Internacional de Direitos Civis e Políticos.

A Convenção dos Direitos da Criança lança as bases para a protecção de um direito ao reagrupamento familiar de menores no artigo 10.º. Para além disso, várias convenções multilaterais destinadas à protecção dos direitos humanos dos imigrantes instam os Estado-parte a facilitar o reagrupamento familiar aos estrangeiros residentes nos respectivos territórios. Referência especial merecem o artigo 44.º da Convenção das Nações Unidas sobre a protecção dos direitos de todos os trabalhadores migrantes e membros das suas famílias[2], o artigo 13.º da Convenção n.º 143 da OIT relativa às Migrações em Condições Abusivas e à Promoção da Igualdade de Oportunidades e de Tratamento dos Trabalhadores Migrantes[3], o artigo 19.º, n.º 6 da Carta Social Europeia Revista de 3 de Maio de 1996, e o artigo 12.º da Convenção Europeia relativa ao estatuto jurídico do trabalhador migrante[4].

Os Estados-Membros da União Europeia são hoje obrigados a reconhecer um direito ao reagrupamento familiar nas suas legislações internas, quer para os cidadãos da União Europeia que exerçam o direito de livre circulação[5], quer para os nacionais de países terceiros que residam nos seus territórios[6]. Neste último caso, os Estados-Membros podem prever várias condições ao exercício do direito, como a posse de meios de subsistência e alojamento considerados suficientes. Para além disso, os pedidos podem ser recusados por motivos de ordem pública, segurança pública e saúde pública. As categorias de familiares admitidos para efeitos de reagrupamento familiar varia entre os vários Estados, embora se exija no mínimo a permissão do reagrupamento do cônjuge e filhos menores do residente.

Ligada à figura do reagrupamento familiar, há que referir a protecção da vida familiar do estrangeiro face a medidas de expulsão do território. O Tribunal Europeu dos Direitos do Homem tem sido bastante mais favorável ao reconheci-

---

[1] TEDH, *Abdulaziz, Cabales e Balkandi v. Reino Unido*, Acórdão de 28 de Maio de 1985, Series A, No. 94, para. 68.
[2] Adoptada pela Assembleia Geral das Nações Unidas em 18 de Fevereiro de 1990.
[3] Celebrada em 24-06-1975.
[4] Celebrada em 24 de Novembro de 1997.
[5] Directiva 2004/38/CE do Parlamento Europeu e do Conselho, de 29 de Abril de 2004, relativa ao direito à livre circulação e residência dos cidadãos da União e dos membros das suas famílias no território dos Estados-Membros.
[6] Directiva 2003/86/CE, de 22 de Setembro, sobre o direito ao reagrupamento familiar.

mento de limites à expulsão de estrangeiros do território para salvaguarda da vida familiar do que no que toca ao reconhecimento de um direito ao reagrupamento familiar em sentido estrito.

Referências:

Ana Rita Gil, "Um caso de Europeização do Direito Constitucional Português – A Afirmação de um Direito Fundamental ao Reagrupamento Familiar", 2 *Revista de Direito Público*, 9, 2009.

Hélène Lambert, "The European Court of Human Rights and the right of refugees and other persons in need of protection to family reunion", 11 *International Journal of Refugee Law*, 1999, 427.

Henri Labayle, "Le Droit de l'étranger au respect de sa vie familiale", 9 *Revue Française de Droit Administratif*, 511, 1993.

Mylène Nys, *L'immigration familiale à l'épreuve du droit*, Bruxelles: Bruylant, 2002.

Ryszard Cholewinski, "Family Reunification as a Constitutional Right?" *in* Joan Apap (ed.) *Justice and Home Affairs in the European Union – Liberty and Security issues after enlargement*, Cheltenham: Edward Elgar, 2004, 259-272.

REBUS SIC STANTIBUS

Mateus Kowalski e Miguel de Serpa Soares

No âmbito do Direito Internacional dos Tratados, a assim designada "cláusula *rebus sic stantibus*" (artigo 62.º da Convenção sobre o Direito dos Tratados, adoptada em Viena, a 23 de Maio de 1969) configura uma excepção ao princípio *pacta sund servanda*, na medida em que permite que a alteração fundamental de circunstân-cias relativamente às que existiam no momento da conclusão do tratado possa constituir fundamento para a cessação e suspensão do tratado, ou ainda para o recesso relativamente ao tratado (quando uma Parte se desvincula de um tratado multilateral). Trata-se da codificação de uma regra costumeira sobre a matéria.

A cláusula sublinha a regra geral estabelecida pelo princípio *pacta sunt servanda*, de que todo o tratado em vigor vincula as Partes e deve ser por elas cumprido de boa fé. Assim, por um lado, a cláusula estabelece as condições cumulativas em que a alteração fundamental de circunstâncias pode ser excepcionalmente invo-cada para aqueles efeitos: a existência dessas circunstâncias tiver constituído uma base essencial do consentimento das Partes em ficarem vinculadas pelo tratado; e essa alteração tiver por efeito a modificação radical da natureza das obrigações assumidas no tratado. Por outro lado, reforça o princípio *pacta sunt servanda* esta-belecendo situações específicas em que a alteração fundamental de circunstâncias não pode ser invocada como fundamento para a cessação, suspensão ou recesso: se disser respeito a um tratado que estabeleça uma fronteira; ou se a alteração fundamental resultar de uma violação, pela Parte que a invoca, de uma obrigação decorrente do tratado ou de qualquer outra obrigação internacional relativa a qualquer outra Parte no tratado.

Ainda, uma Parte não pode invocar uma causa de cessação, suspensão ou recesso quando, após haver tomado conhecimento dos factos, essa Parte: aceitou expressamente considerar que o tratado, conforme os casos, é válido, permanece em vigor ou continua a ser aplicável; ou deva, em razão da sua conduta, ser considerado como tendo aceite, conforme os casos, a validade do tratado ou a sua permanência em vigor ou em aplicação.

Não é claro o âmbito da expressão "alteração fundamental de circunstâncias". Em princípio deve ser determinada caso a caso, por acordo das Partes ou pela via jurisdicional. Em todo o caso, deve ser distinguida da "impossibilidade superveniente de execução" (artigo 61.º da Convenção sobre o Direito dos Tratados, adoptada em Viena, a 23 de Maio de 1969).

No caso *Gabčikovo*, que decorreu perante o Tribunal Internacional de Justiça, a Hungria invocou profundas mudanças políticas, a diminuição da viabilidade económica do projecto *Gabčikovo-Nagymaros*, o progresso do conhecimento em matéria de ambiente e o desenvolvimento de novas normas de Direito Internacional do Ambiente como fundamento para a cessação da vigência do Tratado de 1977 entre a Hungria e a Checoslováquia sobre o sistema de barragens *Gabčikovo-Nagymaros*. Reconhecendo a existência da cláusula *rebus sic stantibus*, o Tribunal considerou, no entanto, que o fundamento invocado pela Hungria não configurava uma "alteração fundamental de circunstâncias" no sentido daquela cláusula.

Referências:

Ian Sanclair, *The Vienna Convention on the Law of Treaties*, Manchester: Manchester University Press, 1984.

Olivier Corten & Pierre Klein (eds.), *Les Conventions de Vienne sur le Droit des Traités: Commentaire Article par Article*, Bruxelles: Bruylant, 2006.

Sylvanus Tiewul, "The Fisheries Jurisdiction Cases (1973) and the Ghost of *Rebus Sic Stantibus*", 6 *New York University Journal of International Law and Politics* 455, 1973.

Gabčikovo-Nagymaros Project (Hungary vs. Slovakia), ICJ Reports 1997, 7.

RECONHECIMENTO DE BELIGERANTES

Ana Cristina Borges Malhão Crisóstomo

O reconhecimento è um acto jurídico unilateral através do qual um Estado constata na ordem jurídica internacional a existência de uma determinada situação como sendo conforme com o Direito Internacional. O reconhecimento de beligerantes é fonte autónoma de Direito Internacional com origem no costume internacional.

Esta prática consuetudinária teve origem, no século XIX, por parte dos Estados Unidos da América, no reconhecimento dos movimentos beligerantes nas colónias espanholas da América do Sul e mais tarde o reconhecimento por parte de alguns Estados europeus durante a guerra da Secessão americana. Já no século XX, destacamos alguns exemplos importantes como foi ao caso do reconhecimento dos beligerantes da guerra civil espanhola por parte dos Estados que formavam a Comissão de Não Intervenção, o reconhecimento de movimentos como a UNITA, em Angola, a RENAMO, em Moçambique ou o Movimento dos Sandinistas, na Nicarágua

O acto jurídico de reconhecimento é um acto livre de natureza política e discricionário, que produz efeitos jurídicos.

Os Estados, com o objectivo de proteger os seus interesses, ou o próprio Estado onde o movimento teve origem, com o objectivo de se desonerar de eventual responsabilidade internacional, reconhecem os movimentos beligerantes. O reconhecimento da sua personalidade jurídica internacional deve ter presente o cumprimento dos requisitos, nomeadamente, o controlo e a administração efectiva de parte do território, possuírem um comando organizado e respeitarem o Direito Internacional da Guerra. Este reconhecimento é limitado e transitório, tendo em conta a sua legitimidade política e a capacidade para demonstrar que dispõem de uma estrutura política organizada. Por outro lado, e em homenagem ao princípio da não ingerência nos assuntos internos do Estado, a sociedade internacional deve ser prudente, na avaliação dos requisitos e dos riscos, ponderando ainda a pressão que será exercida no governo do Estado, a representatividade dos beligerantes e em especial, o momento em que o reconhecimento é declarado, devendo evitar situações prematuras.

Por esta razão, o reconhecimento dos movimentos beligerantes é muitas vezes precedido do reconhecimento enquanto insurrectos. Os insurrectos, não sendo sujeitos de Direito Internacional, beneficiam de um estatuto que lhes permite conferir a protecção do Direito Internacional, designadamente dos protocolos I e II da Convenção de Genebra, não lhes sendo aplicável as sanções estabelecidas para os delitos comuns. Quando os insurrectos passam a controlar uma parte do território do Estado onde actuam e se verifica o cumprimento dos restantes requisitos podem vir a ser reconhecidos como beligerantes.

Uma vez reconhecidos pela sociedade internacional, os movimentos beligerantes estabelecem relações jurídicas no plano internacional e adquirem personalidade jurídica internacional.

O reconhecimento dos beligerantes permite, por um lado, a atribuição de legitimidade para negociar tratados *ius tractum* e por outro lado a responsabilização pelos actos cometidos, desonerando o Estado em cujo território actuam. O grupo beligerante reconhecido assume assim poderes muito idênticos ao do

Estado. Desta forma, ao contrário do que sucede com o Estado, o reconhecimento do grupo beligerante é verdadeiramente constitutivo.

Outro efeito importante do reconhecimento de beligerantes é a assunção do conflito interno como um conflito internacional, na medida em que passa a ter como partes dois sujeitos de Direito Internacional e o dever de neutralidade perante o conflito por parte dos Estados que reconheceram o movimento beligerante. Quando o reconhecimento é declarado pelo próprio Estado onde o movimento tem origem, tem como efeito a desresponsabilização pelos actos cometidos pelos beligerantes perante Estados terceiros.

Referências:

Ian Brownlie, *Princípios de Direito Internacional Público,* Lisboa: Fundação Calouste Gulbenkian, 1997. ISBN 972-31-0759-7.

Francisco Ferreira Almeida, *Direito Internacional Público-Parte I*, Coimbra: Coimbra Editora, 2001. ISBN 972-32-1026-6.

André Gonçalves Pereira & Fausto Quadros, *Manual de Direito Internacional Público*, Coimbra: Almedina, 2000. ISBN 972-40-0868-1.

Albino de Azevedo Soares, *Lições de Direito Internacional Público*, 4.ª ed., Coimbra: Coimbra Editora, 1988.

Jorge Miranda, *Direito Internacional Público-I*, Lisboa: FDL, 1995.

RECONHECIMENTO DE ESTADOS

Mateus Kowalski e Miguel de Serpa Soares

O "Reconhecimento" pode ser definido como um processo de consolidação do facto em Direito, pelo qual um sujeito de Direito Internacional que não participou na constituição de uma situação ou acto, aceita que os efeitos jurídicos que decorrem dessa situação ou acto lhe sejam oponíveis. Este instituto tem uma aplicação fundamental no reconhecimento de um Estado enquanto sujeito de Direito Internacional. O reconhecimento será neste caso um acto jurídico que comporta efeitos jurídicos relativamente à capacidade do Estado nas relações internacionais.

O Estado adquire personalidade jurídica a partir do momento em que reunir os três elementos constitutivos de um Estado soberano, a saber: população, território e governo. Da reunião destes elementos decorre a capacidade para se relacionar em igualdade com outros sujeitos de Direito Internacional. Ora, o reconhecimento não confere ele próprio a qualidade de Estado soberano mas antes se limita a constatar e a declarar a existência de um Estado soberano. Por isso, o reconhecimento tem uma natureza meramente declarativa (e não constitutiva).

A questão do reconhecimento de um Estado só se coloca verdadeiramente após o surgimento do novo Estado. No entanto, é de admitir a possibilidade do reconhecimento prematuro de uma entidade que ainda não reúna de forma definitiva todos os elementos constitutivos de um Estado. Contudo esta solução não tem reflexo relevante na prática.

No que respeita ao seu exercício, o acto de reconhecimento de um novo Estado é discricionário: o Estado já existente pode ou não reconhecer o novo Estado, e pode efectuá-lo no momento que achar oportuno e da forma que entender (veja-se, como exemplo, o caso recente do reconhecimento do Kosovo como estado soberano). Porém, haverá uma obrigação de não-reconhecimento quando a criação do novo Estado tenha origem no uso ilícito da força.

Relativamente à forma do reconhecimento, este dá-se frequentemente por um acto individual pelo qual um Estado reconhece o novo Estado (reconhecimento individual). Nada impede, porém, que vários Estados procedam ao reconhecimento, em conjunto, do novo Estado (reconhecimento colectivo). É importante realçar que, em caso de reconhecimento colectivo, os Estados ficam vinculados por ele e não podem pretender subordinar posteriormente a um reconhecimento individual os efeitos do reconhecimento. Por outro lado, o reconhecimento pode ser feito através da adopção de uma acto jurídico solene que inequivocamente traduz o reconhecimento do novo Estado, como por exemplo, a conclusão de uma convenção com o novo Estado, a emissão de uma nota diplomática ou mesmo através de uma declaração ou comunicado (reconhecimento expresso), ou antes pode ser deduzido da adopção de determinados comportamentos (reconhecimento tácito ou implícito).

A prática recente tem demonstrado que o reconhecimento de um novo Estado tem sido feito, no âmbito europeu, colectivamente pela União Europeia e pelos seus Estados-Membros. Em concreto em relação ao desmembramento da ex-Jugoslávia, foi seguida a prática do reconhecimento colectivo pelos Estados-Membros no quadro da União Europeia, de que é um bom exemplo o reconhecimento do Montenegro (tal já não aconteceu porém no caso do Kosovo).

Referências:

Armend Behluli, *The Recognition of States: The Case of Kosovo*, Saarbrücken: VDM Verlag, 2010.
Jan Klabbers *et al.* (eds.) , *State Practice Regarding State Succession and Issues of Recognition*, The Hague: Kluwer Law International, 1999.
Nguyen Quoc Dinh *et al.*, *Direito Internacional Público*, Lisboa: Fundação Calouste Gulbenkian, 2003.
Thomas Grant, *The Recognition of States: Law and Practice in Debate and Evolution*, Westport: Praeger Publishers, 1999.

RECTIFICAÇÃO DE TRATADOS

Mateus Kowalski e Miguel de Serpa Soares

Nos textos dos tratados é frequente a ocorrência de erros, de natureza diversa: tipográficos, gramaticais, pontuação, numeração, referências. Estes são erros de redacção que há que distinguir dos erros de substância, que serão aqueles que: viciem o consentimento de um Estado em se obrigar pelo Tratado; ou que incidam sobre facto ou situação que o Estado supunha existir no momento em que o Tratado foi concluído, constituindo motivo essencial desse Estado a obrigar-se pelo Tratado.

Num caso concreto, para se determinar o tipo de erro (de redacção/de substância), há que mobilizar o artigo 48.º da Convenção sobre o Direito dos Tratados, adoptada em Viena, a 23 de Maio de 1969. A distinção é importante, uma vez que enquanto os erros de substância podem determinar a nulidade do tratado, os erros de redacção podem ser rectificados.

Assim, se numa convenção internacional for detectado um erro classificado como "de redacção", este poderá ser corrigido, se tal for vontade dos que o autenticaram, invocando-se o artigo 79.º da referida Convenção de Viena. Note-se que fazendo aquele artigo referência aos "Estados signatários" e aos "Estados contratantes", deverá ser entendido que a rectificação poderá ser levada a cabo em relação ao texto autenticado de um tratado, quer esta esteja ou não em vigor.

Não havendo depositário, os meios de rectificação incluem: rectificação no próprio texto, rubricada pelos representantes devidamente credenciados; estabelecimento de um instrumento ou troca de instrumentos onde esteja consignada a rectificação que se convencionou fazer no texto; estabelecimento de um texto rectificado do conjunto da convenção, segundo o processo utilizado para o texto original.

Sendo um tratado para o qual existe depositário, este deverá notificar o erro e a respectiva proposta de rectificação (quer tenha sido o depositário a detectar o erro quer para ele tenha sido chamado a atenção) aos Estados signatários e Estados contratantes, estabelecendo um prazo para que estes formulem alguma objecção. A Convenção de Viena citada não dispõe sobre os efeitos da objecção.

O texto rectificado substitui o texto defeituoso *ab initio*, salvo decisão em contrário. Por outro lado, sendo obrigatório o registo de cada convenção junto das Nações Unidas (artigos 80.º da Convenção de Viena e 102.º da Carta das Nações Unidas), o Secretariado das Nações Unidas deverá ser notificado da respectiva rectificação. Se o erro for notado numa cópia autenticada de uma convenção, o depositário deverá lavrar um auto de rectificação e comunicá-lo aos Estados signatários e aos Estados contratantes.

O regime da rectificação previsto para as Organizações Internacionais é semelhante, com as devidas adaptações (artigo 80.º da Convenção sobre o Direito dos Tratados entre Estados e Organizações Internacionais ou entre Organizações Internacionais, adoptada em Viena, a 21 de Março de 1986).

Sendo detectado um erro de redacção num Tratado de que a República Portuguesa seja signatária ou seja Estado contratante, a prática é a de o rectificar por troca de notas diplomáticas (no caso de tratados sem depositário – normalmente bilaterais) ou de não objectar no caso das convenções com depositário.

Referências:

Anthony Aust, *Modern Treaty Law and Practice*, Cambridge: University Press, 2000.

Ian Sanclair, *The Vienna Convention on the Law of Treaties*, Manchester: Manchester University Press, 1984.

Olivier Corten & Pierre Klein (eds.), *Les Conventions de Vienne sur le Droit des Traités: Commentaire Article par Article*, Bruxelles: Bruylant, 2006.

REFÉNS

Armando José Dias Correia

Uma pessoa ou uma entidade ficam reféns de uma situação quando não podem agir segundo a sua vontade, mas sim segundo a vontade de outrem. Um Estado também pode ser refém de outro, ou outros, quando é obrigado a cumprir as cláusulas de um tratado ou convenção que vai contra os seus interesses nacionais. Normalmente está associado um elevado risco vital para a pessoa, entidade ou Estado, assim como a possibilidade de uso da força.

Segundo as Nações Unidas, toda pessoa que prender, deter ou ameaçar matar, ferir ou continuar a deter outra pessoa (daqui por diante, denominada "refém"), com a finalidade de obrigar terceiros, a saber, um Estado, uma organização intergovernamental internacional, uma pessoa física ou jurídica, ou um grupo de pessoas, a uma acção ou omissão como condição explícita ou implícita para a libertação do refém, incorrerá no crime de tomada de refém, dentro das finalidades da Convenção Internacional das Nações Unidas contra a Tomada de Reféns, aprovada pela resolução 34/146 da Assembleia Geral das Nações Unidas, em 17 de Dezembro de 1979.

O mais famoso episódio envolvendo reféns ocorreu no dia 4 de Novembro de 1979, quando "estudantes iranianos" fizeram reféns cerca de 60 pessoas na embaixada norte-americana em Teerão, dando início a uma crise que levou ao corte de relações entre Estados Unidos e Irão. Os reféns estiveram em cativeiro durante 444 dias, num acontecimento que funcionou como uma afirmação da revolução islâmica. Os "estudantes islâmicos" exigiam a extradição do Xá,

Mohammed Reza Pahlevi, que recebia tratamento médico nos Estados Unidos e a devolução da sua fortuna ao Irão. Washington e Teerão romperam relações diplomáticas a 7 de Abril de 1980 e em 25 de Abril, uma operação de forças especiais norte-americanas tentou libertar os reféns, mas acabou por fracassar. Só a 20 de Janeiro de 1981, depois de um acordo alcançado entre Washington e Teerão com mediação da Argélia, seriam libertados os reféns. A libertação ocorreu no dia em que tomava posse como presidente dos Estados Unidos Ronald Reagan, sucessor de Jimmy Carter.

No final da primeira década do século XXI, o termo ganhou de novo grande expressão noticiosa associado à pirataria. A vida das tripulações de navios passou a ser penhorada por piratas somalis a troco de avultadas somas de dinheiro.

Referência:
Convenção Internacional contra a Tomada de Reféns, aprovada pela resolução 34/146 da Assembleia Geral das Nações Unidas, em 17 de Dezembro de 1979.

REFORMA DO SECTOR DE SEGURANÇA

MÓNICA FERRO

A Reforma do Sector de Segurança (RSS) é um esforço sistematizado, holístico de, construir, reconstruir, reformar ou transformar sectores/sistemas de segurança--onde se incluem todos os actores envolvidos no mesmo desde o Parlamento que faz as leis, aos Ministérios que as executam, aos agentes que a aplicam e aos organismos da sociedade civil que supervisionam a democraticidade e transparência deste processo, os meios de comunicação social e, ainda, às forças de segurança que operam à margem deste quadro de referência-tornando-os mais profissionais, eficazes, consistentes com padrões e regras internacionais de governação, responsabilização e estado de direito.

A falta de uma definição consensualizada do que é RSS (a concepção do CAD/OCDE é usada como referência por muitos estados e organizações internacionais, nomeadamente a União Europeia) faz com que a abordagem seja mais pragmática e programática do que doutrinal; acresce a isto o facto de, como a RSS deve ser adequada a cada contexto, os programas serem frequentemente construídos *à la carte*.

Uma agenda clássica de RSS inclui a realização de actividades como a reforma da Defesa, da Polícia, dos Serviços de Informações, dos Sistemas Judiciário e Prisional. Em cenários de reconstrução pós-conflito, e na maioria das situações de fragilidade do estado, os instrumentos adicionais são: a Desmobilização, Desarmamento e Reintegração (DDR) de antigos combatentes, incluindo crianças e mulheres soldados; o combate ao tráfico de Armas Ligeiras; a Justiça Transitória; o reforço do Estado de Direito; a Desminagem, e a definição de boas práticas para o sector de segurança.

Em sociedades democráticas, de estado de direito consolidado, a agenda é de *transformação* e não de reforma.

São várias as combinações destes instrumentos, feitas à medida de cada caso, e, de preferência, com o contributo proactivo dos actores locais.

Os programas de RSS não são novos na história da cooperação. O que é novo é o facto de terem deixado de ser um exclusivo dos ministérios dos negócios estrangeiros e da defesa, focados na segurança do estado, na assistência técnica e desenvolvimento de capacidades tecnológico-militares; e ter cessado a abordagem de soma-zero aos gastos militares, isto é, a ideia de que cortes nos gastos militares se converteriam imediatamente em recursos disponíveis para o desenvolvimento. Enquanto a primeira abordagem é sintoma de Guerra Fria, a segunda traduz uma lógica simplista, de certos programas em que a redução das despesas militares era, em si, uma coisa boa e proporcionaria ganhos de desenvolvimento.

A nova abordagem assenta numa visão holística da sociedade e da sua governação, numa percepção da ligação entre segurança e desenvolvimento.

Esta RSS foi potenciada, desenvolvida em padrões, normas, boas práticas e inserida na agenda do desenvolvimento graças a iniciativas dos países nórdicos, da Holanda e do Reino Unido, e por organizações como a OCDE que tem desenvolvido um trabalho conceptual e programático notável. A ONU e a UE têm levado a cabo projectos de RSS, bem como a OTAN desde o fim da Guerra Fria, a União Africana e outras organizações regionais, mas sem uma doutrina policial e militar que os sustente conceptualmente.

A produção de uma doutrina tem agregado atenção e esforços; na ausência desta os grandes desafios são a coordenação dos actores e a garantia de que há apropriação nacional pelos destinatários da reforma em curso.

Referências:

Mónica Ferro, "Assegurando Paz e Desenvolvimento – Reforma do sector de segurança," *Boletim do Centro de Informação Regional das Nações Unidas,* Bruxelas: UNRIC, 2009.

Mónica Ferro & Reinaldo S. Hermenegildo, "(Re)formação do Sector de Segurança em Timor--Leste," in *Revista Militar,* N.º 2497/2498 – Fevereiro/Março de 2010, Lisboa, 2010.

Mónica Ferro, "Reforma do Sector de Segurança em Estados Frágeis – O elo perdido entre segurança e desenvolvimento", in *Actas do I Encontro Luso-Espanhol de Professores de Direito Internacional e Relações Internacionais,* Braga: Universidade do Minho, 2011.

OECD, *OECD DAC Handbook on Security System Reform, Supporting Security and Justice,* Paris: OECD, 2007.

REFUGIADOS

Andreia Soares e Castro

A Convenção das Nações Unidas Relativa ao Estatuto dos Refugiados, adoptada em 1951, define juridicamente os refugiados como aquelas pessoas que se encontram fora dos seus países de nacionalidade e que não podem regressar devido a um receio fundado de perseguição por motivos de raça, religião, nacionalidade, opiniões políticas ou filiação em certo grupo social. Tal significa que as pessoas deslocadas dentro do seu próprio país não estão abrangidas nos termos da definição jurídica internacional de refugiados. Contudo, é cada vez maior o número de deslocados internos que, pelas mesmas razões, são forçados a fugir dos seus países de origem, embora não cruzem nenhuma fronteira internacional. A Convenção de 1979 sobre refugiados da então Organização de Unidade Africana e a Declaração de Cartagena de 1984 alargaram a definição de refugiado de modo a abranger não só as pessoas que fogem da perseguição, mas também as que fogem da guerra e da violência, reflectindo melhor a realidade do mundo de hoje.

Os refugiados também não devem ser confundidos com as pessoas que migram por razões económicas. Muitas vezes as políticas restritivas à imigração têm contribuído para a estigmatização dos refugiados como pessoas que tentam contornar a lei. É um facto que, no pós-11 de Setembro, os Estados têm adoptado cada vez mais medidas para limitar o acesso ao asilo como forma de gerir a imigração e salvaguardar a sua segurança. Ora a Convenção de 1951 enfatiza a necessidade de preservar o direito fundamental de procurar asilo às pessoas que fogem da perseguição nos seus próprios países, consagrando princípios da não-discriminação e da não-penalização. É esta a razão desta Convenção ser ainda hoje, juntamente com o Protocolo de 1967 que lhe retirou os limites geográficos e temporais, o instrumento central do Direito Internacional relativo aos refugiados e o único que é universal, reconhecendo os direitos e os deveres dos refugiados, e estabelecendo padrões internacionais de tratamento dos refugiados: no mínimo defendendo o mesmo tratamento que gozam os outros estrangeiros num determinado país e em muitos casos o mesmo tratamento dos nacionais desse país.

A Convenção também confere obrigações aos Estados partes, sendo o princípio de *non-refoulement* ("não-devolução") o princípio fundamental do Direito Internacional dos refugiados pelo qual os países de asilo se obrigam a não enviar ("expulsar ou devolver") as pessoas para onde têm receio fundado de perseguição. Por outro lado, a Convenção não obriga o Estado a receber um refugiado, isto é, a oferecer-lhe asilo, variando muito por isso as práticas governamentais da concessão de asilo. Os Estados podem solicitar a assistência do Alto Comissariado das Nações Unidas para os Refugiados (ACNUR) para determinar a condição de refugiados.

Não sendo novo, o problema dos refugiados e de outras pessoas deslocadas por razões de conflito, perseguição ou de outras violações dos direitos humanos é uma das questões prementes da agenda internacional. A comunidade internacional ainda não conseguiu, de facto, encontrar soluções duradouras para os problemas das deslocações humanas. Não se trata apenas de responder aos problemas humanitários dos refugiados e pessoas deslocadas através de solidariedade mas, a longo prazo, de confrontar as condições que levam a essas deslocações. O problema global dos refugiados é um problema político que requer soluções políticas, não podendo ser separado de outras preocupações internacionais como a migração, os direitos humanos, a paz e a segurança internacionais, a segurança humana ou a assistência ao desenvolvimento. Em suma, todas estas áreas procuram alcançar o mesmo objectivo: a defesa da pessoa humana contra a violência e a arbitrariedade.

Referências:

Gil Loescher, *Beyond Charity: International Cooperation and the Global Refugee Crisis*, Oxford: Oxford University Press, 1993.

Guy S. Goodwin-Gill & Jane McAdam, *The Refugee in International Law*. 3rd ed., Oxford: Oxford University Press, 2007.

United Nations High Commissioner for Refugees (UNHCR) – *Convention and Protocol relating to the Status of Refugees*. Geneva, 2010, disponível em http://www.unhcr.org/3b66c2aa10. html, consultado em 22 de Julho de 2011.

United Nations High Commissioner for Refugees (UNHCR) – *The State of the World's Refugees 2000 – Fifty years of humanitarian action*, New York: Oxford University Press Inc., 2000, disponível em http://www.unhcr.org/4a4c754a9.html, consultado em 22 de Julho de 2011.

REGIME

Victor Marques dos Santos

A noção de *regime*, originalmente atribuída ao Direito Internacional é utilizada no plano internacional, pelas ciências políticas e sociais. Os regimes reflectem a convergência entre acordos expressos e tácitos, e comportamentos sedimentados pela prática continuada. Criam benefícios, expectativas e consensos sobre a aceitação de constrangimentos e a predisposição para o cumprimento de acordos vinculativos sobre princípios, normas, regras, procedimentos decisórios, programas de acção e formas de gestão relacional entre os actores em áreas específicas.

O conceito de regime internacional permite incluir estados, actores interestatais e transnacionais numa perspectiva analítica única sobre as suas interacções de competição, conflito ou cooperação, em processos de hierarquia variável. Os regimes internacionais são, no entanto, muito diversificados quanto aos seus processos de formação e evolução, finalidades funcionais, expressão geográfica, participantes, mecanismos e processos decisórios, de verificação, fiscalização e resolução de diferendos, fontes de financiamento, consistência, capacidade, efectividade e grau de formalização, entre a institucionalização explícita e a concordância tácita.

Os regimes variam na sua composição (internacionais, transnacionais e mistos); expressão geográfica (regionais, globais, etc.); participação política (bilaterais e multilaterais); e sectores de interesse (segurança, ambiente, comunicações, comércio, etc.) Os seus objectivos funcionais permitem distinguir entre regimes *regulatórios*, vocacionados para a formulação normativa e de regras de comportamento; *procedimentais*, dirigidos à orientação das acções para a realização das escolhas colectivas; *programáticos*, centrados na concretização de objectivos através de procedimentos cooperativos; e os regimes *generativos* que desenvolvem perspectivas de enquadramento e problematização sobre questões de interesse comum. Baseados num *conhecimento consensual* articulado com inovação aplicada e com *comunidades epistémicas* de âmbito transnacional, os regimes *generativos* são essenciais à dinâmica evolutiva da gestão relacional, na medida em que a alteração das perspectivas sobre o funcionamento integrado do sistema se encontra subjacente ao processo de identificação de novos interesses e da consequente alteração de atitudes, comportamentos e expectativas dos actores sobre a cooperação internacional e a formação de regimes. noções de interesse e *conhecimento*, enquanto factor de mudança, convergem, assim, no processo de alteração das prioridades objectivas, decorrentes dos processos de aprendizagem, que o regime proporciona.

Neste contexto, regimes internacionais enquadram a gestão relacional decorrente da distribuição sistémica diferenciada de recursos, capacidades e interesses. Se a formação e a evolução de regimes internacionais se encontra directamente influenciada pela "estrutura subjacente do poder", articulando-se a distribuição "hegemónica" deste com o interesse colectivo sobre o funcionamento estabilizado do sistema, poderá concluir-se que, por um lado, os interesses induzem os regimes, mas que, por outro lado, distribuição diferenciada do poder constitui um factor determinante potencial, no processo de identificação dos interesses.

Referências:
Stephen D. Krasner (ed.), *International Regimes*, 7th print, Ithaca, New York: Cornell University Press, 1993.
Victor Marques dos Santos, *Teoria das Relações Internacionais. Cooperação e Conflito na Sociedade Internacional*, Lisboa: ISCSP-UTL, 2009.
Volker Rittberger (ed.), *Regime Theory and International Relations*, Oxford: Clarendon Press, 1995.

RELAÇÕES AMIGÁVEIS

Carla Marcelino Gomes

A Carta da Organização das Nações Unidas, de 1945, lançou a pedra axial nesta matéria ao consagrar várias disposições que apelam às relações amigáveis entre os Estados, na esfera internacional, tendo como fim último a preservação da paz. Assim, no seu artigo 1.º, n.º 2, a Carta afirma ser um dos objectivos da Organização das Nações Unidas (ONU) *"desenvolver relações de amizade entre as nações baseadas no respeito do princípio da igualdade de direitos e da autodeterminação dos povos, e tomar outras medidas apropriadas ao fortalecimento da paz universal"*. Já no artigo 2.º apela-se a outros princípios enformadores das relações amigáveis, tais como os princípios da igualdade entre os Estados, a boa fé, a resolução pacífica de conflitos (desenvolvido nos artigos 33 e seguintes) e a abstenção da ameaça ou uso da força. Por sua vez, o artigo 14.º refere expressamente a possibilidade de a Assembleia-Geral da ONU emitir recomendações sobre situações susceptíveis de serem prejudiciais ao *"bem-estar geral ou às relações amistosas entre as Nações"*.

Por sua vez, a Declaração Universal dos Direitos do Homem, de 1948, vem reforçar esta ideia quando, no seu preâmbulo, afirma que *"é essencial encorajar o desenvolvimento de relações amistosas entre as nações"*.

A Convenção de Viena sobre Relações Diplomáticas, de 1961, faz igualmente apelo à necessidade de relações amistosas entre os Estados, desde logo, no seu Preâmbulo, e também no artigo 3.º-1,e) quando prescreve ser uma das funções das missões diplomáticas a promoção de relações amistosas junto do Estado onde se encontram instaladas.

Muito por influência dos novos Estados emergentes, em virtude dos processos de descolonização e da expansão do modelo socialista Soviético, iniciou-se um processo de reflexão sobre princípios contidos na Carta, considerados demasiado abstractos e não reflectores dos contributos desses novos Estados. Ainda nesta senda, nos anos sessenta inicia-se um processo de codificação do Direito Internacional, pelo que a Assembleia Geral da ONU adoptou, através da Resolução n.º 2625 (XXV), a Declaração relativa aos Princípios de Direito Internacional no domínio das Relações Amigáveis e da Cooperação entre os Estados de harmonia com a Carta da Organização das Nações Unidas, a 24 de Outubro de 1970, na sua 1883.ª reunião plenária, simbolicamente, por altura da comemoração dos 25 anos de existência da ONU. Esta Declaração, adoptada por consenso e sem força jurídica vinculativa, surge como o corolário do trabalho desenvolvido pelo Comité Especial das Nações Unidas relativo aos Princípios de Direito Internacional no domínio das Relações Amigáveis, criado pela Assembleia-Geral da ONU em 1963. Este Comité era composto essencialmente por juristas nomeados pelos Estados-Membros da organização e encarregados de reflectir sobre quatro princípios fundamentais: a proibição da ameaça e do uso da força, a resolução pacífica de conflitos, a proibição de ingerência em assuntos da esfera interna de cada Estado, a igualdade soberana entre os Estados e, mais tarde, o dever de cooperação, a boa-fé e a auto-determinação. O conceito de relações amigáveis surge consubstanciado no conjunto destes sete princípios que, embora já vislumbrados na Carta, viriam a ser ampliados e explicados na *supra* referida Declaração, que assume a sua vocação universal ao considerar-se aplicável a todos os Estados e não apenas aos Estados-Membros da ONU, como acontece na Carta. A Declaração tem vindo a ser entendida como um instrumento fundamental para o entendimento e interpretação dos princípios contidos na Carta relativos à matéria das relações amigáveis.

Referências:
Antonio Cassese, *International Law*, 2.ª ed., Oxford: Oxford University Press. ISBN 978-0-19-925939-7, pp. 46-68, 167.
Ian Brownlie, *Princípios de Direito Internacional Público*, Lisboa: Fundação Calouste Gulbenkian, 1997. ISBN 972-31-0759-7, pp. 367-370.

RELAÇÕES CONSULARES

Miguel de Serpa Soares e Mateus Kowalski

De modo semelhante ao estabelecimento de relações diplomáticas entre Estados, o estabelecimento de relações consulares depende um princípio de consentimento mútuo. Presume-se que, salvo indicação em contrário, o consentimento dado para o estabelecimento de relações diplomáticas implica o consentimento para o estabelecimento de relações consulares. Esta regra, entre outras regras relativas à actividade consular, encontra-se estabelecida pela Convenção de Viena sobre Relações Consulares, de 24 Abril de 1963 (adoptada por Portugal pelo Decreto-Lei n.º 183/72, de 30 de Maio). Enquanto que as relações diplomáticas possuem um conteúdo essencialmente político e de representação externa do Estado, as actividades consulares possuem uma natureza essencialmente administrativa. O artigo 5.º da Convenção de 1963, enumera extensivamente o conjunto de actividades, consideradas como de natureza consular. A mesma Convenção contém ainda um conjunto de regras específicas quanto às modalidades de exercício de funções consulares e de regras relativas aos privilégios e imunidades dos funcionários consulares. Em Portugal a actividade consular encontra-se enquadrada pelo "Regulamento Consular" aprovado pelo Decreto-Lei n.º 71/2009, de 31 de Março.

Referência:
V. Referências bibliográficas relativas a *Imunidade Diplomática*.

RELAÇÕES DIPLOMÁTICAS

MIGUEL DE SERPA SOARES E MATEUS KOWALSKI

A Convenção de Viena sobre Relações Diplomáticas, de 1963, estabelece no seu artigo 2.º que o estabelecimento de relações diplomáticas entre Estados e o envio de missões diplomáticas se efectuam por consentimento mútuo. Este preceito refere-se a dois aspectos distintos: o estabelecimento de relações diplomáticas e o envio de agentes diplomáticos, com ou sem estabelecimento de missões diplomáticas permanentes. Este último, configura o denominado direito de legação ou direito de envio de representantes diplomáticos nos Estados estrangeiros (direito de legação activa), bem como o direito de receber representantes diplomáticos estrangeiros (direito de legação passiva). Em consequência do princípio de consentimento mútuo, ao direito de legação de um Estado não corresponde nenhuma obrigação internacional de receber uma missão diplomática estrangeira. A concretização do direito de legação activa exige, nos termos da Convenção de Viena, um acto de acreditação ou aceitação individual, pelo Estado de Acolhimento, dos representantes diplomáticos do Estado estrangeiro. Em termos correntes designa--se como Estado Acreditante o Estado que envia representantes diplomáticos e como Estado Acreditador, o Estado que os recebe. O preceito referido indica ainda que o estabelecimento de relações diplomáticas entre Estados, não acarreta necessariamente o estabelecimento de Missões Diplomáticas nos respectivos territórios. A Convenção de Viena refere, a esse propósito, que um Estado pode nomear um Chefe de Missão perante dois ou mais Estados e ainda que os Estados podem possuir uma representação diplomática comum num terceiro Estado. A Convenção estabelece ainda regras específicas para as situações de ruptura de relações diplomáticas. A Convenção relativa às Missões Especiais, adoptada, em 8 de Dezembro pela Assembleia Geral das Nações Unidas, estabelece ainda regras específicas para a Missões Diplomáticas Especiais, ou seja, missões de carácter não permanente, com um fim delimitado e provisório.

As Organizações Internacionais possuem regras específicas no âmbito das suas relações diplomáticas, nomeadamente quanto às modalidades do direito de legação (representação dos Estados junto das Organizações e representação destas junto de Estados-Membros, Estados não membros ou outras Organizações internacionais), bem como aos privilégios e imunidades. Uma tentativa de codificação destas regras específicas foi realizada pela Convenção de Viena sobre a Representação dos Estados nas suas Relações com as Organizações Internacionais de Carácter Universal, de 14 de Março de 1975, a qual não entrou ainda em vigor. Na prática internacional, a representação diplomática dos Estados junto de Organizações Internacionais concretiza-se pelo estabelecimento de Missões ou Representações Permanentes. A matéria de privilégios e imunidades da

Organização (e dos seus agentes) é habitualmente regulada no próprio Tratado Constitutivo (ou em protocolo anexo) e em Acordos Sede celebrados com o Estado de Acolhimento.

Referências:
TIJ, *Personnel Diplomatique et Consulaire des État-Unis à Téhéran*, Recueil, 1979, 20.
V. Referências bibliográficas sobre *Imunidade Diplomática*, *Imunidade Consular* e *Agentes Diplomáticos*.

REPARAÇÃO

Manuel de Almeida Ribeiro

Nos termos do Projecto de Artigos sobre Responsabilidade Internacional dos Estados por Actos Ilícitos Internacionais, da Comissão de Direito Internacional, de 2003, "(1) O Estado responsável assume a obrigação de reparação total pelo dano acusado pelo acto ilícito internacional (artigo 31); (2) O dano inclui qualquer prejuízo, material ou moral, causado pelo acto ilícito internacional de um Estado".

A reparação, nos termos do artigo 34.º do Projecto pode tomar a forma de reconstituição, compensação e satisfação.

O moderno Direito Internacional estabelece uma hierarquia entre as formas de reparação. Em caso de dano material deve, sempre que possível e na medida em que o seja, ser prestada a reconstituição em espécie, o que significa, nos termos do artigo 35.º do Projecto, "restabelecer a situação que existia antes do acto ilícito ter sido cometido, desde e na medida em que a reconstituição: *a*) não seja materialmente impossível; *b*) não represente um encargo desproporcionado face ao benefício da compensação.

Se a reconstituição não for possível ou só permita uma satisfação parcial do dano, o Estado infractor deve prestar uma compensação (artigo 36.º (1) do Projecto) e "cobrir financeiramente qualquer dano financeiro incluindo lucros cessantes, desde que tal esteja previsto" (artigo 36.º (2) do Projecto).

Um acto ilícito que cause apenas um dano moral ou que não possa ser satisfeito por reconstituição ou compensação pode ser reparado por satisfação. Nos termos do artigo 37.º (2) do Projecto "a satisfação pode consistir num reconhecimento da violação, numa expressão de arrependimento, numa desculpa formal ou em qualquer modalidade apropriada". O mesmo artigo prevê no (3) que "A satisfação não deve ser desproporcional ao prejuízo e não deve assumir a forma de humilhação para o Estado responsável. A satisfação foi considerada a reparação adequada nos casos *Canal de Corfu* e *Rainbow Warrior*.

REPARAÇÃO

Disposições semelhantes estão previstas no projecto de Artigos sobre Responsabilidade de Organizações Internacionais da CDI de 2009.

Referências:
Antonio Cassese, *International law*, Oxford: Oxford University Press, 2005.
Joaquim da Silva Cunha e Maria da Assunção do Vale Pereira, *Manual de Direito Internacional Público*, 2.ª ed., Coimbra: Almedina.

REPRESÁLIAS

Armando José Dias Correia

No sistema internacional actual um Estado determina livremente as suas decisões, que se limitam pela liberdade igual dos outros Estados. Este sentido de responsabilidade internacional, essencial e necessário das relações mútuas, pode ser colocado em causa quando os Estados não encontram uma solução pacífica para um litígio, podendo ser tentados a actuar coercivamente, sem, contudo, passarem à situação de intervenção ou conflito armado. O Estado ofendido, em legítima defesa do acto ilícito contra si praticado, pode retaliar, bem como exercer represálias, que podem ser consideradas licitas ou não.

A retaliação é considerada uma reacção de resposta e, se for proporcional à ameaça ou à violência praticada pelo Estado ofensor, pode ser considerada uma acção lícita à luz dos princípios da Ordem Jurídica Internacional.

As represálias podem ser exercidas de várias formas e podem recorrer, ou não, à força armada. Só as represálias que não recorrem ao uso da força armada se podem habilitar a ser consideradas lícitas no contexto dos princípios do Direito Internacional. As represálias, por definição, não alterarem o estado de paz, nem colocam em causa as relações com Estados terceiros. Assim, o uso da força é sempre limitado e temporário. Como exemplo de represália pode citar-se o embargo, o bloqueio pacífico, o boicote ou a ruptura das relações diplomáticas.

O embargo é uma modalidade especial de represália em que um Estado, em tempo de paz, confisca temporariamente navios e cargas de outro Estado que se encontram nos seus portos. O embargo vai contra todos os princípios do Direito Internacional.

Um bloqueio pacífico (operação de interdição de área) pode ser outra forma de reacção, em que é usada a força armada para impedir que o outro Estado mantenha as suas linhas de comunicações comerciais com o exterior. Trata-se de uma reacção considerada ilícita e que tem associado o risco de declaração de guerra.

O boicote é uma outra modalidade de represália que consiste na interrupção das relações comerciais com um Estado ofensor das normas de Direito Internacional, tende a ser considerado um acto lícito.

A última das formas de represália mencionada é a ruptura das relações diplomáticas e consiste na suspensão temporária ou definitiva das relações oficiais entre os Estados em conflito de interesses. É considerado um acto lícito.

Importa salientar que, especialmente após o Pacto Briand-Kellogg e da Carta das Nações Unidas, as represálias passaram a ser entendidas como formas ilegais de uso da força. Assim, a interpretação do artigo 2.º/4 da Carta das Nações Unidas (os Estados-Membros devem abster-se nas suas relações internacionais de recorrer à ameaça ou ao uso da força) não deixa margem para a legalidade da represália. Dentro de um sistema rígido, o uso da força individual não contempla excepções além da legítima defesa a um ataque armado. Além disso, há uma série de outras medidas, como as de natureza económica e comercial, para responder a ataques desarmados, não sendo, portanto, necessário o recurso às represálias.

Referências:

Jorge Bacelar Gouveia, *Manual de Direito Internacional Público*, Coimbra: Almedina, 2010.
Cristina Queiroz, *Direito Internacional e Relações Internacionais*, Coimbra: Coimbra Editora, 2009.

RES COMMUNIS

Manuel de Almeida Ribeiro

Res communis significa que a coisa (em Direito Internacional refere-se normalmente a um espaço) não tem dono mas não é susceptível de apropriação, podendo ser utilizado livremente por todos. Os espaços que não são *res communis* ou são *res nullius* ou estão sob jurisdição dos Estados.

O alto-mar é o caso paradigmático de *res communis*, embora até ao século XVII tenha sido sustentado direito ao exclusivo de navegação em certas zonas oceânicas por parte de alguns Estados, como Portugal e Espanha, por fora do Tratado de Tordesilhas e da sua aprovação pelo Papa, no quadro da *Respublica Christiana*. O argumento principal de Hugo Grócio em *Mare Liberum* é exactamente o de que o mar é *res communis* pelo que é insusceptível de apropriação

Hoje são também considerados *res communis* o espaço exterior e a órbita geostacionária.

Com a Convenção de Montego Bay surgiu um novo conceito em Direito Internacional. O de zonas comuns sob a gestão de uma organização internacional, tendo em vista a sua exploração em benefício comum da Humanidade, no caso pela Autoridade Internacional dos Fundos Marinhos.

A natureza de *res communis* não significa que os Estados não possam exercer poderes no alto-mar, como acontece com o combate à pirataria e ao tráfico de escravos. No que se refere a navios, são considerados território do Estado da bandeira quando estejam em águas internacionais, ou seja em qualquer espaço

RES COMMUNIS

para além do mar territorial, zona contígua ou zona económica exclusiva de qualquer Estado.

Referências:
Antonio Cassese, *International Law,* Oxford: Oxford University Press, 2005.
Manuel de Almeida Ribeiro, *A Zona Económica Exclusiva,* Lisboa: ISCSP, 1992.
Ngyuen Quoc Dihn, Patrick Dailler & Alain Pellet, *Droit International Public,* Paris: LGDJ, 1992.

RES NULLIUS

MANUEL DE ALMEIDA RIBEIRO

Res nullius é uma coisa sem dono susceptível de ser apropriada. Em Direito internacional público a ocupação de terras *res nullius* ou *terra nullius* é uma das modalidades de aquisição de território pelos Estados. As coisas (ou espaços sem dono) podem ser *res communis,* que ao contrário das *res nullius* podem ser utilizadas por todos mas são insusceptíveis de ser apropriadas, como acontece com o alto-mar (excluindo-se, no caso da zona económica exclusiva, os direitos do Estado costeiro), os corpos celestes, a órbita geostacionária e, embora neste caso com um estatuto especial de gestão, os fundos marinhos fora das zonas de jurisdição dos Estados.

Hoje não existem territórios *res nullius,* embora, até à ratificação da Convenção das Nações unidas sobre o Direito do Mar os bens, designadamente os minérios que se encontram nos fundos marinhos fossem, pelo menos segundo alguns autores, *res nullius.*

Após a celebração do Tratado de Tordesilhas em 1494 e da sua ratificação pelo Papa, Portugal e Espanha defenderam ter o exclusivo da navegação para as respectivas zonas, que seriam *res nullius.* Esta posição foi contestada por Hugo Grócio em *Mare Liberum,* que sustenta que o mar é *res communis,* não podendo ser objecto de apropriação por prescrição ou direito de descoberta.

Referências:
António Cassesse, *International law,* Oxford: Oxford University Press, 2005.
Ngyuen Quoc Dihn, Patrick Dailler & Alain Pellet, *Droit International Public,* Paris: LGDJ, 1992.
Manuel de Almeida Ribeiro, *A Zona Económica Exclusiva,* Lisboa: ISCSP, 1992.

RESERVAS

MATEUS KOWALSKI E MIGUEL DE SERPA SOARES

Em Direito Internacional dos Tratados, "Reserva" designa uma declaração unilateral, qualquer que seja o seu conteúdo ou a sua denominação, feita por um

Estado ou Organização Internacional quando assina, ratifica, aceita ou aprova um tratado ou a ele adere, ou ainda por um Estado quando notifique da sucessão a um tratado, pela qual visa excluir ou modificar o efeito jurídico de certas disposições do tratado na sua aplicação a esse Estado ou Organização Internacional. Para além da regulação prevista nas Convenções de Viena sobre o Direito dos Tratados, a Comissão de Direito Internacional encontra-se a elaborar um Guia da Prática sobre Reservas a Tratados.

Uma reserva pode ser formulada por qualquer dos modos previstos nas Convenções de Viena sobre o Direito dos Tratados para a manifestação do consentimento em estar vinculado. Pela sua própria natureza, uma reserva apenas pode ser formulada relativamente a um tratado multilateral.

Vigora o princípio da liberdade de formular reservas. As únicas excepções são: a reserva seja proibida pelo tratado; o tratado apenas autorize determinadas reservas, entre as quais não figure a reserva em causa; ou, nos casos não referidos anteriormente, a reserva seja incompatível com o objecto e o fim do tratado. A reserva não tem, em princípio, que ser expressamente aceite pelos restantes contratantes: uma reserva é tida como aceite por um Estado (ou Organização Internacional) quando este não formulou qualquer objecção à reserva nos 12 meses seguintes à data em que recebeu a notificação ou na data em que manifestou o seu consentimento em ficar vinculado pelo tratado, se esta for posterior.

A menos que o Estado ou Organização Internacional que objectou manifeste a sua vontade em contrário, apenas as disposições sobre que incide a reserva não se aplicam entre os dois Estados, continuando no resto o tratado a aplicar-se entre os dois (o mesmo valendo para o caso de Organizações Internacionais).

No caso do Estado Português, a formulação de uma reserva segue os mesmos procedimentos que a convenção internacional, devendo acompanhar o processo para aprovação e, se for o caso, ratificação do tratado. Já as objecções são decididas pelo Ministério dos Negócios Estrangeiros. Na prática jurídico-diplomática Portuguesa merecem especial atenção as reservas formuladas sobre tratados em matéria de direitos humanos.

Referências:

Ian Sanclair, *The Vienna Convention on the Law of Treaties*, Manchester: Manchester University Press, 1984.

International Law Commission, *Reservations to Treaties*, United Nations General Assembly document A/65/10, 2010, 9-278.

Olivier Corten & Pierre Klein (eds.), *Les Conventions de Vienne sur le Droit des Traités: Commentaire Article par Article*, Bruxelles: Bruylant, 2006.

RESOLUÇÃO DE DIFERENDOS

Victor Marques dos Santos

Entre os princípios subjacentes ao estatuto de soberania, inclui-se a obrigação do estado de contribuir para o "apaziguamento de tensões internacionais", designadamente, através da resolução pacífica de conflitos. Entre os primeiros instrumentos políticos e jurídicos consagrados desde a transição para o século XX, destacam-se as Convenções da Haia, de 1899 e de 1907; o Pacto da Sociedade das Nações, de 1919 e a Acta Geral sobre Resolução Pacífica de Conflitos Internacionais, de Genebra, de 1928. A Carta das Nações Unidas, de 1945, no seu Artigo 2.º, § 3.º, consagra a obrigatoriedade do recurso a meios pacíficos de resolução de conflitos e no seu Capítulo VI, "Solução Pacífica de Controvérsias", o Artigo 33.º enumera alguns dos instrumentos aplicáveis. Resoluções posteriores da A.G. da ONU consagram o mesmo dever, designadamente, a "Declaração de Direitos e Deveres dos Estados" (Res. A.G. n.º 375 (IV), de 6 de Dezembro de 1949; a Convenção sobre as Missões Especiais e Protocolo Facultativo sobre a Solução Obrigatória de Controvérsias, (Res. A.G. 2530 (XXIV), de 8 de Dezembro de 1969; a Declaração sobre Princípios de Direito Internacional relativos às Relações Amistosas e à Cooperação entre Estados de acordo com a Carta da Nações Unidas (Res. A.G. n.º 2625 (XXV), de 24 de Outubro de 1970; a Declaração de Manila sobre Resolução Pacífica de Conflitos, (Res. A.G. 37/10), de 15 de Novembro de 1982, e também a Acta Final da Conferência de Helsínquia, de 1 de Agosto de 1975.

A Convenção Europeia para a Resolução Pacífica de Diferendos, do Conselho da Europa, de 29 de Abril de 1957, distingue entre conflitos *políticos* e conflitos *jurídicos* internacionais. Os primeiros derivam da incompatibilidade de interesses numa área de relação ainda não regulada pelo Direito Internacional. Os segundos resultam da divergência contenciosa sobre a interpretação de regras ou normas relativas a uma área de relação, logo, sobre a própria normatividade jurídica internacional.

Os instrumentos ou meios de resolução pacífica de conflitos podem ser classificados em políticos e/ou diplomáticos e jurídicos, mas não existe correspondência necessária entre o tipo de conflito e os meios utilizados. Através do elemento político do processo decisório, são os instrumentos utilizados, e não o contexto jurídico ou político em que o contencioso se verifica, que evidenciam relevância política ou jurídica atribuída à problemática. Assim, um conflito político pode ser solucionado de comum acordo, através do recurso à jurisprudência, à doutrina, ao costume ou a precedentes de aplicação da normatividade jurídica internacional a contenciosos semelhantes, e um conflito jurídico pode ser solucionado por acordo entre as partes, fora do quadro jurisdicional.

Entre os instrumentos políticos utilizados incluem-se a diplomacia, a negociação diplomática ou política directa, bilateral ou multilateral, esta frequentemente realizada no quadro de organizações internacionais; ou indirecta, através do recurso a uma terceira entidade, designadamente, os bons ofícios, a mediação, o inquérito e a conciliação. Entre os instrumentos jurídicos, destacam-se as decisões arbitrais e as sentenças ou acórdãos judiciais, decorrentes do recurso a tribunais internacionais, no âmbito do exercício do direito de reclamação internacional.

Referências:
Albino de Azevedo Soares, *Lições de Direito Internacional Público*, 4.ª ed., Coimbra: Coimbra Editora, 1988.
Nguyen Quoc Dinh, Patrick, Daillier & Alain Pellet, *Direito Internacional Público*, Lisboa: Fundação Calouste Gulbenkian, 1999.
Victor Marques dos Santos, *Teoria das Relações Internacionais. Cooperação e Conflito na Sociedade Internacional*, Lisboa: ISCSP-UTL, 2009.

RESPONSABILIDADE DE PROTEGER

ANDREIA SOARES E CASTRO

A história tem mostrado que muitas vezes são os Estados que violam os direitos humanos: deliberadamente, por negligência ou inabilidade em agir ou decorrente de uma situação de Estado falhado. Estados que são incapazes de garantir o núcleo mínimo de direitos humanos às suas populações. Com o objectivo de se forjar um novo consenso sobre a resposta a violações massivas de direitos humanos e sobre os problemas da legalidade e legitimidade das intervenções humanitárias surgiu um novo conceito: a "responsabilidade de proteger" (RdP), aprovado no Documento Final da Cimeira Mundial das Nações Unidas em 2005. Este conceito surge no relatório com o mesmo nome realizado pela Comissão Internacional sobre Intervenção e Soberania Estatal, patrocinada pelo governo canadiano, no decurso de um pedido do então Secretário-Geral Kofi Annan. É ainda o resultado de um dos debates mais quentes da década de 90 sobre a resposta da comunidade internacional a crises humanitárias, após uma série de fracassos como a Bósnia e o Ruanda. No documento, fica consagrada uma mudança conceptual do direito de intervenção para a "responsabilidade de proteger". Ou seja, reconhece-se de que é do Estado a responsabilidade primeira de proteger a sua população do genocídio, crimes de guerra, limpeza étnica e crimes contra a Humanidade, passando, assim, de um "direito de intervir" para um "dever de proteger". Subjacente está a alteração da soberania como um direito absoluto para um direito limitado, condicionado ao respeito de um padrão mínimo de direitos humanos, consagrando-se a "soberania como responsabilidade". Se o Estado não quiser ou não for capaz de oferecer protecção aos seus cidadãos, a responsabilidade passa para a comunidade internacional, que tem o dever de agir, incentivando e ajudando os Estados a fazê-lo e, em último caso, ordenando uma acção colectiva, autorizada pelo Conselho de Segurança da ONU, para responder à situação.

A RdP assenta em três pilares: a responsabilidade de prevenir, vista como a dimensão mais importante da RdP, privilegiando o prevenir antes do intervir; a responsabilidade de reagir (a que se aproxima mais do conceito de intervenção humanitária) e a responsabilidade de reconstruir, que envolve áreas como a construção da paz, a justiça e a reconciliação e o desenvolvimento. Um dos problemas da implementação da RdP foi a dificuldade em precisar os critérios que devem ser cumpridos na hora de a invocar. Neste sentido, o relatório do Secretário-Geral Ban Ki-Moon sobre a implementação da RdP (A/63/677 de 12 de Janeiro de 2009) deu o conteúdo e a operacionalidade ao conceito, destacando três pilares fundamentais: as responsabilidades dos Estados na protecção das suas populações, o compromisso da comunidade internacional na assistência aos Estados e uma resposta atempada e decisiva da comunidade internacional. Desde então, Ban Ki-Moon já publicou outros dois relatórios sobre a implementação da RdP (A/64/864 de 17 de Julho de 2010 e A/65/877-S/2011/393 de 27 de Junho de 2011), respectivamente sobre "early warning", avaliação e RdP e usando a abordagem dos três pilares para enquadrar o papel que as instituições regionais e sub-regionais podem ter na implementação da RdP.

Apesar do diálogo sobre a implementação da RdP com os diversos actores, ainda existe muito preconceito em relação à RdP, mormente quanto aos propósitos que estão por detrás das intervenções. Por outro lado, a RdP apenas se aplica aos quatro crimes declarados em 2005, ficando de fora todas as outras ameaças à dignidade da pessoa humana. Acresce que os problemas fundamentais subjacentes às intervenções humanitárias continuam a persistir mesmo com o novo conceito da RdP, o que se explica pela tensão permanente entre soberania e direitos humanos e entre legalidade e legitimidade.

Referências:

A More Secure World: Our Shared Responsibility, Report of the Secretary-General's High-level Panel on Threats, Challenges and Change, UN Doc. A/59/565 (4.12.2004).

Gareth Evans-*The Responsibility to Protect: Ending Mass Atrocity Crimes Once and for All*. Washington, D.C.: Brookings Institution Press, 2008.

Implementing the responsibility to protect, Report of the Secretary-General, UN Doc. A/63/677 (12.01.2009).

In Larger Freedom: towards development, security and human rights for all, Report of the UN Secretary--General, UN Doc. A/59/2005 (21.03.2005).

The Responsibility to Protect, Report of the International Commission on Intervention and State Sovereignty. Ottawa: International Development Research Centre, 2001.

RESPONSABILIDADE INTERNACIONAL

Miguel Calado Moura

A Responsabilidade Internacional assume um papel fundamental na estrutura do Direito Internacional Público. Os Estados e Organizações Internacionais que pratiquem actos ilícitos respondem internacionalmente pela prática dos mesmos, ficando obrigados à reparação do dano (caso se verifique).

Os clássicos requisitos da responsabilidade internacional configuram um resultado de uma prática costumeira global: *i*) a prática de um acto ilícito internacional *ii*) por parte de um Estado ou Organização Internacional; *iii*) a não verificação de uma causa de exclusão da ilicitude; *iv*) a verificação da ocorrência de um prejuízo; *v*) um nexo causal entre o acto ilícito internacional e o prejuízo causado.

O acto ilícito internacional é o facto gerador da responsabilidade internacional. O acto ilícito deve constituir uma conduta activa ou passiva de um Estado (ou Organização Internacional). A atribuição da conduta a um Estado está associada às condutas praticadas pelos membros dos órgãos desse Estado (ou órgãos internos das Organizações Internacionais) que podem consistir em condutas praticadas por membros de órgãos que exercem funções legislativas, executivas e judiciais, independentemente das suas posições estruturais na organização interna dos Estados. Também é atribuído a um Estado os actos internacionalmente ilícitos praticados por militares, bem como por qualquer agente que, não sendo militar ou membro de um órgão legislativo, executivo ou judicial, exerça, aquando da prática do acto, qualquer tipo de autoridade concedida pelo Estado.

Para que haja responsabilidade internacional é preciso verificar a não existência de uma causa de exclusão de ilicitude (*distress*, *force majeure*, consentimento, legítima defesa, estado de necessidade) que torna o acto lícito. A ocorrência de um dano para Estados terceiros (ou Organizações Internacionais) como requisito essencial da responsabilidade internacional é um assunto que é muito discutido na doutrina ju-internacionalista.

A verificação da responsabilidade internacional faz nascer na esfera do lesante a obrigação de reparar o dano causado, seja por reparação *in natura*, seja por indemnização ou mesmo, "*satisfaction*".

Em 2001 a Comissão de Direito Internacional (CDI) elaborou os *Draft Articles on Responsibility of States for Internationally Wrongful Acts*, que constituem uma base de *soft-law* essencial para a dogmática da responsabilidade civil dos Estados e que resultam de regras de direito consuetudinário e de normas pretorianas.

Hodiernamente, a responsabilidade internacional é somente civil. No entanto, em 1976, a CDI tinha tomado uma posição unânime no que toca às gradações do acto ilícito internacional, delimitando dois conceitos autónomos mas convergentes na óptica da responsabilidade: o "simples delito" e o "crime". Para a CDI era manifesta a necessidade de subdividir o género "responsabilidade internacional" nas duas tipologias clássicas: a civil e criminal. Este entendimento não procedeu no plano internacional, pois a ideia de um Estado cometer um crime foi uma ideia peremptoriamente rejeitada pelos Estados.

A responsabilidade internacional configura um mecanismo fundamental na protecção dos interesses dos Estados e Organizações Internacionais bem como de outros sujeitos de Direito Internacional, sendo que a delimitação conceptual tem vindo a ser concretizada através das decisões e pareceres do Tribunal Internacional de Justiça.

Referências:

Mosche Hirsch, *The Responsibility of International Organizations Towards Third Parties*, Dordrecht: Nijhoff, 1995.

Caso *Gabčikovo-Nagymaros Project* (Hungria vs. Eslováquia), ICJ Reports (1997), p. 7.

Nguyen Quoc Dinh, Patrick Daillier, Alain Pellet, *Droit International Public*, Paris, 1997, Terceira Parte, Cap. II.

ILC's Draft Articles on Responsibility of States for Internationally Wrongful Acts (with commentaries), UNGA- Res. 56/83, Annex, 56 UN-GAOR, Supp. No. 10, UN-Doc. A/56/83, 2001.

James Crawford, Alain Pellet, Simon Olleson, *The Law of International Responsibility*, Oxford: Oxford University Press, 2010.

RESPONSABILIDADE DAS ORGANIZAÇÕES INTERNACIONAIS

MATEUS KOWALSKI E MIGUEL DE SERPA SOARES

Tal como acontece relativamente aos Estados, também as Organizações Internacionais, enquanto sujeitos soberanos de Direito Internacional, podem ser internacionalmente responsabilizadas por um acto ilícito internacional. Actualmente, o Direito sobre a responsabilidade internacional permanece, no essencial, consuetudinário. Ele permanece muito controverso e confuso, não cumprindo senão imperfeitamente a sua função. Devido ao seu papel operacional crescente, as Organizações Internacionais são igualmente susceptíveis de responsabilização internacional ou de procurar a reparação pelos prejuízos sofridos pelos seus agentes ou por elas próprias. O regime da responsabilidade internacional das Organizações Internacionais é, pois, semelhante ao dos Estados, com as naturais adaptações fruto das especificidades daquelas Organizações.

Uma Organização Internacional é responsável por um acto ilícito internacional quando a sua conduta, por acção ou omissão, é atribuível à Organização Internacional nos termos do Direito Internacional e constitua uma violação de obrigações internacionais que sobre ela impendam ao tempo da prática do acto. A atribuição da conduta a uma Organização Internacional, designadamente de um seu órgão ou agente, não é facilmente determinável. Por outro lado, os limites impostos às capacidades operacionais das organizações internacionais obrigam-nas muitas vezes a mandatar os seus Estados-Membros para realizar algumas das suas tarefas. A atribuição da responsabilidade revela-se aqui complexa e delicada, em função da partilha de autoridade exercida sobre esses agentes ou da margem de apreciação deixada às autoridades nacionais.

São causas de exclusão da ilicitude o consentimento, a legítima defesa, as contra-medidas, a força maior, o perigo eminente e o estado de necessidade.

A responsabilidade internacional de uma Organização Internacional gera consequências jurídicas: o dever de continuação do cumprimento da obrigação internacional violada; a cessação e não repetição; a reparação. Para o caso da responsabilidade internacional resultar da violação grave de uma norma de Direito Internacional imperativo encontram-se previstas consequências jurídicas específicas (sem prejuízo de se aplicarem as consequências gerais): dever geral de cooperação de Estados e Organizações Internacionais para, por meios lícitos, porem fim à violação grave da obrigação internacional em causa; proibição do reconhecimento da situação como lícita.

A responsabilidade internacional das Organizações Internacionais não prejudica a responsabilidade individual de uma pessoa que actue em nome da Organização Internacional.

Referências:

International Law Commission, *Report of the Sixty-First Session of the International Law Commission: Responsibility of International Organizations*, United Nations General Assembly document A/64/10, 2009, 13-178.

James Crawford *et al.*, *The Law of International Responsibility*, Oxford: Oxford University Press, 2010.

Moshe Hirsch, *The Responsibility of International Organizations Toward Third Parties*, Dordrecht: Martinus Nijhoff Publishers, 1995.

RESPONSABILIDADE PELO RISCO

MATEUS KOWALSKI E MIGUEL DE SERPA SOARES

A questão da responsabilidade dos Estados por actos que lhe são imputáveis foi objecto de estudo pela Comissão de Direito Internacional durante largos anos. Quando mandatada para iniciar o trabalho sobre a Responsabilidade dos Estados foi decidido em 1970 que a Comissão deveria neste tópico lidar apenas com as consequências dos actos internacionalmente ilícitos dos Estados. A responsabilidade por actos lícitos, também designada por "Responsabilidade pelo Risco", deveria ser objecto de um tópico autónomo. Mais tarde, quando se ocupou deste último tópico, a Comissão decidiu dividi-lo em duas partes: a prevenção de danos transfronteiriços resultantes de actividades perigosas; e a responsabilidade internacional em caso de prejuízo por dano transfronteiriço resultante de actividades perigosas. Apesar da Comissão já ter terminado o seu trabalho relativamente a cada uma das duas partes, nenhum delas se encontra ainda codificada.

Por isso, e por enquanto, são convenções específicas de certas actividades que organizam os regimes particulares de responsabilidade por actos não incompatíveis com o Direito Internacional. A ideia central por detrás da responsabilidade pelo risco é a de que mesmo que um dado Estado cumpra com as suas obrigações internacionais, nomeadamente no que respeita à prevenção de danos, podem ocorrer acidentes ou incidentes com consequências transfronteiriças que acarretem um dano e um prejuízo para outros Estados ou seus nacionais, designadamente quando se tratem de actividades perigosas não proibidas pelo Direito Internacional. A gama de soluções convencionais estende-se à responsabilidade de pessoas directamente responsáveis por uma actividade pelo risco ou de produtos perigosos, à dos próprios Estado, prevendo uma responsabilidade subsidiária ou complementar do Estado exercendo a sua jurisdição sobre o operador privado.

Designadamente, existem os seguintes regimes genéricos de responsabilidade por actos lícitos: responsabilidade automática da pessoa responsável pelo engenho ou instalação cujo funcionamento tenha causado um dano, bem como a do Estado do estabelecimento ou de matrícula nos casos em que tenha faltado às suas obrigações de vigilância; responsabilidade automática da exploração em que o montante máximo da exploração permanece sob *plafond*; responsabilidade objectiva do Estado ou da Organização Internacional sob a jurisdição da qual se encontra o engenho ou actividade que origina o prejuízo, mas aplicável somente a certas categorias de prejuízos, pressupondo a reparação de qualquer outro prejuízo resultante do acto do Estado ou da Organização Internacional.

Referências:

Alan Boyle, "State Responsibility and International Liability for Injurious Consequences of Acts not Prohibited by International Law: A Necessary Distinction?", 39 *International & Comparative Law Quarterly* 1, 1990.

International Law Commission, *Report of the Fifty-Sixth Session of the International Law Commission: International Liability for Injurious Consequences Arising Out of Acts Not Prohibited by International Law (Prevention of Transboundary Harm from Hazardous Activities)*, United Nations General Assembly document A/56/10, 2001, 144-170.

International Law Commission, *Report of the Sixty-First Session of the International Law Commission: International Liability for Injurious Consequences Arising Out of Acts Not Prohibited by International Law (International Liability in Case of Loss from Transboundary Harm Arising Out Of Hazardous Activities)*, United Nations General Assembly document A/61/10, 2006, 101-182.

RESPONSABILIDADE PENAL INDIVIDUAL

Teresa Mafalda Vieira da Silva Cabrita

O princípio da *responsabilidade penal individual ou subjectiva* é um reconhecido princípio geral de Direito Internacional Penal, encontrando-se contemplado, *inter alia*, no artigo 7.º, n.º1, do Estatuto do Tribunal Penal para a ex-Jugoslávia (TPIJ), artigo 6.º, n.º 1, do Estatuto do Tribunal Penal para o Ruanda (TPIR) e no artigo 25.º do Estatuto do Tribunal Penal Internacional (TPI).

A primeira previsão internacional de responsabilidade penal individual remonta ao Tratado de Versalhes de 1919, cujo Artigo 227.º estabelecia a responsabilidade criminal do Kaiser Wilhem II por "ofensa suprema contra a moralidade internacional e a santidade dos tratados".

O princípio da responsabilidade penal individual, semelhante à noção de *nulla poena sine culpa* vigente nas jurisdições nacionais, dispõe de uma natureza dupla. Por um lado, um indivíduo só é criminalmente responsável quando viole uma norma de Direito Internacional Penal (crime de genocídio, crimes contra a humanidade, crimes de guerra, violações graves das Convenções de Genebra) com a necessária *mens rea*. Por outro, a responsabilidade penal internacional estende-se a qualquer forma de participação, directa ou indirecta, na prática do crime, abrangendo a prática do facto individualmente, em conjunto ou por intermédio de outrem, os casos em que o indivíduo ordene, provoque ou instigue à prática do facto, seja cúmplice ou encubra a comissão do facto, colabore de algum modo na prática ou na tentativa de prática do crime, ou contribua de alguma outra forma para a prática ou tentativa de prática do crime por um grupo de pessoas que tenha um objectivo comum. Por acréscimo, atenta a orientação do Direito Internacional Penal para a responsabilização "dos mais altos líderes suspeitos da mais elevada responsabilidade", a responsabilidade penal individual abrange as formas especiais de *responsabilidade superior ou de comando, responsabilidade dos inferiores hierárquicos* e postula a *irrelevância da capacidade oficial* do arguido, codificadas no artigo 7.º, n.º 2 a n.º 4, do Estatuto do TPIJ, artigo 6.º, n.º 2 a n.º 4, do Estatuto do TPIR e nos artigos 27.º e 28.º do Estatuto do TPI. Desta forma, o Direito Internacional Penal prevê a responsabilidade individual de um superior hierárquico por crimes cometidos pelos seus subordinados quando este tenha ou devesse ter conhecimento de que os seus subordinados se preparavam para cometer o crime ou da sua comissão efectiva, e não tenha adoptado as medidas necessárias e adequadas ao seu alcance para prevenir ou reprimir a sua prática, ou não tenha submetido o assunto às autoridades competentes para efeitos de inquérito e proccdimento criminal.

Este princípio é desenvolvido pelo artigo 28.º do Estatuto do TPI, o qual distingue normativamente entre situações de hierarquia militar e demais relações de superioridade hierárquica.

Por fim, o reconhecimento da irrelevância da capacidade oficial do arguido para efeitos de determinação da sua responsabilidade individual pela prática de crimes internacionais, traduz-se na legalidade da emissão de mandatos de captura e apreensão contra Chefes de Estado, de Governo, membros do Governo ou representantes Parlamentares, tais como os verificados nos casos iniciados pelo TPI contra o antigo Presidente e o Ministro de Estado e Assuntos Parlamentares do Sudão, e pelo TPIJ contra o antigo Presidente da República para a Jugoslávia, Slobodan Milošević, e contra o Presidente da dita Republika Srpska, Radovan Karadžić.

Referências:

Albin Eser, "Individual Criminal Responsibility", in Antonio Cassese, Paola Gaeta & John R.W.D. Jones (eds.), 1 *The Rome Statute of The International Criminal Court: A Commentary*, Oxford: Oxford Univ. Press, 2002, 767, 803.

Kai Ambos, "Individual Criminal Responsibility in International Criminal Law: A Jurisprudential Analysis-From Nuremberg to The Hague", in Gabrielle Kirk McDonald & Olivia Swaak-Goldman (eds.), *Substantive and Procedural Aspects of International Criminal Law: The Experience of International and National Courts*, vol. I: Commentary 1, The Hague-London-Boston: Kluwer Law International, 2000, 5-31.

William J. Fenrick, "Responsibility of Commanders and Other Superiors", in Otto Triffterer (ed.), *Commentary on the Rome Statute of the International Criminal Court: Observers' Notes, Article by Article*, Baden-Baden: Nomos, 1999, 516.

RETORSÃO

Maria de Assunção do Vale Pereira

A retorsão é uma forma de auto-tutela dos Estados que consiste, regra geral, em reagir contra um facto lícito, mas pouco amistoso de um Estado, através de um comportamento também lícito e igualmente pouco amistoso. Na prática internacional, porém, a retorsão, pode também consistir na forma de um Estado reagir, por meio de um acto lícito, contra um acto ilícito de outro Estado e, nesta hipótese, pode incluir-se no número das sanções do Direito Internacional, com um objectivo idêntico ao das contra-medidas; ou seja, o de, mostrando ao Estado que está a agir ilicitamente, fazer com que ele cesse esse comportamento e cumpra as suas obrigações. De qualquer modo, como acto lícito que é (sendo este aspecto fundamental para distinguir a retorsão das contra-medidas ou represálias), não afecta os direitos do Estado contra o qual se dirige. Como exemplo, podem citar-se o corte de relações diplomáticas ou/e consulares, como reacção à declaração, por um Estado, de um membro da missão diplomática como *persona non grata* (caso em que responde a um lícito) ou como reacção contra o desrespeito, por um Estado, das normas que concedem imunidades aos agentes diplomáticos e consulares (caso em que reage a um ilícito). No entanto, as represálias não têm de incidir sobre os mesmos interesses que estão em causa nos actos a que respondem.

No campo das relações económicas, pode dar-se como exemplo de retorsão a não permissão de entrada dos navios do Estado contra o qual se reage nos portos do Estado que se socorre da retorsão; ou a suspensão da ajuda ao desenvolvimento, como reacção a um comportamento prévio do Estado que dela estava a beneficiar. Outros exemplos que poderiam ser dados em tempos mais antigos, já não cabem hoje na noção de retorsão porque incidem sobre matérias que passaram a ser regulados pelo Direito Internacional e, portanto, em que foram definidos direitos e obrigações dos Estados, como seria o caso de uma retorsão que afectasse os direitos de cidadãos nacionais do Estado contra o qual a retorsão é dirigida. Consistindo a retorsão num acto lícito, não poderia hoje afectar tais direitos.

Referências:

J. da Silva Cunha & Maria de Assunção do Vale Pereira, *Manual de Direito Internacional Público*, 2.ª ed., Coimbra: Almedina, 2004.

Luisa Rinaldo, *Novíssimo Digesto Italiano*, vol. IX, Torino: Unione Tipografico-Editrice Torinese, 1987.

REVOGAÇÃO DE TRATADOS
(*vide* CESSAÇÃO DA VIGÊNCIA DOS TRATADOS INTERNACIONAIS)

RIOS INTERNACIONAIS

Vasco Becker-Weinberg

A criação de um regime internacional de regulação aplicável à navegação e utilização de recursos hídricos partilhados por dois ou mais Estados ribeirinhos, conferindo-lhes um estatuto legal internacional permanente, tem sido pautada por modestos avanços, ficando aquém de proporcionar o enquadramento legal necessário, e tendo-se apenas consolidado em algumas regras consuetudinárias.

Com efeito, até ao século XX, e apesar de alguns acordos bilaterais, o Tratado de Paris de 1814 e os seus Artigos Secretos previam o princípio da liberdade de navegação em toda a extensão dos rios Rhine e Scheldt para todos os Estados, e não apenas para os Estados ribeirinhos, enquanto que o Acto Final do Congresso de Viena de 1815, dispunha que os Estados ribeirinhos deveriam procurar chegar a um acordo relativamente à liberdade de navegação dos respectivos rios internacionais.

Com o Tratado de Versalhes de 1919 (e os Tratados de Neuilly e de Saint-Germain de 1919, e do Tratado de Trianon de 1920) consagra-se o princípio da liberdade de navegação nos rios alemães com base na igualdade de tratamento entre nacionais alemães e dos países aliados, prevendo-se ainda a manutenção da Comissão Europeia para o Danúbio, e criando-se as comissões internacionais dos rios Elbe e Oder, bem como do rio Niemen se solicitado por um Estado ribeirinho à Sociedade das Nações.

Aprovado no seguimento do Tratado de Versalhes, o Estatuto de Barcelona de 1921 restringe a liberdade de navegação apenas para os Estados partes. Contudo, atendendo que tal Estatuto é parte integrante da Convenção de Barcelona de 1921, e que esta dispõe que nenhuma norma deverá afectar os direitos resultantes do Tratado de Versalhes, dever-se-á entender que os Estados partes não pretenderam limitar a liberdade de navegação. Com efeito, este princípio é reafirmado nas Regras de Helsínquia e de Berlim da ILA que, embora não sendo vinculativas, apresentam de forma consolidada regras consuetudinárias aplicáveis à navegação e utilização de bacias hidrográficas internacionais, tais como, o princípio de liberdade de navegação para todos os Estados ribeirinhos, incluindo o direito de acesso ao mar e a portos, o direito de transporte de pessoas e mercadorias e o dever de informação.

Com a entrada em vigor da Convenção de Genebra de 1923 sobre energia hidráulica, e sem prejuízo dos direitos consagrados na Convenção de Barcelona, os Estados desenvolvem esforços para a regulação da utilização dos rios internacionais para outros fins que não a navegação, culminando esses esforços na CNU'97 que, embora não esteja em vigor, inclui regras consuetudinárias aplicáveis à utilização de cursos de água.

A CNU'97 adopta a doutrina de soberania territorial limitada dos recursos hídricos, segundo a qual todos os Estados ribeirinhos têm direito à utilização razoável e equitativa de uma bacia hidrográfica, devendo para isso colaborar no seu aproveitamento sustentável e permitindo os seus diferentes usos.

A CNU'97, tal como as Regras da ILA e as Recomendações da IIL, prevê que os Estados ribeirinhos não devem permitir a utilização do seu território para a prática de actos que sejam contrários aos direitos de outro Estado, incluindo todos aqueles que coloquem em risco a protecção ambiental de recursos hídricos internacionais, sob pena da sua responsabilidade internacional, devendo por isso adoptar medidas preventivas nacionais e internacionais.

Porém, a CNU'97 não resolve o problema fundamental da compatibilização do conceito de utilização equitativa e a obrigação de não causar dano, nomeadamente, qual deverá prevalecer quando os recursos não são suficientes face às necessidades dos Estados ribeirinhos.

Referências:

Owen Mcintyre, *Environmental Protection of International Watercourses under International Law*, Aldershot/Burlington: Ashgate, 2007.

José Joaquim Gomes Canotilho, *Águas-O Regime Jurídico Internacional dos Rios Transfronteiriços*, Coimbra: Coimbra Editora, 2006.

Stephen C. McCaffrey, *The Law of International Watercourses. Non-Navigational Uses*, Oxford/ Nova Iorque: Oxford University Press, 2001.

Case relating to the Territorial Jurisdiction of the International Commission of the River Oder (Reino Unido, Checoslováquia, Dinamarca, Franca, Alemanha, Suécia v. Polónia), PCIJ 1929, Ser. A, No. 23, 26-27; *Case concerning the Dispute regarding the Navigational and Related Rights* (Costa Rica v. Nicarágua), ICJ Reports 2009, §95; *Case concerning the Gabčikovo- -Nagymaros Project* (Hungria v. Eslováquia), ICJ Reports 1997, 68(§123), 75(§140), 81(§152); *The Corfu Channel Case* (Reino Unido v. Albânia), ICJ Reports 1949, 22; *The Factory at Chorzow (Claim for Indemnity) (The Merits)* (Alemanha v. Polónia), PCIJ 1928, Ser. A, No. 17, 31, 47-48.

ILA Relatórios n. 52 (1966) e n. 71 (2004); IIL Resoluções de Madrid (1911), de Salzburgo (1961), de Atenas (1979) e de Estrasburgo (1997).

SANÇÕES

Manuel Duarte de Oliveira

O artigo 41.º da Carta das Nações Unidas prevê medidas não-militares, em particular de natureza económica, para manter ou restabelecer a paz e segurança internacional, sem que se faça uso do termo sanções para designar essas medidas. Com base no artigo 25.º da Carta, estas medidas têm natureza coerciva e vinculam todos os Estados-Membros. A Comissão de Direito Internacional das Nações Unidas reserva a utilização do conceito sanções "para medidas reactivas aplicadas no contexto de uma decisão tomada por uma organização internacional devido a uma violação de uma obrigação internacional com consequências graves para a comunidade internacional enquanto um todo e, em particular, para certas medidas em relação às quais se atribui competência exclusiva às Nações Unidas para aprovar, de acordo com o sistema estabelecido pela Carta, com vista à manutenção da paz internacional e segurança".

A utilização de sanções de natureza económica geralmente consiste numa etapa prévia ao uso de força militar, conforme previsto nos artigos 42.º e seguintes da Carta das Nações Unidas. As sanções podem concretizar-se através da cessação de exportações, importações e transporte de e para o Estado sobre o qual se aplicam, redução do pessoal diplomático nas suas embaixadas, congelamento de activos, proibição de empréstimos e vendas de títulos e valores mobiliários, cessação de serviços tecnológicos e interdição de cooperação cultural, incluindo a participação em competições desportivas internacionais.

SANÇÕES

Em termos de eficácia, do ponto de vista global, um dos problemas que se identificam em relação à imposição de sanções consiste no facto dos Estados, na inerente procura de protecção de interesses próprios, o fazerem em detrimento dos da comunidade internacional não observando as suas imposições. Por outro lado, ainda em termos de eficácia, as sanções evidenciam frequentemente um efeito oposto ao que se pretende, uma vez que as populações e governos sobre os quais recaem, na procura de superação da ameaça à sua sobrevivência, resistem adaptando-se às imposições da comunidade internacional para além de limites previstos. Em relação aos efeitos indirectos incidentes sobre Estados terceiros, as sanções podem incluir mecanismos de compensação, através dos artigos 49.º e 50.º, para combater dificuldades de tipo económico que delas advenham em virtude da sua imposição.

Cabe exclusivamente ao Conselho de Segurança deliberar sobre a existência ou não de uma ameaça à paz internacional, ou um acto de agressão entre Estados, não necessitando aquele de justificar a modalidade ou extensão das sanções. Em casos específicos, este facto pode conduzir a uma interpretação de arbitrariedade no processo de imposição de sanções, podendo estas, em casos extremos, reflectir motivações sobretudo de ordem política para além da sua potencial base jurídica.

Segundo o artigo 42.º, caso o Conselho de Segurança considere que as medidas previstas no artigo 41.º se demonstram inadequadas, poderá levar a efeito acções de natureza militar que julgue necessárias para manter ou restabelecer a paz e a segurança internacionais. Tais acções poderão compreender demonstrações, bloqueios e outras operações, quer por parte das forças aéreas, quer navais ou terrestres dos Membros das Nações Unidas.

Conforme de referiu, as formulações da Carta da ONU prevêem medidas coercivas somente em conexão com atentados à paz e segurança internacionais. Neste contexto, os Direitos Humanos poderão ser considerados duplamente ignorados, uma vez que por um lado a sua violação não é tida como razão direc-tamente conducente à imposição de medidas coercivas, e por outro os mesmos não são levados em conta no que se refere ao impacto dessas medidas sobre as condições de vida das populações civis do Estado sobre o qual recaem. No entanto, o Conselho de Segurança por vezes reconhece uma ligação indirecta entre a sua política de imposição de sanções e os Direitos Humanos, quando a violação grave e reiterada destes põe em causa a paz internacional.

Referências:
Jean Combacau, "Sanctions", in: *Encyclopedia of Public International Law*, Rudolf Bernhardt, ed., published under the auspices of the Max Planck Institute for Comparative Public Law and International Law, Vol. 4, Elsevier Science Publishers, 2000, pp. 311-315.
Robert Eyler, *Economic Sanctions: International Policy and Political Economy at Work*, New York: Palgrave Macmillan, 2007.

Hans Peter Gasser, "Protection of the Civilian Populations of States under Embargo Measures [Summary of Statement]", in: *Current Problems of International Humanitarian Law*, San Remo: International Institute of Humanitarian Law, 1993, pp. 41-43.

Vera Gowlland-Debbas, "Security Council Enforcement Action and Issues of State Responsibility", in: *International and Comparative Law Quarterly*, vol. 43, 1994, pp. 55-98.

Hans Köchler "The United Nations Sanctions Policy and International Law", in: *Democracy and the International Rule of Law. Propositions for an Alternative World Order*, Vienna and New York: Springer, 1998, pp. 117-154.

SANÇÕES ECONÓMICAS (*vide* SANÇÕES)

SANTA SÉ

André Folque

Santa Sé ou Sé Apostólica constitui, de acordo com o Direito Internacional geral, um sujeito de Direito Internacional não estadual que remonta à instituição da Igreja Católica, relatada nos Evangelhos, como missão confiada por Jesus Cristo aos seus seguidores mais próximos, "*o verdadeiro Israel*", em especial, a Simão Pedro (Mt 16,18), primeiro bispo de Roma.

Depois das perseguições imperiais, o seu reconhecimento por Constantino I, em 312, e o estatuto de religião oficial, assumido por Teodósio, em 380, a Igreja de Roma conservaria da progressiva diluição institucional e política do Império Romano do Ocidente um legado espiritual e temporal. Com efeito, viu aumentado o seu domínio territorial, ao longo dos tempos, até à anexação dos Estados Pontifícios pelo processo de unificação italiana. A invasão de Roma, em 20 de Setembro de 1870, e sua proclamação como capital do Reino de Itália, deixaram em aberto a Questão Romana, ao privarem Pio IX e os seus sucessores de um substrato territorial que garantisse a independência da Santa Sé no ministério petrino (de prover à unidade). Este facto não lesou porém o seu estatuto jurídico internacional, nem sequer por Estados de maioria não católica, conservando o *jus tractum* e o *jus legationis*.

Os acordos de Latrão, com efeitos objectivos para outros Estados, assinados em 11 de Fevereiro de 1929, por Vítor Emanuel III e por Pio XI, restituíram à Santa Sé uma base territorial, cuja caracterização como estado é controvertida: a Cidade Estado do Vaticano, com 0,44 km², e algumas dependências pontificais, como o Palácio de Latrão e a residência de Castel Gandolfo.

A Santa Sé celebra convenções internacionais que prevalecem sobre o seu direito interno (cân. 3, do Código de Direito Canónico de 1983), na sua maioria concordatas e Acordos que ajustam as relações dos católicos e das igrejas particulares com o respectivo Estado. É o caso, respectivamente, da Concordata assinada, em 18 de Maio de 2004, com a República Portuguesa, e dos Acordos assinados com o Reino de Espanha, em 3 de Janeiro de 1979.

Recebe representantes diplomáticos e faz-se representar diplomaticamente junto dos Estados e de organizações internacionais (da OIT, da UNESCO, da FAO, sendo que, junto da ONU, tem o estatuto de observador) por cerca de 180 núncios (a título permanente) ou por legados papais, cujas garantias e imunidades em pouco diferem do regime comum (artigo 14.º e artigo 16.º, n.º 3, da Convenção de Viena sobre Imunidades Diplomáticas). A Santa Sé pratica actos jurídicos unilaterais (*v. g.* reconhecimento de Estados e de governos) e intervém, por mediação ou por bons ofícios, na solução pacífica de conflitos.

Além de frequentemente tomar parte em conferências internacionais, como recentemente na das Partes Contratantes da Convenção sobre Munições de Fragmentação (Vietname, 9 a 12 de Novembro de 2010), é membro de algumas organizações internacionais, como a OSCE, a UPI e a INTELSAT.

Órgãos comuns à Santa Sé e à Igreja Católica são além do Romano Pontífice, a Secretaria de Estado e diversas Congregações, Tribunais, Ofícios e Prefeituras (cân. 361), numa união que se estende a 21 igrejas orientais (rituais *sui juris*). Se há quem sustente que a Santa Sé não é mais do que o conjunto dos órgãos supremos da Igreja Católica, esta sim dotada de personalidade jurídica internacional (Armando Marques Guedes, 1985, p. 239), pode reconhecer-se entre ambas uma união real, com órgãos comuns de governo próprio. Esta união, por antonomásia, toma, para efeitos jurídicos internacionais, a designação de Santa Sé.

Referências:
Armando M. Guedes, *Direito Internacional Público – Lições Policopiadas*, Lisboa, 1985.
André G. Pereira & Fausto de Quadros, *Manual de Direito Internacional Público*, Coimbra: Almedina, 1993.
Francisco F. de Almeida, *Direito Internacional Público*, Coimbra: Coimbra Editora, 2003.
Antonio Truyol y Serra, *La sociedad internacional*, Madrid: Ed. Alianza Universitaria, 1994.

SAQUE

João Pedro Pimenta

Entende-se por saque, ou pilhagem, a apropriação injustificada de bens alheios pela força e por meios violentos.

O Tribunal Penal Internacional (TPI), na sua decisão de condenação de Dario Kordic por crimes de guerra, em 26 de Fevereiro de 2001, definiu saque como qualquer forma de "apropriação ilícita de bens em conflitos armados para os quais a lei internacional atribui responsabilidade penal individual", "actos de apropriação (que) incluem actos generalizado e sistematizado de desapropriação e aquisição da propriedade em violação dos direitos dos proprietários".

Na ausência de qualquer sistema normativo que o proibisse, o saque era visto como consequência directa de uma vitória militar, ou até mesmo um incentivo, sobretudo a soldados de infantaria e peões, como recompensa pelo seu esforço, funcionando em alguns casos como soldo. Na utilização de mercenários, por se tratarem de tropas irregulares, o seu incentivo era ainda maior. Por vezes era usado também como punição ou represália. Para forças nómadas, como os Hunos, o saque era uma prática constante.

Hugo Grócio, na sua obra *De Iure Praedae*, de 1605, defendia o direito ao saque de navios portugueses e espanhóis, uma vez que estes pretendiam dominar as rotas marítimas e o comércio ultramarino. O saque é não só legitimado e justificado, mas surge igualmente como uma forma de disputa pelo espaço comercial e marítimo.

A Paz de Vestefália veio definir a soberania dos Estados, permitindo a invocação de ilegitimidade do saque. Contudo, não havendo normas de Direito Internacional que o proibissem directamente, continuava a ser regulado pelo costume, e a sua prática continuou a ser frequente em tempo de guerra, sob diversas justificações.

A Convenção da Haia sobre Regras e Costume na Guerra, de 1907, veio enfim fazer referências directas à prática, estipulando no seu artigo 47.º a "proibição formal da pilhagem". Também o Artigo 33.º da Convenção IV de Genebra, (1949), relativa à Protecção de Civis em Tempo de Guerra, proíbe terminantemente a prática da pilhagem.

Referências:

M. Charif Bassiouni, *Crimes against Humanity in International Criminal Law*, The Hague: Kluwer Law International, 1999, pp. 330-331.

Sylvain Vité, "The interrelation of the law of occupation and economic, social and cultural rights: the examples of food, health and property", *International Revue of the Red Cross*, vol. 90, No 871, 2008, pp. 645-646.

International Tribunal for the Prosecution of Persons Responsible for Serious Violations of International Humanitarian Law Committed in the Territory of the Former Yugoslavia since 1991 (Prosecutor V. Dario Kordi & Mario Kerdez), Caso IT 95/14/2-T, 26 de Fevereiro 2001, para. 352.

SATISFAÇÃO (*vide* REPARAÇÃO)

SECRETARIADO DAS NAÇÕES UNIDAS

Mateus Kowalski e Miguel de Serpa Soares

O Secretariado das Nações Unidas, enquanto órgão principal integrado composto por funcionários internacionais responsáveis apenas perante a Organização (artigo 100.º da Carta), exerce funções administrativas em relação a todos os outros órgãos principais (artigo 98.º da Carta), estando, portando, funcional-mente subordinado àqueles. O Secretariado é composto pelo Secretário-Geral, o "principal funcionário da organização", e pelos funcionários e agentes ao serviço das Nações Unidas.

O Secretário-Geral é eleito pela Assembleia-Geral sob recomendação do Conselho de Segurança (artigo 97.º da Carta). O seu mandato tem uma duração de cinco anos, renováveis. O pessoal do Secretariado é nomeado pelo Secretário-Geral de acordo com regras previamente fixadas pela Assembleia--Geral, segundo um critério que deverá atender não só às qualidades pessoais de eficiência, competência e integridade, mas também a uma distribuição geo-gráfica equitativa.

No exercício da sua actividade internacional, o Secretário-Geral e o pessoal do Secretariado, devem pautar o seu comportamento pela independência, que deve ser respeitada pelos Estados-Membros. Além das suas funções administrati-vas, o Secretário-Geral deverá desempenhar as funções que lhe forem atribuídas pelos órgãos das Nações Unidas, competindo-lhe alertar o Conselho de Segu-rança para qualquer questão relacionada com a manutenção da paz e segurança internacionais.

Apesar da aparente secundarização da função, é inegável o poder moral e político que a figura do Secretário-Geral tem no seio das Nações Unidas. Poder em grande medida dependente das características da pessoa escolhida para a função. O Secretário-Geral, enquanto face visível da Organização e que encarna perante o mundo as aspirações das Nações Unidas, não tem, pois, uma função meramente administrativa, mas também política.

A máquina administrativa constituída pelo Secretariado tem vindo a ser alvo de críticas por ser desorganizada, despesista e ineficaz. Contudo, tem sido feito um esforço de reorganização e de contenção de despesas. Ao assumir o cargo de Secretário-Geral, em 1997, Kofi Annan deu início a um processo visando a maior eficácia da máquina administrativa na sua dependência, continuando, em alguns aspectos, as reformas já iniciadas pelos anteriores Secretário-Gerais.

Referências:

Javier Pérez Cuellar, "The Role of the UN Secretary-General", in Adam Roberts & Benedict Kingsbury (eds.), *United Nations, Divided World*, Oxford: Clarendon Press, 1993, 125-142.

Christoph Schreuer & Christian Ebner, "Article 100", in Bruno Simma (ed.), *The Charter of the United Nations: a Commentary – volume II*, Oxford: Oxford University Press, 2002, 1230-1251.

Wilfried Fiedler, "Article 97", in Bruno Simma (ed.), *The Charter of the United Nations: a Commentary – volume II*, Oxford: Oxford University Press, 2002, 1191-1205.

SEGURANÇA COLECTIVA

Francisco Corboz

Um dos maiores desafios ao delimitar a noção de "segurança colectiva" (SC) consiste no facto de "segurança" ser tida como um conceito essencialmente contestado. Todavia, talvez possa afirmar-se que grande parte da literatura de Estudos de Segurança pressupõe a segurança como liberdade face à ameaça a um ou mais valores fundamentais.

Genericamente, a SC pode ser lida como princípio sobre o qual assenta um sistema, regional ou global, de Estados que aceitem que a segurança de um constitua um interesse comum a todos e que acordem na obrigação de resposta colectiva a ameaças e violações da segurança, internas ao sistema. Historicamente, este princípio é adoptado pela Sociedade das Nações (SDN) e pela Organização das Nações Unidas (ONU).

Partindo do legado moderno dos projectos de Paz de Penn, Saint-Pierre e Kant, a SC vem a assumir a Paz internacional como principal valor a ser assegurado e institucionaliza-se como *via media* entre um sistema de alianças informado por um princípio de equilíbrio de poder (EP), por um lado, e um governo mundial, por outro.

Nesta medida, importa explicitar como o conceito de SC se situa face a estes dois tipos de ordenamento.

O princípio de SC pressupõe, tal como o princípio de EP, que o poder superior de uma colectividade dissuade a agressão ou expansionismo por parte de um Estado ou mais potências. Contudo, estes princípios distinguem-se pelo facto do EP assumir, no limite, como principal propósito ético a liberdade soberana na ordem internacional, e não a Paz internacional.

Enquanto instrumento de manutenção da ordem internacional, o EP visa a estabilidade, combatendo tendências hegemónicas. É, em última análise, por referência à integridade do equilíbrio que a legitimidade de uma agressão será avaliada. A SC, enquanto tipo-ideal, procura erradicar a agressão, proibindo-a. (Note-se que a SDN não proíbe a agressão mas condiciona-a substancialmente.) Ela reserva o uso legal da força ao exercício colectivo sancionatório e à legítima defesa de um membro como medida provisória. Deve notar-se que o uso da força pode ser exercido por um só membro ou organizações regionais, desde que autorizados pelo sistema a fazê-lo na qualidade de sanção descentralizada. Contudo, a SC dá preferência à resolução pacífica de disputas e sanções não-violentas.

Por outro lado, um sistema de SC distingue-se de uma aliança que, integrada num EP, tenderá a formar-se em função da definição de um inimigo externo, actual ou potencial, segundo um princípio de defesa colectiva. A SC, por sua vez, introverte o enfoque de insegurança, primariamente para a ameaça ou violação da Paz por um membro.

Na SC, o grau de centralização da autoridade para determinar o que constitui uma violação e decidir a resposta colectiva tende a ser superior àquele que está presente nas alianças.

Todavia, a SC não é centralizada a ponto de obter o monopólio da força. Tal seria reservado a um governo mundial. Essencialmente, a SC distingue-se de um governo mundial em razão do seu poder limitar-se ao produto da vontade soberana dos seus membros.

Desde 1994, culminando no relatório *"In Larger Freedom"* de 2005, tem sido negociada a extensão do conceito de segurança da ONU de forma a tratar ameaças como terrorismo, armas de destruição maciça, crime transnacional, genocídio, pobreza, doenças infecciosas e degradação ambiental. Contudo, a ONU hesita em adoptar um conceito alargado de SC. Estas hesitações iluminam tensões inerentes à relação entre Soberania e SC, bem como a relutância em vocacionar a SC para mais valores fundamentais.

Referências:

Hans Kelsen, *Collective Security under International Law*, Government, Washington D.C. United States Government Printing Office, 1957.

Immanuel Kant, 'Perpetual Peace: A Philosophical Sketch', H. S. Reiss (ed.), *Kant. Political Writings*, Cambridge: Cambridge University Press, 1991, 93-130.

Peter G. Danchin & Horst Fischer, *United Nations Reform and the New Collective Security*, New York: Cambridge University Press, 2010.

Martin Wight, 'The Balance of Power and International Order', Alan James (ed.), *The Bases of International Order: Essays in Honor of C.A.W. Manning*, London: Oxford University Press, 1973, 85-115.

Vaughan Lowe, Adam Roberts, Jennifer Welsh & Dominik Zaum, *The United Nations Security Council and War. The Evolution of Thought and Practice since 1945*, New York: Oxford University Press, 2008.

SEGURANÇA ENERGÉTICA

Pedro Miguel Moreira da Fonseca

A afirmação da segurança energética como um dos aspectos mais importantes da agenda de segurança das principais potências mundiais está relacionada com a preponderância do petróleo no sistema energético global. Este recurso teve um papel fundamental nas duas guerras mundiais e afirmou-se como principal fonte de energia após o fim do segundo grande conflito. A sua ascensão à categoria de recurso estratégico de elevada relevância política e assunto internacional resultou da grandiosidade da indústria que o sustenta, do desfasamento geográfico entre os principais consumidores e maiores exportadores, bem como da sua importância para a economia mundial.

Os choques petrolíferos de 1973 e 1979 demonstraram a vulnerabilidade dos países industrializados que se encontravam crescentemente dependentes das importações de petróleo provenientes dos países da OPEP. Esta vulnerabilidade levou à criação da Agência Internacional de Energia (AIE), à diversificação das importações e das fontes de energia, à constituição de reservas estratégicas e de uma capacidade adicional de produção de crude, à criação de um mercado global e aberto de petróleo que acentuasse a interdependência, ao estabelecimento de alianças políticas e estratégicas, assim como, em casos extremos, a intervenções de cariz militar.

Assim, a agenda da segurança energética evoluiu marcada por uma ideia central: a capacidade dos países mais desenvolvidos satisfazerem as suas necessidades energéticas, particularmente de petróleo, com vista a garantir o crescimento das suas economias. De facto, a segurança energética nasceu como uma construção conceptual, política e estratégica dos países desenvolvidos do ocidente e evoluiu centrada na preocupação de assegurar a existência de recursos disponíveis no mercado a preços competitivos. Na medida em que as maiores reservas de petróleo estão localizadas em regiões instáveis e em países integrados na OPEP (a região do Médio Oriente detém actualmente mais de metade das reservas conhecidas e os países da OPEP em conjunto mais de 70%), importava neutralizar a possibilidade de utilização do petróleo como arma política e assegurar a sua comercialização a preços "razoáveis" e estáveis, garantindo a segurança dos fluxos globais de petróleo e prevenindo rupturas na produção e abastecimento. De facto, ao se identificarem as várias componentes do conceito de segurança energética, verifica-se que os debates em torno da disponibilidade de recursos energéticos e a acessibilidade física e económica aos mesmos são ainda profundamente marcados pelo petróleo e, com menor importância, pelo gás natural.

Todavia, o debate acerca do conceito e agenda da segurança energética agrega não apenas a perspectiva dos países consumidores e importadores (segurança do abastecimento energético a preços acessíveis – *security of supply*), mas também as prioridades estratégicas dos produtores e exportadores de energia (segurança da procura e dos rendimentos – *Security of demand* e *security of revenues*). Se é evidente a existência de uma interdependência entre os países importadores e exportadores de hidrocarbonetos, importa considerar que as perspectivas e prioridades dos primeiros (*security of supply*) continuam prevalecer nos debates sobre segurança energética. Assim, mesmo que a emergência de novos grandes consumidores e importadores de hidrocarbonetos, como por exemplo a China e a Índia, tenha vindo a contribuir para que o conceito de segurança energética deixe de ter um carácter predominantemente ocidental, ele continua a centrar-se nas preocupações estratégicas dos Estados dependentes das importações de petróleo e gás.

O novo milénio, caracterizado pela subida vertiginosa da cotação do crude, complexificou ainda mais o tema da segurança energética, levando ao reconhecimento de que se construiu um sistema energético vulnerável, desequilibrado e insustentável. Obtiveram grande impacto o problema da concentração das reservas de hidrocarbonetos em áreas politicamente instáveis, a vulnerabilidade das infra-estruturas energéticas face à ameaça terrorista e a catástrofes naturais, a necessidade de avultados investimentos para garantir o crescimento futuro da produção, a possibilidade de não existirem reservas suficientes para responder ao crescimento da procura e acudir ao problema da pobreza energética, assim como o crescimento das emissões de gases com efeito estufa para atmosfera devido à queima de combustíveis fósseis. A confluência destes elementos veio criar novos desafios e afrontar as tradicionais concepções de segurança energética. A necessidade de diminuir o consumo de recursos fósseis e de os substituir por fontes de energia livres de emissões ganhou importância, sem contudo se verificar uma mudança relevante nos padrões energéticos globais, até porque os recursos fósseis (carvão, petróleo e gás natural) satisfazem actualmente mais de 80% do consumo de energia primária a nível global.

Referências:
Carlos Pascual & Jonathan Elkind (*eds.*), Energy Security: *Economics, Politics, Strategies, and Implications*, Washington: The Brookings Institution, 2010.
Daniel Yergin, *The Prize: The Epic Quest for Oil, Money and Power*, New York: Touchstone, 1992.
Gal Luft & Anne Korin (eds.), *Energy Security Challenges for the 21ˢᵗ Century*, Santa Barbara: Praeger, 2009.
IEA, *World Energy Outlook 2010*, Paris: OECD/IEA, 2010.
Vaclav Smil, *Energy Transitions; History, Requirements, Prospects*, Santa Barbara: Praeger, 2010.

SEGURANÇA HUMANA

Marcos Farias Ferreira

A problemática da segurança emergiu como arena social e campo de estudos em que diferentes constelações de poder, tecnologias de gestão e perspectivas teoréticas se enfrentam, avançando visões alternativas do que significa viver num mundo seguro e quais são os referentes de segurança. Enquanto conceito, a segurança é um conceito contestado, pois gera debates que não podem ser resolvidos por mero confronto com os dados empíricos. A literatura sublinha o modo em que política e segurança se constituem mutuamente, facto que ganha relevância especial num mundo representado com base na crescente contingência da vida humana e na procura de fundamentos firmes para assegurar identidades e fronteiras. A contingência gera ansiedades securitárias e a necessidade de lhes dar resposta.

SEGURANÇA HUMANA

Enquanto os discursos tradicionais sobre segurança se recompõem em torno da ameaça por parte dos Estados pária, do terrorismo, de uma nova guerra fria entre Estados Unidos e Rússia e da inevitabilidade do conflito à escala global, a segurança humana emerge como discurso alternativo, ou complementar, de uma perspectiva centrada na identificação das vulnerabilidades e da resiliência das pessoas e das comunidades humanas face à escassez de recursos, ao clima, à doença, aos ataques à dignidade humana. A prioridade do discurso transfere-se do Estado soberano para a comunidade humana, ainda que reconhecendo que não há segurança humana sem solidez das instituições políticas e que existe uma relação íntima entre os pressupostos da segurança humana e os pressupostos da ordem internacional gerida pelos estados soberanos.

Como qualquer discurso, a segurança humana é constituída por ideias e práticas sociais, e há décadas que o conceito se encontra em definição. As comissões Brandt, Brundtland e da Governação Global destacaram-se nessa procura, mas foi no Relatório do Desenvolvimento Humano de 1994 que o conceito foi pela primeira vez introduzido com autonomia e centrado em sete componentes: económica, alimentar, sanitária, ambiental, pessoal, comunitária e política, tanto a liberdade face ao medo como à escassez de recursos. Em 2003, uma comissão independente liderada por Sadako Ogata e Amartya Sen procurou concretizar estas ideias definindo a segurança humana, no relatório intitulado *Human Security Now: Protecting and Empowering People*, como a protecção das liberdades essenciais da vida humana tendo em vista a sua realização plena. Na resolução 60/1, da 60.ª sessão da Assembleia Geral da ONU (2005), os chefes de estado e governo assumiram o compromisso de discutir e definir a noção de segurança humana, e inscreveram, no parágrafo 143, o direito universal, e dos mais vulneráveis em particular, à igual oportunidade no exercício dos direitos e no desenvolvimento do potencial humano.

Levando este compromisso adiante, o Secretário-Geral apresentou o seu relatório sobre segurança humana à 64.ª sessão da Assembleia Geral (2010), e no qual expõe o estado da arte da discussão sobre o tema e faz a ponte entre segurança humana, soberania e responsabilidade de proteger. O relatório avança as iniciativas levadas a cabo para promover a segurança humana no plano doméstico dos estados mas também no nível intergovernamental e das agências da ONU. O mesmo conclui reafirmando que é nos Estados soberanos que recai responsabilidade primeira quanto à garantia da sobrevivência, subsistência e dignidade dos seus cidadãos e que a segurança humana é central para a promoção da paz e da estabilidade local, nacional, regional e internacional.

Referências:

Commission on Human Security, *Human Security Now: Protecting and Empowering People*, Nova Iorque, 2003. Disponível em: http://www.humansecurity-chs.org/finalreport/English/FinalReport.pdf [Consultado a 8 de Novembro de 2010]

PNUD, *Relatório do Desenvolvimento Humano 1994*, Oxford e Nova Iorque: Oxford University Press, 1994.

Assembleia Geral da ONU, 60.ª sessão, "Resolução 1 [itens 46 e 120]" (A/RES/60/1), 24 de Outubro de 2005.

Assembleia Geral da ONU, 64.ª sessão, "Segurança Humana. Relatório do Secretário-Geral [itens 48 e 114]" (A/64/701), 8 de Março de 2010.

SOBERANIA

JORGE AZEVEDO CORREIA

A Soberania é uma característica essencial do Estado Moderno. Resulta de uma transformação na conceitualização da organização política, que dotou estas comunidades de um carácter autónomo e de supremacia. Em virtude desta, o Estado não faz depender a sua capacidade política de entidades que lhe sejam extrínsecas ou anteriores (o Papado, o Império, ou comunidades eclesiais, etc.), afirmando-se como último reduto da autoridade política.

A Soberania apresenta-se em duas vertentes: num plano interno, pelo reconhecimento da capacidade autoconstitutiva e de supremacia do Estado; num plano externo, pelo reconhecimento da mesma a comunidades políticas dotadas da mesma capacidade. Esta concepção conduziu historicamente à monopolização por parte dessa forma política (o Estado) da acção no Direito Internacional, e à constituição de um sistema internacional de Estados onde a capacidade internacional de uma entidade política passa a ser regulada por esses mesmos Estados. Subverte, desta forma, o reconhecimento papal ou imperial medievais como critério dotador de capacidade jurídica internacional, e constitui o Estado, de uma forma sintética, como um poder que não reconhece igual no seu território e ordem interna ou superior na ordem externa.

Historicamente, a consagração definitiva do conceito na ordem internacional provém da Paz de Vestefália. Com a afirmação na cena internacional de Estados de inspiração protestante, a instituição papal perdeu o seu carácter de incontestabilidade e a autoridade para dirimir conflitos internacionais. Concomitantemente, os conflitos religiosos europeus ameaçavam transformar-se numa guerra generalizada. Para impedir a perpetuação dos conflitos, reconhece-se juridicamente o estatuto dos Estados protestantes, adoptando decisivamente o princípio de *cuius regio, eius religio*, em que, dentro das suas fronteiras, cabe ao príncipe determinar a religião oficial (já não por relações de vassalagem ou lealdade pessoal). Consagra-se, assim, a independência do político na determinação da religião do Estado e fazendo divergir dos conflitos religiosos a ordenação internacional.

Na base desta reformulação é fundamental a elaboração teórica de Jean Bodin, nos *Six Livres de la Republique*. Influenciado particularmente pela ideia de autonomia do político face à ordem moral/religiosa de Maquiavel, elaboraria sobre uma relação directa entre o soberano e o cidadão (contra a concepção medieval dessa relação como mediada por corpos intermédios). Bodin postula uma *souverainité* que sobrepõe as questões de Estado às religiosas, imunizando a esfera política contra as pretensões supraterritoriais do Papado e do Império. A obediência política ao Estado torna-se, desta forma, absoluta e directa.

Actualmente há a realçar que as diversas tentativas de normatividade que o pluriverso das declarações de direitos com pretensões universais, e portanto supraterritoriais, de forma alguma pretendem derrogar o carácter vinculativo das constituições do Estado Soberano. Por essa razão estas declarações assumem um carácter contratual entre Estados e não uma normatividade e autoridade autónoma. A emergência de conceitos como "intervenção humanitária" e programas como o Responsabilidade de Proteger têm, porém, tentado subverter a prioridade internacional do conceito, afirmando a sua própria supremacia para subordinar a acção dos Estados.

Também estruturas de *power-sharing*, como a UE ou OTAN, são por vezes tidas como ameaças ao princípio da Soberania. As transferências de Poder que os Estados acordam ceder (muitas vezes nas chamadas "matérias de soberania") em nada afectam a supremacia do Estado, sendo essas estruturas de poder decorrentes da própria capacidade e vontade do Estado em lhes pertencer. Ainda que a UE se pretendesse com carácter constitutivo, adquiriria a forma de Estado Soberano, não se prevendo que não reclamasse para si a supremacia sobre o território ou que aceitasse a primazia de qualquer ordem política externa.

Por essa razão se afirma que o conceito é qualitativo e não quantitativo. Como refere Alan James (na linha da posição hobbesiana e bodiniana) assim como uma mulher não pode estar muito grávida ou pouco grávida, assim o Estado não pode ser mais ou menos soberano. Ou reconhece a sua supremacia num determinado território e que todos os poderes neste ordenados decorrem de actos da sua vontade, ou não o faz, não podendo ser chamado de soberano.

Referências:

Jens Bartelson, *A Genealogy of Sovereignty*, Cambridge, UK: Cambridge University Press, 1995.

Jean Bodin, 1992. *On Sovereignty: Four Chapters from Six Books of the Commonwealth*, Cambridge, UK: Cambridge University Press, 1992.

Alan James, *Sovereign Statehood*, London, UK: Allen & Unwin, 1986.

Stephen D. Krasner, *Sovereignty: Organized Hypocrisy*, Princeton, NJ, USA: Princeton University Press, 1999.

Daniel Philpott, *Revolutions in Sovereignty: How Ideas Shaped Modern International Relations*, Princeton, NJ, USA: Princeton University Press, 2001.

SOCIEDADE DAS NAÇÕES (SDN)

Mateus Kowalski e Miguel de Serpa Soares

No fim da Primeira Grande Guerra, a Europa encontrava-se em ruínas, emergindo como a nova grande potência mundial os EUA, que entretanto tinham entrado na Guerra. Provado o sabor do apocalipse, pretendia-se agora encontrar um novo sistema que garantisse que um novo conflito global não se repetiria.

O armistício com a Alemanha é assinado a 11 de Novembro de 1918. A 8 de Junho de 1919 é assinado o Tratado de Versalhes. A paz imposta pelos vencedores era extremamente onerosa para a Alemanha, apontada como a grande responsável pela tragédia cujos efeitos ainda se viviam, que havia que dominar para prevenir um novo conflito. Seria, contudo, o prelúdio do conflito que assolaria o mundo passados vinte anos.

Os Estados vencedores, preocupados em criar um sistema que garantisse a paz e que prevenisse uma nova Grande Guerra, incluíram no Tratado de Versalhes o Pacto das Nações Unidas que instituía a Sociedade das Nações. A estrutura da Sociedade das Nações era composta pela Assembleia e pelo Conselho, auxiliados pela Secretaria. Fazia-se assentar a nova ordem internacional no Direito Internacional, no princípio da resolução de conflitos, no sistema de segurança colectiva e no controlo do armamento. O Pacto continha igualmente algumas disposições de cariz socioeconómico, como sejam sobre as condições de trabalho, sobre o tratamento das populações indígenas, das mulheres e das crianças, sobre o tráfico de estupefacientes, sobre o combate a doenças, sobre o comércio e sobre a liberdade das comunicações e de trânsito.

Depois do Tratado de Versalhes entrar em vigor a 10 de Janeiro de 1920, teve lugar, a 16 de Janeiro de 1920, a primeira reunião do Conselho. No entanto, o desenrolar da História veio demonstrar que não seria através da Sociedade das Nações que o mundo conheceria a paz. As condições duras e humilhantes impostas à Alemanha, responsabilizada pela Primeira Grande Guerra, anunciavam uma paz tensa. A recusa do Senado dos EUA em ratificar o Pacto, de que Woodrow Wilson tinha sido mentor, fazia prever o insucesso. Por outro lado, a insuficiência dos mecanismos destinados a assegurar a paz, aliada à desresponsabilização das grandes potências e à regra da unanimidade na tomada de decisões, provocaram a letargia da organização. O Japão e a Alemanha retiraram a sua participação na Sociedade das Nações em 1933, a Itália em 1937 e a URSS foi expulsa em 1939.

A Sociedade das Nações ainda conheceu alguns sucessos, como a criação da Organização Internacional do Trabalho, organização que ainda hoje permanece, a criação do Tribunal Permanente de Justiça Internacional, antecessor do Tribunal Internacional de Justiça, e a resolução de alguns conflitos entre potências mais fracas. No entanto, em 1939, perante a falta de cooperação entre as potências, o seu desinteresse e a ausência dos EUA, da Alemanha e da URSS, a Sociedade das Nações não foi capaz de evitar a Segunda Grande Guerra, deixando de funcionar de facto, só reunindo sete anos mais tarde para votar a sua dissolução.

Apesar de tudo, se é certo que a experiência se saldou por um fracasso, também é verdade que deixou um importante legado. A ideia de congregação de Estados num único espaço de discussão e decisão de forma permanente, a paz alicerçada no Direito, a resolução pacífica de conflitos e até as preocupações socioeconómicas, são aspectos que vão ser recuperados mais tarde, aquando da criação das Nações Unidas.

Referências:
Frederick Pollock, *The League of Nations*, Clark: The Lawbook Exchange, 2003.
Georges Lachapelle, *La Société des Nations*, Paris: Georges Rouston, 1920.
Luís Farinha, *"Da SdN à ONU: Fulgor e Fracassos das Organizações Internacionais"*, 55 História 20, 2003.

SOFT LAW

MIGUEL CALADO MOURA

O termo *soft law* (usualmente usado em contraposição com a expressão *hard law*) tem as suas raízes nos sistemas jurídicos de *common-law* e tem vindo ao longo dos tempos a ganhar forma no plano do Direito Internacional. *Soft law* é o conjunto regras "quase-legais" (ou "para-legais") que não têm força jurídica vinculativa para os sujeitos de Direito Internacional. Muitas vezes são indicações ou recomendações precisas em determinados assuntos. No Direito Internacional, a criação de regras de *soft law* está normalmente associada a temas delicados como os direitos humanos, protecção ambiental e relações económicas internacionais.

Grande parte das regras de *soft law* está incorporada em instrumentos jurídicos não vinculativos tais como recomendações e resoluções das organizações internacionais (ex: resoluções da Assembleia-Geral da ONU como é o caso da *Declaração Universal dos Direitos do Homem, A/RES/217,* 1948), declarações e "actas finais" provenientes de conferências internacionais, e propostas elaboradas por ju-internacionalistas de reconhecimento internacional (ex: é *soft law* os "*Draft articles on responsibility of States for internationally wrongful acts*" – ou qualquer outro *draft* – apresentados pela Comissão de Direito Internacional).

O *solft international law* tem tanta importância e tanto impacto no Direito Internacional que os Estados, em conferências internacionais, enquanto discutem provisões de uma declaração de *soft law*, parecem estar a negociar como se se tratasse verdadeiramente de um tratado (vinculativo, *hard law*). Uma das explicações

SOFT LAW

para este fenómeno é o facto de as regras de *soft law* terem muitas vezes uma forte carga política e ideológica e – algumas vezes – acabam se transformar – a longo prazo – em regras com força vinculativa (passando de *soft* a *hard*).

Alguns Estados até utilizam a figura da *reserva* aquando das negociações de instrumentos de *soft law* (veja-se o exemplo da *United Nations Charter on Economic Rights and Duties*, 1974).

A questão de saber se uma determinada regra é *soft* ou *hard* não é pacífica na doutrina nem na jurisprudência internacional e já levou o Tribunal Internacional de Justiça a pronunciar-se sobre o tema (v. caso *Aegan Sea Continental Shelf*, 1978 e caso *Maritime Delimitation and Territorial Questions between Qatar and Bahrain*, 1994). Alguns autores tendem a delimitar certos critérios de dife destes dois modelos conceptuais, afirmando que a distinção está em saber se há ou não força vinculativa na regra em causa; outros preferem uma interpretação autêntica e histórica, atendendo à *voluntas* dos criadores da norma. Ainda existem vozes mais cépticas no que toca à essência do *soft international law*, afirmando que a maioria destas regras são verdadeiras positivações normas e princípios de Direito Internacional costumeiro e, por essa via, tem força vinculativa e compulsória (*hard law*).

Existe uma tendência crescente entre os académicos de criar um novo conceito – "*international common-law*" – nos termos do qual abrange todas as decisões dos tribunais internacionais – *hard law* para as partes da causa, mas gerador de regras e princípios de *soft law* para os restantes sujeitos de Direito Internacional.

Referências:

Antonio Cassese, *International Law*, 2.ª ed., Oxford: Oxford University Press, 2005, pp. 196-7.

Rafael Santos de Oliveira, *Direito Ambiental Internacional: o papel da* Soft Law *na sua efetivação*, Editora UNIJUI, 2007.

Anthony D'Amato, "International Sof Law, Hard Law, and Coherence", *Northwestern University School of Law, Public Law and Legal Theory Series* No. 08-01, 2008.

Jacob E. Gersen, Eric A. Posner, "Soft Law", *Public Law and Legal Theory Working Paper n.º 213*, University of Chicago Law Scool, 2008.

Aegean Sea Continental Shelf Case (Greece v. Turkey), ICJ Reports 1978, pp. 4-45.

SUCESSÃO DE ESTADOS

Mateus Kowalski e Miguel de Serpa Soares

A "sucessão de Estados" pode ser definida como a substituição de um Estado por outro na responsabilidade das relações internacionais de um território. Havendo substituição de um Estado preexistente por um novo Estado, existe necessariamente uma relação entre os elementos constitutivos dos dois Estados.

SUCESSÃO DE ESTADOS

A sucessão de Estados resulta, em princípio, de uma mutação territorial. Pode acontecer pelo desaparecimento do Estado predecessor sendo que o Estado sucessor é novo: fusão de Estados preexistentes num novo Estado, desaparecendo os predecessores (fusão da Tanganica e do Zanzibar que originou a Tanzânia); desagregação do Estado predecessor dando lugar aos novos Estados sucessores (URSS, Checoslováquia). Outra hipótese é a que se verifica quando o Estado sucessor existia e o predecessor desaparece (integração da RDA na RFA). Outra possibilidade é a do Estado predecessor continuar a existir perdendo território e população dando origem a novos Estados (desmembramento resultante de um processo de descolonização). Ainda, pode dar-se uma sucessão de Estados quando se verifica a partilha por outros Estados do território de um Estado que desaparece.

Existe, pois, uma ideia de ruptura segundo a qual Estado sucessor não é o continuador do Estado predecessor: o Estado sucessor não está, via de regra, vinculado no exercício das suas competências por decisões anteriores. Não havendo sucessão absoluta, devem contudo ser mantidas as relações que correspondam, funcionalmente, a objectivos legítimos obtidos pela prática consuetudinária e pela comunidade internacional (nomeadamente as regras de Direito Internacional sobre a sucessão de Estados).

O Direito Internacional impõe, assim, aos Estados sucessores algumas obrigações resultantes: de situações em que o Estado predecessor e o Estado sucessor celebram tratados para regulamentar a transição apenas em relação a determinadas obrigações específicas; de uma decisão unilateral do Estado sucessor; da Convenção de Viena sobre Sucessão de Estados em Matéria de Tratados, adoptada em Viena, a 23 de Agosto de 1978; da Convenção de Viena sobre a Sucessão de Estados em Matéria de Bens, Arquivos e Dívidas, adoptada em Viena, a 8 de Abril de 1983.

Nos caso mais recorrente relativos à sucessão de Estados em matéria de tratados, existe uma tensão que advém do facto de se estar a pôr em causa, por um lado, a soberania do Estado sucessor e, por outro, os interesses dos Estados que contrataram com o Estado predecessor, sem excluir os da própria comunidade internacional. A prática confirma a existência do princípio da intransmissibilidade, atenuada por algumas excepções. Assim, segundo o princípio da intransmissibilidade, o Estado sucessor é um Estado terceiro face aos tratados do Estado predecessor, não podendo invocar o seu benefício – regra do efeito relativo das convenções. Por outro lado, no caso de um tratado bilateral, o desaparecimento de uma das Partes importa a extinção do tratado. Este princípio comporta contudo algumas excepções previstas na Convenção de Viena sobre Sucessão de Estados em Matéria de Tratados.

SUCESSÃO DE ESTADOS

Referências:
Annie Gruber, *Le Droit International de la Succession d'États*, Bruxelles: Bruylant, 1986.
Jan Klabbers *et al.* (eds.), *State Practice Regarding State Succession and Issues of Recognition*, The Hague: Kluwer Law International, 1999.
Pierre Eisemann & Martti Koskenniemi (eds.), *State Succession: Codification Tested Against the Facts*, The Hague: Kluwer Law International, 2000.

SUJEITOS DO DIREITO INTERNACIONAL PÚBLICO

VALERIO DE OLIVEIRA MAZZUOLI

O Direito Internacional Público, é a disciplina jurídica da sociedade internacional. Essa sociedade é formada por *sujeitos* (ou *pessoas*) a quem normalmente – mas não necessariamente – tal Direito é destinado. A qualificação jurídica de um certo ente como *sujeito* de direito das gentes guarda, assim, duas conotações: uma *passiva* – a quem tal Direito é destinado – e outra *activa* – que se traduz na capacidade de actuação no plano internacional (*v.g.*, quando um Estado mantém relações com outras potências estrangeiras, ou quando um indivíduo apresenta uma petição num Tribunal Internacional de direitos humanos reivindicando os seus direitos violados).

São sujeitos do Direito Internacional Público todos aqueles entes ou entidades cujas condutas estão directamente previstas pelo direito das gentes (ou, pelo menos, contidas no âmbito de certos direitos ou obrigações internacionais) e que têm a possibilidade de actuar (directa ou indirectamente) no plano internacional. Da noção de *sujeitos* nasce – em segundo lugar – uma outra: a noção de *personalidade jurídica* no plano internacional, entendendo-se como tal a capacidade para agir internacionalmente. Não é necessário, contudo, para deter a qualidade de sujeito de direito das gentes que se tenha capacidade para *participar* do processo de formação das normas jurídicas internacionais (ou seja, que o sujeito tenha capacidade *plena* no plano internacional). Os que não detêm tal capacidade (por exemplo os *indivíduos*) não deixam de ser sujeitos do Direito Internacional Público, uma vez que a sua capacidade *para agir* se faz presente; ou seja, eles *são sujeitos*, mas com uma *actuação* internacional mais limitada, pois dependentes das normas criadas pelos Estados ou pelas Organizações Internacionais.

É evidente que o sujeito de maior importância é ainda o *Estado*, cujo poder absoluto se desenvolveu e se sedimentou até ao início do século XX. Até esse momento histórico os Estados eram os únicos sujeitos do Direito Internacional existentes, excluindo a participação de quaisquer outros seres (individuais ou coletivos) com pretensa capacidade de participação na cena internacional. São os Estados os *sujeitos clássicos* (*originários* ou *tradicionais*) do Direito Internacional Público, além dos mais importantes dentro do contexto das relações internacionais. Contudo, os Estados não são os únicos sujeitos actuais da disciplina. Se assim foi até ao início do século XX, após esse período os Estados viram-se obrigados a dividir sua condição de sujeitos do Direito Internacional Público com os chamados "novos sujeitos" desse mesmo Direito: as *organizações internacionais* intergovernamentais e também os *indivíduos* (que detêm todas as características necessárias a essa qualificação jurídica). Tais *novos sujeitos* são, às vezes, entendidos como sendo meramente *derivativos* do Estado, o qual continuaria a guardar a condição de titular primário das normas internacionais. Tomando-se o exemplo das organizações internacionais, tem-se que esta afirmação precedente é verdadeira, uma vez que elas são *criadas por Estados*; tomando-se, porém, como exemplo os indivíduos, pode-se dizer que eles *pertencem à condição jurídica* de algum Estado (e, quando não pertencem, *a priori*, o Direito Internacional atribui-lhes a nacionalidade de um Estado – ou o do nascimento, ou o do local em que se encontra, etc.). Mas frise-se que esta constatação – que não raro é feita pela doutrina – não explica como um ente jurídico não derivado do Estado (como uma ordem religiosa ou um movimento de libertação nacional) poderá, eventualmente, deter a condição de *sujeito* do direito das gentes.

Referências:
Cezary Berezowski, Les sujets non souverains du droit international. *Recueil des Cours*, vol. 65, 1938, pp. 1-85.
Constantin Th. Eustathiades, Les sujets du droit international et la responsabilité internationale: nouvelles tendances. *Recueil des Cours*, vol. 84, 1953, pp. 397-633.
Julio A. Barberis, *Los sujetos del derecho internacional actual*, Madrid: Tecnos, 1984.
Manfredi Siotto Pintor, Les sujets du droit international autres que les États. *Recueil des Cours*, vol. 41, 1932, pp. 245-361.
Valerio de Oliveira Mazzuoli, *Curso de Direito Internacional Público*, 5.ª ed., São Paulo: Editora Revista dos Tribunais, 2011.

SUPERVISÃO INTERNACIONAL

Ana Cristina Borges Malhão Crisóstomo

A necessidade de regular os aspectos mais importantes das relações internacionais levaram os Estados a instituírem códigos normativos que procuram assegurar o bom funcionamento das suas relações.

A principal função da supervisão internacional é garantir a protecção de valores que só podem ser assegurados no plano internacional.

As organizações internacionais desempenham um papel essencial na supervisão internacional, na medida em que asseguram o cumprimento das regras internacionais e simultaneamente minimizam os riscos e as consequências do seu incumprimento. Por outro lado, podem ainda exercer poderes de regulação na medida em que constituem fóruns de negociação no seio dos quais os Estados estabelecem consensos e regulam as suas relações.

SUPERVISÃO INTERNACIONAL

A supervisão comporta uma actividade preventiva mas também uma actividade repressiva ou sancionatória. Porém, no plano internacional a sanção não é perfeita ou automática.

Na verdade, a supervisão internacional exercida pelas organizações internacionais levantou o problema da vinculação normativa das regras de Direito Internacional face aos Estados, aumentando o nível de comprometimento face aos valores da ordem jurídica internacional.

O surgimento das organizações internacionais contribuiu para a implementação de sistemas de supervisão internacionais e para a difusão dos valores que constituem, hoje, os padrões de conduta nas relações internacionais.

Exemplo desta realidade, é a supervisão exercida em matéria de respeito pelos direitos fundamentais do ser humano e do Direito Internacional Humanitário, plasmados em Tratados internacionais, em especial os direitos inderrogáveis, como o direito à vida, o direito a não ser submetido a tortura ou escravidão, mas também os princípios do Direito Internacional Humanitário, cabendo aos vários órgãos de supervisão internacional a tarefa de assegurar o fiel cumprimento desses requisitos por parte dos Estados. Esta função tem colocado vários desafios aos órgãos de supervisão internacional, designadamente, no âmbito da sua actuação em distúrbios internos, estados de sítio e situações de emergência em geral, exigindo novas abordagens de actuação para fazer face às novas formas de violações dos direitos humanos.

As técnicas de fiscalização e protecção dos direitos humanos passam pela elaboração periódica de relatórios, pela instituição de órgãos de investigação de factos, por processos de inspecção ou processos de queixa extra judiciais perante organizações não-governamentais e pela fiscalização judicial e política. Estes processos podem levar a uma negociação, ao recurso aos bons ofícios ou à conciliação com vista a alcançar uma solução amigável para o litígio.

As Nações Unidas com a colaboração das suas agências desempenham um papel essencial na supervisão internacional com vista à manutenção da paz, cabendo-lhe zelar pelo cumprimento da Carta das Nações Unidas e da Declaração Universal dos Direitos do Homem.

Este papel assume especial relevo em situações de conflito, cabendo-lhe enviar forças de manutenção de paz para regiões em conflito para supervisionar o cumprimento dos termos dos acordos de paz e para evitar o retomar das hostilidades. É ainda de salientar o papel supervisor em matéria de produção e utilização de armas de destruição massiva, na supervisão do cumprimento do princípio da autodeterminação dos povos, do respeito pelos direitos das minorias étnicas e na transição dos Estados para regimes democráticos.

Para além dos conflitos armados, estão já identificadas novas ameaças à paz internacional, designadamente, o tráfico internacional, o terrorismo, o ressurgimento da pirataria, bem como, a falta de água potável, epidemias ou as alterações climáticas que impõem um papel activo na supervisão internacional, exigindo da ONU uma actuação mais eficaz.

A globalização e o fomento das relações internacionais multilaterais colocam novos desafios à supervisão internacional.

Para além desta supervisão internacional em matéria de cumprimento do Direito Internacional Público, assume hoje especial relevância a supervisão do comércio internacional, em especial a supervisão financeira internacional. Destaca--se a Organização Mundial de Comércio, o Comité de Supervisão Bancária de Basileia (BCBS) composto pelas autoridades de supervisão bancária dos Estados e que emite recomendações em matéria de supervisão comportamental e prudencial.

Cumpre ainda referir as entidades de supervisão internacionais regionais, em particular as instituições comunitárias que exercem poderes de supervisão sobre os seus Estados-Membros nos mais diversos domínios. Destacamos o papel do Tribunal de Justiça da União Europeia que supervisiona o cumprimento de todo o acervo comunitário e no domínio da política comercial e financeira, a Comissão Europeia e o Banco Central Europeu. A supervisão ao nível da União Europeia abrange outros aspectos das relações internacionais europeias, como por exemplo a Autoridade Europeia para a Protecção de Dados que é uma entidade independente dotada de poderes de supervisão, que tem como objectivo primordial assegurar que as instituições e os órgãos comunitários respeitem o direito à privacidade e à protecção de dados sempre que procedem ao tratamento de dados pessoais e desenvolvem novas políticas.

Referências:

Francisco Ferreira Almeida, *Direito Internacional Público-Parte I*, Coimbra: Coimbra Editora, 2001. ISBN 972-32-1026-6.

Jorge Miranda, *Direito Internacional Público-I*, Lisboa: FDL, 1995.

J. da Silva Cunha, *Direito Internacional Público-Introdução e Fontes*, 5.ª ed., Coimbra: Almedina, 1993. ISBN 972-40-0612-3.

Ian Brownlie, *Princípios de Direito Internacional Público*, Lisboa: Fundação Calouste Gulbenkian, 1997. ISBN 972-31-0759-7.

António Menezes Cordeiro, *Manual de Direito Bancário*, Coimbra: Almedina, 1998. ISBN 972-40-1065-1.

TERCEIRO MUNDO

NUNO CANAS MENDES

Expressão criada pelo economista e demógrafo Alfred Sauvy, em 1952, para designar o conjunto de novos países saídos do movimento da descolonização pós-II Guerra Mundial, numa analogia dos povos destes países com o Terceiro-

-Estado pré-Revolução Francesa. Esta nova realidade política, sociológica e económica agrupou-se em torno de uma ideia de neutralismo face ao bipolarismo vigente durante a Guerra Fria e evoluiu para um conceito de Não-Alinhamento definido na Conferência de Bandung (1955). O Terceiro Mundo anda desde sempre associado ao fenómeno do sub-desenvolvimento (termo de Georges Balandier) nos países da Ásia, África, Oceania e América Latina e actualmente guarda este sentido uma vez ultrapassada a Guerra Fria. Embora a designação seja anacrónica e criticada por muitos que preferiam vê-la substituída por "Sul" ou "Países em Desenvolvimento", tem sido mantida para descrever um conjunto de características comuns de vastas áreas do mundo, onde a dependência resultante da exportação de produtos de base, o acentuado crescimento da população e a pobreza em larga escala ocupam lugares de destaque. Não obstante a generalização, o Terceiro Mundo matiza diferentes níveis de desenvolvimento, tendo alguns Estados registado um crescimento baseado na exportação do petróleo (tendo-se organizado em torno do cartel OPEP), outros atingido um grau de dinamismo que permite serem descritos como "economias emergentes" (China, Índia, Brasil, África do Sul) e outros ainda, pelo seu grau de pobreza extrema, são classificados pela ONU como "países menos avançados". A debilidade de muitas das economias dos países do Terceiro Mundo, assentes na exportação de matéria-primas cujos preços têm grandes flutuações nos mercados internacionais, e com estruturas produtivas deficientes, associadas a situações de instabilidade política, conflitos e catástrofes naturais, suscitaram uma resposta institucional de organizações internacionais, da ONU e das suas agências especializadas (CNUCED, BM, PNUD, OMS, ACNUR, etc.), através de programas vários, bem como de Estados e agrupamentos de Estados (caso da União Europeia) através do compromisso de fixar uma percentagem do respectivo PIB para a *ajuda ao desenvolvimento* e de instrumentos autónomos de ajuda à exportação, como o Sistema de Preferências Generalizado (SPG).

Referências:
Adriano Moreira, *A Comunidade Internacional em Mudança*, Coimbra: Almedina, 2009.
Martin Griffiths *et al.*, *International Relations, The Key Concepts*, Londres: Routledge, 2008.

TERRORISMO

Armando José Dias Correia

Terrorismo é a designação adoptada para classificar o uso intencional, ou ameaça de uso, de violência contra civis ou contra alvos civis, a fim de atingir objectivos políticos. Realçam-se desta definição os três elementos caracterizadores: os objectivos políticos (que podem ter uma motivação ideológica, religiosa, ou outra); o objecto que são as populações civis; e o *modus operandi* que é o recurso à violência efectiva, ou ameaça do seu uso.

O Departamento de Defesa dos EUA define terrorismo como o uso intencional, ou intenção de uso, da violência ilegal para instalar o medo. Visa coagir ou intimidar os governos ou as sociedades na persecução de objectivos de natureza política, religiosa ou ideológica.

Neste contexto, uma actividade que não envolva violência ou ameaça de violência não será definida como terrorismo. O objectivo da actividade é sempre político, por exemplo mudar um regime, mudar as lideranças no poder, obrigar a mudanças sociais, políticas ou económicas. Uma actividade violenta contra civis sem qualquer objectivo político não é terrorismo, mas sim um acto de delinquência penal, criminal, ou simplesmente um acto de vandalismo.

Os motivos são totalmente irrelevantes para o conceito de terrorismo político. Há analistas que não conseguem reconhecer esta classificação clara e tendem a discutir certos motivos como lógicos ou necessários, o que pode levar a confundir a análise. É preciso ter em atenção que o terrorismo é diferente de outros tipos de violência política (guerrilha, insurreições civis, dentre outras) porque explora os efeitos sobre os civis, nomeadamente a enorme ansiedade, o medo e os meios de intensa reacção despoletados pelos ataques contra alvos civis.

Neste contexto, a guerrilha não pode ser considerada terrorismo já que os alvos da sua luta violenta são normalmente os militares, as forças de segurança e os dirigentes políticos.

O termo "terrorismo" também não pode ser usado para classificar danos colaterais provocados a civis utilizados como escudos humanos ou classificar danos resultantes de um ataque dirigido inicialmente contra um alvo militar.

O terrorismo da era moderna foi iniciado com o ataque químico no metro de Tóquio, ocorrido em 20 de Março de 1995. O ataque provou que um determinado grupo não-estatal, neste caso uma seita religiosa, pode acumular material, conhecimento e equipamentos para desenvolver, ameaçar e usar armas de destruição e efeitos em massa (ADM).

Desde então, foram suscitadas muitas preocupações relativamente à possibilidade de utilização de dispositivos nucleares, agentes químicos e biológicos. Os agentes biológicos são, de longe, a arma mais perigosa. Enquanto a utilização de agentes químicos pode levar à morte de milhares de pessoas, os agentes biológicos podem matar centenas de milhares. Apesar disso, o seu transporte e difusão, por parte dos terroristas, não é tão fácil de antecipar como se pode pensar.

O ataque terrorista da Al-Qaeda às torres gémeas, em 11 de Setembro de 2001, mostrou que a imaginação é uma arma fabulosa se for colocada ao serviço do mal. Este feito lançou uma enorme pressão sobre as sociedades modernas colocando em causa a liberdade dos cidadãos.

Referências:

Department of Defense, Joint Publication 1-02: Department of Defense Dictionary of Military and Associated Terms, US Department of Defense, 2010.

AAVV, *Terrorismo e Relações Internacionais – Comunicações da Conferência organizada pela Fundação Calouste Gulbenkian*, Lisboa: Gradiva, 2006.

AAVV, Teias do Terror: Novas Ameaças Globais, Lisboa: Ésquilo, 2006.

Michel Scheuer, Orgulho Imperial: Porque Está o Ocidente a Perder a Guerra Contra o Terrorismo, trad. Miguel Mata, Lisboa: Edições Sílabo, 2005.

TORTURA

Helena Pereira de Melo

A prática de tortura encontra-se proibida em textos de aplicação universal e em textos de aplicação regional. Constituem exemplo dos primeiros a Declaração Universal dos Direitos do Homem adoptada pela Assembleia-geral das Nações Unidas em 10 de Dezembro de 1948 (artigo 5.º) e o Pacto Internacional de Direitos Civis e Políticos, adoptado pela mesma Assembleia, em 1966 (artigo 7.º). Exemplos dos segundos são a Convenção Europeia para a Protecção dos Direitos do Homem e das Liberdades Fundamentais, de 1950 (artigo 3.º), a Convenção Americana sobre Direitos Humanos de 1969 (artigo 5.º) e a Carta Africana dos Direitos do Homem e dos Povos de 1981 (artigo 5.º).

A Assembleia-Geral das Nações Unidas adoptou em 9 de Dezembro de 1975, a Declaração sobre a Protecção de Todas as Pessoas contra a Tortura e Outras Penas ou Tratamentos Cruéis, Desumanos ou Degradantes, que veio concretizar o disposto nos referidos artigos da DUDH e do PIDCP. Este texto não assumia, no entanto, carácter vinculativo.

Nove anos depois foi adoptada, pela Resolução n.º 39/46 da Assembleia-geral das Nações Unidas, de 10 de Dezembro de 1984, a Convenção contra a Tortura e Outras Penas ou Tratamentos Cruéis, Desumanos ou Degradantes. Esta define tortura, para efeitos da sua aplicação, como "qualquer acto por meio do qual uma dor ou sofrimento agudos, físicos ou mentais, são intencionalmente causados a uma pessoa com os fins de, nomeadamente, obter dela ou de uma terceira pessoa informações ou confissões, a punir por um acto que ela ou uma terceira pessoa cometeu ou se suspeita que tenha cometido, intimidar ou pressionar essa ou uma terceira pessoa, ou por qualquer outro motivo baseado numa forma de discriminação, desde que essa dor ou esses sofrimentos sejam infligidos por um agente público ou qualquer outra pessoa agindo a título oficial, a sua instigação ou com o seu consentimento expresso ou tácito" (artigo 1.º).

Encontram-se, deste modo, excluídos do âmbito de aplicação material deste tratado internacional, quer a dor ou os sofrimentos resultantes apenas da aplicação de sanções legítimas, quer a tortura que não seja praticada por um agente

TORTURA

público nos termos acima referidos. Neste último caso estaremos não perante um crime tipificado pelo Direito Internacional, mas perante um crime punido nos termos do Direito Penal Interno. Os Estados Partes comprometem-se, aliás, a tomar as medidas necessárias para que "todos os actos de tortura sejam considerados infracções ao abrigo do seu direito criminal" (artigo 4.º).

A Convenção criou um Comité contra a Tortura, composto por 10 peritos de reconhecida competência no domínio dos direitos humanos, que analisa os relatórios apresentados pelos Estados Partes sobre as medidas que tenham tomado para cumprir os compromissos assumidos ao abrigo deste tratado. Caso seja informado sobre a prática sistemática de tortura no território de um Estado Parte, o Comité efectuará um inquérito na matéria.

Um outro Comité foi criado para a prevenção da tortura, pelos Estados-Membros do Conselho da Europa, signatários da Convenção Europeia para a Prevenção da Tortura e das Penas ou Tratamentos Desumanos ou Degradantes, adoptada a 26 de Novembro de 1987. Dando concretização ao disposto no artigo 3.º da CEDH, esta convenção institui o Comité Europeu para a Prevenção da Tortura e das Penas ou Tratamentos Desumanos ou Degradantes, que através de visitas examina o modo como são tratadas as pessoas privadas de liberdade. O Estado Português assinou e ratificou quer esta Convenção, quer o Protocolo n.º 1 a esta Convenção, adoptado em Estrasburgo, a 4 de Novembro de 1993.

A prática de tortura também é qualificada como infracção grave pelo Direito Internacional Humanitário (cf. os artigos 12.º e 50.º da I Convenção de Genebra para Melhorar a Situação dos Feridos e Doentes das Forças Armadas em Campanha de 1949; os artigos 12.º e 51.º da II Convenção de Genebra para Melhorar a Situação dos Feridos, Doentes e Náufragos das Forças Armadas no Mar de 1949; os artigos 17.º, 87.º e 130.º da III Convenção de Genebra Relativa ao Tratamento dos Prisioneiros de Guerra de 1949 e os artigos 31.º, 32.º e 147.º da IV Convenção de Genebra, Relativa à Protecção das Pessoas Civis em Tempo de Guerra, de 1949). O artigo 3.º comum a estas Convenções proíbe a prática de torturas em qualquer ocasião ou lugar, relativamente às "pessoas que tomem parte directamente nas hostilidades, incluindo os membros das forças armadas que tenham deposto as armas e as pessoas que tenham sido postas fora de combate por doença, ferimento, detenção ou por qualquer outra causa".

Estes tratados internacionais proíbem expressamente o exercício de tortura física ou moral ou de qualquer outra medida coerciva, sobre os prisioneiros de guerra ou sobre as pessoas que num determinado momento se encontrem em poder de uma das partes do conflito ou de uma potência ocupante de que não sejam súbditas, para deles obter qualquer espécie de informação.

O I Protocolo Adicional a estas Convenções Relativo à Protecção das Vítimas dos Conflitos Armados Internacionais (no artigo 75.º) e o II Protocolo Adicional a estas Convenções Relativo à Protecção das Vítimas dos Conflitos Armados não Internacionais (no artigo 4.º), ambos adoptados em 1977, reiteram a proibição da prática de tortura. O primeiro destes protocolos protege contra qualquer forma de tortura física ou mental as pessoas que estejam em poder de uma Parte no conflito e que não beneficiem de um tratamento mais favorável, nos termos das aludidas Convenções. O segundo interdita todos os tratamentos cruéis, como é o caso da tortura, relativamente às pessoas que não participem directamente ou já não participem nas hostilidades.

O Estatuto de Roma do Tribunal Penal Internacional, de 17 de Julho de 1998, qualifica a prática de tortura, não apenas como crime de guerra (no artigo 8.º), como também como crime contra a humanidade, quando praticada "no quadro de um ataque, generalizado ou sistemático, contra qualquer população civil, havendo conhecimento desse ataque" (artigo 7.º). O sofrimento inerente à aplicação de sanções legais (nomeadamente de natureza penal) não se encontra, no entanto e uma vez mais, abrangido pelo conceito de tortura utilizado para efeitos de aplicação deste Estatuto.

Referências:

Teresa Pizarro Beleza, "A Morte e a Donzela", in Diogo Freitas do Amaral, Carlos Ferreira de Almeida e Marta Tavares de Almeida (ed.), *Estudos Comemorativos dos 10 Anos da Faculdade de Direito da Universidade Nova de Lisboa*, vol. I, Coimbra: Almedina, 2008, 675-714.
Paulo Pinto de Albuquerque, *Comentário do Código Penal à luz da Constituição da República e da Convenção Europeia dos Direitos do Homem*, Lisboa: Universidade Católica Editora, 2008.

TRATADO

Mateus Kowalski e Miguel de Serpa Soares

No léxico do Direito Internacional, "tratado" é um conceito genérico que designa um ajuste de vontades de expressão internacional, criando direitos e obrigações jurídicas, concluído por escrito entre Estados, entre Organizações Internacionais, ou entre Estados e Organizações Internacionais, regido pelo Direito Internacional quer esteja consignado num instrumento único, quer em vários instrumentos conexos, qualquer que seja a sua denominação particular.

A definição confere diversos elementos que caracterizam um tratado: é um acerto de vontades; cria direitos e obrigações vinculativas; assume a forma escrita, por oposição à verbal; têm capacidade jurídica para concluir tratados (*jus tractum*) os Estados e as Organizações Internacionais; é regido pelo Direito Internacional aplicável, em especial as assim designadas Convenções de Viena sobre o Direito dos Tratados; pode consubstanciar-se num ou em vários instrumentos (por exemplo anexos ou protocolos de aplicação); não tem uma designação específica (podendo assumir designações tão diferentes como convenção, tratado, acordo, protocolo, pacto, carta), sendo que a sua natureza não é determinada pela designação específica.

Conforme anteriormente referido, o Direito dos Tratados codificado, que regula estes instrumentos jurídicos internacionais, é formado em primeira linha pelos seguintes tratados: Convenção sobre o Direito dos Tratados, adoptada em Viena, a 23 de Maio de 1969 (aplicável nas relações entre Estados); a Convenção sobre Sucessão de Estados em Matéria de Tratados, assinada em Viena, a 23 de Agosto de 1978; Convenção sobre o Direito dos Tratados entre Estados e Organizações Internacionais ou entre Organizações Internacionais, adoptada em Viena, a 21 de Março de 1986 (aplicável nas relações entre Estados e Organizações Internacionais ou entre Organizações Internacionais).

Cumpre referir que na terminologia constitucional portuguesa foi adoptado o conceito convenção internacional no sentido aqui dado ao conceito "tratado", subdividindo-se em duas categorias de natureza distinta: os acordos e os tratados. Na terminologia constitucional portuguesa, tratado (por vezes também referido como tratado solene) designa a categoria mais solene de convenção internacional. Sem que a Constituição estabeleça uma definição para tratado, dir-se-á contudo que assumem a natureza de tratado as convenções internacionais cujo conteúdo material reveste de vital relevo para a República Portuguesa assumindo especial impacto na soberania do Estado no contexto da comunidade internacional e na sua relação com outros Estados e/ou Organizações Internacionais. A Constituição, no seu artigo 161.º, n.º 1, refere a título indicativo um conjunto de convenções internacionais que assumem a natureza de tratado: tratados de participação em Organizações Internacionais, de amizade, de paz, de defesa, de rectificação de fronteiras e os respeitantes a assuntos militares. A Assembleia da República dispõe de reserva material de competência para a sua aprovação (artigo 161.º, al. i) da Constituição). Os tratados são submetidos à ratificação pelo Presidente da República, que, sendo um acto livre, os pode ou não ratificar (artigo 135.º, al. b) da Constituição).

Referências:

Ian Sanclair, *The Vienna Convention on the Law of Treaties*, Manchester: Manchester University Press, 1984

Jan Klabbers & René Lefeber, *Essays on the Law of Treaties*, The Hague: Martinus Nijhoff Publishers, 1998.

Jorge Miranda, *Curso de Direito Internacional Público*, Cascais: Principia, 2006.

Malgosia Fitzmaurice & Olufemi Elias, *Contemporary Issues in the Law of Treaties*, Utrecht: Eleven International Publishing, 2005.

Olivier Corten & Pierre Klein (eds.), *Les Conventions de Vienne sur le Droit des Traités: Commentaire Article par Article*, Bruxelles: Bruylant, 2006.

TRATAMENTO NACIONAL (PRINCÍPIO DO)

Mateus Kowalski e Miguel de Serpa Soares

Um dos princípios directores do comércio internacional, nomeadamente no âmbito da Organização Mundial do Comércio, é o do comércio sem discriminação. No âmbito do Direito Internacional aplicável aos investimentos, o princípio do "tratamento nacional" é um corolário daquele outro princípio director. Pode ser definido como a concessão, por uma Parte aos investidores de uma outra Parte e aos seus investimentos, de um tratamento não menos favorável do que o tratamento que concede aos seus próprios investidores e aos seus investimentos em relação ao estabelecimento, aquisição, expansão, gestão, fruição, uso, manutenção e disposição dos seus investimentos.

Para estes efeitos, o termo "investimento" designa, nomeadamente: propriedade sobre bens móveis e imóveis, bem como quaisquer outros direitos reais, tais como hipotecas, penhores e garantias; acções, quotas, obrigações ou outras partes sociais que representem o capital de sociedades ou quaisquer outras formas de participação e/ou interesses económicos resultantes da respectiva actividade; direitos de crédito ou quaisquer outros direitos com valor económico; direitos de propriedade intelectual, tais como direitos de autor, patentes, modelos de utilidade e desenhos industriais, marcam, denominações comerciais, segredos comerciais e industriais, processos técnicos, *know-how* e *goodwill*; concessões conferidas por força de lei, nos termos de um contrato ou acto administrativo, emanado por uma autoridade pública competente, incluindo concessões para prospecção, pesquisa e exploração de recursos naturais; bens que, em conformidade com um contrato de locação, sejam colocados à disposição de um locatário no território de uma Parte, em conformidade com a respectiva legislação.

O princípio do tratamento nacional está frequentemente sujeito a várias excepções, em função do acordado pelas Partes. De entre as excepções mais comuns, registam-se aquelas que decorrem de: participação em, ou associação com, zonas de comércio livre, uniões aduaneiras, mercados comuns, uniões monetárias, ou tratados internacionais que incluam outras formas de cooperação económica; tratados bilaterais ou multilaterais que, tendo ou não natureza regional, se relacionam com a tributação, nomeadamente as destinadas a evitar dupla tributação.

O princípio do tratamento nacional não deve ser confundido com a cláusula da nação mais favorecida.

Referências:

Giorgio Monti, *EC Competition Law*, Cambridge: Cambridge University Press, 2007.

Massimo Motta, *Competition Policy: Theory and Practice*, Cambridge: Cambridge University Press, 2004.

Muthucumaraswamy Sornarajah, *The International Law on Foreign Investment*, Cambridge: Cambridge University Press, 2010.

TRIBUNAIS INTERNACIONAIS

Miguel Calado Moura

Os Tribunais Internacionais são a via de resolução jurisdicional dos conflitos entre Estados (e outros sujeitos de Direito Internacional Público) e apresentam-se como um meio alternativo aos processos de resolução não jurisdicional dos conflitos – seja no âmbito de procedimentos interestaduais, seja no âmbito do quadro das organizações internacionais. São, portanto, a máxima tutela da justiça internacional.

Grosso modo, pode dividir-se os Tribunais Internacionais em dois grupos: os tribunais arbitrais e os tribunais judiciais.

A resolução jurisdicional pela via arbitral tem um carácter voluntário – cláusula de compromisso arbitral ou convenções de arbitragem. Embora o recurso à arbitragem seja voluntário, o acordo entre as partes pode significar um recurso facultativo ou obrigatório. Pode prever-se recursos das decisões arbitrais para os tribunais judiciais internacionais. O tribunal arbitral é constituído *ad hoc* e reger-se-á pelas regras processuais definidas pelas partes na cláusula de arbitragem/convenção de arbitragem.

A resolução jurisdicional por via ao recurso dos tribunais judiciais (jurisdição permanente) é outra forma de resolução de litígios internacionais. Normalmente os tribunais judiciais de jurisdição permanente estão associados a organizações internacionais e a sua constituição está plasmada em convenções internacionais, vendo a sua competência normalmente associada ao conteúdo da organização.

O Tribunal Internacional de Justiça (sucessor do Tribunal Permanente de Justiça Internacional) e o Tribunal Penal Internacional são as principais jurisdições universais e têm uma competência *geral* – em contraposição às outras jurisdições internacionais de competência *restrita*.

O Estatuto do Tribunal Internacional de Justiça está consagrado em anexo à Carta das Nações Unidas e tem, para além da competência jurisdicional, uma competência consultiva, elaborando pareceres não vinculativos, mas que representam uma interpretação do Tribunal Internacional de Justiça sobre certas matérias.

O Tribunal Penal Internacional está consagrado no Estatuto de Roma e tem competência penal para julgar pessoas singulares que pratiquem crimes internacionais. A sua jurisdição está limitada, em princípio, à ratificação dos Estados pelo Estatuto de Roma.

No que toca às jurisdições internacionais de competência restrita, encontram-se, *inter alia*, na linha das jurisdições não administrativas, o Tribunal de Justiça da União Europeia, o Tribunal do Direito do Mar, o Tribunal Europeu dos Direitos do Homem, e na linha das jurisdições administrativas, o Tribunal das Nações Unidas e Tribunal da Função Pública da União Europeia.

TRIBUNAIS INTERNACIONAIS

Referências:
L. Simpson, H. Fox, *International Arbitration: Law and Practice*, Londres: Stevens, 1959.
C. Satulli, "Qu'est-ce qu'une juridiction international? Des organes répressifs internationaux à l'O.R.D.", *Annuaire Française de Droit Internationale*, 2000, pp. 58-81.
R. Ben Achour, S. Laghmani, *Justice et juridictions internationales*, Colóquio Tunis, Pédone, 2000, p. 336.
Karen J. Alter, "Do International Courts Enhance Compliance with the International Law?", *Asian and Pacific Studies*, vol. 25, 2003.

TRIBUNAL AFRICANO DOS DIREITOS DO HOMEM E DOS POVOS
(*vide* CARTA AFRICANA DOS DIREITOS DO HOMEM E DOS POVOS)

TRIBUNAL ARBITRAL

Mateus Kowalski e Miguel de Serpa Soares

A Convenção da Haia de 1899 sobre a Solução Pacífica de Controvérsias dá o mote para aquela que é a definição clássica e simplificada de arbitragem internacional: é o meio que tem por objecto a resolução de controvérsias entre duas ou mais partes por decisores por elas escolhidos, com fundamento no Direito. Assim, na classificação tradicional dos meios de resolução pacífica de conflitos, a arbitragem internacional enquadra-se nos métodos jurisdicionais.

A constituição de um órgão de arbitragem resulta, via de regra, da vontade de todas as partes em litígio de resolver uma controvérsia concreta ou um conjunto delimitado de controvérsias com recurso à arbitragem. Por isso se diz que são constituídos "ad-hoc". O órgão de decisão é, pois, o tribunal arbitral (composto, normalmente, por um número ímpar de árbitros) ou apenas o árbitro. As decisões do órgão de arbitragem são vinculativas para as partes. O procedimento de arbitragem distingue-se, assim, do dos tribunais internacionais por ser mais flexível tendo as partes maior poder de determinação sobre a composição do órgão de arbitragem, as regras processuais e o Direito aplicável. Se bem que o procedimento de arbitragem tem a vantagem de ser mais flexível e, logo, mais atractivo para as partes na controvérsia sobre determinadas matérias (nomeadamente questões económicas e de investimento), a verdade é que a sua jurisprudência é menos uniforme e até errática.

A Carta das Nações Unidas consagra no seu capítulo VI a arbitragem como um meio de resolução pacífica de controvérsias. Estabelece o seu artigo 33.º que as partes numa controvérsia que possa vir a constituir uma ameaça à paz e à segurança internacionais deverão, antes do mais, tentar a sua resolução através de um meio pacífico, nomeadamente a arbitragem.

Diversos tratados estabelecem a arbitragem como forma opcional de resolução de controvérsias que possam surgir da sua interpretação ou aplicação, de que são exemplo: as Convenções da Haia sobre a Solução Pacífica de Controvérsias, de 1899 e 1907; a Convenção sobre Resolução de Controvérsias relativas a Investimentos entre Estados e Nacionais de outros Estados, de 1965; ou a Convenção das Nações Unidas sobre o Direito do Mar, de 1982.

Referências:
Jean-François Poudre & Sébastian Besson, *Comparative Law of International Arbitration*, London: Sweet and Maxwell, 2007.
John Collier & Vaughan Lowe, *The Settlement of Disputes in International Law: Institutions and Procedures*, Oxford: Oxford University Press, 1999.
Thomas Carbonneau (ed.), *Handbook on International Arbitration and ADR*, New York: JurisNet, 2006.

TRIBUNAL DE JUSTIÇA DA UNIÃO EUROPEIA (TJUE)

Francisco Pereira Coutinho

O Tribunal de Justiça da União Europeia é a instituição judicial da União Europeia sediada no Luxemburgo (artigo 13.º do Tratado da União Europeia). Foi criado em 1952 no âmbito da Comunidade Europeia do Carvão e do Aço, criada pelo Tratado de Paris, assinado em 18 de Abril de 1951. Tem como missão garantir o respeito do direito na interpretação e aplicação dos Tratados em que se funda a União Europeia – o Tratado da União Europeia e o Tratado sobre o Funcionamento da União Europeia. Para este efeito, compete-lhe decidir: *i*) sobre recursos interpostos por um Estado-Membro, por uma instituição da União Europeia ou por pessoas singulares ou colectivas; *ii*) a título prejudicial, a pedido dos órgãos jurisdicionais nacionais, sobre a interpretação do Direito da União Europeia ou sobre a validade dos actos adoptados pelas instituições da União Europeia; *iii*) nos demais casos previstos nos referidos Tratados (artigo 19.º, n.º 1 e n.º 3, do Tratado da União Europeia).

O Tribunal de Justiça da União Europeia está dividido em três jurisdições: *i*) o Tribunal de Justiça, composto por um juiz de cada Estado-Membro da União Europeia e por sete advogado-gerais, a quem compete apresentar publicamente, com toda a imparcialidade e independência, pareceres jurídicos nos processos para os quais tenham sido nomeados; *ii*) o Tribunal Geral, criado em 1988, e composto por, pelo menos, um juiz por Estado Membro (27 em 2011) ; e *iii*) os tribunais especializados – actualmente em funções encontra-se apenas o Tribunal da Função Pública, criado em 2004, e composto por sete juízes. Os juízes e os advogado-gerais do Tribunal de Justiça e os juízes do Tribunal Geral são escolhidos de comum acordo pelos governos dos Estados-Membros para um mandato de seis anos, de entre personalidades que ofereçam todas as garantias de independência (artigo 19.º, n.º 2, do Tratado da União Europeia).

TRIBUNAL DE JUSTIÇA DA UNIÃO EUROPEIA

O Tribunal de Justiça da União Europeia transformou-se numa das instituições mais poderosas da União Europeia na sequência dos célebres acórdãos "van Gend & Loos" (1963) e "Costa/ENEL" (1964), onde declarou que o Tratado da Comunidade Económica Europeia criou uma nova ordem jurídica em benefício da qual os Estados-Membros limitaram os seus direitos soberanos e cujos sujeitos compreendiam também os seus nacionais. Estas decisões funcionaram como uma "declaração de independência" do Direito da União Europeia face à autoridade dos Estados-Membros, inaugurando um processo pretoriano de transformação de um conjunto de instrumentos jurídicos de Direito Internacional numa ordem jurídica autónoma e auto-suficiente face à ordem jurídica dos Estados-Membros, de onde emanam direitos que podem ser invocados directamente pelos particulares perante os tribunais de qualquer Estado-Membro.

O Tribunal de Justiça da União Europeia tem ainda a particularidade de ser o mais activo e multilingue dos tribunais internacionais. A necessidade de assegurar a difusão da sua jurisprudência em todos os Estados-Membros, ao que acresce a circunstância de qualquer língua oficial da União poder ser a língua de processo (v. artigo 29.º, n.º 1, do Regulamento de Processo do Tribunal de Justiça, e artigo 35.º do Regulamento de Processo do Tribunal Geral), leva a que os cerca de 15 000 acórdãos proferidos se encontrem disponíveis nas várias línguas oficiais.

Referências:
Renaud Dehousse, *European Court of Justice*, MacMillan, 1998
Gráinne de Búrca e J. H. H. Weiler, *The European Court of Justice*, Oxford University Press, 2001.
Anthonny Arnull, *The European Union and its Court of Justice*, 2.ª ed., Oxford University Press, 2006.
Tribunal de Justiça (da União Europeia), Processo 26/62, "van Gend & Loos", acórdão de 5 de Fevereiro de 1963, *Colect.*, 1962-1964, p. 210.
Tribunal de Justiça (da União Europeia), Processo 6/64, "Costa", acórdão de 15 de Julho de 1964, *Colect.*, 1962-1964, p. 549.

TRIBUNAL ESPECIAL PARA A SERRA LEOA

Maria de Assunção do Vale Pereira

O Tribunal Especial para a Serra Leoa é um Tribunal *ad hoc*, criado através de um acordo celebrado entre as Nações Unidas e a Serra Leoa a 16 de Janeiro de 2002, na sequência dos graves acontecimentos verificados durante a guerra civil travada nesse Estado a partir de 1991. Trata-se de um tribunal criado para julgar "as pessoas acusadas da maior responsabilidade por violações graves do Direito Internacional humanitário e do direito serra leonês cometidas no território da Serra Leoa desde 30 de Novembro de 1996, incluindo aqueles líderes que, na comissão de tais crimes, ameaçaram o estabelecimento e a implementação do processo de paz na Serra Leoa" (artigo 1.º, n.º 1, do Estatuto do Tribunal), e que funciona segundo o Estatuto anexo ao referido acordo.

A origem consensual do Tribunal reflecte-se em vários aspectos do seu estatuto. Assim, prevê-se que o Tribunal funcione no próprio território do Estado onde os crimes se verificaram (Serra Leoa), embora o artigo 10.º do acordo preveja a possibilidade de funcionar em local diferente se as circunstâncias o exigirem, desde que se celebre um acordo nesse sentido entre o Secretário-Geral da ONU e o Governo da Serra Leoa, por um lado, o Estado que acolha a sede do Tribunal, por outro (e, na verdade, o Tribunal veio efectivamente a funcionar na Haia, para julgar Charles Taylor). Além disso, no que se refere à composição do Tribunal também essa origem tem reflexos. É constituído, nos termos do artigo 2.º do acordo que lhe deu origem, por uma câmara de julgamento (prevendo-se criação de uma segunda, após 6 meses de funcionamento, se requerido pelo Secretário--Geral ou pelo Presidente do Tribunal especial, o que veio a acontecer), composta por três juízes, dos quais um é indicado pelo Governo da Serra Leoa e os outros dois pelo Secretário-Geral das NU (a partir de nomes indicados, a sua solicitação, pelos Estados, em particular Estados-Membros da Comunidade Económica dos Estados da África Ocidental e da *Commonwealth*); e por uma câmara de apelação, composta cinco juízes, dois dos quais indicados pelo Governo da Serra Leoa e três pelo Secretário-Geral, segundo as regras seguidas quanto à indicação dos juízes da câmara de julgamento.

O Procurador também será indicado pelo Secretário-Geral, depois de consultado o Governo da Serra Leoa, e será coadjuvado por um Procurador-adjunto, indicado pelo Governo da Serra Leoa, depois de consultado o Secretário-Geral (artigo 3.º do referido acordo).

Além disso, precisamente porque tem a sua origem num acordos entre a ONU e o Governo da Serra Leoa, este Tribunal não tem poderes relativamente a terceiros Estados, ou seja, não tem primazia sobre os seus tribunais nacionais, nem lhes pode exigir a entrega de um acusado que se encontre no seu território. Obviamente, essa primazia existe quanto aos tribunais da Serra Leoa (artigo 8.º do Estatuto do Tribunal).

No que se refere à sua competência, prevê-se que, para além de poder conhecer de crimes contra a humanidade e de graves violações ao Direito Internacional Humanitário, nomeadamente aplicável aos conflitos internos (artigo 3.º comum às Convenções de Genebra e II Protocolo Adicional), o Tribunal conheça também certos crimes previsto no ordenamento jurídico serra leonês, designadamente o abuso de meninas com idade inferior a 14 anos, rapto de raparigas para fins imorais ou lançamento de fogo para destruição de residências e edifícios públicos (artigos 2.º a 5.º do Estatuto). Ao reapreciar casos em que esteja em causa a aplicação das normas de Direito Internacional, a Câmara de Apelação dever

TRIBUNAL ESPECIAL PARA A SERRA LEOA

guiar-se pelas decisões dos Tribunais Internacionais para a ex-Jugoslávia e para o Ruanda, enquanto que se estiver em causa a aplicação do direito da Serra Leoa deve orientar-se pelas decisões do Tribunal Supremo desse país (artigo 20.º, n.º3 do Estatuto).

Referências:

Catherine Cissé, "Le tribunal spécial pour la Sierra Leone", *International Law FORUM du droit international*, 2002, vol. 4, 7-11.

Micaela Frulli, "The special court for Sierra Leone: some preliminary comments", *European Journal of International Law,* 2000, vol. 11, 857-869.

Jamie A. Williamson, "An overview of the international criminal jurisdictions operating in Africa", *International Review of the Red Cross*, 2006, n.º 861, 111-132.

TRIBUNAL EUROPEU DOS DIREITOS DO HOMEM (TEDH)

Pedro Lomba

Tribunal internacional criado em 1959 no quadro do artigo 19.º da Convenção Europeia dos Direitos do Homem (CEDH). Com sede em Estrasburgo, compete--lhe assegurar o respeito e a aplicação dos direitos civis e políticos da CEDH nas ordens jurídicas das Partes signatárias. Desde 1998, após extinção da Comissão Europeia dos Direitos do Homem, que o Tribunal funciona, de acordo com o Protocolo n.º 11 da CEDH, como um pleno e permanente. O Tribunal, composto por um número de juízes igual ao número de Partes Contratantes, recebe petições de cidadãos ou grupos de cidadãos contra estados que alegadamente violem algum dos direitos estipulados na CEDH e nos respectivos protocolos. O Tribunal é também competente para julgar litígios interestaduais entre Estados contratantes. O Tribunal intervém só depois de ter sido obtida uma decisão definitiva a nível interno. Com efeito, condição de acesso a esta jurisdição é o esgotamento prévio de todas as vias de recurso internas, sendo o prazo de recurso ao Tribunal de seis meses contados desde a data da decisão interna definitiva (artigo 35.º da CEDH). O Tribunal funciona com juiz singular, comités, secções e com um tribunal pleno. No âmbito do seu poder decisório, o Tribunal decide se uma das Partes Contratantes violou ou não a CEDH e se deve ou não essa Parte ser condenada à compensação dos causados pela violação. Nas últimas seis décadas de actividade, o TEDH tem sido um caso de sucesso no julgamento de questões de direitos fundamentais, exercendo uma supervisão permanente sobre o cumprimento nacional dos direitos e liberdades da CEDH. Munindo-se de uma criatividade judicial que o levou a adoptar concepções inovadoras ao nível da interpretação teleológica, da doutrina da margem de apreciação e da teoria da protecção equivalente com o Tribunal de Justiça da União Europeia, o TEDH é tido por vários autores como um verdadeiro tribunal constitucional. Desde o final dos anos 90 que o volume de processos no TEDH não tem parado de aumentar, problema que está na base da adopção do Protocolo 14 e das reformas institucionais da organização do TEDH. O primeiro julgamento proferido pelo TEDH relativo a Portugal foi o caso *Guincho v. Portugal*, de 10 de Julho de 1984.

Referências:

J. Mowbray, "The Creativity of the European Court of Human Rights", *Human Rights Law Review*, 2005.

L.R. Helfer, "Redesigning the European Court of Human Rights: Embeddedness as a Deep Structural Principle of the European Human Rights Regime", *European Journal of International Law*, 2008.

TRIBUNAL INTERAMERICANO DOS DIREITOS DO HOMEM (TIDH)

Pedro Lomba

Assinada em 1969 na Costa Rica, a Convenção Americana sobre Direitos Humanos (CADH) entrou em vigor em 1978 e vincula hoje 21 Estados americanos. A CADH representou um importante avanço na judicialização dos direitos humanos no espaço regional americano, desde que em 1948 fora aprovada a Declaração Americana dos Direitos e Deveres do Homem. A CADH instituiu dois órgãos: a Comissão Interamericana dos Direitos do Homem (CIDH) e o Tribunal Interamericano dos Direitos do Homem (TIDH), que começou a operar em 1979 e ao qual compete a protecção judicial dos direitos da CADH. O TIDH, composto por sete juízes nacionais, exerce funções consultivas e contenciosas. No que respeita à função contenciosa, cabe-lhe conhecer de qualquer litígio que envolva questões de interpretação e aplicação da CADH, a pedido de estados que reconheceram a sua jurisdição contra outros estados que alegadamente possam ter violado direitos da CADH. O TIDH decidirá, num procedimento contraditório, se um estado incorreu em responsabilidade internacional por ter violado algum direito da CADH. Note-se que só Estados contratantes e a própria Comissão podem submeter um caso ao Tribunal. O TIDH não é competente para apreciar petições apresentadas por sujeitos ou organizações não-governamentais. Estas podem, todavia, ser submetidas à Comissão Interamericana. No exercício da função consultiva, o TIDH profere decisões no âmbito da interpretação da CADH ou de outros tratados relativos ao sistema americano de protecção dos direitos humanos, por iniciativa de qualquer um dos Estados contratantes. O TIDH pode ainda adoptar medida provisórias, casos de gravidade extrema e urgência e quando necessário para evitar danos irreparáveis. Recai sobre o TIDH o dever de informar regularmente a Assembleia Geral da OEA, que permite o acompanhamento da sua actividade bem como a execução dos seus julgamentos, domínio em que os estados são obrigados ao envio periódico de relatórios. O TIDH apresenta-se como um tribunal regional de estrutura semelhante ao Tribunal Europeu dos Direitos do Homem. Mas os dois sistemas são, na verdade, muito diferentes devido à maior interiorização no espaço europeu de uma cultura de direitos fundamentais, ao passo que muitos países da América Latina passaram por experiências de grande instabilidade política e governos autoritários. A este propósito, os autores apontam para uma significativa ambivalência de alguns governos em relação ao TIDH, que levou a que estados como Peru e Trinidad tivessem renunciado à jurisdição do Tribunal. Por outro lado, como já foi dito, o facto de os indivíduos não terem acesso directo ao TIDH separa também a experiência deste último do TEDH.

Referências:

Cavallaro, "Reevaluating regional human rights litigation in the twenty-first century: the case of the Inter-American Court", *American Journal of International Law*, 2008.

Fernando G Jayme, *Direitos humanos e sua efetivação pela Corte Interamericana de Direitos Humanos*, Del Rey Livraria & Editora, 2005.

Flávia Piovesan, *Direitos humanos e o direito constitucional internacional*, Saraiva, 2011.

Fernando G Jayme, *Direitos humanos e sua efetivação pela Corte Interamericana de Direitos Humanos*, Del Rey Livraria & Editora, 2005.

Thomas Buergenthal, "The Inter-American Court of Human Rights", *The American Journal of International Law*, Vol. 76, No. 2, Apr., 1982.

TRIBUNAL INTERNACIONAL DE JUSTIÇA (TIJ)

Maria de Assunção do Vale Pereira

O TIJ é o principal órgão judicial das Nações Unidas (artigo 92.º da Carta das Nações Unidas) e foi criado para substituir o Tribunal Permanente de Justiça Internacional. Aliás, o Estatuto do TIJ (ETIJ) é decalcado sobre o desse outro Tribunal, com pequenos ajustes que, no essencial, se traduzem na referência ao Conselho de Segurança e à Assembleia Geral onde anteriormente se referia o Conselho ou a Assembleia.

O Tribunal, que tem sede na Haia, é constituído por 15 membros (não podendo haver mais do que um juiz da mesma nacionalidade) eleitos pela Assembleia Geral e pelo Conselho de Segurança (por maioria absoluta), a partir de uma lista de pessoas apresentadas pelos grupos nacionais, constituída por pessoas que gozem de alta consideração moral e possuam as condições exigidas nos seus respectivos países para o desempenho das mais altas funções judiciais, ou que sejam jurisconsultos de reconhecida competência em Direito Internacional, devendo, na eleição, ser garantida a representação das grandes formas de civilização e dos principais sistemas jurídicos do mundo. No exercício das suas funções, os juízes estão vinculados a actuar imparcial e conscienciosamente.

O TIJ tem dois tipos de competência: jurisdicional e consultiva.

TRIBUNAL INTERNACIONAL DE JUSTIÇA

A função jurisdicional é exercida exclusivamente em relação a diferendos entre Estados (artigo 34.º, n.º 1 ETIJ), sendo a sua jurisdição facultativa; ou seja, o Tribunal só julga se os Estados partes no diferendo tiverem aceitado a sua jurisdição e na medida em que o diferendo caiba no âmbito dessa aceitação. A aceitação pode ser feita em abstracto, nomeadamente pela subscrição da cláusula facultativa de jurisdição obrigatória ou pela inclusão de uma cláusula compromissória num determinado tratado, nos termos da qual qualquer diferendo surgido entre os Estados partes em relação ao dito tratado poderá ser unilateralmente submetido ao tribunal por uma delas. A aceitação da competência do Tribunal pode também resultar de acordo (compromisso) entre as partes, face à verificação de um concreto diferendo entre elas; ou ainda por via do *forum prorogatum*. Em virtude das características da competência do Tribunal, é frequente que a mesma seja contestada por uma das partes, levando a que o Tribunal, ainda antes de se pronunciar sobre a questão de fundo, tenha de proferir um acórdão decidindo da sua competência para conhecer do caso (a que muitas vezes aparecem associadas questões de admissibilidade), nos termos do artigo 36.º, n.º 6, ETIJ. No entanto, ainda antes dessa decisão, o Tribunal pode decretar medidas provisórias (artigo 41.º ETIJ) – a solicitação das partes ou oficiosamente – se as considerar necessárias para a salvaguarda da utilidade da sentença que possa vir a proferir, devendo para isso verificar se goza de competência *prima faciae*; se há um risco de prejuízo irreparável; e ainda se há urgência que justifique essa decisão.

No exercício desta função, um Estado parte no diferendo que foi submetido ao TIJ – ou ambos – que não tenha nenhum nacional seu como juiz pode indicar um juiz *ad hoc* que, todavia, está vinculado aos deveres de independência e imparcialidade, como os demais (artigo 31.º).

O Tribunal funciona normalmente em sessão plenária, embora o seu Estatuto também preveja a possibilidade de serem criadas no seu seio câmaras (artigo 26.º ETIJ), que podem ser de dois tipos: de competência especializada (referindo aquela disposição, a título de exemplo, as matérias de trabalho e de trânsito e comunicações) ou *ad hoc*, caso em que o Tribunal determina, com a aprovação das partes, o número de juízes que a constituirão.

O processo é composto por uma fase escrita e uma fase oral. No decurso do mesmo, um Estado que considere que algum interesse seu de ordem jurídica pode vir a ser afectado pela decisão que o TIJ venha a tomar, poderá solicitar a sua intervenção no processo, solicitação essa que o Tribunal pode aceitar ou rejeitar (artigo 62.º ETIJ). Já no caso de, no diferendo submetido ao Tribunal, estar em causa a interpretação de um tratado de que são partes outros Estados para além dos litigantes, o Escrivão (que é nomeado pelo Tribunal) deverá notificar esses outros Estados para, querendo, intervir. No caso de optarem por intervir, ficarão vinculados à sentença que venha a ser proferida (artigo 63.º ETIJ).

TRIBUNAL INTERNACIONAL DE JUSTIÇA

A sentença, que deve ser fundamentada, é decidida por maioria dos juízes presentes, gozando o Presidente (eleito pelos seus pares) do voto de qualidade. Qualquer juiz pode juntar-lhe uma opinião, caso esteja em desacordo com a mesma (opinião dissidente) ou, ainda que esteja de acordo, pretenda desenvolver determinados fundamentos ou considere que a decisão se funda em argumentos distintos (opinião individual).

Proferido o acórdão, os Estados por ele visados, e só eles, ficam vinculados a cumpri-lo (princípio do carácter relativo da sentença, afirmado no artigo 59.º ETIJ). No caso de incumprimento por uma das partes, a outra tem o direito, nos termos do artigo 94.º, n.º 2, da CNU, de recorrer ao Conselho de Segurança que pode, se, numa avaliação discricionária, o entender necessário, recomendar ou decidir medidas com vista ao cumprimento do acórdão (o que, obviamente, leva a que tais medidas nunca sejam adoptadas se o incumpridor for um membro permanente desse Conselho).

No exercício da sua competência consultiva (artigo 96.º da CNU), o TIJ emite pareceres, sem carácter vinculativo, sobre questões jurídicas, a solicitação da Assembleia Geral ou do Conselho de Segurança das Nações Unidas. Para além destes dois órgãos, os pareceres podem, ainda, ser solicitados por outros órgãos das Nações Unidas ou organizações especializadas desde que verificadas três condições: 1) a questão apresentada ser de natureza jurídica; 2) A Assembleia Geral ter autorizado o pedido de parecer; 3) a questão formulada incidir sobre a esfera de actividades de tais organismos.

Referências:

Lori Fisler Damrosch (e.), *The International Court at a Crossroads*, Dobbs Ferry, New York: Transnational Publishers, Inc., 1987.

Maria de Assunção do Vale Pereira, *As Medidas Provisórias na Jurisprudência Recente do Tribunal Internacional de Justiça*, Coimbra: Coimbra Editora, 1998.

Michael Akehurst, "Jurisdiction in International Law", *British Yearbook of International Law*, 1972/1973, vol. 46, p. 145-257.

Rosenne, Shabtai, *The World Court, What It s and How It Works*, 5.ª ed, Londres: Martinus Nijhoff Publishers, 1995.

Vaughan Lowe & Malgosia Fitzmaurice (eds.), *Fifty Years of the International Court of Justice, Essays in honour of Sir Robert Jennings*, Cambridge: University Press, 1996.

TRIBUNAL INTERNACIONAL DO DIREITO DO MAR (TIDM)

ALEXANDRA VON BÖHM-AMOLLY

Órgão judicial internacional independente, constituído no âmbito do sistema de solução de controvérsias previsto pela Convenção das Nações Unidas sobre o Direito do Mar de 1982 (CNUDM), com sede em Hamburgo (Alemanha), cuja

TRIBUNAL INTERNACIONAL DO DIREITO DO MAR

actividade se inaugurou em 18 de Outubro de 1996. Embora não seja o único foro competente para a resolução obrigatória das disputas decorrentes da interpretação e aplicação das disposições da CNUDM, o TIDM tem vindo a adquirir crescente protagonismo, por via da jurisprudência produzida, sobretudo em matéria de conservação e gestão de recursos pesqueiros e de preservação e protecção do meio marinho.

O TIDM é dotado de personalidade jurídica e é sujeito de Direito Internacional, sendo-lhe reconhecidos os privilégios e imunidades necessários à prossecução das suas atribuições em condições de liberdade e independência. Por acordo celebrado entre o TIDM e a República Federal da Alemanha, foram reconhecidas a inviolabilidade das suas instalações, arquivos e documentos e a imunidade do seu património face a qualquer forma de interferência de carácter executivo, administrativo, judicial ou legislativo. O TIDM goza igualmente de várias isenções tributárias e aduaneiras.

Para além de juízes *ad hoc*, nomeados para determinadas controvérsias, o Tribunal é composto por vinte e um membros independentes, eleitos entre pessoas que gozem da mais alta reputação pela sua imparcialidade e integridade e que sejam de reconhecida competência em Direito do Mar, desde que não estejam em situação de incompatibilidade com o exercício do cargo. Na sua composição global, os juízes devem representar os principais sistemas jurídicos do mundo e uma distribuição geográfica equitativa. Todos os juízes do Tribunal gozam de privilégios e imunidades diplomáticas no desempenho das suas funções.

À excepção dos casos expressamente previstos na Parte XI (Área) da CNUDM ou noutro instrumento que confira jurisdição ao Tribunal, só os Estados Partes terão acesso ao TIDM. Salvo tratando-se de disputas originadas no âmbito da referida Parte XI, em que o recurso ao TIDM é imperativo, impõe-se o princípio da livre eleição do foro, pelo que o Tribunal só tem competência para a resolução de um litígio quando os Estados expressamente o tenham declarado aquando da assinatura, ratificação ou adesão à Convenção, quando as partes em litígio se comprometam nesse sentido ou ainda quando a parte que aí tenha sido demandada o aceite.

A estrutura processual do TIDM é de natureza dual, compondo-se de fase escrita (articulados e instrução documental) e fase oral (produção de prova verbal e alegações). O Regulamento do TIDM exige que o processo seja permanentemente orientado por princípios estritos de celeridade e de economia, o que se reflecte, nomeadamente, na imposição de prazos curtos para a prática dos actos das partes e dos juízes. As sentenças proferidas pelo Tribunal são definitivas e obrigatórias para as partes litigantes.

Para além das suas funções jurisdicionais, o Tribunal goza ainda de competência consultiva relativamente a controvérsias sobre os Fundos Marinhos, no âmbito da Parte XI da CNUDM, bem como sobre qualquer questão jurídica decorrente de outro acordo internacional que verse sobre matéria da CNUDM, desde que tal consulta esteja expressamente prevista e seja solicitada por órgão com legitimidade para o efeito.

Referências:
Gudmundur Eiriksson, *The International Tribunal for the Law of the Sea*, Den Haag: Martinus Nijhoff Publishers, 2000.
Julio Jorge Urbina, *Controversias Marítimas, Intereses Estatales y Derecho Internacional*, Madrid: Editorial Dilex, 2004.

TRIBUNAL PENAL INTERNACIONAL (TPI)

Isabel Cabrita

O Tribunal Penal Internacional (TPI) foi criado pelo *Estatuto de Roma do Tribunal Penal Internacional*, adoptado no dia 17 de Julho de 1998 e com entrada em vigor no dia 1 de Julho de 2002, depois de ter sido ratificado por 60 Estados.

O TPI é uma *"instituição permanente, com jurisdição sobre as pessoas responsáveis pelos crimes de maior gravidade com alcance internacional"* (artigo 1.º do Estatuto de Roma).

O TPI rege-se pelo *Estatuto de Roma* e por um conjunto de instrumentos complementares aprovados pela Assembleia dos Estados Partes (órgão político composto por um representante de cada um dos Estados que ratificaram o Estatuto), designadamente: o *Regulamento de Processo e Prova*, os *Elementos dos Crimes*, o *Regulamento do Pessoal do Tribunal*, o *Regulamento Financeiro e Regras de Gestão Financeira*, o *Acordo sobre os Privilégios e Imunidades do Tribunal e o Acordo que rege as relações entre o Tribunal Penal Internacional e a Organização das Nações Unidas*. Rege-se, igualmente, por um *Regulamento* adoptado pelos Juízes do Tribunal, em 26 de Maio de 2004. Todos estes documentos podem ser consultados na Internet no sítio do TPI.

O TPI foi criado como organização internacional autónoma, no entanto, ficou, desde logo, previsto no Estatuto de Roma que estaria vinculado às Nações Unidas, sendo a relação entre estas duas entidades estabelecida por um *acordo* a ser aprovado pela Assembleia de Estados Partes (artigos 1.º e 2.º), o que viria a acontecer no dia 7 de Setembro de 2004.

A relação entre o TPI e as Nações Unidas explica-se, fundamentalmente, pelo facto de o principal papel do TPI – julgar os crimes de maior gravidade que afectem a comunidade internacional no seu conjunto – estar directamente relacionado com os objectivos consignados na Carta das Nações Unidas, em particular, a manutenção da paz e da segurança internacionais e a promoção e respeito dos direitos humanos (artigo 1.º da Carta das Nações Unidas).

O TPI tem a sede em Haia e é composto pelos seguintes órgãos: a Presidência, os Juízos, o Gabinete do Procurador e a Secretaria.

A Presidência trata da administração geral do Tribunal e é composta por um Presidente e dois Vice-Presidentes eleitos por maioria absoluta dos juízes pelo período de três anos.

Os Juízos são os órgãos que exercem as funções judiciais do Tribunal e são integrados por dezoito juízes. O Estatuto de Roma prevê três Secções judiciais a saber: a secção de instrução, a secção de julgamento em 1.ª instância e a secção de recursos.

O Gabinete do Procurador é um órgão autónomo do Tribunal, ao qual compete receber recolher comunicações e informações sobre crimes da competência do Tribunal a fim de as examinar e investigar e de exercer a acção penal. O Gabinete é presidido pelo Procurador eleito por escrutínio secreto pela maioria absoluta dos votos dos membros da Assembleia dos Estados Partes.

A Secretaria é o órgão responsável pelos aspectos não judiciais e administrativos do Tribunal. A Secretaria é dirigida pelo Secretário que é o principal responsável administrativo do Tribunal e exerce as suas funções sob a autoridade do Presidente do Tribunal. O Secretário é eleito em escrutínio secreto pela maioria absoluta dos juízes do Tribunal.

O TPI tem competência para julgar os crimes de genocídio, os crimes contra a humanidade, os crimes de guerra e os crimes de agressão (artigo 5, n.º 1 do Estatuto de Roma). No entanto, actualmente, o TPI só pode julgar os três primeiros tipos de crimes que foram definidos pelos artigos 6.º, 7.º e 8.º do Estatuto de Roma e desenvolvidos pelo documento *Elementos dos Crimes*. O crime de agressão só foi definido posteriormente pela Resolução RC/Res. 6, adoptada pela Conferência de Revisão do Estatuto de Roma realizada em Kampala, no Uganda, no dia 11 de Junho de 2010, conforme previsto pelo artigo 5.º, n.º 2 do Estatuto de Roma. Contudo, na prática o exercício da competência do TPI em relação ao crime de agressão ficou dependente de uma decisão a tomar depois de 1 de Janeiro de 2017, por uma maioria de dois terços dos Estados Partes (artigo 15.º, n.º 2 da referida Resolução).

O TPI só tem competência para julgar indivíduos que à data da alegada prática do crime tenham completado 18 anos de idade (artigo 26.º do Estatuto de Roma). Assim como, só pode julgar os crimes cometidos após a entrada em vigor do referido Estatuto (artigo 11.º).

A jurisdição do TPI é complementar da jurisdição dos Estados (artigo 1.º do Estatuto de Roma). Isto significa que o TPI só exerce a sua jurisdição se as jurisdições nacionais não exercerem a sua jurisdição porque não podem ou não querem.

Por último importa referir que, o TPI só pode exercer a sua jurisdição a pedido de qualquer dos Estados Partes, do Conselho de Segurança agindo nos termos

TRIBUNAL PENAL INTERNACIONAL

do Capítulo VII da Carta das Nações Unidas e quando o Procurador tiver dado início a um inquérito com base em informações sobre a prática de um crime da competência do Tribunal (artigo 13.º do Estatuto de Roma).

Referências:
Manuel Diez de Velasco, *Las Organizaciones Internacionales,* 14.ª ed., Madrid: Tecnos, 2006, 429-437.
Paula Escarameia, *O Direito Internacional Público Nos Princípios do Século XXI,* Coimbra: Almedina, 2003.
Sítio na Internet do TPI: http://www.icc-cpi.int/

TRIBUNAL PENAL INTERNACIONAL PARA A EX-JUGOSLÁVIA (TPIJ)

MIGUEL DE SERPA SOARES E MATEUS KOWALSKI

O TPIJ, órgão subsidiário das Nações Unidas, foi criado em 25 de Maio de 1993, pela Resolução do Conselho de Segurança 827, considerando que os acontecimentos na ex-Jugoslávia, e em particular na Bósnia-Herzegovina, configuravam uma ameaça à paz e segurança internacional nos termos do Capítulo VII da Carta. Na sua versão inicial, a Resolução 827 estabelecia que o objectivo do TPIJ era a incriminação dos autores das violações graves do Direito Internacional Humanitário, cometidas no território da ex-Jugoslávia a partir de 1991. O Estatuto do TPIJ (cuja versão inicial adoptada pela Resolução 827, foi sendo sucessivamente modificada e completada por diferentes Resoluções do CS, adoptadas entre 1998 e 2006), repete no seu artigo 1.º esta linguagem, acrescentando ainda, como submetidos à sua jurisdição os crimes relevando de *i*) violações graves das Convenções de Genebra de 1949 *ii*) violações das leis e costumes da Guerra, ou configurando *iii*) Genocídio e *iv*) Crimes contra a Humanidade.

A criação do TPIJ por meio de uma Resolução do CS, adoptada ao abrigo do Capítulo VII, à semelhança do caso do Tribunal Penal Internacional para o Ruanda criado pouco tempo depois, é um elemento inovatório que não deixou, na altura, de suscitar vivas criticas. A possibilidade de criação de tribunais penais internacionais *ad hoc* pelo CS, foi considerada, por alguma doutrina, como não tendo qualquer fundamento na Carta, extravasando os poderes do CS.

No artigo 9.º do Estatuto estabelece-se que o TPIJ possui uma competência concorrente com as jurisdições nacionais para o julgamento dos mesmos factos, podendo, no entanto, ao abrigo de um princípio de primado, solicitar a qualquer tribunal nacional que sustenha os procedimentos entretanto iniciados, deferindo-lhe a respectiva competência. O artigo 29.º estabelece ainda uma obrigação de cooperação dos Estados com o TPIJ.

Portugal adoptou, em 2001[1], legislação específica relativa à cooperação com os tribunais penais internacionais para a ex-Jugoslávia e o Ruanda e assinou em 2007 um Acordo com as Nações Unidas relativo à execução de sentenças do TPIJ[2].

Em Abril de 2011, de acordo com a informação divulgada pelo TPIJ, o Tribunal proferiu acusações contra 161 indivíduos, tendo concluído cerca de 125 processos, dos quais 64 correspondem a penas de prisão efectivas. A jurisprudência elaborada ao longo dos anos pelo TPIJ constitui também um contributo importante para o aprofundamento e aperfeiçoamento do Direito Penal Internacional.

Referências:
ICTY Manual on Developed Practices, UNICRI/ICTY, Turim, 2009.
The Path to The Hague: Selected documents on the Origins of the ICTY, ICTY/NU, 1996.

TRIBUNAL PENAL INTERNACIONAL PARA O RUANDA (TPIR)

MIGUEL DE SERPA SOARES E MATEUS KOWALSKI

O Tribunal Penal Internacional para o Ruanda (TPIR) foi criado em 8 de Novembro de 1994, pela Resolução do Conselho de Segurança (CS) 955, a qual aprovou em simultâneo, como anexo, o respectivo Estatuto. Note-se que esta Resolução, tal como a Resolução que procedeu à criação do Tribunal Penal Internacional para a ex-Jugoslávia, se fundamenta no Capítulo VII da Carta, considerando que a situação verificada no Ruanda, constituía uma ameaça para a paz e segurança internacionais.

A criação destes dois tribunais internacionais *ad hoc*, em 1993 e 1994, com base directa e exclusiva em Resoluções do CS, é um fenómeno isolado no âmbito do Direito Penal Internacional. Experiências posteriores de criação de tribunais penais internacionalizados ou mistos (i.e. com uma componente nacional e internacional), nomeadamente nos casos da Serra Leoa, Camboja ou Timor-Leste, baseiam-se, habitualmente, em acordos celebrados entre as Nações Unidas e os Estados em causa.

De acordo com o Estatuto do TPIR, o tribunal tem competência para julgar todos os responsáveis por violações graves do Direito Humanitário Internacional cometidas no território do Ruanda entre 1 de Janeiro de 1994 e 31 de Dezembro de 1994, bem como os cidadãos ruandeses responsáveis pela mesmas violações cometidas em territórios vizinhos.

---

[1] Lei n.º 102/2001, de 25 de Agosto in DR I-197 de 25.8.2001.
[2] Acordo de 19.12.2007 in DR I -179 de 16.9.2008.

Os artigos 2.º a 4.º acrescentam ainda o Genocídio, os Crimes contra a Humanidade e a Violação do artigo 3.º comum às Convenções de Genebra (Crimes de Guerra), ao conjunto de crimes submetidos à jurisdição do TPIR. Nestes preceitos várias condutas são tipificadas como configurando a respectiva categoria de crime internacional. O Estatuto prevê, à semelhança do TPIJ, um princípio de jurisdição nacional concorrente, embora com primado da jurisdição to TPIR. O artigo 14.º determina ainda a aplicação, com as adaptações necessárias, das Regras de Processo e Prova anteriormente adoptadas pelo TPIJ. Note-se a este respeito que o Direito aplicável pelos tribunais internacionais *ad hoc* é criado pelos próprios juízes, configurando um fenómeno interessante de "judicialização" do Direito.

Segundo informações do TPIR, em Abril de 2011, foram concluídos 46 processos (vários com condenações a penas de prisão), encontrando-se pendentes cerca de 29 processos.

Referências:

Antonio Cassese, *International Criminal Law*, Oxford: Oxford University Press, 2008.

Larissa Herik, *The Contribution of the Rwanda Tribunal to the Development of International Law*, Leiden: Martinus Nijhoff Publishers, 2005.

William Schabas, *The UN International Criminal Tribunals: the former Yugoslavia, Rwanda and Sierra Leone*, Cambridge: Cambridge University Press, 2006.

TRIBUNAL PERMANENTE DE ARBITRAGEM (TPA)

Mateus Kowalski e Miguel de Serpa Soares

As Convenções da Haia de 1899 e 1907 sobre a Solução Pacífica de Controvérsias estabeleceram o Tribunal Permanente de Arbitragem (TPA) com o objectivo de facilitar um imediato recurso à arbitragem para a resolução de controvérsias internacionais que não pudessem ser resolvidos por via diplomática. Foi o primeiro mecanismo tendencialmente universal para a resolução de controvérsias entre Estados. Actualmente são membros do TPA 111 Estados.

O TPA não é um tribunal no seu sentido tradicional de órgão jurisdicional permanente. Trata-se antes de uma estrutura permanente de apoio a órgãos arbitrais constituídos para resolver controvérsias específicas. A sua sede é na Haia. No que respeita à sua estrutura organizacional, é composto pelos seguintes órgãos: o Conselho Administrativo (onde se encontra representados os Estados-Membros, tendo uma função de supervisão do funcionamento do TPA, incluindo questões orçamentais); os Membros do Tribunal (uma lista de potenciais árbitros, sendo que cada Estado membro tem o direito de indicar quatro árbitros para a lista); o *Bureau International* (chefiado pelo Secretário--Geral, exerce funções de secretariado). Ainda, como parte dos seus serviços para a resolução de controvérsias em matéria ambiente e de recursos naturais partilhados, o TPA mantém uma lista de árbitros especializados, bem como uma lista de peritos técnicos e científicos.

Inicialmente, o TPA tinha como objectivo a resolução de controvérsias unicamente entre Estados. Contudo, em 1935, no seguimento de um pedido para que funcionasse como secretariado na arbitragem entre a *Radio Corporation of America* e a China, o Secretário-Geral do TPA e o Conselho Administrativo reconheceram a capacidade e utilidade de o TPA colocar os seus serviços à disposição de órgãos de arbitragem em que apenas uma das partes na controvérsia fosse um Estado. Desde então, apenas um quinto dos casos em que o TPA foi chamado a prestar os seus serviços envolveram apenas Estados.

O TPA é solicitado a prestar os seus serviços com base em diferentes regras de resolução de controvérsias através de arbitragem. Como exemplo, em 2009, o TPA prestava serviços de arbitragem a 54 casos submetidos com diferentes fundamentos: regras UNCITRAL relativas a controvérsias no âmbito de tratados de investimento bilaterais (25 casos); contratos entre Estados e privados (14 casos); regras UNCITRAL relativas a controvérsias no âmbito de tratados de investimento multilaterais (8 casos); regras UNCITRAL relativas a controvérsias no âmbito de leis nacionais sobre investimento (2 casos); regras opcionais do TPA para controvérsias em matéria de ambiente (2 casos); regras *ad hoc* para a resolução de controvérsias entre Estados (2 casos) e regras opcionais TPA para controvérsias intra-estatais (1 caso).

Referências:

Jean-François Poudre & Sébastien Besson, *Comparative Law of International Arbitration*, London: Sweet and Maxwell, 2007.

Phyllis Hamilton *et al.* (eds.), *The Permanent Court of Arbitration: International Arbitration and Dispute Resolution*, The Hague: Kluwer Law International, 1999.

Thomas Carbonneau (ed.), *Handbook on International Arbitration and ADR*, New York: JurisNet, 2006.

Shabtai Rosenne, *The Hague Peace Conferences of 1899 and 1907 and International Arbitration: Reports and Documents*, The Hague: T.M.C. Asser Press, 2001.

TRIBUNAL PERMANENTE DE JUSTIÇA INTERNACIONAL (TPJI)
(*vide* TRIBUNAL INTERNACIONAL DE JUSTIÇA – TIJ)

TRIPS (*vide* ACORDO SOBRE OS ASPECTOS DOS DIREITOS DA PROPRIEDADE INTELECTUAL RELACIONADOS COM O COMÉRCIO – ADPIC)

ULTIMATO

Carlos Proença

A palavra ultimato, etimologicamente, provém do vocábulo latino *ultimatum*, o qual significa o conjunto das últimas imposições, exigências, condições ou propostas apresentadas. Tal termo surge normalmente em cenários de conflito bélico entre países, expressando as últimas exigências ou condições que um contendor anuncia a outro e cujo não acatamento implica a declaração de guerra. A expressão também pode ser utilizada já no decurso de conflitos militares, ou seja, durante a vigência do estado de guerra, quando um líder militar apresenta um ultimato com o objectivo de obter a rendição imediata do inimigo, sob pena de alcançá-la através de meios violentos.

Juridicamente, trata-se, portanto, de uma palavra ou termo que se inscreve no Direito Internacional Público, na medida em que o *ultimatum* está configurado para determinadas relações que, temperadas com alguma (maior ou menor) tensão, se estabelecem entre Estados. Concretamente, a apresentação de um ultimato implica uma *declaração de guerra condicional*, isto é, caso o Estado seu destinatário não actue em conformidade com as últimas imposições ou exigências apresentadas pelo seu homólogo autor do acto ultimador, deverá considerar-se *ipso facto* destinatário da declaração de guerra que lhe está subjacente. Dito de outro modo, a recusa de acatamento do ultimato pelo Estado seu destinatário constitui um facto susceptível de provocar uma guerra.

Na História de Portugal e Universal ficou célebre o *ultimatum* apresentando, em 11 de Janeiro de 1890, a Portugal pela Inglaterra, por ocasião da ocupação lusa dos territórios africanos (hoje correspondentes à Zâmbia e ao Zimbabué) situados entre as então colónias Angola e Moçambique, pelo qual os bretões reclamaram a desocupação de tal área, tendo Portugal agido em conformidade com as exigências britânicas. O acatamento de tal ultimato teria inclusivamente repercussões no plano interno gerando por parte dos republicanos um sentimento de revolta contra o regime monárquico, o qual culminou com a deposição deste e sua substituição por um regime republicano em 5 de Outubro de 1910. Nesta sequência, refira-se ainda que tal ultimato inspiraria a letra do hino "*A Portuguesa*", inicialmente uma marcha que exprimia a reacção nacionalista portuguesa contra a recente humilhação infligida pelos britânicos e oriunda do ultimatum, em 1911, por ocasião da assembleia constituinte que aprovou a Constituição desse mesmo ano, promovido a hino nacional português.

Com o decurso do tempo o termo ultimato vulgarizou-se, sendo utilizado por analogia quando se está perante declarações finais e irrevogáveis para a satisfação de determinadas exigências.

Referência:
Fernando Oliveira, *Breve Glossário de Latim para Juristas*, 4.ª ed., Lisboa, 1996, p. 71.

UNIÃO AFRICANA (UA)

José Manuel Briosa e Gala

O estabelecimento da União Africana veio institucionalizar uma nova visão post-
-guerra fria e uma renovada ambição de desenvolvimento económico e de segurança
continental, que se pretende assumir como um verdadeiro "renascimento africano".

Os artigos 3.º e 4.º do Acto Constitutivo definem, respectivamente, os objectivos e os princípios da União. A par do desenvolvimento sustentável, novos
objectivos são citados, envolvendo inclusivamente a sociedade civil e, embora
reafirmando os princípios da soberania de cada Estado, da integridade territorial
e da não interferência, não é precludida a possibilidade de intervenção da União
como um corpo, em matéria de paz, segurança e estabilidade na região, na ocorrência de um conflito interno. Os Estados-Membros têm igualmente o direito de
requerer a intervenção da União para instaurar a paz e a segurança.

A Assembleia Geral (AG) é o órgão supremo da UA e é formada pelos Chefes
de Estado e de Governo ou os seus representantes. O seu Presidente é eleito pelos
membros da AG e exerce um mandato de um ano (renovável em certas circunstâncias). Este Órgão, determina as políticas da União entre "cimeiras" que são
posteriormente executadas pelos outros órgãos, em particular pela Comissão da
União Africana, a sua estrutura executiva, a qual dirige a organização entre as AG.

Inicialmente composta por 10 Comissários, na Cimeira de Janeiro de 2007,
em Adis Abeba (sede da organização), foi tomada a decisão de criar mais 3 novas
posições. Teoricamente compete a este órgão apenas implementar deliberações
da AG, mas, na prática, sendo responsável pela gestão permanente, acaba por
assumir um papel político decisivo.

O Conselho Executivo é constituído pelos ministros dos negócios estrangeiros
dos Estados-Membros e reúne o mínimo de uma ou duas vezes ao ano, muitas vezes
com mais frequência, competindo-lhe actuar nos assuntos delegados pela AG.

O Acto Constitutivo prevê ainda o Parlamento Pan-Africano, o Tribunal de Justiça, o Comité Permanente de Representantes, Comités Técnicos especializados,
o Conselho Económico, Social e Cultural e Instituições Financeiras, revestindo
o estabelecimento de alguns destes órgãos, ao longo do tempo, um carácter de
work-in-progress institucional.

O Parlamento Pan-Africano (PAP), inaugurado em 2004 e sediado em Midrand
(África do Sul), compreende 5 membros nomeados por cada Estado membro e,
de momento, o seu papel é consultivo, designadamente em matéria de direitos
humanos, estado de direito e boa-governação.

O Protocolo, deliberado ainda na Cimeira da Organização de Unidade Africana (OUA) de Ouagadugu, Burkina Faso, em Junho de 1998, igualmente prevê
a criação do Tribunal Africano dos Direitos do Homem e dos Povos e entrou

formalmente em vigor em Janeiro de 2005. Este Tribunal está sediado em Arusha, Tanzânia, dispõe de 11 Juízes, dotados de poderes judiciais e consultivos, mas de âmbito de jurisdição restrito aos países signatários do documento constitutivo.

O Conselho Económico e Social (CES), surge como corpo consultivo a 29 de Março de 2005, dotado de 150 membros provenientes de organizações da sociedade civil, com o objectivo de dar voz a estes sectores, profissionais, culturais, religiosos, no processo de formulação das próprias políticas.

Do ponto de vista da estratégia económica, a União Africana tem um mandato para coordenar a sua acção com as Comunidades Económicas Regionais (Regional Economic Comunities – REC), algumas das quais com órgãos próprios sub--regionais, parlamentos e tribunais, designadamente para arbitrar disputas entre os Estados-Membros – casos da ECOWAS (Economic Community of West African States) e da SADC (Southern African Development Community).

A relação da UA com os REC é um aspecto importante que, na sua definição estratégica, reflecte igualmente um debate tributário da ideologia pan-africanista e partidária de uns Estados Unidos da África – união dotada de um governo económico central capaz de promover a sua gradual integração – contra, por sua vez, a visão de quem achava (o caso de Mbeki) que a unificação não pode ser "declarada" em detrimento das variadas estruturas sócio-económicas já existentes.

Quanto à Nova Parceria para o Desenvolvimento de África (NEPAD), esta visão económica orientada para o mercado e para as parcerias com os países industrializados, foi formalmente adoptada pela UA aquando da sua constituição e, recentemente, a sua estrutura de secretariado (embora permaneça na África do sul, com inerentes dificuldades de coordenação a partir de Adis) foi também integrada, enquanto agência especializada.

O artigo 3.º do Acto Constitutivo da UA identifica a promoção da paz, segurança e estabilidade como um objectivo primordial da organização, sendo o Conselho para a Paz e Segurança ("Peace and Security Council" – PSC), composto por 15 membros eleitos, o principal órgão especificamente destinado a zelar pelo objectivo.

O PSC inicialmente não fazia parte do Acto Constitutivo, tendo nascido com uma evolução *ad hoc* do processo de reforma do Mecanismo para a Prevenção, Gestão e Resolução de Conflitos (adoptado pela OUA, em Junho de 1993). Este novo órgão assume uma atitude pró-activa e, à partida, está autorizado, mediante mandato, a desencadear um conjunto de operações, desde pequenas missões de manutenção de paz até operações de mais larga escala, nos termos das alíneas h) e j) do art 4.º do acto Constitutivo.

Depois de um intenso debate, há hoje um consenso sobre a articulação das competências internacionais, existindo, desde 2005, um *road-map*, nos termos do qual "a União Africana procurará autorização do Conselho de Segurança das Nações Unidas para as suas acções de uso de força".

Similarmente, as REC/Regiões deverão obter autorização da UA para as suas intervenções.

A vertente de segurança é uma das áreas primordiais de cooperação entre a União Africana e a União Europeia, tendo sido objecto de um dos oito acordos de parceria assinados aquando da Cimeira de Lisboa (Dezembro de 2007).

De algum modo funcionando como modelo inspirador, a UE é hoje o primeiro parceiro institucional da UA, quer em termos técnicos, quer em termos financeiros, tendo sido assinado um primeiro Memorandum de Entendimento em 2006, sucessivamente renovado, reunindo em conjunto e alternadamente as respectivas Comissões nas sedes legais de cada qual, de dois em dois anos.

Referências:

Kofi Kissi Dompere, *The African Union: Pan-African Analytical Foundations*, Londres: Adonis & Abbey, 2006.

K. Magliveras & Gino Naldi, "The Africa Union: a new dawn for Africa?", 51 *The International and Comparative Law Quarterly*, n.º 2, 415, 2002.

UNIÃO EUROPEIA (UE)

Francisco Pereira Coutinho

A ideia de uma união política à escala europeia que trouxesse paz e prosperidade a um Continente devastado pelas Guerras Mundiais ficou eternizada por Winston Churchill no discurso de Zurique (1945), quando sugeriu a criação dos "Estados Unidos da Europa". Este apelo encontrou eco nos movimentos pan-europeus que se reuniram na Haia no Congresso da Europa (1948). Uma das vias discutidas para o desenvolvimento do projecto europeu foi a da integração supranacional, através da criação de entidades investidas de poderes soberanos. Sob o impulso da "Declaração Schuman" (1950), a primeira destas concretizações foi a Comunidade Europeia do Carvão e do Aço (CECA) – duas das mais importantes matérias-primas usadas no esforço de guerra –, criada pelo Tratado de Paris, assinado em 18 de Abril de 1951 pela França, Alemanha, Bélgica, Holanda, Luxemburgo e Itália. O sucesso desta primeira realização foi, contudo, ofuscado pelo abandono do projecto da Comunidade Politica de Defesa (1954), que deveria anteceder a criação de uma Comunidade Politica Europeia. Reunidos em Messina (1955), os Estados-Membros da CECA retomaram a via funcionalista dos "pequenos passos" sugerida na "Declaração Schuman", que redundaria na criação da Comunidade Económica Europeia (CEE) e da Comunidade Europeia da Energia Atómica, pelos Tratados de Roma, assinados a 25 de Março de 1957. Entre as realizações mais relevantes da CEE contam-se a união aduaneira e, particularmente, o mercado único, onde pessoas, mercadorias, serviços e capitais podem circular livremente.

Seria somente com o Acto Único Europeu, assinado em Fevereiro de 1986, que a União Europeia ganharia existência jurídica (artigo 1.º), mas seria preciso esperar pela entrada em vigor do Tratado de Maastricht, a 1 de Novembro de 1993, para que finalmente fosse dotada de um quadro institucional único, que lhe permitiu ter uma ordem jurídica autónoma, a qual se projectava com diferentes graus de intensidade no âmbito das Comunidades Europeias (I Pilar), da Política Externa e de Segurança Comum (II Pilar) e da cooperação nos domínios da justiça e assuntos internos (III Pilar). Com a entrada em vigor do Tratado de Lisboa, a 1 de Dezembro de 2009, a União Europeia absorveu a Comunidade Europeia – a anterior CEE – (artigo 1.º, terceiro parágrafo, *in fine*) e obteve personalidade jurídica internacional (artigo 47.º do Tratado da União Europeia), o que lhe permite estabelecer uma rede de delegações e concluir convenções internacionais com Estados terceiros e organizações internacionais.

A União Europeia é uma entidade política *sui generis* que congrega 27 Estados europeus (2011) fundada no Tratado da União Europeia e no Tratado sobre o Funcionamento da União Europeia (artigo 1.º do Tratado da União Europeia). A sua singularidade decorre do largo acervo de competências que possui (artigos 4.º e 5.º do Tratado da União Europeia) e da prossecução de fins muito alargados (artigo 3.º do Tratado da União Europeia), a que acresce a circunstância de o seu Direito primar sobre os Direitos nacionais e poder ser invocado directamente pelos particulares perante os tribunais de qualquer Estado-Membro. A originalidade da União Europeia resulta também do quadro institucional adoptado (artigo 13.º do Tratado da União Europeia), que agrega simultaneamente instituições políticas de cariz intergovernamental (o Conselho Europeu e o Conselho da União Europeia) e de cariz supranacional (o Parlamento Europeu e a Comissão Europeia). A estas acrescem ainda instituições de controlo jurisdicional (o Tribunal de Justiça da União Europeia) e administrativo (o Tribunal de Contas), bem como uma instituição administrativa independente (o Banco Central Europeu).

Referências:
Paul Magnette, *What is the European Union,* Palgrave Macmillan, 2005.
Jean-Louis de Quermonne, *Le système politique de l'Union européenne,* 8.ª ed., Montchrestien, 2010.
Maria Luísa Duarte, *União Europeia,* Coimbra: Almedina, 2011.

UNIVERSALIDADE DE TRATADOS

MANUEL DUARTE DE OLIVEIRA

O princípio da Universalidade dos Tratados, enquanto garante da eficácia do Direito Internacional, conjuga-se com um outro princípio, não menos importante,

UNIVERSALIDADE DE TRATADOS

que consiste na integridade dos mesmos. Através do equilíbrio destes dois princípios procura-se alcançar não apenas o maior número possível de Estados aderentes, como a adesão ao conteúdo mais íntegro dos Tratados. Quando se prevê difícil alcançar um consentimento unânime, de modo a salvaguardar a dificuldade que alguns Estados possam ter em relação à aplicação de determinadas cláusulas dos Tratados, proporciona-se alguma flexibilidade na sua interpretação e transposição, através da exclusão ou modificação do efeito jurídico de certas disposições, desde que tal não ponha em causa o seu objectivo essencial.[1] Esta possibilidade consagra-se através do direito de reserva que os Estados podem fazer expressar no momento da sua adesão a determinado Tratado.

A capacidade de reserva é parte integrante do consentimento que os Estados salvaguardam ao se vincularem a determinando Tratado. De acordo com a Convenção de Viena de 1969[2] (em vigor desde 27 de Janeiro de 1980) um Estado pode suscitar reservas em relação a determinadas cláusulas de um tratado desde que estas não sejam por este explicitamente proibidas ou incompatíveis com o seu objecto e propósito.[3] No entanto, embora a possibilidade de suscitar reservas aos tratados proporcione que um maior número de Estados a eles adira, desta forma expandindo o seu alcance universal, esta mesma flexibilidade pode pôr em causa a integridade e uniformidade dos mesmos. Isso verifica-se, por exemplo, no contexto dos Tratados relativos a Direitos Humanos, que não podem ser considerados 'recíprocos', no sentido tradicional do termo, uma vez que as suas obrigações são *'erga omnes'*.

Existe um crescente reconhecimento de que alguns Tratados, pela sua natureza própria, protegem interesses básicos da comunidade internacional, os chamados 'World Order Treaties'.[4] Estes caracterizam-se em particular pela inclusão de obrigações *erga omnes*, as quais, recaindo sobre toda a comunidade internacional, obrigam todos os Estados, independentemente destes se tornarem membros ou não destes Tratados.[5] No entanto, deste modo atinge-se um efeito diluído, uma vez que é difícil identificar os sujeitos passivos e activos da norma internacional em questão.

A Universalidade pode, por outro lado, ser alcançada quando o Tratado resulta de uma codificação de direito consuetudinário existente. Ao declarar que a norma

---

[1] Cf. Ian Brownlie (2008), *Principles of Public International Law*, Oxford University Press, p. 612.

[2] Ver: Vienna Convention on the Law of Treaties, May 23, 1969, 1155 U.N.T.S. 331, 8 I.L.M. 679, Artigo 19 (a), (b) e (c).

[3] Cf. Karin Oeller-Frahm, "The Evolving Role of Treaties in International Law", in: *Progress in International Law*, eds. Russel A. Miller & Rebecca M. Bratspies, Martinus Nijhoff Publishers, 2008, pp. 173.

[4] Christian Tomuschat (1993), "Obligations Arising for States Without or Against Their Will", in: *Collected Courses of the Hague Academy of International Law*, Vol. 241, Martinus Nijhoff Publishers, 194, 268.

[5] Ver: ILA, *Report of the Thirty-Ninth Conference, Paris*, 39 Int'l L. Ass'n Rep. Conf. [i] (Sept. 10-15, 1936);

de um Tratado simplesmente codifica direito consuetudinário, essa norma pode ser imposta a todos os Estados, incluindo aqueles que não adiram a esse Tratado, esbatendo-se deste modo a distinção entre direito consuetudinário e direito dos tratados, sendo o seu melhor exemplo a Convenção das Nações Unidas sobre o Direito do Mar.[1] Concluindo, a Universalidade dos Tratados alcança-se quer através do consentimento de todos os Estados, quer quando o Tratado reflecte o direito consuetudinário existente.

Referências:

Ian Brownlie, *Principles of Public International Law*, Oxford: Oxford University Press, 2008, pp. 612.

Malgosia A. Fitzmaurice, "Third Parties and the Law of Treaties", 6 Max Plank Y.B. United Nations L. 37, 2002.

Karin Oeller-Frahm, "The Evolving Role of Treaties in International Law", in: *Progress in International Law*, eds. Russel A. Miller & Rebecca M. Bratspies, Martinus Nijhoff Publishers, 2008, pp. 173.

Oscar Schachter, *International Law in Theory and Practice*, 1991, Chap. 5.

USO (PRÁTICA REITERADA DOS ESTADOS)

Mateus Kowalski e Miguel de Serpa Soares

O costume internacional é uma fonte formal de Direito Internacional, para cuja formação contribuem todos os sujeitos de Direito Internacional. Será aqui analisado em particular o contributo dos Estados.

A formação de uma norma de Direito consuetudinário exige a reunião de dois elementos: o material ou objectivo (o uso); e o psicológico ou subjectivo (*opinio juris*). Precisamente, o Tribunal Internacional de Justiça, no caso *Plataforma Continental* sublinhou que o costume internacional deve ser identificado pela análise da prática reiterada e da convicção da sua obrigatoriedade pelos Estados.

O "Uso" ou, no caso, a prática reiterada dos Estados é, pois, um dos elementos que informam a formação de uma norma internacional de fonte costumeira. Este é, aliás, o primeiro dos elementos que deve ser identificado na formação de uma norma desta natureza. Conforme referido, o costume internacional não tem que ter necessariamente origem na prática reiterada dos Estados: a formação do costume pode ter por base a prática de qualquer sujeito de Direito Internacional.

---

[1] Ver: Oscar Schachter (1991), *International Law in Theory and Practice*; Malgosia A. Fitzmaurice (2002), "Third Parties and the Law of Treaties, 6 Max Plank Y.B. United Nations L. 37. Cf. Legality of the Threat or the Use of Nuclear Weapons, 1996 I.C.J. 226, 252 (July 8).

Contudo, falando-se de prática reiterada dos Estados, esta deve ser procurada nos actos praticados pelos seus órgãos de soberania que tenham expressão internacional. Em especial, merecem relevância os actos que emanem dos serviços internos e externos dos Ministérios com a atribuição das relações externas. Por outro lado, as normas codificadas em tratados podem servir de ponto de partida para um processo de formação de uma norma consuetudinária, principalmente quando tenham vocação universal e gozem de uma vasta adesão.

Para além da identificação da prática, para que haja "Uso", a prática deve ser reiterada. Tal significa que se deve repetir de forma constante, uniforme e coerente no tempo e no espaço. A repetição no espaço tem que ser dispersa, i.e. deve ser levada a cabo por vários Estados num dado espaço geográfico mais ou menos limitado (conforme se trate de costume geral, regional ou mesmo local).

Referências:

Antonio Cassese, *International Law*, Oxford: Oxford University Press, 2005.

Gennadiï Danilenko, *Law-Making in the International Community*, Dordrecht: Martinus Nijhoff Publishers, 1993.

Malcolm Shaw, *International Law*, Cambridge: Cambridge University Press, 2003.

Nguyen Quoc Dinh *et al.*, *Direito Internacional Público*, Lisboa: Fundação Calouste Gulbenkian, 2003.

Continental Shelf (Libyan Arab Jamahiriya v. Malta), ICJ Reports 1985, 13.

USO DA FORÇA

Miguel Calado Moura

O uso da força – e toda a dogmática envolvente – constitui um dos temas mais controversos em todo o Direito Internacional Público. O uso da força, *in trebus verbis*, é uma manifestação de autoridade de um Estado e está normalmente associado a situações de guerra (*jus ad bellum* e *jus in bello*), mas não esgota nestas situações o seu âmbito.

O uso da força está expressamente proibido, como regra geral, na Carta das Nações Unidas (artigo 2.º/4), e nesse sentido, o seu recurso limitado a situações excepcionais. Indica o artigo 2.º/4 que "*os membros deverão abster-se nas suas relações internacionais de recorrer à ameaça ou ao uso da força, quer seja contra a integridade territorial ou a independência política de um Estado, quer seja de qualquer outro modo incompatível com os objectivos da Carta*".

A proibição do uso da força não tem propriamente raízes históricas. Antes do século XX não havia tal proibição e os Estados podiam recorrer à guerra sempre que achassem necessário, utilizando como argumento o princípio da soberania dos Estados. Todavia, é com as Conferências de Paz de Haia (1899

USO DA FORÇA

e 1907) que surgem os primeiros indícios para restringir o recurso à força por parte dos Estados.

No que toca à noção conceptual de "força", é indiscutível que esta abranja actos das forças armadas ("agressão armada"), mas existem outros casos discutíveis na doutrina jus-internacionalista.

Um destes casos é saber se o conceito de *uso da força* abrange ou não a *força política e económica*. Os países do antigo Bloco de Leste sempre defenderam a inserção da força política e económica no conceito de "uso da força", mas a comunidade internacional nunca expressamente admitiu tal entendimento.

Podem colocar-se outros casos: saber se "uso da força" abrange *força física não militar* (ex: a expulsão ilegal de pessoas de um território para outro) ou *força indirecta* (ex: o Estado A vende armas ao Estado B para atacar o Estado C).

A verdade é que o entendimento maioritário vai no sentido de interpretar a noção de "força" no sentido de abranger tão-somente a força armada (cfr. a *Friendly Relations Declaration*, adoptada pela Assembleia-Geral em 24 de Outubro de 1970 [Res. 2625 (XXV)] que indica que a Carta somente tem em mente a agressão armada).

Uma excepção à proibição do recurso à força é a autorização por parte do Conselho de Segurança nos termos dos artigos 39.º e 42.º da Carta das Nações Unidas de modo a que se estabeleça a paz e segurança internacionais.

A legítima defesa consagrada no artigo 51.º da Carta constitui outra das excepções da proibição do uso da força. Conforme foi dito, somente a "agressão armada" (ou um perigo iminente proveniente de uma eventual agressão armada) é que pode servir de base à aplicação do artigo 51.º. Nos termos do artigo 1.º da Resolução 3314 da Assembleia-Geral de 14 de Dezembro de 1974, "*a agressão é o emprego da força armada por um Estado contra a soberania, a integridade territorial ou a independência política de um outro Estado, ou de qualquer outra forma incompatível com a Carta das Nações Unidas*".

Actualmente ainda não existe consenso na comunidade internacional sobre a questão da *intervenção humanitária* e a sua relação com o *uso da força*. Alguns autores defendem que é legítimo o uso da força por parte de um Estado para impedir um massacre humanitário.

O Tribunal Internacional de Justiça tem vindo a ter um papel fundamental na delimitação, interpretação e concretização do conceito de *uso da força*.

Referências:

B. Asrat, *Prohibition of Force under UN Charter – a Study of Art 2 (4)*, Uppsala, IUSTUS Forlag, 1991.

Caso *Military and Paramilitary Activities in and Against Nicaragua* (Nicaragua v. USA), ICJ Reports 1986, p. 14.

AA.VV. (Ed. por Bruno Simma), *The Charter of the United Nations, A Commentary*, Oxford: Oxford University Press, 1995, pp. 107-128, 661-678.

Erik Voeten, "The Political Origins of the UN Security Council's Ability to Legitimize the Use of Force", *International Organization*, vol. 59, n.º 3, 2005.

Matthew C. Waxman, "The Use of Force that 'Might' Have Weapons of Mass Destruction", *Michigan Journal of International Law*, vol. 31, n.º 1, 2009.

VETO

Mateus Kowalski e Miguel de Serpa Soares

No Conselho de Segurança cada um dos membros, permanentes e não-permanentes, dispõe de um voto (artigo 27.º, n.º 1 da Carta das Nações Unidas). Para a tomada de uma decisão são necessários os votos afirmativos de nove membros. No entanto, para as decisões sobre quaisquer assuntos que não sejam de procedimento, a Carta exige que os nove votos afirmativos incluam os votos dos membros permanentes (artigo 27.º, n.os 2 e 3, da Carta). Nesta medida, os membros permanentes gozam do chamado "direito de veto". Este é um dos aspectos mais controversos no que respeita à reforma das Nações Unidas, em especial do Conselho de Segurança.

O direito de veto pode ser visto, em certa medida, como uma evolução positiva à data de 1945, atendendo que no Conselho da Sociedade das Nações prevalecia a regra da unanimidade. Acima de tudo, a consagração do direito de veto pretendia garantir o equilíbrio e a igualdade entre as grandes potências. Ficaria, assim, assegurado que nenhum dos membros permanentes poderia mobilizar uma maioria com os membros não-permanentes para agir contra uma outra grande potência. O que equivale a dizer que os mecanismos das Nações Unidas nunca poderiam servir de instrumento para aquilo que seria um conflito de enormes proporções e que, precisamente, a Organização pretendia evitar. Ou seja, a Carta prefere a inércia das Nações Unidas e o não-cumprimento das suas atribuições, à acção susceptível de colocar a Organização em conflito com um dos "cinco grandes". Por outro lado, dificilmente uma decisão do Conselho de Segurança poderia ser eficaz se fosse tomada contra a vontade dos EUA, da URSS, do Reino Unido ou mesmo da China.

Os pequenos Estados opuseram-se ao direito de veto com receio de verem a sua soberania igual posta em causa face ás aspirações das grandes potências. Receberam apenas a promessa de que o direito de veto seria reconsiderado num futuro próximo, o que nunca veio a acontecer.

O único limite a este direito de veto é o que resulta do artigo 27.º, n.º 3 da Carta: qualquer membro que seja parte numa controvérsia, incluindo, pois, os membros permanentes, deverá abster-se de votar no que se refere às decisões tomadas nos termos do estabelecido no capítulo VI e no n.º 3 do artigo 52.º, isto é, apenas quando esteja em causa a solução pacífica de controvérsias.

VETO

Ainda assim, a prerrogativa do direito de veto não deixa de apresentar algumas dificuldades no que respeita à delimitação da sua amplitude. Em primeiro lugar, como referido, os membros permanentes só têm direito de veto em relação a outras questões que não as de procedimento. Coloca-se então o problema de saber quais são as questões de procedimento. A Carta não estabelece qualquer critério. Contudo, na Conferência de São Francisco ficou estabelecido que a decisão sobre o ponto preliminar de saber se uma questão é ou não processual, deveria ser tomada por voto de sete membros do Conselho de Segurança (inicialmente o Conselho de Segurança era constituído por onze membros), incluindo o voto de todos os membros permanentes. Surgia, assim, o sistema do "duplo-veto". Por outro lado o valor da abstenção de um membro permanente foi bastante discutido. O artigo 27.º, n.º 3, da Carta indica claramente que o veto é a ausência de voto favorável. No entanto a prática do Conselho de Segurança tem sido no sentido de que apenas é considerado veto o voto negativo e não a abstenção. Assim, é matematicamente possível aprovar uma decisão com a abstenção de todos os membros permanentes, desde que pelo menos nove membros não-permanentes votem favoravelmente. Trata-se de um verdadeiro costume modificativo da Carta.

Outro problema delicado é o da ausência de um membro permanente. Em 1950, a URSS que se tinha ausentado do Conselho de Segurança entre Janeiro e Agosto, contestou todas as decisões tomadas por aquele órgão em relação à "questão coreana", defendendo que a ausência de um membro permanente equivaleria ao veto e não à abstenção como tinha sido entendido no caso. Posição rejeitada por todos os outros membros. Assim, actualmente apenas o voto negativo de um membro do Conselho de Segurança constitui um "veto".

Referências:

Bardo Fassebender, *UN Security Council Reform and the Right of Veto: a Constitutional Perspective*, The Hague: Kluwer Law International, 1998.

Bruno Simma *et al.*, "Article 27", in Bruno Bruno (ed.), *The Charter of the United Nations: a Commentary – vol. I*, Oxford: Oxford University Press, 2002, 476-523.

Hans Kelsen, *The Law of the United Nations*, London: Stevens & Sons Limited, 1950.

Thomas Weiss & Karen Young, "Compromise and credibility: Security Council reform?", 36 *Security Dialogue* 131, 2005.

VIOLAÇÃO (CRIME DE)

Maria de Assunção do Vale Pereira

A violação surge tipificada como crime internacional, pela primeira vez, na Lei do Conselho de Controlo n.º 10 (em que era estabelecida a competência do Tribunal

VIOLAÇÃO (CRIME DE)

de Nuremberga) que, no seu artigo II, n.º 1, *c)*, a referia como um exemplo de crime contra a humanidade. Todavia, o Tribunal não chegou a conhecer deste crime, apesar de terem sido apresentadas provas claras de casos de violações maciças, que ficaram registadas. O Tribunal de Tóquio (em cujo estatuto a violação não era especificamente referida), por seu lado, condenou alguns indivíduos pelo crime de violação, nomeadamente em casos de violações maciças, como as chamadas *Violações de Nanquim.*

A violação volta a ser tipificada como crime contra a humanidade nos Estatutos dos Tribunais Penais Internacionais para a ex-Jugoslávia e para o Ruanda (artigos 5.º, *g*) e 3.º, *g*), respectivamente). Todavia, não surgindo a definição do crime em qualquer um destes documentos, estes Tribunais tiveram que proceder ao apuramento dos seus elementos constitutivos, concluindo, que "em Direito Internacional, o elemento material do crime de violação é constituído por: penetração sexual, ainda que ligeira:

a) Da vagina ou do ânus da vítima pelo pénis ou qualquer outro objecto utilizado pelo violador; ou

b) Da boca da vítima pelo pénis do violador,

desde que essa penetração sexual tenha lugar sem o consentimento da vítima.

O consentimento para este efeito tem de ser dado voluntariamente e deve resultar do exercício do livre arbítrio da vítima, avaliado tendo em atenção as circunstâncias. O elemento moral é constituído pela intenção de proceder a essa penetração sexual, e pelo facto de saber que ela se produz sem o consentimento da vítima" (TPIJ, *Procurador c. Dragoljub Kunarac, Radomir Kovac e Zoran Vukovic*, caso n.º IT-96-23-T & IT-96-23/1-T. Sentença da Câmara de 1.ª Instância, par. 460).

Apesar da violação surgir nos referidos Estatutos como crime contra a humanidade, tal não significa que não possa ter outro enquadramento. No julgamento de Akayesu, o Tribunal Penal Internacional para o Ruanda considerou que a violação podia integrar o crime de genocídio, enquanto medida destinada a impedir nascimentos no seio do grupo (artigo 2.º, n.º 2, *d*), do Estatuto), no caso de haver "a inseminação deliberada, durante uma violação, por um homem de um grupo diferente do da mulher violada, com vista ao nascimento de uma criança, em sociedades patriarcais, em que a pertença a um grupo é determinada pela identidade do pai"; ou ainda nos casos de "violação (...) se a pessoa violada se recusa posteriormente a procriar, assim como casos em que os membros de um grupo podem ser levados, através de ameaças ou traumatismos infligidos, a não mais procriar" (TPIR, caso n.º ICTR-96-4-T, Sentença da 1.ª Câmara, pars. 507- 508).

Por seu lado, no Estatuto do Tribunal Penal Internacional, a violação surge tipificada enquanto crime contra a humanidade e também enquanto crime de guerra, o que reflecte a realidade actual, em que a violação generalizada e sistemática de mulheres, e mesmo de crianças, tem vindo a ser usada, em situações

VIOLAÇÃO (CRIME DE)

de conflito armado, como arma de guerra e instrumento de "limpeza étnica", de uma enorme eficácia pois, não acarretando encargos financeiros, derrota psicologicamente (quando não fisicamente) as suas vítimas e trava qualquer reacção dos seus familiares. Tem também amplas repercussões, já que a violação de uma mulher se traduz na humilhação da comunidade em que esta se insere e no sentimento de frustração e derrota dos homens dessa comunidade que se revelaram incapazes de as proteger.

Referências:

Christine Chinkin, "Rape and Sexual Abuse of Women in International Law", 5 *European Journal of International Law*, 1994, 326-343.

JUDITH G. GARDAM, "Femmes, droits de l'homme et droit international humanitaire", *Revue Internationale de la Croix-Rouge*, 1998, n.º 831, 449-462.

Kate Fitzgerald, "Problems Of Prosecution and Adjudication of Rape and Other Sexual Assaults under International Law", 8 *European Journal of International Law*, 1997, 638-663.

Maria de Assunção do Vale Pereira , "Algumas considerações acerca da protecção da mulher no Direito Internacional Humanitário", *Estudos em Comemoração do Décimo Aniversário da Licenciatura em Direito da Universidade do Minho*, Coimbra: Almedina, 2003, 45-597.

ZONA (*vide* ÁREA)

ZONA CONTÍGUA

VASCO BECKER-WEINBERG

A zona contígua corresponde a uma área adjacente ao limite exterior do mar territorial, a qual não poderá estender-se para além de 24 milhas náuticas, medidas a partir das linhas de base do mar territorial [artigo 33.º]. Pelo que, quando o mar territorial tenha 12 milhas náuticas de largura, a distância máxima da zona contígua será precisamente de 12 milhas náuticas contadas a partir do limite exterior do mar territorial, uma vez que, e embora esta não corresponda à linha de base da zona contígua, o regime legal do mar territorial nas respectivas 12 milhas náuticas, no âmbito do qual o Estado costeiro exerce direitos de soberania, sobrepõe-se ao regime da zona contígua.

A mesma situação de sobreposição de regimes poderá verificar-se na eventualidade de um Estado costeiro constituir uma ZEE. Neste caso, e atendendo ao conteúdo amplo dos direitos que os Estados costeiros exercem na ZEE, estes englobariam aqueles exercidos na zona contígua [artigo 55.º].

De facto, a introdução da ZEE na CNUDM contribuiu para a diminuição da relevância da zona contígua na medida que ela está espacialmente incluída na primeira, enquanto que, até à CNUDM, a zona contígua era considerada como fazendo parte do alto mar [artigo 24.º CGMT].

ZONA CONTÍGUA

Contudo, há situações em que o regime jurídico da zona contígua poderá ser essencial para salvaguardar os interesses dos Estados costeiros.

Será o caso, desde logo, das situações onde se verifique uma sobreposição de reivindicações relativamente à delimitação da ZEE, como acontece, por exemplo, em mares fechados e semi-fechados, ou ainda quando se verifique a presença de ilhas sujeitas a diferentes jurisdições nacionais. Nestes casos, e na medida que seja possível proceder à delimitação da zona contígua, os Estados costeiros poderão exercer neste espaço os respectivos direitos de jurisdição.

Refira-se ainda que este regime jurídico poderá ser relevante relativamente à protecção do património cultural subaquático do Estado costeiro [artigo 303.º (2)], nomeadamente, a criação de zonas arqueológicas, sobretudo quando essa possibilidade não está prevista para a plataforma continental ou ZEE, ainda que tal se pudesse vir a revelar redundante.

A CNUDM não adoptou o critério previsto na CGMT segundo o qual, na eventualidade de dois ou mais Estados costeiros, com costas opostas ou adjacentes, pretenderem delimitar as respectivas zonas contíguas, verificando-se uma sobreposição de reivindicações, cada Estado costeiro, na falta de acordo, apenas poderá proceder à delimitação da respectiva zona contígua até à linha mediana em que cada ponto seja equidistante dos pontos mais próximos das linhas de base a partir das quais é medida a largura do mar territorial de cada um dos Estados costeiros.

Pelo que, no âmbito da CNUDM, e sempre que se verifique a sobreposição de reivindicações relativamente à delimitação da zona contígua, os Estados costeiros, na falta de acordo quanto à delimitação, deverão abster-se de adoptar qualquer conduta que seja susceptível de inviabilizar a delimitação definitiva.

Na zona contígua, e contrariamente aos direitos de soberania previstos no regime do mar territorial, os Estados costeiros exercem direitos de jurisdição, os quais se traduzem, essencialmente, no poder dos Estados fiscalizarem o cumprimento da lei e regulamentos aduaneiros, fiscais, de imigração ou sanitários, assim como, o direito de reprimirem as infracções cometidas, sem prejuízo do exercício destes direitos salvaguardar os direitos e liberdades de Estados terceiros na zona contígua, em conformidade com a CNUDM e o Direito Internacional.

Referências:
Armando Marques Guedes, *Direito do Mar*, 2.ª ed., Coimbra: Coimbra Editora, 1998.
A. V. Lowe & R. R. Churchill, *The Law of the Sea*, 3.ª ed., Manchester: Manchester University Press, 1999.
E.D. Brown, *The International Law of the Sea. Volume 1. Introductory Manual*, Dartmouth/Aldershot/ Brookfield EUA/Singapura/Sydney: Dartmouth Publishing Company Limited, 1994.
René-Jean Dupuy & Daniel Vignes, *A Handbook on the New Law of the Sea*, vol. 1, Martinus Nijhoff Publishers, Dordrecht/Boston/Lancaster: Martinus Nijhoff Publishers, 1991.

ZONA ECONÓMICA EXCLUSIVA

Manuel de Almeida Ribeiro

A Zona Económica Exclusiva (ZEE) é o espaço marítimo que se estende até duzentas milhas contadas a partir das linhas de base das quais se mede o mar territorial, no qual o Estado costeiro tem direitos exclusivos de exploração económica do solo, subsolo e águas sobrejacentes estando, no entanto, salvaguardada a liberdade de navegação, sobrevoo, bem como a colocação de cabos e ductos submarinos.

Os primórdios do conceito de zona económica exclusiva encontram-se na reivindicação por Estados sul-americanos de plataforma continental estreita, que reclamaram direitos de natureza económica especial sobre uma extensão do mar adjacente às suas costas, para compensar a falta da plataforma continental, na sequência da Proclamação Truman que, em 1945, declarou unilateralmente que os recursos naturais do subsolo e do leito marítimo da plataforma continental dos Estados Unidos ficavam sujeitos a jurisdição norte-americana.

Entre essas declarações destaca-se a do Presidente Videla, do Chile, de 1947.

Nos anos que se seguiram a esses acontecimentos sucederam-se as reivindicações sobre ao mar. A famosa declaração Pardo, que viria a suscitar a realização da III Conferência das Nações Unidas sobre o Direito do Mar, pretendia conter essa reivindicações, defendendo carácter internacional dos espaços marítimos.

Ainda durante os trabalhos da comissão preparatória da III Conferência foi apresentada uma proposta, que teve larga adesão, cujo teor se aproximava bastante do texto que veio a ser adoptado pela Convenção das Nações Unidas sobre o Direito do Mar (CNUDM).

Nos termos da CNUDM, o Estados costeiro dispõe na ZEE de direitos de soberania para a exploração e gestão dos recursos naturais e aproveitamento da zona para fins económicos como a produção de energia a partir da água das correntes e dos ventos, e ainda de jurisdição sobre a colocação e utilização de ilhas artificiais, instalações e estruturas, investigação científica marinha e protecção e preservação do meio marinho. Em contrapartida estão salvaguardados as liberdades de navegação, sobrevoo e colocação de cabos e ductos submarinos.

Ao contrário do que sucede com a plataforma continental, o exercício do direito à ZEE tem de ser objecto de declaração prévia por parte do Estado costeiro.

Tendo em conta que os direitos sobre a plataforma continental, que respeitam ao solo e subsolo são consumidos pelos direitos à ZEE, o mais natural teria sido que o conceito de ZEE substituísse o conceito de plataforma continental, tanto mais que a concepção jurídica vigente de plataforma continental, segundo a qual os Estados costeiros têm direito a uma zona como tal denominada, não faz depender tal direito da existência da plataforma no sentido geográfico do termo.

ZONA ECONÓMICA EXCLUSIVA

Foi devido á pressão dos Estados com plataforma continental larga, que quiseram garantir os direitos sobre a área que se estendesse até ao máximo de trezentas e cinquenta milhas, quando existisse plataforma geográfica, que a figura de plataforma continental se manteve.

Os Estados com ZEE deveriam, nos termos da CNUDM, assegurar aos Estados sem litoral e geograficamente desfavorecidos o direito a uma parte equitativa dos excedentes de recursos vivos na ZEE. Não são conhecidos casos em que tais direitos tenham sido efectivamente assegurados.

De referir que o direito à ZEE foi reconhecido como resultante de costume internacional ainda antes de terminar a III Conferência das Nações Unidas sobre o Direito do Mar.

Referências:

Manuel de Almeida Ribeiro, *A Zona Económica Exclusiva*, Lisboa: ISCSP.

Manuel de Almeida Ribeiro, Revisitando a convenção de Montego Bay in *Estudos em Homenagem ao Professor Joaquim M. da Silva Cunha*, Fundação Universidade Portucalense Infante D. Henrique, 1999.

Manuel de Almeida Ribeiro, Portugal e a Convenção de Montego Bay, in *Estudos em Homenagem do Professor Adriano Moreira*, vol. I, Lisboa: ISCSP, 1995.

Armando Marques Guedes, *Direito do Mar*, Lisboa.

ANEXOS

DIREITO INTERNACIONAL PRIVADO

Luís de Lima Pinheiro
Professor Catedrático da Faculdade de Direito de Lisboa

I. O Direito Internacional Privado enquanto ramo do Direito. O Direito Internacional Privado pode ser encarado como um ramo do Direito e como uma disciplina jurídica.

Enquanto *ramo do Direito*, o Direito Internacional Privado é o complexo normativo que regula situações transnacionais mediante um processo conflitual. Entende-se por *situações transnacionais* aquelas que, por terem contactos juridicamente relevantes com mais de um Estado soberano, colocam um problema de determinação do Direito aplicável. Estas situações são principalmente situações de Direito privado, mas tende a aceitar-se que o Direito Internacional Privado também é aplicável às relações que, embora implicando Estados ou entes públicos autónomos estrangeiros, organizações internacionais ou agentes diplomáticos ou consulares de Estados estrangeiros, sejam susceptíveis de regulação na esfera interna.

O Direito Internacional Privado regula estas situações mediante um *processo conflitual*, i.e., com recurso a regras e princípios que remetem a disciplina da situação para um determinado Direito material. As normas de conflitos de Direito Internacional Privado são, por conseguinte, normas remissivas ou de regulação indirecta. Tendencialmente estas normas são também normas de conexão, porquanto a determinação do Direito aplicável resulta da concretização de um elemento de conexão, i.e., de um laço entre a situação e um Estado (por exemplo, a nacionalidade, a residência habitual, o lugar da situação de uma coisa). Existem, porém, normas de conflitos que não contêm um elemento de conexão, permitindo que a determinação do Direito aplicável se faça com recurso a outros critérios, designadamente a adequação de um determinado Direito (que pode não ser uma ordem jurídica estadual) para reger a situação em causa. Isto sucede principalmente com as normas de conflitos sobre a determinação do Direito aplicável ao mérito da causa na arbitragem transnacional em sentido estrito (ou arbitragem comercial internacional) e na arbitragem quási-internacionalpública (designadamente a arbitragem realizada no âmbito do Centro Internacional para a Resolução de Diferendos Relativos a Investimentos). Estas normas também são tendencialmente formais, porque a determinação do Direito aplicável não atende, em princípio, ao conteúdo dos sistemas jurídicos dos Estados envolvidos. Mas também neste caso se verifica que certas normas de conflitos são materialmente orientadas (favorecendo, por exemplo, a protecção do menor, a validade formal do negócio jurídico ou a parte contratual tipicamente mais fraca) ou, como já foi assinalado, consagram critérios que permitem ter em conta o conteúdo dos Direitos em presença. Além disso, mesmo quando actua através de normas de conflitos tradicionais, o Direito Internacional Privado reserva um certo controlo da solução a que conduza o Direito estrangeiro ou não-estadual designado por essas normas, por meio da cláusula de ordem pública internacional (que veicula as regras e princípios fundamentais vigentes na ordem jurídica do Estado do foro).

O processo conflitual de regulação das situações transnacionais não é realizado apenas pelo sistema de Direito de Conflitos, que nos principais ordenamentos tende a ser baseado em normas de conflitos bilaterais, i.e., que tanto remetem para o Direito material do foro como para o Direito estrangeiro, e em normas sobre a interpretação e aplicação dessas normas de conflitos (designadamente sobre a qualificação, a devolução ou reenvio, a fraude a lei e a reserva de ordem pública internacional). Também nos encontramos perante um processo conflitual quando a aplicação de certas leis ou normas de fonte interna é feita depender de normas de conflitos unilaterais *ad hoc* (i.e., que se reportam exclusivamente a essas leis ou normas). É o que se verifica com a maior parte das normas que estabelecem um regime material especial para situações transnacionais (Direito material especial), bem como, excepcionalmente, com certas leis ou normas de Direito material comum (caso em que essas leis ou normas são ditas de aplicação necessária ou imediata). O mesmo se diga dos regimes jurídico-materiais de fonte internacional ou europeia cuja aplicação depende de normas de conexão contidas nestas fontes (designadamente normas que definem o âmbito de aplicação das Convenções internacionais e dos regulamentos europeus contendo Direito material unificado). Nesta perspectiva, a pluralidade de métodos invocada por muitos autores reconduz-se, no essencial, a uma pluralidade de fontes e técnicas de regulação conflitual.

O Direito Internacional Privado, enquanto ramo do Direito, engloba o Direito de Conflitos e o Direito de Reconhecimento. O *Direito de Reconhecimento* regula os efeitos que as decisões estrangeiras (jurisdicionais e administrativas) sobre situações "privadas" podem produzir na ordem jurídica do Estado do foro. O processo de regulação operado por via do reconhecimento de efeitos de decisões estrangeiras ainda é, em primeira linha, um processo conflitual ou indirecto. Com efeito, as normas que determinam o reconhecimento desses efeitos e estabelecem as suas condições não disciplinam materialmente a situação. A definição da situação jurídico-material resulta da remissão para um determinado Direito, designadamente o Direito do Estado de origem, i.e., o Estado cujo órgão praticou o acto. Assim, por exemplo, sob certas condições, o Direito de Reconhecimento permite que o efeito de caso julgado desencadeado pelo acto segundo o Direito do Estado de origem se produza na ordem jurídica do Estado de reconhecimento. O Direito do Reconhecimento também se ocupa da atribuição de força executiva a decisões estrangeiras e de outros efeitos que não resultam de uma simples remissão para o Direito do Estado de origem. Os nexos estreitos entre o reconhecimento de todos estes efeitos, e entre os regimes que lhes são aplicáveis, justificam a unidade do Direito de Reconhecimento e a sua inclusão no Direito Internacional Privado.

II. O Direito Internacional Privado enquanto disciplina jurídica. Passemos a agora a considerar o Direito Internacional Privado como disciplina jurídica, i.e., como um sistema de conhecimentos que constitui um ramo da ciência jurídica ou uma disciplina lectiva. O objecto principal da disciplina do Direito Internacional Privado deve ser constituído pelo ramo do Direito do mesmo nome. Mas além disso justifica-se a inclusão de outras matérias que constituem um pressuposto, limite ou complemento da aplicação do Direito de Conflitos e do Direito de Reconhecimento. É o caso de certos princípios e regras de Direito dos Estrangeiros e do Direito da Competência Internacional.

O *Direito dos Estrangeiros* é o conjunto de normas e princípios que definem a situação jurídica dos estrangeiros. As normas que definem um regime especial para os estrangeiros encontram-se nos mais variados ramos do Direito púbico e do Direito privado. O Direito Internacional Privado deverá ocupar-se dos princípios e regras gerais de Direito dos Estrangeiros que orientam o tratamento dos estrangeiros na generalidade dos ramos do Direito ou numa parte importante do Direito privado e das normas e regimes individualizados de Direito dos Estrangeiros, que sejam de Direito privado ou tenham incidência na modelação de situações transnacionais.

O *Direito da Competência Internacional* é o complexo normativo formado pelas normas e princípios sobre a competência internacional dos tribunais e das autoridades administrativas com respeito a situações transnacionais. A competência de um órgão é o complexo de poderes funcionais que lhe são conferidos para o desempenho de atribuições da pessoa colectiva em que está integrado. Assim, designadamente, na competência internacional dos tribunais está em causa a atribuição deste complexo de poderes funcionais ao conjunto dos tribunais de um Estado com respeito a situações transnacionais. Entre o Direito de Conflitos e o Direito da Competência Internacional estabelecem-se múltiplos e estreitos nexos funcionais. Primeiro, a competência internacional é um pressuposto de aplicabilidade do Direito de Conflitos pelos órgãos públicos. Segundo, em certas matérias bem delimitadas pode justificar-se uma dependência do Direito aplicável relativamente à competência internacional. Terceiro, é defensável que a aplicabilidade do Direito material de um Estado fundamente sempre a competência internacional dos seus tribunais. Mais em geral, pode dizer-se que o legislador e os órgãos de aplicação do Direito, quando criam ou desenvolvem o Direito da Competência Internacional numa determinada matéria, devem ter em conta as normas de conflitos aplicáveis e vice-versa. Isto não significa que o *forum* deva coincidir sempre, ou sequer em regra, com o *ius*. As vantagens que resultam desta coincidência são apenas um dos elementos de apreciação que têm de entrar na valoração feita pelo legislador e pelos órgãos de aplicação do Direito. A articulação estreita entre estes complexos normativos, reforçada pela circunstância de muitos instrumentos internacionais ou europeus abrangerem o Direito da Competência Internacional e o Direito de Reconhecimento, bem como, em certos casos, também o Direito de Conflitos, justifica plenamente o estudo do Direito da Competência Internacional na disciplina de Direito Internacional Privado. A tendência dominante nas codificações recentes do Direito Internacional Privado vai também no sentido de abranger o Direito de Conflitos, o Direito da Competência Internacional e o Direito de Reconhecimento.

III. A justiça do Direito Internacional Privado. Como todo o Direito, o Direito Internacional Privado está orientado à realização de valores socialmente reconhecidos. A ideia de justiça surge, numa acepção muito ampla, como ideia unificadora destes valores. Embora não seja imune aos grandes vectores que inspiram cada ordem jurídica no seu conjunto, o Direito Internacional Privado baseia-se, até certo ponto, em valorações específicas, que exprimem uma justiça própria. Isto tem sido reconhecido relativamente às normas de conexão. Estas normas fundamentam-se numa valoração, que tem por objecto os diferentes elementos de conexão que podem ser utilizados para individualizar o Direito aplicável a uma determinada categoria de situações ou a um seu aspecto, com vista a determinar o elemento de conexão mais adequado para o efeito. Por isso, a justiça da conexão atende ao significado dos laços que a situação estabelece com os Estados em presença e não às soluções materiais ditadas pelos Direitos destes Estados. O que permite contrapor a justiça da conexão, como *"justiça formal"* ou *"conflitual"*, à justiça material, que diz respeito à solução material do caso.

Mas também foi observado que nem todas as normas sobre a determinação do Direito aplicável utilizadas pelo Direito Internacional Privado são normas de conexão. Acrescente-se que há normas de conflitos que consagram critérios gerais de conexão (designadamente o critério da conexão mais estreita). Estas normas não estabelecem por via geral e abstracta o elemento de conexão mais adequado, antes remetem o intérprete para uma valoração conflitual perante o conjunto das circunstâncias do caso concreto. Tende-se também a admitir que o Direito estadual designado pela norma de conflitos possa ser afastado quando, perante o conjunto das circunstâncias do caso concreto, a situação apresente uma conexão manifestamente mais estreita com outro Estado (cláusula de excepção). Outras normas de conflitos, como as que remetem para o Direito mais apropriado ao litígio ou para o Direito Internacional Público, não são reconduzíveis à justiça da conexão, tal como foi anteriormente definida. A justiça conflitual pode exprimir a adequação de um Direito supraestadual, como o Direito Internacional Público, ou de um Direito paraestadual, como a *lex mercatoria*, para reger uma determinada categoria de situações transnacionais, sem que aqui esteja em causa, como é óbvio, qualquer laço entre a situação em causa e um Estado. A justiça conflitual também pode atender a considerações jurídico-materiais na determinação do Direito aplicável a uma situação concreta. Por conseguinte, a justiça do Direito Internacional Privado ou justiça conflitual é mais ampla que a justiça de conexão e nem sempre pode ser contraposta à justiça material.

A doutrina tem procurado determinar os *valores e princípios* em que se concretiza a justiça conflitual. Há certos valores e princípios que são geralmente reconhecidos nos sistemas de Direito Internacional Privado dos Estados de Direito democráticos, mas registam-se também diferenças importantes de sistema para sistema. A tendência para a internacionalização e europeização das fontes do Direito Internacional Privado nos Estados-Membros da União Europeia contribui sem dúvida para uma atenuação destas diferenças.

O Direito de Reconhecimento e o Direito da Competência Internacional também têm subjacentes valorações específicas. No caso do *Direito de Reconhecimento*, estas valorações justificam um sistema de reconhecimento das decisões estrangeiras na ordem jurídica local, mas também o condicionamento deste reconhecimento a condições apropriadas, mormente quanto à existência de uma conexão adequada entre o caso e o Estado de origem (competência internacional indirecta), salvo quando no Estado de origem e no Estado de reconhecimento vigorem normas de competência internacional unificadas, à garantia de padrões mínimos de justiça processual e substantiva e à necessidade de evitar que decisões contraditórias produzam efeitos na ordem jurídica local. No caso do *Direito da Competência Internacional*, também há um conjunto de valores e princípios que deve orientar o estabelecimento das conexões em que baseia a competência dos tribunais de um Estado para a apreciação de situações transnacionais. Estes valores e princípios postulam, como já foi assinalado, uma articulação com o Direito de Conflitos, mas são em vasta medida diferentes daqueles que exprimem a justiça conflitual, o que frequentemente obsta a uma coincidência entre *forum* e *ius* (i.e., como resulta do anteriormente exposto, entre a competência dos tribunais de um Estado e a aplicabilidade do Direito do mesmo Estado).

IV. O sistema português de Direito Internacional Privado. O Direito de Conflitos vigente na ordem jurídica portuguesa tem fontes internacionais, europeias, transnacionais e internas. Ainda há poucos anos as normas de conflitos vigentes na ordem jurídica portuguesa eram fundamentalmente de fonte interna. Mas a situação alterou-se substancialmente com a crescente importância das fontes internacionais e europeias e, mais limitadamente, das fontes transnacionais (i.e., processos específicos de criação de proposições jurídicas que são independentes da acção de órgãos estaduais ou supraestaduais) (ver *Relações entre o Direito Internacional Público e o Direito Internacional Privado*). As fontes internas continuam a ser importantes, mas em grandes áreas do Direito de Conflitos português, como é o caso da protecção de menores, obrigação de alimentos, representação voluntária, obrigações, títulos de crédito, propriedade intelectual e insolvência, os tratados internacionais e os regulamentos europeus são já a principal fonte do Direito de Conflitos vigente.

Também ao nível das fontes internas se assistiu nos anos mais recentes a uma evolução que deve ser sublinhada. Com a codificação do Direito de Conflitos operada pelo legislador do Código Civil de 1966, o Código Civil passou a constituir a fonte (interna) quase exclusiva de normas de conflitos. É de admitir que continuaram em vigor algumas normas de conflitos contidas no Código Comercial, mas trata-se de normas de conflitos relativas a questões parciais ou a institutos específicos de Direito Comercial. Assim, a Secção II ("Normas de conflitos") do Cap. III ("Direitos dos estrangeiros e conflitos de leis") do Tít. I ("Das leis, sua interpretação e aplicação") do Livro I ("Parte Geral") do Código Civil passou a ser vista como a sede do sistema português de normas de conflitos. Nos últimos anos, porém, assistiu-se a uma proliferação de normas de conflitos noutras leis. É o que se verifica, designadamente, com os Códigos das Sociedades Comerciais, dos Valores Mobiliários, da Insolvência e Recuperação de Empresas e do Trabalho, com a Lei da Arbitragem Voluntária e com os diplomas sobre cláusulas contratuais gerais, contrato de agência ou representação comercial, estabelecimento individual de responsabilidade limitada, contratos de crédito ao consumo e seguros. Nos códigos e leis avulsas também se encontram diversas normas de Direito material especial e normas de Direito comum susceptíveis de aplicação necessária.

Da evolução verificada resulta que o Código Civil já não pode ser visto como a sede do sistema português de Direito de Conflitos. Este sistema tem de resultar de um esforço de reconstrução feito pela ciência internacionalprivatista a partir de diferentes fontes.

Também com respeito ao Direito da Competência Internacional e ao Direito do Reconhecimento se verificou uma evolução semelhante, podendo dizer-se que as fontes na prática mais importantes são hoje de fonte internacional e europeia. As fontes internas, porém, continuam a desempenhar um papel significativo, designadamente os regimes da competência internacional e do reconhecimento de sentenças estrangeiras contidos no Código de Processo Civil (*maxime* artigos 49.º, 61.º, 65.º, 65.º-A, 99.º, 497.º/3 e 1094.º e segs.). Nestas matérias também se encontram normas relevantes no Código de Registo Civil, no Código de Processo do Trabalho, no Código da Insolvência e da Recuperação de Empresas e no Código Civil, bem como em algumas leis avulsas.

Uma vez que as fontes internas do Direito Internacional Privado português continuam a desempenhar um papel significativo, e carecem em diversos aspectos de desenvolvimento e aperfeiçoamento, tem sido defendido que se proceda a uma reforma destas fontes e à sua codificação numa lei que abranja o Direito de Conflitos, o Direito da Competência Internacional e o Direito de Reconhecimento, na linha da já assinalada tendência internacional das codificações recentes do Direito Internacional Privado.

Bibliografia:

NADIA DE ARAUJO – *Direito Internacional Privado. Teoria e Prática Brasileira*, 5.ª ed., Rio de Janeiro, São Paulo e Recife, 2011; Bernard AUDIT e Louis D'AVOUT – *Droit international privé*, 6.ª ed., Paris, 2010; Tito BALLARINO – *Diritto Internazionale Privato*, Pádua, 3.ª ed., Pádua, 1999; CHRISTIAN von BAR e Peter MANKOWSKI – *Internationales Privatrecht*, vol. I, 2.ª ed., Munique, 2003; Henri BATIFFOL – *Aspects philosophiques du droit international privé*, Paris, 1956; Id. – *Choix d'articles rassemblés par ses amis*, Paris, 1976; Henri BATIFFOL e Paul LAGARDE – *Droit international privé*, vol. I – 8.ª ed., Paris, 1993; vol. II, 7.ª ed., 1983; Maria HELENA BRITO – *A Representação nos Contratos Internacionais*, Coimbra, 1999; Andreas BUCHER – *Droit international privé suisse*, vol. I, tomo 1 – *Partie générale-Droit applicable*, Basileia e Francoforte--sobre-o-Meno, 1995; Julio GONZÁLEZ CAMPOS – "Diversification, spécialisation, flexibilisation et matérialisation des règles de droit international privé", *RCADI* 287 (2000) 9-426; Alfonso-Luis CALVO CARAVACA e Javier CARRASCOSA GONZÁLEZ – *Derecho Internacional Privado*, 12.ª ed., Granada, 2011; *Cheshire, North & Fawcett Private International Law*, 14th ed., by J. FAWCETT, J. CARRUTHERS and Peter NORTH, Oxford, 2008; ISABEL DE MAGALHÃES COLLAÇO – *Direito Internacional Privado* (Lições proferidas ao 5.º ano jurídico de 1958-1959), Lisboa, vol. I – 1958, vol. II –1959, vol. III – 1963. 1964 – *Da qualificação em Direito Internacional Privado*, Lisboa; Id. – *Direito Internacional Privado*, vol. II, parte I, título I – "Estrutura da norma de conflitos de leis"; título II – "A teoria da interpretação e aplicação da norma de conflitos" (Lições proferidas no ano lectivo de 1966-1967), Lisboa, 1967;

ANEXOS

Id. – *Direito Internacional Privado. Problemas Especiais de Interpretação e Aplicação da Norma de Conflitos – A Conexão* (Lições proferidas no ano lectivo 1967/1968), Lisboa, 1968; António FERRER CORREIA – *Lições de Direito Internacional Privado*, Coimbra, 1973; Id. – *Direito Internacional Privado. Alguns Problemas*, Coimbra, 1981; Id. – *Lições de Direito Internacional Privado-I*, Coimbra, 2000; *Dicey, Morris and Collins on the Conflict of Laws* – 14.ª ed. por Lawrence COLLINS (ed. geral), Adrian BRIGGS, Jonathan HARRIS, J. McCLEAN, Campbell McLACHLAN e C. MORSE, Londres, 2006; Jacob DOLINGER – *Direito Internacional Privado. Parte Geral*, 7.ª ed., Rio de Janeiro, 2003; Albert A. EHRENZWEIG – *A Treatise on the Conflict of Laws*, St. Paul, Minn., 1962; Id. – *Private International Law*, vol I – 1967; vol II – 1973, Leyden e Nova Iorque; Bernd von HOFFMANN e Karsten THORN– *Internationales Privatrecht einschließlich der Grundzüge des Internationalen Zivilverfahrensrechts*, 9.ª ed., Munique, 2007; Erik JAYME – "Identité culturelle et intégration: le droit international privé postmoderne", *RCADI* 251 (1995) 9-268; Otto KAHN-FREUND – *General Problems of Private International Law*, Leiden, 1976; Gerhard KEGEL – "The Crisis of Conflict of Laws", *RCADI* 112 (1964) 91-267; Gerhard KEGEL e Klaus SCHURIG – *Internationales Privatrecht – ein Studienbuch*, 9.ª ed., Munique, 2004; Max KELLER e Kurt SIEHR – *Allgemeine Lehren des internationalen Privatrechts*, Zurique, 1986; Jan KROPHOLLER – *Internationales Privatrecht*, 6.ª ed., Tubinga, 2006; Paul LAGARDE – "Le principe de proximité dans le droit international privé contemporain", *RCADI* 196 (1986) 9-238; PIERRE LALIVE – "Tendences et méthodes en droit international privé", *RCADI* 155 (1977) 1-425; Yvon LOUSSOUARN, Pierre BOUREL e Pascal de VAREILLE-SOMMIÈRES – *Droit international privé*, 9.ª ed., Paris, 2007; João BAPTISTA MACHADO – *Âmbito de Eficácia e Âmbito de Competência das Leis*, Coimbra, 1970; Id. – *Lições de Direito Internacional Privado*, (apontamentos das aulas teóricas do ano lectivo de 1971-1972 na Faculdade de Direito de Coimbra), 2.ª ed., Coimbra, 1982; Pierre MAYER – "Le phénomène de la coordination des ordres juridiques étatiques en droit privé. Cours générale de droit international privé", *RCADI* 327 (2007) 9-378 ; Pierre MAYER e Vincent HEUZÉ – *Droit international privé*, 10.ª ed., Paris, 2010; Franco MOSCONI – *Diritto internazionale privato e processuale. Parte generale e contratti*, Turim, 1996; *Münchener Kommentar zum Bürgerlichen Gesetzbuch* – vol. X, redactor Hans SONNENBERGER, 5.ª ed, Munique, 2010; Paul H. NEUHAUS – *Die Grundbegriffe des internationalen Privatrechts*, 2.ª ed., Tubinga, 1976; Luís de LIMA PINHEIRO – *Contrato de Empreendimento Comum (Joint Venture) em Direito Internacional Privado*, Almedina, Lisboa, 1998; Id. – *Um Direito Internacional Privado para o Século XXI. Relatório*, Lisboa, 2001; Id. – *Direito Internacional Privado*, vol. I – *Introdução e Direito de Conflitos/Parte Geral*, 2.ª ed., 2008, vol. II – *Direito de Conflitos/Parte Especial*, 3.ª ed., 2009, vol. III – *Competência Internacional e Reconhecimento de Decisões Estrangeiras*, Coimbra, 2002; Leo RAAPE e Fritz STURM – *Internationales Privatrecht*, 6.ª ed., Munique, 1977; Ernst RABEL – *The Conflict of Laws. A Comparative Study*, vol. I – 2.ª ed., por Ulrich DROBNIG, 1958; vol II – 2.ª ed., por Ulrich DROBNIG, 1960; vol IV – 1958, Michigan; Rui MOURA RAMOS – *Direito Internacional Privado e Constituição – Introdução a uma Análise das suas Relações*, Coimbra, 1980; Id. – *Da Lei Aplicável ao Contrato de Trabalho Internacional*, Coimbra, 1991; *Riforma del sistema italiano di diritto internazionale privato – legge 31 maggio 1995 n. 218 – Commentario. RDIPP* 31 (1995) 905-1279 ; François RIGAUX – *Droit international privé*, vol. I, 2.ª ed., Bruxelas, 1987; Id. – "Les situations juridiques individuelles dans un système de relativité générale", *RCADI* 213 (1989) 7-407; François RIGAUX e Marc FALLON – *Droit international privé*, 3.ª ed., Bruxelas, 2005; René van ROOIJ e Maurice POLAK – *Private International Law in the Netherlands*, Deventer *et al.*, 1987/1995; Maurice ROSENBERG, Peter HAY e Russell WEINTRAUB – *Conflict of Laws. Cases and Materials*, 10.ª ed., Westbury, Nova

Iorque, 1996; José FERNÁNDEZ ROZAS e Sixto SÁNCHEZ LORENZO – *Curso de Derecho Internacional Privado*, 3.ª ed, Madrid, 1996; Id. – *Derecho Internacional Privado*, 5.ª ed., Madrid, 2009; António MARQUES DOS SANTOS – *Direito Internacional Privado. Sumários*, Lisboa; 1987; Id. – *As Normas de Aplicação Imediata no Direito Internacional Privado. Esboço de Uma Teoria Geral*, 2 vols., Coimbra, 1991; Id. – *Direito Internacional Privado. Introdução* – I Volume, Lisboa, 2001; Klaus SCHURIG – *Kollisionsnorm und Sachrecht. Zu Struktur, Standort und Methode des internationalen Privatrechts*, Berlim, 1981; Fritz SCHWIND – *Internationales Privatrecht. Lehr-und Handbuch für Theorie und Praxis*, Viena de Áustria, 1990; Peter HAY, Patrick BORCHERS e Symeon SYMEONIDES – *Conflict of Laws*, 5.ª ed., St. Paul, Minn., 2010; Kurt SIEHR – *Das Internationale Privatrecht der Schweiz*, Zurique, 2002; *Soergel Kommentar zum Bürgerlichen Gesetzbuch*– vol. X – *Einführungsgesetz*, redacção científica por Gerhard KEGEL, colaboração de Gerhard KEGEL e Alexander LÜDERITZ, 12.ª ed., Estugarda, 1996; Symeon SYMEONIDES – "The American Choice-of-Law Revolution in the Courts: Today and Tomorrow", *RCADI* 298 (2002) 9-448; Symeon SYMEONIDES, Wendy PERDUE e Arthur VON MEHREN – *Conflict of Laws: American, Comparative, International. Cases and Materials*, St. Paul, Minn., 1998; Haroldo VALLADÃO – *Direito Internacional Privado*, vol. I – 5.ª ed., 1980, vol. II – 3.ª ed., 1983, Rio de Janeiro; Georges VAN HECKE – "Principes et méthodes de solution des conflis de lois", *RCADI* 126 (1969) 399-571; Dário MOURA VICENTE – *Da Responsabilidade Pré-Contratual em Direito Internacional Privado*, Coimbra, 2001; Álvaro MACHADO VILLELA – *Tratado elementar (teórico e prático) de Direito Internacional Privado*, 2 vols., Coimbra, 1921/1922; Id. – "Notas sobre a competência internacional no novo CPC", *BFDC* 17 (1940) 274-346 e 18 (1941) 1-70; Frank VISCHER – "General Course on Private International Law", *RCADI* 232 (1992) 9-256; Edoardo VITTA – *Diritto internazionale privato*, vol. I – 1972, vol. II – 1973, vol. III – 1975, Turim; Id. – "Cours général de droit international privé", *RCADI* 162 (1979) 9-243; Id. – "Diritto internazionale privato", *in Dig priv. civ.*, vol. VI, 1990; Edoardo VITTA e Franco MOSCONI – *Corso di diritto internazionale privato e processuale*, 4.ª ed., Turim, 1991; Wilhelm WENGLER – "The General Principles of Private International Law", *RCADI* 104 (1961) 271-469; Id. – *Internationales Privatrecht*, 2 vols., Berlim e Nova Iorque, 1981; *Zürcher Kommentar zum IPRG* – *Kommentar zum Bundesgesetz über das Internationale Privatrecht (IPRG) vom 1. Januar 1987*, 2.ª ed., org. por Daniel GIRSBERGER, Anton HEINI, Max KELLER, Jolanta KREN KOSTKIEWICZ, Kurt SIEHR, Frank VISCHER e Paul VOLKEN, Zurique, Basileia e Genebra, 2004.

RELAÇÕES ENTRE O DIREITO INTERNACIONAL PÚBLICO E O DIREITO INTERNACIONAL PRIVADO

Luís de Lima Pinheiro
Professor Catedrático da Faculdade de Direito de Lisboa

I. Aspectos gerais. O Direito Internacional Privado pode ser encarado como o ramo do Direito que regula situações transnacionais mediante um processo conflitual ou como uma disciplina jurídica que estuda o Direito de Conflitos, o Direito da Competência Internacional e o Direito de Reconhecimento (ver *Direito Internacional Privado*). As relações entre o Direito Internacional Público e o Direito Internacional Privado são multifacetadas e inscrevem-se em diferentes planos.

ANEXOS

Em primeiro lugar, pode afirmar-se que o Direito Internacional Privado tem o seu *fundamento último* no Direito Internacional Público, especialmente no que toca ao Direito de Conflitos. Com efeito, o princípio internacional do respeito dos direitos dos estrangeiros é prevalentemente entendido como obrigando os Estados a tratá-los segundo um padrão mínimo, conferindo-lhes uma tutela razoável dos seus direitos e interesses, no que se refere quer aos bens de personalidade quer aos bens patrimoniais. Este princípio é incompatível com a exclusiva aplicação do Direito material do foro às situações comportando elementos de estraneidade. Na verdade, tal levaria a negar, injustificadamente, direitos adquiridos pelos estrangeiros segundo Direito estrangeiro (designadamente direitos constituídos no estrangeiro). Além disso, ao participar na comunidade internacional um Estado não pode ignorar a vigência de outros ordenamentos estaduais nem pode ter uma pretensão de competência exclusiva de regulação das relações que atravessam as suas fronteiras. Por estas razões cada Estado deve reconhecer às ordens jurídicas estrangeiras uma esfera razoável de aplicação e abster-se de discriminar a aplicação de uns Direitos estrangeiros relativamente a outros. A tutela dos direitos dos estrangeiros – a que deve juntar-se a crescente importância atribuída à protecção internacional de direitos fundamentais, independentemente de se tratar de nacionais ou estrangeiros – parece ainda exigir o estabelecimento de um sistema de Direito Internacional Privado em função de directrizes racionais, que se conformem com as ideias reguladoras subjacentes a essa protecção.

Quanto às *fontes*, tende hoje a ser reconhecido que as fontes do Direito Internacional Público podem também ser fontes do Direito Internacional Privado. Estas fontes internacionais do Direito Internacional Privado dizem respeito quer ao Direito de Conflitos quer ao Direito da Competência Internacional quer ainda ao Direito de Reconhecimento (ver *Direito Internacional Privado*). O Direito Internacional Público é fonte do Direito de Conflitos no plano da ordem jurídica internacional (Direito Internacional de Conflitos aplicável por jurisdições internacionais e quási-internacionais) e também no plano da ordem jurídica interna (Direito de Conflitos aplicável pelos órgãos nacionais de realização do Direito). Por conseguinte, o Direito Internacional Privado não se distingue do Direito Internacional Público pelas suas fontes.

O Direito Internacional Privado já se distingue do Direito Internacional Público quanto às *matérias* que regula. Com efeito, parece óbvio que há uma diferença entre o actual objecto do Direito Internacional Privado e o do Direito Internacional Público. Esta diferença não se reconduz à dicotomia Direito público/Direito privado. O Direito Internacional Público actual regula situações privadas e não está excluída a regulação pelo Direito Internacional Privado de certas situações conformadas primariamente por Direito público (ver *Direito*

Internacional Privado). A diferença diz antes respeito ao plano de regulação das situações em causa: situações que são reguladas directa e imediatamente pelo Direito Internacional Público ao nível da ordem jurídica internacional e situações que não relevam na ordem jurídica internacional. Por um lado, estão fora do âmbito do Direito Internacional Privado as relações que na ordem jurídica internacional se estabeleçam entre Estados e entre organizações internacionais, ou entre estas e aqueles. Por outro lado, o Direito Internacional Público não regula directa e imediatamente a maior parte das situações transnacionais. Certas situações transnacionais relevam na ordem jurídica internacional, designadamente em ligação com a instituição, por acto de Direito Internacional, de jurisdições internacionais ou quási-internacionais para a resolução de litígios com particulares. O Direito Internacional Público regula directa e imediatamente estas relações, reconhecendo uma personalidade internacional limitada aos particulares que nelas participam. Se estes casos se generalizassem, o Direito Internacional Privado não se identificaria com o Direito Internacional Público, mas seria por ele absorvido, passando a constituir um sector do Direito Internacional Público. Não é, porém, o que se verifica. A grande maioria das situações transnacionais não é regulada directa e imediatamente pelo Direito Internacional Público. Em regra os sujeitos destas situações não têm personalidade jurídica internacional. Estas situações são reguladas na ordem jurídica dos Estados e, em certos casos, no plano do Direito autónomo do comércio internacional. A tendência para a internacionalpublicização de certas situações transnacionais diz fundamentalmente respeito a certos contratos de Estado, i.e., contratos celebrados entre Estados ou entes públicos autónomos e particulares, ou a relações estabelecidas entre organizações internacionais e particulares.

II. Fundamentos e limites das competências legislativa e jurisdicional dos Estados. Um aspecto importante das relações entre Direito Internacional Público e Direito Internacional Privado diz respeito aos fundamentos e limites das competências legislativa e jurisdicional dos Estados. Parte das teses universalistas, que fizeram o seu curso em finais do século XIX e no princípio do século XX, procurou deduzir de princípios, de proposições muito gerais de Direito Internacional Público, ou nele fundadas, as soluções dos problemas de determinação do Direito aplicável às relações privadas. Esta perspectiva é hoje geralmente rejeitada. Mas um importante sector da doutrina entende que o Direito Internacional Público fundamenta e limita a competência legislativa dos Estados com base na territorialidade e na personalidade (designadamente a nacionalidade e o domicílio). Para os autores ingleses e estado-unidenses que seguem esta orientação é fundamental a noção de "jurisdição" [*jurisdiction*]. Na Europa continental fala-se geralmente de "competência", mas deve ter-se em conta que se trata da competência atribuída ou permitida pelo Direito Internacional Público, que, em rigor, se deveria traduzir por jurisdição. Esta jurisdição desdobra-se em "competência legislativa", "competência jurisdicional" e "competência de execução". Especialmente importante é a "competência legislativa" [*jurisdiction to prescribe*], i.e., o poder de determinar a aplicação do Direito do foro a situações comportando elementos de estraneidade. A "competência jurisdicional" [*jurisdiction to adjudicate*] é o poder de exercer a actividade jurisdicional com respeito a situações comportando elementos de estraneidade relevantes mas com exclusão do exercício de poderes de coerção material. A "competência de execução" [*jurisdiction to enforce*] refere-se ao poder de praticar actos de coerção material.

Alguns autores opõem que o Direito Internacional Público só estabelece limites gerais à "competência de execução", porquanto, na falta de tratado em sentido diferente, a realização de actos estaduais de coerção material se encontra circunscrita ao seu próprio território. A favor desta doutrina é invocada a decisão do TPJI no caso *Lotus*, julgado em 1927 (*Recueil* s. A/10, 18 e seg.). Nesta decisão, o TPJI entendeu que o Direito Internacional Público não exclui de modo geral que os Estados estendam as suas leis e a sua jurisdição a pessoas, bens e actos fora do seu território; o Direito Internacional Público deixa aos Estados, a esse respeito, "uma grande liberdade, que só é limitada por algumas regras proibitivas". Mas esta decisão apenas permite concluir que a jurisdição dos Estados não se funda necessariamente num título territorial. A decisão sugere mesmo que, em matéria de "competência legislativa" e de "competência jurisdicional", o Direito Internacional Público contém "algumas regras proibitivas".

Uma terceira orientação, de certo modo intermédia, defende que o Direito Internacional se contenta com a existência de um interesse significativo e razoável na matéria por parte do Estado legiferante.

Parece certo que o Direito Internacional Público só desenvolveu regras precisas com respeito à "competência legislativa" em matéria criminal e à "competência de execução". Mas isto não obsta à existência de certos princípios internacionais quanto à "competência legislativa" com respeito a situações transnacionais. Assim, não oferecerá dúvida de maior que um Estado não tem "competência legislativa" com respeito a situações "relativamente internacionais", i.e., internas a outros Estados. Também em paralelo com o regime das imunidades de jurisdição dos Estados com respeito à sua actuação *"iure imperii"* parece que certas situações que dizem respeito à actuação de entes públicos no âmbito da gestão pública estão subtraídas à esfera de regulação de outros Estados. Mas assim como, quanto à esfera jurisdicional, os Estados podem renunciar à imunidade, também para a indagação dos limites à sua "competência legislativa" há que ter em conta a vontade manifestada pelas partes com respeito à jurisdição e ao Direito aplicável.

O aspecto principal, mas também mais controverso e complexo, diz respeito à definição dos *títulos que podem fundamentar a "competência legislativa" em matéria de Direito privado*. Por um lado, seria demasiado restritivo limitar a "competência legislativa" estadual em matéria de Direito privado às condutas que ocorrem no seu território e às situações que digam respeito a pessoas ou bens que aí se encontrem ou a pessoas que sejam suas nacionais ou estejam domiciliadas no seu território. Por outro, seria excessivamente permissivo admitir a "competência legislativa" de um Estado, em matéria de Direito privado, independentemente de um laço objectivo ou subjectivo com a situação. O interesse na regulação de uma situação transnacional deve, em princípio, ter uma base "objectiva" ou material, decorrente de um laço entre o Estado legiferante e a situação que é objecto de regulação.

Seguindo uma via intermédia, parece hoje indiscutível que a "competência legislativa" se pode fundamentar na produção de *efeitos* significativos no território de um Estado. O ponto tem-se suscitado sobretudo com respeito à aplicação no espaço do Direito da Concorrência, e não tanto no domínio do Direito privado. Em princípio, dada a adopção do "critério dos efeitos" pela maioria dos sistemas nacionais e pelo Direito Europeu da Concorrência, parece difícil negar que a "competência legislativa" se pode fundar também neste critério. Segundo, deve ter-se presente que o Direito material privado não é directamente aplicável às situações transnacionais. Nos modernos sistemas jurídicos, os órgãos de aplicação do Direito regulam as situações transnacionais por meio de normas de conflitos que determinam o Direito material aplicável. O problema da "competência legislativa" tem de se colocar em relação às normas primariamente aplicáveis, que são as normas de conflitos, e não em relação às normas materiais chamadas por essas normas de conflitos. Assim, por exemplo, a aplicação por um tribunal português do Direito estrangeiro escolhido pelas partes de um contrato obrigacional não pressupõe a "competência legislativa" do Estado estrangeiro, mas a "competência legislativa" do Estado português, que é exercida por meio da norma de conflitos. Terceiro, sendo o Direito privado dominado por decisões livres que se baseiam na autonomia negocial e nos poderes conferidos aos titulares de direitos subjectivos, importa reconhecer que a "competência legislativa" nesta matéria também se pode basear no *critério da autonomia*. Com efeito, é geralmente aceite que a "competência jurisdicional" pode decorrer de um pacto de jurisdição e dificilmente se negará que o Estado a cujos tribunais as partes atribuem competência para apreciar os litígios emergentes de uma relação tem "competência legislativa" para a regular. Por último, o exercício da jurisdição com base nos critérios anteriormente referidos deve ser temperado por uma *cláusula de razoabilidade*. Esta cláusula remete-nos para uma ponderação de todas as circunstâncias do caso concreto, incluindo a intensidade da conexão com o Estado legiferante, os interesses dos

ANEXOS

Estados em presença, os interesses legítimos dos destinatários das leis e a possibilidade de conflitos com outros Estados que apresentam laços significativos com a situação. A conexão territorial ou pessoal, bem como os critérios dos efeitos ou da autonomia, são condições necessárias da "competência legislativa", mas não são condições suficientes. A desrazoabilidade do seu exercício pode justificar a exclusão da competência legislativa.

Em todo o caso, é claro que estes princípios sobre a "competência legislativa" dos Estados em matéria de Direito privado não permitem distribuir esta competência entre os Estados. Normalmente, verificam-se "competências legislativas" concorrentes de dois ou mais Estados relativamente a situações transnacionais. O Direito Internacional Público deixa aos Estados uma grande liberdade no exercício da sua competência legislativa relativamente a situações transnacionais e só exclui o exercício de competências exorbitantes ou que, apesar de objectivamente justificadas, implicam uma sacrifício de interesses de outros Estados ou de particulares que é desproporcionado ao interesse do Estado legiferante. Por conseguinte, os princípios que regulam o exercício da função legislativa do Estado não se confundem com as normas de conflitos nem operam ao mesmo nível. Assim, por exemplo, em matéria de estatuto pessoal tanto o Estado da nacionalidade como o do domicílio (ou residência habitual) são competentes em razão da personalidade à face do Direito Internacional. Também os Estados em cujo território forem praticados actos do estatuto pessoal têm um título de competência à face do Direito Internacional Público.

Também é controversa a relevância do Direito Internacional Público em matéria de competência jurisdicional internacional. Parece certo que o Direito Internacional Público geral não contém em si um sistema de regras de competência internacional, mas antes directrizes e soluções particulares que condicionam a conformação dos sistemas estaduais de competência internacional, designadamente em matéria de imunidades de jurisdição, protecção dos direitos dos estrangeiros e competência de execução. O Direito Internacional Público geral estabelece *imunidades de jurisdição* em relação aos Estados estrangeiros, às organizações internacionais e aos agentes diplomáticos e consulares. Dos princípios gerais de Direito Internacional Público que dizem respeito à *protecção dos direitos dos estrangeiros* decorre que as normas de competência internacional não podem conduzir à denegação de justiça aos estrangeiros. Indo mais longe, em conformidade com o anteriormente exposto, parece defensável que a tutela dos estrangeiros, aliada à protecção internacional de direitos fundamentais independentemente de se tratar de nacionais ou estrangeiros, exige o estabelecimento de um sistema de competência internacional em função de directrizes racionais, que se conformem com as ideias reguladoras subjacentes a essa protecção.

Por força do Direito Internacional Público geral, os tribunais de um Estado só têm jurisdição para a realização de actos de coerção material no seu território. Por conseguinte, são exclusivamente competentes para a *acção executiva* os tribunais do Estado onde devam ser praticados os actos de execução.

Para além disso, parece de aceitar que, em princípio, só é conforme com o Direito Internacional Público a competência internacional que se fundamente numa ligação significativa da relação controvertida com o Estado do foro. A competência dos tribunais de um Estado que não apresente uma suficiente conexão pessoal ou territorial com a relação controvertida, nem resulte da autonomia da vontade, do critério dos efeitos ou do critério da necessidade, é, em princípio, contrária ao Direito Internacional Público. Excepcionalmente, o Direito Internacional Público parece permitir que certas pretensões de Direito privado sejam actuadas nos tribunais de qualquer Estado: designadamente pretensões de responsabilidade extracontratual conexas com crimes sancionados pelo Direito Internacional Público (por exemplo, pirataria, tráfico de escravos, genocídio, crimes de guerra).

III. Outros aspectos da incidência do Direito Internacional Público sobre o Direito Internacional Privado. Para além dos princípios sobre o exercício das funções legislativa e jurisdicional pelos Estados, há diversos regimes e soluções particulares do Direito Internacional Público que condicionam e interferem, em múltiplos aspectos, com o Direito Internacional Privado e domínios conexos.

Deve entender-se que o Direito Internacional Público pode constituir um *limite à aplicação do Direito estrangeiro ou não-estadual e ao reconhecimento de decisões estrangeiras.* Para o efeito deve distinguir-se entre o Direito Internacional Público directa e imediatamente aplicável na esfera interna e o restante Direito Internacional Público. Quanto ao primeiro haverá uma obrigação internacional de controlar a conformidade do Direito estrangeiro ou transnacional e de decisões estrangeiras com tais normas internacionais. No que toca ao restante Direito Internacional Público, parece que importa atender, em primeiro lugar, ao sistema de recepção do Direito Internacional na esfera interna. Perante um sistema de recepção automática, como é o português, um órgão nacional só deve aplicar o Direito estrangeiro ou transnacional que seja conforme com o Direito Internacional Público.

No domínio do *Direito da Nacionalidade,* também há alguns princípios internacionais que são relevantes para o Direito Internacional Privado na medida em que utiliza o elemento de conexão nacionalidade e que a determinação da nacionalidade é relevante para a aplicação dos princípios gerais e regras de Direito dos Estrangeiros que interessam ao Direito Internacional Privado (ver *Direito Internacional Privado*).

ANEXOS

Já se fez alusão aos princípios de Direito Internacional Público geral em matéria de *Direito dos Estrangeiros*, importando acrescentar que também vigora na ordem jurídica portuguesa um importante conjunto de tratados internacionais relevantes nesta matéria, designadamente tratados bilaterais de promoção e protecção recíproca de investimentos. Para além disso, o Direito Internacional Económico não é alheio, segundo o melhor entendimento, à regulação de aspectos importantes dos contratos internacionais.

Na área dos *direitos fundamentais*, tem-se assistido a uma importante evolução do Direito Internacional Público com inegável incidência sobre o Direito Internacional Privado. Em parte esta evolução deve-se a Convenções internacionais em matéria de direitos fundamentais que transcendem os quadros do Direito Internacional Público convencional clássico. São aqui de salientar o Pacto Internacional Relativo aos Direitos Civis e Políticos, a Convenção Europeia dos Direitos do Homem e a Convenção das Nações Unidas sobre os Direitos da Criança (Nova Iorque, 1990). Ao *nível da ordem jurídica dos Estados contratantes*, estas Convenções podem ter incidência sobre o Direito de Conflitos. Em primeiro lugar, estas Convenções constituem um limite à aplicação do Direito estrangeiro e ao reconhecimento de decisões estrangeiras que não sejam conformes com as normas convencionais. Em segundo lugar, estas Convenções constituem um condicionamento ao Direito dos Estrangeiros, visto que o legislador estadual não pode estabelecer restrições ao gozo de direitos por estrangeiros que sejam incompatíveis com as normas convencionais. Em terceiro lugar, não é de excluir que estas Convenções possam ter implicações na conformação das normas de conflitos, designadamente na escolha dos elementos de conexão. É o que se verifica com a Convenção sobre os Direitos da Criança, nas matérias em que esteja em causa o interesse da criança. Estas Convenções podem ainda ser relevantes para a regulação directa e imediata de aspectos de situações transnacionais no *plano da ordem jurídica internacional*.

É ainda de referir a possibilidade de a *norma de conflitos de Direito Internacional Privado remeter directamente para o Direito Internacional Público*. Esta possibilidade resulta expressamente de diversas normas positivas de Direito Internacional de Conflitos, por exemplo, do artigo 42.º da Convenção de Washington para a Resolução de Diferendos Relativos a Investimentos entre Estados e Nacionais de outros Estados. O mesmo se deve entender à face do Direito de Conflitos da arbitragem transnacional. Já o Direito de Conflitos geral vigente na ordem jurídica interna só excepcionalmente admite a referência directa ao Direito Internacional Público (por exemplo, artigo 34.º do Código Civil relativamente às pessoas colectivas internacionais).

Como conclusão, pode afirmar-se que embora o Direito Internacional Privado encontre o seu fundamento último no Direito Internacional Público não é possí-

RELAÇÕES ENTRE O DIREITO INTERNACIONAL PÚBLICO E O DIREITO INTERNACIONAL PRIVADO

vel reconduzir o conjunto das suas soluções a princípios de Direito Internacional Público. Há áreas de sobreposição do Direito Internacional Público e do Direito Internacional Privado e, mesmo fora destas áreas, há vectores de Direito Internacional Público que actuam sobre o Direito Internacional Privado.

Bibliografia:
Michael AKEHURST – "Jurisdiction in International Law", *Br. Yb. Int. L.* 46 (1974) 145-257, 187; CHRISTIAN von BAR e Peter MANKOWSKI – *Internationales Privatrecht*, vol. I, 2.ª ed., Munique, 2003, 107 e segs. ; Henri BATIFFOL – "La règle de droit en droit international privé", *in La règle de droit*, org. por PERELMAN, 214-225, Bruxelas, 1971, 214 ; Id. – "L'avenir du droit international privé", *in Choix d'articles*, 315-331, 1973; Id. – "Contribution de la juridiction internationale au droit international privé", *in Choix d'articles*, 49-60, Paris, 1974; Id. – "De l'usage des principes en droit international privé", *in Est. António Ferrer Correia*, 103- -119, Coimbra, 1986, 106 e segs.; Henri BATIFFOL e Paul LAGARDE – *Droit international privé*, vol. I – 8.ª ed., Paris, 1993, 11 e segs. e 40 e seg.; Albert BLECKMANN – *Die völkerrechtlichen Grundlagen des internationalen Kollisionsrechts*, Colónia, 1992; ISABEL DE MAGALHÃES COLLAÇO – *Direito Internacional Privado* (Lições proferidas ao 5.º ano jurídico de 1958-1959), Lisboa, vol. I, Lisboa, 1958, 195 e segs.; António FERRER CORREIA – *Lições de Direito Internacional Privado*, Coimbra, 1973, 168 e segs.; Id. – *Direito Internacional Privado. Alguns Problemas*, Coimbra, 1981, 178 e segs.; Id. – "La Reconnaissance et l'Exécution des Jugements Etrangers en Matière Civile et Commerciale (Droit Comparé)", in Estudos Vários de Direito, 105-191, 1982, 167-168; Id. – "O reconhecimento das sentenças estrangeiras no direito brasileiro e no direito português", RLJ 116 (1983) n.ᵒˢ 3707 a 3711, n.º 3; Id. – *Lições de Direito Internacional Privado-I*, Coimbra, 2000, 18 e seg.; N. FRAGISTAS – "La compétence internationale en droit privé", *RCADI* 104 (1961) 159-270, 169 e segs.; Ronald GRAVESON – "Philosophical Aspects of English Conflict of Laws", *L. Q. Rev.* 78 (1962) 337-370, 338 e segs.; Id. – "Comparative Aspects of the General Principles of Private International Law", *RCADI* 109 (1963) 1-164, 120 e segs.; Armando MARQUES GUEDES – *Direito Internacional público* (Lições policopiadas), Lisboa, 1982, 45 e segs.; Louis HENKIN, Crawford PUGH, Oscar SCHACHTER e Hans SMIT – *International Law. Cases and Materials*, 2.ª ed., St. Paul, Minn., 1987, 823; Rainer HOFMANN – *Grundrechte und grenzüberschreitende Sachverhalte*, Berlim *et al.*, 1994, 115 e segs. e 169 e segs.; R. JENNINGS – "Extraterritorial Jurisdiction and the United States Antitrust Laws", *Brit. YBIL* 22 (1957) 146 e segs.; Otto KAHN-FREUND – *General Problems of Private International Law*, Leiden, 1976, 25 e segs.; Max KELLER e Kurt SIEHR – *Allgemeine Lehren des internationalen Privatrechts*, Zurique, 1986, 186 e segs.; Jan KROPHOLLER – "Internationale Zuständigkeit", *in Handbuch des Internationalen Zivilverfahrensrechts*, vol. I, Tubinga, 1982, n.ᵒˢ 42 e segs.; PIERRE LALIVE – "Tendences et méthodes en droit international privé", *RCADI* 155 (1977) 1-425, 61 e seg.; Kurt LIPSTEIN – *Transactions of the Grotius Society* 27 (1942) 142 e segs. e 29 (1944) 51 e segs.; Id. – *Principles of the Conflict of Laws, National and International*, A Haia *et al.*, 1981, 67 e segs.; Andreas LOWENFELD – "International Litigation and the Quest for Reasonableness. General Course on Private International Law", *RCADI* 245 (1994) 9-320, 39 e segs.; João BAPTISTA MACHADO – *Lições de Direito Internacional Privado*, (apontamentos das aulas teóricas do ano lectivo de 1971-1972 na Faculdade de Direito de Coimbra), 2.ª ed., Coimbra, 1982, 33 e seg.; Alexander MAKAROV – *Sources, in IECL*, vol. III, cap. 2, 1970, 14 e segs.; Pasquale MANCINI – "De l'utilité de rendre

ANEXOS

obligatoire pour tous les États, sous la forme d'un ou de plusieurs traités internationaux, un certain nombre de règles générales de droit international privé pour assurer la décision uniforme des conflits entre les différents législations civiles et criminelles", *Clunet* 1 (1874) 221-239 e 285-304, 227 e seg. ; Frederick A. MANN – "The Doctrine of Jurisdiction in International Law", *RCADI* 111 (1964) 1-162, 9 e segs. e 80 e seg.; Id. – "The Doctrine of International Jurisdiction Revisited After Twenty Years", *RCADI* 186 (1984) 9-115, 19 e segs.; Jacques MAURY – "Règles générales des conflits de lois", *RCADI* 57 (1936) 325-569, 344; Pierre MAYER – "Droit international privé et droit international public sous l'angle de la notion de compétence", *R. crit.* (1979) 1-29, 349-388, 537-583; Id. – "Convention européenne des droits de l'homme et l'application des normes étrangères", *R. crit.* 80 (1991) 651-665; Karl Matthias MEESSEN – "Kollisionsrecht als Bestandteil des allgemeinen Völkerrechts: völkerrechtliches Minimum und kollisionsrechtliches Optimum", *in FS F. A. Mann. Internationales Recht und Wirtschaftsordnung. International Law and Economic Order*, 239-277, 1977, 231 e segs.; Arthur von MEHREN – *Adjudicatory Authority in Private International Law. A Comparative Study*, com a colaboração de Eckart GOTTSCHALK, Leiden, 2007, 46-47; JORGE MIRANDA – *Curso de Direito Internacional Público*, 4.ª ed., Cascais, 2009; Gaetano MORELLI – *Diritto processuale civile internazionale*, 2.ª ed., Pádua, 1954; Paul H. NEUHAUS – *Die Grundbegriffe des internationalen Privatrechts*, 2.ª ed., Tubinga, 71 e segs. e 245; Id. – "Der Beitrag des Völkerrechts zum IPR", *German Yb. Int. L.* 21 (1978) 60-73; Bernard OXMAN – "Jurisdiction of States", *in EPIL*, vol. III (ed. 1997), 1987; ANDRÉ GONÇALVES PEREIRA e FAUSTO DE QUADROS – *Manual de Direito Internacional Público*, 3.ª ed., Coimbra, 1993; NGUYEN QUOC/DAILLIER/PELLET – *Droit international public*, 7.ª ed., Paris, 2002, 506 e seg.; Luís de LIMA PINHEIRO – *Direito Internacional Privado*, vol. I – *Introdução e Direito de Conflitos/Parte Geral*, 2.ª ed., 2008, vol. III – *Competência Internacional e Reconhecimento de Decisões Estrangeiras*, Coimbra, 2002; Leo RAAPE e Fritz STURM – *Internationales Privatrecht*, 6.ª ed., Munique, 1977, 44 e seg.; François RIGAUX – "Droit économique et conflits de souverainetés", *RabelsZ.* 52 (1988) 104-155, 123 e seg.; Id. – "Les situations juridiques individuelles dans un système de relativité générale", *RCADI* 213 (1989) 7-407, 94 e segs., 103 e segs. e 133 e segs.; Georges SCELLE – *Manuel de droit international public*, Paris, 1948; Rui MOURA RAMOS – *Da Lei Aplicável ao Contrato de Trabalho Internacional*, Coimbra, 1991, n. 23 ps. 14 e segs.; José FERNÁNDEZ ROZAS e Sixto SÁNCHEZ LORENZO – *Curso de Derecho Internacional Privado*, 3.ª ed., Madrid, 1996, 122 e segs.; Cedric RYNGAERT – Jurisdiction in International Law, Oxford, 2008; J. CARRILLO SALCEDO – *Derecho Internacional Privado. Introducción a sus problemas fundamentales*, 3.ª ed., Madrid, 1985, 48, 51 e segs. e 63 e segs.; Haimo SCHACK – *Internationales Zivilverfahrensrecht*, 5.ª ed., Munique, 2010, n.ᵒˢ 155 e segs. e 1061 e segs.; Adolf SCHNITZER – "Les relations entre le droit international privé et le droit international public", *Temis* 33/36 (1973/1974) 583-603; Ignaz SEIDL-HOHENVELDERN e Torsten STEIN – *Völkerrecht*, 10.ª ed., Colónia *et al.*, 2000, 248 e segs.; Kurt SIEHR – *Das Internationale Privatrecht der Schweiz*, Zurique, 2002, 511 e 612; Georges VAN HECKE – "Principes et méthodes de solution des conflis de lois", *RCADI* 126 (1969) 399-571, 418 e segs.; Alfred VERDROSS e Bruno SIMMA – *Universelles Völkerrrecht. Theorie und Praxis*, 3.ª ed., Berlim, 1984, 634 e segs. e 780 e seg.; MACHADO VILLELA – *Tratado elementar (teórico e prático) de Direito Internacional Privado*, vol. I, Coimbra, 1921, 34 e segs.; Id. – "Observações sobre a execução das sentenças estrangeiras", *BMJ* 32 (1952) 31-66, 35 e seg.; Edoardo VITTA – "Diritto internazionale privato", *in Dig priv. civ.*, vol. VI, 1990, n.º 3; Wilhelm WENGLER – *Internationales Privatrecht*, 2 vols., Berlim e Nova Iorque, 1981, 19 e segs.; Id. –"Wege zur rechtlichen Steuerung des

Verhaltens von Ausländern im Ausland und das Internationale Privatrecht", *in Est. António Ferrer Correia*, vol. I, 787-819, Coimbra, 1986, 451 e seg.; id. – "Jurisdiction to prescribe or prohibitions to resort to specific reactions?", *in Studi Roberto Ago*, vol. IV, 411-432, 1987, 415 e seg.; Id. – "Völkerrechtliche Schranken der Beeinflussung auslandsverknüpften Verhaltens durch Massnahmen des staatlichen Rechts", *German Yearbook of International Law*, 31 (1988) 448-477; MARTIN WOLFF – *Das internationale Privatrecht Deutschlands*, 3.ª ed., Berlim 1954, 8 e segs.

ÍNDICE

LISTA DOS AUTORES	5
INTRODUÇÃO	15

Acordo de desenvolvimento conjunto	17
Acordo Geral sobre as Pautas Aduaneiras e o Comércio (GATT)	18
Acordo Internacional	19
Acordo sobre os Aspectos dos Direitos da Propriedade Intelectual Relacionados com o Comércio (ADPIC)	20
Acordos de Latrão	22
Acta Final de Helsínquia	23
Actividades perigosas	24
Acto Concertado Não-Convencional	25
Acto Ilícito Internacional	26
Acto unilateral	27
Agentes *de facto*	29
Agentes diplomáticos	29
Agressão	30
Águas interiores	32
Águas territoriais	33
Alianças militares	35
Alterações climáticas	36
Alto Comissariado das Nações Unidas para os Refugiados (ACNUR)	38
Alto Mar	40
Ameaça à paz	42
Ameaça de uso da força	43
Anexação de território	45
Antárctica	45
Apartheid	46

ENCICLOPÉDIA DE DIREITO INTERNACIONAL

Apátridas	49
Aquisição de território	50
Arbitragem de investimento	51
Arbitragem internacional	53
Área	55
Armas	57
Armas nucleares	58
Ártico	60
Asilo	61
Assembleia Geral da ONU	62
Assinatura	63
Assistência humanitária	65
Autodeterminação	66
Banco Mundial (BM)	68
Banco Internacional de Reconstrução e Desenvolvimento (BIRD) (*vide* Banco Mundial)	69
Bases militares	69
Bloqueio naval	71
Boa fé	72
Boicote (*vide* Represálias)	73
Bons Ofícios	73
Capacidade Jurídica Internacional	73
Carta Africana dos Direitos do Homem e dos Povos	74
Carta das Nações Unidas	76
Carta do Atlântico	77
Carta Internacional dos Direitos Humanos	78
Centro Internacional para a Resolução de Diferendos Relativos a Investimento (CIRDI)	80
Cessação da Vigência de Tratados Internacionais	82
Civis	84
Cláusula Calvo	86
Cláusula compromissória	87
Cláusula da Nação mais Favorecida	88
Cláusula Martens	90
Coacção (Garantia do Direito Internacional)	91
Coacção (Vício dos Tratados)	93
Colonialismo	95
Combatente	97
Comércio livre	98
Comissão de Direito Internacional (CDI)	100

ÍNDICE

Comissão de inquérito (*vide* Inquérito)	102
Comissão do Estado-Maior	102
Comissão dos Direitos Humanos (*vide* Conselho dos Direitos Humanos)	103
Comissão Europeia	103
Comissão Interamericana de Direitos Humanos (CIDH)	104
Comissões de Verdade e Reconciliação	106
Compensação	107
Conciliação	108
Concorrência Fiscal Prejudicial	110
Conferência das Nações Unidas sobre Comércio e Desenvolvimento (CNUCED)	111
Conferências da Haia	112
Conflitos armados internacionais	114
Conflitos internos	115
Conselho da Europa	116
Conselho da União Europeia	118
Conselho de Segurança das Nações Unidas	119
Conselho dos Direitos Humanos	121
Conselho Económico e Social (CES)	121
Conselho Europeu	123
Consentimento (do Lesado)	124
Contra-medidas	125
Convenção Americana dos Direitos Humanos (CADH)	127
Convenção da União de Paris (CUP)	129
Convenção de Montego Bay (CNUDM)	130
Convenção Drago-Porter	132
Convenção Europeia dos Direitos do Homem (CEDH)	133
Convenção CIRDI	134
Convenções de Genebra de 1949	136
Costume	137
Costume Internacional	139
Costumes Regionais	140
Crime de Agressão	141
Crime de Genocídio	143
Crimes contra a Humanidade	145
Crimes de Guerra	146
Crimes internacionais	148
Critical Legal Studies	149
Cruz Vermelha	150
Culpa	152

505

ENCICLOPÉDIA DE DIREITO INTERNACIONAL

Dano	153
Danos colaterais	154
Declaração interpretativa	155
Declaração Universal dos Direitos do Homem (DUDH)	156
Depositário	157
Desarmamento	159
Descoberta (*vide* aquisição de território)	160
Desenvolvimento sustentável	160
Desmembramento de Estados	162
Diplomacia	163
Direito ao desenvolvimento	164
Direito do Mar	166
Direito Internacional Fiscal	167
Direito Internacional Humanitário (DIH)	169
Direito interno	170
Direito Marítimo (*vide* Direito do Mar)	172
Direito natural	172
Direitos Humanos	173
Discriminação Racial	175
Doutrina Brejnev	177
Doutrina Drago	179
Doutrina Monroe	180
Dualismo	181
Dupla Tributação	182
Efeito Directo	184
Embargo (*vide* Represálias)	185
Energia nuclear	185
Equidade (Direito Internacional)	187
Erga Omnes (Obrigações)	190
Erro	192
Esgotamento dos meios internos	193
Espaço Aéreo	195
Espaço Exterior	197
Estabelecimento Estável	198
Estado de Guerra	200
Estado de necessidade	201
Estados	203
Estoppel	205
Estrangeiro	206
Estreitos	208

Evasão Fiscal Internacional	209
Expulsão de estrangeiros	211
Extradição	212
Fontes de Direito Internacional Público	213
Força Maior	214
Forças Armadas	216
Forum prorogatum	217
Fragmentação do Direito Internacional	218
Fronteiras	220
Fundo Internacional de Emergência das Nações Unidas para as Crianças (UNICEF)	223
Fundo Monetário Internacional (FMI)	224
Fundos Marinhos (Autoridade Internacional dos Fundos Marinhos/Câmara de Controvérsias dos Fundos Marinhos) (*vide* Área)	225
Fusão de Estados	225
G7	227
G8 (*vide* G7)	228
G20	228
Globalização	229
Governos no exílio	230
Guerra	231
Guerra Fria	233
Guerra Justa	234
Guerra preventiva (*vide* legítima defesa preventiva)	236
Guerras civis (*vide* conflitos internos)	236
Guerrilha	236
Hard-law	237
Helms-Burton (Lei)	238
Hierarquia de Fontes de Direito Internacional Público	239
Hostilidades	241
Hot Porsuit	242
ICSID (*vide* Centro Internacional para a Resolução de Diferendos Relativos a Investimento – CIRDI)	244
Igualdade soberana dos Estados	244
Imunidade Consular	245
Imunidade Diplomática	246
Imunidade do Estado	247
Imunidade Pessoal	248
Indivíduo	250
Inquérito	252

ENCICLOPÉDIA DE DIREITO INTERNACIONAL

Insurreição	253
Interpretação de tratados	254
Intervenção armada	256
Intervenção humanitária	257
Invalidade dos tratados	259
Jurisdição compulsória	260
Jurisdição dos Estados	262
Jurisdição extraterritorial	263
Jurisdição interna (dos Estados)	264
Jurisdição universal	266
Jus Cogens	267
Justiça transitória	269
Lagos internacionais	270
Legítima Defesa	272
Legítima defesa colectiva	273
Legítima defesa preventiva	275
Legitimidade Internacional	276
Liberdade dos mares	277
Liga Árabe	278
Limpeza étnica	279
Linhas de base	281
Lua	282
Mandato internacional	284
Mar Territorial	285
Medidas militares (do Conselho de Segurança)	287
Medidas não-militares (do Conselho de Segurança)	288
Medidas provisórias (do Conselho de Segurança)	290
Medidas provisórias (do Tribunal Internacional de Justiça)	291
Membros permanentes do Conselho Segurança	292
Mercenários	293
Micro-Estados	295
Minorias	296
Monismo	297
Movimentos beligerantes	298
Movimentos de libertação	299
Multinacionais	301
Nacionalidade	303
Não-Alinhados	304
NATO (*vide* Organização do Tratado do Atlântico Norte – OTAN)	306
Navio	306

Navio de Guerra	307
Negociação	308
Neutralidade	309
Normas de aplicação automática	310
Nulidade de Tratados Internacionais	311
Objectivos de Desenvolvimento do Milénio (ODM)	315
Objectos Espaciais	316
Obrigações internacionais	318
Ocupação militar	319
Operações de Manutenção da Paz	320
Opinio Juris	322
Órbita Geoestacionária	323
Ordem de Malta	324
Organização da Aviação Civil Internacional (OACI)	326
Organização da Unidade Africana (OUA)	327
Organização das Nações Unidas (ONU)	329
Organização das Nações Unidas para a Educação, Ciência e Cultura (UNESCO)	331
Organização das Nações Unidas para o Desenvolvimento Industrial (ONUDI)	332
Organização do Tratado do Atlântico Norte (OTAN)	334
Organização dos Estados Americanos (OEA)	336
Organização dos Países Exportadores de Petróleo (OPEP)	337
Organização internacional	338
Organização Internacional do Trabalho (OIT)	340
Organização Marítima Internacional (OMI)	341
Organização Mundial da Propriedade Intelectual (OMPI)	342
Organização Mundial de Saúde (OMS)	343
Organização Mundial do Comércio (OMC)	345
Organizações Não-Governamentais (ONG)	345
Pacto Briand-Kellogg	347
Pacto Internacional de Direitos Civis e Políticos (PIDCP)	348
Pacto Internacional de Direitos Económicos, Sociais e Culturais (PIDESC)	349
Paraísos Fiscais	351
Parlamento Europeu	352
Passagem inofensiva (Direito de)	353
Paz de Vestefália	355
Paz pelo Direito	357
Perigo Extremo	358
Perigo iminente	359

ENCICLOPÉDIA DE DIREITO INTERNACIONAL

Personalidade internacional	360
Pirataria Marítima	363
Planeamento Fiscal Internacional	364
Plataforma Continental	365
Plenos Poderes	367
Poderes implícitos	368
Positivismo	370
Povos indígenas	371
Pré-compromisso	373
Prejuízo (*vide* Dano)	374
Primado do Direito Internacional Público	374
Princípio da Não-Ingerência	375
Princípio da Unanimidade	376
Princípios gerais do Direito Internacional Público	377
Programa das Nações Unidas para o Meio Ambiente (PNUMA)	378
Proporcionalidade	380
Protecção consular	381
Protecção diplomática	382
Protecção do Investimento Internacional	384
Protectorado	385
Protesto	386
Ratificação de Tratados	387
Reagrupamento Familiar	388
Rebus sic stantibus	390
Reconhecimento de beligerantes	391
Reconhecimento de Estados	393
Rectificação de Tratados	395
Reféns	396
Reforma do Sector de Segurança	397
Refugiados	399
Regime	400
Relações amigáveis	402
Relações consulares	403
Relações diplomáticas	404
Reparação	405
Represálias	406
Res communis	407
Res nullius	408
Reservas	408
Resolução de diferendos	410

Responsabilidade de proteger	411
Responsabilidade internacional	413
Responsabilidade das Organizações Internacionais	414
Responsabilidade pelo risco	415
Responsabilidade penal individual	417
Retorsão	418
Revogação de tratados (*vide* Cessação de Vigência de Tratados Internacionais)	419
Rios internacionais	419
Sanções	421
Sanções económicas (*vide* Sanções)	423
Santa Sé	423
Saque	424
Satisfação (*vide* Reparação)	425
Secretariado das Nações Unidas	425
Segurança colectiva	427
Segurança energética	428
Segurança Humana	430
Soberania	432
Sociedade das Nações (SDN)	434
Soft Law	435
Sucessão de Estados	436
Sujeitos do Direito Internacional Público	438
Supervisão Internacional	439
Terceiro Mundo	441
Terrorismo	442
Tortura	444
Tratado	446
Tratamento nacional (Princípio do)	448
Tribunais internacionais	449
Tribunal Africano dos Direitos do Homem e dos Povos (*vide* Carta Africana dos Direitos do Homem e dos Povos)	450
Tribunal arbitral	450
Tribunal de Justiça da União Europeia (TJUE)	451
Tribunal Especial para a Serra Leoa	452
Tribunal Europeu dos Direitos do Homem (TEDH)	454
Tribunal Interamericano dos Direitos do Homem (TIDH)	455
Tribunal Internacional de Justiça (TIJ)	456
Tribunal Internacional do Direito do Mar (TIDM)	458
Tribunal Penal Internacional (TPI)	460
Tribunal Penal Internacional para a ex-Jugoslávia (TPIJ)	462

ENCICLOPÉDIA DE DIREITO INTERNACIONAL

Tribunal Penal Internacional para o Ruanda (TPIR)	463
Tribunal Permanente de Arbitragem (TPA)	464
Tribunal Permanente de Justiça Internacional (TPJI)	
(*vide* Tribunal Internacional de Justiça – TIJ)	465
TRIPS (*vide* Acordo sobre os Aspectos dos Direitos da Propriedade Intelectual Relacionados com o Comércio – ADPIC)	465
Ultimato	466
União Africana (UA)	467
União Europeia (UE)	469
Universalidade de tratados	470
Uso (Prática reiterada dos Estados)	472
Uso da Força	473
Veto	475
Violação (Crime de)	476
Zona (*vide* Área)	478
Zona contígua	478
Zona Económica Exclusiva (ZEE)	480

ANEXOS

Direito Internacional Privado	483
Relações entre o Direito Internacional Público e o Direito Internacional Privado	491